메이지라는 시대 1

유신과 천황 그리고 근대화
Meiji and His World, 1852~1912

도널드 킨 지음

김유동 옮김

서커스

EMPEROR OF JAPAN

Meiji and his world, 1852~1912

by Donald Keene

친구이자 스승이었던 나가이 미치오(永井道雄, 1923~2000)를
추억하며

저자 서문

　메이지 천황에 대한 공식 기록은 메이지 시대를 전공한 일본인 학자들이 쓴 14권의 책입니다. 일반 독자들은 그 방대한 분량의 책을 보고서 결코 그 책을 완전히 독파할 가능성은 염두에 두지 않을 겁니다. 하지만 일본의 역사에 대해 약간의 지식을 가지고 있는 외국의 독자라면 19세기의 가장 위대한 인물 중 한 명의 생애를 이해하는 데 아무런 어려움이 없어야 한다고 생각했습니다.

　이 책을 쓰면서 나는 메이지에 관한 공식 기록을 항상 기초 자료로 사용했습니다. 하지만 메이지 시대에 일본을 방문했거나 메이지와 만난 외국인들이 남긴 기록들도 자료들도 이용했습니다. 외국인들은 어떤 기록에도 남아 있지 않은 일본에 대한 인상적인 풍경을 남겨 놓았습니다. 메이지에 관한 공식 기록 중 가급적 많은 내용을 이 책에 넣어야겠다는 것이 나의 취지는 아니었습니다. 현대 독자들의 흥미를 끌 수 없는 대목이나 흥미롭지만 여러 번 반복되는 내용들은 이 책에 넣지 않았습니다. 구슬이 서

말이라도 꿰어야 보배라는 말의 의미를 이 책을 쓰면서 나는 다시 한 번 깨닫게 되었습니다.

이 책은 메이지가 태어난 순간부터 시작됩니다. 그의 아버지 고메이 천황은 1847년 10월 31일 메이지가 태어나기 직전에 출산 소식을 들은 것 같습니다. 고메이는 그 소식에 기뻐할 이유가 충분히 있었습니다. 그의 자식들 다섯 명이 전부 출산 직후, 혹은 갓난아기 때 죽었기 때문입니다. 새로 태어난 아기는 고메이의 미래를 위해 반드시 필요한 존재였습니다. 메이지는 황실의 핏줄을 이은 유일한 인물이었습니다. 그에게는 다른 자식이 없었습니다. 황실에는 많은 아이들이 태어났지만 그들은 거의 대부분 단명했습니다. 가난한 농부의 아이가 왕자보다도 더 삶의 환희를 노래할 수 있었다고 할 수 있습니다.

오늘날 메이지를 모르는 일본인은 없지만 고메이는 일본인들에게 잊혀졌습니다. 고메이는 어렸을 때부터 외국인을 혐오했으며 외국인들을 일본에서 몰아내는 일이 그의 유일한 관심사였습니다. 그는 궁궐 밖으로 나온 적도 거의 없고, 가까이에 있는 에도를 본 적도, 후지 산도, 일본을 사방으로 둘러싸고 있는 바다를 본 적도 없습니다. 고메이의 수많은 편지는 분노로 가득 차 있습니다. 그가 받은 유일한 교육은 황족 자제를 위한 전통적인 교육이었습니다. 거기에서 그는 신도와 불교의 신들에게 그의 적인 외국인들을 몰아내 달라고 기도하는 것을 배웠습니다. 고메이의 지식은 이런 의식에서의 광신적인 믿음으로서만 나타났습니다.

일본을 개국하게 만든 외국인들에게 오직 증오의 감정만 가졌던 인물의 아들이 메이지입니다. 메이지는 이전의 황족들과 다른 특별한 교육을 받지는 않았습니다. 하지만 그를 둘러싼 문제에서 올바른 선택을 할 수 있는 안목이 있었습니다. 무엇보다도 그는 일본이 세계에 문호를 개방하는 일의 중요성을 이해시킨 뛰어난 인물들의 보좌를 받는 축복을 누렸습니다. 1879년 일본을 방문한 그랜트 장군을 만났을 뿐 아니라 그의 충고에 주의 깊게 귀를 기울였습니다. 특히 외국에서 돈을 빌리는 것에 대한 경고를 깊이 마음에 새겼습니다. 돈을 빌려준 나라는 쉽게 채무국의 주인 노릇을 하게 되고 채무국은 결국에는 영토를 포기하는 일이 벌어진다는 것을 말입니다. 이런 일은 실제로 유럽의 왕들에게 자주 벌어졌던 일입니다.

메이지는 시와 서예로 유명한 아시아의 전제군주들과도 달랐습니다. 메이지는 수많은 시를 남겼지만 다른 아시아의 군주들처럼 위대한 시인들의 수준에 도달한 작품은 한 편도 없습니다. 그가 직접 손으로 남긴 것이라고는 거의 없다고 할 수 있습니다.

메이지라는 이름은 무엇보다도 다른 세계와 거의 접촉이 없던 일본이라는 열도를 근대국가로 변화시킨 그의 역할로 기억됩니다. 그의 치세 60년 동안 메이지 천황은 일본을 세계열강으로 올려놓았습니다. 세계사에서 유례가 없는 이 흥미로운 격동의 시대 한가운데에 한 인물이 있었습니다.

차례

안 변함없는 황실 교육/사치노미야의 후카소기(深曾木) 의식/무쓰히토/막부 가 즈노미야 강혼(降婚)을 주청사카모토 료마의 '선중(船中) 8책'과 삿초의 맹약/야마우치 요도의 건의서/요시노부 토벌의 밀칙/요시노부가 '대정봉환' 상서/다이쿤에서 천황으로으로/모토다의 건의서/동양의 도덕과 서양의 과학/양복 입는 천황/천황을 촬영한 최초의 사진/무사에게 산발, 탈도(脫刀) 허가령/일본 국군의 아버지 오무라 마스지로(大村益次郎) 암살

2권 차례

메이지라는 시대

1

일러두기

1. 저자는 이 책을 영어로 썼으나 발표는 잡지 〈신조(新潮) 45〉에 일본어로 옮겨져 연재되었다. 따라서 영어판과 일어판 둘 다 원본으로 간주할 수 있지만 내용상으로는 일어판이 상세하다. 이 책은 일어판『明治天皇』(신조문고1~4)를 번역 대본으로 삼았고 영어판『Emperor of Japan: Meiji and his world, 1852~1912』와 대조해 작업했다.

2. 인명, 지명, 신사, 배 이름 등을 제외하고 일본 고유명사의 표기는 우리 한자음으로 표기하는 걸 원칙으로 했다. 역사적으로 형성된 특수한 용어나 국내 대중들에게 익숙한 용어들은 일본어 발음을 살렸다. 한자음과 일본어음이 혼용되는 경우 단순히 한자 읽기 방식의 차이일 때는 한자음을 우선으로 했다. 하지만 여기에도 예외는 있을 것이다.

3. 일본사에 관한 간략한 용어 설명이 본문에 부가된 경우가 있는데 일본어 원서에 있던 것과 번역과 편집에서 덧붙여진 것들이 혼재되어 있다. 대부분은 저자가 단 것이며 옮긴이가 단 것과 출처를 따로 구분하지는 않았다. 내용에 관한 저자의 주는 각 권 끝에 실려 있다.

4. 모든 고유명사와 용어는 한 번 이상 한자를 괄호 안에 병기했다. 우리한테 익숙하지 않은 인물 또는 용어이거나 비중이 크다고 생각되는 경우 혼란을 피하고 이해를 돕기 위해 여러 차례 병기하기도 했다.

서장

교토 궁궐을 둘러싸고 있는 어원(御苑) 북쪽 끝에 판자벽으로 가려져 있는 집터가 있고, 정원 한 모퉁이에 조그만 집 한 채가 있다. 메이지(明治) 초기, 처음으로 이 유서 깊은 도읍지에 살 수 있도록 허가받은 미국 선교사들은 그들이 살 집을 물색하는 동안 세간 같은 자질구레한 물건들을 놓아둘 창고 대용으로 이 집을 사용한 일이 있었다. 지금은 거의 거들떠보는 사람조차 없는 이 집은 가에이(嘉永) 7년(1854) 4월에 대궐을 전소시킨 큰불을 면했다. 뿐만 아니라 메이지 원년(1868)의 사실상의 도쿄 천도 후에도 폐허로 바뀌지 않은 몇 안 되는 구게(公家: 조정에 출사하는 귀족, 상급 관료의 총칭)의 저택 가운데 하나다.

사람의 출입을 금하는 듯 판자로 벽을 쳐놓은 바깥쪽으로는 '사치노이(祐井)'라고 쓰인 작은 나무 기둥이 있다. 판자벽 안쪽에 묵직한 돌비석 하나가 서 있는 것이 담장 너머로 간신히 보인다. 과거를 말해주는 이 두 개의 표지만이 이곳을 찾는 사람들에게 어떤 사실을 알려주려는 듯하다. 이 집은 에도(江戸) 시대 말기에 세워진 흔해빠진 전통적인 일본 건축 양식의 하나라는 사실 말고 좀 더 중요한 의미를 지니고 있다. 여기서 메이지 천황[1]이 태어났고, (근거가 미약한 전설에 의하면) '사치노이'의 우물물로 그의 몸을 씻겼다고 한다.[2]

메이지 천황이 궁궐이 아닌 이런 보잘것없는 집에서 태어난 것은 궁중의 관습 탓이었다. 생모인 나카야마 요시코(中山慶子, 1835~1907)는 임신 사실이 확인되자 궁궐 밖으로 거처를 옮겨야 했다. 예로부터 출산은 건물을 더럽힌다고 믿어져 왔기 때문이다. 대대로 천황의 자손은 생모의 친정 쪽 별채에서 낳는 것이 상식이며, 그나마도 출산 후에는 건물 자체를 부수는 경우가 흔했다. 희한하게도 이 작은 집은 파괴되기는커녕 훨씬 오래전부터 그 주변에서 멋진 지붕을 뽐내고 있던 조정 관리들의 호화로운 저택보다도 더 오래 남아 있게 된다.

황손의 탄생을 위해 요시코의 아버지 곤다이나곤(權代納言: 다이나곤은 태정관의 차관급 직책. '곤'이 붙으면 정원 외에 임명되었음을 뜻함) 나카야마 다다야스(中山忠能, 1809~88)는 자신의 집 안에 이 산실을 지었다. 당초에는 근처에 사는 조정 관리의 저택 안에 있는 빈터를 빌릴 생각이었다. 태어날 아기는 어쩌면 앞으로 천황이 될지도 모른다. 그럼에도 불구하고 장소를 빌리자는 다다야스의 부탁은 모조리 거절당하고 말았다. 하는 수 없이 다다야스는 옹색한 자신의 집 안에 산실을 지을 수밖에 없었다. 당시 대다수의 구게가 그러했지만 다다야스는 욕실과 변소가 있는 두 칸짜리 조촐한 집을 지을 비용조차 변통하기 힘들 정도로 가난했다. 건축 비용도 거의 빚을 내서 충당할 수밖에 없었다.[3]

집 자체로 본다면 물론 대수로운 건물이 아니다. 그래도 오늘날 메이지 신궁에 모셔져 정초에는 수백만의 참배객이 몰려들고, 평상시에도 수많은 사람들이 참배하러 찾아가는 신격화된 천황의 생가가 아닌가. 별다른 관심의 대상이 되지도 못한 채 내팽개쳐져 있다는 것은 참으로 묘한 일이라 하겠다. 오랜 세월 동안 무관심 속에 있던 이 별채의 기와가 새로 올려진 것도 그나마 최근에 들어서이다. 다다미가 벗겨지고 바닥이 드러난 채, 장식품 하나 없는 이 산실만 보아서는 일본 역사상 가장 유명한 천황이 태어난 집이라는 사실을 짐작조차 할 수 없을 것이다.

메이지 천황의 생가에만 무관심한 것이 아니다. 신기하게도 메이지라는 인물에 대한 일반인들의 생각에서도 공통된 특징을 찾아볼 수 있다. 그가 일본 역사상 가장 위대한 통치자라고 믿는 일본 사람들조차도, 그 현란한 명성에 걸맞은 업적 하나를 기억해 내기가 여간 어렵지 않다. 메이지 천황이라는 이름에서 우리는 당연히 근대 일본의 시작을 알리는 '메이지 유신'을 연상하게 마련이다. 그러나 즉위하여 연호를 바꿀 당시(1868) 천황은 열다섯 살이었으므로 유신과 그에 이어지는 여러 가지 중대한 변혁에 어떤 중요한 공헌을 했으리라고는 보기 어렵다. 메이지 천황의 이름은 또 청일 전쟁과 러일 전쟁에서의 승리, 혹은 영일 동맹 체결로도 이어지는데, 이런 사건에서 그는 분명 정책이나 전략의 실제 입안자라기보다는 인자한 통솔자로서의 역할만 했을 것이다. 하지만 메이지 치세를 통해, 아니 후세에 이르기까지 그의 존재가 사람들에게 비범하고 용기 있는 행위를 하게 만든 것 또한 분명한 사실이다. 메이지 신정부의 수많은 변혁을 이끈 공신들에게 메이지 천황이 언제나 마음의 의지처였다는 것은 의심할 나위 없는 사실이다.

메이지라는 인물에 관한 일반적인 지식 부족이 무슨 대대적인 증거 인멸의 결과는 아니다. 탄생 이래 그와 관련된 온갖 자료는 넘칠 정도로 충분하다. 공식 기록인 『메이지 천황기』에는 그야말로 그가 직접 관계한 사건뿐 아니라 주변에서 일어난 사건까지 매일매일 하루도 빠짐없이 기록되어 있다. 타계한 후에는 그의 일상생활과 인품을 기리는 수많은 책과 문서가 그를 아는 사람들에 의해 발표되었는데, 이런 종류의 서적들은 웬일인지 읽는 사람들을 감동시키는 힘이 약하다. 유럽 사람을 접견한 최초의 천황이었으므로 일본을 방문한 적이 있는 외교관들의 일기에도 그는 등장한다. 천황을 직접 만날 수 있었던, 일본인의 문장만큼 제약받지 않았을 그들의 서술은 처음으로 대중 앞에 모습을 드러낸 천황을 솔직하게 전하고 있어 매우 흥미롭다. 하지만 그러한 서술조차도 메이지라는 인물 그 자체에 대해 알려주는 것이 거의 없다.

열세 권이나 되는 빼곡하게 적힌 두툼한 공식 간행물(원문은 본문 260권) 말고도, 예를 들면 염문과 관계된 이야기라든지 얼마나 술을 즐겼다든지 등등 그야말로 무수한 전설과 일화가 있다. 개중에는 별로 대단한 증거도 없이 자신이 메이지 천황의 서출(庶出) 자손이라고 자처하는 사람까지 나오는 판이다. 구할 수 있는 자료가 너무 많다보니 제대로 된 전기를 쓰려는 학자들에게 정작 필요한 것은 인내심일지도 모르겠다. 그러나 메이지 천황의 전기 작가가 되는 데—45년에 걸친 치세의 세월이 일본 역사상 최대의 변혁 시기이기도 했던 한 인물의 신뢰할 만한 초상을 그려내는 일에—성공한 사람은 유감스럽게도 전무하다시피 한 형편이다.

어쩌면 그들이 인정하고 말고의 여부를 떠나, 전기 작가들은 메이지 천황의 개성이 '어진영(御眞影)'이라 불리는 초상—그 표정 밑에 무엇이 숨겨져 있을까 상상하는 일조차 황송했던 백성들이 그 앞에서 최고의 예의를 표해야만 했던 양식화된 한 군주의 초상—그 이상의 깊이도 복잡성도 지닌 것이 없다는 성급한 결론에 도달했는지 모른다. 그리고 메이지 천황에게도 '인간적'인 측면이 있었다고 말하기 위해 전기 작가들은 온갖 일화를 끄집어내기도 한다. 가령 감정을 좀처럼 드러내지 않은 천황이지만 실은 황후를 깊이 사랑했다느니, 언제나 백성만을 걱정하고 있었다느니, 혹은 기막힌 유머 감각을 지니고 있었다는 등등…… 하지만 이런 유의 일화는 기억에 남기는커녕 오히려 믿어지지 않는다. 그리고 이른바 진실을 밝히는 것을 업으로 삼는 후세의 비평가들은 메이지 천황을 그 숱한 공적에 어울리지 않는 '무'의 존재로서, 혹은 반대로 그가 한 모든 일이 백성의 행복과는 무관했다는 사실을 보여주려는 듯이 냉혹하기 짝이 없는 폭군으로 묘사하고 싶어한다. 아마도 이는 모두 잘못된 것으로 보인다. 비평가들이 그런 천황의 상을 그려내려고 하면 할수록 그의 불멸의 명성과 그를 숭배하는 자들이 지니는 방대한 수수께끼들은 점점 깊이를 더해 갈 것이다.

거의 같은 시대를 산 영국의 빅토리아 여왕과는 달리, 메이지 천황은 일기도 쓰지 않았고 편지도 사실 쓰지 않았다 해도 지나친 말이 아니다. 메이지 천황의 아버지인 고메이(孝明) 천황은 많은 서한을 남겼는데, 대부분 세상의 움직임에 민감했던 그의 격렬한 분노가 가득 담겨 있다. 그러나 아주 드물게 남아 있는 메이지 천황의 서한은 별다른 흥미를 끌지 못한다. 게다가 칙서의 사인을 빼고는 친필도 거의 남아 있지 않다. 천황이 어떤 목소리를 가지고 있었는지조차 확실히 알 수 없다. 그를 아는 사람들의 말로는 목소리가 컸다는 것은 알 수 있지만, 목소리의 특징까지는 알 수 없다. 사진도 거의 없고 공개된 것이라고 해야 고작 서너 장이 아닐까 싶다. 같은 시대를 살았던 신분이 낮은 일본인들의 사진은 얼마든지 남아 있는데 말이다. 사후에 그려진 초상화들, 예를 들어 은광을 시찰하는 것이나 헌법 기초 회의를 주재하고 있는 것 따위는 어디까지나 그려진 모습이지 실물 그대로를 정확하게 찍어낸 게 아니다. 그것도 대부분 그의 얼굴을 잠깐 배알할 기회가 있었거나 그럴 기회조차 없었던 화가들의 작품이다.[4]

공식 기록이나 시종들이 기록한 믿을 수 없는 비공식 회상록 말고, 메이지 천황을 알 수 있는 하나의 방법은 그가 지은 시가를 읽는 일이다. 메이지 천황은 평생 10만 수가 넘는 단카(短歌: 일본의 전통적인 시가 형식으로 '와카和歌'라고도 불린다)를 지었다고 한다. 모두가 전통 시가 형식의 틀에 박힌 것이지만 그중에는 가끔 그의 기분을 드러낸 것도 볼 수 있다. 메이지 하면 맨 먼저 떠올리는 '군인칙유(軍人勅諭)'나 '교육칙어(教育勅語)' 같은 조칙은 실제로 다른 사람들이 작성한 것이므로, 그 속에서 메이지 개인의 생각을 파악하기란 어렵다.

메이지 천황 타계 후 그를 아는 궁중 사람들에 의해 쓰인 증언도 불충분한 데다가 서로 모순된 내용이 많다. 어떤 이의 회상에 의하면, 어린 시절 메이지 천황은 아주 건강하고 활달해서 다른 아이들을 곯려주는 개구쟁이였으며 씨름도 엄청 잘했다는 것이다. 반면 다른 사람은 천황이 허약해 툭하면 병을 앓는 소년이었다고 하므로 두 사람의 회상에 의문을 품지 않을 수 없다. '합어문(蛤御門)의 변'(1864) 때 처음으로 대포 소리를 들은 천황이 너무 놀라 기절했다는 이야기는 많은 전기 작가가 자주 인용하는 것인데, 일부 전기 작가들은 이를 부정하고 있다. 이러한 몇 가지 모순에 봉착하다보면 독자들은 최악의 경우 이런 의심을 하게 마련이다. 그것은 어린 시절의 메이지 천황이 실제로는 병약하고 겁이 많았지만, 전기 작가들이 '천황은 꿋꿋한 야마토(大和: 일본의 별칭)의 남아'라면서 사실을 날조하고 있는 게 아닐까 하는 것이다. 그러나 어린 시절 여러 해 동안 놀이 상대였던 인물이 몇 번씩이나 천황에게 주먹질을 당했노라고 돌이키는 것을 보면 일부러 거짓말을 한 것 같지는 않다.[5]

모순은 천황의 어린 시절에만 국한되지 않는다. 천황의 총명함, 현명함, 백성을 생각하는 마음, 그리고 군주다운 자질 모두가 최근에 와서 학자들에 의해 의문시되고 있다. 시시껄렁한 예를 하나 들어보자.

시종 중 한 사람이 회상록에 쓴 것처럼 메이지 천황은 국내판, 영자판을 포함해 10여 종의 신문을 구독했다고 하는데, 과연 매일같이 그것을 꼼꼼하게 읽었을까.[6] 아니면 다른 시종의 말처럼 한동안 제목들만 훑어보다가 나중에는 신문 그 자체도 보지 않게 되었을까.[7] 천황의 일상에 대해서도 비슷하게 모순되는 내용이 많아 사실 그가 어떤 인물이었는지를 밝혀내기란 여간 어려운 일이 아니다.

흔히 말하는 것처럼 메이지 천황이 신변잡사에 무덤덤한 성격이었던 데다가 자기를 위해 돈을 쓰려 들지 않아 군복에는 언제나 천이 덧대어져 있었다는[8] 게 사실이라면, 다른 회상기에서 말하는 값비싼 다이아몬드[9]나 프랑스 향수[10]에 대한 기호는 어떻게 봐야 할까.

일상생활을 매일같이 기록한 열세 권을 꼼꼼하게 따져본 뒤에도, 메이지 천황을 이해하기는 어렵다. 예컨대 천황이 궁중 밖으로 나온 것이 정확히 언제인지를 우리는 알 수 있다. 하지만 우리가 정말로 알고 싶은 것은 그 시기가 아니라, 천황이 그의 세계의 전부였던 황궁에서 나와 바깥공기를 쐬고, 석가모니처럼 태어나 처음으로 빈곤과 질병과 죽음을 목도했을 때 무엇을 느꼈을까 하는 것이다.

메이지 천황을 개인적으로 아는 사람들은 그의 강직함, 공평함, 그 밖의 숱한 뛰어난 자질을 이야기한다. 설혹 이들 칭찬의 말을 의심 없이 받아들인다 해도 우리는 더 알고 싶은 것이 있다.

그는 바깥세계에 대해 아무것도 모르는 채 여관(女官: 신분이 높은 궁녀)들의 손에서 자랐고, 무기는 잡아 본 적도 없이 고전적인 궁중 놀이에 젖어 있던 황자이다. 그나마 한 번도 전투에 참가한 적이 없는 천황의 후예가 왜 군인으로―군복을 벗은 모습으로는 결코 남의 눈에 띄지 않는 인물로―기억되는가.

메이지 천황에 관해 글을 쓰다 보면 그에게만 초점을 맞추기 어렵다. 이는 그를 둘러싼 현관(顯官)들이 모두 특출한 능력을 지닌 강한 개성의 소유자들이었기 때문이다. 전기 작가들은 메이지 천황의 치세를 현관들이 활약하던 시대로 포착해 그의 이름 아래 그들의 빛나는 공적이 성취된, 말하자면 천황은 의례적인 역할만 했던 인물로 보고 있다. 그러나 메이지 천황을 정치적, 사회적으로 큰 변동이 있던 시대에 우연히 천황 자리에 있었던 인물로만 치부한다는 것은 그야말로 공정하지 못하다. 물론 어린 천황이 메이지 유신 입안자들에게 도움이 된 것은 사실이다. 만일 메이지 천황의 아버지 고메이 천황—그의 외국인 혐오증은 구제 불능이었다—이 서른다섯이란 젊은 나이에 죽지 않았다면, 유신 공신들의 사업은 사사건건 방해받았을 것이다.

메이지 천황은 어렸지만 중대한 결단을 내릴 수 있는 능력의 소유자였다. 가령 사이고 다카모리(西郷隆盛) 같은 메이지 신정부의 중신들이 주장한 조선 침략을 미연에 막을 수 있었던 것은 그가 중간에 결단을 내렸기 때문이다. 그리고 기회 있을 때마다 거행한 전국 순행은 백성들에게 통일 근대국가로서의 일본이라는 의식을 심기에 충분했다. 메이지 천황에게 단순히 '무'란 레테르를 붙인다는 것은 빅토리아 여왕을 그런 존재로 치부하는 것과 마찬가지로 부적절한 일이다.[11]

메이지 천황의 아명 사치노미야(祐宮)는 오시치야(お七夜: 일본에서는 아기가 태어나 7일째 된 날 밤 아기의 탄생을 축하하는 관습이 있다)의 예를 올린 다음 아버지 고메이 천황한테서 받은 것이다. 그는 나중에 친왕(親王) 무쓰히토(睦仁)로 알려지게 되는데, 이 무쓰히토라는 이름은 메이지 천황이 그의 치세 때 사인한 조칙에 등장하곤 한다. 지금 일반에 알려져 있는 '메이지'는 천황이 서거한 후에 붙여진 시호이며 동시에 연호이기도 하다. 그의 치세에 '메이지'가 연호로 채용되기 전까지만 해도, 연호는 한 천황의 재위 중에 몇 번이고 바뀌는 것이 예사였다. 가령 12간지에서 말하는 신유, 갑자가 되는 해나 상서로운 일이나 재난이 일어난 해에 바뀌는 것이 보통이었다. 이에 비해 '메이지'는 메이지 천황이 왕정복고로 군주가 된 1868년부터 1912년까지의 연호였다.

메이지는 그야말로 어지럽게 격동하던 한 시대에 일본 문화의 전반적인 특징을 나타내는 칭호로 사용되고 있다.

메이지 천황은 수세기 동안 서양과의 접촉을 거부해온 일본이란 나라에서 태어나, 이 나라가 세계열강으로 변모해가는 모습을 생애를 통해 지켜본 인물이다. 내가 이제부터 시도하려는 것은 바로 그 메이지 천황을 발견하는 일이다.

제1장 고메이 천황

    나에게는 고메이 천황(1831~66)의 초상화 두 장이 있다. 한 장은 흔히 볼 수 있는 복제품으로 궁중 의상을 입고 다다미 위에 놓인 옥좌에 앉아 천황임을 나타내는 입영관(立纓冠: 갓이 위로 솟구친 관)을 쓰고 있다. 살짝 오른쪽을 향한 갸름한 얼굴은 무표정하며, 그림 솜씨로 보아 전형적인 천황의 초상화라고 말할 수 있다. 이 초상화가 13세기가 아니라 19세기에 그려진 것임을 나타내는 점이 있다면, 아마도 에도 중기 이전에는 수영(垂纓: 갓을 늘어뜨린 것)이던 천황의 관이 입영이 되어 있다는 사실 정도다. 그것을 빼놓고 보면 다른 시기의 천황이라고 해도 모를 것이다. 막부 말기는 특히 혼란기였다. 당시 왕위에 오른 그의 고뇌가 초상화에서 전해질 법도 한데 그런 기색은 거의 찾아볼 수 없다. 이 초상화로 판단한다면 고메이 천황은 지난 2백 년에 걸쳐 나라의 발전과는 무관한 존재였던 근세 역대 천황들과 별로 다른 점이 없다고 할 수 있다. 근세 역대 천황들의 생애는 일본의 민중과는 거의 인연이 없었고, 오늘날에는 그 이름조차 잊혀지고 있다. 그러나 이 한 장의 초상화에 그려져 있는 특징 없는 평범한 모습과는 달리, 고메이 천황은 지금도 사람들의 기억에 선명하게 남아 있다.[12]

또 다른 한 장의 초상화에서 받게 되는 인상은 앞의 것과는 전혀 다르다. 얼굴에는 강한 개성이 나타나 있고 그 표정에서는 '분노'가 짙게 풍긴다. 고메이 천황은 사실 평생 분노할 일만 있었던 천황이었다. 남겨진 편지와 문서가 밝혀주고 있는 바에 의하면, 재위 중에 일어난 사건들이 몽땅 그를 격노하게 만들고는 했다. 그 반응을 하나하나 살펴볼 때 단순한 분노라기보다는 오히려 급변하는 정치적, 사회적 상황을 저지시킬 수 없는 자신의 무기력에 대한 울분이었다.

고메이 천황은 1831년 6월 14일에 태어났다. 아버지는 역대 천황의 계보에서 제120대에 해당하는 닌코(仁孝) 천황, 어머니는 곤노텐지(權典侍)로 오기마치 사네미쓰(正親町實光)의 딸 마사코(雅子)였다. 그러나 정식으로는 주고(准后: 천황의 비가 '황후' 호칭을 받지 못하면 '주고'로 불렸다.) 야스코(祺子)의 아들로 올려졌다. 닌코 천황의 네 번째 아들이어서 여느 경우 같았으면 황위를 계승할 위치가 아니었다. 그러나 고메이 천황이 탄생했을 때, 이미 형들은 이 세상 사람이 아니었다. 당시뿐 아니라 후세에도 황실 자녀들의 사망률은 아주 높았다. 예를 들어 닌코 천황의 열다섯 명의 황자와 공주 가운데 세 살을 넘겨 산 경우는 단 세 명뿐이었다.[13] 고메이 천황의 여섯 명의 자녀 중에서 아버지보다 오래 산 사람은 메이지 천황뿐이었다. 메이지 천황의 열다섯 명의 자녀 중에서는 다섯 명만이 성인이 되었다. 궁중에서의 유아 사망률이 같은 시대의 일본 농가보다도 훨씬 높은 까닭을 알 수가 없다.[14] 여기에는 몇 가지 이유를 생각할 수가 있는데, 가령 극단적인 조혼(황위 계승자는 보통 열여섯이 되기 전에는 결혼했다), 궁중 한방의의 뒤떨어진 의술, 궁궐을 감돌고 있는 건강하지 못한 음울한 분위기 등이다.[15] 아무도 선뜻 지적하려 들지 않지만, 황실로 시집오는 여성들이 극히 일부 조정 고관의 딸로 한정되어 있었으므로 근친결혼을 조장하는 결과를 초래했던 것으로 여겨진다.

천황, 그중에서도 에도 중기 이후의 천황은 아주 드문 예외를 빼놓고는 거의 단명했다. 사쿠라마치(櫻町) 천황이 만 서른에 사망했고, 모모조노(桃園)와 고모모조노(後桃園) 천황은 스물한 살에, 닌코는 마흔다섯에, 고메이 자신은 만 서른다섯 살에 세상을 떠났다. 따라서 뒤를 이을 천황의 즉위도 덩달아 빨라졌다. 고메이 천황의 할아버지 고카쿠(光格) 천황은 만 아홉에 즉위했고 그의 아들인 닌코는 열일곱에, 고메이 자신은 열여섯에, 그리고 아들인 메이지 천황은 열다섯에 즉위했다. 경우에 따라서 경험도 없는 어린 천황의 즉위는 나라의 정치에 중대한 영향을 미칠 수도 있다. 그러나 일본 국정에서는 천황이 지혜로운 인물이건 나이 어린 군주이건 아무 상관이 없었다. 천황의 의무는 나라를 다스리는 것이 아니었다. 유일한 공적 활동은 정해진 제의를 집행하는 것뿐이었다.[16] 쇼군(將軍)이 어떤 행동을 취할 때 천황에게 조언을 구할 의무는 없었고, 일단 쇼군이 결단을 내리면 천황의 승낙을 얻을 필요도 없었다. 그러한 상황이 고메이 천황의 즉위를 경계로 싹 달라지게 되었다.

고메이 천황은 교토 중심부의 조그마한 궁궐에서 자랐다. 궁궐 주변에는 구게들이 모여 살고 있었다. 황족들에게는 궁궐이 세계의 모든 것이었다. 히가시쿠제 미치토미(東久世通禧, 1833~1912)에 의하면, 천황을 인간 세계와 단절시키고 마치 살아 있는 신처럼 궁중에서만 살도록 만들자는 것이 막부의 정책이었다. 새로운 사건이나 진기한 사건이 절대로 천황의 귀에 들어가지 못하도록 엄하게 금하고 있었다.

아홉 살 때 어린 고메이 천황의 놀이 상대로 선택된 히가시쿠제는 만년에 고메이 천황의 어린 시절에 대한 이야기를 남겨놓았다. 자신이 본 것들을 생전에 남겨놓지 않았다가는 유서 깊은 그 수많은 황실의 관습들이 영영 사람들의 기억에서 사라지지 않을까 염려했던 것이다.[17] 히가시쿠제는 직접 목격한 궁중 의식들을 놀라운 기억력으로 아주 자세하고 꼼꼼하게 기록했다. 예컨대 어떤 의식에 누가 참여했고 어떤 차림이었는지 무엇을 주었는지 등 전형적인 의식을 자세하게 설명했다.

아홉 살이 된 6월 7일, 독서를 시작하시는 의식이 있었다.[18] 아홉 살이 되도록 독서를 안 하신 게 아니다. 그 이전부터 『효경』이나 『대학』 같은 책을 읽으셨으며 다카쓰카사(鷹司) 좌대장(左大將)이 교수를 맡고 있었다. 그러므로 이 독서를 시작하는 의식은 대외적인 의식일 뿐이었다. 당일 사시(巳時)에 행해졌다. 학문소로 나아가신다. 불그스름한 남색 미에다스키(三重襷: 일본 옷소매를 잡아매는 끈)가 있는 노시(直衣: 귀족의 평복)에 거북이 등껍질 무늬가 있는 보랏빛 바지 차림을 하시고 중단에 앉으신다. 부케덴소(武家傳奏), 동궁의 삼경(三卿), 공경(公卿: 태정관의 최고 간부로서 국정을 주도하는 직위. 태정대신 이하 다이나곤, 참의 등 종3위 이상 고관을 가리킨다) 다음으로 앉으신다. 주나곤(中納言) 고가 다테미치(久我建通)가 책상을 들고 와 앞에 놓자, 삼위(三位) 기요하라 아리카타(淸原在賢)가 나아가 책상 앞에 앉아『효경』의 서문을 읽는다. 세 번 되풀이해서 읽는다. 동궁도 곧바로 그대로 읽으신다. 기요하라 삼위가 물러나자, 고가 다테미치가 나와 책상을 치운다. 그런 다음 들어가시는 것이다.[19]

교육은 대개『효경』과 같은 유학 서적을 스승을 따라서 소리 내어 읽는 일에서 시작했다. 뜻도 모른 채 자구를 읽기 시작해서, 마침내 한적(漢籍)을 이해하고 스스로 한시를 짓기에 이른다. 글씨 쓰기 또한 황자의 교양으로서 빼놓을 수 없는 일로, 본으로 삼을 스승을 누구로 정하느냐가 지극히 중요한 문제였다. 그런 다음 와카(和歌)를 스스로 읊는 일이 황자에게 기대하는 최후의 의무였다.

이들 전통 교육의 요소를 빼놓고 본다면 그다음에 황자가 책에서 배워야 할 것은 거의 없었던 것 같다. 있다 해도 일본이나 중국의 역사 및 지리 같은 기본적인 사항이었을 것이다. 그중에는 옛날이야기 책만 읽은 천황도 있고, 궁중에서 1천 년의 전통을 자랑하는 무악(舞樂) 관람을 취미로 삼은 이도 있었다. 궁중에서 노가쿠(能樂: 일본 전통 가면극)[20]나 분라쿠(文樂: 일본 전통 꼭두각시놀이)가 상연된 기록도 남아 있다. 그러나 이런 취미는 어디까지나 소일거리로, 막부가 주된 임무로서 천황에게 제시한 진지한 학문과는 성질이 달랐다.[21]

1615년 천황, 구게, 황족, 몬제키(門跡: 황족이나 귀족 출신의 승려)의 행동을 규제하기 위해 제정된 법률이 도쿠가와 이에야스, 2대 쇼군 히데타다(秀忠: 당시는 명목상의 쇼군이었다), 전 관백(關

白) 니조 아키자네(二條昭實)의 연서로 발령되었다. 〈금중 및 구게의 제법도(禁中並公家諸法度)〉로 알려진 이 조례는 17항의 조문으로 되어 있는데, 이는 아마도 604년에 쇼토쿠(聖德) 태자에 의해 제정된 〈17조 헌법〉을 모방한 것 같다. 제1조에 오른 가장 중요한 조문은 '천황은 학문과 예능에 전념해야 한다'라고 정해 놓고 있다. 도쿠가와 시대의 천황은 이를 명심하고 지켰던 모양이다. 학문(유학과 고도古道)과 예능(주로 와카와 서예)은 천황의 공적생활을 지탱해주는 지주였다. 그렇다고 해서 〈사서오경〉을 익혀서 도쿠가와 시대의 유학자와 새로운 해석을 놓고 겨루어보자는 것은 아니다. 궁중의 인간으로서 공자의 가르침에 일단 통하고, 그것을 시의적절하게 인용할 줄만 알면 그것으로 충분했다. 나머지 조문은 대신, 섭정, 관백의 서임과 사임, 무가와 궁중의 관직, 대신이나 황족의 서열, 몬제키의 처우 등 특정 사항을 정해놓고 있다.

천황과 대다수 귀족들은 막부의 세상을 원망하며 천황이 군림하던 지난날을 그리워했을지는 몰라도, 그러한 규제에 울분을 터뜨리는 일은 없었다. 그들이 사는 세계는 지극히 좁았으나 그 한계에는 신경도 쓰이지 않았던 모양이다. 보잘것없는 소소한 관심사만이 수십 년, 수백 년 동안 궁중 사람들의 마음을 지배하고 있었다. 궁중 생활에 간섭하는 막부나 그들의 일거수일투족을 감시하기 위해 에도에서 파견 나온 관리의 존재에 분개하는 사람들까지도 막부에서 주는 봉록 없이는 살아나갈 수 없다는 것쯤은 충분히 알고 있었다.

하급 관리의 경우 최저의 생계조차 유지할 수 없을 만큼 그 봉록이 적어서, 대다수가 고서 베끼기나 가루타(일본 고유의 딱지)

의 바탕 종이 바르기 같은, 품격을 떨어뜨리지 않을 정도의 부업은 마다하지 않았다. 구게들은 그런 일을 하면서도 자신들의 그 화려한 명예를 팔아 더 많은 수입을 챙겼다. 이와쿠라 도모미(岩倉具視, 막부 말기부터 메이지 시대에 걸쳐 가장 걸출한 구게로서 등장하게 된다)의 집안은 매우 가난했다. 이와쿠라는 귀족의 집이 이른바 치외법권이라는 점을 이용해서 자신의 집을 도박장으로 개방하고, 그 자릿세를 받아 살림에 보태고 있었다. 귀족들은 그토록 가난했어도 스스로 자기 집안의 사회적 지위를 큰 긍지로 삼고 있었으며, 사회에서도 존경받고 있었다. 물론 그중에는 귀족 스스로가 증언하고 있듯이 불법 행위를 하기도 하고, 돈이 될 만한 일이라면 수단을 가리지 않는 부류가 있었던 것도 사실이다.[22]

천황이나 귀족의 가난은 특히 역사소설가들에 의해 과장되게 묘사되는 일이 많았다. 그래서 천황도 살아가기 위해 이러저러한 수단을 취했다더라 하는 식의 이야기가 그럴싸하게 전해지기도 했다. 하지만 사실과 달리 역시 사치스러운 행태가 부풀려져 묘사되기 일쑤인 당시의 다이묘(大名)의 생활수준을 기준으로 해서 보더라도 꽤 넉넉하게 생활하고 있었다.

그렇지만 도쿠가와 시대 천황의 생활은 말할 수 없이 따분했을 것이다. 잠자리에서의 즐거움을 빼놓자면 말이다. 고미즈노오(後水尾) 천황에게는 37명, 고사이(後西) 천황에게는 27명의 자녀가 있었다. 하루하루가 제의 의식의 연속이었다. 그런 일이 어김없이 해마다 되풀이된 것 같다. 하지만 우리가 천황의 생활을 지극히 음울하게 느끼는 까닭은 매일매일의 행동 범위가 한정되어 있는 데서 오는 것 같다. 그러나 이는 반드시 그렇다고 볼 수는 없다. 물론 천황이 궁궐을 벗어나 멀리 여행하는 일은 없어졌지만, 가끔 시내를 순행하기는 했다. 예를 들면 1626년 고미즈노오 천황은 쇼군의 교토 거처인 니조(二條) 성에서 4박 5일의 환대를 받은 적이 있다. 그러나 3대 쇼군 도쿠가와 이에미쓰(德川家光, 1604~1651)가 명실상부하게 권력을 틀어쥐게 된 1632년 이후에는, 천황이 궐 밖으로 나가는 것을 막부가 금지시켰다. 몇 번인가 궁에서 불이 났을 때 천황이 시내의 절로 피신할 수밖에 없었던 것은 사실이다. 그러나 근세 역대 천황은 유폐된 국사범 같은 신세였다고 해도 과언이 아니다.

상황(上皇)은 비교적 자유로이 궁 밖으로 나다닐 수 있었다. 교토 시 북동쪽 산기슭에 있는 수학원(修學院) 이궁(離宮)은 원래 고미즈노오 상황의 별장으로 1655년부터 59년에 걸쳐 건축되었다. 그 뒤로도 몇몇 상황이 이 이궁을 찾고는 했으나 결국 황폐해졌다. 그 바람에 1823년 고카쿠(光格) 상황이 막부에 수학원 행차를 신청하자 직전에야 허둥지둥 복구해야 했다. 행차는 화려하게 치러졌다.

히요시(日吉)의 산기슭에 있는 수학원의 다실에 고미즈노오인(後水尾院) 상황이 처음으로 행차하시다. 레이겐인(靈元院: 112대 천황) 상황 생전에 종종 행차하셨으나 교호(享保) 17년(1732)에 레이겐인 상황이 승하하신 후 어언 백 년 세월, 이젠 황폐해져 행차도 없어지더니, 분세이(文政) 7년(1824) 9월 21일 태상황(=고카쿠)이 다시 처음 행차하시다. 청화원(淸和院) 문을 나서 마스가타에 이르러 가모(賀茂) 강을 건너고 니타(新田) 산자락에서 잠시 휴식을 취하셨다. 만민이 환호하고 만세를 부르며 온 거리

를 가득 매우고 우러러보았다. 이 얼마나 경사스러운 태평성대인가.[23]

막부도 상황이나 몬제키에게는 어느 정도의 자유를 허락했다. 그러나 재위 중인 천황에게는 그러지 않았다. 1632년부터 고메이 천황이 가모(賀茂) 신사와 이와시미즈하치만(石淸水八幡) 신궁을 참배한 1863년에 이르기까지 역대 천황은 어떤 재난이 일어났을 때를 제외하고는 궁을 떠날 수 없었다. 바다를 구경한 천황도, 후지(富士) 산을 바라다본 천황도, 그리고 쇼군 가의 중심지인 에도 거리를 둘러본 천황도 없었다. 한평생 천황이 만날 수 있는 사람이라고는 수백 명의 구게들뿐이었다. 일본인 거의 모두가 천황을 슬쩍 바라볼 수 있는 기회조차 없었다. 그래도 교토 사람들은 천황이 궁궐 벽 저쪽에서 하루하루 살아가고 있다는 것을 잘 알고 있었다. 하지만 고카쿠 상황이 수학원 별궁으로 행차했을 때처럼 드문 기회를 제외하고는, 천황이나 상황은 고사하고 그들이 타고 다니는 가마조차 볼 수 없었다. 천황은 한 줌밖에 안 되는 구게들을 제외하면 어느 누구의 눈에도 띄지 않았다. 천황은 외경과 존경의 마음을 일으키게는 할지언정 인간 세계에 완전히 속해 있다고는 말할 수 없는 '발 뒤에 가려진 존재'였다.

궁중에서도 아주 드문 증인 가운데 한 사람인 히가시쿠제 미치토미는 고메이 천황을 인간인 동시에 친구로 여겼다. 히가시쿠제는 젊은 날의 고메이 천황의 학식에 대해서 이렇게 말했다.

사서오경[24] 정도는 쉽게 읽고 강석(講釋)하실 정도의 학식은 있으셨다. 서예는 별로 익힌 일이 없으나 와카는 아버지의 첨삭을 받으며 매일 읽으셨다. 노래는 상당히 잘하셨다. 아악은 다이나곤(大納言) 하무로 아키타카(葉室顯孝)의 지도를 받으셨고 피리를 썩 잘 부셨다.[25]

고메이 천황은 열 살이 되던 1840년에 정식으로 동궁(東宮,황태자)이 되었다. 히가시쿠제의 말에 따르면, 입태자례(立太子礼)를 치르기 전에 7사(社)와 7사(寺)에 칙령을 내려 비바람의 어려움 없이 의식이 무사히 치러지도록 기도를 올리게 했다.[26] 의식은 정전(正殿)인 자신전(紫宸殿)에서 치러졌다. 마지막으로 천황이 동궁에게 황위 계승자임을 나타내는 쓰보키리고노켄(壺切御劍)을 하사하면서 식은 끝났다.

히가시쿠제가 실제로 동궁에게 출사하게 된 것은 1842년이었지만, 그 2년 전의 입태자례에 대해 이야기를 들어 알고 있었던 것이다.

동궁의 차림새만 놓고 말한다면 머리는 아직 관례를 올리지 않으셨으므로 위에서 머리카락을 좌우로 갈라 귀 위로 상투를 틀어올리고 계셨다. 쇼토쿠 태자의 화상(畫像)에 두 명의 동자가 곁에 서 있는데, 그 동자들의 머리 모양과 같다.[27]

이 입태자례의 이야기는 남에게 전해들은 것인지 모르겠지만, 원복(元服) 때는 히가시쿠제도 입회했다. 동궁으로서 두 번째로 중요한 의식인 원복은 1844년 3월 23일, 동궁에게 오하구로(お歯黒: 성년이 되는 의식으로 이를 검게 물들임)를 하는 오카네조

메(御鐵漿初) 의식으로 시작되었다. 고메이 천황은 이 의식을 아주 싫어했기 때문에 강제로 시켜야 했다(징그럽게 검은 물감을 이에 바르려 할 때 열두 살 소년이 비명을 지르며 질겁하는 모습을 충분히 상상할 수 있다). 이어지는 이틀 동안에는 식전 연습을 했다.

천자의 일생일대에 단 한 번뿐인 일이다. 이를 담당하는 자들이나 기억하고 있는 사람이 드물다. 그래서 다들 기록을 참고하며 한바탕 연습을 했다.[28]

식전이 있는 당일 새벽, 동궁은 남전(南殿) 의상을 차려입었다. 구게들은 모두 속대를 하고 칠기로 된 검을 찼으며, 긴 옷자락을 끌고 있었다. 닌코 천황이 나오고 동궁의 관을 받든 여관이 뒤를 따랐다. 동궁이 남전으로 나오자, 도노모료(主殿寮)의 관원들이 장막을 열었다. 다카쓰카사(鷹師) 동궁 대부, 고가(久我) 권대부(權大夫)가 앞장서고 동궁이 전에 올랐고, 관백 마사미치(政通)가 그 곁에 섰다. 구조(九條) 우대신(右大臣)이 동궁의 옷자락을 들었다. 이 엄숙한 순간 귀족들은 모두 꿇어 엎드렸고 땅에 서 있던 자들도 뜰에 엎드렸다. 가관(加冠)은 내대신 고노에 다다히로(近衛忠熙)가 거행했으며, 이발은 곤주나곤(權中納言) 고가 다케미치(久我建通, 1815~1903)가 거행했다. 먼저 고노에가 앞으로 나아가 관을 받들고, 물러선 다음에 고가가 나아가 동궁의 뒷머리를 다듬었다. 이 일이 끝나자 동궁은 일단 안으로 들어가서 상의를 갈아입었다.

홍화(弘化) 3년(1846) 1월 26일 새벽, 아버지 닌코 천황이 서거했다. 아무도 예상하지 못한 돌연한 죽음이었다. 닌코 천황은 장년기인 데다 남달리 건장한 체격을 하고 있었다. 특별히 병을 앓은 적도 없었다. 그러나 한밤중에 측간에 가려다가 일어설 수가 없다는 사실을 알아차렸다. 궁녀들이 부축해 보았지만 소용 없었다. 천황은 하는 수 없이 기어서 변소로 향했다. 그러는 중에 발작이 엄습했다.[29] 관백 삼공(三公)에게 급사가 달려갔고, 관백과 시종들이 달려왔을 때 이미 천황은 이 세상 사람이 아니었다. 양위에 대해서 언급한 적은 있었지만 천황의 양위에는 막부의 허가가 필요했다. 천황이 위독하다면서 교토로부터 양위에 대해 묻는 급사가 에도로 달려갔다.

닌코 천황의 서거가 공표된 것은 2월 6일이었다.[30] 일주일 후, 고메이 천황의 즉위식이 간결하게 치러졌다. 닌코 천황의 입관은 14일에 있었다. 2월 23일, 부인 구조 아사코(九條夙子)가 궁중 서열로 황후에 이은 뇨고(女御) 칭호를 받았다. 이것은 고메이 천황에게도 후(后)에 해당하는 반려가 생겼음을 의미했다.[31]

『고메이 천황기』에 나오는 재위 초기의 서술 대부분은 역사적으로 크게 중요한 사항들이 아니다. 닌코 천황의 법회, 목욕재계 행사, 월식, 투계 같은 온갖 사건들이 자세히 열거되어 있다. 그중에서 중요한 사건을 고른다면 가쿠슈인(學習院: 귀족 자제의 학습소)을 창설한 일 정도일 것이다. 1846년 8월 29일 다음과 같은 제목이 갑자기 눈에 들어온다.

임오(壬午)에 이국의 선박이 도래한 상황을 교토에서 전해듣고 해양을 방위하라는 칙서를 막부에 내리다.[32]

지난 수백 년 역사 가운데 현직 천황이 처음으로 나라의 외교 방침에 관해 의견을 표명한 것이다. 외국의 침략을 알아차린 만 열다섯 살의 고메이 천황 (혹은 그 측근들) 쪽에 극도의 동요가 있었음을 시사하는 것 같다. 1847년 4월 25일의 제목 역시 같은 분위기를 드러내고 있다.

갑술(甲戌) 이와시미즈(石淸水) 임시 제참의(祭參議) 후지와라 사다나가를 칙사로 삼다. 특히 외함 내항의 일에 대해서 사해가 정밀(靜謐)하기를 기원하게 하다.[33]

이는 일본에서 외국 침략자를 배제하느라 몇 번씩이나 여러 신들에게 도움을 청하게 된 고메이 천황이 바친 첫 번째 기원이 되었다. 고메이 천황은 평생 한 번도 외국인과 만난 일이 없었다. 아마도 이와시미즈하치만 신궁에 기원을 올린 시점에서도 외국인에 대해서는 아무것도 알지 못했을 것이다. 그 후에도 외국인에 대한 이해도가 깊어졌으리라고는 믿어지지 않는다. 그러나 고메이 천황이 외국인─좀 더 엄밀하게 말하자면 서양인─의 출현을 신들의 나라에 대한 용서할 수 없는 모욕으로 여겼음에 틀림없다. 여기서 말하는 '외함'이라는 것은 아마도 전년 여름 에도 만에 입항한 제임스 비들 제독이 이끄는 두 척의 미국 군함을 가리키는 말일 것이다. 비들 제독은 우라가(浦賀)의 부교(奉行: 헤이안 시대부터 에도 시대까지 무가에서 행정 사무를 담당한 각 부처의 장관)에게 교역을 요구했으나 실패하고 돌아간 일이 있었다. 1846년에는 프랑스 군함 한 척이 일본에 온 일도 있다. 고메이 천황은 이와시미즈하치만 신궁에 바친 조칙에서 이 두 번째 내항에 대해 언급하면서 '만일 외국 선박이 다시 일본을 찾아오는 일이 일어난다면 하치만 대보살님이여, 큰 풍파를 일으켜 적을 무찔러주시고 나라의 안녕을 지켜주옵소서' 하고 기원했다.

고메이 천황의 반 외국 감정에는 한 점의 망설임도 없었다. 때로는 할 수 없이 일시적으로 외국인이 일본에 머무르는 것을 썩 내키지 않는 마음으로 인정하고서 그들을 바다로 내쫓을 수 있는 시기가 올 때까지 꾹 참은 일도 있기는 하다. 젊은 시기에 형성된 이 외국인 혐오증은 마지막까지 사그라지지 않았고, 그의 초상화에서 읽을 수 있는 험악한 표정의 원인은 여기에 있었다고 해도 과언이 아니다.

1847년 9월 23일, 세는나이로 열일곱 살이 된 고메이 천황의 즉위 대례가 자신전에서 거행되었다. 천황은 어명을 내려 국가의 평안과 백성의 충성을 바라는 내용의 기원을 했다. 남겨져 있는 기록에 의하면 식전은 성대하게 거행되었다.[34] 이튿날에는 여느 때 같으면 근처에 얼씬도 못하던 사람들까지 이 성대한 의식의 편린이라도 한번 구경할 요량으로 궁궐로 밀려들었다.[35]

즉위 후 고메이 천황의 생활은 역대 천황의 치세 때 확립된 관례와 별로 다를 것이 없었다. 법회, 대상제(大嘗祭: 천황 즉위 후 처음으로 지내는 궁중 제사), 와카 모임, 궁중 관리직의 이동 등등, 필요하다면 언제나 한결같이 환한 분위기의 와카 한 수를 읊조리기도 했다.

매화 버들 물오르는 봄날의 뜰에
아침 해 기다려서 꾀꼬리 우네[36]

이어지는 이삼년 동안에 벌어진 일상의 고요함을 깨뜨린 사건이라면 일식과 월식 정도가 있었다. 그 일로 모든 궁중 행사가 한때 지체되기도 했다. 고메이 천황은 궁에서 무악과 노가쿠를 즐기기도 하고, 때로는 달구경 연회를 벌이기도 하며 갖가지 제의와 행사에 임했다. 천황이 해야 할 의무 하나하나가 예년과 마찬가지로 정해진 일시에 엄숙히 거행되었다. 드물게 볼 수 있는 질병 이야기[37] 말고 『고메이 천황기』에는 개인적인 사항들이 거의 나오지 않는다. 궐 바깥에서는 큰불이 나서 민가들이 불타기도 하고 홍수로 다리가 떠내려가기도 했는데, 천황은 이들 참화가 일어날 때마다 7사(社)에 만민 안온을 위한 기원을 명했다.

점차 빈번하게 일본 근해에 외국 선박이 얼씬거렸고, 그때마다 고메이 천황을 당황하게 만들었다. 그러나 그 같은 위협에 대해서 천황이 할 수 있는 것은 고작 7사(寺)와 7사에 국가 안녕을 기원하게 하는 일뿐이었다.

행복한 순간이 찾아온 것에 대한 기록도 『고메이 천황기』에 등장한다. 예를 들면 1850년 11월 4일, 주고(准后) 아사코가 복대를 한 지 2개월 만에 첫 딸을 출산한 것이다.[38] 그리고 같은 해 12월 17일에는 신텐지(新典侍)인 후지와라 노부코가 첫 황자를 낳았다. 그러나 같은 날 모자가 모두 사망하고 말았다. 이는 고메이 천황의 치세 중 줄곧 황족을 엄습하게 되는 출산과 죽음의 되풀이, 그 재앙의 시작이었다.[39] 첫 황자의 어머니가 천황의 정식 황후가 아니라 해서 그 탄생의 중요성을 감소시키는 법은 없었고, 또 황자의 죽음에 대한 천황의 낙담을 누그러뜨린 것도 아니었다. 그러나 황자가 하나같이 단명했기 때문에 여느 때 같으면 황족의 죽음을 애도하기 위해 시중에 내려지곤 하던 가무 금

지령은 나오지 않았다.[40]

고메이 천황 치세 초기의 기록에는 독자들의 마음을 빼앗을 만한 대목을 거의 찾을 수 없다. 하지만 이따금 얼핏 보기에 무미건조해 보이는 서술 가운데서도 역사에 관한 지식이 있는 독자라면 흥미를 가질 만한 것이 있다.

가령 1851년 7월 12일자의 제목은 천황이 아리스가와노미야 다루히토(有栖川宮熾仁, 1835~95) 친왕(親王)에게 여동생인 가즈노미야(和宮, 1846~77)와의 혼담을 승낙하는 칙사를 보냈다는 대목이 있다. 가즈노미야는 그 당시 아직 다섯 살이었다. 이 혼담은 분명 애정을 바탕으로 한 것이 아니라, 궁중의 결정에 의한 것이다. 그러나 10년 후 쇼군 이에모치(家茂)가 가즈노미야에게 청혼하는 바람에 이 혼담은 암초에 걸리게 된다.

그리고 『고메이 천황기』 1852년 9월 22일자를 보면, 간결한 네 개의 문자로 한 황자의 탄생을 고하고 있다. 이날 태어난 인물이 누구인지 모르는 독자들이 갓 태어난 황자가 훗날의 메이지 천황이라는 사실을 알기 위해서는 〈황자 강탄(降誕)〉이라는 제목으로 시작되어 여러 쪽에 걸쳐 있는 작은 활자의 기록을 아주 꼼꼼하게 훑어나가지 않으면 안 된다.

제2장 사치노미야의 탄생

　『고메이 천황기』는 뒷날의 메이지 천황에 대해서 최소한의 사실만 다루고 있다. 그러나 『메이지 천황기』는 곤노텐지 나카야마 요시코가 출산의 조짐을 보인 1852년 9월 21일 진시(辰時: 오전 8시 전후)부터의 모든 일을 아주 상세하게 전하고 있다.

　요시코의 아버지 곤다이나곤 나카야마 다다야스는 즉각 행동으로 옮겼다. 사시(巳時: 오전 10시 전후), 다다야스는 전약료(典藥寮) 의사 세 명과 산파 한 명을 불렀고 나아가 관백 다카쓰카사 마사미치, 의주(議奏),⁴¹ 부케텐소(武家傳奏)⁴²에게 서찰로 황자 탄생이 임박했음을 전하게 했다. 소식은 서찰에 의해 궁중의 알려야 할 만한 곳에 차례로 전해졌다. 탄생은 오시(午時: 오후 1시경) 무렵이었다. 새로운 서찰이 돌았다. 고메이 천황이 이 소식을 받은 것은 상어전(常御殿) 북쪽 뜰 화단에 피어 있는 국화를 감상하면서 오찬 상을 앞에 놓고 한잔 기울이고 있을 때였다. 황자의 탄생 소식을 전해들은 고메이 천황은 대단히 기뻐하며 또 한잔을 기울였다고 한다.

갓 태어난 황자는 포의와 함께 우케기누(請衣)에 싸였다. 우케기누란 부드럽고 윤이 나는 순백색 비단 세 폭을 네모지게 자른 것을 가리킨다. 『메이지 천황기』를 읽는 사람은 일본 최대의 국어사전에도 나오지 않는 '우케기누' 같은 낱말을 몇 번씩 보게 될 것이다. 황자의 탄생은 모든 궁중 행사와 마찬가지로 궁궐에서만 통용되는 특수한 어휘를 수반하는 하나의 의식이었다.[43]

탄생을 주상(奏上)한 다음, 황자는 쓰기이레노유(繼入の湯)[44]에 담가졌다. 그 일이 끝나자 나카야마 저택 안에 있는 불은 모두 버려졌다. 그 대신 궁궐에 떡을 납품하는 가와바타 도키(川端道喜)의 집에서 새로운 불을 가져오게 했다. 저택 안의 불을 모두 버린 것은 불 역시 출산의 부정을 탔기 때문이다. 하지만 납득하기 어려운 점이 있다. 새로운 불을 신사나 황족의 몬제키가 있는 절에서 가져온다면 몰라도, 한 장사치의 집에서 가져왔다는 사실이다. 가와바타 도키의 집은 아시카가(足利) 시대 말부터 궁중을 드나들면서 대를 이어 조정으로부터 특별한 대우를 받고 있었다. 이 집에서 사용하는 불은 '청화(淸火)'로 알려져 있었으며, 궁중 주방에서도 사용하고 있었다.

우선 탯줄을 잘라 이를 묶고 상처 자국을 지지는 의식이 거행되었다.[45] 포의는 깨끗이 씻어 토기에 넣고 시라키(白木)로 된 통에 담겨졌다. 이 통은 받침대에 얹어져 산실의 곁방에 놓여졌다. 통 뚜껑 위에는 다코나가타나(笋刀) 한 쌍, 청석(靑石) 두 개, 고마메(말린 멸치)[46] 두 마리가 놓였다. 이것들은 통과 함께 흰 비단으로 싸였다. 그 앞에 병풍이 쳐지고 흰 비단으로 만들어진 국화 등잔 하나가 놓였으며 주야로 계속 켜졌다. 통과 국화 등잔에는 조가비를 태워 만든 백분으로 소나무, 대나무, 학, 거북이가 그려져 있었다. 송죽매(松竹梅)라고 해서 으레 함께 붙어다니는 매화만큼은 그 지는 모습이 불길하다 해서 그림에서 빠져 있었다.

탯줄을 자른 후 황자를 따뜻한 물에 담갔다. 물은 옛 격식을 따라 가모(賀茂) 강에서 떠온 것이고 여기에다 우물물을 섞었다. 산의를 입기까지의 며칠 동안 황자는 속옷과 소매 없는 옷, 그리고 고마키(御卷)라고 불리는 우케기누 비슷한 천에 싸였다. 황자의 요는 산실 정실의 가타다카(片高) 다다미 위에 깔렸다. 가타다카란 두툼한 다다미를 엇비슷하게 베어낸 것으로 그 운두가 높은 쪽에 베개를 둔다.[47] 보통 동쪽이나 남쪽에 베개를 둔다. 베갯머리에는 강아지 인형 한 쌍이 서루 마주보도록 놓였고, 그 인형 속에는 각각 분과 눈썹 먹 같은 화장 도구 한 벌이 들어 있었다. 그 뒤로는 장식물대가 놓이고 여기에 미리 하사받은 호신용 칼과 아마가쓰(天兒) 인형이 놓였다.[48]

인형 머리는 솜을 흰 비단으로 싸서 만든 것이고 몸통은 둥글게 깎은 나무를 정(丁) 자 모양으로 짜서 흰 비단을 붙여놓은 것인데 사지의 끝만은 붉은 비단으로 되어 있다. 도코노마에는 역시 장식물대 위에 포의통과 비슷한 시라키 통이 두 개 있다. 모두 흰 그림이 그려져 있었다. 한 통에는 쌀 한 포와 꽃 장식 끈이 두 가닥, 또 한 통에는 푸른 돌 세 개와 달강어[49] 두 마리가 들어 있었다. 쌀은 은박으로 된 첩지에 싸여 황자의 자리를 옮길 때마다 뿌려서 액운을 쫓았다. 흰 비단의 꽃 매듭 실은 모두 길이가 약 3.6미터인데, 일주일 동안 황자가 재채기를 할 때마다 매듭을 한 번씩 맺는다. 옛 풍속에 의하면 갓난아기가 재채기를 많이 하면 할수록 장수할 징조라 했다. 황자의 요 동쪽에 놓인 두 개의 옷걸이에는 홍색에 금박을 한 띠 두 개가 걸려 있는데 양쪽 끝이 묶여 늘어져 있었다. 채색된 이 띠만 빼고는 황자의 신변은 흰색 일색이었다. 갓 태어난 황자의 차림새에는 모두 백색만을 사용했으며 경사스러운 송죽학구(松竹鶴龜) 그림 역시 호분으로 그려져 있다. '색깔 바꾸기 의식' 때 이 모두를 채색된 물건으로 바꾸는 것이 오랜 관습이었다.

나카야마 다다야스는 황자가 탄생하기 전에 신사나 절에서, 그리고 동네 노인들에게서 빌려온 순산의 수호신을 사례금과 함께 되돌려보냈다. 고메이 천황은 갓 태어난 황자에게 여관을 보냈으며 이들은 황자를 배알하고 호신용 칼과 솜을 넣은 잠옷을 바쳤다. 이 밖에도 황자는 옛 법식에 따라 차례차례 선물을 받게 되었다. 모두가 관습에 따른 것이지만 요새 사람들의 시각으로 보면 전부 기이한 것뿐이다.

이에 앞서 이미 음양두(陰陽頭)인 쓰치미카도 하레오(土御門晴雄)에게 즉각 출사하라는 사자가 달려가고 있었다. 무엇인가 중요한 결정을 내릴 때나 큰일이 벌어졌을 때면 으레 음양사가 불려와 그 큰일의 의미를 해명하고 앞으로 취해야 할 행동을 지시하곤 했다. 쓰치미카도 가문은 대대로 조정의 음양두를 맡고 있는 집안으로, 그의 판단은 특히 존중되었다. 나카야마 요시코의 출산이 임박했을 때, 하레오는 출산 날짜에 따라 분만해야 할 방위를 점친 바 있고 이미 꼼꼼한 지시를 내려놓고 있었다.

임신 6개월 만에 요시코가 고열을 일으켰을 때는 한바탕 소동이 일어났다. 다행히 위기를 무사히 넘기고 출산까지 보게 되었는데, 그래도 만에 하나를 생각하여 황자 탄생에 즈음해서 하레오의 품신(稟申)이 당장 필요했던 것이다. 불행히도 하레오의 집이 상당히 멀리 떨어진 곳에 있었기 때문에 그가 나카야마 가에 도착했을 때는 이미 황자가 목욕을 마친 뒤였다. 하지만 하레오는 마치 출산 시각에 맞춰오기라도 한 것처럼 절도 있게 지시를 내렸다. 언제 탯줄을 자를 것인지, 언제 목욕간을 설치해야 하는지, 언제 따뜻한 물에 담글 것인지 각각의 일시를 아뢰었다. 그리고 배냇머리를 제거하고 산의를 입히고 포의를 매장하는 일시까지 지시했다. 하레오가 여기서 새삼스럽게 지시한 절차의 대부분은 이미 끝난 뒤였으므로 이것은 형식상의 일일 뿐이었다. 오직 한 가지 일만 남아 있었다. 포의를 매장할 장소였다. 하레오는 방위를 따져본 다음 라쿠토(洛東)에 있는 요시다(吉田) 신사를 택했다. 하레오의 의견서가 궁으로 전해졌고, 궁에서 허락하는 전령이 도착했을 때는 이미 밤이었다.

그러는 동안 나카야마 다다야스와 아들 다다나루(忠愛)는 글을 부케텐소에게 보냈는데, '촉예(觸穢)', 즉 두 사람이 출산의 부정을 탔음을 보고했다. 다다나루는 관청의 동료들한테도 마찬가지로 촉예에 대해 알렸다. 이것 역시 형식상의 일이었다. 부정을 타서 고민하기는커녕 다다야스는 너무나 감격스러워 다음과 같은 와카 한 수를 읊었다.

아마테라스 신의 아들을 내 집 경사로 기뻐하는
오늘의 신비로움

유감스럽게도 썩 빼어난 시라고는 할 수 없다. 하지만 다다야스의 기쁨을 여실히 전해주고 있다.

이어지는 며칠간의 행사는 모두가 음양사의 지시에 따른 것이었다. 그러나 음양사의 판단만이 모든 것을 좌우하지는 않았다. 9월 28일, 다다야스는 첫 이레의 예를 행하기 위해 황자의 거실, 즉 원래의 산실의 청불(淸祓)을 음양사에게 의뢰했다. 그러나 그날이 바로 누이 요리코 공주가 죽은 지 백일이 됐다는 사실이 밝혀지는 바람에 첫 이레의 의식은 다음 날로 연기되었다.

다음으로 고려해야 할 중대한 사안은 바로 포의(胞衣) 처리였다. 이 의식은 보통 생후 이삼일 안에 하게 되어 있었다. 황자의 탄생이 토왕지절(土旺之節: 오행五行에서, 땅의 기운이 왕성하다는 절기. 일 년에 네 번으로, 입춘, 입하, 입추, 입동 전 각 18일 동안이다)에 해당하는 경우, 그 절기의 18일 동안 땅을 파면 재앙이 닥친다는 속설이 있으므로 만일에 대비해 출산일 전에 나카야마 저택 빈터에 구덩이를 파놓았었다(하지만 이것은 결국 사용되지 않았다). 토왕지절이 끝난 다음 날은 입동으로 절기가 바뀌는 날이므로 이날도 피해야 했다. 27일은 황자의 생후 엿새째로 배냇머리를 깎는 무이카다레(六日垂)였다. 다음 28일은 이미 말한 것처럼 요리코 공주의 재일, 29일에는 첫 이레 의식이 행해지고 '사치노미야(祐宮)'라는 명명이 있었다. 이 모두가 포의 매장을 위해 구덩이를 파기에 걸맞지 않은 날이었다. 하지만 그러는 동안 사람을 보내 신사의 경내를 뒤져 구덩이 파기에 알맞은 장소만은 정해놓고 있었다. 30일과 10월 1일은 역시 일진이 나빴다. 포의가 매장된 것은 사치노미야가 태어난 지 열흘 뒤인 10월 2일이었다.

궁중의 의식이 얼마나 토지 점에 좌우되었는지 그 위력을 짐작할 수 있다. 비슷한 생각은 헤이안(平安) 시대로까지 거슬러 올라갈 수 있다. 가령 이야기책이나 수필 같은 데서 곧잘 마주치는 '가타타가에(方違え,방위틀기)'처럼 나들이를 하는 경우 불길

한 방위를 피해가는 토지의 방위는 사람들의 행동에 직접적으로 영향을 끼치고 있었다. 똑같은 속신이 오늘날에 와서도 스러지지 않고 있다.

고메이 천황은 태어난 황자와 아직 대면도 못하고 있었다. 그날이 오기를 천황이 얼마나 애타게 기다리고 있었는지 상상할 수 있을 것이다. 하지만 관례는 부성애보다 중요했다. 사치노미야가 처음으로 궁궐로 들어가 천황과 대면한 것은 생후 30일째인 10월 22일이었다. 그 첫 나들이를 하는 날 가마를 타기 전에 황자는 화장을 했다. 이마의 경계선에 백분으로 가로로 일자를 긋고 먹을 찍었다. 그 아래에 연지를 사용해서 '견(犬)'이라는 글자를 썼다. 불길함을 피하는 부적의 일종이었다. 생모인 나카야마 요시코가 가마에 함께 타고 황자를 안은 채 수백 미터의 길을 따라 궁으로 향했다. 복대를 두르던 날과 강탄의 날에 하사받은 물건들도 가마에 실려 있었다.

가마가 궁을 향해 출발한 시각은 사시(巳時: 오전 10시경)였다. 문지기 두 명이 앞장서서 벽제(辟除)를 하고, 궁궐의 관리 열 명이 좌우로 도열해서 가마를 선도했다. 가마는 여덟 명의 장정이 멨다. 가마 곁으로 예복 차림의 궁중 경비를 맡은 무사 네 명, 전약료 소속 의사 두 명이 가리기누(狩衣: 본디 사냥할 때 입는 옷이지만 헤이안 시대에는 귀족들의 평상복이었다) 차림으로 열외에, 그리고 궁내의 잡무를 담당하는 관리 한 명이 역시 가리기누 차림으로 가마 뒤를 따랐다.

그 밖에 무사복을 입은 예비 잡역부 등이 뒤를 따랐다. 행렬 바깥에는 나카야마 다다야스와 다다나루도 끼었다. 행렬이 부지런히 궁에 도착할 생각이었다면 10분도 채 걸리지 않았을 것이다. 그러나 음양사의 지시에 따라 같은 길을 요리조리 한참 우회해야 했다. 가마가 궁궐에 도착하자, 고메이 천황은 뇨고(女御)와 상어전에서 기다리고 있었다. 황자에게는 천황과 뇨고로부터 각각 인형이 주어졌다. 황자 쪽에서는 내시소(內侍所)에 금 백 필과 신선한 도미 한 짝, 천황에게는 중고단지(中高檀紙) 10첩, 다시마, 말린 도미 포, 술 한 통이 바쳐졌다. 그 밖에도 인사를 치러야 할 곳마다 선물을 보냈다. 이날부터 황자의 거처를 생모 나카야마 요시코의 방으로 정했다. 다다야스의 어머니이며 사치노미야에게는 증조모가 되는 쓰나코가 밤낮으로 곁에서 시중을 들기로 했다.

해가 저물어 갈 무렵 사치노미야의 외할아버지 다다야스는 교토의 풍습에 따라 황자의 첫 설날 선물로 '부리부리'와 깃초(毬杖)를 헌상했다. 부리부리는 바퀴가 달린 오이 모양의 나무 완구로 학이나 거북 같은 천추만세의 상서로운 그림들이 그려져 있다. 깃초는 나무망치 모양으로 나무공이 두 개 달려 있다. 이 두 개의 완구를 함께 선물하는 것이 교토의 설 풍습이었다. 본래 아이들 장난감 용도로 만들어졌으나 값이 비싸진 탓인지 이제는 형식상의 선물이 되고 말았다.

황자에게 헌상된 선물이나 그 답례로 황자의 이름으로 보낸 선물은 모두 당시 교토 상류층의 유복한 가정에서 교환되던 물건들과 거의 비슷하다. 금전이 보내지기도 한 것은 확실하지만, 물건은 아주 소박한 것이었다. 사치노미야는 교토 어린이 풍습에 따라 생모 요시코에게 가가미모치(鏡餅: 대소 두 개의 포갠 떡으로 신불에게 바치거나 설날 도코노마에 차려두었다)를 선사했다(하기야 무엇을 선물로 해야 좋을지 갓난아기인 사치노미야가 알 턱이 없지만). 역시 황족 사이에서 관습이 되어 있는 전통적인 선물로는 도미포가 있었다. 그러나 이것은 완전히 말린 것이라 딱딱해서 먹을 수도 없는 어디까지나 형식적인 선물이었던 것 같다. 사치노미야에게는 인형과 장난감도 주어졌다. 이런 선물은 갓난아기에게 어울리는 선물로 여겨진다. 『메이지 천황기』에는 사치노미야의 성장 과정이 자세히 기록되어 있다. 가령 황자의 '젓가락 의식'의 식순, 황자가 처음으로 책상다리로 앉은 것은 언제인가, 또 황자에게 처음으로 모기장을 쳐준 것은 언제인가 등등.

궁궐에서 지낸 이러한 평화로운 나날은 그러나 그리 오래가지 않았다. 일본의 근대사를 꿰고 있는 사람이라면 누구나 알고 있는 것처럼, 1853년은 매슈 갤브레이스 페리 제독이 이끄는 미국 동인도 함대가 일본 근해에 나타난 해였다. 미국 대통령이 일본 정부에 보내는 국서를 휴대한 페리의 내항으로 일본은 오래도록 계속되어 온 쇄국에서 개국으로 역사의 첫걸음을 내딛게 된다.

페리의 함대가 일본 근해에 처음으로 모습을 드러낸 것은 1853년 4월 19일(양력 5월 26일) 저녁, 류큐(琉球) 제도의 나하(那覇) 항이었다. 당시 류큐가 놓여 있던 정치적 입장을 이해하기란 미국인으로서는 여간 어려운 일이 아니었다. 류큐는 당시 일본(엄밀하게 말하면 사쓰마)과 중국(청), 양쪽의 속령이라는 형태를 취하면서 독자적으로 왕을 옹립하고 있었다. 19세기 초기부터 영국, 프랑스, 미국의 선박들이 류큐 제도를 들른 일이 있기는 하지만 일본 본토의 항구에 들어가는 일은 엄하게 금지되어 있었다. 지금까지 외국 선박이 왔다 하더라도 한 번에 한 척이 보통이었다. 그러나 페리의 함대는 당당히 다섯 척을 이끌고 있었다. 상륙한 페리는 류큐의 수도 슈리(首里)에 들어가 류큐 섭정

(攝政) 등과 회견했고 승무원들이 머무르기 위한 집을 임차했다. 슈리에서의 교섭에 만족한 페리는 섬사람들에게 농기구와 야채 씨앗을 주었고 대신 물과 식량을 얻었다. 류큐는 사실상 개국한 것이나 마찬가지였다.

페리 함대는 나아가 오가사와라(小笠原) 제도 지치지마(父島)의 후타미(二見) 항에 들어갔다. 지치지마는 영국인, 미국인, 포르투갈인, 하와이인 등을 조상으로 하는 30여 개척민이 사는 외딴 섬이었다. 페리는 이곳에서 미국인 이주자로부터 상당히 넓은 토지를 구입해 사무소 선창, 석탄 저장소 등의 건설 예정지로 삼았다. 임무를 마친 페리는 다시 나하로 귀항한 뒤 본래의 목적지인 일본으로 향했다.

이런 일련의 사건에 대해 교토는 전혀 알지 못했다. 궁궐에는 잔물결조차 일지 않을 정도로 고요한 나날이 계속되고 있었다. 5월 5일, 어린 사치노미야의 첫 단오절을 축하했다. 황자에게는 수많은 노보리(幟)를 비롯해서 투구, 장검 등 씩씩한 완구가 선사되었다. 이 무렵 사치노미야는 외할아버지 다다야스의 집에서 살고 있었다. 한동안 황자의 얼굴을 보지 못한 고메이 천황은 자꾸만 사치노미야와 만나고 싶어했다. 의사에게 그 시기를 묻자, 의사는 조심하기 위해 첫돌이 지나는 9월까지 기다리라고 권했다. 하지만, 만일 천황이 조속한 대면을 소망한다면 그래도 될 것이다. 다만 6월과 7월의 혹서만큼은 피하는 것이 좋겠다고 덧붙였다. 다시 천황은 나카야마 다다야스의 의견을 물었고 사치노미야가 요즘 매우 건강하다는 것, 정기적으로 의사의 검진을 받고 있는데, 거의 이상이 없으므로 당장 대면하지 못할 이유가 없다는 말을 듣게 되었다. 5월 27일, 사치노미야는 궁으로 들어갔다. 천황은 국화수레를 끄는 인형을 선물했고, 뇨고는 장난감을 주었다.

닷새 후인 6월 3일, 양력으로는 1853년 7월 8일, 군함 한 척을 류큐에 남겨둔 페리의 함대 네 척이 방비를 단단히 차린 우라가 항에 입항했다. 우라가 부교쇼의 요리키(與力)인 나카지마 사부로스케는 통역 호리 다쓰노스케[50]를 대동하고 기함 서스퀘하나 호에 다가갔다. 처음에는 함선에 오르기를 거부당했으나 호리가 영어로 사관과 교섭한 끝에 허가되었다. 나카지마가 퇴거명령서를 제시하자, 페리(직접 대면하지는 않았다)는 부관을 통해 다음과 같이 전했다.

나는 일본과 통상조약을 맺기 위해 대통령의 국서를 가지고 왔다. 하지만 그 국서는 일본을 대표하는 고관이 아니면 건네줄 수 없다.

이튿날 거짓으로 부교라고 칭하며 우라가 부교쇼의 요리키 가야마 에이자에몬이 서스퀘하나 호를 찾아갔다. 역시 페리를 만나볼 수는 없었으나 함장 뷰캐넌 등 사관 두 명과 만나 다음과 같이 전했다.

우라가는 외국인을 응접하는 곳이 아니다. 따라서 국서를 받을 수 없다. 나가사키로 회항하기 바란다.

뷰캐넌 함장은 만일 일본 정부가 국서를 받기에 합당한 관리를 즉시 임명하지 않는다면, 페리 제독은 필요에 따라 무력으로 상륙해서 쇼군에게 직접 국서를 전달하겠노라고 응수했다. 가야마는 그런 사정을 막부에 전달하고 사흘 후에 답변할 것을 약속했다.

우라가의 부교인 이도 히로미치(井戶弘道)는 미국 함대가 우라가에 왔음을 막부에 전하고 해양 방위력의 허약함을 호소했다. 그러는 사이에 미국 군함은 보트를 내려 에도 만의 수심을 측량하고 막부 관리의 제지를 무시하고 혼모쿠(本牧) 부근까지 보트를 접근시켰다. 미국 군함이 들어왔다는 소식이 에도에 전해지자 상하의 모든 사람들이 경악하고 당황했다. 막부 각의의 결의는 이러했다. 외국으로부터 국서를 받는 일은 국법이 금하고 있다. 그러나 만일 여기서 거부하다가는 전화(戰禍)를 초래할 것은 정한 이치이다. 이번에는 잠시 국서를 받아들이고 미국 군함이 떠난 다음 중의를 물어 국시를 정하는 것이 최선의 길이다.

9일, 이와미(石見)의 카미(守) 이도 히로미치와 이즈(伊豆)의 카미 도다 우지요시(戶田氏榮)가 우라가 남서쪽에 있는 구리하마(久里浜)로 가서 페리와 대면하고 밀러드 필모어 미국 대통령이 보낸 국서를 받았다. 그리고, 쇼군이 지금 와병 중이라 국가의 대사를 당장 결정할 수는 없다,[51] 내년에 답장을 주겠다고 했다. 페리도 이를 승낙하고 내년 봄 다시 오겠다는 약속을 했다.

이들 사건의 보고가 아직 조정에는 도달하지 않았다. 7일은 예년과 같이 기온(祇園) 축제가 벌어졌다. 14일은 고메이 천황의 탄생일이어서 붉은 떡을 돌렸고 황자 측에서는 오징어를 바쳤다.

필모어 대통령의 국서가 막부에 도착한 것은 같은 달 14일이었다. 온갖 유언비어가 떠돌고 위아래 할 것 없이 동요가 극에 달했다. 로주(老中: 막부의 상설 최고위직) 아베 마사히로(安部正弘, 1819~57)는 회의를 소집해서 중지를 모으려 했다. 그러나 의견은 자꾸 갈리기만 하고 분규를 부를 뿐이었다. 쓰쓰이 마사노리(筒井政憲)와 가와지 도시아키라(川路聖謨)는 다음과 같은 이유로 미국의 요구를 받아들여 개국해야 한다고 논했다.

2백 년 이상이나 이어진 태평성대에 길들여져 군의 방비는 풀어지고 민심은 위축되어 있다. 이러한 시기에 외국과 일을 벌이는 것은 무리다.

아베 마사히로는 평소부터 국방에 열심이며 막료들에게 장로로서 존경받고 있는 전 미토(水戶) 번 번주 도쿠가와 나리아키(德川齊昭)에게 사신을 보내 의견을 물었다. 미국의 요구를 물리치고 일전을 벌이는 일이 얼마나 어려운지 나리아키는 충분히 알고 있었다. 그러나 나리아키로서는 외국의 요구를 순순히 받아들일 수 없었다. 강경한 태도로 미국을 대할 것, 이것이 나리아키의 답변이었다. 나리아키의 의견에 찬성하는 자가 많았다. 그러나 아직도 막부는 개국파와 쇄국파로 갈려 의견이 수습되지 않았다.

15일, 막부는 교토 쇼시다이(所司代) 와키사카 야스오리(脇坂安宅)를 통해 미국 함선의 내항을 조정에 전했다. 이런 큰일이 일어날까 이전부터 우려하고 있던 조정은 보고를 받자, 부르르 떨었다. 고메이 천황의 우려는 특히 컸으므로 7사 7사에 17일간에 걸쳐 사해정밀, 보조장구(宝祚長久) 만민안온을 기원하게 했다.

7월 1일, 막부는 대통령 국서의 번역문을 여러 번주들에게 보이며 의견을 물었다. 지금까지 국정에 관한 모든 결단은 막부가 한 손에 틀어쥐고 있었다. 그러나 사태가 여기에 이르자 2백여 년에 걸친 관습은 하루아침에 무너지고 말았다. 모든 번주들이 의견을 개진하게 되는 단초가 여기서 부득이 열리게 된 것이다.

아마도 가장 솔직한 의견을 내놓은 인물은 후쿠오카(福岡) 번주 구로다 나리히로(黑田齊溥)였을 것이다. 구로다는 다음과 같은 의견서를 썼다.

세계의 대세는 이미 일본만이 영구히 쇄국하는 것을 허용하지 않는다. 미국의 요구를 받아들여 나가사키에 국한시켜 교역을 허용하고 기간을 오륙 년으로 한정하며 일본이 사용하지 않는 땅, 혹은 무인도를 석탄 저장소로 쓰게 하면 된다. 단 석탄 공급을 허용해서는 안 된다. 만일 이를 미국에 허용한다면 러시아, 영국, 프랑스 등도 즉각 똑같은 요구를 할 게 틀림없다.

교역의 특권은 미국과 러시아에 한정되어야 한다. 러시아는 1804년에 이미 교역을 요구했다. 그러나 영국과 프랑스 등 기타 국가들에 대해서는 단호하게 교역을 거절해야 한다. 만일 이들 나라가 불만을 터뜨리면 마땅히 미국과 러시아의 무력으로 무찌르면 될 것이다. 만일 교역의 특권을 한 나라에 국한시키고자 한다면 미국으로 하는 것이 바람직하다. 미국과 신의 있는 관계를 맺으면 미국의 은혜를 입을 수 있다. 미국이 유럽 제국을 감당하게 하면 된다. 이것이 바로 '이이제이(以夷制夷)'라 할 것이다. 미국의 요구를 냉정하게 거절한다면 전쟁이 벌어질 것은 뻔하다. 일단 전란이 시작되면 일본 선박은 도처에서 적의 습격을 받아

해로가 막히고 만다. 에도 같은 곳은 꼼짝없이 당할 것이다. 이런 일은 후세까지 폐해를 남기게 될 것이다. 방비가 갖춰지지 않은 마당에 승산을 바랄 수 없음은 불을 보듯 뻔한 일이다. 이를 기화로 러시아가 남하해서 마쓰마에(松前), 오우(奧羽)를 침략할 우려가 있다. 지금은 평화를 우리의 주된 목적으로 삼아야 한다.

당장 급한 일은 해양 방위라고 구로다는 진언했다. 대형 선박 제조를 금지한 영을 조속히 거두고 서양을 본받아 함선 제조에 힘써야 한다. 병사를 훈련시킬 교관과 기술자를 초빙하고 국민의 해외 도항도 자유롭게 해줘야 한다. 오래 이어진 태평성대 때문에 상하의 모든 사람들이 오로지 편안함만을 추구하고 인심은 위축된 채 진작되지 못하고 있다. 지금이야말로 군비를 부활시킬 호기라고 했다.

구로다의 진언은 무작정 개국을 지지하는 것은 아니었다. 그러나 미국 함대가 우라가 앞바다에 모습을 나타낸 지 2개월이 안 되는 기간에, 그것도 겨우 석탄에 대한 권리를 요구하는 대통령의 국서를 계기로, 힘 있는 다이묘 가운데 한 명이 2백 년 이상이나 이어져온 제도의 해체를 제안한 것이다. 놀라운 일이라 하지 않을 수 없었다. 당연한 일이지만 구로다는 막부 자체의 해체를 제안한 것이 아니다. 또 이전부터 속삭거려지던 신생 일본의 천황이라는 존재의 중요성을 시사한 것도 아니다. 그러나 그는 분명히 도쿠가와 정권의 기반이었던 쇄국에 종지부를 찍어야 한다고 제언했다. 그는 일본의 무력에 대해 놀라울 정도로 솔직하게 평가했다. 정권이 무사 계급의 지배하에 구축되어 있다는 것, 그러기 위해 무술의 단련이 항상 필요했다는 것을 고려한 끝에 일본에 승산이 없다고 단정한 구로다의 추론은 지극히 냉정하다. 어쩌면 구로다의 추론은 다소 지나쳤을지도 모른다. 메이지 정부 수립 때 벌어진 내전을 살펴본다면 구로다가 무사 계급의 사기가 쇠퇴했다고 한탄한 사실은 지나치게 과장되었음이 분명하다.

다이묘(大名) 모두가 한결같이 구로다처럼 열강과의 전쟁에 승산이 없다고 생각했던 것은 아니다. 사쓰마(薩摩) 번주 시마즈 나리아키라(島津齊彬)는 29일, 글로써 다음과 같이 막부에 진언하고 있다. 미국의 요구를 받아들이는 일은 막부의 체면을 손상시키고 외국에 얕보일 염려가 있다. 그러나 지금 당장 미국과 포화를 교환한다 하더라도 '필승을 기하기 어렵다', 미국 사절이 다시 오면 교섭을 최대한 오래 끌어 회답을 3년 뒤로 연기하는 것이 어떨까. 그사이에 군비를 충실하게 하고 국민의 힘을 양성함으로써 일거에 '외이(外夷)를 격양(擊攘)하는' 일은 결코 어렵지 않다고 했다. 나리아키라의 의견은 많은 다이묘의 공감을 불렀다. 이런 일이 있은 후로 '양이'라는 말은 국방을 주장하는 무사들의 구호가 되었다.

조정에 대통령의 국서 역문이 도착한 것은 7월 12일의 일이었다. 회의 소집은 그로부터 다시 9일이 지난 다음이었다. 조정에서의 시간의 흐름은 무겁고 완만했다. 관백인 다카쓰카사 마사미치(鷹司正通), 의주(議奏) 히로하타 모토토요(廣幡基豊)와 가라스마루 미쓰마사(烏丸光政), 부케텐소인 산조 사네쓰무(三條實万)와 보조 도시아키(坊城俊明) 등이 입궐해서 학문소에서 회의를 거듭했다. 지금까지 외교 문제는 모두 막부의 재량에 맡겨진 채로 있었다. 그러다가 이번에 갑자기 조정의 의견 일치를 요구

받게 된 것이다.

조정은 당연히 외국 오랑캐에 대한 개국으로 이어질 모든 조처를 단호하게 거부할 것으로 여겨졌다. 그러나 놀랍게도 관백 다카쓰카사는 미국의 요구를 받아들이는 데 찬성의 뜻을 표했다. 다카쓰카사의 명분은 이런 것이었다. 일본은 확실히 국시로 다른 나라와의 교통을 금하고 있다. 그러나 이미 청나라 및 네덜란드와는 오랜 세월에 걸쳐 교역을 벌이고 있지 않은가. 설혹 미국과의 통상을 허용한다 하더라도 두 나라가 세 나라로 늘어나는 것뿐이다. 다만, 다카쓰카사는 토를 달았다. 교역의 자리는 나가사키로 국한해야 한다. 만일 받아들여지지 않으면 그때야말로 격양해야 할 것이다. 불행하게도 무사들이 강건의 기풍을 망각하고 겁이 많고 게으르고 유약해졌다. 무사가 싸우는 방법을 모르는 마당에 외국에 싸움을 거는 따위의 일은 득책이 아니다. 지금은 교역을 허용하고 무역의 실리를 거두는 일이 필요하다.

산조 등 많은 사람들이 다카쓰카사에게 이의를 제기했다. 그러나 다음 날 다카쓰카사는 덴소(伝奏)를 통해 미국 함대가 다시 올 경우 막부가 취해야 할 조처를 미리 알려주라고 전했다. 이 전대미문의 조정의 요구를 막부는 삼가 받들었다. 도쿠가와 막부 유사 이래 250여 년 만에 처음으로 나라의 방침을 결정하면서 조정의 의견을 수용했던 것이다.

태평양에서 조업하는 선박에 양식을 제공해야 한다는 필모어 미국 대통령의 요구는 국제법상의 관례에 비춰볼 때, 지극히 합리적인 일이라고 미국인들은 생각했다. 전쟁 타령을 노골적으로 입 밖에 꺼낸 것은 아니었으나 그것이 무엇을 함축하고 있는지는 분명했다. 일본 측으로서도 뭔가 답변하지 않고 있다가는 보복당할 것이라는 사실을 알아차리고 있었다. 이런 시기, 특히 쇼군(將軍)의 힘이 쇠약해져 가는 시점이었으므로 막부는 다이묘들의 지지를 필요로 하고 있었다. 막부 초기부터 도쿠가와 가문과 가까운 후다이 다이묘(譜代大名: 도쿠가와 가문 가신 출신의 다이묘)는 말할 나위도 없고, 지지를 요구하는 목소리는 도자마 다이묘(外樣大名: 세키가와라 전투를 전후로 해서 도쿠가와 가문의 지배체제로 들어간 다이묘로 에도 시대를 통틀어 막정에서 배제되었다)에게까지 미쳤다. 그러면서도 이들 다이묘의 포진만으로는 비상사태를 이겨 나가기에 불충분하다고 판단했는지도 모른다. 조언을 요구하는 목소리는 마침내 천황에까지 이르렀던 것이다. 수하에 단 한 명의 졸병도, 그리고 한 자루의 총도 갖지 못한 천황에게 말이다.

그러나 일단 천황과 협의하는 선례가 생기고 난 다음부터는, 설령 불가능하지는 않다손 치더라도 이미 천황의 의지를 무시하기 어렵다는 사실을 막부는 뼈저리게 깨닫게 된다.

제3장 개국필지(開國必至)

조정이 페리의 돌연한 내항 충격에서 완전히 벗어나지 못한 8월 17일, 막부에서 새로운 보고가 들어왔다. 푸탸틴 해군 중장(Efim Vasilyevich Putyatin, 1803~83)이 이끄는 러시아 함대 네 척이 나가사키에 입항했다는 것이다.[52] 푸탸틴은 나가사키 부교쇼(奉行所)에 러일 통상에 관해 러시아 정부가 보낸 서한을 가지고 왔음을 전했다. 당초의 명령대로라면 푸탸틴은 에도로 가서 그곳에서 막부와 교섭을 벌였을 것이다. 그러나 러시아 정부는 일본의 국법을 존중하는 일이 상책이라고 판단하고 나가사키, 즉 외국과의 통상용으로 지정된 항구로 가는 것으로 예정을 변경했다. 먼저 뻔뻔스럽게도 에도 만에 입항한 페리가 이끄는 미국 함대와의 차이를 여기서 뚜렷이 보여주려 했던 것이다.[53]

러시아 함대가 나가사키에 도착하자, 오래지 않아 나가사키 부교쇼의 관리가 네덜란드어 통역을 동반해 군함으로 다가왔다. 보좌관 표세트는 푸탸틴 해군 중장이 일본 정부에 보낼 서한에 대해 이야기했다. 그리고 급히 나가사키 부교에게 보낸 편지도 있다는 말을 전했다. 이튿날, 부교쇼의 관리가 다시 함선으로 와서 우선 나가사키 부교에게 보내온 편지를 받았다. 서간은 러시아 함대가 일본의 국법에 경의를 표하여 에도가 아닌 나가사키로 기항했음을 강조하고 있었다. 그리고 지극히 예의 바른 말투로 '이것은 러시아 황제가 양국의 우호 관계를 강하게 소망하고 있다는 뜻입니다'라고 했다.

나가사키 부교는 즉시 에도에 러시아 함대 내항 보고를 올려 러시아 정부가 막부에 보낸 편지를 받아야 할지를 물었다. 푸탸틴은 일본 측의 답변을 한동안 기다린 뒤(그리고 답변이 없으면 곧장 에도로 회항하겠노라고 위협해 가면서) 상하이를 향해 출항했다. 식량 보충과 아마도 러시아 정부로부터의 추가 명령 사항 확인을 위해서였을 것이다.[54] 몹시 놀란 나가사키 부교는 에도에 급사를 보내 '러시아인이 미국인에 비해 얼마나 협조적인가. 그리고 러시아를 이용해서 미국을 진정시키면 어떻겠는가. 만일 여기서 러시아의 제의에 의심을 제기하다가는 일본은 미국의 두 배의 대적을 끌어안는 위험에 노출될 수도 있을 것'이라고 진언했다.

나가사키에서 올린 러시아 함대 내항 보고가 에도에 닿기 직전 이미 쇼군 도쿠가와 이에요시(德川家慶)는 숨을 거두고 말았다. 죽은 쇼군 이에요시의 상을 치르면서 새 정권 구성에 직면해 있던 막부로서는 러시아 함대 내항이라는 새로운 난제에 당장 반응을 보일 여유가 없었다. 논의 끝에 러시아 정부로부터 온 편지를 받기로 한 것은 미국 대통령의 국서를 받아들인 선례를 따른 것일 뿐이었다.

외무대신 네셀로데(Karl Vasilyevich Nesselrode, 1822~56)의

서한(러시아어로 쓰였고 한문과 네덜란드어 번역이 병기되어 있었다)
에는 러시아 정부가 일본과의 평화 우호 관계를 바라고 있다는
것, 따라서 사할린 섬의 양국 경계선에 관해 결말을 보고 싶다는
것, 교역을 위해 일본에 개항을 요구하고 싶다는 것 등이 적혀
있었다. 막부의 많은 사람들이 러시아의 제안을 받아들이는 데
찬성했다. 그러나 막부 해양 방위 고문격인 도쿠가와 나리아키
(德川齋昭)가 정면으로 반대를 제기해 논의는 오래 끌게 되었다.
결국 교섭을 질질 끄는 게 최상책이라는 데 의견 일치를 보았다.

상하이에서 돌아온 푸탸틴은 나가사키 부교가 약속한 에도에
서 오기로 한 막부 특명전권공사의 도착이 늦어지고 있는 데에
심사가 뒤틀렸다. 5일 이내에 전권이 도착하지 않을 경우 에도로
회항하겠노라고 다시 위협했다.

나흘 뒤 쓰쓰이 마사노리와 가와지 도시아키라가 이끄는 막부
협상단이 네셀로데 서한에 대한 막부의 답변을 가지고 뒤늦게나
마 도착했다. 답변 내용은 다음과 같은 것이었다.

우선 국경 획정이란 상당한 시간을 요하는 어려운 일이다. 지
도를 작성해야 하며 관련 각 번과도 협의가 필요하다. 둘째로 개
항은 조종의 엄한 금령을 어기는 일이 된다. 오늘날 세계정세를
볼 때, 막부도 개국의 필요성은 충분히 인식하고 있다. 그러나 지
금은 새 쇼군이 막 직책을 맡은 처지라 여러 일들이 있어 즉각적
인 답변을 할 수가 없다. 조정에도 아뢰어야 하고 여러 다이묘에
게도 자문을 구하지 않으면 안 된다. 회답을 결정하기까지는 회
의를 거듭해야 하므로 3년에서 5년가량의 유예가 예상된다.

답변의 내용으로 볼 때 막부가 가능한 한 결단을 늦추려 하는 것이 분명했다. 그러나 여기서 주목할 것은 오랜 세월에 걸쳐 지켜온 쇄국정책에도 불구하고 결국 개국의 필요성을 막부가 인정했다는 사실이다. 세계정세의 변화에 대한 막부의 인식은 답변에 언급한 '조정에 아뢰는 일'이라는 말과는 무관하게 이 시점까지 조정에 전달되지 않았다. 고메이 천황이 격노하고 반발할 것이 뻔했기 때문이다.

막부의 답변에 실망한 푸탸틴은 반격을 가했다. 사할린 남부를 제외한 에토로후 이북의 섬은 모두 러시아의 영토라고 막부 전권에게 고했던 것이다. 이에 대해 쓰쓰이는 이렇게 대답했다.

일본은 일찍이 캄차카를 영유하고 있었다. 지시마(千島=쿠릴열도)와 가라후토(樺太=사할린) 섬 등에 대해서는 새삼스럽게 말할 나위도 없다. 오는 봄에도 막부 관리를 가라후토에 보내 실정을 조사할 계획이다. 그러는 사이 러시아 함대는 에도 근해를 제외한 일본 연안 각지에서 필요한 연료와 물을 공급받으면 된다. 장차 만일 다른 나라에 통상을 허용하는 일이 생기면 러시아에 대해서도 똑같은 조치를 취하기로 약속한다.

푸탸틴은 굳이 다투지 않고 1854년 1월 8일, 봄에 다시 오기로 하고 나가사키를 떠났다.[55] 일본의 유력한 다이묘들은 이제 더 이상 쇄국정책을 지탱할 수 없다는 사실을 깨달았다. 이미 본 바와 같이 1853년 6월 7일, 후쿠오카(福岡) 번주 구로다 나리히로는 대형 선박의 제조 금지를 풀어달라고 건의했고, 8월에는 가고시마 번주 시마즈 나리아키라가 막부에 서한을 보내 네덜란드의 군함과 병기를 구입하도록 권하고 있다. 이전부터 해양으로 나아갈 수 있는 대형 함선—연안에서 조업하는 어선류가 아니다—의 제조를 제창했던 막부의 수석 로주(老中) 아베 마사히로는 9월 15일, 1600년대 초부터 210년에 걸쳐 이어온 대형 선박 제조 금지령을 해제했다. 막부는 네덜란드에 군함 증기선 여러 척을 주문했고, 각 번에서도 대형 함선을 제조해 막부에 상납했다. 1854년 7월, 막부는 새로운 함선의 함기를 결정했다. 흰 바탕에 붉은 원이 들어 있는 일장기였다.

러시아의 내항, 그리고 이들 일련의 사건에 대해 조정이 어떻게 반응했는지에 대한 공식 기록은 없다. 설령 미국과 러시아의 내항을 알고 있었다 하더라도 조정이 개국을 둘러싼 상황의 거대한 변화를 이해하고 있었는지는 분명하지 않다. 아무튼 이 무렵 가장 신변에 가까운 사건들이 조정의 관심을 독점했다.

1853년 8월의 지독한 더위는 나라 안팎의 모든 우물을 고갈시켰다. 나카야마 다다야스의 저택에 있는 우물도 예외가 아니었다. 사치노미야의 양육에 지장을 초래하지 않을까 우려한 다다야스는 음양사의 자문을 얻어 저택 안에 새로운 우물을 파기로 했다. 새로 판 우물물은 더할 나위 없이 맑고 차가웠다. 다다야스는 크게 기뻐하며 앞으로 이 물을 사치노미야 전용으로 삼기로 했다. 이 소문은 천황의 귀에도 들어갔다. 매우 감명을 받은 천황은 황자의 아명을 따서 이 우물을 '사치노이(祐井)'라고 명명했다.[56]

9월, 사치노미야는 첫돌을 맞았다. 천황의 핏줄을 이은 황자의 첫 생일이었다. 얼마나 많은 정성 어린 선물들이 궁중 각처에서 사치노미야에게 몰렸을지 상상이 간다. 그러나 거의 모두가 천황, 공주, 주고, 덴지(典侍: 궁중 여관 중 최고 위계) 이하의 뇨보(女房: 궁중에 방을 따로 가진 신분 높은 궁녀), 그리고 다다야스의 집안 사람들에게 돌려졌다. 그리고 사치노미야는 의관(醫官)과 유모를 비롯해 황자에게 봉사하고 있는 사람들을 초대해서 잔치를 벌였다. 어린 황자가 격식에 맞춰 생선 도미 한 상자, 팥소를 얹은 떡, 술 같은 선물을 스스로 선택한 것은 아니다. 그러나 천황과 궁중 사람들, 그리고 생모 나카야마 요시코에게서 인형과 완구를 선물받은 사치노미야는 무척 기뻤을 것이다.

그러나 바로 다음 주에 사치노미야는 구토와 열을 동반한 심한 병으로 고생했다. 궁의를 비롯해 명의가 불려오고 한방약이 조제되었다. 그중에는 '자설(紫雪)'이라는 색다른 이름의 약도 있었다. 이들 조제약들이 효험이 없다는 사실이 밝혀지자, 주고를 비롯한 궁중 사람들은 여러 신사에 사람을 보내 사치노미야의 회복을 기원하게 했다. 사치노미야는 회복하는 듯싶다가는 재발하기를 되풀이했다. 궁중 사람들은 점점 지쳐서 지금까지 숱한 황족 자손들이 어린 나이에 죽어간 과거의 예를 떠올리고 있었다. 황자에게는 전혀 어울리지도 않는 무수한 선물들이 병상의 사치노미야를 위로하기 위해 속속 보내졌다. 생모 나카야마 요시코는 병상에서 밤을 새워 간병을 계속했다. 각승원(覺勝院)[57] 대승정 료조(亮恕)를 불러 부처에게 가호를 빌게 했다. 사치노미야의 증조할머니 나카야마 쓰나코(中山鋼子)는 이대로 황자를 잃게 될까 염려한 나머지 이런 시를 읊었다.

아기의 마지막 길이 아닐까 애끓는 마음
하느님과 부처님은 어찌 보실까

그날 밤 나카야마 요시코가 졸도하더니 인사불성이 되었다. 승려의 기도와 독경에[58] 음양사가 기도를 하고 신기백(神祇伯: 여러 지방의 신사와 제사를 관장하던 기관인 신기관의 장관)이 사악한 기운을 떨쳐버리기 위해 메이겐(鳴弦: 활시위를 울림)을 했다. 이들 기도의 효험이 있었는지 월말이 가까워지자, 사치노미야와 생모는 모두 회복되는 듯 보였다. 그러나 얼마 가지 않아 사치노미야의 병이 재발해 승려들의 기도가 다시 시작되었다. 사치노미야의 병이 완전히 나은 것은 그해가 저물어갈 무렵의 일이었다. 서양 의학을 재빨리 받아들인 덕분에 일본의 의학 지식은 착실히 진보해가고 있었다. 그러나 궁중 의학은 여전히 낙후되어 있었다는 인상을 지우기 어렵다. (황자를 위해 바쳐진 수많은 기도는 별도로 치더라도) 궁중에 사는 황족은 훨씬 신분이 낮은 사람만큼도 의학의 혜택을 받지 못하고 있었던 것 같다.

10월 23일, 전 쇼군 이에요시의 4남 도쿠가와 이에사키(德川家祥, 후에 이에사다家定로 개명, 1824~58)가 천황으로부터 정식으로 제13대 쇼군으로 임명되었다. 이것은 이에사다가 '정이대장군(征夷大將軍)'이 되었음을 의미한다. 이 칭호는 원래 도쿠가와 쇼군이 틀림없는 쇼군임을 드러내기 위해 매우 중요한 것이었다. 군사적 의미는 없는 것이나 마찬가지였다. 나라가 '오랑캐'에게 위협받은 일이 없었기 때문이다. 하지만 외국 선박의 출현이 온 일본을 떨게 만들고 있는 이때, 이 칭호는 갑자기 의미를 지니게 되었다. 고메이 천황은 부케텐소 두 명(산조 사네쓰무와 보조 도시아키)을 에도로 보내 새 쇼군 이에사다에게 칙명을 전하게 했다.

정이대장군의 가장 중요한 임무는 외국 배를 내쫓아 뭇 사람의 마음을 견고히 하고, 나라를 욕되게 하는 후환을 남기지 않는 일이다.

또 관백 다카쓰카사 마사미치도 로주 아베 마사히로에게 속뜻을 전하며 미국 배에 대한 처치 및 천황의 마음을 안심시키기 위해 막부가 취할 조처가 무엇인지를 물었다. 이에 대해 마사히로는 다음과 같이 답했다.

미국 배의 처치에 대해서는 아직 결론이 나지 않았다. 그러나 무엇보다도 먼저 천황의 마음을 안심시키는 일에 전념하겠다. 천황께서 무슨 의견이 있으시면 기탄없이 말해주면 좋겠다. 가능한 조처를 다하겠다.

조정은 지금까지 내외의 정무를 모두 막부에 떠맡기고 있었다. 그러나 천황이 즉위하던 해인 1846년에 해양 방위의 조칙을 막부에 내린 이래, 고메이 천황은 사사건건 막부가 외국인들에게 쩔쩔매고 있는 데 대해 불만을 표시해왔다.

해가 바뀌어 1854년 3월, 막부는 고메이 천황에게 한마디 의논도 없이 미국과 가나가와(神奈川) 조약을 맺었다. 대략 '시모다(下田), 하코다테(箱館)의 2개 항을 미국 선박에 개방한다. 미국 영사를 시모다에 주재시킨다. 필요에 따라 미국 선박에 연료와 물을 공급한다'는 내용이었다. 화친조약이므로 통상 무역에 관해서는 한마디도 없었다. 하지만 이로 말미암아 통상조약의 기초는 공고해졌다고 해도 무방하다. 개방할 항구로 시모다와 하코다테를 선택한 것을 볼 때, 양쪽 지점 모두가 지리상 불편한 곳이었으므로 외국인을 경원한다는 막부의 뜻이 반영되어 있었음은 말할 나위도 없다.[59]

이 조약을 조정이 언제 알게 되었는지는 분명하지 않다. 어쨌든 조정의 관심은 다른 참사 때문에 외국의 위협으로부터 벗어나 있었다. 4월 초순, 궁에서 화재가 발생했다. 강풍이 분 탓에 단숨에 자신전과 청량전(清涼殿)을 전소시켜버렸다. 천황을 비롯한 황족은 서둘러 시모가모(下賀茂) 신사로 피신했다. 불길이 갑자기 번지는 바람에 천황을 경호한 예닐곱 명의 긴주(近習: 궁궐 가까이에서 모시는 신하)들은 모두 맨발이었다. 기별을 전하는 사람이 나카야마 다다야스의 저택으로 달려갔고 사치노미야도 마찬가지로 시모가모 신사로 피신했다.

큰불의 피해는 궁궐에 그치지 않았다. 불길을 잡기까지 교토의 신사, 절, 구게의 저택, 여러 번(藩)의 저택과 민가를 합쳐 5천 4백여 채가 잿더미가 되었다. 시모가모 신사는 평소부터 궁궐 화재 때의 피난 장소로 정해져 있었으나 황족과 긴주 등을 모두 수용하기에는 턱없이 협소했다. 천황은 성호원(聖護院)으로 옮겼고 다시 계전(桂殿)을 임시 거처로 삼았다. 주고는 잠시 친정으로 돌아가고 일부는 신사와 절로 피난했다. 나카야마 다다야스의 저택은 그 부근 건물 중에서 드물게 재난을 모면했다. 사치노미야는 4월 15일 나카야마 저택으로 돌아갔다.

황족의 재난은 이것으로 끝난 것이 아니었다. 5월 초순, 사치노미야가 갑자기 고열이 나면서 어찌 손을 써볼 도리조차 없는 상태에 빠졌다. 사치노미야가 간신히 회복되어 마음을 놓는 순간, 이번에는 대지진이 교토를 뒤흔들었다. 일찍이 이 지역을 엄습한 지진 가운데서도 최대급이어서 수많은 사상자를 냈고 가옥들이 파괴되었다. 나카야마 다다야스의 저택은 비록 재난을 면했지만 위험한 순간은 있었다. 여진이 이어지는 동안 사치노미야가 뜰에 있었다. 이때의 사치노미야의 모습을 『메이지 천황기』는 '황자는 평안하게 젖을 먹으며 느끼시지 못하는 듯하였다'라고 기록하고 있다.

이러한 재난에도 불구하고 고메이 천황은 와카 공부를 빼먹는 법이 없었다. 기록에 의하면 천황이 와카의 삼부초(三部抄)를 전수받은 것을 축하해 사치노미야가 사람을 시켜 오징어 한 상자를 천황에게 보냈다.

궁중에서는 기회만 생기면 선물을 주거니 받거니 하고 있었다. 하지만 그것은 유럽의 황실에서 교환되는 것과는 아주 딴판이었다. 가장 자주 주고받는 물품은 생선이었다. 특히 바다에서 갓 잡아올린 선어는 내륙 깊숙이 위치하고 있는 교토에서는 진귀한 것이었다. 하지만 그것은 캐비어와는 비교가 되지 않았고, 더구나 순금으로 만든 파베르제의 부활절 달걀과는 비할 바도 못 되었다. 교토의 궁중은 외국 궁중의 수준에서 볼 때 검소하게 생활하고 있었다. 그 검소한 생활은 아마도 경제적인 어려움 탓이라기보다는 오랜 세월에 걸친 전통, 일본 궁중의 기호 문제가 아닐까 싶다.

큰불이나 지진보다 고메이 천황을 당황하게 만든 것은 1854년 9월 18일, 오사카 만에 불쑥 모습을 드러낸 러시아 군함 디아나 호였다.[60] 전해에 노후한 함정 팔라다 호를 기함으로 내항했던 푸탸틴이 이번에는 근대 기술의 정수를 모아놓은 군함을 타고 돌아왔던 것이다. 디아나 호는 오사카에 2주간 정박하면서 온 교토 사람들을 떨게 만들었다. 천황은 외국인에 대해 한 발짝의 양보도 허용하지 않았다. 거의 현관 앞까지 들어온 것이나 마찬가지인 외국 선박의 뻔뻔스러운 침입에 고메이 천황의 반발이 어떠했을지 쉽게 상상할 수 있다. 으레 하던 것처럼 7사 7사에 국가 안녕 기원을 명했을 뿐 아니라, 천황 스스로 나날의 밥상을 간소하게 줄이고 검소한 생활을 지켜나갔다. 교토 시민의 경악도 예사롭지 않아, 막부는 각 번에 명을 내려 교토 및 주변의 경호를 단단히 하게 했다. 궁궐보다 경호하기 쉬운 오사카 성으로 고메이 천황을 옮기자는 의견도 나왔으나, 이미 러시아 군함의 존재를 알게 된 막부는 앞서 가나가와 조약으로 미국 선박에 개방한 시모다로 군함을 회항시키려고 했다. 그러나 푸탸틴은 이보다 먼저 닻을 올리고 동쪽으로 향했다.

11월 3일(양력 12월 21일), 쓰쓰이와 가와지를 대표로 하는 막부 전권과 푸탸틴이 이끄는 러시아 측 대표단과의 교섭이 시모다에서 시작되었다. 조약 체결에 급급한 푸탸틴은 에토로후 섬의 소유권이 러시아에 있다는 사실을 기정사실화하고 이것을 일본에 할양할 용의가 있다고 전했다. 하지만 여기에는 러시아와의 통상 허용이라는 조건이 있었다. 얼마간의 진전이 있은 다음, 제2차 회담이 이틀 뒤로 예정되었다. 그러나 다음 날 대지진이 일본을 강타했다. 지진은 거대한 해일을 일으켰고, 특히 시모다에 큰 피해를 입혔다. 연안의 무수한 어민이 굉음을 울려대는 파도에 휩쓸렸고, 심하게 손상된 러시아 군함은 바위에 부딪혔지만 다행히 박살나지는 않았다.[61] 러시아 군함은 바다에 휩쓸린 일본 어민을 구조해줘서 일본인으로 하여금 감사의 마음을 갖게 만들었다.

시모다가 지진과 해일로 완전히 파괴되어 러일 협의가 재개된 것은 열흘 뒤의 일이었다. 교섭은 오래 끌었다.[62] 그러는 사이 교토의 조정은 이번 일련의 참화는 모두 연호가 잘못된 탓이라면서 유신(儒臣)들에게 새 연호를 몇 개 진언하라고 일렀다.[63] 막부는 조정의 유신들이 진언한 후보 중에서 '안세이(安政)'를 택했다. 이것은 『군서치요(群書治要)』에 인용된 유교 초기의 책 『순자』의 한 구절 '서민이 정사로 편안해진 연후에야 군자도 자리에 편안할 수 있다(庶人安政然後君子安位矣)'에서 따온 것이다. 매우 상서로운 의미를 품고 있는 연호였음에도 불구하고 안세이 연간(1854~60)은 결코 태평한 시대가 아니었다.

『메이지 천황기』에 기록된 안세이 연간 최초의 사건 중 하나는 평화 그 자체라 할 수 있었다. 어린 사치노미야의 '이로나오시(色直し) 의식'이었다. 탄생 이래 줄곧 백색 일색이던 황자의 의복과 세간이 이때부터 비로소 색채가 있는 것으로 바뀌었다. 말할 것도 없지만 이 중요한 의식이 거행될 때, 음양사들에게 자문을 구했다. 음양두 쓰치미카도 하레오는 의식 일시를 12월 16일 사시(巳時: 오전 10시 전후)로 정했다. 그날은 눈이 내렸다. 아마도 겹겹이 따뜻하게 감싸졌을 어린 사치노미야는 그날 아침, 천황이 거처하는 임시 처소를 향해 출발했다. 가마에는 증조할머니 나카야마 쓰나코가 함께 탔다. 나카야마 다다야스, 아이코를 비롯한 생모 가족이 가마 뒤를 따랐고, 때를 맞춰 임시 처소에 도착했다. 오시(午時)가 되자, 사치노미야는 처음으로 색깔 있는 옷으로 바꾸어 입었다. 흰색 누인 명주 위에 짙은 홍매색 포(袍), 모두가 천황이 내린 의복이었다. 진수성찬을 차린 축하상에는 생모 나카야마 요시코가 함께 앉았다. 이것이 끝나자 사

치노미야는 외할아버지 나카야마 다다야스와 함께 임시 처소로 가서 천황을 배알하고 이헌(二獻) 의식을 행했다. 그 뒤로도 다시 의복을 바꿔 입고 배알하면서 천황으로부터 축하의 말을 듣고, 일헌(一獻)의 의식을 행했다. 과자 등이 나오고 인형과 완구 선물을 받고 나자 사치노미야는 세 번째로 옷을 갈아입었다. 이번에는 붉은 바탕의 옷이었다. 의식은 차례차례 신시(申時: 오후 4시 전후)까지 이어졌다. 이날은 천황으로부터 의복 열두 벌, 그리고 내친왕, 주고 등으로부터도 의복 선물을 받았다. 사치노미야 쪽에서는 천황을 비롯한 황족들에게 선어(鮮魚) 등을 보냈고, 의식 참례자들끼리도 선물을 주고받았다.

닷새 후인 12월 21일, 조정의 생각에 아랑곳없이 러일 화친조약이 시모다에서 조인되었다. 먼저 미국과 맺은 가나가와 조약에 비해 일본은 러시아에 특권을 주는 일에 관대했다. 러시아인에게서 받은 호의적인 인상이 영향을 미친 것은 물론, 푸탸틴에 대한 동정도 있었을 것으로 여겨진다. 어쨌거나 푸탸틴은 이 조약을 맺기 위해 네 번에 걸쳐 일본으로 발걸음을 옮겼으며, 큰 해일과 태풍으로 군함을 잃는 희생까지 치렀던 것이다.[64] 일본에 꼼짝없이 매여 있던 러시아인이 마침내 귀국하는 날이 왔다. 미국의 수송선을 빌리고 독일 상선에 편승하기도 하고, 또 러시아 조선 기술자의 지도하에 일본의 배 만드는 장인들이 건조한 새 배를 타기도 하면서 각각 귀국길에 올랐다. 최후의 러시아인 일행이 일본을 떠난 것은 1855년 여름이었다.[65]

조정에서는 이들 일련의 사태 진전을 알지 못했다. 『메이지 천황기』가 기록하고 있는 교토에서의 사건들만을 이야기한다면,

사치노미야가 자라는 과정 중에서 고비가 될 만한 사항들에만 온통 할애되어 있다. 예컨대 얼굴에 약간의 자국을 남기게 된 수두에 관한 것, 또는 사치노미야가 처음으로 아장아장 궁궐 안을 걸은 이야기 등. 그러나 조정은 그런 와중에도 어떤 긴박한 위기감을 느끼고 있었을 게 틀림없다. 쇄국을 계속할 것이냐 개국할 것이냐, 어느 쪽이 되었든 국방을 강화할 필요가 있다는 점에서 조정의 의견은 일치했다. 1854년 12월 23일, 사원의 범종을 모아 녹여 총포로 다시 만들 것을 명하는 태정관부(符)가 나왔다. 이듬해 막부는 구리, 철, 납 기타 금속을 사용한 집기, 또는 불상과 불기 제조를 엄금한다는 포고문을 내렸다.

자연재해도 이 나라를 괴롭히고 있었다. 1855년 8월, 폭풍우로 교토의 하천이 범람하여 가모 강에 걸려 있는 다리 중 산조(三條)와 고조(五條) 두 다리만 빼고는 모조리 홍수에 휩쓸려 사라졌다. 또 같은 해 10월, 대지진이 엄습하여 에도의 태반을 초토화시키며 무수한 사상자를 냈다.

조정에서 생긴 그다음 해의 밝은 화젯거리라면 전년의 큰불로 소실된 궁을 대신할 새 황궁의 완성이었다. 새 황궁 건축에 소요된 기간은 1년 7개월이었다. 1788년에 불타버린 당시의 궁궐 건축에 2년 10개월이나 걸렸던 것과는 대조적이다. 당시 일본은 조속히 해결해야 할 국방의 난제에 직면해 있었으나 로주 아베 마사히로는 궁궐 재건이야말로 무엇보다도 급선무라고 생각했다.[66] 그는 본시부터 '천황의 마음을 편안히' 하는 일을 중하게 여겼기 때문이다. 천황은 새 궁궐에 대한 요구 사항을 묻자, 여기저기 개선해야 할 곳은 있으나 지금은 국가 비상시가 아닌가, 설사 옛 궁궐에서 그대로 지내게 된다 하더라도 아무 지장이 없다고 대답했다. 막부가 천황의 요망 사항을 묻고, 천황이 국가 비상시를 이유로 사치를 물리쳤다는 사실은 단순히 조정과 막부의 관계에 큰 변화가 있었음을 나타내는 것만이 아니었다. 정세의 움직임에 대한 천황의 인식 자체에 큰 변화가 있었다는 사실을 말해주는 것이다.

궁궐 조영을 위한 총공사비는 50만 냥이었다. 이것은 막부와 여러 다이묘, 그중에서도 유복한 가가(加賀) 번주 마에다 나리야스(前田齊泰, 1811~84)가 분담했다. 천황, 주고, 사치노미야 등 황족들이 차례로 새 궁궐로 들어간 것은 1855년 11월 23일의 일이다. 불문에 들어가 삭발하고 있던 사치노미야의 증조모 쓰나코는 이 경사로운 행사에 가발을 쓰고 참여했다. 새 궁중을 우러러보고 지난날을 회고하며 쓰나코는 감개무량하여 눈물을 흘리며 이렇게 읊었다.

솟아오르는 천황의 광휘에서
흘러내리는 이슬이여, 은혜를 이루리라

제4장 타운센드 해리스

해가 바뀌어 1856년, 새 궁궐에서 새해를 맞이한 격한 성품의 고메이 천황은 드물게 평온한 나날을 보내고 있었다. 이 비교적 평온한 시기에도 위기감을 안겨주는 일들이 없지는 않았다. 외국 선박의 모습이 오사카 만 앞바다에서 자꾸만 눈에 띄게 되자 천황의 심려가 깊어질 것을 우려한 막부는 히코네(彦根)나 고리야마(郡山) 등의 번에 교토의 경호를 더 철저히 하라고 명했다. 하지만 고메이 천황은 새 궁궐의 화려한 생활에 안도해서인지, 별로 경호의 필요성을 느끼는 것 같지 않았다. 관백 다카쓰카사 마사미치를 시켜 서서히 경호원 수를 줄이라고 막부에 전했다.

하지만 아직도 천황은 여전히 마음이 편치 않았다. 이 무렵 일본 근해에 출몰하는 외국 선박의 존재도 마음이 쓰이는 일이긴 하지만, 그보다 더 천황을 심려케 한 것은 사치노미야의 건강이었다. 전년 말에도 사치노미야는 고열을 일으켰다. 입 주변이 부어올랐는데 식사도 제대로 할 수 없을 만큼 심했다. 각승원 전 대승정 료조(亮恕)가 급거 입궐하여 밤을 새우며 기도를 올렸다.

또 호정원(護淨院) 승도(僧都) 단카이(湛海)가 기도를 올렸다. 효험이 있었는지 그날 사치노미야는 회복되는 듯이 보였다. 그러나 그 상태는 일시적인 것에 지나지 않았다. 1월 16일 사치노미야는 갑자기 고열을 일으켰다. 심하게 기침하면서 자시(子時: 밤 12시 전후)가 되어도 잠을 못 이룰 정도였다. 이날 간신히 넘긴 음식이라고는 설탕물뿐이었다. 17일, 약간의 죽을 먹기는 했지만 깊은 잠을 이루지 못했다. 18일, 열은 좀 내렸지만 점심까지도 백비탕(끓인 물) 한 숟가락을 마셨을 뿐이다. 고메이 천황은 내시소(內侍所)에서 황자의 회복을 기원했고 신께 쌀을 바쳤다. 주고는 기온(祇園) 신사에서 황자의 쾌유를 빌었고, 단카이는 다시 기도를 올렸다.

사치노미야의 병이 완전히 낫기까지는 열흘이 더 필요했다. 물론 아이들은 으레 병치레를 하면서 큰다. 세상의 부모들은 아이가 아플 때마다 근심하게 마련이고 그것이 위중한 병이라면 더욱 그러하다. 하지만 황자일 경우, 설혹 가벼운 병일지라도 혹시 이것이 죽음의 전조가 아닐까 두려워하는 마음이 앞서는지도 모른다. 의사의 치료가 효과가 없으면 의지할 데라고는 기도밖에 더 있겠는가. 게다가 천황의 후계자가 될 아기가 따로 더 있는 것도 아닌 만큼 고메이 천황의 오직 하나뿐인 황자 사치노미야의 건강에 따라 궁궐이 일희일비할 수밖에 없는 것은 지극히 당연했다.

그해 3월, 사치노미야는 새 궁궐에 들어갔다. 아직 네 살도 되지 않은 황자는 벌써부터 특유의 고집을 부리기 시작했다. 준비된 가마에 타기를 싫어했다. 그 바람에 유모가 안고 걷는 수밖에 없었다. 게다가 사치노미야는 백성들이 자신을 바라보는 것을 몹시 싫어했다. 그래서 나카야마 다다야스의 저택에서 궁궐까지 가는 길에 일반인들이 지나지 못하도록 막이 쳐졌다. 이 막이 호기심 어린 눈으로부터 사치노미야를 지켜주었을지는 모르지만, 그 바람에 사람들은 길을 돌아갈 수밖에 없었다. 그러한 불편을 잘 알고 있으면서도 사치노미야가 입궐할 때면 어김없이 막이 쳐지곤 했다. 사치노미야는 아주 짧은 거리를 궁궐까지 걷는 일이 많았다. 수행하는 사람은 시중을 담당하는 도보조 도키나가(東坊城聰長) 외 몇 명이었다.

사치노미야를 대하는 고메이 천황의 사랑은 날이 갈수록 더 깊어갔다. 때로는 궐 안에서 재우기도 했는데 어떤 때는 한 달 이상 머무르게 한 적도 있었다. 당연한 일이지만 나카야마 다다야스는 외손자가 집을 비우면 무척 쓸쓸해했다. 다다야스는 사치노미야가 궁궐에 익숙해지기 위한 최선의 방법일지도 모른다고 여겨 되도록 궁에 있는 동안에도 사치노미야의 눈에 띄지 않도록 애썼다. 사치노미야는 주고(사치노미야의 정식 어머니에 해당되는 아사코)를 방문하기도 하고, 때로는 어원(御苑)에서 놀기도 했다. 사치노미야와 동행하는 일이 많은 증조모 나카야마 쓰나코는 사치노미야가 어원의 바위다리를 건너는 모습을 바라보며 이런 와카를 읊었다.

수없는 나날을 올라가야 할 황자가
처음으로 건너는 하늘의 바위다리[67]

이 평화로운 광경을 쓰나코가 노래한 지 3개월 뒤인 1856년 8월 21일, 미국 총영사 타운센드 해리스(1804~78)가 군함을 이끌고 시모다에 도착했다. 25일 해리스는 시모다 부교 오카다 다다야스(岡田忠養)와 회견하며 자신이 이제부터 미국 총영사로서 시모다에 주재하게 되었음을 알렸다. 오카다는 미리 막부의 명을 받았는지 해리스가 시모다에 주재할 권리를 부정하고, 대신에 외국인의 일본 체재를 금지하는 법령을 하나하나 읽어 내려갔다. 해리스는 이에 굴하지 않고 자신의 일본 주재는 가나가와조약에 정해진 조항에 준하는 것이므로 만일 시모다 부교가 총영사인 자신에게 합당한 대우를 해주지 않는다면 직접 에도로 가서 막부 로주와 담판을 짓겠다고 응수했다. 8월 24일, 꼬박 한 달을 기다리게 한 끝에 막부는 마침내 해리스의 시모다 주재를 승인했다.[68] 그동안 해리스는 기거하고 있던 시모다 옥천사(玉泉寺)에 미국 국기를 게양하고 그곳을 미국 총영사관이라고 칭했다. 9월 7일 막부는 교토 쇼시다이(所司代)에게 이번 사건의 경위를 관백한테 보고하라고 명했다.

해리스가 시모다에 도착하고 이틀 뒤, 나가사키 데지마(出島)의 전 네덜란드 상관장으로 현 네덜란드 전권판무관(辦務官)인 얀 헨드리크 돈커 쿠르티우스(1813~1879)는 나가사키 부교를 통해서 막부에 서한을 보내 쇄국정책을 포기하라고 진언했다. 일본이 끝까지 쇄국정책을 고집하다가는 세계열강과의 전쟁을 초래할 것은 정한 이치라고 돈커 쿠르티우스는 주장했다. 동시에 기독교 금령 해제를 요구했는데, 특히 이는 타국과의 우호 관계에 반하는 행위라며, '후미에(踏繪)' 사용에 유감을 표했다. 후미에는 에도 때의 간에이(寬永, 1624~43) 연간부터 안세이(安政, 1854~59) 연간까지 2백여 년에 걸쳐, 기독교도가 아니라는 것을 증명하기 위해 성모 마리아상이 그려져 있는 그림을 발로 밟게 한 일이었다. 나아가 돈커 쿠르티우스는 외국과의 무역이 일본에 안겨다줄 이익을 설명하면서 일본은 무역 세칙을 정해 무역품 생산을 장려해야 한다고 설명했다. 또 일본과 관계를 맺은 각국 주재원의 가족들도 개항장에 함께 체재하도록 허가해야 한다고 진언하고, 외국 선박에 대한 제약의 철폐, 출항 허가와 외국 선박의 에도행에 관한 법을 개정하라고 요구했다.

12년 전인 1844년, 이미 네덜란드 국왕 빌렘 2세는 막부에 국서를 보내 일본에 통상조약 체결을 요구했다. 하지만 오만한 막부는 이를 거들떠보지도 않았다. 하지만 주위 상황은 극적으로 변화하고 있었다. 막부도 돈커 쿠르티우스의 제안을 진지하게 생각하지 않을 수 없었다. 막부 각료 회의에 모인 중신들은 한결같이 조속히 개국하자는 데 찬성했다. 그러나 오직 한 사람 로주 아베 마사히로만은 여러 번과 과격한 지사들의 반응을 우려하면서 아직은 때가 아니라고 발언했다. 이를 요약하면 오랜 세월에 걸쳐 지켜온 쇄국의 전통을 옹호하는 자가 막부 각료 안에는 한 명도 없었다는 이야기가 된다. 막부의 정책은 놀라운 속도로 전환되었다.

이러한 사정이 그때까지는 교토의 조정에 전해지지 않았던 것 같다. 9월 22일, 사치노미야의 네 번째 생일을 축하했고, 언제나처럼 천황과 궁중 사람들이 보낸 생선 같은 선물이 들어왔다. 7일 후, 사치노미야는 천황의 명으로 궁궐에서 살게 되었다. 외할아버지 나카야마 다다야스의 저택을 떠나면서 기도가 행해졌다. 당일에도 사치노미야가 가마에 타기를 싫어했기 때문에 사람 대신 호신용 칼과 부적 같은 것을 가마에 싣고 마치 황자가 타고 있는 듯이 꾸몄으며, 생모 나카야마 요시코는 황자와 함께 있는 것처럼 보이기 위해 그 가마에 탔다. 대궐 문간에서 사치노미야를 맞이한 것은 의주(議奏) 마데노코지 나오후사(万里小路正房)였다.

궁에 배알하러 들어간 사치노미야에게 천황은 찬합 요리에 잔을 내렸고, 주고는 마지리자카나(交肴: 일종의 과자 세트)와 완구를 선물했다. 사치노미야도 천황과 주고에게 마지리자카나 한 상자씩을 각각 헌상했다. 아직 네 살이지만 이미 사치노미야는 당연하다는 듯이 이러한 선물 교환에 참여하고 있었다. 자신이 해야 할 역할에 대해 사치노미야가 실제로 어떻게 반응했는지는 알 수가 없다. 아마도 황자로 처신해야 하는 의식을 일종의 놀이로 여기지 않았을까. 말하자면, 오늘날의 노(能) 연기자의 자제들이 색다른 의상을 입고 중세의 언어로 낭랑하게 노래하고 춤추는 일을 자기 집안의 특유한 놀이로 알고 있는 것과 같은 이치일 것이다. 하지만 차차 사치노미야는 의례와 증답이 단순한 놀이가 아니라 자신에게는 생활 그 자체라는 사실을 깨닫게 되었을 것이다. 후에 황실의 의사였던 에르윈 벨츠(독일인)는 이토 히로부미(伊藤博文)가 황족 아리스가와노미야(有栖川宮)에게 다음과 같이 말하는 것을 들었다고 한다.

황태자로 태어난다는 것은 참으로 불운한 일이에요. 태어나자마자, 사방에서 에티켓의 사슬로 옭아매고 성장하면 측근에 있는 자들이 부는 피리에 맞춰 춤을 춰야 하니 말이죠.

그러면서 이토는 인형극에서 줄을 가지고 인형을 춤추게 만드는 몸짓을 해보였다는 것이다.[69] 황태자가 갖는 온갖 특권을 감안하더라도 그것은 거의 자유가 없는 얽매인 나날이었다. 그러나 인간적인 감정이 완전히 억제되어 있었던 것은 아니다. 사치노미야가 가장 친근한 존재로 느끼고 있었던 사람은 아마도 증조모인 나카야마 쓰나코였을 것이다. 『메이지 천황기』의 기술을 그대로 빌린다면 쓰나코는 4년 동안 줄곧 침식을 잊은 채 양육을 위해 봉사했다. 사치노미야가 궁에서 살게 되어 더 이상 자유롭게 황자를 만날 수 없게 된 것을 분명히 알게 되었을 때, 쓰나코의 마음이 얼마나 쓰렸을 것인가. '체루방타(涕淚滂沱: 슬픔의 눈물이 뚝뚝 떨어짐)를 금할 수 없었다'는 기록이 있다.

사치노미야는 생모 나카야마 요시코의 거처인 화어전(花御殿)[70] 서쪽에 있는 방 세 개짜리 집에 기거하게 되었다. 사치노미야가 태어나고 얼마 지나지 않아 요시코는 자신이 낳은 황자의 어머니로서의 권리를 주고인 아사코(夙子)에게 양도했다. 황자는 주고를 어머니라 불러야 했고, 주위의 기대대로 주고를 어머니로 따랐다.

요시코는 여관으로서는 가장 지위가 높은 덴지(典侍)였다. 그러나 요시코가 할 수 있는 일이라고는 자신이 낳은 황자를 모시는 일이었다. 벨츠 박사는 1893년 11월 28일, 이미 니이노쓰보네(二位局)로 승격해 있던 요시코를 진찰한 후 이렇게 쓰고 있다.

천황은 쓰보네의 친자식이다. 그러나 천황의 모 황태후는 전 천황의 후(后)이므로 이 황태후께 천황은 아들로서의 의무를 다하지 않으면 안 된다. 천황은 해마다 몇 차례 황태후를 의례적으로 방문한다. 그러나 친어머니의 집에 들어가는 일은 결코 없다.

왜냐하면 친어머니는 이제 신하이기 때문이다. 하지만 친어머니 쪽에서 미리 허락을 받았을 때는 천황에게 문후를 드릴 수 있다. 기묘한 에티켓의 정수다!

이곳에 와서 사치노미야를 요시코에게 돌보도록 맡긴 것은 자신이 아기를 빼앗긴 어머니에 대한 고메이 천황의 연민의 정에서 나온 것으로 여겨진다. 설혹 황후라 하더라도, 보통의 경우라면 이러한 행운은 있을 수 없다. 궁중의 관례에 따라 바로 최근까지도 황자를 낳은 어머니는 자신의 아기를 남에게 맡기는 고통을 겪어야 했다. 벨츠 박사는 다이쇼(大正) 천황이 동궁이었던 시절 그의 장남(히로히토裕仁)에 대해 다음과 같은 글을 썼다.

5시에 가와무라(川村) 백작 댁으로 갔다. 일흔이 다 된 노제독이 동궁의 황자를 맡고 있다. 얼마나 기묘한 이야기인가. 이러한 어린 황자를 양친에게서 떼어놓아 남의 손에 맡긴다는 부자연스럽고 잔혹한 풍습은 이제 폐지될 것으로 기대하고 있었는데. 이럴 수가! 가엾은 동궁비는 아마도 눈물을 흘려가며 아기를 내놓았을 것이다. 그리고 현재 양친들은 매달 몇 번씩 짧은 시간 동안만 황자를 만날 수가 있는 것이다.[71]

그러나 자신의 생모와 함께 지낼 수 있게 된 지금도 사치노미야는 그곳에서 마음 편안하게 잠잘 수가 없었다. 요시코가 있는 방은 지금까지 사치노미야가 살아온 나카야마 다다야스의 저택에 비해 썰렁하게 느껴졌기 때문이 아니었을까. 아마도 할머니 할아버지가 보고 싶었던 것이 아닐까. 특히 증조할머니가 보고 싶었을지도 모른다. 그러나 황자의 불면증을 위해 궁궐 신하들이 떠올린 유일한 방법은 고작 고명한 스님을 모셔오는 일뿐이었다. 황자의 불면증의 원인이 되고 있는 악귀를 쫓아내기 위해 호마(護摩) 향을 피워 올리고 기도를 시키는 일이 고작이었다.

궁궐 안팎의 대조는 『메이지 천황기』에 기록되어 있는 것처럼 이 무렵부터 현저하게 달라진다. 궁 안에서는 갖가지 의례가 예전과 다름없이 거행되고 있었다. 병을 치유하는 일에서는 근대의학보다도 관습에 더 의존했다. 천연두의 면역을 위한 종두에 대해서는 이 무렵 궐 안에도 상당히 알려져 있었다. 메이지 천황 자신도 어렸을 때 남몰래 종두를 맞았다.[72] 그러나 고메이 천황은 종두를 거부했다. 어쩌면 이 일이 천연두를 불러들여 천황의 명을 앗아갔는지도 모른다.

궁중에서 생활을 즐기는 방법은 예전과 달라진 게 없었다. 예를 들면 1857년 봄, 금원(禁苑) 한가운데에 천황 자신이 직접 설계한 차정(茶亭)이 완성되었다. 차정에는 '청설(聽雪)'이라는 이름이 붙여졌다. 고명한 서예가인 좌대신(左大臣) 고노에 다다히로(近衛忠熙)가 편액을 내다걸었다. 이 차정에서 고메이 천황이 와카를 읊기도 하고 어떤 때는 눈 내리는 고요함을 듣거나 아악에 귀 기울이기도 했을 것이다. 어느 것 하나 예전과 달라진 것이 없는 일상이었다. 그렇지만 궐 밖에서는 소란이 나날이 커져가고 있었다.

1857년 4월 2일, 다시 돈커 쿠르티우스는 막부의 대외 자세에 대해 나가사키 부교에게 일본도 이미 다 아는 사실이지만 다음과 같은 경고를 했다.

청나라는 영국과의 아편전쟁에 패해서 강화조약에 의해 샤먼(廈門), 광저우(廣州), 상하이, 닝보(寧波), 푸저우(福州)의 5개 항을 개항하게 되었다. 청나라는 원치 않는 개항을 했다. 하지만 그 결과 대외 무역 덕택으로 각 항구는 번영하고 있으며, 국민은 큰 혜택을 누리고 있다. 그러나 광저우에서는 조약을 위반해 개항하지 않았다. 게다가 폭도들이 영국 국기를 끌어내리는 만행을 저질러 광저우 거리는 영국 함대의 포격을 받아 잿더미가 되고 말았다. 구미 사람들은 이를 놓고 청나라 관리가 판단을 잘못했기 때문이라면서 지금까지도 청나라 사람을 조소의 대상으로 삼고 있다.

돈커 쿠르티우스는 왜 이런 말을 끄집어냈는지 그 이유를 분명히 밝혔다.

광저우에서 일어난 사건은 사실 일본인과는 직접 관계가 없는 일이다. 그러나 일본에 경고는 될 것이다. 국가는 일단 조약에 조인한 다음에는 그 조항에 따라 행동해야 한다. 공연히 이를 어기는 것은 허용되지 않는다.

돈커 쿠르티우스는 계속해서 말했다.

요즈음 시모다 부교와 대화한 미국 관리에게 듣자니 귀국은 언제나 교섭의 회담을 미루거나 말꼬리를 잡거나 약속을 고치거나 어기는 일이 허다하다고 한다. 이러한 행동으로는 외국에 믿음을 줄 수 없다. 뿐만 아니라 왕복 문서만 하더라도 귀국은 스스로 존

대한 자세를 취하면서 외국에 대해서 마치 신하들에게 명령하는 투의 언사를 사용하고 있는데 이는 외국이 모두 불쾌하게 여기고 있는 바이다. 바야흐로 영국, 미국, 러시아, 프랑스는 세계의 강국이므로 귀국은 바로 열강과 통상을 벌이게 된 것이다. 마땅히 조속히 구래의 국풍을 혁신해서 화친의 열매를 맺게 하고 세계정세에 맞게 처신하여 이로써 대세에 순응해야 할 것이다.[73]

돈커 쿠르티우스의 말은 이치에 맞았다. 그리고 그가 경고한 일본에 대한 열강들의 위협은 사실이었다. 그러나 그의 논증의 기본이 되는 제안, 즉 보편적인 교역 윤리를 받아들이지 않으면 일본은 반드시 잿더미가 되고 말 것이라는 이치는 유교의 가르침을 받고 자란 인간에게는 의미가 없었다. 아닌 게 아니라 돈커 쿠르티우스가 말한 대로, 교역은 당사국 쌍방에게 이익을 가져다줄 수 있다. 하지만 그 제안을 거절했다고 해서 어떻게 그 나라를 멸망시킬 수 있다는 말인가. 분명 막부의 관리들은 거만했다. 질질 끌자는 전술은 울화가 터지게 만들고 불쾌했을지도 모른다. 하지만 그런 경우 외국은 자신들이 환영받지 못하고 있다는 것을 알아차리고 얼른 떠나면 되지 않는가. 그렇게 하면 공연히 모욕당하는 일은 피할 수 있을 텐데 말이다.

사실 막부는 외국인이 오지 않기를 바랐다. 외국인이 오지 않았으면 굳이 그들에게 모욕을 줄 일도 없었다. 가령 이 시점에서 쇄국을 더 이상 계속할 수 없다는 것을 깨닫게 된 막부 중신들이라 하더라도 그러한 생각이 그들 마음속에 있었을 것이다. 증기선을 비롯해 모든 교통수단이 발달하는 통에 지금까지 일본을 지켜주던 '거리'라는 장벽의 효과는 사라졌고 어쩔 수 없이 일본은 개국해야 할 상황에 이르렀다. 그러나 이것이 일본에 반드시 재난일 수는 없었다. 아마도 돈커 쿠르티우스가 지적하는 상업상의 이익 말고도 또 다른 혜택을 외국 무역에서 얻을 것이다. 일본의 난학자(蘭學者: 에도 중기 이후 네덜란드어로 서양 학술을 연구하던 학자)들은 1세기에 걸쳐 유럽 과학을 연구하며 다음과 같은 확신을 가지고 있었다. 일본인들은 해외에서 의학, 항해술, 지리학, 그리고 일본에 도움이 되는 갖가지 학문들이 얼마나 발달했는지 반드시 알아야 한다고 말이다. 그리고 해외에서 식량을 수입할 수 있었다면 최근 몇 년 동안 일본을 괴롭힌 기근 때도 수많은 목숨을 구할 수 있었으리란 건 자명한 이치였다.

평소에는 민중으로부터 격리되어 있는 궁궐 안의 천황이라지만 적어도 과거에 한 번쯤은 기근의 괴로움을 알 기회가 있었다. 1787년, 약 7만 명의 군중이 궁궐을 둘러싸고 마치 신에게 기도하듯이 기아 구제를 천황에게 기원한 일이 있었다.[74] 고카쿠 천황과 고사쿠라마치(後櫻町) 천황은 이를 동정해서 굶주린 민중에게 베풀 수 있는 양껏 나눠주었다.[75] 고카쿠 천황은 사람들의 비참한 상황에 몹시 놀라 막부에 민중의 어려운 형편을 구제하라는 요청을 했다. 천황이 나라의 정치에 간여한 것은 도쿠가와 막부가 세워진 이래로 처음 있는 일이었다.

1857년 초여름, 차정 '청설'에서 느긋하게 지내는 고메이 천황에게는, 할아버지 고카쿠 천황이 보여준 행동을 떠올릴 기회가 없었던 모양이다. 이 시기 고메이 천황은 막부로부터 윤택한 대접을 받는 덕택에 매우 쾌적한 생활을 누리고 있었다.[76] 그리고 당장 국민의 생활에 마음을 쓸 만한 이유도 없었다. 천황의 행복을 저해하는 최대의 위협은 '외이(外夷)'였다. 천황의 정성이 담긴, 뭇 신들께 올리는 기원은 되도록 조속히 일본에서 외국인들이 떠나는 것이었다. 이 기원은 다른 어떤 것보다도 천황의 마음을 끈질기게 사로잡고 있었다.

그러더니 '존왕양이(尊王攘夷)'라는 구호가 그야말로 무수한 우국지사의 입에 오르내리게 되었다. 하지만 고메이 천황 자신이 바라는 것은 오직 '양이'뿐이었다. 고메이 천황으로서는 새로운 '존왕'이라는 구호에 의해 이익을 얻으려 한다거나 쇼군에게서 실권을 박탈하는 따위의 일은 상상할 수도 없는 일이었다. 막부 전복을 필연적으로 수반할 '존왕'을 부르짖는 무리들에게 고메이 천황은 가차 없이 반발했다. 그는 정치에서 보수의 입장에서 있기만 한 것은 아니었다. 자신의 생활이 쇼군의 덕이라는 사실을 잘 알고 있었다. 그가 자꾸만 분노하는 이유는 어쩌면 차정 '청설'에서의 평안함이 방해받을 것을 염려해서였는지도 모른다. 그러나 고메이 천황에게 평온한 날들이 계속된 것은 궐 밖에서 시시각각 벌어지고 있는 일들을 모르고 지내던 시기뿐이었다.

단오절 5월 5일은 고이노보리(鯉幟: 단오절에 매다는 천 또는 종이로 만든 잉어 모양의 깃발)를 올리고 사내아이들의 성장을 축하했다. 고메이 천황은 사치노미야의 배알을 받고 사치노미야가 궁에서 맞이하는 첫 번째 단오절을 경축했다. 천황은 손수 사치노미야의 어깨에 구스다마(藥玉: 조화를 공 모양으로 만들어 장식실을 늘어뜨린 것)을 걸어주고 일정에 없던 사치노미야의 방을 찾아가 세상의 다른 아버지들처럼 아들과 함께 고이노보리를 바라보며 흐뭇해했다. 이것이 고메이 천황의 생애에 마지막으로 보는 환하고 행복한 하루였는지 모른다. 8일 후 5월 13일, 천황은 막부로부터 오사카 연안 경비의 첫 보고를 받았다.

교토를 위협할 수 있을 정도로 가까운 곳까지 외국 선박의 내항이 빈번해졌으며 막부는 방비를 엄하게 하기 위해 안지(安治)와 기즈(木津) 양쪽에 각각 두 곳씩 포대를 구축했고, 대포 40문을 주조시키는 한편 서양식 선박의 건조 계획도 착착 진행하고 있었다. 모두가 큰 사업인 데다 조속한 효과를 기대하기는 어려웠다.

가까이 다가오는 외국 선박에 대한 고메이 천황의 위기감도, 특히 수도 주변 지역에서 진척되고 있는 정력적인 방비 태세를 보면서 어느 정도 누그러졌을 것이 틀림없다. 그러나 모든 일은 고메이 천황이 원치 않는 방향으로 가고 있는 것 같았다. 2주 후 5월 26일(양력 6월 17일) 시모다 부교인 이노우에 기요나오(井上淸直)와 나카무라 도키카즈(中村時万)는 '이적(夷狄)'을 향한 개국의 새로운 한 발짝을 내디디기 위해 미국 총영사 해리스와 시모다 조약을 조인하려 하고 있었다.

지난번 가나가와 조약의 조항에 불만이었던 해리스는 교섭과 타협을 거듭한 결과, 미국에 훨씬 유리한 결정을 손아귀에 거머쥐었다. 해리스가 뜻하는 '협약'이라는 것은 나가사키를 개방하고 시모다와 하코다테의 체류권을 미국인에 준다는 것이었다. 그리고 조약에는 영사 재판권의 원칙이 규정되어 있었다.

일본에서 법을 어긴 미국인은 미국 총영사 또는 영사의 심문을 받으며, 미국의 법률에 의해 처벌받는 것으로 한다.

이것은 일본의 주권을 침해하는 것이었으므로 나중에 일본은 이 특권 조항을 없애기 위해 부단히 노력하게 된다. 그러나 그때 당시 교섭을 한 시모다 부교는 아마 이 특권의 중대성을 예상하지 못했을 것이다.

7월 24일, 해리스는 다시 한 번 승리의 개가를 올렸다. 해리스의 거듭되는 요청으로 막부는 해리스의 에도 방문과 쇼군 알현을 허가했던 것이다. 많은 번주들이 이 결정에 이의를 제기했으나 막부는 이를 무시하고, 8월 29일 이 일을 조정해 보고했다. 해리스는 네덜란드 통역 헨리 휴스켄[77]을 대동하고 10월 7일(양력 11월 23일)에 시모다를 출발했다. 막부에서 파견된 다수의 병사들이 이들을 경호했다. 행장의 절차나 잡인들의 통행을 막는 호령 소리…… 모두 제후의 행렬과 다름없었다는 기록이 있다. 마치 다이묘 행렬 같았던 모양이다. '행렬의 인원 수는 모두 약 350명을 헤아렸다'고 해리스는 일기에 썼다.

10월 21일(양력 12월 7일), 쇼군 도쿠가와 이에사다는 대접견실에서 해리스를 맞이했다. 막부 각료인 제후들이 좌우로 열을 지어 앉아 있었고, 쇼군은 상단의 의자에 걸터앉아 있었다. 해리스는 삼배(三拜)의 예를 행한 후 쇼군 앞에 나아가 사절의 뜻을 전하고, 프랭클린 피어스 대통령으로부터 일본 황제—아직 쇼군이 일본의 최고 권력자라고 믿고 있었다—에게 드리는 서간을 로주(老中) 홋타 마사요시(堀田正睦)에게 건넸다. 거기에는 양국 간의 통상조약을 체결함에 있어 교섭하고 처리하는 전권을 해리스에게 맡긴다는 내용이 있었다.

해리스의 일기는 계속된다.

여기서 나는 말을 멈추고 머리를 숙였다. 짧은 침묵 뒤에 쇼군은 자신의 왼쪽 어깨 너머 뒤쪽을 향해 고개를 돌리며 동시에 오른발을 쿵 소리 나게 굴렀다. 이 동작이 서너 번쯤 되풀이되었다.

이것이 무엇을 의미하는지는 분명하지 않다. 하지만 그 의도는 우호적인 것이었다. 쇼군은 이렇게 짧게 말을 맺었다.

양국의 교제는 영구히 이어질 것이오.

닷새 뒤 해리스는 로주 홋타 마사요시를 찾아갔다. 해리스는 '증기선과 전신기의 발명으로 교통이 아주 편해졌다. 세계는 이제 한가족이다'란 말로 시작해서 이런 시대에 세계 각국이 수호 관계를 유지해야 되는 이유를 열거했다.

수호에는 두 가지 요건이 있다. 하나는 각국 수도에 외교관을 주재시키는 일이고, 또 하나는 자유 무역의 개시다.

여기서 해리스는 경고했다.

만일 영국이 일본과의 통상조약 체결에 실패한다면 전쟁을 일으킬 우려가 있다. 영국 해군은 사할린이나 홋카이도를 힘 안 들이고 점령할 수 있을 것이다. 현재 영불 연합군은 베이징을 공략 중이다. 만일 이에 성공한다면 프랑스는 조선을, 영국은 타이완을 요구할 것이 틀림없다. 그렇지만 미국은 일본과의 우호 관계를 원한다. 만일 일본이 이를 받아들인다면 미국은 영불 연합군을 물리칠 수가 있다. 만일 일본과 영국 사이에 전쟁이라도 벌어지게 된다면 일본은 반드시 질 것이다.

마지막으로 해리스는 이렇게 주장했다.

　만일 일본이 우리 미국과의 조약에 조인한다면 미국은 아편의 수입 금지를 보증한다.

　미국과 영국의 입장이 어떻게 다른지를 설명하면서 해리스는 홋타에게 조약 체결을 촉구했다.[78]
　영국 함대의 위협은 아닌 게 아니라 사실이었다. 도쿠가와 나리아키 같은 일부 유력한 다이묘들은 이 조약 체결에 반대했다. 하지만 12월 2일 홋타 마사요시는 해리스를 관저로 불러들였다. 미국과 교역 관계를 정식으로 맺고 일본에 미국 공사를 주재하게 하며, 시모다를 대신할 다른 항구를 개방한다는 내용을 전했다.
　홋타는 교토 쇼시다이에게 이러한 경위를 전하고 조정에 보고하게 했다. 조정은 즉각 반응을 보였다. 시모다를 대신할 항구를 개방하더라도 교토 부근의 항구는 제외시키라고 막부에 명했다. 12월 29일에는 막부의 명을 받드는 중신 두 명이 최근의 외교 상황을 부케텐소에게 상세히 보고했다. 내외 정무의 현황을 언제나 조정에 보고한다는 전례가 어느새 단단히 확립된 것이다.
　미국과의 통상조약 칙허를 얻기 위해 홋타 마사요시가 입궐한다는 보고가 조정에 들어왔다. 하지만 이 소식이 고메이 천황을 안심하게 한 것은 아니었다. 천황은 홋타가 입궐하기 전에 삼공

(三公)과 양역(兩役)의 의견을 묻기로 했다. 관백인 구조 히사타다(九條尙忠)에게 편지를 보내 좌대신 고노에 다다히로, 우대신 다카쓰카사 스케히로(鷹司輔熙), 내대신 산조 사네쓰무에게 외교에 대한 기탄없는 의견을 자문했다. 또 홋타가 거금을 헌상한다는 소문을 전해들은 천황은 구조 히사타다에게 이런 친서를 보냈다.

마사요시가 막부의 명으로 거금을 조정에 바친다는 소문이 있으나 황백(黃白: 황금과 백은)이 어찌 짐의 뜻을 움직이기에 족하랴. 짐의 치세에 통상을 외이(外夷)에게 허용하는 나쁜 전례를 만든다면 백성에게 신뢰를 잃고 치(恥)를 후세에 남기고 신궁 및 열성(列聖)에 대해 이 한 몸을 둘 곳이 없도다. 경 등은 부디 이러한 뜻을 헤아려 반드시 금전에 의해 현혹됨이 없도록 하라.[79]

하지만 이런 부산한 나날 속에서도 때로는 마음을 차분히 가라앉히는 한때가 있었다. 1857년 11월 어느 날 만 다섯 살이 된 사치노미야가 처음으로 시 한 수를 읊었다.

달을 바라보니 기러기 나는구나
물 가운데도 그 모습이 비치고 있구나[80]

단카(短歌)를 지을 요량으로 읊은 이 시는 운율이 맞지 않는다. 그래도 어린 황자가 이미 고전적 와카의 가락과 용어를 이해하고 있음을 보여주기에는 충분했다. 10만 수가 넘는 메이지 천황의 작품 중에 이것이 첫 수였다.

제5장 불충지배(不忠之輩)

로주 홋타 마사요시는 막부의 중신인 가와지 도시아키라와 이와세 다다나리(岩瀬忠震) 두 사람과 함께 1858년 1월 21일, 쇼군 이에사다가 고메이 천황에게 보내는 호화로운 선물을 가지고 에도를 출발했다. 교토에 도착한 것은 2월 5일이었다. 9일, 고메이 천황은 홋타를 접견하고 술잔을 내렸다. 같은 날 홋타는 부케텐소에게 글을 보내 이번 상경의 목적이 미국과의 조약 체결 배경을 설명하는 데 있다고 보고했다. 이틀 뒤 홋타는 머무르고 있던 혼노지(本能寺)로 부케텐소 두 명과 의주(議奏) 세 명을 초대해서 세계 대세와 일본이 놓여 있는 상황을 자세하게 설명했다. 일본은 더 이상 쇄국을 계속하는 일이 불가능하다고 말했다. 그러고는 통상조약 초안을 제시하고 칙허를 내려 달라고 요구했다.

이에 대해 조정 신료 중에서도 특히 전 관백 다카쓰카사 마사미치와 우대신 스케히로 부자는 막부의 조약안에 찬성의 뜻을 표했다. 그러나 고메이 천황은 좌대신 고노에 다다히로, 관백 구조 히사타다에게 친서를 보내 마사미치와 스케히로 부자의 말에 구애될 것 없이 오직 성지(聖旨)만을 중히 여기라고 했다. 구조에게 준 친서에는 외국에 양보하는 것에 단호히 반대한다는 뜻이 되풀이되어 있었다.

만일 미국인이 말하는 대로 개항하게 되는 날이면 황조(皇祖)를 모신 이세(伊勢)의 황대신궁(皇大神宮)을 어찌 바라볼 수 있단 말인가. 외국의 무리가 끝까지 교역항 개항을 주장한다면 그때는 무기를 들고 내쫓는 일도 불사해야 할 것이다.[81]

홋타의 임무는 결실을 맺지 못한 채 끝났다. 3월 20일, 막부의 주청에 대한 천황의 심려 가득한 칙답이 내려졌다.[82] 천황은 미국과의 조약 체결이 '신주(神州: 일본이 자기 나라를 자랑하여 일컫는 말)의 대환(大患)', 즉 국가 안위가 걸린 일이라고 했다. 지난해 맺어진 조약으로 시모다를 개항한 일만 해도 이미 국가의 대환인데, 이제 다시 미국인이 하자는 대로 이를 수정하기라도 한다면 그것은 국위를 손상시키는 일이라고 칙답은 강하게 언급하고 있다. 이 칙답의 초안에는 당초, 조약의 처리를 최종적으로 막부에 위임한다는 내용이 적혀 있었다. 그러나 곤다이나곤(權大納言) 나카야마 다다야스 이하 고관 88명이 막부의 나약한 외교에 강하게 반발했기 때문에 서면의 문투가 바뀌면서 노골적이고 신랄하게 되고 말았다. 홋타는 4월 3일 실의에 빠진 채 교토를 떠났다.

아마도 이번 홋타의 상경으로 분명해진 사실은 구게들이 예상 밖으로 완강하게 반발했다는 것이다. 이전의 구게들 하면 분을 바르고 눈썹을 그리며, 예전부터 전해 내려오는 전통적인 의상을 두른 유약한 궁중인의 모습을 떠올렸다. 그랬건만 이 시기를 경계로 구게 계급의 대다수가 평소와는 달리 결연한 태도를 보이며 겁도 없이 천황의 복권을 도모하자는 소리까지 했다. 이런 현상을 이해하기 위해서는 당시의 구게들 사이에 널리 퍼져 있던 하나의 관례에 주목해야 한다. 즉, 구게 계급과 무사 계급의 혼담이다. 이 일이 구게 계급에 새로운 활기를 불어넣었다고 해도 과언이 아니다. 어쨌거나 궁중 사람이라 해서 퇴폐적이고, 좋은 집안에서 자라난 유약한 일족 내지 헤이안 귀족의 후예쯤으로 지레짐작해 버리면 큰코다치는 시대에 와 있었다. 이 시기 이후로 구게는 위험하기 그지없는 반막부 운동에서도 두드러지는 존재로 대두한다.

1858년 4월, 막부는 히코네(彦根) 번주인 이이 나오스케(井伊 直弼, 1815~60)를 다이로(大老: 쇼군을 보좌하는 최고직으로 로주보다 상위의 직급. 상설직은 아니며 정치적으로 중대한 국면에 임했을 때 두었다)로 임명했다. 다음 달 고메이 천황은 관백과 삼공에게 따로 칙서를 내려 결의를 새롭게 다졌다.[83]

이이(井伊)는 아마도 조약의 칙허를 강요하러 올 것이다. 그러나 재고할 여지는 결코 없다.

고메이 천황의 막부 체제에 대한 신임은 절대적이었다. 하지만 막부의 정책에 잘못이 있다고 판단했을 경우에는 천황은 어디까지나 협력을 거부할 권리가 있다고 여겼다.

막부의 개국 정책에 대한 고메이 천황의 규탄은 나날이 격렬해졌다. 1858년 6월 17일, 고메이 천황은 이세 신궁, 하치만(八

幡) 신궁, 가모(賀茂) 신사에 칙사를 보내 신의 가호를 기원하게 했다. 천황은 만일 전쟁이 벌어지는 일이 있다면 몽골 내습의 고례(古例)에 따라 가미카제(神風)를 일으켜 '적선(賊船)'을 물리쳐 달라고 기원했다. 그리고 '나라의 은혜를 망각한 불충한 자들'에게 신분의 구별 없이 신벌을 내려달라고 기도했다. '불충한 자들'이란 분명히 개국 지지파를 가리키는 말이었다.[84]

고메이 천황의 기도는 이뤄지지 않았다. 6월 19일(1858년 7월 29일), 시모다 부교 이노우에 기요나오와 감찰관 격인 메쓰케(目付) 이와세 다다나리는 가나가와 앞바다에 정박 중인 미국 군함 포해턴 호 함상에서 해리스와 회견하고 미일수호통상조약에 조인했다. 조약에는 시모다와 하코다테에 더해 새로 개항하는 가나가와, 나가사키, 효고, 니가타(新潟) 네 개 항에 대한 향후 5년에 걸친 개항 예정일이 기록되어 있었다.

21일, 막부는 미국과의 조약 체결을 천황에게 보고했다. 사태가 절박했기 때문에 서면으로 천황의 결재를 받을 틈이 없었노라고 설명했다. 이 보고가 조정에 들어간 것은 27일이었다. 말할 것도 없이 이 일은 고메이 천황의 심기를 크게 거스르게 된다. 이튿날 천황은 관백 구조 히사타다를 불러 양위하겠다는 내칙을 내렸다. 양위, 즉 천황을 그만두겠다는 것이다.

고메이 천황이 이런 극단적인 태도로 나온 것은 막부의 방침을 전환시키려면 아무래도 이 방법밖에 없다는 결론에 도달했기 때문이 아니었을까? 만일 고메이 천황이 양위를 한다면―물론 막부가 인정하지 않으면 양위할 수가 없다―다음 후계자는 이제 막 여섯 살이 될 황자 사치노미야이거나 아니면 방계의 친왕이 될 것이다. 여섯 살배기 아기로서는 천황의 의무인 의식과 제례를 집행하기에 무리가 있었다. 그리고 나라의 안위가 걸려 있는 중대한 시기에 돌이킬 수 없는 일이 벌어지지 말라는 법도 없다. 그렇다고 해서 천황의 직계가 아닌 종형제가 뒤를 잇게 했다가는 파벌 싸움까지는 아니더라도 유감스러운 원한을 남기게 될 수 있었다.

양위하겠다는 의지를 표명한 고메이 천황의 칙서는 다른 나라에서는 유례를 볼 수 없는 일본 황실의 독자성, 특히 황통의 만세일계(萬世一系)를 칭하는 틀에 박힌 문구로 시작되었다. 천황은 일본의 황실을 신분이 낮은 자라 하더라도 특출한 재능을 가진 자이기만 하면 제왕이 될 수 있는 중국의 왕조와 비교했다. 일본 황통의 만세일계를 외치는 한편으로 고메이 천황의 참뜻은 다른 곳에 있었을 것으로 여겨진다. 그것은 중국 왕조의 관습과는 달리 천황의 의무를 다하기에 합당한 능력을 지니고 있는 이유 때문에 선택된 것이 아닌 인간의 고충이었다. 일본의 역대 천황 모두가 한결같이 그 임무를 감당하기에 합당했는가 하면 그렇지가 않았다. 천황이 만세일계라는 것에 대해 신성한 의의를 무조건 인정하는 신봉자들까지도 이것을 인정하고 있다. 실제로 『일본서기(日本書紀)』는 역겨울 정도로 잔인하고 사악한 고대의 천황들에 대해 적고 있다. 고메이는 아마도 그가 즉위하기 전 백 년 동안 재위했던 어떤 천황보다도 천황으로서의 자질을 갖추고 있었다. 그래서 자신이 해내야 할 천황이라는 역할에, 나아가 천황인 자기 자신에 대해 도저히 참을 수 없는 분노를 느꼈던 것이다. 틀에 박힌 언사 중에도 자신의 본심을 피력하면서, 자신이 황위에 걸맞지 않은 인물이 아닐까 하는 점을 '우력(愚力)이 미치지 않는', '미력(微力)이 미치기 어려운' 식의 표현을 써가며 되풀이하고 있다.

선제이신 닌코 천황 서거 때 나는 후계자가 되는 것을 고사해야 했다. 그러나 당시는 너무나 슬픈 나머지 심기가 혼란하여서 전후 살펴보지도 못하고 천조대례(踐祚大禮)를 치르고 말았다. 암매(暗昧)한 성품이지만 힘을 다하고 정성을 들여 신궁을 비롯한 황조에 대해 거룩한 자취를 더럽히지 않고자 애써왔다. 하지만 나라를 다스리는 일은 원래가 나 자신의 우력에 미치지 않는 일로써 탄식만 할 뿐이다. 가에이(嘉永) 7년(1854) 궁중 화재 이후로 여러 지방에서 변사가 겹치고 만민의 마음은 쉴 틈도 없다. 이 모두가 나의 박덕한 탓이니 참으로 비통하기 그지없는 일이다.

이즈음 외국 선박이 빈번하게 일본 근해에 나타났을 뿐 아니라 미국 사절은 일본과의 화친 통상을 요구해 왔다면서 고메이 천황은 계속한다.

겉으로는 친목의 정을 보이면서, 틈만 보이면 일본을 병탄하려는 야심이 빤히 보인다. 만일 이를 거절한다면 전쟁이 벌어질 것은 정한 이치이다. 태평세월이 오래 지속되었다지만 무사된 자들이 정이(征夷)의 관직을 다하지 못한다는 것은 참으로 개탄스러운 일이다. 이제까지는 정무를 일체 막부에 맡겨놓고 있었다. 구게와 무사 사이가 악화될까 우려해서 자신의 의견을 표명하는 일은 극력 삼가왔다. 그러나 바야흐로 사태는 예사롭지 않은 지경에 이르고 말았다. 이대로 내가 황위에 앉아서 세상을 다스리는 것은 미력에 미치지 못하는 일로서 생각도 할 수 없는 일이다. 따라서 이에 제위를 넘길 결심을 했다. 천하의 안위가 걸려 있는 중대한 시기에 어린 사치노미야는 후계자로서 너무 어리다. 그래서 후시미(伏見), 아리스가와 부자 등 세 명의 친왕 중에서 한 명을 뽑아 제위를 넘기고 싶다.[85] 결코 나 자신의 안일한 생활을 바라고 양위를 결심한 것이 아니다. 오로지 국난에 대처할 수 있는 영명한 인물을 대망하기 때문이다.

이렇게 고메이 천황은 양위의 의지를 막부에 전달하라고 관백에게 명했다. 친서에는 외국 세력을 다루는 막부의 어설픈 솜씨에 대한 고메이 천황의 불만이 스며 있다. 친서에 그렇게 쓰여 있지는 않지만 어떻게 해서든 양이를 관철하지 않으면 안 된다는 절박한 마음은 이미 신념으로 고양되어 있었다. 외국인이 일본에 와 있다는 그 자체가 바로 고메이 천황으로서는 황조에 대한 공공연한 모욕이었다. 이 친서를 시작으로 하는 시기의 고메이 천황의 일련의 서한을 잊을 수 없게 만드는 것은 거기에 고뇌에 시달리고 있는 하나의 인간이 있다는 강렬한 인상 때문이다. 말투는 아닌 게 아니라 틀에 박힌 것이었을지도 모른다. 그러나 적어도 과거 수백 년간 천황이라는 빛나는 칭호를 지니고 있으면서 이다지도 쓰디쓴 굴욕과 무력감을 공공연히 드러낸 천황은 없었다. 고메이 천황은 이미 비극의 인물이었다. 이 시기부터 그 처참한 최후에 이르기까지 고메이 천황은 분노와 절망으로 마음 편할 날이 없었다. 일본 역사상 이에 필적할 만한 천황을 찾아본다면 유배의 고통을 맞본 고토바(後鳥羽) 천황이나 고다이고(後醍醐) 천황이 있을까. 자신의 운명이 힘겹다고 느끼고 있었다는 점에서 고메이 천황은 셰익스피어가 묘사한 리처드 2세와 흡사하다. 시시각각 변하는 세상의 동향을 한탄하고 쉴 새 없이 궁중 대신들에게 써보낸 엄청난 수의 고메이 천황의 친서는 역대 천황 중에서도 유례가 없었다. 그는 대부분의 친서 서명으로 '차화(此花: 이 꽃)'라는 아호를 사용했는데, 이것은 아마도 나니와즈(難波津)의 옛 노래에서 따온 것이 아닐까 싶다.

  나니와즈에 핀 이 꽃 겨울을 나고
  지금이 봄이라고 피느냐 이 꽃이여

고메이 천황은 지루한 긴 겨울이 지나면 반드시 찾아오는 봄을 생각하며 이 아호를 썼을까?

친서의 마지막 대목에서 고메이 천황은 결코 안일한 생활을 탐하기 위해 천황의 의무를 내놓는 것이 아니라고 말하고 있다. 역설적으로 들리겠지만 막부와 조정 신료들은 그러한 안일한 생활이야말로 고메이 천황에게 가장 잘 어울린다고 여겼다. 굴욕에서 절망으로 기분이 변해 가는 치세의 마지막 단계에서 고메이 천황은 처음으로 술과 여색에 빠지게 된다.[86] 스스로 자신의 모습을 드러낸 고메이 천황의 친서에 감명받지 않을 사람은 없을 것이다. 외부의 강압으로 인한 변혁의 시대에 갑자기 통하지 않게 된 수많은 전통들, 그 전통에 의해 자라고 성장한 한 사람의 총명한 인물이 여기에 있는 것이다.

하지만 양위를 바라는 고메이 천황의 청원은 막부에는 전달되지 않았던 모양이다. 구조 히사타다는 오로지 로주가 사정을 설명하기 위해 곧 상경한다는 말로 둘러대면서 고메이 천황을 달래는 수밖에 없었다. 그러나 1858년 5월 7일, 막부는 네덜란드, 러시아, 영국과의 조약에 조인했다.[87] 앞서 미국과 체결한 것과 같은 수호통상조약이었다. 8월 5일, 고메이 천황은 새로운 사태의 전개에 격노하면서 양위와 아울러 막부를 힐문하는 칙서를 내렸다.[88] 칙서를 받아 본 구조 히사타다는 이같이 대답했다.

　　천황의 말씀에 사리가 있음은 명백하다. 그러나 사태는 심히 중대하다. 숙의를 거듭한 다음 의견을 아뢰고 싶다.

구조는 이를 조정 대신 회의에 부쳤다. 많은 대신들은 막부에 조칙을 내리는 데 찬성 의사를 표시했다. 하지만 과격한 용어는 피하는 게 현명하다는 의견이 많았다. 구조는 삼공에게 칙서를 보여주었다. 좌대신 고노에 다다히로는 다음과 같이 제안했다.

　　칙서의 사본을 전 미토(水戶) 번주 도쿠가와 나리아키에게 보내 막부의 내정을 변혁시키고 외국의 위협에 방어하는 조치를 취하게 하면 어떻겠는가. 만일 나리아키가 두세 곳의 큰 번의 협력을 얻을 수 있다면 성지를 관철시킬 수 있지 않겠는가.

이는 위험한 기도였다. 우선 조정과 번이 직접 연락을 취하는 일을 금하는 막부의 명령에 저촉된다. 더욱이 일이 마음먹은 대로 성사되는 날이면 조정과 막부 사이에 알력이 생길 것은 뻔한 이치였다. 이것은 막부가 가장 예민하게 신경 쓰는 일이었다. 조정에서도 의견 차이가 심했다. 칙서를 내리면 장차 조정에 불리한 일이 일어날지도 모른다고 걱정하는 사람도 있었다. 한편, 칙서를 당장 내리지 않으면 고메이 천황은 틀림없이 양위할 것이라고 주장하는 사람도 있었다. 결국 조칙은 궁궐 부속 막부 관리 오쿠보 다다히로(大久保忠寬)를 통해 막부로 보내졌다. 동시에 그 사본이 교토에 주재해 있는 미토 번의 연락관을 통해 미토 번주 도쿠가와 요시아쓰(德川慶篤)에게도 보내졌다.

조칙에서 고메이 천황은 미국과의 조약 체결이 제반 사정을 살펴볼 때 부득이한 일이었다는 사실은 알고 있었다. 그러나 막부가 외교 조치를 취하면서 삼공 이하 여러 번의 중지를 모아 보라는 조칙을 무시한 일은 심하게 비난했다. 나아가 국내의 어지러운 치세에 깊이 우려를 표하면서 공무합체(公武合体)책―여기서 공은 구게, 무는 곧 막부를 의미한다―을 막부에 제안했다.[89] '공무합체책'이란 당시 널리 퍼져 있던 존왕양이와 대립되는 생각으로, 조정과 막부가 협력해서 양이를 추진한다는 고메이 천황의 이상을 체현한 정책이었다.

이제 또다시 고메이 천황은 양위를 단념하지 않으면 안 되게 되었다. 8월 16일, 쇼군 도쿠가와 이에사다 사망 보고가 조정에 당도했다. 이에사다는 1개월 전인 7월 6일에 이미 사망했다. 하지만 막부는 쇼군의 죽음을 감추다가 그제야 조정에 보고한 것이다. 쇼군의 죽음이 고메이 천황의 양위 계획 고집을 어렵게 만들었는지도 모른다. 아무튼 9월에 들어서자, 고메이 천황은 막부의 정책을 지지하는 관백 구조 히사타다를 내보내고, 천황과 비슷한 생각을 가지고 있는 좌대신 고노에 다다히로를 내람(內覽: 관백에 준하는 자리)에 앉혔다.

1858년 9월 17일, 로주 마나베 아키카쓰(間部詮勝, 1804~84)가 입경했다. 막부는 앞서 약속한 조정에 로주를 파견하는 일을 실행한 것처럼 보였다. 그러나 마나베는 막부가 칙허를 얻지 않고 미국과의 조약에 조인한 데 대해 천황에게 용서를 빌기 위해 입경한 게 아니었다. 마나베의 목적은 다이로인 이이 나오스케의 명령으로 구조 히사타다를 내람 자리에 복직시키는 데 있었다. 그뿐이 아니다. 마나베는 막부의 정책에 반대하는 지사(志士)들을 모조리 교토에서 추방하려 들었다. 세상에서 흔히 말하는 '안세이(安政)의 대옥(大獄)'이 시작된 것이다. 존왕양이파 지도자 여덟 명이 처형되었다. 그중에는 요시다 쇼인(吉田松陰), 하시모토 사나이(橋本左內), 라이 미키사부로(賴三樹三郎) 같은 저명한 지사가 포함되어 있었다. 요시다 쇼인은 에도에서 상경길이던 마나베 암살 계획에 가담했다는 이유가 죄목이었다. 하지만 다른 자들의 죄상은 분명하지 않았다. 존왕양이파라고 지목되는 구게들(신분이 높은 구게까지 포함해서)도 심문을 받고 자리에서 내쳐졌다. 그 밖에도 이에 깊이 관여하고 있다고 간주된 구게에게는 칩거를 명하거나 삭발하고 승려가 될 것을 명했다.

　위문할 요량이었는지 마나베는 10월 24일 입궐했다. 새 쇼군 도쿠가와 이에모치(德川家茂)가 보내는 선물이라면서 공단 50권, 풀솜 2백 결, 도바(鳥羽) 승정의 글씨로 된 여섯 폭짜리 병풍 한 쌍, 꽃병, 생선 한 상자를 고메이 천황에게 바쳤다. 그러나 고메이 천황은 마나베의 배알을 허락하지 않았다.[90] 자신이 내람으로 앉힌 고노에 다다히로를 내치고 다시 믿음이 가지 않는 구조 히사타다를 복직시킨 막부 관리에게 천황이 어떤 감정을 가졌을지는 쉽게 짐작할 수 있다. 마나베는 대신 내람에 복직시킨 구조 히사타다와 회견하고 세계정세를 살펴보건대 열강과의 수호통상조약 조인이 얼마나 불가피한 일이었는지를 설명했다.

그리고 제후들의 건의서와 미국과의 가조약서를 구조에게 내밀었다. 이들 문서는 나중에 천황에게 보이게 되었다.

이날 천황은 새 쇼군 이에모치를 정2위(正二位)에 서임하고 그다음 날에는 정이대장군에 임명했다. 고메이 천황으로서는 자신이 줄 수 있는 최고의 영예를 그야말로 적과 다름없는 상대에게 주는 기분이었을 것이다. 이후 몇 달 동안 천황은 이 무렵의 상황에 대해 노여움을 표한 일들을 계속해 쓰고 있다. 그해도 다 저물어가는 12월 30일, 고메이 천황은 에도로 돌아가는 마나베의 배알을 허용했다. '야만국과의 화친 무역은 황국의 흠이요 신주의 더럽힘이라(蠻夷和親貿易已下之條件皇國之瑕瑾神州之汚穢)'라는 문구로 시작되는 칙서를 내려 마나베에게 '쇄국의 양법(良法)'으로 돌아서야 한다고 설득했다. 내외 정세를 살펴볼 때 통상조약을 체결한 것은 봐줄 수도 있다. 그러나 이는 결코 자신이 뜻하는 바는 아니다. 잠시의 여유를 가지고 '공무합체'해서 조속히 좋은 대책을 강구해 쇄국정책으로 가야 한다고 했다. 그러나 고메이 천황이 마지못해 해야 했던 숱한 양보 중에서 이것은 고작 시작에 불과했다. 그래도 천황이 궁극의 목적으로 삼은 '양이'의 생각은 결코 흔들린 법이 없었다.

1859년은 예년과 같이 궁중의 전통적인 신년 의식으로 시작되었다. 서로 선물을 주고받았고 무악이 연주되었으며 음식의 의례도 거행되었다. 이제 여덟 살이 된 사치노미야는 처음으로 술통을 받았다. 어린아이가 술을 마실 수 있게 하는 사실이 의아하긴 하지만, 사치노미야는 분명 궁중의 모든 행사에 참여할 수 있는 나이였다. 1월 19일, 사치노미야는 처음으로 무악을 함께 관람하고 나서 천황에게 학의 술잔을 받았다.

4월 22일, 사치노미야는 궁의 음식 재료를 대는 숙설간에서 올린 새 죽순을 처음으로 하사받았다. 같은 날 고메이 천황은 지난해 마나베 아키카쓰가 체포한 네 구게의 라쿠쇼쿠(落飾: 귀인이 삭발하고 중이 됨)를 허락했다. 다이코(太閤: 관백 직을 아들에게 물려준 사람) 다카쓰카사 마사미치, 전 좌대신 고노에 다다히로, 전 우대신 다카쓰카사 스케히로, 전 내대신 산조 사네쓰무 이 네 사람이다. 조정 신하로 도쿠가와 나리아키와 직접 접촉하고자 한 일에 대한 막부의 처벌이 바로 이것이었다.

다카쓰카사 부자는 원래 개국을 지지하는 소수파 구게였다. 그러나 다카쓰카사 부자는 신분이 낮은 과격한 국수주의 지사들의 설득으로 '쇄국'으로 방향을 전환했다. 이 일이 막부를 노하게 만들었다. 막부에서 처분이 내려지기 전 교토의 쇼시다이 사카이 다다아키(酒井忠義)는 네 명에게 자결을 요구했으나 이들은 그것을 거부했다. 이 네 사람을 염려한 고메이 천황은 관백 구조 히사타다에게 서한을 보내 사카이와 이들을 중재해서 특사를 받도록 했으나 마나베 아카카쓰는 꿈쩍도 하지 않았다. 마나베는 이 네 사람이 나리아키와 밀약을 한 확증을 갖고 있었다. 마나베에 의하면, 조정의 기밀이 미토 번으로 누설되어, 이에 고무된 미토와 후쿠이(福井)의 번사(藩士)들이 막부 타도 운동으로 내달리게 되었다는 것이다. 어쨌거나 이들의 행동은 '공무합체'의 취지에 어긋난 일임에는 틀림없다는 것이다.

2월 5일에 이미 교토의 쇼시다이 사카이 다다아키는 구게 열여섯 명의 관직을 박탈하고 궁중에서 추방하라는 쇼군 이에모치의 명을 전달했다. 고메이 천황은 매우 상심해서 관대한 처분을 요구했으나 사카이는 천황의 청원을 무시했다. 17일, 다시 여러 명의 구게에게 칩거 근신 명령이 떨어졌다. 천황은 다시 구조를 사카이에게 보내 다카쓰카사 마사미치의 출가를 막으려 했다. 그러나 이번에도 사카이는 천황의 청원을 거절했다.

3월 9일, 고메이 천황은 은밀히 산조 사네쓰무에게 서한을 보냈다. 여기에서 천황의 노신에 대한 각별한 존경과 애정을 느끼게 된다.

선제(닌코 천황)가 재위하던 시절, 다카쓰카사 마사미치는 오랜 기간 관백의 중직에 있었다. 또 선제가 급서하고 뜻밖에도 내가 즉위하게 되었을 때도 섭정으로서 모든 면에서 보좌를 해주었다. 다카쓰카사 같은 충신이 중죄에 처해지면 나는 견디기 힘들 것이다.

천황은 계속해서 이렇게 쓰고 있다.

고노에 다다히로는 내 서예 스승이었다. 관례를 올릴 때 나에게 가관(加冠) 의식을 한 것도 고노에였다. 다른 두 명도 선제의 재위 중에 직무를 충실히 다하여 극력 분발했다. 외이가 내항했을 때도 중신 네 사람은 나의 명을 받들어 분골쇄신 국사에 진력했다. 혹 과실을 범했을지는 몰라도 이 네 사람이 쇼군에게 모반의 마음을 품는 일이 어찌 있을 수 있겠는가.[91]

고메이 천황의 서한은 부디 나의 뜻을 헤아려 막부가 관대한 조처를 취하기 바란다는 말로 끝맺고 있다. 산조 사네쓰무는 은거해 있던 교토 교외의 마을에서 이 서한을 받아 보았다. 병중임에도 불구하고 자리에서 일어나 예복을 갖춰 입고 이 서한을 읽었다. 사네쓰무는 천황의 인자함 넘치는 연민의 정에 감격해서 눈물을 멈출 수 없었다. 사네쓰무는 안도했다. 천황이 자신의 지성을 인정하고 서한까지 내리셨다, 이제 더 이상 조상의 혼령에 불효의 죄를 추궁당하는 일도 없을 것이고, 또한 후세에 오명을 남길 일도 없을 것이라고. 그러나 사카이는 네 사람의 처분을 유예해 달라는 천황의 청원을 단호히 거절했다. 고메이 천황은 이 노신들에게 라쿠쇼쿠를 명하기가 괴로웠다. 그래서 한 번 더 이 네 사람에게 진심으로 바라는가 물었다. 네 사람은 이미 벗어던질 수 없는 운명이므로 체념하고 있노라고 대답했다. 더 이상 어쩔 수 없어 4월 22일, 결국 이 네 사람에게 라쿠쇼쿠 명령을 내렸다.

사카이 다다아키는 '안세이의 대옥'이 조정에 미친 영향에 대해 기록된 여러 문헌 속에서 언제나 악역으로 등장한다. 하지만 사카이는 막부의 하수인으로 일하는 일개 관리에 불과했다. 아버지인 닌코 천황과 자신을 섬긴 네 명의 조정 신하에게 관대한 처분을 원하는 고메이 천황의 청원을 사카이는 매정하게 거절했다. 그러나 사카이의 배후에는 언제나 반대파를 일소하고자 노리고 있는 막부의 최고 권력자 이이 나오스케의 결단이 있었다. 이이는 1858년 다이로의 지위에 오르자 본격적인 탄압을 시작했고 이 탄압은 2년 후 그가 암살당할 때까지 이어졌다. 탄압은 막부의 정책에 반대하는 일파 소탕이 목적이었으나 여기에는 쇼군의 후계자 선출이라는 내정 문제도 얽혀 있었다. 그러나 이 탄압은 완전히 실패로 끝나고 결국 막부의 붕괴를 초래하기에 이른다. 체포와 투옥이 이어지던 이 2년 동안은 공포정치의 시대로 사람들의 기억 속에 오래 남게 되었다.

고메이 천황이 내린 칙서는 모조리 막부에 의해 휴지가 되고 말았다. 고메이 천황으로서는 이 탄압이 굴욕적이었다. 아버지 닌코 천황 때부터 자신을 충실히 섬겨온 노신들이었다. 설령 조약에 대해 반대 의사를 표명했다쳐도 그것만으로 삭발하고 출가하는 라쿠쇼쿠를 당해야 할 이유가 어디 있단 말인가. 막부의 안위에 관계되는 문제도 아니었는데 말이다. 그러나 이이 나오스케는 천황의 원한을 사는 일이 있더라도 여기서 본보기로 이 네명의 중신을 징벌해야겠다고 결단을 내렸다. 조정의 위엄의 본질과 실태의 모순이 이처럼 확연하게 드러난 일도 없다. 궁 안에서 의관을 차리고 정해진 의식을 치러야 할 천황으로서는 참으로 답답한 심정이었을 것이다.

1859년은 전국에 만연한 유행병과 그 밖의 무수한 재난으로 고통을 받던 해이기도 했다. 고메이 천황의 셋째 공주가 탄생하더니 둘째 공주가 죽었다. 아마도 유행병으로 희생되었던 것 같다. 고메이 천황의 유일한 위안은 황자 사치노미야가 성장하는 모습을 지켜보는 일이 아니었을까. 사치노미야가 황위 계승자답게 무럭무럭 성장하는 모습은 불행한 사건들만 중첩되던 이 시기에 한 줄기 위안이었다.

제6장 무쓰히토

1859년 3월 30일, 아리스가와노미야(有栖川宮) 다카히토(幟 仁) 친왕(1812~86)이 사치노미야의 서예 스승으로 임명되었다. 사치노미야도 이제 황자 교육을 받게 된 것이다.

맨 처음 받는 교육이 서예라는 사실은 황족과 구게의 자제에 게 글쓰기가 얼마나 중요한지 말해주고 있다. 유럽에서는 궁중 의 황자가 달필이든 아니든 그다지 큰 문제가 아니지만, 일본에 서는 이것이 구게의 교육에서 빼놓을 수 없는 중요한 요소로 간 주되었다. 황족 일원이 서예가로서의 기량을 보여줄 기회라는 게 그리 자주 있는 것은 아니다. 그러나 글씨는 그저 잘 쓰기만 하는 것으로는 부족하며 거기에는 쓴 사람의 인격이 나타나 있 지 않으면 안 되는 것이다. 메이지 천황이 직접 쓴 글이 거의 없 어 그가 실제로 얼마나 글씨를 잘 썼는지는 알 수 없다.[92]

사치노미야는 이미 전해에 곤다이나곤 오기마치 사네아쓰(正 親町實德, 1814~96)한테서 서예 수업을 받기 시작했다. 이것은 말하자면 가벼운 연습 같은 것이라 할 수 있다. 하지만 여덟 살이 된 사치노미야는 적당한 스승 밑에서 체계적으로 서예와 다른 학문을 닦아야 했다. 다카히토가 서예 스승으로 뽑힌 걸 보면 분명 그의 혈통이 명필 가문이었다는 것을 알 수 있다. 수업 첫날인 4월 3일, 다카히토는 글씨 교본으로 나니와즈의 옛 노래를 갖고 왔다. 『메이지 천황기』에는 '〈나니와즈에 핀 이 꽃〉이라는 와카 한 수를 얇은 계란빛 일본 종이에 써서 이를 고급 닥나무로 싼 후 이중으로 된 문서궤에 넣고 봉함하다'라고 기록되어 있다.

이날 스승 다카히토와 제자 사치노미야는 서로 도미 한 상자씩을 선물했다. 정식 글씨 공부의 시작은 나이 어린 황자의 교육 중에서도 가장 중요한 첫걸음이었으므로 이 경사스러운 의식을 축하하며 도미를 선물로 주고받은 것 같다. 다카히토는 매주 정해진 날에 입궐해서 사치노미야에게 서예를 가르쳤다. 5월 4일, 사치노미야는 글씨를 쓰기 시작했고 스승인 다카히토에게 과자를 선물했다. 7월 2일, 사치노미야는 자신이 쓴 글씨가 마음에 들었는지 시중드는 나카야마 다다야스에게 습작 글씨를 주었는데 그중에는 '중(中)'과 '산(山)'이라는 글자가 여기저기 많이 보였다고 한다.[93]

사치노미야는 또한 사서오경도 읽기 시작했다. 4월 27일, 후세하라 노부하루(伏原宣明, 1790~1863)가 독서사범으로 임명되었다. 그 수업 첫날 후세하라는 『효경』의 1절을 세 번에 걸쳐 공손하게 읽었다. 물론 아직 만 일곱 살도 안 된 황자가 한문 훈독이라고는 하지만 유교에 관한 책을 이해하기란 애초부터 무리인 것은 당연하다. 하지만 사치노미야는 차츰 한자를 알게 되고 이를 스승의 뒤를 따라 소리 내어 읽었다. 이 읽기 학습법은 놀라울 정도로 효과적이어서 일본 사람들은 오랫동안 같은 방식으로 한자를 배우기 시작해 나중에는 자유로이 읽고 쓰게 된다. 하지만 어린 사치노미야는 뜻도 모르는 문자를 정해진 시간 안에 암송해야 하는 일이 말할 수 없이 따분했을 것이다. 고메이 천황은 『효경』에 이어 『대학』 읽기에 들어가라고 명하고 있다.[94]

서당에서 같은 또래의 아이들과 함께 배우는 것이라면 적어도 친구끼리 라이벌 의식을 불태우기도 하고 떠들다가 선생님한테 혼나는 일도 있었을 것이다. 하지만 사치노미야는 처음부터 그럴 일이 없었다. 사치노미야에게 유일하게 학교 친구라 할 상대가 생긴 것은 1861년 12월, 전 곤주나곤 우라마쓰 유키미쓰(裏松恭光)의 손자 다루미쓰(良光, 1850~1915)가 시동이 되었을 때부터였다. 다루미쓰가 세는나이로 열두 살, 메이지 천황은 열 살이었다. 다루미쓰는 그 당시의 일을 이렇게 회상하고 있다.

아침부터 밤까지 침소에 들어가지 않는 동안에는 공부할 때나 운동할 때나 그 곁을 떠나지 않고 모셨다. 황자가 입는 옷은 주로 소매가 긴 치리멘([縮緬: 쪼글쪼글한 비단)으로 된 윗옷에 바지는 시오제(鹽瀬: 씨실이 굵은 비단)로 만들어진 것으로 상하의 모두 흰색이었다. 매일 새 옷으로 갈아입는 일 없이 검소하신 편이다. 앞머리를 양쪽으로 올려 위로 아기 쪽을 지었는데 내 머리와 다른 점은 쪽 지어진 부분이 조금 부풀려 있었다는 것뿐이다.

공부는 늘 사서오경 읽기로 시작되었는데 후세하라 노부사토(伏原宣諭) 경에게서 가르침을 받았다. 때때로 아노 오쿠미쓰(阿野奧充) 경이 대신할 때도 있었다. 책은 후세하라 경이 정서한 것으로 한 권이 끝나면 다음 권을 가져오게 되어 있었으며 옛날 서당식으로 목청을 돋우어 함께 읽었다.

와카는 대여섯 살 때부터 읊으신 것 같았으며 매일 아버지 고메이 천황에게서 서너 개씩 제목을 받아 읊으셨다. 시의 초안이 잡히면 우선 모후(주고)의 첨삭을 받은 다음, 그것을 황자께서 스스로 청서(淸書)해서 부제(父帝)에게 바쳐 그것에 대한 말씀을 듣곤 하셨다. 이것이 평소의 일과였다.[95]

여기까지는 약식 교육이라 할 만한 것으로, 말하자면 사치노미야와 다루미쓰에게 가정교사가 딸린 셈이었다. 그러다 1862년 5월 27일, 사치노미야에게 정규 황태자 교육이 시작되었다.

고메이 천황은 음양사 쓰치미카도 하레오에게 명해서 독서 시작의 예를 치를 날짜를 잡도록 했다. 그리고 후견인 격인 나카야마 다다야스에게 의식은 1839년에 행한 자신의 선례를 따르도록 명했다. 독서 개시의 의례 당일, 구게가 도열한 가운데 후세하라 노부하루는 『효경』 서문에서부터 몇 행을 세 번에 걸쳐 낭독했다.

사치노미야는 그다지 공부를 열심히 하는 학생이 아니었다. 여러 가지 일화들은 사치노미야가 공부를 싫어했음을 말해주고 있다. 메이지 천황이 훗날 스스로 말한 바에 의하면, 생모 나카야마 요시코도 젊어서는 매우 엄격했는지—노년에 들어서는 자상해졌지만—사치노미야가 그날의 과제를 끝내기 전까지는 식사 때가 되어도 식사를 못하게 했다고 한다.[96] 1905년, 메이지 천황은 그 옛 시절들을 그리워하며 이런 와카를 읊었다.

공부하기를 귀찮게 여기던 어린 마음
이제 와 뉘우치도다

다음 한 수도 같은 해에 읊은 것이다.

　죽마에 마음을 빼앗겨 공부를 소홀히 하던 시절
　이제 와 되새겨 보네

　이런 일화도 있다. 하루는 사치노미야의 보육과 교양을 담당하던 나카야마 다다야스가 매우 언짢은 표정으로 퇴궐했다. 사치노미야가 공부하던 도중에 멋대로 자리를 박차고 일어나 잠자코 안으로 들어가버렸던 것이다. 다다야스는 대강 이런 뜻의 편지를 써놓고 돌아왔다.

　지금까지 정성을 다해 황자를 보살펴왔는데, 황자께서 이처럼 무례하게 행동하신다면 이제는 더 이상 섬겨 봤자 소용이 없을 것 같습니다. 두 번 다시 찾아뵙지 않겠습니다.

　다다야스의 아들 다카마로(孝麿)는 황자가 아직 어려서 자신이 무슨 짓을 하고 있는지 모른다는 말로 아버지를 설득하려 했다. 그러나 다다야스는 너무 화가 나서 그의 말이 들리지 않았다.[97] 궁에서 급사가 나와 다다야스에게 속히 돌아오라고 전했으나 다다야스의 고집도 완강했다. 다카마로는 그러면 신하의 도리가 아닐 것이라고 아버지에게 입궐을 간청했다. 다다야스는 마음을 고쳐먹고 입궐했다. 다다야스의 얼굴을 보자, 사치노미야는 다다야스에게 사과했다. 다시는 같은 짓을 되풀이하지 않겠으니 역정을 내지 마시고 지금까지처럼 돌보아주십사라고. 이 말에 다다야스는 매우 감격해서 자신의 행동 역시 성급했다며 울먹였다고 한다.

이 사건은 이로써 원만하게 해결된 것 같았다. 하지만 사치노미야가 마음 내키는 대로 행동하고 매정하다는 소리를 들을 만한 행위를 하는 경향이 있다는 사실은 짐작할 수 있다. 천황의 어린 시절 놀이 친구 기무라 데이노스케(木村禎之祐)의 증언에 의하면, 사치노미야는 어릴 적부터 이미 신하에게 권력을 행사하는 일을 충분히 터득하고 있었던 것 같다고 말했다.

폐하께서는 승벽이 있는 만큼 성급하셨으며 조금이라도 마음에 들지 않는 일이 있으면 곧장 주먹을 쥐어 아무나 때리셨다. 내 경우만 해도 그 주먹에 얼마나 많이 맞았는지 모른다. 어쨌든 내가 한 살 아래였으므로 황자라고 해서 어려워하는 개념이 전혀 없는 데다가 본디 생각이 모자라서 평소 황자의 기분을 거스르는 일이 적지 않았던 터라 그럴 때마다 툭탁툭탁 얻어맞았다. 하루는 어떤 다이묘가 금붕어 대여섯 마리가 든 커다란 어항을 바친 일이 있었는데, 내가 그것을 신기하게 생각하고 구경하다 마침 폐하께서 다른 방으로 가셨을 때 얼른 어항에 손을 넣어 이리저리 휘저었다. 그러다가 그중 한 마리를 움켜쥐었는데 금붕어가 바로 죽고 말았다. 깜짝 놀라 어찌할 바를 모르고 있던 차에 마침 폐하께서 나오셔서 상황을 파악하신 순간 벌컥 화를 내시며 "데이노스케"하면서 주먹을 쥐어 내 머리를 세 번 쥐어박으셨다. 도망치는 나에게 다시 득달같이 달려오시더니 다시 한 번 쥐어박으신 일이 있다. (중략) 그리고 무슨 까닭인지는 기억하지 못하지만 나 때문에 단단히 화가 나셔서 계속해서 아홉 번쯤 머리를 때리신 일도 있다.

이제 와서 이것저것 돌이켜보면, 아직 생각이 모자란 내 장난으로 황송스럽게도 마음을 어지럽혀 드린 일에는 지금도 겨드랑이에서 식은땀이 나는 느낌이다.[98]

독자를 크게 감동시킬 것 같지는 않지만 또 다른 일화도 있다. 사치노미야를 아기 때부터 줄곧 돌봐온 나이 든 구게가 있었다. 이 나이 든 구게가 사치노미야의 기운이 너무나 뻗쳐 도저히 자신의 힘으로는 감당할 수 없을 것 같아 조만간 젊은 구게와 임무를 교대해야겠다고 작정하고 있을 무렵의 일이다.

궐 안의 연못 가까이서 놀고 있던 사치노미야가 큰 소리로 "할아범, 할아범, 여기 좀 와 봐. 잉어 떼가 몰려왔어" 하며 구게를 불렀다. 나이 든 구게가 연못으로 가 보았지만 잉어 같은 것은 보이지 않았다. 그래서 어디에 있냐고 다시 묻자, "바로 거기, 거기" 하고 사치노미야가 말했다. 나이 든 구게는 몸을 더 앞으로 내밀고 들여다보았다. 순간 뒤에서 사치노미야가 구게를 휙 밀치는 바람에 노인은 연못에 빠지고 말았다. 얕은 연못이긴 했지만 노인인지라 얼른 올라올 수가 없었다. 사치노미야는 "모두들 빨리 와 봐. 할아범이 잉어가 됐어" 하고 외쳤다. 달려온 신하들이 손을 내밀어 나이 든 구게를 땅 위로 끌어올렸다. 나이 든 구게는 뻘로 뒤범벅이 된 모습이었다. 이 뻘로 뒤범벅이 된 의복을 늙은 구게는 더할 나위 없는 가보로 평생 소중히 간직했다고 한다.

메이지 천황의 영예를 높이기 위해 편찬되었을 잡지와 서적에 어째서 이런 일화까지 수록되어 있는 것인지 의아하게 여기는 사람도 있을지 모르겠다. 그러나 이런 난폭하다고 말할 수 있는 어린 시절 천황의 성격을 굳이 소개하는 일이야말로 어떤 의미에서는 필요했던 것이 아닐까. 여관들에게 둘러싸여 자라며 오랫동안 화려한 의상이 입혀지고 화장까지 해온 황자를, 일약 국가의 불굴의 지배자로 변모시키지 않으면 안 되었던 것이다.

나이 든 구게는 연못에 빠지는 창피를 당한 후 이와쿠라 도모미에게 편지를 써서 자신의 역할을 교체해 달라고 청원했다. 그러나 이와쿠라는 이 나이 든 구게를 불러 이런 말로 달랬다고 한다.

당신은 성상이 태어나시던 그날부터 모시면서 아직 그분의 훌륭함을 깨닫지 못하고 있군요. 나이가 있어서 힘드실 것은 충분히 이해가 갑니다만, 당신 자신이 귀족으로 자라셨기 때문에 그저 얌전하게 성장하셨으면 하고 생각하신 데서 오는 우려라고 여겨집니다. 일본은 지금 비상시국입니다. 왕정은 반드시 복고합니다. 그때에는 그저 얌전하시기만 한 성품으로는 곤란합니다. 저 이와쿠라는 어리신 성상이 어떤 난국에 부딪히더라도 꿋꿋하게 평정을 유지할 수 있을 것 같은 기상을 뵈며 은근히 기뻐하고 있는 중입니다. 이번 말씀은 못 들은 걸로 하겠습니다.

황자의 일화를 털어놓는 사람들은 어린 황자의 남자다움을 강조하고 싶어했다. 그들은 발 뒤에 가려진 존재로서의 사치노미야나 허약한 체질로 항상 주변 사람들의 고민거리였던 황자로서의 사치노미야를 애써 묘사하려 들지 않았다.

사치노미야의 교육은 스승의 가르침을 통해 익히건 궁중의 일상 관찰을 통해 익히건 거의 대부분이 전통과 관련이 있었다. 사치노미야는 아주 어릴 때부터 와카를 읊기 시작했다.[99] 최초로 지은 한 수는 이미 앞에서도 소개했지만 운율이 맞지 않고 영상도 흩어져 있다. 그러나 한두 해 뒤에 읊은 이 와카는 적어도 운율 면에서는 진보를 보이고 있다.

새벽에 기러기 돌아오는구나 봄이구나
그 목소리 들으니 마음 한가롭구나

여기서 강조의 의미인 '~구나'를 여기저기 거듭 사용해서 운율을 맞춘 것을 보고 독자들은 웃을지도 모르겠다. 하지만 이는 어떻게 하면 운율을 맞출 수 있는지를 어린 황자가 알고 있었다는 증거이며, 사치노미야가 가인으로서의 실력이 향상되었다는 사실을 보여준다. 이 무렵부터 아버지 고메이 천황을 배알할 때마다 사치노미야는 가제(歌題)를 받게 되었다. 와카가 완성되면 사치노미야는 뛰어난 가인이기도 한 아버지에게 첨삭을 받고는 했다.

고메이 천황이 스스로 사치노미야의 와카 지도를 했던 것은 의심할 나위도 없이 '가인(歌人) 메이지'의 형성 과정에 중요한 부분을 차지했다. 이는 사치노미야가 받은 정식 교육 중에서 내용이 일본적인 것으로서는 유일한 것이며, 천황이 와카를 읊었을 뿐 아니라 와카의 전통에 통달해야만 했던 헤이안 시대를 떠올리게 하는 교육이라 하겠다. 이윽고 사치노미야는 『백인일수(百人一首)』와 『고금집(古今集)』에 나오는 노래에도 정통하게 되었다. 이 밖에도 『겐페이성쇠기(源平盛衰記)』『태평기』『다이코기(太閤記)』 같은 군담(軍談)을 좋아했으며, 동시에 중국의 영웅들이 활약하는 『한초군담』이라든지 『삼국지』에도 흥미를 가졌던 것 같다. 어렸을 때의 놀이 상대였던 우라마쓰 다루미쓰는 사치노미야가 차를 마시며 한 이야기 가운데 도요토미 히데요시(豊臣秀吉)의 장한 뜻과 구스노키 마사시게(楠木正成)의 충성, 관우와 장비의 호쾌함에 대해 곧잘 언급했다고 증언하고 있다. 선조인 역대 천황들의 행위에 대해 비교적 관심이 없는 듯이 여겨지는 까닭은 아마도 자신의 마음에 들어맞을 만큼 용감하지 않았기 때문이었을 것이다 우라마쓰는 또 사치노미야가 그림과 노래를 단숨에 완성하는 데 능했다고 말하고 있다.

사치노미야가 받은 교육은 그 내용으로 보아 아버지 고메이 천황이나 역대 천황들이 받은 그것과 별로 다를 게 없었다. 이미 서양의 침략자들의 위협이 고메이 천황을 괴롭히고 있었음에도 불구하고 그 '오랑캐'에 대해 황자에게 꼭 가르쳐야겠다고는 생각하지 않았던 것 같다. 사치노미야는 세계 지리를 공부하지 않았고 서양의 진보한 과학에 대해 깊이 따져보지도 않았던 것 같다. 메이지 천황이 자신이 살고 있는 세계 밖으로 눈을 돌린 건 메이지 유신 이후였다.

1860년 윤3월, 사치노미야의 후카소기(深曾木) 의식을 거행하게 되었다. 이 의식은 아이의 머리카락 끝을 가지런히 자르면서 머리카락이 잘 자라기를 기원하는 의식으로서 보통은 세 살에서 여덟 살 사이에 하게 된다. 그런데 사치노미야가 후카소기 의식을 하기로 되어 있던 1858년에 황족과 밀접한 관계에 있던 교토의 천용사(泉涌寺)가 불타는 사건이 발생해 의식이 연기되고 말았다. 그래서 그해에 히모나오시(紐直) 의식을 동시에 하기로 했다. 이 의식은 아이가 그때까지 매고 있던 오비(帯) 대신에 처음으로 어른의 오비를 착용하는 것을 축하하는 의식이었다. 음양사의 결정에 따라 사치노미야의 후카소기 의식은 윤3월 16일 사시(巳時)에, 히모나오시는 그로부터 12일 뒤에 하기로 정해졌다.

후카소기 의식은 주도면밀하게 준비되었다. 고메이 천황은 사치노미야에게 의식 당일에 입을 옷을 포함해 많은 물품을 하사했다. 의식 전날에는 준비가 갖춰진 식장에서 미리 연습도 했다. 식순에 대해서는 『메이지 천황기』에 자세히 기록되어 있다. 의식에 특별한 관심을 가진 사람만이 그 내용을 전부 이해할 수 있을 만큼 복잡하다.

히모나오시 의식은 윤3월 28일에 거행되었다. 이 의식은 좀 더 간단했다. 그러나 이런 의식들은 사치노미야가 받아야 할 더욱 중요한 의식의 서막에 지나지 않았다. 7월 10일, 사치노미야는 칙명에 의해 정식으로 모케노키미(儲君: 황태자)가 되었다. 이날부터 사치노미야는 주고 아사코의 친아들이 되었는데 궁중에서의 서열은 주고 다음으로, 이후로는 주고의 어전에서 기거하게 되었다. 정식 황태자 옹립 선언식은 9월에 거행하기로 결정되었다.

9월 3일, 식부(式部: 의식 담당관) 대보(大輔) 문장박사 가라하시 아리테루(唐橋在光)는 미리 칙명으로 받아놓은 사치노미야의 호를 바쳤다. 가라하시는 구미히토(與仁), 후미히토(履仁), 무쓰히토(睦仁)란 세 가지 호를 선정해서 고메이 천황에게 올렸다. 이튿날 천황은 이를 중신 관백 구조 히사타다, 좌대신 이치조 다다카(一條忠香)에게 제시하고 그중에서 가장 적절한 호를 고르라고 명했다.

9월 28일, 사치노미야의 황태자 옹립 선언 의식이 거행되었다. 이날 도열해 있는 여러 고관들 앞에서 사치노미야의 새 이름이 발표되었다. 빗추(備中)에서 생산된 8절지 화지(和紙)에 고메이 천황이 직접 쓴 '무쓰히토(睦仁)'라는 두 자가 적혀 있었다. 의식이 이것으로 끝난 건 아니다. 『메이지 천황기』에 여러 장에 걸쳐 더 자세하게 의식의 절차가 기록되어 있다. 그리고 이 의식에 이어 축하연이 벌어졌다. 이마요(今樣: 7·5조로 된 헤이안 중기 이후 유행한 노래)나 요쿄쿠(謠曲: 노가쿠에 가락을 붙인 것)로 흥을 돋우었다. 황태자 옹위를 축하하기 위해 뭇 친왕과 여러 몬제키(門跡), 셋케(攝家: 섭정이나 관백으로 임명될 수 있는 집안), 세이가(清華: 셋케 다음 서열로 대신보다 높은 집안), 근신, 여관들이 무쓰히토 황태자에게 엄청나게 많은 선물을 바쳤다. 궁중에서의 축하연이 끝난 다음 달에는 쇼군 가에서 황태자에게 보내는 축하 물품들이 속속 도착했다.

이들 의식, 축하연 분위기가 잠잠해지자 무쓰히토는 다시 학문의 길에 매진했다. 주고는 무쓰히토의 공부 진도에 불만을 느꼈는지 이제 황태자를 돌보게 된 나카야마 요시코에게 앞으로 매일 황자의 공부를 살피라고 명했다. 11월 12일, 무쓰히토는 『대학』 읽기를 끝내고 닷새 뒤에 『중용』 강독에 들어갔다.

사치노미야의 황태자 옹위에 따른 의식들은 어쩌면 고메이 천황에게는 기분 좋은 스트레스 해소책이 되었을지도 모른다. 그러나 고메이 천황에게는 당장 처리해야 할 난제들이 산적해 있었다. 막부에서 쇼군 이에모치와 가즈노미야(和宮)의 혼담, 즉 강혼(降婚: 군주가 신하에게 시집감) 이야기가 나온 것이다. 가즈노미야는 닌코 천황의 딸로 그가 1846년에 서거하고 나서 5개월 뒤에 태어났다. 고메이 천황은 이복동생인 가즈노미야와 매우 사이가 좋았다. 어찌 보면 아주 유리할 것 같은 청혼에 천황이 얼른 답변하지 못한 까닭도 그 때문이었는지 모른다.

에도에서 가즈노미야 강혼의 주청이 있었던 것은 1860년 4월 12일의 일이다. 막부의 주청 명분은 일찍부터 고메이 천황이 천명해 온 '공무합체'를 촉진시킨다는 것이었다. 당시의 조정과 막부 사이에는 막부가 조정의 재가 없이 열강 5개국과 수호통상조약을 맺은 일 때문에 팽팽한 긴장감이 감돌았다. 쇼군 이에모치에 대한 가즈노미야의 강혼은 조정과 막부의 균열을 해소하는 데 대단히 큰 역할을 할 것처럼 보였다.

가즈노미야 강혼 이야기는 1858년 10월부터 좌대신 고노에 다다히로와 신임 교토 쇼시다이인 사카이 다다아키 사이에서 거론되고 있었다. 당시 고노에는 이 혼담이 천하 만민을 위한 일이라 해도 가즈노미야는 이미 만 5세 때 아리스가와노미야 다루히토와 혼약이 되어 있어 쇼군 가와의 혼담은 가망이 없다고 생각했다. 하지만 사카이는 이 혼담의 구상을 버리기가 아쉬웠던 모양이다. 이듬해인 1859년 사카이는 관백 구조 히사타다와 교섭을 거듭했고 한편으로는 막부로부터도 승낙을 받아놓기까지 했다. 이 이야기가 마침내 고메이 천황에게 전달되었다. 천황은 5월 4일, 히사타다에게 칙서를 내려 이렇게 말했다.

이제 와서 가즈노미야와 다루히토의 혼약을 깰 수는 없다. 그리고 가즈노미야가 어린 마음에도 간토(關東)는 '오랑캐'가 모인 곳으로 믿고 있어 막무가내로 에도로 내려가기를 두려워한다. 누이동생이 가여워 이처럼 본인이 두려워하는 혼담을 강제로 추진할 수는 없다.[100]

물론 고메이 천황도 이 혼담의 정치적인 이점을 충분히 이해하고 있었다. 그래서인지 고메이 천황의 가즈노미야 강혼을 반대하는 칙서에는 약간 낙담하는 기색이 내비친다.

가즈노미야는 그때 만 열여섯 살―실제로는 열다섯 살이지만 세 살 때 '나이같이'를 했기 때문에 열여섯 살이다―이었다. 6월 16일, 가즈노미야는 여자의 이른바 '관례'에 해당하는 달구경 의식을 치렀다. 『메이지 천황기』에는 이 의식에 대한 설명이 있다.

그 의식으로 말할 것 같으면 달에 갖은 음식을 바치고, 그중의 만두 한 개를 집어 갈대 젓가락으로 구멍을 뚫고 그 구멍으로 달을 쳐다본다.

이 달구경 의식에는 무언가 읽는 사람들의 마음을 사로잡는 '천진함' 같은 것이 느껴진다. 단 하나 있는 누이동생을 내놓고 싶지 않은 고메이 천황의 기분을 어쩌면 알 것 같기도 하다.

막부는 쇼군 이에모치와 가즈노미야의 혼담을 단념하려 하지 않았다. 조정에도 이 혼담에 찬동하는 자가 있었다. 이와쿠라 도모미는 당시 아직 시종에 지나지 않았으나 가즈노미야 강혼 건으로 고메이 천황의 하문을 받고 다음과 같이 답했다.

막부의 패권이 쇠퇴하고 있음은 분명하다. 그러나 조정이 복권을 서두른 나머지 무력을 쓰게 된다면 천하는 대란이 일어나고 나아가서 외국의 침략을 초래할 우려도 있다. 지금으로서는 막부의 강혼 주청을 승낙해서 공무가 하나로 화합한 모습을 천하에 보이는 것이 어떨까. 그렇게 되면 막부로서도 열강과의 조약을 점차로 철폐할 수밖에 없을 것이다. 또 국정 대사를 모두 조정의 재가를 얻어 집행하게 한다면 정치의 실권은 저절로 조정의 손안으로 돌아오게 된다. 바야흐로 가즈노미야의 일신은 구정(九鼎)[101]보다도 무겁다.

이와쿠라는 막부가 조약 철폐를 맹세하는 것을 조건으로 가즈노미야 강혼 주청을 받아들이도록 진언했다. 6월 20일, 고메이 천황은 관백 구조 히사타다에게 서한을 보냈다. 이와쿠라의 조언에 마음이 움직인 모양이었다. 서한에는 다음과 같이 쓰여 있었다.

나의 치세에 오랑캐와의 화친이 시작되는 날이면 이미 여러 차례 말한 바와 같이 신궁 및 선제에게 얼굴을 들 수 없다. 그리고 선제의 공주 가즈노미야를 오랑캐가 배회하는 곳으로 보냄은 실로 외람된 일이다. 그러나 막부가 이러한 뜻을 헤아려 오랑캐 배척의 뜻을 보인다면 강혼이라 하여 이를 굳이 허용하지 않을 이유는 없다.

막부의 회답은 천황의 기대를 저버리지 않았다. 전적으로 고메이 천황의 생각에 동의한다는 의사를 표했다.

막부로서도 양이를 하겠다는 점은 조정과 다를 바 없다. 그러나 우선 나라가 하나가 되고 국력이 충실한 다음이 아니고서는 외교의 여러 문제에 대처할 수가 없다. 우선은 공무합체의 성과를 천하에 보이고 인심을 하나로 모은 후 외이에 대한 방어를 단단히 해야 한다. 만일 가즈노미야 강혼의 칙허가 내려져서 해내(海內) 일치하여 국력이 충실해진다면 천황의 양이 방침은 곧 막부의 방침이 될 것이다. 막부는 7년이나 10년 안에 여러 외국과 교섭해서 조약을 파기하거나, 혹은 이를 격퇴하거나 양단간에 조치를 취할 것을 약속한다.[102]

막부의 이 언질을 받고서 고메이 천황은 마음이 기울기 시작했다. 8월 6일, 천황은 관백 구조 히사타다에게 서한을 보내 가즈노미야의 생모 간교인(觀行院)과 백부 하시모토 사네아키라(橋本實麗)에게 가즈노미야를 설득시켜 보라고 명했다.[103] 동시에 천황은 히사타다에게 가즈노미야와의 혼약을 파기하는 일을 다루히토와 협의하라고 했다. 그러나 가즈노미야는 설득에 응하지 않았다. 고메이 천황과 떨어지는 것은 불안하고 견디기 힘들다며 강혼을 계속 거절했다. 7일 후 고메이 천황은 다시 히사타다에게 서한을 보냈다.

가즈노미야가 강혼을 싫어하는 마음 매우 간절하다. 따라서 이 일을 더 이상 강요하기가 힘들다. 그러나 일단 막부와 약속한 바를 파기할 수는 없으니 스마노미야(壽万宮) 공주를 대신 보내겠으나 만일 막부가 이를 받아들이지 않는다면 이미 맺은 신의도 있으므로 자신이 양위하지 않을 수 없다.

오직 하나뿐인 아직 한 살 반밖에 안 된 딸 스마노미야를 내놓기에는 마음에 쓰라린 구석이 있었다. 그러나 '공무일화'를 위해서 사사로운 정은 버려야 한다고 결심한 터였다.

천황의 서한 사본은 가즈노미야 공주의 손에도 들어갔다. 고메이 천황에게 양위의 의지가 있다는 것을 안 가즈노미야는 만일 자신 때문에 양위한다면 본인도 침식을 편히 할 수 없을 것이라면서 당장 천황의 뜻에 따를 결심을 했다.[104]

쇼군 집안으로의 강혼을 승낙하면서 가즈노미야는 막부에 몇 가지 조건을 제시했다. 첫째, 2년 후로 예정된 아버지 선제 닌코 천황의 17회기 어릉 참배를 다녀오겠으며 앞으로도 선제의 제사 때마다 고메이 천황에 대한 문후 겸 어릉 참배를 위해 상경하겠다고 했다. 최대한 빨리 혼례를 치르기 원하던 막부로서도 이 첫째 조건을 얼른 받아들이기는 힘들었다. 하지만 겉으로는 일단 수락했다. 두 번째 조건은 결혼 후 에도에서도 마찬가지로 자신의 신변은 모두 궁궐의 풍습대로 유지해 줄 것이었다. 그 밖의 조건은 모두 가즈노미야 측근의 인선과 관련된 일이었다.

고메이 천황은 가즈노미야가 내놓은 조건에 덧붙여 다시 다음 여섯 개 조항의 확약을 막부에 요구했다.

첫째, 가즈노미야가 내놓은 다섯 개의 조건을 반드시 준수할 것. 둘째, 설혹 로주가 경질되더라도 외교 거절의 서약을 위배하지 말 것. 셋째, 이번 혼담이 도쿠가 가의 보전을 위해 가즈노미야에게 강요한 것이 아니라 국가에 필요한 공무일화를 추진시키기 위한 일임을 천하에 주지시킬 것. 넷째, 외국과의 무역 개시가 원인이 되어 궁핍하게 된 백성들을 위해서 적절한 조치를 강구할 것. 다섯째, 혼례가 정해진 후 가즈노미야의 대우에 대해서는 모두 결정 전에 반드시 조정에 내주(內奏)할 것. 여섯째, 아리스가와노미야 다루히토 친왕에 대한 보상의 선후책을 강구할 것.

가즈노미야가 강혼을 승낙한 후로도 구게 사이에서는 이 혼담에 이의를 제기하는 자가 있었다. 고메이 천황의 총신 소리를 듣는 고가 다케미치가 막부에서 뇌물을 받고 지쿠사 아리후미(千種有文)와 이와쿠라 도모미를 하수인으로 부려 강혼을 획책했다는 소문이 돌았다. 소문을 들은 고메이 천황은 관백에게 명해 이 소문을 없애게 했다. 일단 강혼을 허락한 이상 고메이 천황은 반대 의견에 관용을 보일 수는 없었다.

결국 다루히토는 가즈노미야와의 혼약을 단념하지 않을 수 없었다. 이즈음 가즈노미야가 불길하다는 병오(丙午)년생이어서 다루히토가 혼담을 파기했다는 소문이 돌았다. 또 젊은 쇼군 이에모치 역시 병오년생이라 오히려 똑같이 불길한 해에 태어난 남녀의 혼담은 대길(大吉)이라는 설까지 나돌았다.

이 시기 조정의 관심은 전적으로 무쓰히토의 교육과 가즈노미야의 강혼에 집중되어 있었던 것으로 보인다. 하지만 잊어서는 안 될 것은 1860년이라는 해는 일본이 최초로 미국에 사절단을 파견한 해이기도 했다는 사실이다. 가즈노미야의 강혼 조건으로 '양이'를 선서한 바로 그해에 막부는 2백여 년의 쇄국 후 처음으로 해외로 외교사절을 내보내는 돌이킬 수 없는 첫발을 내디뎠던 것이다.

제7장 황녀 가즈노미야

만엔(万延) 2년(1861)은 신유(辛酉)년이었다. 간지 중에서도 갑자년과 아울러 혁명과 사변이 빈발하는 해로 여겨졌기 때문에 역대로 개원이 이뤄졌다. 하지만 설령 신유년이 아니었더라도 이에 앞선 1860년은 연호를 바꾸고 싶은 격동의 한 해였다. 그리고 그 이듬해는 과연 신유년다운 불길한 징조와 더불어 막이 올랐다. 새해에 들어서자마자 금원(禁苑)에 여우가 출몰했던 것이다. 고메이 천황은 나카야마 다다야스를 시켜서 신사에 기도를 올리게 했다. 그러나 기도도 공물도 아무 효험이 없었다. 여우는 매일 밤 무쓰히토가 사는 동궁전 마루 밑에서 날카로운 목소리로 울부짖었다. 마침내 무쓰히토는 주고의 권유로 침소를 주고의 어전으로 옮기기로 했다.

또 근년에는 온 나라가 물가 상승으로 고통받고 있었다. 민중이 궁핍해졌다는 소식은 고메이 천황에게도 전해졌다. 천황은 황금을 교토 쇼시다이 사카이 다다아키에게 내리면서 특히 교토와 가까운 야마시로(山城) 민중의 기근을 구제하라고 지시했다.

하지만 다다아키는 막부의 명에 따라 이를 고사하면서 따로 계획이 있다는 뜻을 아뢰었다. 아마도 막부는 천황이 백성의 어려움을 구제하는 일에 직접 관여하는 것을 싫어했던 모양이다.

외국과의 관계도 긴박한 상황에 있었다. 1861년 2월 3일(양력 3월 13일) 비릴레프 함장이 이끄는 러시아의 코르벳함 포사드니크가 쓰시마(對馬)에 닻을 내렸다. 군함 수리 명목으로 러시아 관리와 승무원이 상륙해서 영주용으로 보이는 병사를 짓기 시작했다. 그 일로 도민과 러시아 승무원 사이에서 충돌이 일어났고 몇 명의 일본인이 사망했다. 막부는 외국 부교 오구리 다다마사(小栗忠順)를 쓰시마에 파견해서 러시아인에게 퇴거를 요구했으나 받아들여지지 않았다.[105]

유럽 여러 나라 중에서 조선과 일본 사이에 위치한 쓰시마의 전략적인 가치에 눈독을 들인 건 러시아만이 아니었다. 영국은 이미 쓰시마를 개항하라고 막부에 요구했고 군함을 보내 해안 측량까지 했다. 이 일이 영국으로부터 쓰시마를 '지키겠다'는 구실을 러시아에 주게 되었다. 러시아는 막부에 영국의 쓰시마 점거 위험을 경고하고 쓰시마에 포대를 구축할 것과 아울러 러시아의 대포를 대여해 주겠다고 제안했다. 막부는 이 제안을 거절했다. 그러나 러시아가 잠시나마 쓰시마를 점거하게 되자 막부는 영국 공사 러더포드 올콕 경과 논의해 러시아인을 내쫓을 계획을 세워야 했다. 오랑캐로 오랑캐를 제어하는 전술이었다. 영국 동양함대 제독 제임스 호프가 이끄는 영국 함대 두 척이 쓰시마로 출격했다. 호프 제독에게 엄중한 경고를 받은 러시아 측은 8월 25일 쓰시마 점거를 단념하고 섬에서 철수했다.[106]

이런 사건은 예전 같으면 천황에게 전달되지 않았을 것이다.

하지만 이제 이런 소식은 금방 고메이 천황이 귀에 들어갔다. 천황은 매우 당황했다. 그러나 조정이 하기(萩, 조슈長州 번의 별칭으로 번청이 하기 성에 있었기 때문에 이렇게 불렸다) 번주에게 쓰시마의 상황 보고를 듣고 나서 쓰시마 번주에게 해양 방위를 강화하라고 명한 것은 이듬해인 1862년의 일이다.[107] 예전 같으면 천황의 주의조차 끌지 않았을 문제에 천황이 독자적으로 개입했던 것이다. 이는 천황의 권위가 얼마나 강화되었는가를 말해주고 있다.

개원은 음양료(陰陽寮)의 권고로 2월 29일 시행됐다. 만엔 2년은 분큐(文久) 원년이 되었고, 이를 축하하여 고메이 천황과 무쓰히토 황자는 서로 생선 한 상자씩을 주고받았다.[108] 개원은 처음에는 효험이 있는 듯이 보였다. 궁중 안에 등꽃이 만개하자 이를 관상하는 들놀이가 벌어져 노가쿠나 하야시(囃子 : 피리, 북, 징을 울려 흥을 돋우는 일) 같은 전통적인 놀이를 즐기는 관습이 부활했다. 한편으로 나이 어린 스마노미야가 죽으면서 황족의 자손이 비극적으로 단명하는 실례가 또 하나 늘었다.

그러나 궁중의 평온도 잠시뿐이었다. 때마침 막부는 유럽 제국과의 친선 관계를 진전시키려 하고 있었다.[109] 한편에서는 반외국 감정이 들끓고 있었다. 5월 28일, 미토 번 낭사 열네 명이 다카나와(高輪) 동선사(東禪寺)에 있는 영국 공사관을 습격했다. 공사 러더포드 올콕 경은 간신히 화를 면했으나 서기관이 부상을 입었다. 미토 번은 여전히 '양이'의 선두에 서 있었으나 다른 번은 자진해서 외국과의 화해를 받아들이려 하고 있었다. 하기 번주 모리 요시치카(毛利慶親: 훗날의 다카치카敬親)는 '공무합체'와 '개국필지(開國必至)'의 견해[110]를 조정에 전하기 위해 나가이

우타(長井雅樂)를 교토로 파견했다. 나가이는 오기마치산조 사네나루(正親町三條實愛)와 만나 이제는 국책의 수정이 급선무라는 번주 요시치카의 확고한 신념을 전했다.

나가이가 붙들고 이야기한 상대는 오기마치산조였지만, 요지는 분명 고메이 천황을 향한 말이었다. 대뜸 수백 년에 걸친 태평세월로 군비가 엉망이 된 것이 가슴 아프다는 으레 하는 대사로 나가이의 이야기는 시작되었다.

막부는 만이의 침략을 저지하기에 무력할 뿐 아니라 천황의 결정도 기다리지 않고 스스로 화친 통상조약에 조인했다. 이 일은 고메이 천황의 역린(逆鱗)[111]을 샀음에 틀림없다. 그리고 무력이 충분히 갖춰지지 못했다는 것을 안 고메이 천황께서 얼마나 허탈해하실지 짐작이 간다. 막부는 오랑캐에 대해 아무런 확고한 정책도 없이 임시변통으로 때우려 하고 있다. 고메이 천황은 사건 경위를 충분히 듣지도 못하고 있는 마당에 한편에서는 혈기 넘치는 자들이 조정으로 달려가 열강과의 조약 파기를 요구하고 있다. 만일 조약이 파기되는 일이 일어난다면 열강 제국이 이를 묵과할 리 없다. 일본에 군사적 행동을 해올 것은 불을 보듯 뻔하다. 조금이라도 성공할 가능성만 있다면 교전도 불사할 것이다. 그러나 이길 가망이 없는 전쟁에 국운을 건다는 것은 무모한 짓이 아니겠는가.

3백 년에 걸쳐 교토의 조정은 내정뿐 아니라 외교 또한 막부에 위임해 왔다. 이 바람에 외국 열강은 막부가 일본 정부라고 믿고 있다. 그 막부와 조약을 체결한 이상 열강들에게 일본은 틀림없는 동맹국이다. 만일 일본과의 조약이 파기되는 일이 일어난다면 열강의 분노는 당장 전쟁으로 치달을 것이며, 일본 전국이 위기에 맞닥뜨리게 될 것이다. 예를 들어 규슈(九州)를 봉쇄하기 위해서는 네다섯 척의 군함만 있으면 충분하다. 그렇게 되면 다른 지역도 막대한 영향을 받게 된다. 교토를 지켜낼 수 있을지도 장담할 수 없다. 만일 교토의 대로가 열강의 말발굽에 짓밟히는 일이 벌어진다면 그 굴욕감은 직접 공격받지 않은 다른 지역까지 파급될 것이 틀림없다.

이렇게 불행한 사태가 발생한 것은 시마바라(島原)의 난(1637~38년 천주교도가 일으킨 내란) 이래로 막부가 취한 쇄국정책 때문이다. 쇄국 이전에는 외국인이 자유로이 일본을 찾아왔을 뿐 아니라 외국인이 숙박할 수 있는 고로칸(鴻臚館)까지 있었다. 사실 쇄국은 결코 고대 일본의 전통에 걸맞은 것은 아니다. 이세 신궁에 계시는 아마테라스오미카미(天照大神)는 '하늘의 햇빛이 내리비치는 곳은 황국화해야 할지니라' 하고 맹세하지 않았던가. 진구(神功) 황후의 삼한(三韓) 출병은 바로 조상의 뜻을 계승하는 것이었다. 만일 삼한보다도 저 멀리까지 나라들이 펼쳐져 있다는 것을 알았더라면 진구 황후는 출병의 발걸음을 멈추지 않았을 것이다. 그러나 이제 막부는 일본의 영토를 해외로 넓히기는 커녕 그저 수동적으로 오랑캐가 들어오는 대로 맡겨두고 있을 따름이다. 설사 쇄국이 소망이라 하더라도 그것을 실현하기 위해서는 우선 나라 자체가 강력한 힘을 가지고 있어야 한다. 온전히 일본이 섬나라라는 것만을 믿는 쇄국정책의 고수만으로는 언젠가 실패의 쓴맛을 볼 게 틀림없다. 초미의 급선무는 공격과 방어, 즉 공수양용의 국력 충실밖에는 없다.

나가이 우타는 쇄국 정책을 바꾸어 조상의 뜻을 받들고 황위를 해외에 넓히자고 고메이 천황에게 요구했던 것이다. 나가이의 말은 계속 이어졌다.

세계가 모두 황국에 공물을 바쳐야 한다는 국시가 확립된다면 전화위복의 계기가 될 수 있다. '공무일화(公武一和)'로 국내에 평화가 오고 일본이 대량의 군함을 가지게 된다면 황국의 위광은 온 세계 구석구석까지 미치게 될 것이다.[112]

모리 요시치카는 고메이 천황에게 쇄국 옹호의 생각을 포기하도록 설득하는 데, (예를 들어 난학자蘭學者들처럼) 우호 정신을 강조한 게 아니었다. 이미 공무일화가 달성되어 있는 세상에서, 황조 아마테라스오미카미가 선서했다는 황국의 세계 지배 약속을 고메이 천황에게 상기시키려 했던 것이다. 쇠약해진 일본의 무력이 당장은 열강과 비교할 수 없는 '현재'에서 온 세계의 나라들이 일본에 공물을 바치게 될 '장래'에 도달하기 위해서는 아직 몇몇 단계를 더 거쳐야 하는 것은 사실이다. 외국과의 무역에서 얻을 수 있는 이익이 일본의 국력을 증강시킨다는 것도 기대할 수 있는 일이었다.

요시치카의 기대대로 오기마치산조는 그의 신념을 고메이 천황에게 아뢰었다. 고메이 천황은 개방을 인정하지는 않았으나 일본의 국력을 증강시켜야 한다는 데는 찬성의 뜻을 표했다. 천황은 원래 공무합체의 열렬한 지지자였다. 요시치카에게 조정과 막부 간의 이해를 깊게 하는 일에 힘쓰라고 명하고 나서 이런 와카를 내렸다.

나라에 바람 불러일으켜서라도 태양의 광휘를
원래대로 되돌리기를 기다리노라

　최종적으로 막부는 공무합체 달성을 위해 요시치카에게 조정과 막부의 교섭 중개역을 의뢰하기로 동의했다. 불행히도 나가이 우타가 오기마치산조에게 제출한 각서에 불경스러운 언사가 들어 있었다. 이것이 물의를 일으켜 나가이 우타는 면직 처분을 받았다.

　분큐 원년(1861), 조정의 관심이 모두 쏠린 최대 행사는 쇼군가로 시집가는 가즈노미야의 에도 여행이었다. 이 일은 당초 그해 3월로 예정되어 있었다. 그러나 1860년 10월 18일 가즈노미야 강혼 칙허가 내린 뒤에 이를 다시 백지 상태로 돌려놓는 새로운 장애가 발생했다.

　1860년 중엽 이래 막부는 몰래 프로이센, 벨기에, 스위스와 교섭을 벌여 이들 3개국과의 외교 관계를 수립하려는 움직임을 보이고 있었다. 같은 해 12월, 막부는 프로이센과의 수호통상조약에 조인했다. 막부가 새로이 3개국과 조약을 맺으려 하고 있다는 소식은 예상했던 대로 고메이 천황의 노여움을 사고 말았다.[113] 이 소식을 듣자마자 천황은 가즈노미야와 쇼군 이에모치의 혼담 파기를 선언했다. 당초 고메이 천황이 가즈노미야 강혼을 승낙한 것은 막부가 이러한 조약들을 파기하기로 맹세했기 때문이었다. 관백을 비롯한 조정 신료들은 매우 당황했다. 이 조처가 조정과 막부의 관계에 미칠 영향을 감안해서 필사적으로 고메이 천황을 달랬다. 그 결과 혼례를 몇 해 연기한다는 천황의 승낙을 받아 혼담 파기는 피할 수 있었다. 이 사건에 대해 가즈노미야는 놀랍도록 솔직하게 생각을 털어놓았다.

처음부터 맘에 걸렸던 일이었고 나도 이 결혼을 원치 않았다. 이국인이 한 사람도 남김없이 물러가고 간토 지방이 평온해지기까지는 에도에 가고 싶지 않다. 만일 그것이 불가능하다면 이 혼담은 일절 없었던 것으로 했으면 좋겠다.[114]

쇼시다이 사카이 다다아키의 재치로 이 위기를 무사히 넘길 수 있었다. 다다아키는 조정의 분노에 찬 반발을 막부에 알리는 일에 이의를 제기했다.

나는 쇼시다이로서 새 조약에 관해서 들은 바를 어디까지나 사적으로 관백에게 알렸을 뿐이다. 만일 조정이 공공연히 막부에 불만을 털어놓게 된다면 이는 쌍방의 신뢰를 깨고 말 것이다.

고메이 천황도 결국 모든 일을 관백에게 맡기기로 양보했다. 1861년 1월, 막부는 조정에 사자를 보내 3개국과의 새 조약 체결 경위를 상세히 설명했다. 나아가 막부는 7년 내지 10년 안에 외국인을 추방하겠다는 약속을 여기서 다시 조정에 맹세했다.

가즈노미야 강혼을 백지로 돌릴 뻔한 위기가 이것 말고도 더 있었다. 에도로 출발하는 시기도 막부와 조정이 각각 다르게 내정하는 바람에 두세 번 번복되었다.

1861년 3월, 도로의 준비 미비 등을 이유로 하향 연기를 신청한 막부는 7월이 되자, 그 시기를 10월 내로 결정했다. 그러나 고메이 천황은 이듬해 2월에 집행해야 할 선제 닌코 천황의 17회기 법요에 가즈노미야가 참석해야 한다는 이유로 하향 시기를 이듬해 3월로 정하도록 관백 구조 히사타다에게 명했다. 천황의 뜻은 사카이 다다아키에게 전해졌으나 사카이는 항의를 곁들인 봉답서를 제출해 강력히 반대했다.

이제 와서 새삼 내년 봄으로 하향 일정 연기를 들고 나오는 것은 위약이고 식언이며 쇼군 가에 대해 신의가 서지 않는 일이다. 또 이 때문에 천하대란을 초래하게 될지도 모르며 이것을 가즈노미야 한 사람의 애정과 맞바꾼다는 것은 도리에 어긋나는 일이다.

한때는 혼담이 깨지는 게 아닐까 우려했지만 8월 5일, 천황은 에도 하향의 시기를 10월 상중순(旬)으로 잡는 데 동의했고, 최종적으로 교토 출발은 10월 20일로 결정되었다.

정식으로 지카코(親子) 내친왕(內親王)이 된 가즈노미야는[115] 본의 아니게 교토를 떠나게 되었다. 지카코 내친왕은 할아버지인 고카쿠 천황의 손에 의해 몰라보게 복구된 수학원 별궁을 찾아갔고, 가모 신사와 기타노 신사를 차례로 참배했다. 궁중에서 가즈노미야가 지카코 내친왕이 된 것을 축하하느라 노가쿠가 벌어졌을 때는 천황도 함께 관람했다. 그리고 여행 중 무사하기를 기원하기 위해 지카코 내친왕이 기온(祇園) 신사를 참배했을 때에는 고메이 천황과 무쓰히토 황자가 건례문(建禮門)에서 그 행렬을 내려다보고 있었다.

10월 15일, 입궐한 지카코 내친왕은 고메이 천황에게 작별 인사를 올리고 전별을 받았다. 떠나기에 앞서 고메이 천황은 지카코 내친왕에게 친서를 내렸다. 그 내용에는 결혼 후 쇼군 이에모치를 설득해 양이를 실천하게 하라는 당부도 있었다.

지카코 내친왕이 두려워하던 에도 하향의 날이 마침내 다가왔다. 10월 20일, 지카코 내친왕을 태운 가마는 계궁(桂宮)을 출발했다. 수행은 곤다이나곤 나카야마 다다야스, 곤주나곤 이마데가와 사네아야(今出川實順), 좌근위부(左近衛府: 우근위부와 함께 궁중 경호를 맡음), 곤쇼쇼(權少將: 근위부의 차관) 지쿠사 아리후미, 우근위부 곤쇼쇼 이와쿠라 도모미가 맡았다. 1년 후 지카코 내친왕의 에도 하향은 조정에 대한 큰 모욕이었다며 과격파 구게가 탄핵하자, 에도까지 수행했던 지쿠사와 이와쿠라는 공주 강혼을 도모한 장본인이라 해서 처벌을 받게 된다.[116]

에도로 하향하는 지카코 내친왕의 행렬은 규모가 장대했다. 무장한 호위병은 1만 명을 헤아렸고,[117] 엄청난 양의 식료품과 답례품을 실은 짐마차 속에는 에도에서 조립해 짓기 위해 해체된 교토풍의 가옥 한 채도 들어 있었다. 이는 강혼을 승낙할 때 가즈노미야가 내놓은 다섯 개의 조건 중 두 번째에 해당되는 것이었다.

명소와 고적을 들러 가면서 하는 여행이었으므로 사치스럽기 그지없었다. 보통 2주면 충분히 도착할 수 있으나 이들이 에도에 도착한 것은 11월 15일이었다. 수행하는 방대한 인원은 지카코 내친왕의 안전 확보를 위해 불가피한 것이라고 했다. 하향 도중 지카코 내친왕 탈환 모의가 있다는 소문이 돌기도 했다. 행렬이 지나는 중에는 열다섯 살 이상 남자의 통행이 금지되었다. 시내에서는 남자들이 안방에서 나올 수 없었으며 여자는 문간에서 바라보기만 하라는 지시까지 나왔다.

행렬이 지나는 길목 곳곳에 있는 불길한 지명을 가진 장소를 피하기 위해 어쩔 수 없이 우회하기도 했다. 도카이도(東海道) 도중에 있는 삿타(薩埵)란 고개는 '떠났다(이혼했다)'는 말과 같은 의미를 지니는 이름이라 에도로 가는 통상적인 행로인 도카이도가 아예 행로에서 제외되었다. 그래서 기소지(木曾路)에서 나카야마미치(中山道) 산길로 돌아가는 행로를 잡아야 했다. 혼례를 앞둔 사람에게 아주 불길한 이름인 이타바시(板橋)의 엔키리(緣切り) 팽나무—'엔키리'는 인연을 끊는다는 의미. 에도 시대에는 이 팽나무를 이정표로 전국 가도에 십 리마다 심어놓았다—옆을 지나야 했을 때는 나뭇잎 한 장도 눈에 띄지 않도록 나무 전체를 거적으로 꽁꽁 뒤집어씌워서 액운이 미치지 못하게 했다.

내친왕과 젊은 쇼군의 혼례는 이듬해 1862년 2월 11일까지 기다려야 했다. 이때까지도 강혼 반대파는 폭력을 휘둘러대고 있었다. 1월 15일, 공무합체와 강혼을 주장한 중심인물인 로주 안도 노부유키(安藤信行, 1819~71)가 성으로 가던 중 사카시타문(坂下門) 밖에서 미토 번 낭사(浪士) 여섯 명의 습격을 받았다.[118] 권총을 든 한 명이 안도의 가마를 향해 쏘았고, 안도는 부상을 입었다. 다른 다섯 명은 칼을 들고 덤벼들었으나 50명가량의 호위 무사—이이 나오스케가 암살당한 후로 막부 중신의 경호 인원 숫자는 늘어났다—가 이를 막았으며, 낭사들은 그 자리에서 참살되었다.

습격한 미토 낭사들은 이렇게 거사를 하게 된 이유를 상세히 기록한 〈간신 제거 취지문〉을 가지고 있었다.[119] 다음은 그 내용이다.

안도 노부유키는 조정을 기만했다. 따라서 우리는 이를 규탄한다. 안도는 '공무합체'의 이름 아래 가즈노미야 강혼을 강행했다. 그러나 그것은 여러 외국과의 조약에 대한 칙허를 얻기 위한 책모에 지나지 않았다.

낭사들의 이 거사는 당시 떠돌고 있던 한 소문이 그 계기가 되었다. 1860년 11월 막부 외국 부교 호리 도시히로(堀利熙, 1818~60)가 갑자기 원인 불명의 자살을 했다. 그때 호리는 안도의 불충을 규탄하는 유서를 남겼다는 것이다.[120] 유서에 의하면, 안도는 해리스의 사주로 고메이 천황을 퇴위시키려는 음모를 꾸미며 국학자 두 명에게 옛 전적(典籍)을 뒤져 천황 폐위의 전례를 조사하게 했다는 것이다.[121] 낭사들은 이 소문을 믿고 안도가 외국인과 친밀했던 것에 격노했다. 낭사들 생각에 안도는 신하의 길을 더럽혔다. 그래서 안도에게 '천주(天誅)'를 내린다, 즉 하늘을 대신해서 안도를 벌하지 않을 수 없었다는 것이다. 이 '천주'라는 말은 막부 말기 들어 정치적인 암살을 정당화하는 구호로서 많이 쓰이게 되었다.

낭사들의 손에서 간신히 벗어난 안도는 사람들의 동정을 얻었고 막부에서의 지위도 이전보다 강화될 것으로 여겨졌다. 그러나 사실 경제 개혁과 서양 무역을 추진하는 일파의 지도자였던 안도 노부유키는 오히려 이 사건을 고비로 그의 절대적인 정치 권력을 상실하고 말았다. 어느새 반 막부 세력이 욱일승천의 기세를 타고 있었던 것이다.

혼례를 올리기 직전, 또 하나의 위기가 발생했다. 막부가 지카코 내친왕과 교환한 약속 가운데, 아버지 닌코 천황의 17회 기일에 상경한다는 조항이 있었다 그러나 출발 예정일이 몇 번씩이나 연기되었다. 하는 수 없이 지카코 내친왕은 대신 로조(老女: 가장 지위가 높은 시녀)를 상경시켜야 했다. 고메이 천황은 당연한 일이지만 막부의 약속 위반을 규탄했다. 이에 막부는 긴 여행으로 혼례를 앞둔 지카코 내친왕이 피로할까 염려해서였다고 해명했다.

지카코 내친왕은 혼례식 자리에서 최고의 대접을 받았다. '손님'으로서가 아니라 '주인'의 자리에 앉았다.[122] 혼례식은 10시간에 걸쳐 치러졌고 신부는 몇 번씩이나 의상을 갈아입었다. 처음으로 쇼군 이에모치를 보게 된 지카코 내친왕이 남편이 될 이에모치를 어떻게 생각했는지 그 첫인상을 기록한 글은 남아 있지 않다. 혼례에 이르기까지의 정치적 경위는 말할 것도 없고, 시어머니인 이에모치의 양모 덴쇼인(天璋院)과의 사이에 훗날 수많은 불화가 일었던 것은 사실이다. 두 사람의 결혼 생활은 이에모치가 급사할 때까지 겨우 4년 반에 지나지 않았다. 그러나 정략결혼이었음에도 지카코 내친왕의 결혼이 행복한 것이었다고 믿을 만한 이유가 있다. 지카코 내친왕은 임종 때 자신의 유해를 교토가 아니라 도쿠가와 가의 무덤에 매장해 달라는 유언을 남겼다.

천황의 여동생과 쇼군의 결혼은 조정과 막부의 관계를 한결 친밀하게 만든다는 당초의 목적을 멋지게 이뤄냈다. 그리고 단기간이기는 했지만, 이 결혼으로 고메이는 천황으로서 지난 수 세기 동안 유례가 없을 만큼 대단한 권력을 휘두를 기회를 얻었다. 고메이 천황은 '공무합체' 지지 신념을 굽히지 않았으며, 또 막부 전복을 꾀하는 사람들에 대해서도 단호하게 반대의 자세를 견지했다. 그러나 막부가 외국과의 통상우호조약에 차례차례 조인하는 것을 보면서 조정과 막부 사이의 긴박감은 다시 높아져 갔다. 조정이 바라고 있던 것은 오직 외국인이 한 명도 남김없이 일본에서 추방되는 일이었다. 그 이상 조정은 아무것도 바라지 않았다.

개국파, 양이파 할 것 없이 각파 내부에서는 어지러울 정도로 그들의 방침이 요동쳤다. 그 결과 시시각각 동맹 관계와 적대 관계가 이뤄지고는 했다. 전에 사쓰마 번은 거의 막부와는 상관이 없는 독립 왕국인 듯이 처신했다. 그러나 1861년 말, 젊은 번주 시마즈 모치히사(島律茂久, 1840~1897)는 교토에 사람을 보내 막부로 하여금 성려(聖慮)를 존중케 할 방책을 올리고 고메이 천황에게 검 한 자루를 헌상했다.

천황은 스스로 붓을 들어 답례의 뜻으로 와카를 지어 보냈다.

　세상을 걱정하는 참마음의 검이여
　맑디맑고 티 없는 무사의 영혼이여[123]

고메이 천황에게 친필 어제를 받은 시마즈 모치히사는 아버지 히사미쓰(久光)와 함께 감격의 눈물을 흘렸다고 한다.

1862년 4월, 번주 모치히사와 그 아버지 히사미쓰는 사자를 교토로 파견했다. 좌대신 고노에 다다히로와 곤다이나곤 고노에 다다후사(近衛忠房)에게 천황께 충성을 다하겠다는 뜻을 말하고 막부 개혁이 발등에 떨어진 급한 불이란 신념도 전해왔다. 또한 궁궐의 수호가 충분치 않다는 우려를 표명하며 군사를 이끌고 입경하겠다고 고했다. 고노에 다다후사는 깜짝 놀라 이 바람직스럽지 못한 원군 제의를 저지하려 했다. 그러나 히사미쓰는 이를 듣지 않고 번주의 대리라고 칭하며 4월 16일, 병사 약 1천 명을 이끌고 입경했다.

입경의 명분을 내세운 글에는 고노에 다다히로, 다카쓰카사 마사미치 등의 근신을 풀어주고 관백 구조 히사타다 대신 고노에 다다히로를 그 자리에 앉히자는 내용이 있었다. 그리고 후견 도쿠가와 요시노부(德川慶喜)를 쇼군 후보로 삼고, 전 후쿠이 번주 마쓰다이라 요시나가(松平慶永)를 다이로 자리에 앉히자는 등 막부 개조에 대한 요구도 들어 있었다. 히사미쓰가 제창한 것은 사실상 '공무합체'의 실현이었다. 히사미쓰의 의도는 조정파든 막부파든 상관없이 '공무합체'에 반대하는 관리를 일소하자는 것이었다. 쇼군으로 하여금 조정을 존경하고 받들겠다는 서약을 하게 하여 불후의 제도를 세우고 황제의 권위를 해외에 떨치는 길을 강구해야 한다고 적혀 있다. 그날 밤 사쓰마 번의 충성심을 시험하기 위해 고메이 천황이 히사미쓰에게 내칙을 내렸다. 교토에 있는 불온분자의 진압을 명한 것이다.

7일 후, 히사미쓰는 군사를 일으켰다. 히사미쓰가 입경하기 전, 존왕양이를 제창하는 여러 번사(藩土)와 낭사들은 히사미쓰가 막부 타도에 앞장서는 줄만 알고 있었다. 그러나 히사미쓰의 의도가 막부의 개혁에 머무를 뿐 막부를 타도할 의지가 없다는 것이 분명해지자 존양파 지사들은 매우 실망했다. 무력에 의한 막부 타도를 주장하는 하기 번과 그 밖의 무사들은 후시미의 데라다야(寺田屋)에 모였다. 사쓰마 번의 과격파 무사들도 이에 합류했다. 당장의 목적은 관백 구조 히사타다, 쇼시다이 사카이 다다아키의 암살이었다. 사쓰마를 포함한 과격파 지사들과 히사미쓰의 명을 받아 진압차 달려온 사쓰마 번 무사들이 데라다야에서 충돌했다. 과격파 지사들은 모두 참살되었다. 천황은 그 공을 기리며 히사미쓰에게 황실의 좌문자(左文字) 단도를 내리고 낭사들을 진압하라는 어명을 내렸다. 이 사건으로 조정에서 히사미쓰의 명성은 단번에 올라갔다.

『메이지 천황기』에는 이 시기의 무쓰히토에 대해서 거의 다루지 않고 있다 1861년 10월, 무쓰히토는 에도 하향길에 오른 가즈노미야를 배웅했다. 아마도 가즈노미야의 비애를 아직 아홉 살밖에 안 된 어린 무쓰히토도 알고는 있었을 것이다. 이미 3년 전인 1858년에 독서를 시작하는 의식이 임시로 치러졌고, 1862년 5월 말에 고메이 천황이 치렀던 의식을 본받아 정식으로 거행되었다는 이야기는 앞에서 언급했다. 그해 초여름부터 홍역이 유행하면서 궁중에도 위기감을 불러 일으켰다. 천황은 기온(祇園) 신사 같은 데에 기도를 명했고, 무쓰히토에게도 부적을 내려주었다. 8월 10일 무쓰히토의 다른 여동생이 첫돌을 못 채우고 죽었다. 밝은 이야기로는 9월 16일에 무쓰히토가 처음으로 '그림을 그렸다'는 기록이 있다.

이러한 단편적인 소식들이 『메이지 천황기』에 기록되어 있는 숱한 사건들의 틈바구니를 누비며, 똑같은 어조로 담담하고도 자세히 적혀 있다. 예를 들면 1862년 8월 15일, 이와시미즈하치만 신궁의 방생회 때 안뜰에서 비둘기와 참새들을 놓아준 일이 기록되어 있다. 그날 밤 고메이 천황은 청량전에서 달구경을 했고 궁녀들이 무쓰히토에게 감주를 올렸다. 18일, 사당 제사가 있어 천황은 신여환어(神輿還御)를 관람한 후 늘 하던 대로 주고의 궁으로 갔다가 동궁전을 찾아 무쓰히토를 위해 준비한 선물들을 주었다. 이런 궁중의 일상 소식이 기록된 다음에 독자들이 깜짝 놀랄 이야기가 불쑥 등장한다. 20일, 이와쿠라 도모미, 지쿠사 아리후미, 도미노코지 히로나오(富小路敬直) 등 세 명의 구게가 막부와 공모해서 가즈노미야 강혼을 강행시켰다는 죄목으로 칩거가 명해진 다음 관직 박탈과 라쿠쇼쿠를 당한다.

이 놀라운 사건 전개의 배경에는 존왕양이파의 강대하고도 급격한 대두가 있었다. 자꾸만 늘어가는 불평분자들로 팽창한 존왕양이파는 이전보다 과격한 행동으로 치닫고 있었다. 거역하는 자가 있으면 죽이지는 않더라도 협박이 대상이 되었다. 이 기록보다 딱 한 달 전인 7월 20일, 관백 구조 히사타다의 심복인 시마다 사콘(島田佐近)이 습격을 당해 살해되는 일이 벌어졌다. 그의 목은 시조(四條) 강변에 버려졌고 절단된 팔다리는 다카세(高瀬) 강에 내던져졌다. 이를 고비로 이른바 과격파의 응징 사건이 연쇄적으로 발생했다.

막부는 사태를 진압하지 못하는 무력함을 드러내고 있었다. 암살자들은 단연코 우위에 서게 되었다. 가즈노미야 강혼에 깊이 관여한 궁중 신하들을 고발하면서 '사간양빈(四奸兩嬪)' 여섯 명을 특히 공격 목표로 삼았다.[124] 구게 가운데도 이에 동조하는 자가 나타나, 양이파는 바야흐로 큰 번까지도 마음먹은 대로 움직이게 되었다. 고메이 천황은 막부를 거듭해서 옹호했지만 이 위기적 상황에 처해 이에모치에게 내린 칙서에 '양이는 짐의 오랜 뜻이며 오늘날에 와서도 추호의 변함이 없다'고 썼다. 아마도 응징자들은 자신들의 행동을 천황이 공공연히 시인해준 것으로 받아들였을 게 틀림없다.

이러한 갖가지 사건의 전개가 무쓰히토의 인격 형성에 어떤 영향을 끼쳤을지는 상상하기 어렵지 않다. 궐 밖에서 시시각각 일어나고 있는 사건들을 이해하기에는 무쓰히토가 아직 어렸을까. 격론과 수없는 암살로부터 무쓰히토는 일절 차단되어 있었을까. 아니면 무쓰히토도 궁중에서 늘 얼굴을 대하던 사람들이 모습을 감추는 것을 보면서 어떤 이변이 일어나고 있음을 알아차렸을까. 고메이 천황은 자신이 늘 동요하고 초췌해 있던 이유에 대해 무쓰히토에게 설명한 일이 있었을까. 모두 알 수 없다. 하지만 오직 하나 말할 수 있는 것은 수백 년에 걸쳐 전통적인 질서와 규율에 의해 지배되어 온 궁중의 세계에 시대의 가혹한 현실이 서서히 밀려들고 있었다는 사실이다. 이제는 변화가 일상을 좌우하고 있었다.

제8장 "정이대장군!"

천황과 쇼군의 입장이 바뀐 것을 여실히 보여주는 사건이 1862년 11월 27일 에도 성에서 일어났다. 이날 칙사 곤주나곤(權中納言) 산조 사네토미(三條實美), 부사 우근위 곤쇼쇼 아네가코지 긴토모(姉小路公知)는 쇼군 이에모치에게 보내는 고메이 천황의 칙서를 가지고 에도 성에 들어갔다. 짧은 칙서는 고메이 천황의 흔들림 없는 '양이의 생각'을 기탄없이 말하고 있었다.

막부는 양이의 방책을 결정해서 조속히 여러 다이묘에게 알리라. 또 중지를 모아 올바른 정책을 정해서 '추이(醜夷)'를 거절하라.[125]

여기까지는 몇 번씩이나 되풀이되어 온 고메이 천황의 지론이다. 달라진 것은 칙서의 내용이 아니었다. 칙사가 쇼군에게 내리는 칙서의 전달 방식이었다.

칙사가 쇼군을 배알할 때 지금까지 쇼군은 큰 홀의 상단에 앉는 것이 관례로 되어 있었다.[126] 칙사가 하단에 엎드리면 안내를 맡은 자가 칙사의 관씨명을 부른다. 칙사는 쇼군의 지시를 기다렸다가 무릎걸음으로 상단으로 나아가 고개를 숙이고 칙서를 바친 다음, 다시 무릎걸음으로 하단으로 물러난다. 이것이 종래의 법식이었다. 그러나 칙사 산조 사네토미는 이 관습에 이의를 제기했다. '이는 조정의 위광에 어울리는 법식이 아니다. 오히려 조정을 모욕하는 것'이라고 했다. 산조는 미리 교토 슈고(守護) 마쓰다이라 가타모리(松平容保)에게 이러한 의사를 전달하고, 막부의 칙사 대우 법식을 고치라고 제시했다.

막부는 산조의 항의를 진지하게 받아들였다. 막부에서도 상당한 토론이 있었던 것 같다. 당일 칙사인 산조 사네토미가 큰 홀의 상단에 위치했다. 중단에서 칙사의 신호를 기다렸다가 상단으로 나아가 칙서를 삼가 받은 것은 쇼군 이에모치 쪽이었다. 양쪽의 입장이 뒤바뀐 것을 나타낸 결정적인 순간이었다. 막부가 고친 황실 존숭 의례는 이것으로 그치지 않았다.

막부는 딜레마에 빠져 있었다 막부가 조정과의 관계 개선을 바라고 있음은 분명했다. 그러기 위해서는 천황의 명대로 '추이'를 추방해야 했다. 그러나 막부 측에도 총명한 인물들—쇼군의 후견 도쿠가와 요시노부나 총재 마쓰다이라 요시나가—은 개국이 불가피하다는 사실을 깨닫고 있었다. 그러나 쇼군 이에모치로서는 고메이 천황에게 양이를 수행한다는 언질을 주는 일 말고는 선택의 여지가 없었을 것이다.

천황과 쇼군의 입장이 역전된 이 일은 즉시 여러 번주에게 알려졌다. 많은 다이묘들은 상경할 필요를 느꼈다. 지금까지 막부는 다이묘의 입경을 엄금해 왔다. 참근교대(參勤交代: 다이묘들을 일정 기간 에도에 머물게 한 제도)를 위해 행로를 잡을 때도 교토는 우회했을 정도였다. 그러나 이제는 막부의 금령이 효력을 상실하고 말았다. 뭇 다이묘들은 자주 교토를 찾을 수 있게 되었다. 사실상 정치의 중심은 에도에서 교토로 바뀌고 있었다.

조정은 잇달아 찾아오는 여러 다이묘들의 힘을 이용해서 막부의 관례를 고치려 했다. 천황이 이토록 정치적 권위를 뽐내게 된 것은 적어도 5백 년 이래 볼 수 없었던 일이다. 그러나 조정이 원한 것은 천황이 강권을 쥐는 데 있었던 게 아니다. 어디까지나 양이 수행에 있었다. 그 변화는 마침내 구게에까지 영향이 미쳤다. 지금까지 구게들은 국사에 관여한 적이 없었다. 그 정치적 관심은 주로 궁중 안의 일, 그리고 의식과 제례에 국한되어 있었다. 그러나 이제는 구게들이 적극적으로 정치에 손을 댐으로써 왕권 회복을 향한 첫걸음을 내딛게 되었다.

천황의 위세는 1863년, 지난 2백여 년 동안 두절되었던 쇼군의 상경으로 최고조에 달했다. 쇼군 이에모치는 조정에 대한 존숭의 성의를 보임으로써 공무합체의 내실을 다지려 했다. 쇼군의 전령으로 먼저 도쿠가와 요시노부 같은 막부 중신들이 입경했다. 1월 10일, 도쿠가와 요시노부가 입궐하자 천황은 요시노부를 소어소(小御所)에서 접견했다. 사흘 뒤, 요시노부는 고메이 천황의 아버지 닌코 천황이 구게 자제의 교육을 위해 창설한 가쿠슈인(學習院)을 찾았다. 이때 요시노부는 의주(議奏)를 통해 다음 세 가지 안건을 상주했다.

첫째, 많은 친왕들이 승직에 들어가야 했던 이제까지의 관례를 고쳐 친왕을 모두 속세에 남아 있게 한다. 둘째, 오랜 세월에 걸쳐 폐지되었던 천황의 행차를 지난날처럼 봄가을에 부활시킨다. 셋째, 손유(尊融) 친왕―안세이의 대옥사로 은거, 영구 칩거를 명받았다가 전년에 사면받았다―을 환속시킨다.

이 안건은 쇼군 이에모치가 고메이 천황을 기쁘게 하기 위해 내놓은 것이다. 세 번째 안건은 즉시 실행에 옮겨졌다. 그달 29일, 손유 친왕에게 머리를 기르라는 칙명이 떨어졌다. 친왕은 환속해서 나카가와노미야(中川宮)라 칭했으며, 이윽고 고메이 천황의 가장 두터운 신임을 받았다. 젊어서 혈기왕성할 때는 겐무(建武, 1334~35) 중흥의 영웅인 모리나가(護良) 황자의 재림 소리를 들었고,[127] 그 후로는 숭배자들이 몰려들어 양이 운동의 중심적 존재가 된 인물이다. 나카가와노미야 아사히코(朝彦) 친왕은 의외로 현대 사학자들의 관심 밖에 있는 것 같은데 실은 조정의 숨은 실력자였다.[128] 호칭이 자꾸 바뀌는 것으로도 알 수 있듯이 파란만장한 생애를 살았으며 그의 영향력은 매우 컸다.[129] 교토의 청련원(青蓮院)에 승적을 두고 있을 당시는 전국에서 우국지사들을 끌어모을 만큼 강한 카리스마를 지닌 인물이었다.

이 무렵 쇼군이 상경함으로써 교토 조정의 정치적 권위는 확실하게 높아졌으나 아직도 과격파의 기세를 진정시키지는 못했다. 과격파 지사들은 여전히 막부에 가담했다는 의혹이 짙은 인물들에게 강한 반감을 드러내고 있었다. 암살자들의 살육의 물결이 또다시 수도의 대로 위를 미쳐 날뛰었다. 어떤 자는 살해당하고, 어떤 자는 살해 위협을 받고 있었다. 1863년 1월 22일 밤, 유의(儒醫) 이케우치 다이가쿠(池內大學, 1814~63)가 네 명의 습격자에 의해 암살되었다. 암살자들은 늘 하는 것처럼 이케우치를 암살한 이유를 쓴 참간장(斬奸狀)을 남겨놓았다.

이자는 지난날 고귀한 분들의 은혜를 받고서, 무오(戊午) 무렵(안세이 5년)에는 정의로운 인사들을 따라 여러 가지 일들을 주선해주더니 어느 순간 배반하여 간사한 관리들과 상통해 여러 번의 충성스러운 인사들을 많이 죽게 만들었다. 그러고도 구차하게 목숨을 도모하던 자로서 그 죄악은 천지간에 받아들일 수가 없다. 그러므로 주륙해서 효수하는 바이다.

이케우치 다이가쿠는 지난날 우메다 운빈(梅田雲浜), 야나가와 세이간(梁川星巖), 라이 미키사부로(賴三樹三郎)와 아울러 존왕양이파 사천왕의 하나라는 말을 들었다. 안세이의 대옥 때 이케우치는 위험인물로 막부에 쫓기는 몸이 되었다. 결국 이케우치는 자수했으며, 비교적 짧은 형기를 마치고 추방되어 처형을 면했다. 이 일로 이케우치는 막부에 가담했다는 의혹을 받게 되었다. 절개를 굽히고 동지를 팔아먹은 간사한 자라며 희생된 것이다.

암살자들은 이케우치를 죽이는 것만으로는 성이 차지 않아 그의 귀를 베어, '관직을 그만두지 않으면 같은 꼴을 당하리라'는 협박장과 함께 한쪽을 나카야마 다다야스의 저택에, 다른 한쪽을 오기마치산조 사네나루의 저택에 던졌다. 나카야마와 오기마치산조는 위선자라며 다음과 같이 고발했다.

겉으로는 정의를 외치면서 뒤에서는 구습만 좇을 뿐 고치려 하지 않는다. 공무합체에 진력하는 한편으로 여러 번에 내칙을 내려 뇌물을 받아 챙겼다. 이 일은 결코 용서할 수 없다.

다다야스는 이 허위 고발에 분개했으나 결국은 일신의 위험을 감지하고 사네나루와 함께 병을 핑계로 사직했다. 다다야스 대신 산조 사네토미가 무쓰히토 황자를 돌보게 되었다.

1863년은 폭행 협박 사건이 빈번히 일어난 해였다. 양이 열병을 앓는 여러 무사와 낭사들은 도시의 대로를 활보했고 살상 사건이 잇따라 발생했다. 유언비어가 난무했고 도시에는 늘 긴장감이 흐르고 있었다. 연간 70건이 넘는 살인, 방화, 협박 사건이 일어났고, 그 이유를 밝힌 참간장이 희생자들의 목에 붙여졌다. 그리고 '천주(天誅) 예고문'이 벽에 나붙었다.

막부—교토 쇼시다이나 교토 부교 등—는 이 무법 상태에 어찌 할 바를 몰랐다. 날뛰는 지사들을 다스리는 역할은 조정의 손에 맡겨졌다. 이들의 과격한 폭행과 살육은 모두 조정의 이름으로 저질러지고 있었다. 막부를 옹호하는 마음에 조금도 변함이 없는 고메이 천황은 교토에 있는 16개 번의 무사들을 가쿠슈인에 불러모아, 익명의 글을 함부로 구게 당상관의 집에 던져넣는 '천주 경고장'이라는 수단을 통해 국사를 간섭하는 일을 금하고, 불평불만이 있으면 관계 관공서에 내놓으라고 명했다. 천황은 다시 다이묘들을 만나 양이 관철의 뜻을 전하고 나서 관백에게 국방에 관한 기탄없는 의견을 올리라고 명했다.

피해를 입은 것은 구게들뿐이 아니었다. 2월 22일, 낭사 네 명이 등지원(等持院)에 쳐들어가 아시카가 다카우지(足利尊氏)를 비롯한 아시카가 쇼군 3대의 목상의 목을 잘라 참간장을 붙여서 산조(三條) 강변에 효수했다.[130] 당시 이는 은근히 도쿠가와 쇼군 3대를 비판한 것으로 받아들여졌다. 교토 슈고 마쓰다이라 가타모리는 즉시 범인을 색출하라는 엄명을 내렸다. 당시 암살 하수인들은 하나도 잡지 못했음에도 불구하고 목상을 효수한 범 인은 금방 잡혔다. 그 죄과에 대해서는 여러 가지 이야기가 나왔 다.[131]

3월 4일, 쇼군 도쿠가와 이에모치가 3천여 명의 수하를 이끌 고 상경해 교토의 쇼군 숙소인 니조(二條) 성에 들어갔다. 쇼군 이에모치의 상경은 목숨을 건 도박이었다. 교토는 온통 양이파 로 득실거렸다. 언제 누가 쇼군을 덮칠지 알 수 없었다.

5일, 이에모치는 대리인으로 도쿠가와 요시노부를 입궐시켜 쇼군 취임 이래 정사의 미비함을 사죄하고, 전례에 따라 다시 정 권을 위임해 달라는 성은을 주청해 천황의 칙허를 받았다.

3월 7일, 이에모치 자신이 경의를 표하기 위해 입궐했다. 고메 이 천황은 이에모치를 소어소(小御所)에서 접견하고 잔을 내렸 다. 그런 다음 천황은 서재에서 이에모치와 환담을 나누었다.

천황이 쇼군을 맞이하는 태도는 공손하기는 했지만 특별히 정 중했다고 할 수는 없었다. 이미 조정은 쇼군 이에모치를 궁중 서 열 5위인 내대신 밑으로 정해놓았다. "앞으로 간토(關東)의 정사 에서 미진한 일이 있으면 가차 없이 가르침을 주시기 바란다"고 이에모치가 천황에게 아뢰는 공손한 태도는 1634년에 도쿠가와 이에미쓰가 조정에 보인 오만한 태도와는 아주 대조적이었다.

이에미쓰 때의 상경을 마지막으로 쇼군의 입경은 중단되었다. 당시 도쿠가와 가는 권력의 절정에 있었고, 궁중에서의 순위는 관백의 위에 있었다.[132] 그러나 이번 대면에서 고메이 천황의 존 재는 확실히 쇼군 이에모치를 내려다보고 있었다.

접견 때 고메이 천황은 여전히 주지하고 있던 사항을 요구했다. 진작부터 공언하고 있는 양이의 정책을 철저히 수행하라는 것이었다. 천황을 배알한 후 이에모치는 무쓰히토 황자의 동궁전을 찾아가 검 한 자루, 백은 5백 매, 황금 20매, 족자 두 폭, 화병 한 개, 야마토 비단 50두루마리 등 값비싼 선물을 바쳤다.

사흘 뒤인 3월 10일, 고메이 천황은 니조 성으로 사자를 보내천황과 무쓰히토 황자가 이에모치에게 내리는 선물이 있음을 알렸다.

이러한 의례적 행위가 한바탕 치러지고 11일, 천황은 생애 처음으로 자신의 의지로 궐 밖을 나왔다.[133] 양이를 기원하기 위해가모 신사로 행차했던 것이다.[134] 관백, 우대신 이하의 구게가천황을 따랐다. 쇼군 이에모치 역시 도쿠가와 요시노부와 여러번주, 고케(高家: 전례, 의식 담당자) 등을 이끌고 뒤따랐다.

비가 오기 시작했다. 마침 천황이 탄 봉련(鳳輦)이 쇼군 이에모치의 행렬 앞을 통과할 때 쇼군 이에모치는 말에서 내려 우산을 버리고 바닥에 무릎을 꿇었다. 수많은 교토 백성이 천황이 탄봉련이라도 한번 볼 수 있는 천재일우의 호기라며 가모 신사로향하는 길가를 가득 메웠다.[135]

조슈 번 과격 양이파인 다카스기 신사쿠(高杉晉作)가 자기 앞을 지나는 쇼군 이에모치를 향해 연극 대사처럼 "정이대장군!"하고 외쳤다는 유명한 일화가 있다. 다카스기는 '정이(征夷)'의소임을 다하지 못한 쇼군 이에모치를 야유했던 것이다.

이에모치의 상경은 고메이 천황이 권력 투쟁에서 승리했음을의미했다. 승리를 음미하는 천황은 에도에서 온 손님이 교토에오래 머물기를 원했다. 그러나 3월 19일, 당초 예정했던 열흘간의 교토 체재 기일을 훌쩍 넘긴 쇼군 이에모치는 에도로 귀환할 때가 왔음을 고했다. 조정의 신하들은 크게 실망했다.

이 시기에 조정은 크게 두 파로 갈라져 있었다. 공무합체 추진파와 쇼군 이에모치의 장기 교토 체류를 빌미로 하여 쇼군을 궁지에 빠뜨려 이를 막부 전복의 호기로 삼자는 일파였다. 양쪽이 바라는 바는 달랐지만 모두가 이에모치의 교토 체재가 길어지면 길어질수록 목적 달성에 가까워질 수 있다고 여기는 점에서는 뜻을 같이했다. 하지만 막부는 쇼군의 조속한 에도 귀환을 바라고 있었다.

지난해 가을 가나가와의 나마무기무라(生麥村)에서 일어난 사건으로 쇼군 이에모치의 결정이 꼭 필요했던 것이다. 세상에서 말하는 '나마무기 사건'이다. 1862년 8월 21일, 영국 상인 찰스 리처드슨이 세 명의 친구와 함께 사쓰마 번주 시마즈 히사미쓰(島律久光)의 행렬 앞을 '무례하게도' 말을 탄 채로 가로질렀다. 리처드슨은 그 자리에서 참살되고 동행자 두 사람은 중상을 입었다. 영국은 막부와 사쓰마 번 양쪽에 배상을 요구했다. 막부는 결국 영국의 요구에 응하기로 했다. 그러나 쇼군 이에모치가 교토에 있으므로 일을 처리할 수가 없었다. 이에모치는 한시바삐 에도로 돌아가야 될 입장이었다.

3월 19일, 이에모치는 입궐하여 고메이 천황에게 에도로 돌아갈 것을 청원했다. 천황은 이에모치를 접견하며 다음과 같이 말했다.

나라가 어수선한 마당에 이에모치가 에도로 돌아가버리면 적적한 마음 금할 수 없다. 좀 더 교토에 머물러 짐의 마음을 편안케 하라.

이에모치는 천황의 말에 감격해 그 뜻을 따르기로 했다. 천황도 기뻐하며 이에모치에게 많은 선물을 내렸다. 이날 배석한 무쓰히토 황자는 쇼군 이에모치와 처음으로 대면했다.

1863년 4월 11일, 고메이 천황은 외환이 물러가길 기원하기 위해 이와시미즈하치만 신궁으로 행차했다. 당초 4월 4일로 예정됐던 일이다. 천황은 쇼군 도쿠가와 이에모치도 동행할 것을 명했다. 그러나 이 계획은 중지되었다. 다다요시의 일곱째 아들 나카야마 다다미쓰(1845~64)가 3월, 갑자기 병을 이유로 관직을 내놓고 교토를 떠났기 때문이다.[136] 다다미쓰가 조슈의 낭사와 도모해서 천황의 이와시미즈 행차 중 봉련을 탈취하고 쇼군 이에모치를 암살하려 한다는 소문이 돌았다. 3월 9일에 이 소문을 들은 고메이 천황은 행차 일정을 연기시켰다.

도쿠가와 요시노부는 이 행차 자체를 중지하도록 천황에게 권했다. 고메이 천황 자신도 그러고 싶었다. 그러나 과격파 구게의 압력으로 예정대로 행차하기로 했고 4월 11일로 일정을 잡았다. 그러한 경위를 고메이 천황은 4월 22일, 나카가와노미야에게 쓴 친서에서 이렇게 말하고 있다.

나는 지병인 어지럼증 발작에 시달리고 있다. 먼 길을 가마 타고 가는 것이 걱정되어 관백 다카쓰카사 스케히로에게 일정 연기를 제의했다. 하지만 스케히로는 계획을 변경하기 어려우니 예정대로 실행할 것을 권했다. 얼마 후 곤주나곤 산조 사네토미가 입궐해 면회를 요청했다. 내 병이 꾀병인지 아닌지 확인하기 위해 입궐했다는 것이다. 아무튼 연기는 어려우며 병과 상관없이 이번 행차를 반드시 결행하라는 것이었다.

참정국사(參政國事)에서는 이런 말을 하는 자도 있었다. 천황이 가기 싫어서 부리는 꾀병이니 우격다짐으로라도 천황을 봉련에 태워버리는 게 어떻겠냐고. 나는 어쩔 수 없이 이 행차를 승낙하지 않을 수 없었다.

관백은 괴로웠지만 과격파 구게의 기세에 저항할 수가 없었다. 천황도 관백도 이제는 혈기 뻗치는 구게들의 상대가 될 수 없었다. 천황의 친서는 이렇게 끝을 맺고 있다.

삿슈(薩州)의 시마즈 히사미쓰를 불러들여 지혜를 모아 폭론을 내뱉는 구게들을 바로잡지 않으면 안 되겠다. 만일 이대로 놔두었다가는 국란의 원인이 될지도 모르겠다.

다른 문헌에 의하면 행차 중 노상에서 천황이 발작을 일으킬 경우를 대비하여 길 곳곳에 휴게소가 마련되었다. 고메이 천황은 사실 건강이 썩 좋지 않았다. 본궁을 참배했을 때 발부리가 걸려 넘어진 일이 있다. 셋샤(攝社: 본사의 제신과 인연이 깊은 신을 모신 신사) 15개 신사를 순회하는 동안에도 옆에서 시종이 부축하며 걸어야 했다.

고메이 천황과 입장을 달리하는 존양파 구게가 천황에게 충성을 맹세한 사실 뒤에는 큰 모순점이 있다. 존양파 구게는 천황에게 충성을 맹세하면서도 노골적으로 천황의 의지를 무시했다. 천황이 이와시미즈에 행차하는 걸 취소하려 하면 협박까지 했다. 그러나 자신들의 의견을 받아들이기만 한다면 그들은 기꺼이 천황을 위해 목숨까지 던졌을 것이다.

존왕양이파 구게는 비밀리에 한 가지 계획을 도모하고 있었다. 쇼군 이에모치가 이번 행차에 따라오면 이와시미즈에서 고메이 천황으로부터 '절도(節刀: 쇼군이 출정할 때 천황이 내리는 칼)'을 받게 만들어 옴짝달싹 못하고 양이를 실천하게 만든다는 시나리오였다. 그러나 이를 눈치챈 쇼군 이에모치는 자기 대신 도쿠가와 요시노부를 대리로 행차에 나서게 했다. 요시노부도 신사 쪽으로 부름을 받게 되자 갑자기 병이 낫다며 숙소인 사원에 틀어박혀 나오지 않았다. 이렇게 연거푸 '거부'당하면서 고메이 천황이 얼마나 낭패감이 들었을지 눈에 선하다.

고메이 천황의 병은 아마도 마음의 병이었을 것이다. 긴 여행을 좋아하지 않았을 뿐 아니라 행차 도중 납치 혹은 암살 가능성이 있었으니 걱정스러워 무기한 연기를 바란 일은 너무나 당연했다. 고메이 천황을 위협한 것은 살인청부업자도 무례한 무사도 아니었다. 혈기와는 전혀 상관없어 보이는 계급, 부정을 일삼고 유약하기로 더 잘 알려져 있는 구게들이었다.

고메이 천황이 급한 마음에 구원을 요청한 상대는 조정의 신하도 아니고 쇼군도 아니었다. 사실상 사쓰마 번의 실권을 쥔 인물, 지난해에 군대를 이끌고 입경해 데라다야(寺田屋) 사건[137]으로 과격파를 진압한 시미즈 히사마쓰였다. 이와시미즈하치만 신궁에서 천황이 기원한 것은 어쩌면 외환이 사라지길 바랐던 게 아니라 끈질기게 천황을 옹위하려는 존왕양이파 구게들로부터의 해방이었을지도 모른다.

무쓰히토 황자가 이러한 사태의 진전을 얼마나 알고 있었는지 그 근거가 될 만한 자료는 없다. 무쓰히토는 겨우 열 살밖에 안 된 소년이었고 정치에 대해 아버지 고메이 천황과 이야기할 기회도 없었을 것이다. 고메이 천황이 하치만 신궁으로 떠날 때, 무쓰히토는 그 행렬을 배웅했다. 아마도 무쓰히토는 이 행차가 아버지 고메이 천황에게 얼마나 괴로운 경험이었는지 알 수 없었을 것이다. 하지만 젊은 외삼촌 나카야마 다다미쓰의 행동에 대해서는 좀 알고 있었던 것 같다.

나카야마 다다미쓰는 안세이 5년(1858) 열세 살 때 시종이 되었다. 주된 임무는 일곱 살 아래인 조카 무쓰히토와 놀아주는 일이었다. 다다미쓰란 이름은 1863년의 천주 사건이 있기 전에는 『메이지 천황기』에 두 번가량 등장한다. 한 번은 황자의 후카소기(深曾木) 의식이 치러졌을 때이고, 또 한 번은 그 4개월 뒤 황자의 시종으로 취임했을 때다.[138]

다다미쓰가 시종이 된 해, 아버지 다다야스는 막부가 조인한 미일 수호통상조약에 반대한 구게 88명 중 한 사람이었다. 다케치 즈이잔(武市瑞山, 1829~65), 구사카 겐즈이(久坂玄瑞, 1840~64), 요시무라 도라타로(吉村寅太郎, 1837~63) 같은 지사들이 내건 존왕양이론에 빠진 다다미쓰는 젊은 나이에 이미 양이주의자의 길을 걷기 시작한다. 앞에 든 세 명은 모두 막부 타도 운동 말기에 비명횡사한 비운의 인물들이다.

존왕양이파 지사(志士)로서의 다다미쓰의 사상 형성에 중요한 역할을 한 인물은 다나카 가와치노스케(田中河內介, 1815~62)였다. 가와치노스케는 덴포 14년(1843)부터 나카야마 가의 시강(侍講)으로 있었다. 다다미쓰에 대해서는 어렸을 적부터 잘 알고 있었을 것이다. 다다미쓰가 마음을 쏟은 다른 스승과 마찬가지로

가와치노스케는 데라다야 사건과 연관되어 있었다. 사쓰마 번 진압파에게 붙잡혔던 가와치노스케는 가고시마로 호송되는 배 안에서 외아들 사마노스케(瑳磨介)와 함께 살해되어 세토(瀬戸) 내해에 내던져졌다. 아마도 가와치노스케가 다다미쓰에게 남겼을 거라고 생각되는 가장 중요한 가르침은 이것이었을 것이다.

여러 번의 무사들이 번주에게 바치는 것도 충성이지만 진정한 충성은 국체, 곧 천황이 체현하는 일본에 바쳐야 마땅하다.

분큐 2년(1862) 9월 8일, 다다미쓰는 교토에 있는 도사(土佐) 번 농민 출신 무사 다케치 한페이타(武市半平太)의 숙소를 찾아 갔다. 이와쿠라 도모미를 암살하기로 결심했다고 밝힌 뒤 도움을 요청했다. 다다미쓰의 이와쿠라 암살 목적은 확실하지 않지만, 그의 일기를 보면 이와쿠라가 고메이 천황 암살을 계획하고 있다고 믿은 것 같다.

다케치는 포기하라고 다다미쓰를 설득했다. 그러나 다다미쓰는 결심을 바꾸지 않았다. 눈에 핏발을 세워가며 말하는 다다미쓰에게 다케치는 어쩔 수 없이 동지들과 의논하겠다고 약속했다. 이튿날 동지 중의 한 사람인 과격파 구게 아네가코지 긴토모(姉小路公知)는 다케치에게 이렇게 말했다.

다다미쓰가 폭력배처럼 행동한다는 말을 들었다. 과연 진정으로 세상을 걱정하는 정의파인지는 알 수가 없다.[139]

다케치는 존왕양이파 구게의 중심인물 산조 사네토미에게 다다미쓰의 이와쿠라 암살 계획을 전했다. 산조가 이 일을 다다미쓰의 아버지 다다야스에게 알렸던 게 틀림없다. 그날 밤 늦게 다케치의 숙소를 찾아간 다다미쓰는 이와쿠라 암살 계획을 부득이 중단해야겠다고 알렸다. 자살하겠다고 위협하는 다다미쓰를 아버지 다다야스가 이렇게 회유했다고 한다.

그런 각오까지 한 이상 이제는 무슨 말을 해도 소용이 없겠지. 그러나 이와쿠라를 죽이는 것은 무자비한 행동이다. 먼저 이와쿠라의 죄상을 해당 관청에 고발하고, 그런 다음 관청에서 제대로 사건을 다루지 않는다면 그때 가서 네가 나서도 될 것이다. 이런 이치를 이해하지 못한다면 먼저 이 아비를 죽이고 나서 가도록 해라.

아버지 다다야스의 단호한 반대에 부딪힌 다다미쓰는 이와쿠라 암살 계획을 단념하지 않을 수 없었다. 그러나 9월 10일, 다다미쓰는 다시 생각을 바꿔 다케치를 관저로 불러 다음과 같이 고했다.

마침내 오늘 나쁜 놈들을 해치우기로 결심했소. 그러니 사쓰마, 조슈, 도사 세 번의 도움을 요청해 주시오.

다케치는 이 제의를 엄숙하게 받아들였다. 다다미쓰는 아버지 다다야스가 말한 대로 우선 관백이던 고노에(近衛) 가로 나아가 이렇게 충고했다.

이와쿠라를 멀리 귀양 보내거나 교토 밖으로 내쫓으라. 만일 이 청원이 받아들여지지 않을 경우 위계를 반납하고 세 번의 지사들과 도모해서 응징하겠다.

이틀 후 9월 12일에 이와쿠라 도모미, 지쿠사 아리후미, 고가 다케미치의 관저에 다음과 같은 투서가 날아들었다.

만일 이틀 이내에 교토를 떠나지 않으면 목을 가모 강가에 효수할 것이고 그 누는 가족에게까지 미칠 것이다.

양이 열기가 불을 뿜고 있는 조정의 의견이 모아졌는지, 다다미쓰의 협박은 효과를 거두었다. 13일 이와쿠라는 머리를 깎고, 10월 8일에 교토 북쪽 이와쿠라 마을로 이사했다. 그러나 이와쿠라 암살의 열병을 앓던 다다미쓰의 집념은 여기서 끝나지 않았다. 뭔가 불만이 생겼다 하면 그때마다 모든 것을 이와쿠라의 탓으로 돌렸다.

다다미쓰는 아버지 다다야스의 단호한 반대에도 아랑곳하지 않았고, 인연을 끊겠다는 말에도 꿈쩍하지 않았다. 이와쿠라 추방에 성공한 뒤로도 다다미쓰는 열병에 걸린 듯이 무모한 행동으로 치달았다. 당연한 일이겠지만, 다다야스는 행방불명이 된 고집불통 아들이 걱정되어 1863년 3월, 조정에 이렇게 고하고 사직을 청원했다.

나라를 걱정하는 나머지 다다미쓰가 정신 착란에 빠진 것 같다. 당장 아들을 찾아내 이 눈으로 확인하고 싶다.

한동안 다다미쓰는 조슈 번의 신세를 지고 있었다. 불쑥 나타났다가 모습을 감추곤 하는 다다미쓰는 조슈 번에서도 결코 환영할 만한 손님이 아니었다. 그러나 조정과의 연계를 생각한다면, 번의 의견을 양이로 몰아가고 있던 조슈 번으로서는 다다미쓰를 떠안고 있는 편이 도움이 될 것이라 여겼다. 1863년 4월 5일자로 조슈 번에서 온 한 통의 서찰이 당시 다다미쓰의 행동에 대해서 전하고 있다.

조슈 번은 외국제 군함과 병기를 사들이고 있었다. 하기(萩)에 도착해서 그 사실을 안 다다미쓰는 양이의 선두에 서 있는 조슈 번이 외국제 무기를 사들이고 있다니 이게 무슨 소리냐, 배도 무기도 부수어 버려야 한다고 떠들어댔다. 물론 번의 중신들은 다다미쓰의 의견을 듣지 않았다. 노한 다다미쓰는 이튿날 시모노세키로 떠났다.

1863년 8월, 요시무라 도라타로와 다다미쓰 주변의 지사들 손으로 '천주조(天誅組)'가 조직되었다.[140] 야마토(大和)에서 기치를 든 천주조는 그 고장의 관청을 습격해서 관리들을 죽였고 처음에는 성공을 거두는 듯 보였다. 하지만 반란은 금세 진압되었다. 다다미쓰는 1864년 조슈에 잠복해 있던 중에 조슈 번이 풀어놓은 자객에 의해 암살되었다.[141]

무쓰히토 황자는 양이 운동의 실상을 알기에는 아직 나이가 어렸다. 그러나 숙부 다다미쓰의 행동에 대해서, 그리고 아마도 그 원인이 되는 양이주의에 대해서는 조금 알고 있었는지도 모른다.

열다섯에 보위에 오른 메이지 천황이 어떤 정치적 의견을 가지고 있었는지는 거의 알려져 있지 않다. 그러나 무쓰히토가 막부 체제를 전적으로 중시하던 아버지 고메이 천황과 같은 의견을 갖고 있었던 것으로는 보이지 않는다. 일본에서 나라를 다스린다는 것이 어떠한 것인지, 그리고 어떻게 해야 하는지 젊은 무쓰히토의 생각이 형성되는 데 다다미쓰가 약간의 영향을 끼치지 않았을까.

다다미쓰의 행동은 처음부터 상식선에서 벗어나 있었다. 따라서 체계적으로 어떤 하나의 정치철학을 이룰 수 있었다고 상상할 수는 없다. 그러나 한 젊은 구게가 아버지의 반대와 전통의 중압에 아랑곳하지 않고 자신이 증오하는 체제를 뒤집기 위해 목숨 걸고 돌진한 모습은 어쩌면 곧 천황이 될 소년의 피를 끓게 했을지 모른다.

제9장 합어문(蛤御門)의 변

분큐 3년(1863) 4월 20일, 쇼군 도쿠가와 이에모치는 5월 10일을 양이 결행의 날로 정해 조정에 상주했다. 이에모치는 벌써 두 번이나 양이 결행의 날을 정했었다. 그러나 두 번 모두 결행을 연기할 수밖에 없었다. 이번에도 또 다른 날을 선택하면서 이에모치는 마음이 무거웠다. 만일 열강이 일본의 퇴거 명령을 받아들이지 않고 무력을 행사한다면 미미하기 짝이 없는 일본의 군비가 비참하게 드러나리라는 사실을 이에모치는 알고 있었다. 그러나 이에모치는 선택의 여지가 없었다. 조정에서는 숨 쉴 틈도 안 주고 기일 확정을 요구하고 있는 데다, 이미 가즈노미야와의 혼담이 이뤄지던 시기에 양이를 수행하겠다고 약속한 터였다.

조정은 이에모치의 상주에 기뻐했다. 열강과의 무력 충돌이 있을 것을 예견하고 구게는 궁궐 출입 때 의무적으로 칼을 차게 되었다. 궁궐 사람들로서는 이제까지 보지 못한 새로운 광경이었다. 사실 궁중 사람들이 전투태세를 갖춘 일은 최근 수세기 동안 없었다. 7월 19일, 관백 다카쓰카사 스케히로는 교토에 있는 여러 다이묘에게 고메이 천황의 양이 친정(親征)에 관한 의견을 물었다. 돗토리(鳥取) 번주 이케다 요시노리(池田慶德)는 다음과 같이 제언했다.

친정 또한 가하다. 그러나 성상을 비롯한 구게들이 유감스럽게도 군사에 대해 알지 못하니 무엇으로 그 목적을 이룰 수 있겠는가. 아이즈(會津) 번주 마쓰다이라 가타모리(松平容保)가 바야흐로 교토 슈고를 맡고 있으며, 여러 번주 역시 군사를 거느리고 교토에 있으니 마땅히 이들에게 명해 군사훈련을 시켜, 눈이 오랑캐에 익숙하고 귀가 포성에 익숙한 연후에야 비로소 친정에 관한 일을 도모할 수 있을 것이다.

고메이 천황은 이 의견을 받아들여 마쓰다이라 가타모리에게 건춘문 밖에서 군사훈련을 하라고 명했다. 훈련 당일(7월 30일)에는 비가 내렸다. 그러나 천황은 건춘문의 관람소에서 군사 훈련을 지켜보았다. 주고, 무쓰히토 황자, 여관, 구게, 그리고 여러 번주가 함께 관람했다.

가타모리는 병사 3천 명을 이끌고 신시(申時: 오후 4시 전후)에 훈련을 개시했다. 병사들은 무장을 하고 각 부대로 갈라졌다. 고둥나팔을 불고 징을 울리며, 칼과 창을 휘두르고 총과 활을 쏘면서 함성을 질러댔다. 한마디로 근대 전투 훈련과는 한참 거리가 먼 것이었다. 주위가 어두워지고 비가 그치지 않아 훈련은 중단되었다.

다음 훈련은 8월 5일, 역시 건춘문에서 실시했다. 이때는 아이즈, 돗토리, 도쿠시마(德島), 요네자와(米澤), 오카야마(岡山) 등 다섯 개 번에서 참가했다. 무쓰히토 황자도 첫 훈련 때부터 천황과 함께 관람했다. 이날 요네자와 번의 병사들은 서양식 소총대의 훈련을 했다. 『메이지 천황기』에 이때에 관한 기록이 있다.

포성이 울려 퍼지고 초연이 하늘을 가리자 관람하던 아녀자는 경악하며 낯빛이 변했다. 황자는 신색도 변하지 않은 채 시종 태연하더라. 천황이 친히 군사를 관람하는 일은 근세에 전무했던 터였다. 하물며 황자가 어린 나이에 이를 함께 관람하는 것은 미증유의 일이다. 당시 조정 신료 중에서 이렇게 말하는 자 있더라. 설혹 훈련이라고는 하지만 아홉 문 안을 달리는 일은 옛 관습을 깨는 일이 될 뿐만 아니라, 궁궐 부근에서 병기를 휘두르는 짓거리는 신위를 모독하는 일이다. 당시의 정세가 그러했다.

그사이 이미 조정이 양이 정책을 결정한 것을 안 조슈 번은 나가토(長門) 해안을 따라 포대를 구축했다. 양이 결행일로 정한 5월 10일, 조슈 번은 다른 번에 앞서서 외국 선박을 포격함으로써 이 일에 앞장서려 했다.

기타큐슈(北九州)의 부젠(豊前) 다노우라(田ノ浦) 앞바다에 닻을 내리고 있던 미국 상선이 그 최초의 희생물이 되었다. 이어서 시모노세키 해협을 항해하는 프랑스와 네덜란드의 군함이 포격당했다. 그리고 다시 6월, 보복 공격해 온 미국과 프랑스의 군함과 교전했다.

이 소식이 조정에 전해지자 고메이 천황은 좌근위 곤쇼쇼 오기마치 긴타다(正親町公董)를 양이 감찰사로 임명하여 하기 번에 파견하고 다른 번에 앞서 양이를 감행해 국위를 만방에 떨친 공을 치하하며, 번주 모리 요시치카와 사다히로 부자에게 어검(御劍)과 많은 상을 내렸다. 조만간에 열강이 보복 공격해 올 것은 알고 있었다. 그러나 훨씬 이전부터 고메이 천황은 전쟁 가능성을 각오하고 있었다.[142]

열강과의 전쟁에서 이긴다는 고메이 천황의 확신은 다음 달에 더욱 다져진 것 같았다. 영국은 이미 막부에 영국 상인 찰스 리처드슨 피살에 대한 배상을 요구하고 있었다. 지난 4월 막부는 배상에 응했다. 그러나 영국은 다시 사쓰마 번과의 교섭을 위해 군함 일곱 척을 가고시마 만으로 파견했다. 1863년 6월 28일, 번주 시마즈 모치히사에게 나마무기(生麥) 사건의 하수인 처형과 리처드슨의 유족 및 부상자에 대한 배상금 지불을 요구했다. 모치히사에게는 24시간의 시한이 주어졌다. 사쓰마 번의 답변은 이랬다.

죄인은 이미 도망쳐서 행방불명이고 배상금에 대해서는 막부의 명령 없이 결정할 수 없다.

7월 2일 새벽, 영국 함대는 갑자기 번의 기선 세 척을 나포했다. 오시(午時)에 사쓰마 번 포대가 불을 뿜으며 영국 함대에 포격을 개시했다. 쌍방이 포화를 교환하며 격전은 신시(申時)가 넘어서까지 계속되었다. 수많은 절과 신사와 민가가 불탔고 번의 많은 병사들이 희생되었다. 그러나 영국 역시 피해가 커서 함대는 4일, 결정적인 승리를 확인하지 못한 채 가고시마 만을 떠났다. 시마즈 모치히사는 영국 함대와의 교전을 조정에 보고했다.

고메이 천황은 모치히사의 노고를 치하하는 칙서를 내렸다.[143]

8월 13일, 고메이 천황은 양이를 기원하기 위해 진무(神武) 천황릉과 가스가(春日) 신사로 행차한 직후 이세 신궁 참배를 내외에 공포했다. 이것이 바로 '야마토 행차'이다.

고메이 천황이 양이 친정을 염두에 두고 있다는 사실을 언명한 것이다. 조정의 존왕양이파는 이를 기화로 조슈 번의 무사들과 일을 도모해서 양이라는 명분하에 일거에 막부 타도 운동을 추진하려 했다. 이 일을 알아차린 조정의 공무합체파는 궁리 끝에 사쓰마, 아이즈 번과 의논해서 야마토 행차 중지를 나카가와노미야에게 호소했다. 16일 새벽, 나카가와노미야는 입궐해서 고메이 천황에게 따졌다.

친정은 이만저만한 대사가 아니옵니다. 굳이 결행하시려 함은 무슨 심산이십니까?

이 당돌한 질문에 천황은 깜짝 놀라 답했다.

친정은 아직 결정 내린 바가 전혀 없다. 진무 천황릉 참배는 원래 짐이 하고 싶었던 소박한 일이었다. 그랬기 때문에 곤주나곤 산조 사네토미와 신하들의 요청에 응했을 뿐이다.

분명히 고메이 천황은 존왕양이파 구게들의 손에 놀아나고 있었다. 그날 밤, 고메이 천황은 나카가와노미야에게 내칙을 내렸다. 나카가와노미야는 전 관백 고노에 다다히로 부자, 우대신 니조 나리유키(二條齊敬) 등 공무합체파 구게들과 논의한 끝에 조정 대사를 좌지우지하려는, 즉 조정과 막부의 전통적 관계를 단절하려는 존왕양이파 구게를 배척할 필요가 있다는 결론에 도달했다.

18일 새벽, 조정에서 긴급회의가 열렸다. 다다히로 외에 공무합체파 구게는 말할 것도 없고, 교토 슈고 마쓰다이라 가타모리, 교토 쇼시다이 이나바 마사쿠니(稻葉正邦)까지 출석했다. 궁궐의 아홉 문은 모두 닫히고 천황의 허가 없이는 어느 누구도 궐내에 들어올 수 없게 했다. 교토에 있는 여러 번에는 아홉 문을 경호하라는 엄명을 내렸다. 인시(寅時: 오전 4시 전후)에 공포(空胞)를 쏘아 계엄령이 내려졌음을 알렸다. 존왕양이파 구게는 급거 궁궐로 달려갔으나 문이 굳게 닫혀서 안으로 들어갈 수 없었다.

궐 안에서는 나카가와노미야가 고메이 천황의 칙명을 전하고 있었다.

이번 봄부터 의주(議奏)와 국사 담당이 하기 번과 결탁해서 조칙을 왜곡시키는 일이 적지 않았다. 친정이 그 가장 큰 사례다. 이 시간 이후로 사네토미 등의 입궐을 막고 근신을 명한다.[144]

산조 사네토미를 비롯한 존왕양이파 구게는 해임되고, 나카야마 다다야스, 오기마치산조 사네나루 같은 공무합체파 구게가 이들을 대신했다. 야마토 행차는 중지되었고 다음 조칙이 내려졌다.

양이의 방침에는 변함이 없다. 그러나 천황의 친정은 아직 그 시기가 아니다.

존왕양이파 구게는 영광의 시절이 지나갔음을 알았다. 조슈번의 무사들이 귀향함에 따라 산조 사네토미 등 일곱 명의 구게도 조슈로 낙향했다. 이것이 이른바 '7경(七卿)의 낙향'이다.[145] 공무합체파 구게가 조정의 실권을 장악했다.

8월 18일의 정변 이후 궁중은 비교적 평온한 시기를 맞이했다. 9월 22일, 만 열한 살이 된 무쓰히토 황자의 생일잔치가 조촐하게 치러지고 여느 때처럼 선어(鮮魚) 같은 선물이 오고갔다. 이어서 내부 연회가 동궁전에서 벌어졌고 나카야마 다다야스의 딸이자 황자의 어머니인 나카야마 요시코도 축하 인사를 받았다.

이날 저택으로 돌아온 다다야스는 황자의 건강을 기원하며 축배를 들었다. 다다야스는 지난날을 돌아보고 감개무량하여 말했다.

지난 일은 망망해서 마치 꿈과도 같고, 세월의 추이는 마치 손바닥을 뒤집는 것과 같도다.

조정 패권의 양상이 바뀜에 따라 자신의 처지 역시 덩달아 만화경처럼 바뀌는 모든 양상이 다다야스의 머리를 스쳤을 것이다. 같은 날, 다다야스의 아내 아이코도 손자 무쓰히토를 오랜만에 만났다. 황자가 나카야마 저택을 떠난 지 어언 7년, 성장한 황자의 모습을 보면서 지난날을 되짚으며 아이코는 눈물을 짓지 않을 수 없었다.

11월 28일 무쓰히토의 시동이었던 우라마쓰 다루미쓰—당시 아명은 기사마루—의 나이가 세는나이로 열네 살이 되어 관례를 올리기 위해 휴가를 받았다.

천황과 주고는 기사마루에게 선물을 내렸고 무쓰히토도 은 20매, 겨울 옷 한 벌, 그리고 그림책『아사쿠사 영험기(淺草靈驗記)』『삼국지 요부전』『다이코기』『히코야마 영험기(彦山靈驗記)』그리고『겐페이 성쇠기』『위아쌍지(葦牙双紙)』등을 주었다. 독서 사범한테서 배우는 사서오경과는 아주 딴판인 이 그림책들은 아마도 무쓰히토가 즐겨 읽던 책인 게 틀림없다. 삽화에 황자 자신이 채색한 책도 있고 책머리에 낙서된 것도 있었다. 며칠 후 기사마루는 무사히 관례를 마쳤다.

고메이 천황이 해오던 무쓰히토의 와카 지도는 1864년 1월, 두 명의 궁중 가인에게 인계되었다. 곤주나곤 레이제이 다메타다(冷泉爲理, 1824~85)와 기소 곤주나곤 야나기하라 미쓰나루(柳原光愛, 1818~85)이다.

다메타다는 황자가 어려서부터 아버지 고메이 천황에게—때로는 덴지 히로하시 시즈코(廣橋靜子)에게—와카를 지도받고 있었다는 사실을 몰랐다. 다메타다는 황자가 열세 살이 된 지금이야말로 와카 공부를 시작하기에 어울리는 나이라는 것을 천황에게 아뢰고자 했다.

다메타다는 고메이 천황이 국사가 바빠서 좀처럼 알현할 수가 없었다. 1월 12일 다메타다는 천황에게 자신의 뜻을 전하기 위해 와카 두 수를 지었다. 다음 와카는 그 두 번째 노래다.

처음부터 향내 풍기는 꽃이란 없다
꽃은 어느새 봉오리 짓고 있건만

격동의 흐름 속에서 잠시 찾아온 여유로운 나날이었다. 1864년은 간지의 '갑자(甲子)'에 해당하는 변혁의 해여서 2월 20일, 연호가 겐지(元治) 원년으로 고쳐졌다.**146**

이에 앞선 1월, 쇼군 도쿠가와 이에모치가 칙명을 받고 상경했다. 에도에서 오사카까지는 바닷길로 왔는데, 이에모치가 교토의 쇼군 거처 니조 성에 들어간 것은 15일이었다. 21일, 고메이 천황은 이에모치를 우대신 겸 우근위대장에 임명했다. 쇼군 이에모치는 도쿠가와 요시노부와 다른 교토 주재 번주 및 고케(高家) 등 44명을 거느리고 입궐해서 천황에게 감사의 뜻을 표했다. 고메이 천황은 이에 대한 화답으로 이에모치에게 친서를 내렸는데 내용이 결코 밝지만은 않았다.

> 오호라 그대는 오늘날의 형세를 어찌 보고 있는가. 나라 안에서는 기강이 해이해지고 상하는 풀어져 있으며 백성은 도탄에 빠져 괴로워하고 있다. 나라는 바야흐로 거의 와해와 붕괴의 기색을 드러내고 있다. 밖으로는 오만한 열강 제국의 능욕을 받으며 당장에라도 병탄의 화를 입을 듯한 위험을 안고 있다. 실로 누란(累卵) 같고 초미(焦眉) 같은 형국이라. 짐은 이를 생각하면 잠을 이룰 수 없고 음식을 먹어도 넘길 수 없도다. 오호라, 그대는 이를 어찌 보고 있는가. 이는 그대의 죄가 아니라 짐이 부덕한 소치로 그 죄는 짐에게 있노라.**147**

옛날 말투였지만 이 말은 고메이 천황의 진심에서 나온 것으로 여겨진다. 그 뒤에 '짐은 그대 사랑하기를 아들과 같이 하니, 그대는 나를 가까이하기를 아버지같이 하라'는 대목을 보면 이에모치에 대한 개인적 애정이 스며 나오고 있지 않은가. 고메이 천황은 이에모치에게 '정이대장군'의 임무를 다하라고 촉구하고 다시 다음과 같이 말하고 있다.

추악한 오랑캐를 정복하는 일은 국가의 대사이므로 마침내 이를 응징하는 싸움을 일으키지 않을 수는 없겠지만 그렇다 하더라도 무모한 정이(征夷)는 짐이 좋아하는 바가 아니다. 그러니 제대로 된 책략을 강구해서 짐에게 상주하라.

당시의 어떠한 문서보다 진솔한 말투로 쓰인 이 친서는 고메이 천황의 입장을 강하게 보여주고 있다. 천황은 '추악한 오랑캐'를 쫓아낸 다음 막부와 힘을 합쳐 국가의 안정과 번영을 도모하려 하고 있다. 그러나 한편으로는 조슈 번이 단행한 외국 함선 포격 같은 무모한 행동을 엄하게 경계하고 있다. 여기서 고메이 천황은 위기에 처해 있는 사태의 절박한 상황을 '누란'과 '초미'라는 두 낱말을 사용해 우려하고 있다. '누란'은 금방이라도 무너져내릴 것 같은 계란의 산을, '초미'는 불길이 눈썹을 태울 정도로 가까이 다가왔음을 뜻한다.

그러나 이러한 일들을 차치하고 본다면 이번 이에모치의 교토 체재는 쾌적하고 한가로웠다. 그의 체재는 5월까지 이어졌다. 숱한 선물 교환이 있었고 이에모치는 궁궐에서 최고의 대접을 받았다. 존왕양이파 구게는 조슈 번 산조 사네토미의 낙향으로 세력을 상실했다. 각지의 양이 운동도 소강상태로 접어든 느낌이었다.

정적을 깨뜨리는 최초의 사건이 일어난 것은 6월 5일이었다.

조슈 번의 산조 사네토미와 번주 모리 요시치카, 사다히로 부자는 억울함을 호소하며 입경 허가를 요청하는 탄원서를 조정에 제출했다. 조정은 개입을 거부하고 모든 조처를 막부에 위임했다. 이 사실을 안 존왕양이파 낭사들은 격노해서 교토 산조고바시(三條小橋)의 여인숙 이케다야(池田屋)에 집결했다. 이 정보를 입수한 막부는 교토 슈고의 부하 곤도 이사무(近藤勇, 1834~68)가 이끄는 신선조(新選組: 막부가 교토를 경비하기 위해 조직한 무사 집단으로 존왕양이파 탄압이 그 목적이었다)가 이케다야를 습격했다. 모의 중이던 낭사 약 30명이 참살당하거나 체포되었다.[148]

이케다야 사건에 관한 보고가 조슈 번에 도착하자, 조슈 번에서는 크게 격분해 곧바로 후쿠하라 에치고(福原越後, 1815~64)가 이끄는 1천여 명의 군사를 교토로 보냈다. 동지인 낭사들이 여기에 가담하게 되었고 불어난 군사들은 교토 주변에 주둔했다.

조슈 번은 다시금 조정과 막부에 탄원서를 제출했다. 조정은 27일, 모리 요시치카, 사다히로 부자 중 한 사람의 입경을 허락했고 개전의 여지가 보이면 칙명에 의한 주종 관계의 단절을 면할 수 있도록 해주겠다고 약속했다. 아울러 도쿠가와 요시노부는 교토 주변에 주둔하고 있는 군대의 철수가 선결 과제라며 귀향을 종용했다. 그러나 조슈 번은 이를 거부했다. 이케다야에서 예정되었던 모의의 내용으로 미뤄볼 때 어쩌면 조슈 번이 꾸민 시나리오는 이런 것이었을지도 모른다.

강풍이 부는 날 궁궐과 시내에 불을 질러 그 혼란 통에 교토 슈고 마쓰다이라 가타모리와 나카가와노미야를 암살한다. 고메이 천황을 옹립해서 조슈로 천행(遷幸)하도록 요구한다.[149]

여기서 특히 나카가와노미야 아사히코 친왕과 교토 슈고 마쓰다이라 가타모리가 표적으로 정해진 이유는 아마도 당시 나돌던 소문 때문이었던 것 같다. 이 두 사람이 사쿠마 쇼잔(佐久間象山)의 진언을 받아들여서 고메이 천황의 히코네(彦根) 천행을 기도했다는 것이다. 이런 소문이 난 것은 이때가 처음이 아니었다. 지난 1863년 6월, 개국파인 로주 오가사와라 나가미치(小笠原長行, 1822~91)가 막부의 병사 1천 명을 이끌고 서쪽으로 내려갔을 때 다음과 같은 소문이 퍼졌다. 오가사와라는 우격다짐으로 조정에 개국하도록 명했다. 만일 받아들여지지 않는다면 구게를 감금하고 교토에 불을 질러 일거에 도읍을 괴멸시키겠노라고 말했다. 동시에 막부는 고메이 천황의 히코네 천행을 기도하고 있다는 것이다.[150]

1년 후 비슷한 소문이 조슈 번의 무사들 귀에 들어갔다. 히코네 천행을 계획했다는 개국파 유학자 사쿠마 쇼잔은 낭사들의 암살 표적이 되었다. 7월 11일, 쇼잔은 교토 산조 기야마치(木野町)에서 암살당했다.[151] 이 조슈 측의 무모한 행위에 대해 아이즈, 구와나(桑名), 사쓰마, 도사 등의 여러 번에서는 조슈 번 토벌을 주장했다.

친조슈파와 반조슈파가 모두 교토 주변에 집결했다. 조정은 18일, 조슈 번에 즉시 군사를 철수시키라고 명했다. 그리고 조슈 번이 칙명에 따른다면 조의(朝議)에서 다시 시비를 가리겠다고 약속했다. 그러나 조슈 번은 이를 거절했다.

그 대신 세 중신이 연서한 애소장(哀訴狀)과 더불어 주벌해야 할 아이즈 번주 마쓰다이라 가타모리의 죄상을 늘어놓은 글을 조정에 제출했다. 조슈 번이 전투를 벌이지 않을 수 없는 이유가 적힌 서장(書狀)이 친왕과 구게, 그리고 각 번의 관저에 차례차례 전달됐다.

조정은 매우 당황했다. 급거 관백 니조 나리유키, 나카가와노미야 아사히코 친왕, 도쿠가와 요시노부가 입궐했다. 고메이 천황은 소어소(小御所)에서 관백을 접견하고서 조슈 번 무사들을 토벌하라는 칙서를 내렸다. 이때는 이미 싸움이 후시미(伏見)에서 벌어지고 있었다. 그 포성은 궁궐까지 들려왔다. 요시노부는 즉각 궐의 아홉 문을 닫으라고 명했다.

이튿날 19일 묘시(卯時: 오전 6시 전후), 조슈 번 군사가 궐문 가까이까지 몰려왔다. 후쿠하라 에치고의 병사들은 오가키(大垣) 번 병사들에 의해 격퇴되었으나 다른 조슈 번 병사는 합어문(蛤御門) 나카다치우리(中立賣) 어문까지 몰려왔다. '포격 소리가 마치 천만 개의 벼락이 치는 것 같았고, 그 진동이 지진과 같았다'라고 표현하고 있다.[152]

조슈 번 병사들의 공격은 주로 아이즈 번 병사가 수비하는 합어문에 집중되었다. 전투는 치열했다. 바야흐로 합어문이 뚫릴 뻔한 절박한 순간 구와나 번과 사쓰마 번의 원군이 달려와 조슈 번 병사의 허를 찔렀다. 반란군은 격퇴되었다. 기세를 탄 수비군은 갑자기 우위에 서게 되었다. 전투 개시 후 5시간여 후인 사시(巳時: 오전 11시경) 넘어서, 조슈 번의 군세가 꺾이면서 싸움은 끝이 났다. 이른바 '합어문의 변' 혹은 '금문(禁門)의 변'은 이렇게 해서 진압되었다.

전투가 한창일 때 궐내는 혼란의 절정에 있었다. 무쓰히토는 천황의 명령으로 주고, 스미코(淑子) 내친왕과 함께 상어전(常御殿)으로 자리를 옮겼다. 만일의 사태를 대비해 피신용 판자를 둘

러막은 가마가 준비되었다. 고메이 천황은 '의관을 입으시고 바른자세로 앉았다'고 기록되어 있다.[153]

시종과 신하들은 관에 붙은 영(纓)을 말고 머리띠를 했으며, 짚신의 끈을 매어 언제든지 행동에 나설 수 있는 태세를 갖추고 있었다. 덴지 이하의 여관들은 흰 홑옷에 흰 띠를 매고 모두 흰 옷차림이었다. 궁궐의 뜰은 무장 병사들이 깔려 있었다. 사방으로 튀는 포탄으로 선혈이 낭자했다. 돌연 문밖에서 불길이 오르더니 순식간에 사방으로 번졌다. 가라스마루(烏丸) 거리의 거센 불길은 대궐까지도 삼킬 듯했다.

궐내의 혼란은 이루 말할 수 없었다. 신하들은 잠시 궁궐 밖으로 천황의 자리를 옮길 생각까지 하고 있었다. 그러나 마쓰다이라 가타모리는 이를 저지하려고 애썼다. 그 덕에 고메이 천황이 교전 중인 양쪽 군사의 전란에 휘말리는 위험을 피할 수 있었다.

이튿날인 20일, 막부는 난리를 틈타 롯카쿠(六角)의 옥에 갇혀 있던 존왕양이파 지사 30여 명을 처형했다. 적어도 250년 동안 전투를 모르고 지내던 궁궐의 문밖에는 엄청난 수의 시신이 사흘 동안 널려 있었다. 불길은 시중에 있는 신사와 절과 민간 가옥 2만 8천여 채를 태우고 21일이 되어서야 겨우 잡혔다.

조슈 번의 병사들은 패주하고 교토는 다시 정적과 질서를 회복하는 듯이 보였다. 그러나 이 마당에 와서도 계속 괴이한 일이 벌어졌다.

20일 밤, 도쓰카와(十律川) 농민 출신 무사들이 궁중에 잠입해 봉련을 탈취할 음모를 꾀하고 있다는 보고가 들어왔다. 즉시 달려간 황궁 책임자 도쿠가와 요시노부는 상어전 안뜰에서 3백 명 가량의 사람 그림자를 보았다. 가마 곁에는 베옷 차림을 한 무사

수십 명이 꼼짝 않고 서 있었다. 요시노부는 그 무리에게 물러가라고 명하고 사태를 즉시 관백 니조 나리유키와 나카가와노미야에게 알렸다. 급히 입궐한 두 사람은 고메이 천황을 다른 곳으로 옮겼다가 다시 요시노부의 요청으로 자신전으로 옮겼다. 무쓰히토와 주고도 동행했다. 너무나 무서워 소리 내어 울부짖는 궁녀도 있었다. 무쓰히토도 놀라 발작을 일으키고 자신전에서 쓰러졌다. 신하들이 달려와 물을 가져오자 무쓰히토가 정신을 차렸다. 이 이야기는 후에 젊은 메이지 천황에 관한 일화의 한 토막으로 자리 잡았다. 예를 들면 어떤 악의에 찬 전기 작가는 이렇게 썼다.

(메이지) 천황은 1864년 7월, 조슈 번이 합어문을 향해 대포를 쏘아대자 그 굉음에 놀라서 기절했다. 이것만으로도 그 겁 많고 소심한 성격을 여실히 드러내고 있다.[154]

소년 무쓰히토를 기절시킨 것은 결코 대포 소리가 아니었다. 사실 궁궐이 공격을 받은 것은 전날이었다. 갑자기 한밤중에 깨워져, 놀라 울부짖는 여자들 사이를 지나 자신전으로 옮겨졌기 때문일 것이다.[155] 궁녀들이 비명을 지른 것은 좀 기이한 사건 때문이었다.

한 궁녀가 이 건물 저 건물로 옮겨 다닐 때 실수로 오하구로(お歯黒: 이를 검게 물들이는 액체) 단지를 떨어뜨렸다. 그 단지가 깨지는 소리를 총성으로 오인했던 것이다. 게다가 쏟아진 용액의 냄새가 너무나 강렬해서 그런 소동이 일어났다.[156]

이 사건 자체에 무슨 중요한 의미가 있는 것은 아니다. 놀라운 것은 메이지 천황의 생애를 기록한 진지한 연대기 가운데서도 중세의 전기 같은 일화가 불쑥 튀어나온다는 것이다.

궐내 정원에 잠입한 도쓰카와 무사 운운하는 수수께끼 같은 무리는 도대체 누구였을까. 어째서 그들은 천황의 봉련을 탈취하려 했을까. 3백 명이나 되는 사람이 목격되었음에도 단 한 명의 행방조차 알 수 없었다는 것은 무슨 소리일까.[157] 이러한 절박한 순간에 어째서 그 하녀는 오하구로 단지 따위를 들고 다녔을까. 겨우 단지 하나 바닥에 떨어져 깨진 소리쯤에 어째서 그처럼 많은 인간들이 정신없이 허둥거렸을까……

사건 다음 날, 동궁전이 아니라 삼간(三間)에서 잠시 눈을 붙인 무쓰히토는 조부 나카야마 다다야스를 불렀다. 무쓰히토는 몇 권의 그림책을 꺼내어 다다야스에게 읽어 달라고 했다.

과거 수세기 동안 한 번도 없었던, 황족을 엄습한 최악의 위기를 만난 직후에 보인 황자의 이 태도는 얼마나 마음 든든한가. 실제로 일어난 수수께끼 같은 사건은 그림책의 모험 이야기만큼도 열한 살 된 소년 무쓰히토의 마음을 사로잡지 못했다.

제10장 천황가의 저주

1864년 역시 재앙과 액운의 해였다. 금문의 변이 있은 지 겨우 반년이 지난 8월 5일, 영국, 프랑스, 미국, 네덜란드 4개국으로 구성된 연합 함대가 시모노세키를 포격했다. 전년 3월 5일, 조슈 번으로부터 함선 포격을 받은 프랑스, 미국, 네덜란드, 여기에 영국까지 합세한 보복공격이었다. 연합 함대로 공격하자고 제안한 것은 영국 공사 러더포드 올콕이었다. 이전부터 막부의 미온적인 태도에 울화를 끓이고 있던 그는 실력을 행사할 필요성을 느끼고 있었다.

전년 12월, 막부는 조정과의 약속을 지킬 생각으로 외국 부교(奉行) 이케다 나가오키(池田長發, 1837~79)가 이끄는 사절단을 요코하마 쇄항(鎖港) 교섭을 위해 프랑스로 파견했다. 파견된 이케다는 프랑스가 요코하마 쇄항에 관해 전혀 교섭할 의향이 없다는 것을 알았다. 오히려 프랑스는 조슈 번의 함선 포격에 대한 배상과 앞으로 프랑스 선박이 시모노세키 해협을 통과할 때의 안전 보장을 요구해 왔다. 이쯤 되자 막부의 방침을 근본적으로 수정해야 한다고 확신한 이케다는 1864년 5월 17일(양력 6월 20일), 프랑스가 요구하는 조건에 따라 협정에 조인했다.[158] 이케다는 막부로부터 협정에 조인할 자격은 받지 못했다.[159] 게다가 그는 막부의 명령을 무시하고 영국과 그 밖의 다른 나라를 들르지 않고 귀국했다. 이들 나라 역시 요코하마 쇄항에 동의할 것 같지 않았기 때문이다.

이케다가 예상 밖으로 일찍 귀국하면서 협정 내용을 알게 된 에도 주재 4개국 대표는 막부에 약정 이행을 요구했다. 그러나 막부는 이 협정이 사절단 대표의 월권행위에 의한 것이므로 아무런 효력이 없다고 답변했다. 이케다와 막부 사절단은 관직을 박탈당하고 처벌까지 받았다. 이를 막부의 연장 전술로 본 4개국 대표는 실력행사로 문제를 해결해야겠다는 결론에 도달한다. 4개국 군함이 차례차례 출항하더니 시모노세키로 향했다. 막부는 이를 저지하려 했다. 그리고 조슈 번은 어떻게든 평화적으로 해결해보려고 애썼다. 하지만 이미 화살은 시위를 떠난 뒤였다.

8월 5일, 연합 함대는 조슈 번의 포대를 향해 포격을 개시했다. 사흘 동안의 응전 끝에 마침내 외국 군대가 상륙해서 포대를 파괴했다. 모리 요시치카는 강화를 요구하고, 4개국이 규정한 조건을 받아들이지 않을 수 없었다.

첫째, 외국 선박의 시모노세키 해협 통과시에 호의적으로 처우할 것

둘째, 포대를 신설하거나 일절 수리하지 말 것

셋째, 물, 식료, 석탄 등을 공급할 것

넷째, 배상금으로 은 3백만 냥을 지불할 것

사태가 수습된 소강상태 이후 10월, 쇼군 도쿠가와 이에모치는 금문의 변을 일으켜 교토를 혼란에 빠뜨린 조슈 번을 벌하기 위해 직접 토벌군을 지휘하기로 했다. 막부의 힘을 보여주기 위해 이에모치는 주고쿠(中國), 시코쿠(四國), 규슈의 여러 번에 출병을 명했다. 온갖 구실을 대며 출병을 회피하는 번도 있었다. 여러 번이 막부 측에 서는 것을 달갑지 않게 여기는 것이 분명했다. 조슈 번은 막부로부터 적군(賊軍)이라는 오명을 쓰고 있었으나 조슈 번의 태도를 호의적으로 보고 있는 번도 많았다. 게다가 4개국 연합 함대에 의한 시모노세키 공격 소식이 들려오자, 천하의 동정은 조슈 번으로 기울었다. 사태를 파악한 막부는 조슈 번에 사죄와 순종을 표하도록 설득했다. 조슈 번의 번주 모리 요시치카는 막부의 조건을 받아들여, 그 표시로 번의 중신 세 명의 머리를 내놓았다. 그리고 요시치카는 조슈 번에 있는 산조 사네토미 등 구게의 처분에 대해서도 막부의 의향을 따르기로 약속했다. 막부의 승리는 일시적인 것이었다. 하지만 적어도 국내외에 떠안고 있던 난제들의 틈바구니 속에서 한숨 돌릴 여유는 생긴 셈이었다.

궁중에서는 일련의 소동 탓으로 연기되었던, 원래 8월 1일에 지내야 할 핫사쿠(八朔: 선물을 교환하는 날)와 다노미(田實: 햇곡식 수확을 축하하는 행사) 같은 행사를 9월 29일에 거행했다. 무쓰히토 황자는 고메이 천황에게 선어 한 상자, 금 2백 필, 기는 아기 인형 50개와 얇은 종이, 그리고 뜰에서 쓰는 담배 쟁반, 딱지 등을 바쳤다. 천황은 무쓰히토에게 황금 두 매, 10종 향 도구 한 상자를 주었다. 무쓰히토는 또 큰외삼촌 나카야마 다다나루로부터 검을 선물로 받았다.

기록에 남아 있는 선물 품목을 보면, 당시의 살벌한 세상인심에 구애받지 않은 채 궁중에서 흐르는 시간은 예전이나 거의 다름없이 흐르고 있었구나 하는 인상을 지울 수 없다. 그렇다 치더라도 도대체 고메이 천황은 기는 아기 인형 같은 것을 받아 어찌했을까. 황자에게 무술을 가르치고 싶어한 나카야마가 선물한 검 한 자루만이 불온한 세태의 동향에 어울리는 것 같다.

궁중에서의 생활은 적어도 겉보기에는 일상의 평화를 되찾은 것처럼 보였다. 하지만 막연한 불안감은 감돌고 있었다. 나카야마 다다야스는 무쓰히토 황자가 꿈에 자주 나타나는 것이 걱정스러워서 가신을 기타노(北野) 신사에 보내 황자의 안전을 기원하게 했다. 그리고 아내인 아이코(愛子)로 하여금 딸인 나카야마 요시코에게 무쓰히토의 건강을 살피라고 했다.

해가 바뀌어 1865년, 조슈 번에 있던 산조 사네토미 같은 존왕양이파 구게들의 처분은 아직 결정되지 않았다. 산조와 다른 구게들을 지쿠젠(筑前) 다자이후(太宰府: 외적을 막고 외교 일을 보는 관청)로 추방하는 것에 찬성하는 자로 사쓰마 번의 사이고 기치노스케(西鄕吉之助, 후의 다카모리隆盛)가 있었다. 사이고의 이름이 이때 처음으로 『메이지 천황기』에 등장한다.[160]

4월 7일, 연호는 '게이오(慶應)'로 바뀌었다 '겐지(元治)'라는 연호는 전년 여름 궁궐의 신성을 모독한 금문의 변을 책임진 꼴이 되었다. 연호가 바뀌어도 사태는 그다지 호전되지 않았다. 윤 5월 22일, 쇼군 도쿠가와 이에모치가 상경했다. 몇 년 전 같았으면 매우 중대한 의미를 지녔을 쇼군의 상경도 이제는 거의 관례화되어 있었다. 이날 고메이 천황은 소어소에서 이에모치를 접견했다. 이에모치는 천황에게 이런 내용을 상주했다.

조슈에서는 번주 모리 요시치카가 개전의 정을 보이는 듯했음에도 불구하고 번 내의 양이파는 다시금 불온한 움직임을 보이고 있다. 그뿐 아니라 요시치카는 가신을 해외로 파견해 대량의 무기까지 구입하고 있다. 또 은밀히 열강과 무역하고 있다는 확증도 있다. 그래서 이번에 막부는 다시 조슈 토벌을 위한 군사를 일으키기로 했다.

쇼군 이에모치는 조슈를 정벌하기 위한 군사를 일으키면서 미리 천황에게 그 취지를 말하고 있다. 이런 일 자체가 불과 10년 전만 해도 상상할 수 없는 일이었다. 정치, 군사적 계획에 대해 쇼군이 천황에게 보고하는 것은 애당초 있을 수 없는 일이었다. 이에모치 측에서 본다면 그저 현재의 상황을 이야기했을 뿐인지도 모른다. 하지만 고메이 천황은 이에모치를 상어전으로 불러 이에모치의 계획을 승인한다는 표시로 천작(天酌)을 내렸다. 천황이 안으로 들어간 뒤, 의주, 부케텐소 등이 이에모치를 소어소로 안내한 후 다음과 같이 전했다.

고메이 천황은 쇼군이 연초에 완성한 산릉을 수복한 일에 대해 대단히 기뻐하고 있다. 그래서 도쿠가와 2대 쇼군 히데타다(秀忠), 3대 쇼군 이에미쓰(家光)에게 신(神)의 칭호를 내릴 의향이 있다.

이에모치는 이를 고사했다. 그러나 의주는 이는 극히 이례적인 천황의 배려이므로 어서 수락하라고 다시 권했다. 실상은 칙명과도 같았다. 결국 이에모치는 수락했다. 천황과 쇼군의 입장이 뒤바뀌고 있다는 사실이 여기서 다시 입증된다.

게이오 원년(1865) 9월 16일, 영국, 프랑스, 미국, 네덜란드 4개 국의 전함 아홉 척이 셋쓰(攝津) 앞바다에 나타나[161] 막부에 효고(兵庫) 개항과 조약 칙허를 요구하면서, 대신에 시모노세키 사건 배상금 3백만 달러 중 3분의 2를 포기하겠다는 조건을 제시했다. 그러면서 만일 막부가 이 제안을 받아들이지 않는다면 즉시 교토로 가서 조정과 직접 담판 짓겠노라고 위협했다. 그리고 조정에서도 거부한다면 그때는 다시 포연탄우(砲煙彈雨) 속에서 얼굴을 마주하게 될 것이라고 위협했다.[162] 회답에는 7일의 여유가 주어졌다.

효고에서 4개국 대표를 응접한 막부의 로주 아베 마사토(阿部正外)와 마쓰마에 다카히로(松前崇廣)는 4개국이 요구하는 것을 수용하자는 찬성의 뜻을 표명했다.

사태가 절박해서 조정에 그 뜻을 여쭐 여유는 하루도 없다. 설혹 조정에 그 뜻을 묻는다 해도 그 결과는 기필코 전쟁을 초래할 것이다. 그렇게 된다면 전쟁으로 많은 희생자가 나올 것이고 무수한 피해를 볼 것은 명약관화하다.

이 이야기가 고메이 천황의 귀에 들어가자, 천황은 불같이 화를 냈다. 당장에 두 사람의 직책을 박탈하고 번에서 근신하며 사태를 대비해 대기하게 하라고 막부에 명했다.

조정이 막부의 로주에 대해 이런 명령을 한 전례가 없었으나 막부는 이 칙령에 따랐다. 이 처분에 관해 칙명에서는 아무런 설명도 하고 있지 않았다. 그러나 도쿠가와 요시노부—쇼군 이에

모치에게 불려가서 당시 오사카에 있었다─가 열강과의 개전을 피하기 위해 어떤 일을 했는지 우리는 다른 자료를 통해 알 수 있다.[163]

맨 먼저 요시노부는 로주 이하 여러 유지들을 오사카 성에 모아놓고 열강의 요구에 어떻게 대처해야 할 것인지 의견을 물었다. 이전의 각의에서 나왔던 것처럼 열강의 요구를 따르자는 것 말고는 별다른 의견이 나오지 않았다. 다만 한 사람, 외국 사무 담당 로주 마쓰다이라 야스히데(松平康英)만이 이에 불만의 뜻을 표했다. 마음이 든든해진 요시노부는 몰래 야스히데에게 부탁해 4개국 대표를 응접할 때 오사카 부교 이노우에 요시아야(井上義斐)에게 다음의 말을 전하게 했다.

막부로서는 효고 개항을 승낙하기로 내부적으로 결정했다. 그러나 일본에는 쇼군 위에 제왕이 계셔서 중대한 사항은 쇼군이라 하더라도 칙허를 얻고 나서야 시행하도록 법으로 정해져 있다. 효고 개항과 같은 일은 일본으로서는 중대한 일인 만큼 천황의 칙허를 청하지 않을 수 없다. 이 칙허를 청하는 데는 적어도 열흘 간의 유예가 있어야 한다.

막부로서는 실로 대단한 고백이었다고 해야 할 것이다. 이 시점까지 열강은 한결같이 다이쿤(大君=쇼군)이야말로 일본의 최고 지배자이고 미카도(帝=천황)는 어디까지나 종교상의 군주에 불과하다고 생각하고 있었다. 막부 관리 스스로가 열강에게 그렇게 믿도록 유도했었다. 해리스는 일기에 이렇게 써놓고 있다.

그들(막부 관리들)은 미카도에 대해 거의 경멸적으로 이야기했다. 일본인들이 미카도에게 보이는 있는 존경에 대해 내가 약간의 말을 비쳤을 때 그들은 박장대소했다. 그들의 말에 의하면 미카도는 돈도 정치적 권력도 없으며 일본에서 존중될 아무런 이유가 없는 존재다. 그는 가치 없는 사람이라는 것이다.[164]

막부가 일본의 합법적인 정부요, 따라서 쇼군은 일본의 최고 권력자라는 생각이 얼마나 뿌리 깊은 것이었는지 이 시기에 새로 부임한 영국 공사 해리 파크스가 쇼군 이에모치에게 보낸 인사장을 봐도 알 수 있다. 파크스는 쇼군을 '폐하'라고 부르고 있다. 파크스의 요구 중 하나가 '조약에 대한 미카도의 칙허'였던 것은 사실이다.[165] 그러나 그 서한에 쓴 말투에서 엿볼 수 있는 것은 실제로 권력을 장악하고 있는 사람은 어디까지나 쇼군이며, 쇼군은 발 뒤에 가려 있는 인물로부터 마음대로 칙허를 얻을 수가 있다는 것이었다.

그러나 이제는 막부의 최고 지위에 있는 인물이 공공연히 '천황(미카도)의 지위는 다이쿤(쇼군) 위에 있으며 천황이 칙허를 내리지 않는 한 효고 개항은 불가능하다'라는 사실을 인정한 셈이었다.

일본의 권력 구조에 대한 새로운 사실에 직면한 열강은 여기서 사고를 전환시켜야 했다.[166] 이윽고 영국은 공공연히 천황을 지지하고 프랑스는 막부를 지지하게 되었다. 유럽에서의 양국 간의 견제가 그대로 일본에도 적용된 꼴이었다. 그러나 이 시점에서 4개국 대표는 천황의 칙허를 얻기 위한 열흘간의 유예를 인정하는 등 놀라울 정도로 관대하게 나왔다. 그러나 4개국 대표는 막부 관리의 말을 신용하지 않았다. 천황의 칙허를 틀림없이 얻어내겠다는 확증을 요구했다. 이노우에는 그들에게 이렇게 말했다.

이런 일에 증거가 있을 수 없다. 그러나 일본에서는 중요한 약속을 할 때 피 도장을 사용하는 일이 있으므로 원한다면 이 앞에서 내 손가락을 잘라 피 도장을 찍겠다.

이렇게 말하면서 허리의 칼을 뽑아 손가락을 자르려 했다. 대표들은 기겁해 믿음을 두기에 족하다며 이노우에를 말렸다.[167]

막부는 이노우에 요시아야의 재치로 조약 칙허를 얻기 위한 열흘간의 유예 기간을 받아냈다. 그런데 또 다른 새로운 문제가 대두되었다. 막부 로주 두 명을 해고하는 직권 침해라고도 할 수 있는 조정의 행위에 분개한 이에모치가 10월 3일, 전 오와리(尾張) 번주 도쿠가와 모치나가(茂德)를 통해 조정에 다음과 같이 상주했다.

본인은 유약하고 재주 없는 몸으로 이제까지 정이의 대임을 받았지만 상(上)의 마음을 봉안하고 아래로 백성들을 편안하게 하지 못했다. 또한 나라를 부하게 하고 군사를 강하게 해서 황위를 해외에 빛낼 힘도 없다. 그러므로 스스로 물러나 도쿠가와 요시노부에게 상속하고 정무를 물려주고 싶다.

즉 쇼군직을 요시노부에게 넘기고 자신은 은퇴하고 싶다고 했던 것이다. 동시에 이에모치는 열강과의 외교가 위기에 직면해 있음을 말하고 조약에 대해 속히 칙허를 내려주도록 청원했다. 상주문을 제출한 날 이에모치는 곧장 오사카를 떠나 에도로 향했다. 그러나 이에모치가 후시미에 도착했을 때, 관백 니조 나리유키한테서 다음과 같은 서찰이 도착해 있었다.

조정의 허락 없이 제멋대로 퇴판귀부(退坂歸府: 오사카를 떠나 에도로 돌아감)함은 천조(天朝)를 가벼이 여기는 것이며 신하된 도리로 있을 수 없는 행위이다. 그대로 후시미에 체류했다가 다음 4일에 입궐해 본인이 직접 그 경위를 밝히라.

조정이 이에모치에게 보인 질책은 실로 냉정하기 그지없었다. 천황과 쇼군 중에서 누가 강한지 이제는 의심할 여지가 없었다.

4일, 후시미를 떠나 교토의 니조 성으로 들어간 이에모치는 도쿠가와 요시노부, 마쓰다이라 가타모리 등 막부 중신을 소집했다. 그런 다음 즉시 입궐해서 효고의 현황을 자세히 설명하고 속히 칙재를 받으라고 명했다. 관백 니조 나리유키, 아사히코 친왕 등은 요시노부와 또 다른 막부 중신을 소어소(小御所)에서 만나보고 조약 칙허의 가부를 의논했다. 고메이 천황은 발 뒤로 가서 이 내용에 귀를 기울였다. 회의는 유시(酉時: 오후 6시 전후)에 시작되어 밤을 새웠으나 쉽사리 결론이 나지 않았다.

5일, 요시노부의 진언으로 교토에 있는 여러 번의 중신 30여 명을 불러들여 의견을 물었다. 아이즈 번과 도사 번의 무사들은 강경하게 개국론을 주장하며 쇄국을 반대했다. 다른 번의 무사들의 의견도 대체로 조약 칙허로 기울고 있었다. 조정은 이들 다수의 의견을 참작해서 마침내 조약 칙허를 결정했다. 고메이 천황으로서는 뼈아픈 패배였다. 천황은 조약 칙허 결의를 촉구하는 아사히코 친왕의 탄원에 특히 마음이 움직인 모양이었다. 친왕은 이렇게 경고했다.

만일 허락하시지 않으면 그들은 즉시 전쟁 구실로 삼을 것입니다. 그렇게 되면…… 이곳은 당장에 불바다가 될 것이며 보조(寶祚: 왕위)의 안위도 우려되오며 당장에 이세 신궁도 재가 될 것이 명약관화합니다.

천황이 지난 5백 년간 일찍이 볼 수 없을 만큼 권력을 마음대로 휘두르고 있는 이 시기에도 여러 번의 의견은 무시할 수 없었다. 자신이 싫어하는 조약에 칙허를 내리지 않을 수 없었던 고메이 천황은 아마도 비통한 심정이었을 것이다. 그러나 효고 개항의 칙허를 거부하는 것으로 고메이 천황은 겨우 체면을 유지했다.

구게들의 대다수는 변함없이 황국의 대의를 위해 기꺼이 한목숨 내던지기를 표명했지만 군비가 빈약한 일본이 열강에 대적할 수 없다는 것쯤은 고메이 천황도 충분히 알고 있었다.

에도로 돌아가겠다고 공언했음에도 불구하고 이에모치는 11월 3일까지 교토와 오사카에 계속 머물렀다. 10월 27일, 이에모치는 도쿠가와 요시노부, 마쓰다이라 가타모리 등을 거느리고 입궐했다. 고메이 천황은 학문소에서 그들을 접견했다. 이에모치는 이렇게 말했다.

어려운 시절 불초가 사직을 탄원했으나 그대로 머물러 있으라는 총명(寵命)을 받잡고 보니 황공할 따름입니다. 특히 이번에 죄송한 일도 있어 이를 송구스럽게 생각합니다.

하지만 고메이 천황은 오히려 이에모치를 격려해주기 위해 다음과 같이 대답했다.

모든 것을 지금까지와 같이 생각하고 천하의 이목을 일신하고 공평한 조처를 내리며, 안으로 나라를 다스리고 외부의 업신여김을 막으며 무비를 충실하게 하라.[168]

지금까지 언급한 것을 제외하고는 1865년은 적어도 공식 기록으로 판단하는 한 풍파가 적은 해였다. 이들 극적인 사건을 생생히 묘사한 다음 『메이지 천황기』는 다시 궁중 연대기로서의 평온한 기술로 되돌아가고 있다. 예를 들면, 그 전형적인 사례를 10월 9일자에서 볼 수가 있다.

조약 칙허 가부를 놓고 소어소에서 열띤 토론이 전개된 며칠 뒤의 일이다. 새벽부터 큰바람이 불어 나무를 흔들고 열매를 떨어뜨렸다. 황자가 손수 주운 노송나무 열매를 전 곤다이나곤 나카야마 다다야스에게 주었다. 다다야스는 이를 뜰에 심었다.

그리고 12월 11일자에는 이렇게 쓰여 있다

동궁전과 주고의 어전을 같이 대청소하였다. 그래서 황자는 거처를 화어전(花御殿)으로 옮기셨다. 화어전은 상어전에서 주고의 어전으로 통하는 복도에 접해 있으며 황자가 지내실 곳이다. 그러나 황자는 아직 입태자 식을 치르지 않았기 때문에 평소에는 이곳에서 지내지 않으신다.

이제 세는나이로 열네 살이 된 무쓰히토가 아직 황태자로 지명되지 않고 있다는 사실에 무언가 특별한 의미가 있는 것이 아닐까 하고 이상하게 여길지 모르겠다. 그러나 『메이지 천황기』에는 예컨대 무쓰히토가 쓸 옥과 비단을 사기 위한 비용을 증액하는 막부의 절차가 까다롭지 않다는 것에 대해서는 상세하게 보고하고 있으면서도, 무쓰히토가 소년에서 어른으로 점차 성장해 가는 모습에 대해서는 거의 아무 말도 해주지 않는다.

무쓰히토의 이름은 1866년 항목에서는 아주 드물게 등장한다.

1월 9일, 무쓰히토는 주고의 처소를 찾아가 고메이 천황에게 술잔을 하사받았다. 또 같은 날, 외할머니로부터 히라도(平戶)에서 온 훈제 은어와 자카르타 대밀감(자몽)을 선물로 받았다. 2월, 동궁전 건축 공사가 시작되었다. 4월에 그 공사 현장에서 화재가 발생해 어전 가까이로 번질 기세였으므로, 무쓰히토는 천황의 명령으로 불길이 잡힐 때까지 청량전으로 피신했다. 5월, 무쓰히토의 새 독서 사범으로 참의 아노 긴미(阿野公誠)가 임명되었다. 7월, 무쓰히토가 『맹자』 읽기를 마쳤다. 『논어』가 4년 만에 끝난 데 비해 이것은 1년 만에 다 읽었으므로 상당히 빠른 속도였다. 고메이 천황은 무쓰히토가 열심히 공부하는 것을 칭찬하고 더욱 정진하라고 격려했다. 무쓰히토는 『맹자』 완독을 축하해서 독서 사범을 초대해 동짓달에 쑤어먹는 팥죽과 축하주를 내렸다.

이 시기 고메이 천황이 가장 마음을 쓴 부분이 무쓰히토의 교육에 관한 것이었다는 사실을 보여주는 증거가 있다. 고메이 천황은 무쓰히토가 궁녀들의 영향을 너무 받고 있는 게 아닌지 우려했다. 특히 궁녀들의 과격한 양이 사상이 걱정이었다. 1865년 7월 9일, 고메이 천황이 아사히코 친왕에게 쓴 서한에 무쓰히토 황자에 대한 우려의 마음이 담겨 있다.

무쓰히토는 내 아들이지만 지금으로서는 도저히 내가 다스리기 어렵다. 짐을 잘 따르지 않는다. 짐의 명을 따르는 자는 악인으로 알고 조금이라도 짐에게 불충한 사람은 매우 찬미한다. 천황의 명에 순종하는 자는 나쁜 사람이고 그렇지 않은 자는 선인이라고 생각하고 있다. 어린 나이라고는 하지만 결코 마음 놓을 수가 없다.

고메이 천황은 모든 악의 근원이 궁녀들에게 있다고 비난했으며 여기서 다시 양위의 뜻을 비치고 있다.[169]

이 무렵, 교토 북쪽 이와쿠라무라(岩倉村)에 칩거하고 있던 이와쿠라 도모미는 고메이 천황에게 간언하는 내용이 담긴 의견서를 썼는데 여기서 주지육림의 생활을 버리고 진지하게 정치를 생각하라고 간하고 있다.[170]

이런 단편적인 증거는 어쩌면 어떤 암시를 주고 있는 것인지도 모른다. 다시 말해 연대기에 기록되어 있는 궁중에서의 조용한 생활 기록은 별로 탐탁지 않은 궁중의 현실을 은폐하기 위함이 아니었을까. 아버지의 과격한 양이 사상에 대해 기탄없이 말하는 무쓰히토 황자와, 그 분노를 삭이기 위해 술과 여자에게 빠져드는 고메이 천황이었다고 말이다.

여기서 또 한 사람, 그 행동을 상세히 알고 싶은 인물이 있다. 현대의 역사학자가 노회하다고 평가한 가요노미야(賀陽宮, 1864년 나카가와노미야에서 개칭함) 아사히코 친왕이다.

나카가와노미야의 힘이 크게 발휘되며 성공리에 끝난 1863년 8월 18일의 정변 후, 고메이 천황은 나카가와노미야에게 아사히코 친왕이라는 이름을 내리고 단조노인(彈正尹)에 임명했다. 단조노인은 대대로 친왕에게만 허용한 관위이며 천황에게 직접 상주할 수 있는 특권이 있었다.[171] 그러나 이 무렵 기괴한 소문이 나돌았다. 나카가와노미야가 고메이 천황에 대한 저주를 꾀했다는 것이다. 소문에 의하면 1863년 여름, 나카가와노미야는 이전부터 가까이 지낸 하치만 신궁의 승려 닌카이(忍海)에게 '야마토바(山鳥羽) 화살'을 주며 막대한 선물을 내렸다. 닌카이는 꿩 한 마리를 구해서 그 화살로 쏘았다. 꿩의 생간을 제단에 바치고 닌카이는 고메이 천황을 저주하며 나카가와노미야가 천황을 대신하도록 기도했다는 것이다. 닌카이의 기도가 돗토리 번 무사에게 알려지는 바람에 닌카이는 살해당했으며 제단의 꿩은 치워졌다. 이 소문은 이윽고 고메이 천황의 귀에 들어갔다. 그러나 나카가와노미야에게 절대적인 신뢰를 보이고 있던 고메이 천황은 이 소문을 8월 18일의 정변으로 좌천된 조슈 번과 관계있는 간특한 무리들의 획책이라며 물리치고, 천황과 나카가와노미야는 진실한 한 나무의 가지라고 친서에 썼다.[172] 신뢰의 증거로 고메이 천황은 나카가와노미야의 영지를 늘려주고 새 궁전까지 지어주었다.

하지만 궁중에서는 그 소문을 믿은 자들이 있었던 모양이다.[173] 이 일만으로도 당시 궁중에서는 주술 같은 이야기를 실제의 이야기인 듯이 믿는 분위기가 있었음을 알 수 있다. 이해가 저물면서 쇼군 도쿠가와 이에모치와 고메이 천황이 연이어 세상을 뜨게 되는데, 이 두 사람의 죽음을 놓고 독살과 음모 소문이 나돌았던 것도 수긍이 간다.[174]

막부에 1866년은 그야말로 최악의 해였다. 그런데 그 원인은 '외이'가 아니었다. 영국, 미국, 프랑스, 네덜란드 4개국 대표는 수출입 세칙의 개정과 그 밖의 별로 심각하지 않은 문제들의 교섭 성과에 만족하고 있었다.

막부는 전년 봄, 쇼군이 직접 지휘할 2차 조슈 토벌 칙허를 신청했다. 막부의 2차 조슈 토벌 계획을 알아차린 조슈 번은 근대 무기 구입과 군장비의 도입을 위해 열을 올리고 있었다. 그러나 그보다도 중요했던 것은 지금까지 견원지간이었던 사쓰마 번과 조슈 번이 이를 계기로 '삿초(薩長) 동맹'의 길로 나아간 일이었다. 우선 조슈 번이 나가사키의 유럽인 상인으로부터 무기를 구입하는 중개역을 사쓰마 번에서 맡았다.

게이오 원년(1865) 12월, 구로다 기요타카(黑田淸隆)는 사쓰마 번 가로(家老: 번의 사무를 총괄하는 최고위직) 고마쓰 다테와키(小松帶刀), 사이고 다카모리 등의 명을 받아 시모노세키로 갔고, 조슈 번의 무사 기도 준이치로(木戸準一郎, 다카요시孝允) 등 조슈 번 중심인물들의 의견을 타진했다.[175] 1866년 1월, 도사 번의 낭사 사카모토 료마(坂本龍馬)와 나카오카 신타로(中岡愼太郎)가 사이고를 만나 삿초 동맹을 논의했다. 사쓰마와 조슈를 묶어준 것은 이미 '양이'의 구호가 아니었다. '막부 타도'와 '왕정복고'였다. 삿초 동맹의 구체적인 초안은 한 달 뒤 기도 다카요시와 사이고 다카모리가 작성했다.

막부군은 1866년 6월, 조슈를 향해 진군을 개시했다. 막부군의 사기는 밑바닥까지 떨어져 있었다. 막부군에 합류할 예정이었던 몇몇 번은 출병을 거부했고, 또 출병했다 해도 약간의 소부대만 내놓은 번이 많았다. 이에 반해 조슈군은 숫자는 적었지만 근대적인 장비로 잘 무장되어 있었다. 수오지마(周防島)에서 시작된 막부군과 조슈군 사이의 전투는 2차 조슈 토벌의 성격을 결정지은 막부군의 잇단 패배의 전초전이 되었다. 이 조슈군과 막부군의 전쟁에서 가장 눈여겨볼 대목은 처음으로 본격적으로 대포가 사용된 일이었다. 이것은 일본이 경험한 최초의 근대전이었다. 이 전투가 한창 벌어지고 있는 동안에 몸이 좋지 않았던 쇼군 도쿠가와 이에모치가 오사카에서 중태에 빠지고 말았다.[176] 이에모치에게는 자식이 없었다. 후계자 문제가 대두되었다. 이에모치 자신은 이미 주나곤 도쿠가와 요시요리(德川慶賴)의 아들로 세 살 된 가메노스케(龜之助)를 지명하고 있었다. 국가의 위기를 앞에 놓고 어째서 이에모치가 후계자로 어린아이를 선택했는지 이해할 수 없는 일이었다. 이에모치의 아내 지카코 내친왕까지도 이 선택에 동의하지 않았다.[177] 마침내 이에모치는 다음과 같이 상주하지 않을 수 없었다.

병세가 악화되고 집무 또한 여의치 않은 이제, 만일 위급한 지경에 이르면 가업을 요시노부에게 상속하겠습니다. 그리고 조슈번을 막는 일은 시급한 일이므로 즉시 요시노부를 대리 출장시켰으면 합니다.[178]

7월 20일, 도쿠가와 이에모치는 오사카 성에서 숨을 거두었다. 나이 스무 살이었다. 이에모치가 죽은 날, 사쓰마 번의 무사 오쿠보 이치조(大久保一藏, 도시미치利通)는 조슈 토벌 중지를 촉구하는 번주 시마즈 모치히사(島律茂久)의 건의서를 관백에게 제출했다.[179] 관백 니조 나리유키는 건의서를 물리치고 다음과 같이 말했다.

조슈 번의 무리는 조정의 적이다. 몇 해가 걸리더라도 조슈 번을 퇴치하라는 천황의 말씀이다.

오쿠보는 반박하며 이렇게 경고했다.

도자마 다이묘(外樣大名) 중에는 단 한 곳의 번도 막부군에 합류하지 않고 있다. 막부를 지지하는 것은 빈약한 작은 번뿐이다. 만일 이 건의서가 채택되지 않는다면 전국의 대란을 초래할 우려가 있다.

7월 29일, 천황은 조의를 소집해서 사쓰마 번주 시마즈 모치히사가 아버지 히사미쓰와 연서해서 제출한 건의서를 논의하게 했다. 건의서의 내용은 이렇다.

실로 황국이 위급하고 존망의 기로에 서 있는 이때, 외환을 방어할 계책을 강구하는 일이 긴요한 일이므로 즉시 조슈 토벌을 중단하고 천하의 공의를 바르게 해 정체를 변혁하고 군비를 확장할 때이다.

오기마치산조 사네나루는 시마즈 모치히사의 건의를 적극적으로 지지했다. 출석한 다른 구게들은 한마디도 하지 않았다. 발 뒤쪽에서 고메이 천황의 목소리가 들렸다.

조슈 토벌군 해체는 잠시 기다리라.

격한 목소리로 논하던 사네나루가 천황의 말을 듣고 '혈읍 통곡해 마지않더라'라고 기록되어 있다.[180] 천황이 반대한다는 사실을 잘 알면서 사네나루가 자신의 신념을 피력할 용기를 지니고 있었다는 것은 놀라운 일이라 하지 않을 수 없다. 아시아와 유럽의 어떠한 전제국가에서도 그러기는 쉽지 않을 것이다. 설혹 사네나루가 사쓰마 번과 강력한 기반으로 이어져 있었다 하더라도 말이다.[181] 8월 2일부터 4일까지 연이어 조의를 계속한 결과, 결국 고메이 천황은 사쓰마 번주 시마즈 모치히사의 건의를 물리쳤다.

막부는 당초 쇼군 이에모치의 죽음을 숨기고 있었다. 그러나 토벌군의 지휘를 누군가는 해야 했다. 7월 29일, 토벌군의 총지휘는 도쿠가와 요시노부에게 승계되었다. 그러나 요시노부가 출전하기 직전 기타규슈에 있는 막부의 단단한 보루인 고쿠라(小倉)가 함락되었다는 보고가 들어왔다. 요시노부는 조슈 번과의 휴전을 결의했다. 요시노부는 사자를 통해 관백에게 이 결의를 전했고 관백은 이를 고메이 천황에게 상주했다. 예상했던 대로 고메이 천황은 매우 불쾌해했다. 천황은 요시노부가 임무를 수행하기를 원했다. 8월 16일, 요시노부는 입궐해서 상황이 도저히 손을 쓸 수 없게 되었음을 설명했다. 결국 고메이 천황은 요시노부의 휴전 결의를 받아들이지 않을 수 없었다.

이에모치가 죽고 나서 한 달 뒤인 8월 20일, 쇼군 서거가 정식으로 발표되었다. 이튿날 이것이 조슈 토벌 휴전 칙지를 내기에 알맞은 구실이 되었다.[182] 어느 누구에게도 영광이나 이익을 가져다주지 못한 전쟁이 흐지부지 끝을 맺었다. 하지만 이 전쟁은 일본인의 전투에 대한 개념을 일신시켰다.

제11장 책사 이와쿠라 도모미

도쿠가와 이에모치의 죽음은 고메이 천황에게는 분명 커다란 충격이었다. 이에모치라는 젊은 말벗이 생겼던 일을 고메이 천황은 무척 반가워했던 것 같다.[183] 한때는 숙원인 공무합체의 이상을 둘이서 실현할 수 있을 것으로 여겼다. 일반 사람들이 보기에는 고메이 천황이 공무합체의 이상을 버리고 새로운 왕정복고의 이상에 순응할 수만 있었다면 분명 행운의 길이 열렸을 게 틀림없었다. 구게뿐 아니라 무가 계급에서도 상당한 지지를 받을 수 있지 않았을까 생각된다. 그러나 고메이 천황은 완강하게 오랜 신념을 버리려 하지 않았다. 이를 못마땅하게 여기던 천황 주변 사람들 측에서 볼 때, 고메이 천황은 말할 수 없이 완고하게 비쳤다. 하지만 고메이 천황이 고집불통으로 근본적 신념을 굽히려 하지 않았다는 사실은 엄밀한 의미에서 그가 보수주의자였다는 것을 말해준다. 어쩔 수 없이 양보하게 될 때마다 고메이 천황은 고뇌와 유감스러운 마음으로 가슴 아파했다. 조슈 토벌에서 막부가 패배한 후, 고메이 천황은 자신을 명실상부한 일본의 군주로 옹립하려 노력하는 사람들에게 가능한 모든 수단을 다해 반대하는 얄궂은 입장에 서 있었다.

도쿠가와 요시노부가 조슈 토벌 중에 휴전을 선언하고 얼마 지나지 않은 게이오 2년(1866) 8월 30일, 당상(堂上) 구게 22명이 대거 입궐해서 고메이 천황에게 알현을 탄원하는 상서를 제출했다. 국가 비상시에 충심에서 우러난 신념의 총의를 전하고 싶다면서 이례적으로 집단 상주를 낸 것이다. 대표는 나카미카도 쓰네유키(中御門經之, 1820~91)와 오하라 시게토미(大原重德, 1801~79)였다. 하지만 이 일을 뒤에서 공작한 것은 다름 아닌 이와쿠라 도모미였다.

이와쿠라는 막부와 결탁해서 가즈노미야 강혼을 꾀한 혐의로 1862년 칩거를 명령받고 10월 이래 교토 북쪽의 이와쿠라무라에 물러나 있는 처지였다. 하지만 이와쿠라는 타고난 책사였다. 오래지 않아 이와쿠라는 중앙과의 접촉을 회복했고 이와쿠라무라에는 방문객이 뻔질나게 들락거리게 되었다. 그중에는 존왕양이파 지사가 많았으며, 그들은 중앙의 정세를 시시각각 이와쿠라에게 전했다. 이와쿠라는 조슈 토벌 속행 시비를 놓고 어전회의에서 오기마치산조 사네나루가 취한 대담한 태도에 감명받고 집단 상주할 착상을 얻었다. 막부에 대한 천황의 요지부동한 성심을 이와쿠라는 다수의 힘으로 흔들어 보려 했던 것이다.

조슈 토벌 중지를 호소한 사쓰마 번의 건의서에 강한 지지를 표명하고 있던 이와쿠라는 이 건의서의 취지에 찬동할 수 있도록 조정 내각을 개조하기 위해 집단 상주의 초안을 작성했다. 주된 논점은 세 가지로 좁혀졌다.

첫째, 조정과 막부에서 바람직스럽지 못한 인물을 배제할 것

둘째, 유폐 중인 구게를 복귀시킬 것

셋째, 고노에 다다히로를 관백으로 복귀시킬 것

'바람직스럽지 못한 인물'은 관백 니조 나리유키와 아사히코 친왕, 도쿠가와 요시노부, 마쓰다이라 가타모리 등을 가리키는 말이다. 그 밖의 안건까지 포함해서 고메이 천황에 대한 간주(諫奏)의 최종 목표를 이와쿠라는 왕정복고에 두었다. 쇼군 이에모치의 죽음으로 막부 내부에 생긴 혼란을 틈타 이와쿠라는 일거에 왕정복고로까지 몰고 나간다는 심산이었다.

당상 구게 22명이 상서에 응하면서 이날 고메이 천황은 학문소로 나갔다. 니조 나리유키, 아사히코 친왕 이하 의주, 부케텐소 등이 시좌해 있었다. 참석한 구게를 대표해서 연장자인 오하라 시게토미가 앞으로 나아가 소견을 말했다. 우선 서론으로서 시게토미는 조정은 조속히 여러 번주들을 소집해서 천황의 명을 받들게 해야 할 것이라고 했다. 이는 막부를 거치지 않고 직접 해야 한다고 했다. 이어서 시게토미는 다음 세 건을 진언했다. 이는 이와쿠라의 초안과 꼭 일치하지는 않는다.

첫째, 과거 세 번 치른 정변에서 유폐, 칩거된 구게의 죄를 용서할 것

둘째, 조슈 토벌군을 해산할 것

셋째, 조정의 정사를 개혁할 것[184]

시게토미가 기탄없이 이렇게 상주할 수 있었던 것을 그가 조

정에서도 이름난 강경파였고, 예순넷의 고령이라 잃을 것이 없었기 때문으로 볼 수도 있다. 그렇다 치더라도 이런 용감한 행동은 일본의 궁중에서는 여간해서 보기 힘든 것이었다.

고메이 천황의 반응은 이미 짐작했던 대로였다. '성상의 안색이 변해 말씀하시기를' 기록은 이렇게 시작된다.

그대들의 말은 모두가 소소한 일뿐이다. 도대체 그 어떤 것이 국가의 대사란 말인가. 작년 겨울 조약 칙허 문제가 제기되었을 때야말로 진정 국가의 안위에 관계되는 대사였다. 그대들의 우국의 마음이 과연 절절하다면 바로 그때 충언했어야 마땅하다. 그런데도 이제 와서 졸연(猝然) 무리를 지어 들이닥치니 이것을 불경이라 아니하고 무엇이라고 하랴!

온후한 관백 니조 나리유키가 고메이 천황에게 사죄하며 말했다.

시게토미가 말한 것들은 모두가 시대의 폐단을 찌르고 있습니다. 우국의 마음이 절절하지 않았다면 어찌 귀에 거슬리는 말을 들려서 용린(龍鱗: 천황의 비위)을 상하게 하겠습니까. 실정의 책임은 모두 저에게 있으니 구게의 최고위에 있는 관백으로서 그 벌을 마땅히 받겠습니다.

이에 대해 시게토미는 관백에게는 죄가 없다고 나리유키를 두둔했다. 그러나 그 뒤를 이어 아사히코 친왕이 나리유키를 본받아 보필의 책무를 소홀히 한 것은 자신의 죄라며 천황에게 빌자,

얼른 시게토미는 아사히코 쪽으로 돌아앉으면서 다음과 같이 힐책했다.

전하, 마땅히 책임을 지고 물러나서서 천하에 사죄하시지요.

　여기서 시게토미는 고메이 천황에게 상주 건에 대해 칙답을 들을 수만 있으면 지금 바로 어전을 물러나고 싶다고 말했다. 그러자 천황은 다른 날 시게토미 혼자 다시 입궐하라고 응했다. 천황이 집단 상주를 환영하지 않는 것이 분명했다. 아사히코 친왕은 시게토미 혼자 남아 모든 말을 아뢰게 하는 것이 어떻겠는지 천황에게 물었다. 그러나 고메이 천황은 이번 주청을 깊이 생각해 봐야 할 터이므로 다른 날로 미루는 것이 좋겠다고 답했다. 여러 구게를 별실로 물러가게 한 다음 천황은, 관백, 아사히코 친왕과 의논한 끝에 조정의 명으로 전국의 번주를 소집한다는 것과 시게토미의 배알 날짜를 9월 2일로 잡는 데 의견을 모았다. 이 일이 여러 구게에게 전해지고 일동이 물러난 것은 9월 1일 축시(丑時: 오전 2시 전후)의 일이다.

　『메이지 천황기』의 편저자는 이날의 집단 상주를 뒤에서 조종한 장본인을 이와쿠라 도모미라 보고 있다. 이와쿠라는 니조 나리유키와 아사히코 친왕이 조정을 좌지우지하고 있는 한 왕정복고를 실현시킬 수 없다고 생각했다. 그래서 오하라 시게토미를 이용해서 이 두 사람을 조정에서 내쫓으려 했던 것이다. 하지만 이와쿠라는 고메이 천황의 일로 골치를 썩어야 했다.

　구게의 집단 탄핵을 받게 된 니조 나리유키는 9월 4일, 병을 이유로 관직에서 물러나려 했으나 고메이 천황이 이를 받아들이지 않았다. 아사히코 역시 중책을 감당하기 힘들다며 국사부조(國事扶助)의 직을 관두겠다는 뜻을 전했으나 천황이 달래어 이를 만류했다. 당분간은 이 건에 대해 언급하지 않게 되었다. 나리유키와 아사히코를 탄핵하는 것은 바로 고메이 천황을 공격하는 셈이었기 때문이다.

어전에서 국사를 논의하기 위한 번주들의 상경을 촉구하는 칙명이 9월 8일 전국 24개 번의 번주들에게 전해졌다. 10월까지 상경해 입궐한 번주는 3개 번(그리고 2개 번의 후계자), 다른 다이묘들은 병을 이유로 출석하지 않았다. 열성을 보이지 않는 이들 번주의 행동을 볼 때 조정 회의가 열릴 공산은 거의 없었다.

10월 16일, 도쿠가와 요시노부는 로주 이타쿠라 가쓰키요(板倉勝靜, 1822~89), 교토 슈고 마쓰다이라 가타모리, 교토 쇼시다이 마쓰다이라 사다아키(松平定敬, 1846~1908), 그리고 의전 담당 등을 거느리고 입궐했다. 고메이 천황은 소어소에서 요시노부를 접견하고 술잔을 내렸다. 요시노부는 먼저 상주했던 도쿠가와 가 상속의 칙허와 별칙제복(別勅除服: 전 쇼군 이에모치의 상을 치를 의무를 칙명으로 없앤 일)에 대해 사의를 표했다. 이에모치의 후계자로 도쿠가와 종가를 잇게 된 요시노부에게는 긴급히 처리해야 할 정치적 과제가 산적해 있었다. 상을 치를 틈도 없었던 요시노부에게 이 칙명은 다행히 숨 돌릴 여유를 주었다.

10월 27일, 고메이 천황은 나카미카도 쓰네유키(中御門經之), 오하라 시게토미 등 8월 30일 집단 상주에 참가했던 22명에 대한 처벌 칙령을 내렸다. 칙령은 집단 상주를 '불경'이라고 단언하고 있다. 나카미카도 쓰네유키, 오하라 시게토미는 헤이몬(閉門: 문과 창을 굳게 닫고 주야로 출입을 금하는 벌), 다른 20명에게는 사시히카에((差控: 출사를 금하고 근신시키는 일)를 명했다. 오기나루는 집단 상주를 방조한 죄로 엔료헤이몬(遠慮閉門: 문을 닫고 근신하되, 밤과 쪽문 등을 통한 외출은 가능)이 명해졌고, 아키라 친왕(晃, 1816~98)은 국사 어용 담당에서 파면되고 칩거가 명해졌다. 고메이 천황은 이러한 조처로 천황의 방침을 거역하는 구게 반대파의 움직임을 봉쇄하려 했다.

12월 5일, 고메이 천황은 도쿠가와 요시노부를 정이대장군에 임명했다. 하지만 이 일은 고메이 천황의 치세에서 마지막 업무가 되고 말았다. 공무합체를 염원하는 천황의 의지는 조금도 흔들림이 없었다. 엿새 후인 12월 11일, 고메이 천황은 가구라(神樂: 신의 제사 때 드리는 무악)를 보기 위해 내시소로 나갔다. 며칠째 몸이 불편했는데 시의는 감기라고 진단하고 있었다. 시의가 무리하면 안 된다고 했음에도 불구하고 고집을 부리며 나갔다. 가구라가 끝나기도 전에 고메이 천황은 힘에 겨워 중도에 나왔다. 이 일을 계기로 천황의 병세는 급속히 악화되었다. 이튿날 12일, 천황은 고열을 보였고 13일에 병상에 누웠다. 15일에는 발진이 돋았고 이틀 후 시의는 천황의 병을 두창(痘瘡, 천연두)이라고 진단했다. 조사해 본 결과, 곁에서 천황을 모시던 후지마루(藤丸)가 두창에 걸려 오랫동안 치료를 받고 있었다는 사실이 드러났다. 완쾌한 후지마루가 다시 나온 것은 지난 10일의 일이었다. 고메이 천황의 두창은 이 후지마루에게서 옮았을 가능성이 높다고 했다.

고메이 천황의 어린 시절 친구인 조정 대신 히가시쿠제 미치토미는 '천황은 아주 활달한 분이고 체격도 좋아서 목숨을 앗아갈 정도의 병을 앓아 본 일이 없는 건강 그 자체였다'고 증언하고 있다.[185] 이처럼 건강한 인물이 병에 걸리는 일이란 있을 수 없다고 당시 사람들은 믿었다. 오늘날까지도 학자들 사이에서는 고메이 천황의 사인을 두고 두창이라고 주장하는 사람과 독살이라고 주장하는 사람으로 의견이 양분되어 있다. 그러나 고메이 천황이 두창에 걸렸다는 사실에 이의를 다는 학자는 없다. 이상한 일은 고메이 천황의 두창의 원인으로 이미 완쾌해서 아마도 감염성이 없었을 것으로 여겨지는 소년이 지목되고 있다는 점이다. 더욱 이해하기 힘든 것은 궁중 안에서 두창에 감염된 사람이 고메이 천황 단 한 명뿐이었다는 점이다. 천황이 후지마루와 접촉할 기회는 얼마 되지 않았을 것으로 생각되는 데다가, 오히려 후지마루와 빈번하게 접촉하고 있었을 것으로 여겨지는 인물 가운데서는 어느 누구도 발병자가 없었다. 이상의 이야기는 천황의 죽음을 둘러싼 수수께끼의 일부에 지나지 않는다. 서른다섯 살이라는 젊은 나이로 숨진 고메이 천황의 죽음에 관해서는 이 밖에도 미스터리가 많다.

고메이 천황의 병의 경과는 가까이서 섬긴 사람들, 무쓰히토 황자의 외할아버지 나카야마 다다야스나 어머니 나카야마 요시코에 의해 기록된 서한 혹은 일기에서 짐작할 수가 있다.

11일에 임시 가구라에 나아간 고메이 천황은 고열이 났다. 헛소리를 하고 불면에 시달렸으며 식욕 부진에 빠졌다 15일에는 양손에 반점이 나타났고 이튿날 이것이 얼굴로 번졌다. 시의는 두창이라 진단했고, 17일 의사 열다섯 명의 서명하에 의주, 부케텐소에게 보고되었다. 통상적인 절차를 밟아 며칠 안에 백비탕을 한 모금 마시게 된 다음 병세는 빠르게 호전되어 쾌차하기 시작했다. 21일에는 천황의 두창이 아주 가벼운 것이었음을 공표했다. 고메이 천황의 병세는 서서히 좋아지고 있다고 여겨졌다. 천황의 회복을 기원하기 위해 17일간의 기도를 명령받은 호정원(護淨院)의 승려 단카이(湛海)도 절에 돌아가는 것을 허락받았다.[186] 천황의 완쾌를 축하하는 연회도 27일로 예정되어 있었다. 그러나 12월 24일, 갑자기 심한 구토와 설사가 엄습했다. 이날 고메이 천황의 얼굴에 보랏빛 반점이 나타났다고 여러 자료들은 말하고 있으며, 아홉 개의 구멍에서 피가 났다고도 한다. 고메이 천황은 1867년 1월 30일(게이오 2년 12월 25일) 몹시 괴로워하며 숨을 거두었다.

여기까지는 자료들이 일치한다. 그러나 그 죽음은 며칠 동안 비밀에 부쳐졌다. 그리고 위기를 넘겼다고 여겨지던 바로 그때 병이 예기치 않은 방향으로 급격하게 악화된 것 때문에 이윽고 그 원인이 비소 중독이 아니냐는 소문이 났다. 이 소문은 집요하게 꼬리를 물었고 이에 따라 독살의 특징에 대한 연구가 오늘날까지 거듭되어 왔다. 고메이 천황의 질환에 대한 공식 보고가 나오기까지 공백기가 있었으며, 보고서는 12월 26일부터 시작되고 있다. 그로 인해 상상력이 풍부한 학자들은 이 시점에서 독살에 관한 자료가 고의로 은폐된 것이 아니냐고 억측했다. 그러나 당시 궁중에는 시의들에 의한 낙관적인 경과보고에 이미 의문을 제기하는 사람이 있었다. 가령 대신 야마시나 도키나루(山科言成)는 일기에 다음과 같이 적고 있다.

21일의 공식 발표에서는 천황의 순조로운 회복세를 전하고 있었으나 몰래 알아보니 뜻밖에 무거운 증상으로 종기가 많았다. 또 그저께만 해도 천황은 심한 통증을 호소했는데 혹 두창의 병독이 몸속 깊은 곳까지 퍼진 것이 아닐까.

두창이라는 병 자체는 당시 일본에서 그리 희귀한 것이 아니었다. 그러나 증상이 고약하고 치명적이라고 할 수 있는 두창—출혈성 농포성 두창, 또는 흑두(黑痘)라고 불린다—은 아주 드물었다.[187] 중증형 두창의 증상은 비소 중독 증상과도 매우 흡사하다. 그래서 학자들 중에는 고메이 천황의 당시의 문서에 기록되어 있는 병의 경과와 의학 서적에 나와 있는 비소 중독 증상과의 병행 관계를 추적하는 사람도 있다. 이러한 논의가 자유롭게 허용된 것은 1945년 이후의 일인데, 그 이전에도 학자들 사이에서는 고메이 천황 독살설을 당당히 표명한 사람이 있었다.[188]

이런 종류의 소문은 이미 막부 말 당시 영국 공사관의 일본어 통역관이었던 어니스트 사토의 회고록에서도 볼 수 있다. 주로 1885년부터 87년에 걸쳐 쓰인 회고록『어느 외교관이 본 메이지 유신』에서 사토는 고메이 천황의 사후 얼마 지나지 않은 1867년 2월, 효고 항에서의 경험을 이렇게 썼다.

나는 프린세스 로얄 호 갑판에서 일본 무역상 몇 명을 만났는데, 그들은 다가오는 효고 개항에 큰 관심을 갖고 있었으며 외국인 거류지로 알맞은 장소에 대해서도 의견이 많았다. 그리고 그들은 미카도의 서거 소식을 알려주면서 지금 막 공표되었다고 했다. 소문에 의하면 미카도는 천연두에 걸려 죽었다는데, 몇 년 뒤 그간의 소식에 정통한 한 일본인이 나에게 확언한 바에 의하면 독살된 것이라고 한다. 미카도는 개국에 단호하게 반대해 왔다. 향후 막부의 붕괴로 어쩔 도리 없이 조정이 서양 제국과 교섭을 벌이지 않으면 안 될 처지에 놓였고 이를 예견한 일부 사람들에 의해 살해되었다는 것이다. 이 보수적인 미카도를 모시고서는 전쟁 이외에는 아무것도 기대할 수 없었을 것이다. 중요한 인물의 사인을 독살로 짐작하는 것은 동양 제국에서는 아주 흔한 일이다. 쇼군 이에모치의 죽음도 히토쓰바시(一橋: 도쿠가와 요시노부) 때문에 독살되었다는 설이 나돌았다. 그러나 당시는 미카도에 대해서 그런 소문이 있다는 말을 전혀 듣지 못했다. 미카도가 겨우 열대엿 살 된 소년을 후계자로 남겨두고 정치 무대에서 사라졌다는 점이 이런 소문이 나돌게 하는 데 한몫 거들었다는 점은 부정할 수 없을 것이다.[189]

사토의 지적은 어째서 오랜 세월에 걸쳐 학자들이 이 가설에 매달려왔는지 그 이유를 밝혀주고 있다. 그 가설이란 누군가 또는 누구들인가가 반동적 군주인 고메이 천황의 치세에 절망해서 독살에 의해 고메이 천황의 말살을 꾀했다는 것이다. 아닌 게 아니라 사토의 말대로 만일 고메이 천황이 막부 타도와 왕정복고를 지향하는 사람들 앞을 가로막고 계속해서 방해했다면 유신의 실현은 지극히 어려웠을 것이 틀림없다. 어쩌면 그 실현은 불가능했을지도 모른다.

이제 남은 문제는 고메이 천황의 후계자가 열네 살 소년이라는 것이다. 유신 지도자들 중에는 이 소년을 '구슬(玉)'이라고 부르는 자도 있었다. 그들이 기도한 혁명을 가능하게 할 수 있는 '손바닥 안의 구슬'이라는 뜻이다.[190] 이 사실에 주목한 학자들은 아직 건장한 고메이 천황의 돌연한 죽음을 무조건 받아들이기에는 이야기가 너무나 잘 짜여져 있다고 여겼다. 그들로서는 고메이 천황의 죽음이 결코 우연이 아니었다.

그러나 가령 고메이 천황 독살설을 받아들인다 하더라도, 문제는 누가 어떻게 했느냐는 것이다. 독살설을 주장하는 네즈 마사시는 가즈노미야 강혼을 추진해서 막부로부터 뇌물을 받은 구게들의 소행이라고 생각했다. 당시 관백이었던 구조 히사타다나 내대신 고가 다케미치, 이와쿠라 도모미, 지쿠사 아리후미 같은 인물이다. 이들이 여관을 사주해서 독을 먹였다는 것이다.

그중에서도 독살을 기도했을 가능성이 가장 높은 인물로 지목된 사람은 이와쿠라 도모미였다. 독살설 가운데서도 가장 엉뚱한 가설은 이렇다.

고메이 천황은 친서 등을 쓸 때면 자꾸만 붓을 입으로 빠는 습관이 있었다. 이것을 안 이와쿠라가 천황이 죽을병에 걸리기 전날, 새 붓 두 자루를 바치면서 붓 끝에 독을 발라놓았다는 것이다. 하지만 이 설은 천황의 병 경과에 관한 다른 증거들과 모순된다. 만일 천황의 병이 처음부터 독에 의한 것이었다면 그 증상이 금방 나타났을 것이 틀림없다. 정말 그랬더라면 두창의 징후가 서서히 나타나는 일은 있을 수가 없으며, 며칠 뒤에 그것이 회복의 징조를 보인 일도 있을 수 없을 것이다. 분명 이 설은 진지하게 받아들이기 어렵다.

좀 더 일반적인 가설은 이와쿠라의 누이동생 호리카와 모토코(堀河紀子)가 천황에게 독을 먹였다는 것이다. 그러나 모토코는 1863년에 라쿠쇼쿠(落飾)로 절에 들어간 다음 두 번 다시 궁중으로 돌아오지 않았다. 따라서 고메이 천황의 병실에 출입했다고 볼 수 없다. 이 밖에도 손댈 가능성이 있는 몇몇 여관의 이름이 오르내리고 있으나, 고메이 천황에게 치사량의 독을 먹일 수

있는 인간을 여성으로 국한시키는 것도 이해할 수 없다.[191]

이와쿠라를 독살의 주범으로 억측하는 것은 그가 악명 높은 책사라는 평판을 듣고 있었기 때문이다.[192] 하지만 이와쿠라가 계획적으로 암살에 가담했다는 확고한 증거는 아무것도 없다. 게다가 고메이 천황의 죽음이 과연 이와쿠라로서 환영할 만한 일이었다는 확증조차 없다. 이와쿠라는 마음만 먹으면 고메이 천황을 조종할 수 있는 인물이었다. 동시에 이와쿠라는 고메이 천황을 지상의 존재로서 조정의 정치 개혁에 불가결한 버팀목으로 여기고 있었다. 고메이 천황의 죽음을 알았을 때 맨 먼저 이와쿠라의 머리에 떠오른 것은 '내 사업은 끝장'이라는 것이었다. 이와쿠라는 '나무꾼이 되기로 결심했다'고 세상을 등질 각오까지 하고 있다.[193]

병사했다는 가설의 선봉에 선 하라구치 기요시(原口清)는 그 시점에서 고메이 천황의 죽음은 이와쿠라에게 불리했다는 관점에서 이를 입증하는 데 최대한 노력하고 있다. 또 하라구치는 고메이 천황의 병상에 대해 당시의 사료—그중에는 독살설을 주장하는 학자가 증거로 들고 있는 문서도 포함되어 있다—에 기록되어 있는 온갖 증거를 철저히 분석해서 그 증상을 1946년에 두창이 크게 유행했을 당시의 증상과 비교하고 있다.

그중에서도 하라구치가 주목한 것은 약 1만 8천 명이 두창에 감염된 가운데 나고야 시내의 2백여 두창 환자의 치료를 담당했던 전문의의 보고였다.[194] 하라구치의 결론에 의하면 고메이 천황의 죽음은 틀림없는 두창에 의한 병사였다. 따라서 처음부터 하수인도, 그 배후에서 독살을 조종한 사람도 없었다는 것이다.[195] 장차 고메이 천황의 유체에 비소 중독의 흔적이 있는지를 검사해 보지 않는 한 죽음의 진상은 해명될 것 같지 않다.

고메이 천황이 병으로 쓰러지자, 무쓰히토 황자는 매일 아버지의 병상을 찾았다. 그러나 시의가 병명을 두창이라고 진단하자, 고메이 천황은 병이 옮을 것을 염려해서 완쾌할 때까지 병실 출입을 금했다. 하지만 실은 무쓰히토 황자는 이미 종두를 맞은 상태였다.

몇 년 전, 아직 어린 황자가 외할아버지 나카야마 다다야스의 저택에 맡겨져 있을 당시, 다다야스는 몰래 난방의(蘭方醫) 오무라 다이스케(大村太輔)에게 황자(당시 이름은 사치노미야)에게 종두 주사를 놓게 했다. 두묘(痘苗)를 바친 것은 종두술이 아주 능한 의사 안도 게이슈(安藤桂州)였다. 종두에 사용되는 것이 소에서 채취한 두묘여서—이것을 느닷없이 황족에게 접종하는 것은 신성을 모독하는 일이며 또 위험해 보여서—우선 당상 구게 노노미야 사다이사(野宮定功)의 딸에게 먼저 시험한 후 황자에게 접종했다. 고메이 천황은 병상에서 이 이야기를 듣고 무쓰히토에게 감염될 우려가 없다는 것에 대해 안도의 기색을 보였다. 원래 고메이 천황 자신이 종두를 거부하고 있었음은 말할 것도 없다.[196]

이미 말했듯이 고메이 천황의 죽음은 며칠간 알려지지 않았다. 아마도 발병이 너무나 돌연한 일이기 때문이었을 것이다. 궁궐에서는 아직 장례식 준비조차 되어 있지 않았다. 너무나 엄청난 슬픔에 잠겼던 무쓰히토 황자는 상을 치를 수도 없었고, 아직 천조(踐祚: 왕위를 이음) 의식을 거쳐 천황의 자리를 이을 수도 없었다. 천조는 서둘러 치러야 할 필요가 있었다. 하지만 이 시점에 뜻밖의 문제가 대두되었다. 무쓰히토가 아직 관례를 치르지 않았던 것이다. 이 경우 천조식에서 입어야 할 복식이 분명하지 않았다. 조정은 구라노카미(內藏頭: 복식 등을 관장하는 장관)인 야마시나 도키나오(山科言繩)에게 전례를 조사하게 했다. 도키나오는 1779년에 고카쿠 천황이 행한 동형(童形) 천조의 선례를 찾아냈다. 조정은 이 선례를 따르기로 하고 황자의 의상과 소품 등이 준비되었다.

아버지 고메이 천황의 돌연한 죽음은 무쓰히토 황자에게는 큰 충격이었다. 잠도 제대로 자지 못했고 식사도 제대로 못했다. 말할 수 없이 불안한 상태에 빠졌다. 12월 29일, 고메이 천황의 죽음이 정식으로 발표되고 대상(大喪)이 발령되었다. 이튿날인 30일, 고메이 천황의 유해는 내조로 옮겨졌고 무쓰히토는 천황에게 마지막으로 이별을 고했다.

해가 바뀌어 1867년, 대상 준비가 시작되었다. 조정은 산릉 부교 도다 다다유키(戶田忠至)에게 명을 내려 고래의 장례 제도를 조사하게 했다. 다다유키는 다음과 같이 보고했다.

중고(中古) 이래로 지켜져 온 조정의 관습에 의하면 옥체는 화장해서 회신(灰燼)하고 능소(陵所)에는 간단히 석탑을 세울 뿐이다. 1654년의 고코묘(後光明) 천황의 장례 이후로 대외적으로는 화장 체제를 취하면서도 실제로는 토장이 부활했다. 그리고 고메이 천황의 할아버지에 해당하는 고카쿠 상황 서거 때는 사후의 칭호가 지금까지의 원호(院號: 상황이나 황태후 같은 존호)에서 천황호로 바뀌었다. 이제는 각지에 있는 능들도 수복한 터이므로 고메이 천황의 능묘에 대해서는 고제에 따라 산릉을 부활시키는 것이 어떨까. 그리고 종래의 능소인 교토 천용사(泉涌寺) 뒷산은 너무 비좁다. 새로 경내에 능소를 정해 고제를 따른 산릉을 축조해야 할 것이다.

새 천황의 천조 의식은 1월 9일, 청량전이 아닌 소어소에서 치러졌다. 식은 아주 간소했다. 무쓰히토 황자는 신시(辛時: 오후 4시 전후)에 의복을 갖추고 어좌에 나와 앉았다. 내시 두 명이 미리 어좌 오른쪽에 검새(劍璽)―구사나기노쓰루기(草薙劍)와 야사카니노마가타마(八尺瓊勾玉)―를 안치했다. 관백이 앞으로 나아가 어좌 앞에 마련된 원좌에 앉았다. 새 천황은 관백을 섭정으로 고쳐 천황 대신 정무를 집행하도록 명했다. 섭정이 된 니조 나리유키는 구로도(藏人: 천황의 의례와 잡사를 집행하는 관리)를 임명해서 천황의 윤지(綸旨)를 받들게 했다. 그리고 천황은 안으로 들어갔다. 윤지는 구게와 여러 공경의 지위와 특권을 고메이 천황의 치세를 본받아 종래대로 한다고 고했다. 천조를 축하해 13대 쇼군 도쿠가와 이에사다(德川家定)의 아내 게이코(敬子)와 현 쇼군 요시노부의 아내 쇼코(省子)가 헌상품을 보내왔으나 14대 쇼군 이에모치의 아내 지카코 내친왕은 상중이어서 축하 인사를 다음으로 미뤘다.

이날 가장 행복한 인물은 아마도 나카야마 다다야스였을 것이다. 약 850년 전 후지와라 미치나가(藤原道長)가 그랬던 것처럼 다다야스는 이제 천황의 외할아버지가 된 기쁨을 만끽하고 있었다. 고메이 천황의 죽음은 확실히 다다야스를 슬프게 만들었다. 하지만 다다야스로서는 아마도 그 슬픔보다는 외손주의 천황 등극의 기쁨 쪽이 더 크지 않았을까. 다다야스는 그 마음을 노래 한 수에 담아 딸 나카야마 요시코에게 보냈다.

슬픈 가운데도 기쁘고
기쁜 것이 오늘의 일

　어린 천황 무쓰히토도 이때 아버지 고메이 천황의 죽음을 애도하는 40여 수의 와카를 지었다. 그중 세 수는 천황이라는 중책을 맡게 된 심정을 담고 있다. 무쓰히토는 이 와카를 다다야스에게 보였고 다다야스는 자기도 모르게 눈물을 흘렸다. 유감스럽게도 이들 와카들은 어디로 흩어졌는지 남아 있지 않다. 하지만 이때부터 생을 마칠 때까지 메이지 천황은 와카를 유일한 감정의 배출구로 삼았다.

제12장 재원 하루코 황후

1867년 궁중의 정초 분위기는 조용했다. 상중이었기 때문에 해마다 하는 신년 의식은 중단되었다. 당연한 일이지만 어린 천황은 고메이 천황의 죽음을 애도하며 깊은 슬픔 가운데 정초를 보내고 있었다. 부자간에 과연 얼마나 서로 마음이 통하고 있었는지 알 수는 없다. 하지만 두 사람은 매일같이 얼굴을 마주했었다. 오후가 되면 으레 아버지를 배알하고 자신이 지은 와카의 첨삭 지도를 받는 일은 몇 년 동안 무쓰히토 황자의 일과였다. 고메이 천황이 서른다섯의 젊은 나이로 급사하리라고는 꿈에도 상상하지 못했다. 지금까지 무쓰히토가 받아온 전통적인 교육은, 특히 이 어려운 시기에 천황의 지위에 앉아 있는 자로서의 책임이나 적절한 마음가짐에 대해서 아무것도 가르쳐주지 않았다. 잔뜩 긴장해 무쓰히토가 밤마다 악몽을 꾸었는지도 모른다. 궁중 신하들의 서한과 일기는 무쓰히토의 불면증에 대해 언급하고 있다. 예컨대 지쿠사 아리후미는 이와쿠라 도모미에게 다음과 같이 말했다.

신제(新帝)께서는 매일 밤 무엇인가가 머리맡에 나타나서 괴롭히는 바람에 불면증에 괴로워하고 계시다고 합니다. 어제 말씀드린 대로 기도를 명하셨다고 하는데, 이는 사실이라고 합니다.[197]

아사히코도 마찬가지로 1867년 1월 5일자 일기에서 무쓰히토의 악몽에 대해 언급하고 있다.

궁중에 이상한 이야기가 있다. 대행 천황(大行天皇=고메이 천황) 측근들 말에 의하면, 무엇인가 이상하게 생긴 것이 나타난다고 하는데 그것이 종규(鍾馗: 당나라 진사 종규가 현종의 꿈에 나타나 악귀를 쫓아내고 병을 고쳤다는 고사가 있다)처럼 생겼더라는 소문이다. 검도 들고 있다고 한다. (중략) 그 후로 아침부터 열이 나셨다고 한다.[198]

또 1월 12일자에는 이렇게 쓰여 있다.

묘염원(妙染院)이 귀경해서 여러 가지 이야기를 함께 들려주었다. 그동안 신제께서는 편찮으셨으나 지난날 이래로 감기 기운이 점차로 수그러들고 있었는데, 천조 이후 삼간으로 거처를 옮기신 후 점점 더 신제께서 밤낮으로 나타나시는지라 참으로 곤란한 지경이라는 말을 전해 들었다.[199]

천조 후로는 밤낮을 가리지 않고 선제의 망령이 신제에게만 나타났다는 것이다. 여기서 『햄릿』의 이야기처럼 고메이 천황의 혼령이 이 세상으로 돌아와 자신이 살해되었음을 아들에게만 이야기하고, 원한을 풀어 달라고 호소한 것이라고 가정해 본다 해도 도무지 설득력이 없어 보인다.

망령이 소년 천황의 잠을 방해한 것은 사실이다. 하지만 이 아들은 아버지의 부자연스러운 죽음에 대해 복수를 맹세하지도 않았고, 그 후의 행동으로 미뤄보더라도 궁중에서 아버지에게 독을 주었을지도 모를 인물에게 의심의 눈초리를 보낸 일도 없다.

망령은 새로 나라를 다스리기 시작한 어린 천황의 괴로움이 원인이었을지도 모른다. 하지만 선제 치세의 뒤처리로 분망한 조정의 중신들은 선제의 망령 때문에 마음이 어지러워질 새도 없었다. 당장 눈앞의 급선무 중 하나는 궁중의 이른바 오오쿠(大奥: 왕이나 쇼군의 아내 및 측실의 거처) 여인들의 폐풍을 제거하는 일이었다. 고메이 천황 만년에 궁중의 여인들에 대한 감독이 제대로 되어 있지 않아서 내전의 규율은 풀어질 대로 풀어져 있었다. 이 무렵 나카야마 다다야스는 내대신 고노에 다다후사에게 보낸 서한에서 여인들에게 엄격한 규율을 지키게 할 필요가 있다고 역설하고 있다.

궁중의 오오쿠의 풍기가 유곽처럼 문란해져 있다. 여인네들의 치마폭에 둘러싸인 생활에서 소년 천황이 아직 이성에게 흥미를 갖지 않고 있는 이 시점을 놓친다면 규율을 바로잡고 궁중의 전통을 회복할 기회는 없을 것이다.

다이텐지(大典侍) 나카야마 이사코(中山績子)는 나이가 들었기 때문에 당장 교체시킬 필요가 있었다. 선제를 섬겼던 덴지와 쇼지(掌侍: 궁중 여관의 3등관)들은 그 봉사한 햇수에 따라 각각 금 1천 냥 이상을 지급해 파면하고, 적당한 집으로 시집보내기로 했다. 스물다섯 살 이상 된 자들은 원하는 대로 유임 혹은 삭발해서 원호(院號)를 칭할 수 있게 해주었다. 다다야스의 딸 나카야마 요시코 역시 삭발하고 불문에 들어가 고메이 천황의 혼령을 위로하는 데 일생을 바칠 생각이었다. 하지만 주위의 설득으로 속세에 남아 있기로 했다. 고메이 천황 사후 천황을 섬기던 많은 여인네들이 모두 불문에 들어가면 궁중의 의례와 신사(神事)를 잘 아는 여관이 없어질 우려가 있었다. 요시코는 하는 수 없이 유임을 승낙하고 그 뒤로는 아들인 새 천황의 교육에 전념하면서 일신을 바치기로 결심했다.

1월 15일, 선제의 대상(大喪)과 새 천황의 즉위에 따른 대사면령이 반포되었다. 분큐(文久)와 겐지(元治) 연간에 폐문 칩거 명령을 받았던 다카히토 친왕과 곤다이나곤 오기마치 사네아쓰 등 일곱 명의 구게가 그 죄를 사면받아 입궐이 허용되었다. 열흘 후, 대사면은 '금문의 변' 때 조슈 편을 들었던 다른 양이파 구게에게도 내려졌다. 즉 다루히토 친왕과 나카야마 다다야스 등 네 명의 참조(參朝)가 허락됐다.

1월 19일, 조정은 막부에 조슈 토벌군 해체를 명하는 칙령을 내렸다. 여러 번의 병사로 이뤄진 막부 연합군이 일개 번의 군대에 패하여 결국 그 허약성을 드러낸 꼴이 되고 말았다. 원래부터 막부군의 사기가 저하되어 있던 차에 그나마도 전투 중에 쇼군 이에모치가 사망해 막부를 위해 싸울 의욕을 더욱 상실하게 만들었다. 이 이상 토벌을 계속해 봐야 승산이 없다고 판단한 막부는 마침내 1월 23일, 토벌군을 해체해서 각 번으로 돌아가라고 명했다. 선제의 대상을 해체의 구실로 삼아 막부는 간신히 체면을 유지했다.

아직 시호가 정해지지 않았기 때문에 대행 천황이라고 불리고 있던 선제는 1월 27일, 교토 천용사 뒷산 후월륜동산릉(後月輪東山陵)에 안장되었다. 선제의 유언에 따라 천황 붕어 후에 행하는 종래의 관습―온 나라가 상을 치르는 일, 온 백성이 상복을 입고 직업적으로 읍(泣)하는 남녀를 고용하는 일 등―은 생략했다. 하지만 시내에서의 불온한 움직임에 대비한 경비 및 국경 경비는 지금까지의 관례를 따랐다. 그리고 앞으로 1년 동안 축제와 가무, 화려한 옷 착용 금지 등을 명했다. 황위 계승자인 무쓰히토는 능으로 향하는 선제의 관을 따라가는 일이 허용되지 않아 궁궐의 월화문(月華門) 밖에서 장례 행렬을 배웅했다.

2월 초, 새 천황의 일상생활에 최초의 변화가 나타났다. 2월 2일, 메이지 천황은 아버지의 상을 위해서 학문소에 간소하게 차려진 임시 어전인 의로전(倚蘆殿)으로 옮겼다. 천황은 베로 된 상복을 입고 돌아가신 아버지를 위해 기도했다. 14일, 천황은 상복을 벗고 목욕재계한 다음 본전으로 돌아왔다. 그날 밤, 천황은 의례로 차려진 상(床)을 받고 탈상 의식을 마쳤다. 이튿날인 15일, 궁중 신하들은 새 천황을 배알하고 많은 선물을 바쳤다. 새 치세가 이제 시작된 것이다.

『효경』의 한 구절에서 채택된 시호 '고메이(孝明)'가 2월 16일에 선제에게 바쳐졌다.[200] 하지만 새로운 치세와 더불어 곧바로 연호가 바뀐 것은 아니었다. 고메이 천황의 치세에서는 천황의 황위 계승 후에도 약 1년간에 걸쳐 연호 '고카(弘化)'가 그대로 사용되었다. 이 선례를 따라 고메이 천황 서거로부터 1년 8개월여 뒤인 게이오 4년 9월 8일까지 연호는 그대로 두었다. 참고로 게이오 4년을 고쳐 메이지(明治) 원년으로 삼은 날, 천황 1대에 한 연호만을 쓰는 1세 1연호제가 정해졌다.

새로운 치세의 시작은 당연히 서구 열강으로서도 최대의 관심 사였다. 곧 있을 것으로 예상되는 조정 측과 막부 측 사이의 정권 쟁탈전을 앞에 놓고 프랑스는 계속해서 막부 지지를 표명하고 있었다. 2월 6일, 도쿠가와 요시노부는 오사카 성에서 프랑스 특명전권공사 레옹 로슈를 접견하고 막부의 정치 개혁에 대해 의견을 물었다. 로슈는 막부에 경고하는 뜻으로 이렇게 말했다.

막부는 일단 체결한 조약은 어떠한 이유에서든 결코 파기하려 해서는 안 된다. 막부의 이익을 고려할 때 바야흐로 오랜 세월에 걸쳐 열강과 입씨름을 벌이고 있던 효고와 니가타 개항 대신에 시모노세키와 가고시마를 개항해야 할 것이다 이곳을 개항함으로써 막부는 열강 제국에게 성의를 보이는 게 될 터이고 동시에 여러 번의 기선을 제압하고 사쓰마와 조슈 두 번의 책모를 깨뜨리는 효과도 얻을 수 있다. 또 쇼군은 나이 어린 천황을 양육 보도(輔導)해서 위엄을 갖고 여러 번 앞에 군림해야 한다. 프랑스는 막부 편이다. 막부는 두려워하지 말고 당당히 개국 정책을 결행해야 한다.

여러 번 중에서도 사쓰마와 조슈 번은 막부가 개국을 원하지 않는다는 것을 구실 삼아 자기 번 안의 주요 항구를 개항할 생각으로 영국과 독자적으로 교섭에 들어가 있었다. 요시노부는 이 로슈의 조언에 매우 감명을 받아 이후에도 자주 로슈를 만나서 그 의견에 귀를 기울였다.

2월 19일, 쇼군 요시노부는 효고 개항 여부를 놓고 오와리(尾張)나 기이(紀伊) 같은 주요 아홉 개 번에 의견을 물었다. 요시노부는 여러 번에 개항 지지를 호소하며 다음과 같이 말했다.

고메이 천황께서 효고 개항을 엄히 금하셨다는 것은 충분히 알고 있다. 그러난 일단 개항하기로 열강 제국과 조인한 조약을 이제 와서 뒤집는다는 것은 여간 어려운 일이 아니다.

사태가 긴박해지자 요시노부는 여러 번의 대답을 기다릴 새도 없이 효고 개항의 칙허를 조정에 신청했다. 상서에서 요시노부는 이렇게 지적하고 있다

고메이 천황께서 개항 칙허를 거부하던 당시와 비교해 볼 때 사태는 크게 변했다. 그동안 조슈 번 토벌 중에 쇼군 이에모치가 죽었다. 이제 열강은 효고 개항의 기한이 다가오자 조약 이행을 전보다도 더 강하게 요구하고 있다. 이제 일본은 열강의 요구에 응하지 않을 수 없다. 그러나 어쩔 수 없이 이에 따르겠다는 것이 아니다. 오히려 우리는 세계의 현 상황에 새로이 주목해야 한다. 사해동포일시동인(四海同胞一視同仁: 천하의 사람은 형제와 같으므로 가깝고 먼 구별 없이 평등하게 인자함을 베풀어야 한다)이라는 옛말에 따르고 새로운 치세를 시작함에 있어 나라를 일신하지 않으면 안 된다. 종래의 누습을 벗어버린다면 몇 년 가지 않아 부국강병은 반드시 달성될 것이다. 황국의 무위를 사해에 빛내고 천황의 마음을 편안하게 할 것이다.

그러나 조정 신하들과 여러 번의 무사들 사이에 이견이 속출하고, 개국이라는 방향을 놓고 막부가 제후들을 억누를 수 있을지는 불확실한 상황이었다. 특히 조정은 요시노부의 논리에 승복할 수 없었다. 조정에 이런 내용의 문서가 있다.

선제께서 반대하신 효고 개항을 지금 군이 단행하기 어렵다. 바꿔 말한다면 신제는 아버지 고메이 천황의 유지를 가벼이 볼 수 없다는 뜻이다.

조정은 쇼군에게 재고할 것을 촉구했다. 요시노부는 그러나 여전히 자기의 주장을 굽히려 하지 않았다. 3월 22일, 요시노부는 다시 칙허 신청 상서를 조정에 제출했다. 일단 물리쳐진 사안을 계속 고집하는 것은 매우 황송한 일인 줄 안다면서 요시노부는 다시 상서에서 다음과 같이 말하고 있다.

신하된 자 선제의 예지는 삼가 받들어야 한다. 그러나 황국의 이해득실을 깊이 따져보고 그 촉박한 상황으로 보건대 이를 묵시할 수는 없다. 조약의 준수를 계속 주장하면 조정에서 불쾌하게 여길 것은 백 번 알고 있다. 그러나 국체 옹호를 위해 원컨대 조정에서는 효고 개항 여부를 놓고 다시 의논해 주기 바란다

이 상서에 대해 조정은 '효고 개항은 후에 명을 내릴 때까지 허락하지 말라'고 응했다. 다시 조정의 명에 따를 것을 강요한 것이다. 그러나 조정 또한 열강의 위협을 계속 무시할 수는 없었다. 5월 24일, 섭정 니조 나리유키는 요시노부에게 글을 보내 쇼

군과 제후들의 의견에 따라 효고 개항은 칙허할 수밖에 없다고 했다.

아마도 연소한 메이지 천황은 이들 조정의 결단에 거의, 아니 전혀 관여하지 않았을 것이다. 어린 천황에게 정치의 실제가 어떻다는 것을 가르쳐 줄 만한 어떤 교육이 있었는지 분명하지 않다. 당시 메이지 천황의 교육에 대해 언급한 얼마 안 되는 자료 중에 나카야마 다다야스의 일기가 있다. 일기를 보면 다다야스는 궐에 불려 들어가 13세기 궁중 관습과 예의를 기록한 『금비초(禁秘抄)』와 한 왕조 말기부터 삼국 시대의 전란을 다룬 『삼국지연의』를 메이지 천황에게 진강했다.[201] 이 두 서적은 군주가 받아야 할 전통적인 교육의 일부를 이루고 있었다. 그러나 이 두 책 모두 당시의 역사적 시점에서 메이지 천황에게 필요한 지식을 알려주는 것이 아니었다. 아마도 다다야스는 천황의 정치적 중요성이 극적으로 변화한 이 시점에서 종래와는 다른 종류의 교육이 필요하다고 생각하지 않았던 것 같다. 다다야스는 메이지 천황이 아버지 고메이 천황과는 달리 나라의 통치에 관여하지 않기를 바랐으며, 학문도 도쿠가와 시대 초기의 천황이 그러했던 것처럼 시가나 전례 의전, 고전의 범위로 국한하는 것이 좋다고 여긴 것으로 보인다.

존왕양이파들의 천황에 대한 충성은 항상 막부 타도라는 형태로밖에는 표현되지 않았다. 그리고 그것은 막부를 넘어뜨림으로써 얻을 수 있는 공익, 즉 막부를 쓰러뜨림으로써 일본이 얼마나 발전할 수 있을 것인가 하는 구체적인 이념에서 나온 것이 아니었다. 일단 천황의 권위를 회복한 다음, 천황이 감당해야 할 역할에 대해서는 소홀히 생각했다. 물론 천황이 국민의 의지를 무시하고 자신의 의지를 강요하는 식의 전제군주가 되기를 바라는 자는 아무도 없었다. 아마도 다다야스를 비롯해 어린 천황을 에워싸고 있는 궁중 신하들은 애매하게 규정된 천황의 비호하에 나라를 통치하는 현재의 막부 권력이 송두리째 자신들에게 넘어오기를 바랐을 것이다

특명전권공사 로슈는 어린 천황의 교육에 특별한 배려를 해야 할 것이라고 말했으나 그의 말은 받아들여지지 않았던 것 같다. 메이지 천황의 어머니 나카야마 요시코는 여전히 천황에게 습자와 와카를 가르쳤고, 다카히토 친왕이 습자와 가도(歌道) 선생을 겸했으며, 다루히토 친왕이 보조 교사 역할을 했다.[202] 그리고 몇 해가 지나 기도 다카요시(木戶孝允)가 어린 천황의 교육을 담당하게 되면서 비로소 근대적 군주에게 어울리는 학문적 소양을 익히게 되었다.

조슈 번과의 전쟁에서 패배한 후로도 막부는 여전히 사실상 유일한 중앙정부로 존속했다. 조정에서 할 수 있는 일이라곤 겨우 막부의 정책, 특히 외교에 관한 정책에 대해 칙허를 거부하는 정도였다. 조정에서는 정책을 세우지 않았다. 물론 막부는 외교에 관해서는 조정보다 훨씬 많은 경험을 쌓고 있었다. 그러나 당시 막부는 쇄국 시절에는 결코 겪어 보지 않았던 종류의 문제에 직면해 있었다.

사할린 섬의 처리를 놓고 러시아와 분쟁이 벌어지자 그것을 해결하기 위해 막부는 외국 부교이자 하코다테(箱館) 부교 고이데 히데미(小出秀美)와 메쓰케(目付: 감찰관) 이시카와 도미마사(石川利政) 두 사람을 러시아의 수도 상트페테르부르크로 파견했다. 당시 사할린에는 일본인과 러시아인이 섞여 살면서 끊

임없이 충돌이 빚어지고 있었다. 일본은 북위 50도선을 양국의 경계선으로 삼자고 제의했다. 이에 러시아는 섬 전체를 러시아령으로 하되 그 대가로 우루푸 섬 및 주위의 작은 섬 세 개를 일본에 양도하겠다고 제안했다. 교섭은 오래 끌었으나 마침내 1867년 2월 25일(양력 3월 30일) 러일 사이에 가조약이 체결되었다. 이 가조약에 의하면 사할린은 종래대로 양국에 속하는 것으로 하고, 양국 국민은 서로 성의를 가지고 어울리며 교제할 것이라고 했다. 이는 사할린에 살고 있는 양측 국민을 만족시키기 힘든, 한마디로 실현 가능성이 희박한 내용이었다. 그러나 고이데 사절단은 일본 외교 사상 중요한 위치를 차지하게 되었다. 이는 아마도 열강과의 조약 교섭을 위해 해외로 나간 최초의 외교 사절단일 것이다.

요시노부는 일본에 주재하는 외국 사절과의 친교를 두텁게 하기 위해 최선의 노력을 했다. 오사카 성에서 공식 접견을 한 최초의 상대는 영국 특파 특명전권공사 해리 파크스였다. 요시노부는 큰 홀 앞뜰에서 영국 기병의 승마 묘기를 관람한 다음, 우호의 표시로 파크스에게 성대한 연회를 열어주었다. 요시노부는 또 다음 날부터 차례로 네덜란드, 프랑스, 미국 공사와 총영사 등을 접견했다. 모두가 최고의 접대를 받았으며 요시노부는 열강 제국과의 조약이 충실히 이행될 것이라는 언질을 주었다.

그 전해, 조선에서 프랑스인 선교사 아홉 명과 미국 상선의 수병 몇 명—그중에는 영국인 승무원도 있었다—이 살해되는 사건이 일어났다. 프랑스 함대가 출격하는 등 조선과 열강들 사이에 긴장이 높아졌다. 일본 내에서는 조선과 연맹을 맺어 구미에 대항하자는 의견도 있었으나, 막부는 조선에 사절을 보내 구미 열강과 전쟁을 하게 될 경우의 불리한 점을 설명하면서 이 분쟁의 중재 역할을 자청하고 나섰다. 또한 막부는 1867년 4월에 로주 세 명이 연서한 서한을 미국 공사에게 보내 만일 조선이 태도를 바꾸어 미국과의 강화에 동의한다면 미국은 조속히 이에 응하라고 종용했다. 2세기 반에 걸쳐 서양과의 접촉을 끊어 온 일본이 국제 사회에서 인정받는 적절한 방법으로 다른 나라에 조언하는 입장에 서려 한 것은 놀라운 일이라 하지 않을 수 없다. 아마도 일본은 만일 조선이 서구 열강에 공격당하는 일이 벌어지면 이웃나라인 일본에도 영향이 미치리라 우려했을 것이다. 11월, 미국 정부는 일본이 분쟁 조정에 나선 데 대해 감사의 뜻을 표시했다.[203] 그러나 12월 9일, 중재 역할을 하기 위해 한반도로 건너갈 예정이었던 외교 사절 파견은 국내 정변으로 결국 실현되지 못했다.

이러한 일들이 어디까지 어린 천황의 귀에 들어갔는지는 분명하지 않다. 아마도 천황의 관심은 이 무렵 전혀 다른 일에 쏠려 있었을 것이다. 1867년 6월 27일 곤다이나곤 좌근위대장 이치조 사네요시(一條實良)의 누이동생 하루코(美子)는 학문소에서 처음으로 천황을 보게 되었다.[204] 이때의 입궐 목적은 하루코의 용모, 풍채, 태도를 천황에게 보이기 위함이었다. 만일 마음에 들지 않으면 천황은 이 신부 후보를 거절할 수 있었다. 그러나 신부의 집안과 다재다능함이 천황의 마음을 일찌감치 기울게 하기에 충분했던 것 같다.

하루코의 아버지는 고(故) 좌대신 이치조 다다카(一條忠香), 어머니는 후시미노미야 구니이에(伏見宮邦家) 친왕의 딸 준코(順子: 생모는 이치조 가문의 의사 니하타 다이젠新畑大膳의 딸 다미코民子)이다. 가문으로 볼 때 더할 나위 없었다. 하루코는 학문은 물론 다방면에 재능이 있었다. 서너 살 때『고금화가집(古今和歌集)』을 낭송했고 다섯 살 때 와카를 읊었다고 한다. 일곱 살 때 유학자 누키나 마사노리(貫名正祁) 밑에서『본조삼자경(本朝三字經)』읽기를 배웠고 습자 공부도 시작했다. 열두 살 때 거문고를 익혔고, 후에 생황(笙篁)도 배웠다. 노(能)를 좋아했고 공부하다 틈이 나면 요쿄쿠 가락을 흥얼거리기도 했다고 한다.[205] 또 저명한 스승에게서 다도와 꽃꽂이도 배웠다. 하루코는 별다른 병을 앓은 일도 없고 이미 종두도 맞았다.

이상 말한 온갖 자격—그 밖에도 더 있었다—은 조정 신하들에게 어린 천황의 이상적인 신부감으로서 더할 나위 없는 상대로 비쳤던 모양이다. 한 가지 작은 문제가 있었다. 하루코가 남편이 될 메이지 천황보다 연상이었던 것이다. 레이겐(靈元) 천황, 사쿠라마치 천황, 닌코 천황의 배필도 모두 연상이었다. 그 자체는 극복하지 못할 장애는 아니었다. 그러나 하루코의 경우 세 살 연상이어서 세상에서 '네 번째'라고 기피하는 불길한 터울이었다. 섭정은 하루코가 태어난 해가 가에이(賀永) 2년인 것을 가에이 3년으로 고침으로써 이 문제를 해결했다. 이렇게 해서 하루코가 천황을 만나 볼 모든 준비가 갖춰졌다.

이날 하루코는 머리를 지고마게(稚兒髷)로 하고 순백색 비단에 자수가 놓인 의상을 입은 뒤 짙은 자줏빛 하카마를 입었다. 대나무를 엮어 둘러친 가마를 타고 지위가 높은 귀부인들을 거느리고 오시(午時)에 청소문(淸所門)에 도착했다. 천황은 학문소에서 하루코를 접견하고 찬합 요리로 식사를 함께했다. 하루코는 천황에게 선어 한 상자 등을 선물했다. 유시(酉時) 반각(오후

7시경), 일단 하루코는 물러나서 주고의 어전으로 나아가 하직 인사를 했다. 천황은 하루코에게 담뱃대와 꽃비녀, 향합 같은 선물을 내렸다. 하루코의 행동거지에 천황은 매우 감명을 받았다. 하루코가 마음에 들었던 것이다.

곤다이나곤 야나기하라 미쓰나루(柳原光愛)는 즉시 셋케(攝家)를 차례로 방문해서 천황 배필감에 대한 의견을 물었다. 셋케 쪽에서는 모두 찬성을 표했다. 이렇게 해서 하루코는 천황의 배우자로 결정되는 데 필요한 모든 관문을 무사히 통과했다.

다음 28일, 부케텐소 곤다이나곤 히노 스케무네(日野資宗)가 칙사가 되어 이치조 사네요시의 저택으로 가서 하루코가 천황의 배필로 결정되었다는 사실을 고했다. 이 경사스러운 소식은 순식간에 퍼져 연고가 있는 여러 집안을 비롯한 축하객이 이치조 저택 앞에 줄을 이뤘다. 막부는 입궐 준비금 및 기타 경비 명목으로 금 1만 5천 냥과 해마다 쌀 5백 가마를 약속했다. 그러나 대정봉환(大政奉還), 유신대호령(維新大号令) 발포 등의 큰 일이 생긴다. 막부는 하루코의 결혼에 충분히 배려할 여유가 없어 결국 예정된 비용 중에서 극히 일부만이 지급되었다. 이치조 가와 연고가 있는 여러 번에서 들어온 축의금도 있었으나 충분하지 못했으므로 입궐 의식은 간소하게 치러졌다.

메이지 천황의 배우자로 결정되었다고는 하지만 금방 혼례가 거행된 것은 아니다. 고메이 천황의 사후 1년간은 상중이었기 때문이다. 게다가 천황은 아직 관례도 치르지 않은 상태였다. 관례는 혼인 전에 반드시 치러야 했다. 하지만 그 관례도 상이 끝난 다음에야 치를 수 있었다.

혼례를 치르기 전에 또 다른 문제가 제기되었다. 교토 시중의 분위기가 험악해 이치조 하루코의 안전을 염려하는 의견이 있었다.

6월, 하루코의 신변 보호를 위해 무사 10여 명이 경호원으로 붙여졌다. 소동에 대비해 대피처로 사원 몇 곳이 정해졌고, 아주 위급할 때에는 주고의 어전으로 대피하기로 정해졌다. 실제로 12월 9일에 왕정복고의 대호령이 반포되자 시내는 불온한 공기에 휩싸였고, 하루코는 주고의 어전으로 일시 피신하게 되었다.

1868년(게이오 4년, 메이지 원년) 1월, 도바(鳥羽) 후시미(伏見)에서 막부군과 조정의 군대가 충돌했을 때에는 포성이 궁궐까지 들려 궐내의 정적을 깼다. 혼례 계획을 일시 중단하지 않을 수 없었다. 그해 4월, 하루코의 오빠인 이치조 사네요시가 죽었다. 이 일이 혼례를 앞두고 또 문제가 되었다. 하루코의 혼례 준비를 이치조 가의 사람들과 따로 하는 특별한 조처가 취해지지 않는 한 오빠의 죽음이 하루코를 부정 타게 만든다는 것이다. 이 때문에 혼례가 다시 연기되었다. 그해 말에 이르러서야 사태는 겨우 가라앉았고 12월 28일 마침내 혼례 날짜가 잡혔다.[206]

1868년 12월 28일, 이치조 가에서는 이른 아침부터 혼례 의식을 치르기 위한 침전(寢殿) 장식이 시작되었다. 음양사를 부르고 혼례 의상을 입는 시각이 정해졌다. 진시(辰時: 오전 8시 전후)에 하루코에게 의상이 입혀졌다. 미시(未時: 오후 2시 전후) 비로 게노구루마(檳榔毛の車: 귀인이 타는 가마 모양의 수레)가 침전 남쪽 계단에 준비되었다. 당상관 두 명이 수레 앞에 섰다. 뇨보(女房)가 향로와 그날 아침 일찍 천황이 내린 어검(御劍)을 수레 안에 안치했다. 하루코가 수레에 타고 뇨보 두 명이 여기에 배승했다. 여러 관원들이 중문 밖까지 수레를 끌고, 거기서부터 소에멍에를 걸었다. 전후로 완벽하게 의장을 갖춘 다음 우차는 사각문을 나섰다. 우차가 궁의 외각 북쪽 정문에 해당하는 삭평문(朔平門) 밖에 도착하자 수레의 채에 다리받침이 괴어졌다. 게키(外記: 태정관의 관리)가 기치조(吉上: 수문장)에게 도착을 고한 다음, 여기서 다시 여러 관원들이 수레를 끌고 문 안으로 들어갔다. 수레는 그대로 내곽 북쪽 정면에 해당하는 현휘문(玄輝門)을 거쳐 비향사(飛香舍) 동북문에 도착했다. 수행해 온 당상관들이 병풍처럼 수레 둘레를 에워쌌다. 이는 수레에서 내리는 하루코의 모습이 외부 사람들 눈에 띄지 않게 하기 위함이었다. 배승했던 뇨보들은 어검과 향로를 받쳐들고 하루코의 뒤를 따랐다. 하루코는 옛 법식에 따라 여러 개의 복도를 거친 후 동궁전으로 들어갔다. 자리에 앉은 하루코 곁에는 어검과 향로가 안치되었다. 구게, 당상관 등은 복도를 우회하지 않고 곧장 동궁전에 들어가 천황에게 축하 인사를 올렸다.

잠시 휴식을 취한 다음 하루코는 이쓰쓰기누(五衣: 예복 밑에 다섯 겹으로 받쳐입는 속옷)를 입고 머리를 매만진 뒤 다시 모습을 드러냈다. 비향사로 간 하루코는 미시 반각(오후 3시경) 음식상을 받았다. 이윽고 하루코는 황후와 중궁 다음으로 세 번째로 높은 지위인 뇨고(女御) 칭호를 받았다. 관례에 의하면 이는 입궐 다음 날 하는 것이 보통이었다. 그러나 하루코는 바로 황후로 지명받기 위해 이에 앞서 미리 뇨고 칭호를 받았던 것이다. 황후 칭호가 주어지는 것은 각별한 총애의 표시였다. 고메이 천황의 뇨고는 이 칭호를 받지 못했다.[207]

하루코가 뇨고 및 황후 칭호를 받을 때 옛 법식에 따라 의식을 집행하는 조정 신하들의 거동은 그야말로 혼신의 힘이 깃들인 춤 동작을 보는 것 같았다. 이러한 의례적 행위가 끝나자, 지아비가 될 천황을 배알하기 위해 하루코는 청량전으로 향했다. 하루코를 수행한 사람은 고노에 다다히로, 나카야마 다다야스였다. 뇨보 한 명이 하루코의 치마 끝을, 다른 두 명이 각각 어검과 향로를 받쳐들고 뒤따랐다.

이번에는 야어전(夜御殿)의 의식이었다. 그 식순은 거의 가에이(賀永) 원년에 행했던 고메이 천황의 경우와 같았다. 술시(戌時: 오후 8시 전후), 천황은 오초즈노마(御手水間: 청량전 서쪽의 천황이 손을 씻는 곳)에 나와 짚신을 신었다. 야어전 서쪽 문을 통해 장막 안으로 들어갔고 거기서 다다히로가 천황의 짚신을 벗겼다. 이어 하루코가 장막 안으로 들어갔다. 천황의 외척 나카야마 다다야스가 침구로 두 사람을 덮는 역할을 했다. 이어서 다다야스는 미카요노모치(三箇夜餠)라는 떡을 바쳤다. 이 떡은 해로한 부부가 바치는 것이 관례였다.

야어전 의식이 끝나자 뇨보는 이 떡을 비향사로 가져가서 사흘 동안 길(吉)한 방위에 바쳤다. 이어 명부(命婦) 미부 히로코(任生廣子)가 헝겊 지촉(紙燭: 길게 만 헝겊 끈에 기름을 묻혀 불을 붙이게 만든 것)을 들고 야어전 간(艮: 북동) 방향 구석에 있는 등롱에서 불을 옮겨 붙여 그것을 받들고 등호(藤壺: 비향사의 별칭)로 가서 옻칠이 된 등롱에 불을 켰다. 여기서 다다히로와 다다야스는 물러갔다. 이후 사흘간 등롱의 불은 계속해서 탔다. 이날 밤, 뇨보들은 밤새워 교대로 어검을 받들고 있었다.

다음으로 상어소(常御所) 중단에서 삼헌(三獻) 의식이 치러졌다. 하루코는 북쪽에 앉았다. 삼 배째 잔은 하루코의 잔으로 천황에게 올려졌다. 이어서 천작(天酌), 즉 천황이 하루코에게 잔을

내렸다. 이치노마(一の間)로 자리를 옮겨 맑은 국과 찬합에 담긴 음식을 먹으며 잔을 교환했다. 이것이 끝나자 천황과 하루코는 함께 중궁전으로 물러났다. 마침내 신혼부부는 단둘이 있게 되었다

이렇게 장시간에 걸친 일련의 의식은 당연히 옛 법식대로 치러진 것이다. 이것은 어느 구게 집안의 혼례가 아니었다. 천황가의 중요한 의미가 깃들여 있는 의식이었다. 천황가의 행복과 다산과 장수는 그대로 나라의 번영으로 이어지는 것이다. 메이지 천황과 하루코 황후—나중에 쇼켄(昭憲) 황태후라는 이름으로 더 알려지게 된다—사이에 자식은 없었으나 평생 서로에게 헌신적이었다. 하루코는 그 이전의 어떤 황후보다도 훨씬 걸출한 황후로서 국민에게 널리 흠모받는 존재가 된다.

제13장 마지막 쇼군 요시노부

1867년 초, 막부가 직면한 문제는 두 가지였다. 효고 개항과 막부에 반기를 들고 있는 조슈 번에 대한 처분이었다. 조정은 외국 선박에 대한 효고 개항에 끝까지 반대하는 입장이었다. 그러나 5월 24일, 조정은 당상 신료는 모두 입궐하라고 명한 뒤 이 건에 대한 의견을 내놓게 했다. 곤다이나곤 다이고 다다오사(醍醐忠順)는 의견서에 다음과 같이 말했다.

효고 개항은 고메이 천황이 금했던 것이다. 그러나 오늘의 정세로 볼 때 개항은 부득이하다. 사실 고메이 천황은 하코다테, 가나가와, 나가사키 세 항의 개항은 청허하시지 않았는가. 효고의 개항을 금한 것은 교토와의 거리가 너무 근접해 있기 때문이지 개항의 취지 그 자체에는 아무 이의가 없다.

다다오사의 의견은 다른 구게와 신료를 설득하기에 충분한 힘이 있었던 것 같다. 회의의 대세는 쇼군 요시노부의 개항설로 기울고 마침내 개항 칙허령이 내려지게 되었다. 그리고 조슈 번에 대해서도 관대한 조처를 취하기로 결정되었다.

여러 해에 걸쳐 논의되어 온 효고 개항 문제가 마침내 결말이 나게 되었다. 게다가 막부는 6월 6일, 에도와 오사카에서 외국인의 상행위를 허가한다는 결정을 내렸다. 열강 제국과 막부가 조인한 조약의 조항들은 이로써 모두 이행된 셈이다. 그러나 이 큰 문제가 해결되었다고 해서 난제들이 모조리 사라진 것은 아니다. 크고 작은 문제들이 연이어 일어나는 바람에 메이지 천황은 점차 정사에 관여하지 않을 수 없게 되었다.

외국인 거류지에서 문제가 일어났다. 6월 13일 나가사키 부교는 히젠(肥前) 우라카미무라(浦上村)의 예수교도 68명을 체포해 감금했다. 일본에서는 거의 2백 년 이상 기독교를 엄금하고 있었다. 그러나 나가사키에 숨어서 믿는 교도들이 선교사의 원조 없이, 또 성서 같은 신앙 서적도 가까이하지 못하는 상황에서 남모르게 신앙을 지켜오고 있었다. 세월이 감에 따라 교도들의 신앙은 자꾸만 정통 기독교 신앙으로부터 멀어져 갔다. 그들이 부르는 라틴어로 된 기도 노래는 그 의미를 이해하지 못하는 신자들로 인해 이상한 소리의 연결로 변해 있었다. 교도들의 대다수는 가난한 어부와 농부였다. 만일 이것이 순수한 종교적인 문제였다면 아무런 지장 없이 수행되었을 것이다. 그러나 이 탄압은 자신들의 종교가 공격받는 것에 매우 민감한 열강 제국을 곧바로 끌어들이고 말았다.

사건의 발단은 1857년으로 거슬러 올라간다. 당시 해리스와 로주 홋타 마사요시와의 교섭 결과, 미일 양국은 서로 신교(信敎)의 자유를 보장하기로 약정했다. 또 미국인 거류지에 한해서는 예배당을 건설할 수 있었다. 같은 무렵 프랑스인 선교사들이 특히 나가사키 지방을 중심으로 가톨릭 포교 활동을 전개하고 있었다. 자신들과 같은 신앙을 가진 선교사가 도착하자 신도들은 뛸 듯이 기뻐하며 프랑스인이 세워놓은 예배당에 공공연히 드나들었고 프랑스 공사에게 지지를 호소했다. 그 가운데는 '우리의 시대가 도래했노라'고 자신들의 존재를 과시하는 자도 있었다. 그 기세 때문에 가족의 붕괴까지 초래될 정도였다.[208]

기독교 금지에도 불구하고 '숨은 기독교도'에 대한 막부의 조처가 미온적인 데 분개한 불교도들은 직접 기독교도에게 위해를 가하려 했다. 일이 이쯤 되자, 나가사키 부교쇼에서는 우라카미무라 교도 68명의 체포를 단행하게 되었다. 같은 교도 약 5백 명이 죽창 등으로 무장하고 나타나 포박된 교도의 석방을 요구했다. 6월 13일의 우라카미무라 교도 체포 이후, 나가사키 주재 프랑스 및 포르투갈 영사는 번갈아가며 나가사키 부교에게 항의했다. 부교는 이를 받아들이지 않았다. 영사들은 자국 공사에게 이러한 상황을 보고하고 막부와의 교섭을 요구했다.

7월 25일, 도쿠가와 요시노부는 오사카 성에서 프랑스 특명전권공사 레옹 로슈를 접견했다. 이미 로슈는 막부에 교도의 석방을 요구하고 있었다. 그러나 막부에서는 '교도가 법을 어겼기 때문에 체포는 어쩔 수 없는 일'이라고만 답변했다. 요시노부와 로슈의 회견은 로슈의 요청에 응한 것이었으며 표면상으로는 무역 교섭으로 되어 있었다. 막부는 무기 수입을 위해 최근 부쩍 프랑스에 의존하고 있었다. 그래서 프랑스는 체포된 교도의 사면을 요구할 수 있는 유리한 입장이었다. 로슈는 더욱 위력을 과시하려 했는지 이날 요시노부를 덴포(天保) 산 앞바다에 정박해 있는 프랑스 군함으로 초대해서 공포 발사와 군함 훈련술을 자랑했다. 이튿날 로슈는 오사카 성에서 요시노부와 다시 만나 교도 방면 교섭을 시작했다.

8월 5일, 로주 이타쿠라 가쓰키요는 로슈와 회견하고 신교도 방면 문제에 대해 협의했다. 이틀 후 요시노부는 나폴레옹 3세에게 서한을 보내 일본이 기독교 신앙을 오랫동안 금제해 왔다는 것, 그 사실을 조약에서도 인정하고 있다는 것, 따라서 교도의 체포는 양국의 법률과 조약에 비춰볼 때 부득이했다는 것을 설명하고 프랑스인 선교사의 일본 국민에 대한 포교 활동을 중지하도록 요구했다.

요시노부는 체포되어 있던 교도들을 방면하는 것에 동의했다. 교도들은 무라아즈케(村預: 죄인을 지역 관리들의 감시하에 일정 기간 두는 것) 형을 받아 우라카미무라에서 다른 곳으로 나가는 일이 금지되었다.

이러한 조처를 했다고 해서 기독교도 탄압이 끝난 것은 아니었다. 1868년 3월, 신정권이 정해놓은 다섯 개 조항의 금령이 막부가 만들어놓은 금령 대신 붙여졌다. 기독교 금제에는 아무런 변화가 없었다. 다음은 5개조의 제3항의 내용이다.

사교(邪宗門)인 신교는 엄히 금지한다. 만일 의심스러운 자가 있으면 해당 관청에 신고해 주기 바란다.

메이지 천황까지 기독교도 탄압에 관한 평의에 참가하게 되었다. 1867년 4월 22일, 친왕과 3직(총재總裁, 의정議定, 참여參與) 이하 오사카에 있는 구게와 여러 번주가 어전에 불려나와 우라카미무라 교도의 처분에 관해 각각 의견을 올렸다.

지난달 신정부의 기독교 금제가 새로 나왔음에도 불구하고 이를 믿는 자들이 계속 늘어나 이제는 그 수가 3천여 명에 이르고 있다. 만일 이를 방치하다가는 어떤 사태를 불러올지 장담할 수 없다.

나가사키 재판소 총독은 합당한 처분을 허락해 달라고 청원했다. 이보다 앞서 신교도의 현장 나가사키를 시찰하면서 그 심각성을 파악하고 돌아온 참여 이노우에 몬타(井上聞多=가오루馨)는 참여 기도 준이치로(=다카요시)에게 보고했고, 다시 기도는 부총재 산조 사네토미와 협의했다. 그 결과 교도의 지도자를 설득해서 잘못을 깨닫게 하는 것이 최선책이라는 결론이 나왔다.

금제에 따르는 자에게는 그리스도 상을 버리게 하고 신 앞에서 서약하게 한다. 설득에 응하지 않는 자는 엄벌에 처한다.

이러한 견해가 천황 앞에 상주되어 4월 22일의 어전회의를 맞이했다. 이튿날 이 자문에 대해 참가자들의 답신이 나왔다. 대부분 다음과 같은 의견이었다.

예수교도는 모두 엄벌에 처할 것

영국 공사 파크스는 신정부가 앞에서 내건 내용 중에 '사교인 기독교를 엄히 금한다'는 대목이 있음을 알고 격노했다. 파크스는 성미가 급한 인물로 알려져 있었다. 윤4월 3일, 파크스는 산조 사네토미를 찾아가 그 부분을 격렬하게 따졌다. 그리고 우라카미무라 교도의 처분에 항의했다. 이때 파크스가 얼마나 격분했는지는 상상하기 어렵지 않다. 그 자리에는 이와쿠라 도모미, 아키라(晃) 친왕, 참여 오쿠마 시게노부(大隈重信)가 있었다. 오쿠마는 타고난 달변으로 파크스의 노여움을 진정시켰다.

윤4월 6일, 메이지 천황은 기도 다카요시를 불러 나가사키로 가서 문제를 처리하라고 명했다. 신정부의 포고문은 '사교 기독교'란 말이 그냥 '기독교'로 바뀌고, 대신 '사교를 금한다'는 조항이 추가되었다.[209]

5월 21일, 예수교 지도자 114명이 체포되어 하기(萩), 쓰와노(律和野), 후쿠야마(福山) 3개 번에 인도되어 감금당했다.

최종적으로는 2천4백 명이 넘는 교도가 17개소에 분산되어 매우 삼엄한 경비 아래 감금되었다. 그중 약 5백 명은 신정부의 압력에 굴해 개종하고 사면되었다. 그러나 나머지 1천9백 명은 믿음을 더욱 굳건히 하며 완강하게 개종을 거부했다. 일단 개종한 사람 중에서도 다시 믿는 자가 많았다. 1873년 3월, 더 이상 감금이 아무런 효과가 없다는 사실을 깨달은 신정부는 감금한 자들을 전원 석방하고 귀적(歸籍)을 허락했다.

기독교도 탄압은 마지막 몇 달 동안 단말마 상황의 막부가 직면해 있던 긴급 과제는 아니었다. 조정 사람들도 막부와 마찬가지여서, 그들의 관심사는 오로지 막부 타도였다. 그럼에도 불구하고 신교도의 처분에 대한 평의가 메이지 천황의 어전에서 열린 것 자체는 제대로 된 일로 여겼다. 메이지 천황은 그 후로는 국정에 관한 거의 모든 회의에 참가하게 되었다. 그러나 정작 천황의 생각에 대해『메이지 천황기』에는 아무런 언급이 없다.

막부가 당장 해결해야 될 가장 시급한 문제는 막부의 존속 여부였다. 여기서 필자는 당시 기세가 오르고 있던 막부 타도 운동의 자취를 좇아가 볼 마음은 전혀 없다. 그것은 이미 많은 역사가가 다룬 문제이다. 지금까지 견원지간이었던 조슈 번과 사쓰마 번이 동맹을 맺은 일이 막부 타도 운동에 박차를 가한 최대 요인이었다는 사실만 지적해 두면 충분할 것 같다. 막부 타도를 외친, 주로 혼슈(本州) 서부, 규슈, 시코쿠 지역에 있는 여러 번에서는 막부가 외국 무역을 독점하고 있는 데 대해 불만의 소리가 높아가고 있었다. 외국과 무역을 하게 되면 큰 부를 얻을 수 있었다. 그러나 그들은 막부 타도 성명을 내면서 이러한 불만은 언급하지 않았다. 대신 그들이 주장한 것은 '왕정복고'였다. 현대의 한 사가는 이렇게 쓰고 있다.

> 이 유신기의 내란이 결코 근왕 사상에서 일어난 것이 아니라는 사실은 새삼 이야기할 것도 없다. 사쓰마 번과 조슈 번을 비롯한 서남쪽 큰 번들이 막부로부터 자립하려는 경향이 근저에 깔려 있다.[210]

설혹 이것이 최종적으로 막부 타도를 겨냥한 서남쪽 큰 번들의 진짜 야망이었다 하더라도 그들에게는 그럴싸한 구호가 필요했다. '왕정복고'는 바로 그 목적에 꼭 들어맞는 구호였다.

한편 도쿠가와 요시노부가 이끌고 있는 막부는 특히 조슈 번 토벌에서 굴욕적인 패배를 맛본 후 어떻게든 붕괴를 막아보려는 강경 조처를 취하고 있었다. 프랑스의 원조를 얻은 막부는 근대 병기를 대량으로 사들였다. 그리고 요시노부의 지휘하에 숱한 개혁에 손을 대기 시작했다. 당시 막부의 간조(勘定: 재정과 소송을 관장하는 부서) 부교라는 요직에 있던 오구리 다다마사(小栗忠順)는 막부를 쇼군 치하의 절대주의 정부로 하는 계획, 이른바 '도쿠가와 절대주의' 노선을 추진하려 하고 있었다. 이것 말고는 막부 타도를 외치는 번들을 누르고 막부의 권위를 확실하게 세울 방법은 없다고 생각했다.[211]

1866년에도 오구리는 은근히 번을 없애고 현으로 바꾸는 일의 이점을 논한 일이 있다. 이는 메이지 정부가 1871년에 단행한 '폐번치현(廢藩置縣: 종래의 번을 폐지하고 중앙정부가 관료를 파견해 통치하는 현을 설치함)'이었다. 그러나 당시의 막부는 이 야심한 계획을 실행에 옮긴 만큼의 지지를 얻지 못하고 있었다.

큰 번의 다이묘들, 특히 서남쪽 번들의 다이묘들은 힘을 결집해서 동맹을 맺었다. 교토의 조정에 충성을 맹세하면서도 관심은 오로지 자신들 번의 세력을 유지하는 일에만 쏠려 있었다. 적어도 처음부터 막부의 절대 권력을 대체할 천황의 절대 권력 수립을 희망했다고는 여겨지지 않는다. 다이묘 중 그 누구도 자기 번을 초월해 국가 전체로 볼 때 어느 쪽이 더 바람직할 것인가에는 생각이 미치지 못했다.[212]

막부의 권위는 요나오시(世直し: 세상 바꾸기)라고 불린 농민 봉기(一揆)에도 걸려 넘어진다. 이 궐기는 막부의 조슈 번 토벌 시기에 해당하는 1866년 여름에 절정에 달했다.[213] 물가(특히 쌀값)의 급등으로 불만이 폭발해 발생한 이 궐기는 조슈 번 토벌을 위해 막부가 필사적으로 단결을 필요로 하던 시점에 오히려 반막부 감정을 조성하는 결과를 초래하고 말았다.

그러는 동안 규슈, 시코쿠, 혼슈 서부 번의 무사들은 왕정복고 계획 및 그 후 나라의 행정 계획을 놓고 구상을 굳혀 가고 있었다. 1867년 2월, 도사 번의 고토 쇼지로(後藤象二郎)는 나가사키에서 같은 번 출신 무사 사카모토 료마(板本龍馬)와 만났다. 사실 고토는 번에서 맘대로 나가버린 무사 사카모토를 체포할 의무가 있었다. 하지만 고토는 진보적인 정치사상의 소유자로 알려진 사카모토의 의견에 열심히 귀를 기울였다. 두 사람은 한 가지 점에서 의견 일치를 보였다.

정체된 정국을 타개할 유일한 방법은 쇼군이 스스로 정권을 포기하고 조정에 반납하는 대정봉환(大政奉還)밖에 없다

4개월 뒤인 1868년 3월 6일, 고토는 사카모토와 같은 도사 번 출신 무사인 나카오카 신타로의 주선으로 교토에서 사쓰마 번의 실력자 세 명과 만났다. 사이고 기치노스케(=다카모리), 오쿠보 이치조(=도시미치), 고마쓰 다테와키가 그들이다. 그 결과, 두 번 사이에 맹약이 교환되었다. 이것을 구체화한 약정의 개요는 몇 주 전 사카모토 료마가 나가사키에서 교토로 가는 선박 안에서 고토 쇼지로에게 제시한 '선중팔책(船中八策)'과 매우 흡사했다. 이들은 왕정복고에 모든 힘을 결집하기로 하고 8개조 약정으로 의견 일치를 보였다.

나라에 두 왕이 없음은 국가의 상경(常經: 마땅하고도 떳떳한 도리)이다. 마땅히 정권을 조정에 넘겨야 한다. 제도를 일신해서 제후가 회의(會議)하고 인민이 공화(共和)하면 이로써 만방에 대

치할 수 있다. 교토에 의사당을 건설해서 나라를 다스릴 제도는 모두 경사(京師=교토)의 의사당에서 나와야 한다. 의사당 건립비는 여러 번에서 충당할 것이다. 의사원(義事院)은 상원과 하원으로 나누되 의사관은 구게, 제후, 배신(陪臣), 서민에 이르기까지 정의롭고 순수한 자를 뽑아서 이를 충원한다. 다이묘들은 상원으로 한다. 그러나 이 일을 실현하기 위해서는 우선 쇼군이 정권을 조정에 넘기고 일개 다이묘가 되어야 한다. 즉 쇼군은 그 직을 내놓고 제후로 물러나며 정권을 조정에 넘겨야 한다. 외국과의 관계는 효고에서 조정의 대신과 각 번의 사대부가 화합해 의리 명백하게 새로이 약정을 세운 다음 성실하게 상법(商法)을 실시한다.

처음부터 나라의 정치를 결정하는 전권이 모두 조정에 돌아가야 한다고 못 박고 있다. 같은 해 9월, 사쓰마와 조슈 두 번에서는 막부 타도를 목적으로 맹약을 맺었다. 사쓰마의 오쿠보와 오야마 가쿠노스케(大山格之助=쓰나요시綱良)가 번의 명을 받고 야마구치(山口)로 갔다. 오쿠보는 그곳 번주 모리 다카치카(毛利敬親)와 대면해 이렇게 호소했다.

사쓰마 번주의 아버지 히사미쓰의 건의에도 불구하고 막부에 반성의 기색이 없어서 이제 군사를 일으켜 막부를 치지 않는다면 황국의 우환을 광구(匡救: 잘못된 일을 바로잡고 흐트러진 세상을 구제함)할 수가 없다. 만일 사쓰마가 병력을 상경시킬 때 이에 호응해서 조슈 번에서도 병력을 교토로 보낸다면 더할 나위 없을 것이다.

오쿠보는 동석했던 기도 다카요시 등 조슈 번 중신의 질문에 솔직하고 명석하게 대답했다. 모리 다카치카는 오쿠보의 생각과 그 태도에 큰 감명을 받았다. 다카치카는 주저 않고 사쓰마 번 지지를 표명하고 오사카로 병력을 보내는 일에 동의했다. 그리고 다카치카는 다음과 같은 말을 덧붙였다.

어소(御所)를 지키는 일이 가장 중요하다. 만일 천황이 적의 수중에 넘어가는 일이라도 벌어진다면 일은 당장에 파탄 나고 만다.

이에 대해 오쿠보는 대답했다.

불초는 일곱 번 새로 태어나도 보은에 진력할 각오일 따름입니다.

교토의 구게와 막부 타도를 계획하는 무사 사이에도 접촉이 있었다. 이와쿠라 도모미는 아직 교토 북쪽의 이와쿠라무라에 칩거하고 있는 몸이었으나 끊임없이 사쓰마 번 측과 연락을 취하고 있었다. 이와쿠라는 또한 여러 번에서 찾아오는 수많은 무사들을 통해 중앙의 최근 동태도 파악하고 있었다.

6월, 나카오카와 사카모토는 이와쿠라를 찾아가 이와쿠라의 숙적 산조 사네토미와 화해하기를 요청했다. 이와쿠라는 이를 승낙했다. 그 길로 나카오카는 규슈 다자이후(太宰府)로 산조를 찾아가 이와쿠라와의 묵은 원한을 버리도록 설득했다. 이렇게 해서 근왕파 거물급 구게 두 사람이 막부 타도라는 명분으로 뭉

치게 되었고 삿초 2개 번의 지지를 얻어서 손을 맞잡게 되었다.

1867년 10월, 전 도사 번주 야마우치 요도(山內容堂)는 도쿠가와 요시노부에게 서한을 보내 정권을 조정에 반환하라고 했다. 이것이 바로 대정봉환 건의서다. 요도는 왕정복고를 위해 무력으로 막부를 타도하자는 쪽이 아니었다. 하지만 고토 쇼지로는 다음과 같이 교묘하게 요도를 설득했다.

요시노부는 요도 님의 대정봉환을 환영할 것입니다. 그렇게 되면 천황께 경의를 표하는 동시에 쇼군에게 동정을 보이는 입장이 되는 것입니다.

고토는 또 사쓰마 번과 조슈 번이 무력으로 막부를 쓰러뜨리려는 계획을 갖고 있다는 사실을 강조했다. 즉 막부와의 전쟁을 피할 수 있는 최선책은 쇼군이 정권을 조정에 반납하는 것밖에는 없다고 했다. 야마우치 요도는 어떻게든 막부와의 충돌만은 피하고 싶었다. 그래서 도사의 병력은 교토에 단 한 명도 보내지 않겠다고 말했다. 이 한마디는 고토를 실망시켰다.

고토는 사이고와 오쿠보에게 교토에 돌아갈 때는 도사 번의 병력도 이끌고 가겠다고 약속했었다. 그래도 고토는 야마우치 요도가 요시노부에게 보내는 바라지도 못했던 뜻밖의 건백서를 손에 넣게 되었다.[214] 서한에는 쇼군에게 이러한 건의를 하는 것은 죄송하기 짝이 없는 일이라는 말의 되풀이와 최근 요도 자신의 건강 상태를 전하는 부분을 빼놓는다면 매우 막연한 어투로 이런 신념을 피력하고 있었다.

황국은 수백 년 동안 이어져 온 국체를 일변시켜 성심껏 만국을 대하여야 하며, 지금은 왕제(王制) 복고의 업을 일으키지 않을 수 없는 일대기회라고 본다.

요도는 이 서한을 '나라의 어려운 처지를 생각하면 피눈물이 날 것 같다'라는 말로 맺고 있다.

여기에 함께 올린 고토 쇼지로 등 세 명이 연서한 상서는 좀 더 구체적으로 건의의 취지를 보여주는 여덟 개 항목을 열거하고 있다. 그중에는 사카모토의 구상에서 따온 것도 있고, 삿초 맹약에서 인용한 것도 있다.

제1조, 천하의 정사를 논하는 모든 권한은 조정에 있다. 나라의 제도, 법칙, 정책은 모두 교토의 의정소(議政所)에서 나와야 한다. 제2조, 의정소를 두 개의 원(院)으로 나눠 그 의사관(議事官)은 위로는 구게를 비롯해서 아래로는 배신과 서민에 이르기까지 정명하고 순량(純良)한 인물로 선출한다. 제3조, 학교를 각 도시마다 설립한다. 나이를 구분해 학술과 기예를 가르쳐야 한다. 제4조, 외번(外藩=외국)과는 도리가 명확한 새 조약을 맺어 성실하게 상법을 행해서 신의를 잃지 않는 일을 중히 여겨야 한다.[215] 제5조, 군의 중추를 교토와 셋쓰(攝津) 사이에 설치해서 조정을 수호할 친병(親兵)으로 삼고 세계에 유례가 없는 군대로 키워야 한다. 제6조, 고래의 구폐를 개혁하되 지엽적으로 치닫지 않고 작은 조리(條理)에 머무르지 않으며 큰 터전을 세움을 주로 한다. 제7조, 조정의 폐풍을 제거해서 일대 개혁을 하여 지구상에 독립하는 나라의 근본을 세워야 한다. 제8조, 의사원의 의사관은 사심

을 버리고 공평을 기초로 삼고 술책을 부리지 않으며 정직을 으뜸으로 삼아야 한다. 아울러 말 많고 실효가 적은 폐단을 답습하지 말아야 한다.

건의서는 로주 이타쿠라 가쓰키요를 거쳐 요시노부의 손에 넘어갔다. 이보다 먼저 고토는 요도에게서 건백서에 대한 사쓰마 번의 승인을 얻도록 지시받고 있었다. 그러나 사이고는 이를 거절하면서 이렇게 말했다.

막부 타도 계획은 이미 무르익었다. 이제 새삼스럽게 쇼군에게 조언하기에는 너무 늦었다. 그러나 도사 번의 건백서 제출을 방해할 생각은 없다.

하지만 고토는 이에 굴하지 않고 사쓰마 번의 다른 중신들과 의논해 모두의 찬동을 얻어냈다. 마침내 사이고와 오쿠보는 거병 시기를 연기하기로 했다.

1867년 10월 14일, 도쿠가와 요시노부 토벌을 명하는 밀칙 [216]이 사쓰마와 조슈 번에 내려졌다.

미나모토노 요시노부(源慶喜)[217]는 여러 해 동안의 위세를 빌리고 일종의 강한 힘을 믿고서 함부로 충량(忠良: 충성스럽고 선량한 사람)을 해치고 때때로 왕명을 무시하며 마침내 선제의 조칙을 굽히기를 두려워하지 않았다. 또 만민을 구렁텅이에 빠뜨린 채 돌아보지 않았다. 그 죄악이 이르는 이곳, 신이 사는 이 땅을 뒤집어 버리려 한다. 짐은 바로 백성의 어버이다. 이 도적을 치지 않고서는 무엇으로 선제의 혼령 앞에 사죄하고 아래로는 만민의 깊은 원성에 답할까. 이는 짐이 우려하고 분노하는 바, 양암(諒闇: 천자가 부모의 상중에 있는 기간)이라 해서 돌보지 않을 수는 없다.[218] 그대, 마땅히 짐의 마음을 헤아려 적신(賊臣) 요시노부를 진륙(殄戮)해서 속히 회천(回天)의 위훈(偉勳)을 세워 생령에게 산악 같은 안식을 얻게 하라. 이는 짐이 원하는 바이니 소홀히 하지 말라.

말투는 일반 칙서와는 달리 거칠기조차 하다. 더 기묘한 것은 '짐'이라는 1인칭을 사용하고 있으면서도 서명은 세 명의 당상 구게 이름으로 되어 있다는 점이다.[219] 이런 이유로 이 칙서를 날조라고 보는 사람도 있고, 언제나 배후로 등장하는 이와쿠라 도모미의 손길이 작용한 위칙(僞勅)이라고 보는 사람도 있다. 하지만 사실은 이와쿠라의 브레인으로 알려진 국학자이자 승려였던 다마마쓰 미사오(玉松操)에 의한 것이었다.[220] 이와쿠라 자신의 말에 따르면, 이 칙서는 나카야마 다다야스가 천황에게 몰래 아뢰고 두 번에 전달되기 전에 천황의 승인을 얻었다고 한다. 하지만 극비로 섭정에게조차 알려지지 않은 문서가 어떻게 다다야스에 의해 천황에게 전달될 수 있었는지 알 수 없다.

10월 13일자 이 밀칙에 이어 다음 날인 14일, 표면적으로는 메이지 천황이 내린 것으로 되어 있는 짧은 밀칙이 역시 사쓰마와 조슈 두 번에 내려졌다. 교토 슈고 마쓰다이라 가타모리, 교토 쇼시다이 마쓰다이라 사다아키의 주륙을 명한다는 내용이었다.[221] 두 번은 사력을 다해 명을 받들겠다고 맹세했다.

하지만 이 두 밀칙은 모두 실행되지 않았다. 10월 14일, 도쿠가와 요시노부는 조정에 상서를 올려 대정봉환의 칙허를 자원했다. 천황은 당장 사쓰마와 조슈 두 번에 내린 밀칙을 취소해야 했다.[222] 요시노부가 왜 야마우치 요도의 제언을 받아들였는지가 역사가들 사이에서는 오랫동안 화두였다.[223] 막부 안에서도 세상 돌아가는 대세에는 어쩔 수 없었을 것이라고 많은 사람이 인정하고 있다.

10월 13일, 대정봉환에 대한 평의를 하기 위해 교토에 있던 봉록 10만 석 이상인 40개 번의 중신 50여 명이 니조 성에 소집되었다. 로주 이타쿠라 가쓰키요는 요시노부가 조정에 대정봉환 칙허를 원하는 상표안(上表案)을 내놓고 가부를 물었다. 많은 중신들은 대답을 회피한 채 나가버렸다. 사쓰마의 고마쓰 다테와키, 도사의 고토 쇼지로, 후쿠오카 도지(福岡藤次=다카치카孝弟), 히로시마의 쓰지 쇼소는 마지막까지 물고 늘어져 요시노부에게 결단을 촉구했다. 다른 몇 개 번의 중신들도 이에 가세했다. 요시노부는 마침내 결단을 내리고 다음 날인 14일, 부케텐소 두 명을 통해 대정봉환 상서를 조정에 제출했다.

'신 요시노부 삼가 황국 시운(時運)의 연혁을 생각하건대……'로 시작되는 요시노부의 상서는 눈에 익은 말투로 빙빙 말을 돌리고 있다.

호겐, 헤이지의 난―호겐(保元)의 난은 1156년 일어난 권력 쟁투로 이 일로 쇼토쿠(崇德) 상황은 귀양을 갔고 무가가 정계에 진출하는 계기가 되었다. 헤이지(平治)의 난은 1159년 후지와라 노부요리(藤原信賴)와 미나모토노 요시토미(源義朝)가 교토에서 일으킨 모반―으로 말미암아 정권이 무문(武門)으로 옮겨갔다.

그 후 도쿠가와 조종(祖宗)에 이른 이래 2백여 년, 도쿠가와 가는 조정을 받들면서 조정의 은혜를 입어왔다. 정치와 형벌이 정당성을 잃은 일도 적지 않았으며 곤란한 오늘의 형세에 이른 것은 필경 박덕의 소치여서 참담하고 두려운 마음 금할 수 없다. 종래의 구습을 고쳐서 정권을 조정에 넘기고 널리 천하의 공의를 다해 성단(聖斷)을 바라고자 한다. 모두가 힘을 합쳐 황국을 보호하게 되면 반드시 해외 만국과 아울러 설 수 있다.

즉 조정을 중심으로 나라를 지키고 키워 나간다면 여러 나라와 대등한 입장에 설 수 있다는 것이다. 요시노부는 다음 날인 15일에 입궐했다. 메이지 천황은 요시노부의 대정봉환 청원에 칙허를 내렸다.

왕정복고의 대호령은 12월 9일까지 반포되지 않았다. 하지만 이미 결정은 내려져 있었다. 무쓰히토는 (적어도 원칙적으로는) 바야흐로 일본의 유일하고 가장 높은 지배자가 되었다. 무쓰히토가 이러한 결과에 대해 어떤 반응을 보였는지는 알 수가 없다. 무쓰히토의 마음을 읽을 만한 단카조차도 남아 있지 않다. 빅토리아 여왕은 즉위한 날 일기에 이렇게 쓰고 있다.

나는 아직 젊고 경험도 많이 부족하다. 그러나 적절하고 정당한 일을 하는데 나만큼 참된 호의와 참된 욕망으로 임하는 자는 없으리라 확신한다.[224]

어쩌면 사람들은 메이지 천황에게도 비슷한 대사를 기대했을지 모른다. 그러나 무쓰히토는 1603년 이에야스에 의해 시작된 쇼군 가가 종언을 고하고 겐무(建武) 중흥 이래 5백 년 만에 천황 친정(親政)이 부활되었다는 사실은 알고 있었다.[225]

12월 9일, 이와쿠라 도모미는 칙명으로 칩거에서 풀려나 다시 입조할 수 있게 되었다. 이보다 일찍 이와쿠라의 왕정복고 계획을 알고 그 구상을 겐무 중흥에 비견한 사람이 있었다. 겐무 중흥이란 1333년 고다이고(後醍醐) 천황이 가마쿠라 막부를 쓰러뜨리고 천황 친정을 부활시킨 것을 가리킨다. 다마마쓰 미사오는 이에 대해 이번 왕정복고의 규모는 훨씬 커서 만일 그 전례를 찾아본다면 진무(神武) 천황의 건국밖에는 없을 것이라고 했다. 이와쿠라는 다마마쓰의 생각에 동의했다. 미나모토노 요리토모(源賴朝)가 가마쿠라에 막부를 창설한 이래 670여 년, 도쿠가와 막부가 시작된 지 이미 260여 년이 지나고 있었다. 약 1개월 뒤, 일본 주재 외국 사절들은 이런 문서를 받았다.

일본의 엠퍼러는 각국의 원수 및 백성에게 다음 사항을 통고한다. 쇼군 도쿠가와 요시노부의 정권 반환 청원에 칙허를 내렸다. 앞으로 짐은 국가 내외의 모든 사항에 대해 최고의 권능을 행사할 것이다. 따라서 천황(=엠퍼러) 칭호가 종래 조약 체결 때 사용되던 다이쿤(大君)이라는 칭호를 대신하게 된다. 외국 사무 집행을 위해 모든 관리가 짐에 의해 임명되고 있다. 조약 체결을 위한 각국 대표는 이 점을 숙지하기 바란다.[226]

이 번역된 문서의 날짜는 양력 2월 3일, 서명은 '무쓰히토'로 되어 있다.

제14장 **도망친 쇼군**

왕정복고, 이것은 나라 전역에서 존왕양이라는 구호가 나온 이래로 수많은 일본인들의 꿈이었다. 그 꿈이 마침내 실현된 것이다. 정치의 실권은 적어도 겉으로 보기에는 조정의 수중에 있었다. 하지만 조정에는 아직 행정기관이나 입법기관이 없었다. 1867년 11월 2일, 좌우 대신을 비롯한 조정의 중신들은 왕정복고에 따른 조정의 기본 방향을 결정하기 위해 섭정 니조 나리유키(二條齊敬)의 저택에 모였다. 그러나 아무런 결정도 할 수 없었다. 천황 친정을 제창한 사람들은 분명 자신들이 실제로 정권을 쥐게 되었을 때 직면할 여러 문제에 대해 충분히 고려하지 않았다.

조정의 지시에 따라 중요한 국사나 열강 제국에 대한 대외 정책 결정은 10만 석 이상의 다이묘로 구성된 제후 회의에서 제정하게 되었다. 그러나 이들 다이묘가 한자리에 모이기 위해서는 시일을 요했고, 그사이에 긴급히 결정하고 처리해야 할 국내외 여러 문제들이 자꾸만 쌓여갔다. 조정은 어찌할 바를 몰랐고 무

력해 보였다. 사실 이 시기의 교토는 무정부 상태였다고 해도 과
언이 아니다.

대정봉환 때 쇼군 요시노부가 보여준 진지한 언동에도 불구
하고 막부 중신과 에도에 있던 다이묘 중 많은 사람들은 그의 결
단에 분개했다. 그들은 에도 성에 모여 정권 봉환의 옳고 그름
을 논의했고, 또 요시노부의 명으로 상경했던 로주 이하의 사람
들은 요시노부에게 직접 불평을 털어놓았다. 요시노부는 나라
가 두 개의 정권으로 분단되어 있는 데 대한 잘못을 간곡히 설명
하고, 속히 에도로 돌아가 여러 다이묘 및 막부 중신들의 오해를
풀도록 명했다. 그리고 특히 경거망동을 삼가라고 못을 박았다.

요시노부의 말과는 반대로 에도에 있는 다이묘는 후다이(譜
大), 도자마(外樣) 할 것 없이 대다수가 막부 지지로 돌아서서 마
침내는 조정의 명을 기피하는 자까지 나타났다. 정권 교체에 분
노한 많은 '반신(叛臣)'들은 최대 급선무가 군비를 증강해 실력
으로 대국(大局)을 제압하는 일이라고 했다. 그중에는 아사히코
친왕에게 진언해서 막부의 권위를 만회하려고 도모하는 자까지
나오는 형편이었다.[227]

왕정복고가 교토에 평온과 질서를 가져다주지는 못했다. 온갖
유언비어가 난무하고 긴박감이 더해졌다. 10월 18일, 이와쿠라
는 비밀리에 교토의 사쓰마 번 관저를 찾아가 연락관에게 긴급
사태를 고했다. 평소부터 가까이 지내고 있던 실상원(實相院) 주
지 쇼다이부(諸大夫: 왕이나 섭정이나 대신 집안의 청지기를 지낸 가
문의 사람) 이리타니 마사나가(入谷昌長)가 이와쿠라에게 다음과
같은 사실을 급보했다고 한다.

오가키(大垣) 번 무사 이다 고조(井田五臟)가 막부 로주에게 책략을 내놓았는데, 불시에 큰 군사를 일으켜 사쓰마 번 관저에 불을 지르고 그 혼란을 틈타 천황을 오사카 성으로 납치하려고 일을 꾸미고 있다.

근거가 있을 것 같지 않은 이 유언비어가 이와쿠라를 사쓰마 번 저택으로 달려가게 해서 경계 태세를 취하게 한 것이다.[228]

막부 말의 현저한 특징이기도 한 암살 역시 교토의 긴장을 고조시키는 한 원인이 되었다. 11월 15일, 삿초 동맹 때 큰 공을 세운 사카모토 료마와 나카오카 신타로가 교토 가와라마치(河原町)에서 매복해 있던 막부 자객의 습격을 받았다.

왕정복고는 아직 정식으로 발령되지 않은 상황이었다. 그러나 막부가 이미 정권을 담당하지 않아 교토 조정은 벌써부터 실무상의 문제에 직면해 있었다. 10월 20일, 섭정 이하 조정의 신하들이 소어소에 모여 도쿠가와 요시노부 및 10만 석 이상의 재경제후 중신들을 소집했다. 이때 의제가 된 막부 품의 8개조 중에서 몇 가지 예를 들어 보겠다.

첫째, 각 번에서는 교토 경비 및 어소 경비의 관할을 어떻게 할 것인가.
둘째, 대궁궐 건축 비용은 어떻게 조달할 것인가.[229]
셋째, 쇼시다이 이하의 직무를 어떻게 할 것인가.
넷째, 지폐 발행에 관한 규정을 어떻게 할 것인가.[230]

원칙적으로 이러한 조항은 유력 다이묘로 구성된 제후 회의에서 결정하게 되어 있었다. 그러나 대다수 유력 다이묘들은 여전히 교토에 모습을 드러내지 않았다. 중앙 정정(政情)의 바람이 어느 쪽으로 부느냐가 확정될 때까지 다이묘들이 상경을 미루고 있음이 분명했다. 조정은 결국 막부 품의 8개조에 대해서는 당분간 지금까지 해오던 방식을 따르기로 했다. 이러한 양상을 말없이 지켜보고 있는 요시노부의 얼굴이 눈에 선히 보이는 듯하다. 익숙하지 않은 일을 앞에 놓고 쩔쩔매고 있는 구게들의 허둥거림에 요시노부는 홀로 야릇한 미소를 짓고 있었을 것이다.[231]

10월 21일, 천황은 왕정복고를 이해 애쓴 세 명의 구게인 나카야마 다다야스, 오기마치산조 사네나루, 나카미카도 쓰네유키를 시켜 사쓰마와 조슈 번에 칙서를 보내 잠시 막부 토벌을 보류시켰다. 10월 24일, 요시노부는 다시 조정에 상주하면서 쇼군 직 사직을 청했다. 섭정 니조 나리유키는 요시노부의 청원을 거부하고 요시노부의 장래에 대해 제후 회의에서 결론을 내리기까지는 그대로 쇼군 직에 있도록 명했다. 조정은 분명 패배했음에도 아직까지 권력을 쥐고 있는 이 인물을 어떻게 다루어야 할지 결정하지 못하고 있었다.

역사가 중에는 요시노부가 자신의 입장을 강화하기 위해 대정봉환을 이용했다고 시사하는 사람이 있다. 당시 일본에 주재하고 있던 외국인조차도 요시노부의 쇼군직 사퇴의 동기를 의심했다. 어니스트 사토는 막부 각료 몇 명으로부터 '요시노부는 훨씬 이전부터 정치를 미카도에게 반환할 생각이었다'는 말을 들었을 때, 영국인들의 반응은 회의적이었다고 회상하고 있다.

물론 우리는 이를 믿지 않았다. 우리가 보기에 요시노부는 사쓰마, 조슈, 도사, 히젠 등 여러 번의 압력을 받고 있는 상태였다. 그리고 유력 번주들의 회의를 소집하려 한 것은 자파 세력의 단결이 목적이었으며 그것이 실현된다면 아마도 대다수의 지지를 얻어 원래의 자리로 되돌아갈 수도 있고 다이쿤(=쇼군)의 권위를 이전보다도 확고하게 만들 수 있다고 여겼을 것이다.[232]

이미 1867년 3월 21일에 로주 이타쿠라 가쓰키요와 나가이 나오유키(永井尚志)는 '천황이 성년이 될 때까지 쇼군이 섭정을 맡는다. 그렇게 하면 조정과 막부 사이에 균열은 일어나지 않을 것'이라는 묘안을 생각했다.

이 묘안이 더 발전하지는 못했던 모양이다. 하지만 그해 11월 하순, 요시노부의 브레인 중 한 사람인 니시 아마네(西周)가 의제 초안을 만들었다. 이는 장차의 정치 체제에 관해 제후 회의에 올릴 첫 의안이었다.

니시 아마네는 '권(權)'을 정부의 권, 다이묘의 권, 조정의 권 등 셋으로 구분했다.

'정부의 권'이란 행정권을 가리킨다. 도쿠가와 가의 주인은 다이쿤으로 불리며 행정부의 수장이 된다. 정부는 오사카에 두며 다이쿤이 자유로이 임명한 정부 관료를 통해 전국의 정치를 한다. 관료 중에서 재상만은 의정원이 선출한 세 명의 후보자 중에서 다이쿤이 임명한다.

'다이묘의 권'은 입법권을 말한다. 의정원은 상하 양원으로 이뤄지는데 상원은 다이묘, 하원은 각 번에서 한 사람씩 선출한 무사로 구성된다. 의정원에는 법률, 예산, 외교, 화전(和戰) 문제 등 중요한 사항을 협의하는 권한이 주어진다. 다이쿤은 상원의 의

장을 맡는다. 의정원에서 의사가 결정되지 않을 경우에는 다이쿤에게 세 표를 던질 권리가 있는데, 상원과 하원이 각 한 표씩임을 감안할 때 결정권이 항상 다이쿤에게 있음을 뜻한다. 다이쿤은 또 하원의 해산권도 가지고 있다.

세 번째 '조정의 권'은 말하자면 명목상의 권력이다. 천황은 의정원에서 의결된 법률에 승인 도장을 찍을 뿐 거부권을 갖지 못한다.

만약 이 의안이 제후 회의에서 승인을 받았더라면 요시노부는 지금까지보다도 더 큰 권력을 쥐게 되었을 것이다. 다이쿤의 권위는 다이묘를 무력화시킴으로 해서 더욱 높아졌을 것이다. 즉 여러 다이묘의 봉록의 3분의 2는 국방비로 충당되고, 나머지 중 큰 몫은 교육, 광산 개발, 전신, 철도 개설 등의 비용으로 충당한다.[233] 당시 니시 아마네는 의안에 이렇게 써놓고 있다.

　　터키에서는 술탄이라 하고 러시아에서는 차르라고 칭하는 것
　　처럼, 일본에서 다이쿤이라 칭해도 불가하지 않다.

요시노부는 다수의 지지를 얻어 절대군주로 군림하기를 원했음이 틀림없다. 일본의 계몽 활동 주창자인 후쿠자와 유키치(福澤諭吉)까지도 호의를 가지고 '다이쿤의 모나키'[234]라고 말하고 있다. 요시노부 자신이 무엇을 바라고 있었는지는 분명하지 않다. 학자 중에는 요시노부가 노렸던 것은 '다이쿤 절대주의'라고 하는 자도 있으며,[235] 또 스스로 그 수반이 될 '제후들의 동맹적 정권' 또는 '제후들의 연합 정권'의 수립이었다고 말하는 사람도 있다.[236]

어찌되었건 요시노부 지지파가 세워놓은 계획은 천황 친정 추진파가 일으킨 쿠데타에 의해 물거품이 되고 말았다.

1867년 12월 9일, 마침내 왕정복고가 정식으로 발령되었다. 그날 아침 일찍, 칙사 시종 지쿠사 아리토(千種有任)가 교토 북쪽에 있는 이와쿠라무라를 찾아가 이와쿠라 도모미에게 칩거가 풀렸다는 사실을 알렸다. 이와쿠라는 또 즉시 예를 갖추고 입궐하라는 명을 받았다. 이때 이와쿠라의 꼴은 매우 우스꽝스러웠을 것이다. 칩거 명령을 받은 사람은 삭발하는 것이 법도였다. 이와쿠라는 스님 머리에 관을 쓰고 왕정복고의 대호령과 기타 문안을 담은 함 하나를 들고 입궐했다.

어전에 문후를 올린 이와쿠라는 '먼저 성단을 바라는 왕정복고의 대책(大策)을 단행하겠다'고 아뢰었다. 이와쿠라는 물러나서 소어소로 갔다. 이윽고 어린 천황은 학문소로 나와 아마도 발뒤에 도열해 있는 친왕과 신하들을 접견한 후, 칙유를 내려 왕정복고의 대호령을 반포하게 했다. 섭정, 관백, 막부 등의 관직은 폐지되었고, 새로 총재(아리스가와노미야 다루히토 친왕), 의정(議定) 열 명, 참여(參與) 스무 명으로 이뤄진 신정부가 수립되었다.

그날 밤, 소어소에서는 천황이 있는 자리에서 중요한 회의가 열렸다. 우선 의장격인 나카야마 다다야스가 '왕정의 기초를 확정하고 경시일신(更始一新)의 경륜을 시행하기 위해 공의(公議)를 다해야 한다'면서 개회를 선언했다.

대정봉환을 뒤에서 조종한 중심인물인 야마우치 요도가 먼저 입을 열어 '도쿠가와 요시노부를 이 자리에 불러 조정 회의 자리에 참석시키면 어떻겠는가' 하고 물었다. 이 말에 오하라 시게토미(大原衆德)가 반대했다. 요도는 그에 상관 않고 계속해서 말했다.

  2백여 년 동안에 걸쳐 일본에 태평과 번영을 가져다준 공적은 도쿠가와 가에 있다. 조상 대대로 이어져온 패업을 요시노부는 스스로 포기하고 정권을 조정에 봉환했다. 이는 오로지 정국의 안정과 영속적인 국체의 유지를 바랐기 때문이다. 그럼에도 두세 명의 구게가 어리신 천자를 옹위하고서 음험한 거동으로 요시노부의 공을 빼앗는 것은 무슨 짓인가.

  요도는 은근히 이와쿠라 일파를 통렬히 비판했다.[237] 이와쿠라는 이런 비판을 잠자코 듣고 있을 사람이 아니었다. 즉각 요도에게 반격하고 나섰다.

  어전 앞이니 말씀을 삼가시오. 성상께서는 불세출의 영재로서 대정(大政) 유신하셨으며 오늘의 이 일들은 모두 신단(宸斷: 천자의 재단)에서 나온 것, 망령되이 어리신 천자를 옹위하고 권력을 절취한다는 언사를 내뱉다니 어찌 이리도 무례할 수 있단 말인가.

  요도는 이와쿠라의 반격에 찔끔해서 실언을 사죄했다. 요도의 실언이 당장에 그 자리에 있던 제후들을 이와쿠라파로 기울게 한 것은 아니다. 전 에치젠(越前) 번의 번주(이제는 신정부의 의정) 마쓰다이라 요시나가(松平慶永)도 도쿠가와 2백여 년의 태평의 공을 들어 요시노부를 옹호했다. 이와쿠라는 요시나가의 말을 가로막으며 다음과 같이 말했다.

만일 요시노부에게 반성과 자책의 마음이 있다면 당장에 관위를 내놓고 영지는 인민에게 반환하고 왕정 유신의 대업에 동참해야 할 것이다.[238] 성의가 있다면 마땅한 자리를 내줘도 좋겠지만 요시노부에게는 그런 자세가 안 보이지 않는가. 정권의 껍데기만 봉환하고 토지와 인민의 실력을 보유하고 있다. 요시노부 같은 인물은 절대로 용서해서는 안 되며 조정 회의에 참석케 해서도 안 된다.

이와쿠라는 입심 좋게 말을 맺었다.[239] 최초로 이와쿠라 지지를 표명한 것은 오쿠보 이치조였다.

조정은 요시노부에게 관위 사퇴는 물론 토지와 인민 반환을 명해야 한다. 만일 요시노부가 이에 응하지 않는다면 단호하게 토벌해야 한다.

오쿠보는 원래 침착하고 과묵한 인물로 알려져 있었다. 그러나 왕정복고의 구적(仇敵) 요시노부에 대한 제후들의 동정의 말을 듣자 울컥해 불을 내뿜는 듯한 열변이 튀어나왔던 모양이다.[240]

다음으로 발언한 것은 고토 쇼지로였다. 고토는 신중하게 요시노부에 대한 관대한 조처를 요구했던 것 같다. 이어 발언한 오와리 번의 번주 도쿠가와 요시카쓰(德川慶勝), 아키(安芸) 번 후계자 아사노 모치코토(淺野茂勳)는 모두 요도와 요시나가의 의견에 동조를 표했다. 하지만 사쓰마 번의 번주 시마즈 모치히사는 오쿠보 지지를 표명했다. 토의는 쉽사리 끝날 것 같지 않았다. 천황은 잠시의 휴식을 명했다. 쉬는 시간에 방 밖에 있던 사이고 다카모리는 누구에게랄 것도 없이 '단도 한 자루면 끝날 일 아닌가'라고 중얼거렸다.

사이고의 말은 이와쿠라에게 전해지고 이와쿠라는 새로이 결의하게 된다.[241] 이와쿠라는 먼저 요도 지지를 표명하고 있었으나 동요하는 것 같아 보였던 아사노에게 말을 꺼냈다.

가령 천황의 어전에서 피를 보는 일이 있더라도 요도는 죽이지 않으면 안 되겠소.

놀란 아사노는 이와쿠라 지지를 약속하고 가신을 통해 고토에게 사이고의 말과 함께 이와쿠라의 결의를 전했다. 고토는 재빨리 그 자리의 상황을 판단하고 요도에게 '피바람이 닥칠 수 있으니 우선 이 자리에서는 양보하는 것이 어떻겠는가' 하고 진언했다. 요도는 이에 따르지 않을 수 없었다. 고토는 다시 마쓰다이라 요시나가에게도 재고를 구했다. 여기서 고토가 표변하게 된 데에는 어쩌면 신정부의 요직에 앉고 싶은 마음이 한구석에 있었기 때문일지도 모른다.[242] 아무튼 천황이 다시 나와서 회의가 재개되었을 때는 모두가 이와쿠라의 의견을 따랐다. 도쿠가와 요시노부에게 관직 사퇴와 토지 반납을 주청시킨다는 이와쿠라의 제안에 아무도 이의를 제기하지 않았다. 회의는 자시(밤 12시 전후)쯤에 끝났다.

가장 강경하게 도쿠가와 요시노부 지지를 표명했던 제후의 콧대를 꺾은 이와쿠라의 성공은, 이른바 어부지리를 얻기에 능한 그의 외교적 수완을 잘 보여준다. 아마도 '요시노부에게 요구한 사관납지(辭官納地)의 명은 모두 천황의 승인을 바탕으로 하는 것이다'라는 단언이 이와쿠라가 반대파에게 구사한 말 중 가장 효과적이었을 것이다.

하지만 정말 메이지 천황이 승인했을까. 아니면 거역할 수 없는 권위를 끌어대 요시노부 지지파를 제압하려고 이와쿠라가 꾸며낸 말이었을까. 남겨진 자료에는 이에 대한 설명이 없다. 메이지 천황은 확실히 어리다고는 하지만 이제 열다섯 살이었다. 정치적 의견을 가질 수 없을 만큼 어리지는 않았다. 한때 고메이 천황은 아들 무쓰히토에게 몹시 화가 난 일도 있었다. 이유는 조슈 번 지지파인 외할아버지와 궁녀들에게서 영향을 받은 무쓰히토의 과격한 양이 사상 또는 막부 타도 감정 탓이었을 가능성이 있다. 중요한 것은 소어소 회의에 메이지 천황이 끝까지 앉아 있었다는 사실이다. 불꽃 튀는 토의가 천황에게 강렬한 인상을 남기지 않았을 리 없다.

이 예사롭지 않은 회의가 끝나고 다음 날인 12월 10일, 신정부의 의정 도쿠가와 요시카쓰와 마쓰다이라 요시나가는 니조 성으로 가서 요시노부에게 사관납지를 주청하라는 내유(內諭)가 나왔음을 전했다. 요시카쓰와 요시나가의 가마가 성 안으로 들어갈 때 막부의 수비병은 두 사람을 향해 욕설을 퍼부었다. 어떤 자는 '적의 하수인'이라고 불렀고, 어떤 자는 '친족 요시노부의 배반자'라고 했다. 요시카쓰와 요시나가는 이들의 조롱을 못 들은 체하고 곧바로 요시노부를 만나 그곳에 있던 사람들을 물리친 다음 조정의 뜻을 전했다. 요시노부는 삼가 조용히 듣고 나서 담담한 태도로 답했다.

쇼군 사직 청원이 청허된 일에 감사한다. 사관납지의 건에 대해서는 개인적으로 이의가 없다. 하지만 이를 바로 공표한다면 가신들의 마음을 격앙시키거나 변고가 일어날지도 모른다. 원컨대 사관납지의 주청은 좀 더 시간을 주었으면 한다.

요시카쓰와 요시나가는 이를 승낙했다. 요시노부의 예측대로 니조 성을 지키고 있던 막부와 친막부 무사들은 요시노부에 대한 사관납지 명령을 듣자 격앙해서 모든 것이 사쓰마 번의 술책이라고 비난했다. 요시노부는 부하의 기세를 진정시키기 위해 니조 성을 나와 오사카 성으로 향했다. 가장 강력하게 요시노부를 받쳐주고 있는 아이즈(會津) 번의 번주 마쓰다이라 가타모리, 구와나 번의 번주 마쓰다이라 사다아키, 빗추(備中) 마쓰야마 번의 번주 이타쿠라 가쓰키요 등 세 사람이 요시노부를 수행했다.

조정파와 막부파의 대립은 일촉즉발의 상태였다. 하필이면 이때 위기 상황을 우스꽝스럽게 만드는 기이한 일이 발생했다. 고메이 천황 1주기가 다가오고 있었고, 조정에서는 그에 어울리는 법회를 열 필요가 있었다. 하지만 회계 사무를 관장하고 있는 산릉 부교 도다 다다유키는 조정에 그 법회를 치를 만한 비용이 없다고 고했다.

이와쿠라는 내대신 요시노부에게 부탁해서 비용을 조달하라고 지시했다. 놀랍게도 요시노부의 사임을 요구한 당사자인 이와쿠라가 요시노부를 아직도 내대신이라고 부르고 있었다. 도다는 오사카 성으로 가서 요시노부에게 사정을 설명하고 헌금을 의뢰했다. 도다로서는 이때만큼 난처했던 적도 없었을 것이다.

오사카 성은 왕정복고 추진파에 대한 분노로 술렁거리고 있었다. 이런 상황에서 '적'에게 헌금을 마련해 줄 리가 없었다. 요시노부는 내키지 않았으나 도다의 호소하는 듯한 탄원에 결국 회계 부교에게 명해 우선 금 1천 냥을 내주게 했다. 그리고 나머지는 교토의 대관(代官)에게 명해 막부 직할령의 공납금에서 내줄 것을 약속했다. 막부와 조정이 전투를 시작하기 바로 나흘 전인 12월 29일, 고메이 천황의 1주기 법요는 막부가 내놓은 비용으로 탈 없이 집행되었다.

12월 16일, 요시노부는 오사카 성에서 영국, 프랑스, 이탈리아, 미국, 프로이센, 네덜란드 6개국 공사를 접견하고 정권 교체 사실을 알렸다. 그러나 외교는 계속해서 요시노부가 담당한다는 것과 신정부에 아직 외국과 교섭할 기관이 없다는 것을 덧붙여 말했다.[243] 사흘 뒤인 12월 19일, 요시노부는 왕정복고 불복을 선언하고 조정에 그 폐지를 청원했다. 총재 다루히토 친왕에게 올린 상서에서 요시노부는 그의 통한의 심정을 이렇게 쓰고 있다.

조상 대대로 이어받은 정권을 봉환하고 쇼군 직 사퇴를 주청한 것은 오로지 천하의 공의와 여론에 따라 공정한 규범을 보이는 정부 수립을 원했기 때문이다. 그러나 무장한 한두 개 번의 무사가 갑자기 궁궐로 쳐들어가고 선제의 치세 때 견책 처분을 받은 구게 몇 명[244]을 발탁해서 수천 년 이어져온 조정의 관습을 더럽히려 하고 있다. 이는 실로 경악할 일이라 하지 않을 수 없다. 설혹 이것이 성단에 의해 나온 것이라 하더라도 이를 간하고 막는 일이야말로 신하된 자의 의무다. 게다가 천황은 아직 젊으시다.

천하가 어지러울 조짐과 만민이 도탄에 빠질 것은 뻔히 내다보이는 일이다. 특히 외교에서도 심상치 않은 사태를 초래하게 될 것이다. 성단을 꺾고 일시적 책략으로 처리하는 일이라도 일어난다면 여러 외국에 신의를 잃을 것이요, 황국에 큰 피해를 가져올 것이다.[245]

이 시점까지 도쿠가와 요시노부는 충신처럼 행동했고 천황의 칙명을 감수하고 있었다. 그러나 요시노부는 막부와 조정 사이에 전쟁이 일어날 것을 예측하고 있었던 듯하다. 요시노부는 왕정복고의 대호령에 따르기를 거부하면서 유교의 가르침으로 자신을 정당화하고 있다. 즉 군자가 도에 어긋날 경우에 신하된 자는 군자를 간해야 한다는 것이었는데, 직후에 발발한 무진(戊辰)전쟁[246]을 치르는 동안 이것이 요시노부의 명분이 되었다.

막부군과 조정군의 충돌은 에도 시중과 주변에서 일어난 일련의 방화 약탈 사건에 의해 더 일찍 터지고 말았다. 사건을 일으킨 것은 사이고 다카모리가 지휘하는 무사들이었다.[247] 사쓰마 번을 이끄는 사이고와 오쿠보는 막부 측에 행동을 재촉하게 해서 막부 공격의 구실을 만들고자 했다. 이들 일련의 사건은 확실하게 막부 측을 자극했다. 하지만 결정적인 도발은 아주 우연히 터졌다.

12월 23일, 에도 성의 외성이 불타자 막부는 이를 사쓰마 번 관저에서 배회하던 무사들의 짓이라고 단정했다.[248] 같은 날, 사쓰마 지번(支藩)인 사도와라(佐土原) 번의 무사가 에도 시중 경비를 하고 있던 쇼나이(庄內) 번의 주둔지에 발포했다. 25일, 쇼나이 번 군사를 주력으로 하는 막부 측은 에도 사쓰마 번 관저를 포위하고 일련의 사건에 관련이 있는 무사들의 인도를 요구했다. 사쓰마 번은 이를 거부했다. 막부 측은 즉각 발포했고 이어진 총격전으로 쌍방에서 사상자가 나왔다. 마침내 막부 측은 사쓰마 번 관저를 불태워버렸다.

이 보고가 교토에 전해지기까지 사흘이 걸렸다. 그러는 사이 12월 27일 천황은 건춘문 밖 관람소에서 사쓰마, 조슈, 아키, 도사 4개 번의 군사 2천 명의 훈련을 관람했다. 그 목적은 천황 가까이에서 군사를 조련함으로써 부대의 사기를 높이기 위함이었는지 모른다. 아니 어쩌면 반대로 궁녀들의 손으로 키워진 어린 천황에게 전투 정신을 주입하기 위함이었는지도 모른다. 그해 메이지 천황은 처음으로 승마를 체험했다. 훈련하던 사쓰마 번 병사는 그 인원수—부대 전체 2천 명 중 1천5백 명—뿐 아니라 장비 면에서도 앞서 있었다. 기록에도 '복장이나 무기는 모두 영국식을 사용했고 구령도 엄명(嚴明)해서 모두 씩씩하더라'고 쓰여 있다.[249] 훈련을 마친 후 각 번의 대장에게 천황이 포상을 내렸고 병사들에게는 술이 내려졌다.

에도의 사쓰마 번 관저가 불타버렸다는 소식이 오사카 성에 전해진 28일은 도쿠가와 요시노부가 신정부에 사관납지를 받아들이겠다고 상주서를 쓴 직후였다. 오사카 성의 장병들은 이 소식에 격노했다.[250] 요시노부도 장병의 분노에 덩달아 뜻을 번복하고, 1월 1일 막부군을 이끌고 교토를 치기로 결심했다.

막부군은 사쓰마와 조슈 지역의 동맹군으로 5천여 명인 조정군의 세 배를 웃도는 숫자였다. 막부군의 병사 중 일부가 돈으로 고용된 농민 출신 용병이었던 것은 사실이다. 하지만 프랑스군 지도관의 훈련을 받고 근대 무기로 무장한 병사도 있었다. 교토와 오사카 중간에 위치한 도바에서 막부군과 조정군이 충돌했다는 보고를 받은 사이고는 '도바(烏羽)에서 울린 한 발의 포성은 백만 우군을 얻은 것보다 더 반갑다'고 외쳤다고 한다. 그렇지만 동시에 사이고는 그 전투의 결과에 깊은 위구심을 품고 있던 게 틀림없다. 개전 전 이미 사이고는 막부군의 교토 진입을 상정해서 천황의 안전을 위한 대책을 세우고 있었다.[251]

천황이 궁녀의 행색으로 변장하고 주고와 함께 가마를 타고 삿초 동맹군 병사의 호위를 받으며 아키(安藝)와 빈고(備後) 경계 쪽으로 피신한다는 것이었다.[252] 가발과 두꺼운 화장이 남자다운 메이지 천황을 여자로 변신시킬 수 있는지 매우 의문이지만, 귀인이 여자로 변장해 도피하는 일은 예로부터 있어 온 일이었다.[253]

게이오 4년(1868) 1월 3일, 드디어 전투는 시작되었다. 교토를 향해 도바, 후시미 가도를 진군하던 아이즈 번과 구와나 번을 주력 부대로 한 막부군은 도바와 후시미 양 지점에서 사쓰마 번 병력을 주력으로 하는 조정 군대와 부딪쳤다. 막부군의 선봉을 맡은 옛 막부의 오메쓰케(大目付: 대감찰) 다키가와 도모타카(瀧川具擧)는 조정 측 수비병에게 다음과 같이 전했다.

우리는 조정의 명을 받들어 교토로 올라가는 전 쇼군 도쿠가와 요시노부의 선봉부대이다. 만일 이 진군을 막는다면 병력으로 돌파하겠다.

사쓰마 병사의 대답은 포성과 총성이었다. 어떤 기록에 의하면, 사쓰마군이 쏜 포탄 한 발이 다키가와군 포차에 명중하여 말이 놀라 병사를 떨어뜨리고 미친 듯이 도바 가도를 내달렸다. 가도를 따라 길게 종대를 이루고 있던 막부군은 느닷없는 포성과 미친 듯이 달리는 말 때문에 큰 혼란에 빠졌다. 불길한 전투 개시였다.

미쳐 날뛰는 말은 물론 전적으로 우연에 지나지 않았다. 하지만 조정 측에는 또 다른 비밀 무기가 있었다. 그것은 바로 막부군을 적군으로, 아군을 관군으로 결정지어 버린 금기(錦旗), 즉 비단으로 만든 어기(御旗)였다.

지난 1867년 10월 14일, 오쿠보 도시미치와 시나가와 야지로(品川弥二郎, 조슈 번의 지도자 중 한 사람)는 칩거 중인 이와쿠라를 찾아가 왕정복고 전략을 짰다. 이와쿠라는 참모인 다다마쓰 이사오가 고안한 금기를 두 사람에게 보인 뒤 그것을 많이 만들도록 의뢰했다. 오쿠보는 교토에서 천을 구했고, 시나가와가 이를 야마구치로 싣고 가 금기를 만들었다. 금기의 반은 야마구치에, 나머지 반은 교토의 사쓰마 번 저택에 보관되었다.

1월 4일, 메이지 천황은 고마쓰노미야 아키히토(小松宮彰仁)―후시미노미야 구니이에 친왕의 여덟 번째 왕자―를 정토대장군(征討大將軍)으로 임명하고, 그에게 금기의 절도(節刀)를 내렸다. 이것은 아키히토 친왕에게 적대하는 자는 조정의 적이 된다는 것을 의미했다. 도쿠가와 요시노부는 진작부터 전투 상대는 조정이 아니라 사쓰마 번이라고 주장해 왔다. 그러나 금기는 천황의 옹호자라는 정통의 자격을 사쓰마 번에 주었다. 수많은 자료에서 막부군의 패배 요인으로 금기의 절대적인 효과를 들고 있다. 금기는 '관군' 삿초군의 사기를 북돋우고, 조정의 적이 될까 주저하는 막부군의 사기를 떨어뜨렸다.

지금의 기준으로 본다면 아키히토 친왕[254]은 총대장이 되기에는 가당치도 않은 인물이었다. 황족의 일원이라는 점을 빼고는 아키히토 친왕은 이 지위에 어울릴 만한 자격을 갖춘 게 전혀 없었다. 아키히토는 1858년 열두 살에 인화사에 들어가 득도했고, 절에 있는 동안 군사훈련을 받은 일은 전혀 없었던 것 같다. 정토대장군의 지위는 어디까지나 상징적인 것이었으며, 실전 지휘는 사이고 다카모리처럼 전투를 좋아하는 참모의 손에 맡겨져 있었다.[255] 하기야 누가 지휘관이 되건 큰 차이는 없었을지 모른다. 일본의 전투는 이때까지도 전통적으로 해오던 1대1 싸움이었다.

관군의 승리가 누구의 공에 의한 것이건 막부군은 전쟁터에서 추풍낙엽처럼 쓰러져 갔다. 패잔병들은 전투태세를 재정비하기 위해 당시 막부 로주의 요직에 있던 이나바 마사쿠니(稻葉正邦)의 요도(淀) 성으로 들어가려 했다. 그러나 성문은 눈앞에서 굳게 닫히고 말았다. 막부군의 패잔병들은 경악하고 당황했다. 이튿날 또 다른 배반이 기다리고 있었다. 야마자키(山崎)는 좁고 기다란 평지로서 오사카로 가는 관문이었다. 막부의 명으로 야마자키를 수비하고 있던 쓰(津) 번이 1월 6일, 갑자기 막부군에 발포했던 것이다. 전날, 금기를 내세운 조정의 칙사가 야마자키로 파견되어 쓰 번의 번주를 설득했다. 쓰 번 번주는 쇼군을 버리고 조정에 귀순하기로 서약했다.

뼈아픈 패배를 맛본 이날 저녁, 요시노부는 막부의 중신과 각 부대 대장을 오사카 성에 불러들여 대책을 강구했다. 모두들 장병의 사기를 높이기 위해 요시노부가 직접 나서기를 바랐다. 요시노부는 쾌히 이를 승낙했고 대책 회의는 돌연 활기를 띠었다.

하지만 그날 밤, 요시노부는 몰래 오사카 성에서 도망쳤다. 덴포산 앞바다에서 막부 군함 가이요(開陽) 호를 타기 위해서였다. 하지만 가이요 호는 아직 도착해 있지 않았다. 요시노부는 잠시 미국 군함 일로쿼이 호를 타고,[256] 가이요 호가 도착하기를 기다렸다. 다음 날인 7일 아침, 요시노부는 마쓰다이라 가타모리 등 몇 명만을 데리고 가이요 호에 승선해 8일, 에도를 향해 출범했다. 성에 남아 있던 막부군이 요시노부가 사라진 사실을 안 것은 7일 아침이었다. 그들은 성을 버리고 탈주했다. 요시노부는 뒷날 '조정에 대항할 마음은 전혀 없었다. 금기가 등장해 이젠 끝이라고 생각했다'고 술회했다.

　무진 전쟁은 완전히 끝난 게 아니었다. 관군은 서일본과 남일본에서 이겼을 뿐이었다. 아직 에도와 북일본이 남아 있었다. 그렇지만 교토의 신정권은 일단 대승리를 거둔 셈이었다.

제15장 무쓰히토의 행차

오사카 성이 조정군의 수중에 들어오고 일주일 뒤인 1868년 1월 15일, 마침내 메이지 천황의 관례 의식이 거행되었다. 이 경사스러운 행사를 축하하여 대사면령이 내려지고 견책당했던 구게 열아홉 명의 조정 출사 금지 명령도 풀렸다. 이때 6개국 공사에게 국서가 교부되었다. 이제부터 천황은 내정과 외정 모두에 걸쳐 최고의 권능을 행사한다는 내용이었다.

위엄을 보이는 딱딱한 한문체로 천황의 새로운 권능을 강조한 이 문장에는 '현 천황의 아버지 고메이 천황은 막부가 열강과 조약을 조인하는 데 강력하게 반대했었다. 하지만 현 천황은 이 조약이 법적으로 유효하다는 것을 인정한다'는 의미가 숨어 있다. 동시에 이는 여러 외국과의 교제가 불가피하다는 점을 조정이 간접적으로 용인한 것이며, 여러 외국과 화친하는 편이 유리하다는 인식을 보여주는 것이기도 했다.

국서는 칙사 히가시쿠제 미치토미(東久世通禧)에 의해 번역된 뒤, 각국 공사들에게 제시되었다. 미카도(=천황)의 사자인 히

256

가시쿠제에게도 질문 세례가 쏟아졌으나 능숙하게 응수했다.[257] 그 자리의 분위기는 현대의 기자회견과 놀라울 정도로 흡사했다. 프랑스 공사 로슈의 질문은 그가 여전히 쇼군 편에 서 있다는 것을 보여주었다. 다른 공사들은 국서를 자국 정부에 보고하겠다고 약속했다. 같은 날 온 나라 안에 포고문이 발령되었다.

세태를 일신해서 선제가 다년간 우려하시던 여러 외국과의 화친 조약이 이번에 조의(朝議)에서 승인되었다. 천하 제후들과 사민(士民)에 이르기까지 성려(聖慮)에 합당하게 온 마음을 다해 힘쓰라.

이는 최근 일어난 외국인 폭행 같은 사건은 일체 용서하지 않겠다는 조정의 경고처럼 들린다. 포고문에는 또 군비를 충실히 해서 국위를 해외만방에 빛내고, 지금까지 막부가 맺은 조약에 폐해가 있는 경우에는 이해득실을 따져서 개혁하겠다는 것과 외국과의 교제는 국제법에 따라 행동하겠다는 내용이 있었다.[258] 막부 토벌전이 이번에는 하코네의 관문에서 다시 벌어지려 하고 있었다. 그 틈새를 비집고 지카코 내친왕 가즈노미야의 서한이 도카이도 진무총독(鎭撫總督) 하시모토 사네야나(橋本實梁)에게 전달됐다.[259] 도쿠가와 가를 '조정의 적(朝敵)'이라는 오명으로부터 벗겨달라는 탄원서였다. 가즈노미야는 강혼을 할 때 쇼군에게 시집가 에도에 살게 되는 것을 극단적으로 싫어했다. 그랬던 가즈노미야가 이제는 자신을 도쿠가와 가의 사람으로 여기고 있었다. 가즈노미야는 서한에서 다음과 같이 말했다.

요시노부가 상경했을 때 뜻밖의 전쟁이 발발해서 요시노부는 조적이라는 오명을 쓰고 일단 돌아왔다. 지금까지 여러 가지 불미스러운 일도 있고 해서 요시노부 한 몸은 어찌 취급받더라도 변명할 생각은 없다. 그러나 도쿠가와 가가 후세까지 조적의 오명을 남기게 된다면 참으로 유감스러운 일이다. 만일 나를 어여삐 여기는 마음이 있다면 도쿠가와 가의 오명을 씻고 가문의 이름을 세울 수 있도록 배려해 줄 수는 없겠는가. 만일 관군을 보내서 도쿠가와 가를 진멸하는 일이 있게 된다면 나로서도 서둘러 죽을 각오가 되어 있다. 내 한 목숨은 조금도 아깝지 않다. 다만 조적으로 목숨을 버리기에는 조정에도 황공한 일이어서 참으로 가슴이 아프다.

지카코 내친왕은 자신의 호소가 받아들여지기를 바랐다. 지카코 내친왕의 탄원이 완전히 무시되는 일은 있을 수 없었다. 하지만 결과적으로 교토의 수뇌부에는 별 영향을 주지 못한 것 같다. 다이묘 중에는 요시노부가 진심으로 사죄하면 도쿠가와 가문은 존속시키자고 제언하는 사람도 있었다. 이와쿠라 도모미도 같은 의견이었다.

불필요한 전란을 피하기 위해 이와쿠라는 마쓰다이라 요시나가를 움직여 요시노부에게 사죄를 서두르게 한 적도 있었다. 그러나 요시나가에게서 받은 서한에 성의가 없음을 알아차린 이와쿠라는 토벌군을 출동시키는 수밖에 없다는 쪽으로 생각이 기울었다. 이때 이미 삿초 군대는 바다와 육지를 통해 에도 성으로 진군하고 있었다.

요시노부 쪽은 관군에 항복할 것이냐 철저하게 항전할 것이냐로 갈등하고 있었다. 1월 15일 요시노부는 영국 공사 파크스에게 서한을 보내 도쿠가와 정권이 아직 외교권을 장악하고 있음을 알렸다. 그리고 만일 파크스가 조정 정부의 대표와 접촉하는 일이 있다면 조약 위반이 된다고 언명했다. 그러나 같은 날, 요시노부는 조정의 명에 따를 뜻이 있음을 시사하듯 측근 중 가장 강경한 항전파인 오구리 다다마사를 파면했다. 1월 17일, 요시노부는 조정 정부에서 요시노부에게 가장 호의를 보이는 마쓰나가와 야마우치 요도에게 서한을 보냈다. '도바와 후시미에서의 전투는 스스로도 알지 못하는 사이에 일어난 일이며 추격 명령을 받게 된 것은 어처구니없다'면서 요시나가와 요도에게 중재를 부탁했다.

1월 19일, 요시노부는 통틀어 세 번 열린 로슈와의 회견 중 첫 번째 회견을 가졌다. 프랑스 공사 로슈는 아직 도쿠가와 정권을 강력하게 지지하고 있었다. 도바와 후시미에서의 패전에도 불구하고 로슈는 막부군의 최후의 승리를 확신하고 있었다. 요시노부는 로슈에게 이렇게 말했다.

나는 도쿠가와 가에 대대로 내려오는 영지를 온 힘을 다해 지킬 것이다. 천황은 바야흐로 감금된 것이나 마찬가지 신세이며 마음대로 행동할 수도 없다. 소위 조정 정부라고 하지만 실은 삿초 두 번의 손아귀에 놀아나고 있을 뿐이다.

두 번째 회견 때 요시노부는 은퇴의 뜻을 밝히면서 후계자로 기슈(紀州) 번주 도쿠가와 모치쓰구(德川茂承)를 추천했다. 1월 21일, 요시노부는 다시 요시나가와 요도에게 서한을 보내 이미 로슈에게 말한 것처럼 자신이 은퇴할 요량이며 그 이유로 조적이라는 오명을 쓰게 된 것과 병에 걸렸다는 것을 들었다. 요시노부는 두 사람에게 조적의 오명을 씻어달라고 중재를 부탁했다.

1월 27일, 요시노부는 로슈와 마지막 회견을 가졌다. 요시노부는 자신의 입장을 밝힌 성명서를 로슈에게 주면서 대정봉환 이래의 자신의 행동을 변명했다. 열강 정부와 맺은 조약을 준수할 뿐 아니라 자진해서 그것을 개선할 의향을 가지고 있다고 주장했으며, 조약 개정이 외국에 유리해질 것임을 은근히 시사했다. 요시노부는 어쩌면 기독교 도입을 공인할 생각도 가졌던 게 아닌가 생각된다. 이는 어쩌면 간접적으로 '나는 모든 안건에 타협할 용의가 있다. 그러나 도쿠가와 가의 영토를 침범하는 것은 허용할 수 없다'[260]는 말을 하고 싶었던 것인지 모른다.

요시노부의 성명서에 로슈는 별로 놀라는 기색을 보이지 않았고 또 그럴 이유도 없었다. 성명서의 원안을 만든 사람이 다름 아닌 로슈였기 때문이다.

열강 외교관 중에서 오직 로슈 한 사람만이 다이쿤(大君) 치하의 안정된 정부야말로 서양과의 무역에서 커다란 가능성을 제공할 것이라는 잘못된 판단에 사로잡혀 있었다. 최종적으로 일본을 통일하는 중앙 정부는 교토의 천황 정부라고 알아차린 사람은 파크스뿐이었다. 파크스는 요시노부를 이제 일개 번의 봉건 영주에 지나지 않는 낙오자로 보고 있었다.

2월 12일, 요시노부는 에도 성을 나와 우에노 관영사(寬永寺) 내의 대자원(大慈院)에 칩거하면서 오로지 근신할 것을 서약했다. 자신은 천황의 뜻을 거스른 책임을 한 몸에 지고 천벌을 받을 각오라고 했다. 요시노부는 다만 불문에 들어간 고겐(公現)

친왕이 상경해서 자신을 위해 조정에 변명해 주기를 청원했다. 지금까지 고켄 친왕은 황족에 속하는 인물이라는 점을 빼놓고는 거의 무명의 존재였다. 하지만 얼마 안 있어 메이지 천황과 옥좌를 놓고 겨루는 호적수로 부상하게 된다.[261]

어찌해야 할지 적절한 처신을 놓고 요시노부가 흔들리고 있던 시기, 교토 정부에서는 장차 수도를 어디로 할 것이냐를 놓고 또 다른 논의가 전개되고 있었다. 천도는 교토의 구게 계급과 밀접하게 관련되어 있던 옛 체제의 폐습이 새로운 문명개화의 정치 실현을 위해 내쳐짐을 뜻했다. 오쿠보 도시미치는 오사카 천도를 제의했다.

오사카 땅은 외국과의 교제의 길, 부국강병의 길을 강구하고 육해군을 일으키기에 가장 적당하다. 외국에서는 제왕이 겨우 한두 명의 시종을 거느리고 온 나라를 행보한다고 한다. 만민을 사랑하는 것은 군주의 첫 번째 도리이다. 새 도읍에서는 천황 또한 여러 외국 군주들처럼 소수의 수행원을 거느리고 천하만민과 어울릴 수 있다.

가장 중요한 것은 천황을 궁궐 밖으로 옮겨놓음으로써 천하만민과 격리되어 있던 오랜 폐습을 타파하는 것이었다.

오쿠보의 건의는 1월 23일, 조의에 부쳐졌다. 천황의 외할아버지인 의정 나카야마 다다야스를 비롯한 구게들은 정면으로 반대했고, 이를 삿초 두 개 번의 사사로운 권세를 넓히기 위한 음모라고 맞받아쳤다. 구게들의 반발에는 이 밖에도 중요한 이유가 있었다. 바로 그들 생활의 모든 것이라 해도 좋을 교토 땅에 대한 애착이었다.

오쿠보의 천도 계획은 그 자리에서 승인을 얻지는 못했다. 하지만 함께 제안한 오쿠보의 또 하나의 열성적인 탄원은 주목을 끌었다. 천황이 궁궐이라는 금역에서 벗어나 간토(關東)로 파견되는 토벌군의 지휘를 한다, 즉 천황 친정에 관한 것이었다.

2월 3일, 메이지 천황은 난생처음 궁궐을 나와 교토의 쇼군 거처이자 막부의 상징이었던 니조 성으로 행차했다.[262] 천황은 검새(劍璽: 황실 신기神器의 하나인 검과 곡옥)를 받들고 자신전에서 총화련(葱華輦: 천황 나들이 때 사용되는 가마)에 몸을 실었다. 니조 성에 도착한 천황은 그대로 니노마루((二の丸: 본성 곁의 부성) 안에 있는 서원으로 갔다. 여기서 총재 다루히토 친왕과 신하들이 천황에게 문후를 올렸다. 이어 천황은 본성 백서원(白書院)에 들어갔다. 천황은 상단에 처진 발 뒤쪽에 자리 잡았고, 총재, 의정, 상참여(上參與)가 중단에, 하참여(下參與) 등은 행랑에 앉았다.

여기서 적도(賊徒) 친정과 대총독 설치 건에 대해 조의가 열렸다. 조의를 마친 다음 천황은 총재를 발 안쪽으로 불러서 대략 다음과 같은 친정 명령을 내렸다.

이번에 요시노부 이하 적도들은 에도 성으로 도망가 계속해서 폭력과 반역을 저지르고 있다. 더 이상 사해가 가마솥같이 끓고 만민이 도탄에 빠져 괴로워하는 모습을 보기가 어렵다. 따라서 짐은 예단을 내려서 친정을 결심했노라. 이에 적절한 인선에 의해 대총독을 두기로 한다. 기내(畿內: 교토와 가까운 다섯 지방으로 야마시로山城, 야마토大和, 가와치河內, 이즈미和泉, 셋쓰攝津를 말한다)와 7도(홋카이도를 제외한 일본 전역을 가리킨다. 도카이도東

海道,도산도東山道,호쿠리쿠도北陸道,산요도山陽道,산인도山陰道, 난카이도南海道,사이카이도西海道가 있다)의 대소 번들은 각각 군려(軍旅: 전쟁) 준비를 하라. 수일 안에 군의(軍議)를 결정할 것이다. 기별이 있는 대로 각 부대는 명을 받으러 즉시 달려오라. 모든 군은 힘을 합쳐 진력하여 충전(忠戰)에 임하라.

다루히토 친왕이 2월 9일, 동정대총독(東征大總督)에 임명되었다. 금기가 내려지고 쓰와노(津和野) 번의 병사 2개 소대가 그 수호를 맡았다. 다루히토 친왕은 도쿠가와 요시노부와는 인척관계였기에 자진해서 동정대총독의 지위에 앉았다.

2월 15일, 동정 출발에 앞서 다루히토 친왕은 메이지 천황에게 하직 인사를 하기 위해 참모와 금기 부교(奉行)를 거느리고 입궐했다. 신속히 적을 소양(掃攘: 모두 쓸어버림)하라는 칙명이 일동에게 내려졌다.

육군의 모든 법도가 이미 다루히토 친왕에 의해 발령되어 있었다. 그 몇 가지 예를 들면 이런 것이 있다.

첫째, 군에서는 상하귀천 없이 침식과 노일(勞逸: 고락)을 함께 할 것. 둘째, 함부로 신사와 불각을 훼손하거나 민가에 방화하고 가재를 약탈하는 등의 행위는 금할 것.

특히 외국인에 대한 조치에 이런 조항이 있었다.

첫째, 외국인의 폭거나 무례한 행위를 발견하는 자는 이를 잡아 중군(中軍: 본대)에 상신할 것. 둘째, 곡직(曲直)을 살펴서 그

나라의 공사에게 따져 지당한 처분을 할 것. 셋째, 까닭 없이 발포하거나 참살하지 말 것. 넷째, 함부로 외국인 주거지에 침입하지 말 것.

이들 조항의 내용은 분명히 해외 여러 나라를 납득시키기에 충분했다. 즉 관군은 국제적으로 인정된 전쟁 규약에 따라 행동하는 정규 군대이며, 결코 진군 중에 함부로 살육이나 약탈을 하는 무법 집단이 아니라는 것이다.

외국과의 관계 개선을 바라는 조정 측의 의도는 외국 공사에게 천황 알현을 허가한 결단에도 역력히 드러난다. 이에 대해서는 궁중의 안살림을 관장하는 '후궁' 쪽에서 강한 반발이 있었다. 마쓰다이라 요시나가와 이와쿠라 도모미는 군주가 다른 나라의 공사를 접견하는 것은 만국의 관례라고 아뢰었다. 그 뒤에 천황은 나카야마 다다야스를 불러 외국 공사 접견을 준비하라고 일렀다.

2월 17일, 만국의 관례에 따라 천황이 외국 공사 알현을 받는다는 포고문이 발령되었다. 토벌군 친정을 위한 출발 일정이 촉박했기 때문에 천황의 결단은 이례적으로 긴급하게 발표되었다. 메이지 천황이 자진해서 외국 공사를 만나려 한 일은 아버지 고메이 천황의 특징이라고 할 수 있는 외국인을 혐오하는 악풍에 메이지 천황이 물들지 않았음을 보여준다.

천황이 내린 포고문에는 외국 공사 접견 결정을 정당화하기 위한 3직[263]의 부서(副書)가 붙여졌다. 거기에는 외국 사절과 접견한 고대 천황의 예가 인용되어 있었다. 역사적 신빙성이 박약함에도 불구하고 이러한 과거의 예가 인용된 것은 일본 궁중에서는 언제나 선례를 중시하는 관습이 있기 때문이다.

지난날 천황이 외국의 사절과 만난 예가 중국과 조선 같은 근린 제국에 한정되어 있었던 이유는 일본의 항해술이 아직 미숙했기 때문이다. 하지만 바야흐로 일본은 전 세계를 상대로 화친을 도모하기에 이르렀다. 만국 공통의 공법을 준수하지 않으면 일본은 해외 제국에 신의를 잃게 된다. 국제적인 이해관계를 놓고 볼때 타협은 필요하다.

외국과의 관계 개선을 위한 첫걸음으로 외국인의 입경이 허가되었다. 어니스트 사토는 고도(古都) 교토의 경관을 본 뒤 외국 공사의 관저 소재지로서 에도보다는 교토 쪽이 좋겠다고 썼다. 일본의 정치는 장차 교토에서 벌어지는 것이 당연하다고 여겨졌기 때문이라고 했다.

이 중요한 시기에 사카이(堺)에서 배외적 성격을 띤 엄청난 사건이 일어났다. 군함 뒤플렉스 호의 선원인 프랑스인 수병 열한 명이 도사 번의 병사들에 의해 참살당한 것이다. 일본 측 자료에 의하면, 이들 수병과 여섯 명의 친구들이 사카이의 거리를 배회하며 폭행을 저질렀기 때문에 경비를 서고 있던 도사 번 병사가 이들을 덮쳤다고 했다. 반면 이 사건에 대한 어니스트 사토의 기술은 아주 딴판이었다. 일본인이 아무런 잘못이 없는 비무장 보트 승무원을 학살했다는 것이다. 프랑스 공사 레옹 로슈는 즉시 외국 사무국보 다테 무네나리(伊達宗城)에게 글을 써서 처분을 요구했다.

첫째, 사건 책임이 있는 도사 번의 병사를 참수할 것. 둘째, 피해자가 된 수병의 유족에게 금 15만 달러를 지불할 것. 셋째, 외국 사무장관인 야마시나노미야(山階宮)가 도사 번 번주와 함께 함선으로 올라와서 사죄할 것. 넷째, 향후 무기를 가진 도사 번 사람들의 개항지 출입을 금할 것 등등이었다.

일본 측은 로슈의 요구를 모두 받아들였다. 도사 번 병사 스무 명에게 프랑스인 수병 살해죄를 물어 할복자살을 명했다. 열한 명까지 할복했을 때 그 처참한 광경을 임검(臨檢)하고 있던 프랑스 군함 함장이 한 손을 들어 처형을 중지시켰다. 로슈는 나머지 아홉 명의 구명을 청원했다. 사토는 처형 집행을 중지시킨 일을 아쉬워하며 다음과 같이 썼다.

　　함장인 뒤프티투아르가 살해당한 프랑스인이 열한 명이었다고 해서 도중에 집행을 중지시킨 일은 참으로 유감이다. 왜냐하면 스무 명은 모두 같은 죄를 저질렀기 때문이다. 1대1의 생명을 요구한 행동은 정의보다도 오히려 복수가 목적이었다는 인상을 주었다.[264]

사토는 이전에 할복 명령을 받은 비젠(備前) 번 무사의 처형에 입회한 일이 있었다.[265] 그 위엄 있는 형벌 집행에서 사토는 감명을 받았으며, 열한 명의 남자들이 할복하는 장면을 보면서 역겹다고 여기지 않은 것 같다. 아마도 당시 공중의 눈앞에서 치러지는 처형식은 유럽에서도 흔히 있는 일이고, 그런 일에는 축제 분위기조차 감돌기 때문일 것이다. 사토는 또 이렇게 적었다.

　　할복이 끔찍한 구경거리라는 이유로 그런 자리에 있었던 것을 수치스럽게 여기지는 않는다. 오히려 나 자신이 온 힘을 다해 이 형벌을 입회하는 일에서 뒷걸음치지 않은 것을 자랑으로 생각한다. 할복은 역겨운 구경거리가 아니라 지극히 품위 있고 예절 바른 하나의 의식이며 영국인이 뉴게이트 감옥 앞에서 공중의 오락을 위해 곧잘 집행하는 처형보다 훨씬 엄숙한 것이었다.

2월 30일, 프랑스 공사 로슈와 네덜란드 대리공사 폴스브로크가 입궐해서 메이지 천황을 알현했다.[266] 미시(未時)에 천황은 히키노시(印直衣: 바닥에 끌리는 귀족의 평복)를 입고 검새를 받들어 자신전에 나와 미초다이(御帳臺: 방장을 드리우고 한층 높게 만든 자리)에 앉았다. 부총재 산조 사네토미와 보필(輔弼) 나카야마 다다야스는 장막 안에 시립했다. 외국사무국독(外國事務局督) 아키라(晃) 친왕[267]과 부총재 이와쿠라 도모미는 장막 앞에 섰고, 3직 이하는 미초다이의 좌우에 도열했다. 외국 사무국보(輔) 히가시쿠제 미치토미의 안내로 프랑스 공사가 천황 앞으로 나아가 머리 숙여 절했다. 로슈는 다음과 같은 인사말을 들었다.

　귀국의 제왕이 평안하시다니 짐은 매우 기쁘다. 앞으로 양국의 교제가 점점 돈독해져서 영구히 변치 않기를 희망하노라.

로슈의 봉답(奉答)은 꽤 길었는데, 마지막으로 나폴레옹 3세의 대리로서 천황과 일본의 번영과 하느님의 가호를 기원했다. 봉답이 끝나자 프랑스 공사는 물러났다. 네덜란드 공사가 어전으로 안내받아 천황에게서 같은 말을 들었다. 이후 공사 두 명은 다과 대접을 받았다. 이 직후에 영국 공사가 알현하기로 되어 있었다. 영국 공사 파크스는 이미 숙사인 지은원(知恩院)을 출발했다. 영국인과 일본인 호위병이 앞뒤를 지키는 가운데 말을 타고 궐로 향하는 길이었다. 일본인 호위 중에는 나카이 히로시(中井弘), 고토 쇼지로가 있었다. 행렬이 신문전(新門前) 거리 나와테(繩手) 모퉁이에 막 이르렀을 때였다.

거리 반대편에서 남자 둘이 뛰어나와 칼을 빼들고 일행을 향해 달려들었다. 그리고 행렬을 따라오면서 미친 듯이 칼을 휘둘러댔다. 나카이는 그것을 보자 말에서 뛰어내려 그중 한 사나이와 대적했는데 강적이었다. 상대방은 나카이의 목을 치려 했으나 슬쩍 머리만 스쳤을 뿐 아슬아슬하게 칼을 피했다. 이번에는 나카이가 칼끝으로 자객의 가슴을 찌르려 하자 자객이 멈칫했고, 등을 돌리는 찰나 고토가 휘두른 칼에 맞아 그대로 땅 위로 나동그라졌다. 이때 나카이가 후다닥 달려가 목을 쳤다.[268]

또 한 명은 영국인 호위병들을 차례로 베고 사토를 엄습했다. 사토의 말이 가벼운 상처를 입었다. 간신히 위기를 모면한 사토는 공사 파크스를 호위하기 위해 행렬의 선두 쪽으로 말을 달렸다. 사토는 특명전권공사의 찬란한 정장을 한 해리 파크스 경이 피코크 경시(警視)와 함께 말을 탄 채 유유히 십자로 한가운데에 있는 것을 보았다. 사토를 공격했던 자객도 곧 잡혔다.

사토는 산조의 가신의 도움을 받아 자객을 문초했다. 그는 몹시 후회하면서 자신의 목을 잘라 거리에 매달아놓고 그 죄를 백성 모두에게 알리라고 했다.[269] 공범자는 없다고 했으나 공범 용의자 세 명이 종신추방형을 선고받았다. 시중에서는 습격자를 동정하는 목소리도 있었다. 외국인이 궁에 출입한다는 것은 '신의 나라' 일본을 욕보이는 일이고, 하물며 용안을 본다는 것은 하늘의 위엄을 모독하는 일로 여겼기 때문이다.

이 사건의 경위를 전해들은 천황은 깊은 유감을 표시했다. 즉시 아키라 친왕 이하 정부 고관을 보내 파크스를 위로했다. 파크스는 "이 사건은 내가 아니라 오히려 미카도에게 중대한 폭행을 저지른 것이나 다름없다. 정부는 군주의 명예를 지킬 방법을 당연히 알고 있을 것이다"라고 대답했다.

파크스의 경호원 다수가 중상을 입었기 때문에 그날의 알현은 불가능하게 되었다. 영국인들의 숙소였던 지은원은 병원으로 일변했다. 부상병들은 심하게 피를 흘리면서도 외과의의 치료를 차례로 기다리며 참을성 있게 복도에 누워 있었다. 외과 의사들은 셔츠 차림으로 엄청난 일을 재빠르게, 그리고 솜씨 좋게 처리했다. 셔츠와 시트를 찢어 붕대를 만들기도 하고 피로 물든 양동이 물을 비우고 다시 채우기도 했다. 접촉하는 모든 것이 메스꺼울 정도로 피투성이였다. 그야말로 악몽 같았다. 이윽고 나카이가 죽인 사나이의 목이 운반되어 왔는데, 그것은 무시무시한 구경거리였다.

연기되었던 파크스와 하급 통역 A. B. 미트포드의 알현은 3월 3일에 있었다.[270] 미트포드는 그날의 사건을 '우리의 부하들이 갑자기 줄어들었다. 남은 기마 호위병은 단 두 명뿐이었으며, 검을 빼들고 파크스 공사의 양쪽을 지켰다'고 회상했다.

영국 공사 일행은 궁궐에 도착하고 놀라지 않을 수 없었다. 천황의 궁궐은 아무런 방비도 하지 않고 있었다. 그저 흰 회벽으로 둘러쳐져 있을 뿐이었다. 미트포드는 자신의 책에 이런 감탄의 말을 썼다.

치밀하게 공들여 지은 간소한 구조임에도 불구하고 궁궐은 그 자체가 특유한 어떤 위엄을 갖추고 있었다.[271]

파크스와 미트포드는 알현 장소로 안내되었다. 눈앞에 메이지 천황이 있었다. 두 사람은 아마도 일본 천황을 가장 가까운 거리에서 직접 본 최초의 외국인일 것이다. 미트포드의 회상이 이어진다.

중앙에는 검은 칠이 되어 있는 가는 기둥으로 떠받쳐진 천개(天蓋)가 있었다. 그것은 주름이 잡힌 흰 비단으로 씌워져 있었고 그 안에는 검은색과 붉은색 문양이 짜 넣어져 있었다. (중략) 천개 밑에는 젊은 미카도가 높은 의자에 앉아 있다기보다는 기대어 있었다. 천황의 뒤에는 두 명의 친왕이 무릎을 꿇고 앉아 만일 필요하다면 폐하의 임무를 돕기 위해 대기하고 있었다.

우리가 방에 들어가자 천자는 일어나 우리의 경례에 답례를 했다. 그는 당시 반짝이는 눈과 밝은 안색을 지닌 키가 큰 젊은이였다. 그의 동작에는 매우 위엄이 있었고 세계 어느 왕국보다도 오랜 왕가의 후예로서 어울렸다. 그는 흰 상의를 입었고 속을 둔 긴 바지는 새빨갛고 부인들의 궁중 의상처럼 옷자락이 길어 보였다. 머리에는 신하들이 쓴 것과 똑같은 에보시(烏帽子: 구게가 쓰는 새까만 망건의 일종)를 썼지만 그 위에 검은 사(紗)로 만든 가늘고 길며 평평한 깃 장식이 붙어 있었다. 나는 적당한 말을 찾을 수 없어 깃장식이라고 했으나 실제로는 새의 깃털 같은 것이 아니었다. 눈썹은 깎아서 이마 위에 보다 높게 그려져 있었다. 볼에는 연지를 바르고 입술은 적색과 금색으로 칠했으며 치아는 검게 물들여져 있었다. 이처럼 익살스러운 모습으로 위엄을 갖추기란 여간 어려운 일이 아닐 텐데도 고귀한 핏줄[272]을 타고났음이 잘 드러나 있었다. 덧붙이자면 얼마 후 이 젊은 제왕은 이들 진부한 풍습과 오래된 시대의 속박을, 그 밖의 시대에 뒤떨어진 여러 가지 것들과 더불어 모두 추방시켰다.[273]

영국 공사가 들은 말은 천황이 프랑스나 네덜란드 공사를 만났을 때 했던 내용과 거의 다르지 않았다. 그러나 천황은 이에 덧붙여 사흘 전 영국 공사 일행이 궐로 향하던 도중에 예기치 않은 사고를 당한 일에 유감을 표했다. 파크스는 공손히 "천황의 인자하신 말씀을 들으니 지난날의 불행이 말끔히 잊혀집니다"라고 대답했다. 후에 미트포드는 다음과 같이 썼다.

메이지 천황은 아주 젊었고 여관들이 있는 곳에서 떨어져 나와 새로운 지위에 처음 앉게 되어서인지 예상했던 대로 조금 수줍어하는 듯이 보였다. 그의 목소리는 속삭임에 가까웠으므로 오른쪽에 있던 친왕이 이를 큰 소리로 되풀이하면 이토 슌스케(伊藤俊輔)가 통역했다.[274]

파크스와 미트포드가 천황을 알현하고 나서 사흘 뒤인 3월 6일, 에도 가까이에 진군해 있던 관군과 곤도 이사무가 이끄는 2백여 명의 신선조(新選組)가 가쓰누마(勝沼)에서 충돌했다.[275] 동정군(東征軍)과 막부군의 최초의 교전이었다. 이타가키 다이스케(板垣退助)가 이끈 관군이 승리를 거두었다. 에도로 향하는 관군의 행진이 인상에 남는 것은 아마도 행진 중에 부른 노래 때문인지 모른다. 조슈 번 무사 시나가와 야지로(品川弥二郎)가 도바, 후시미 전투 중에 만든 속요 〈끝까지 싸워라〉이다. 근세 군가의 효시라고 해야 할 이 노래는 일본뿐 아니라 멀리 영국에까지 전해졌다. 그 가사의 일부는 독특한 가락과 함께 1885년에 작곡된 오페레타 〈미카도〉에 채택되었다.

전하 전하 말 앞에 한들한들하는 게 뭐지요
힘껏 싸워라 힘껏 싸워라
그건 조적(朝敵)을 정벌하라는 깃발이란 걸 모른단 말이냐
힘껏 싸워라 힘껏 싸워라[276]

제16장 **첫 개선**

젊은 천황이 처음으로 손을 댄 역사적으로 중요한 의미를 가진 일은 바로 1868년 3월 14일의 국시 '5개조 어서문(御誓文)' 반포였다.

천황이 구게, 제후 이하 백관을 거느리고 스스로 천신지기(天神地祇: 하늘의 신과 국토의 신) 앞에 선서하기에 앞서 전날 다음과 같은 포고문이 있었다.

오랜 세월에 걸쳐 무문(武門)에 의해 부득이하게 중단하지 않을 수 없었던 신도(神道)의 여러 의식을 부활한다.

이 포고문의 의도는 과거의 제정일치제를 소생시키는 데 목적이 있었다.[277]

이 복고 계획의 중심은 신기관(神祇官)의 부흥이었다. 신기관은 신들의 제사를 관장하는 곳으로 8세기 초에 설치되었는데, 최근 몇 세기 동안 유명무실한 존재로 전락해 버렸다. 그러나 이제

간누시(神主: 신사의 신관神官), 네기(禰宜: 간누시 밑의 신관)를 비롯한 전국의 신관, 그리고 조정과 신사에서의 신도식 제사 의식이 모두 이 신기관의 감독하에 놓이게 되었다. 신관들은 본래의 국무에 복귀했다. 신관의 직무를 중시하고 신불(神佛) 분리를 강조하는 정책은 나흘 후 더욱 분명해졌다. 승려의 모습으로 신사에서 일하고 있던 신관은 승위(僧位)와 승관(僧官)을 반납한 후 환속하라는 명령을 받았다.[278]

1천 년 이상 많은 일본인은 신도와 불교라는 본질적으로 모순이 되는 두 종교를 동시에 믿어왔다. 신도에 의하면 현세는 쾌적하고 기쁨이 솟아나오는 세계이고, 사후세계는 불결하고 부패가 만연해 있는 곳이다. 거꾸로 불전(佛典)에 의하면 현세인 사바는 시련과 고난의 세계이며, 사바에서의 행위 여하에 따라 사후에 극락정토로 갈 수가 있다.

일본인들은 일반적으로 이 두 종교에 근본적인 차이는 없다고 여겨왔다.[279] 그 대신 널리 받아들여진 것이 본지수적설(本地垂迹說)이었다. 이것은 신과 부처가 한 몸이라고 주장하는 설[280]이다. 예를 들면 신도의 하치만(八幡) 신은 원래 오진(應神) 천황을 주신으로 삼은 궁시(弓矢)의 신인데, 보살 칭호를 받아 하치만 대보살[281]이라는 이름으로 숭배되었다. 이제 진무 천황 시대의 제정일치제로 복귀한다는 선언과 더불어 외국에서 들어온 불교는 거부당하고, 심지어 박해를 받기에 이르렀다.[282]

불교가 신도보다 훨씬 중요한 역할을 하고, 천황이 한결같이 불문에 들어가 '원(院)'이라는 호칭으로 불리던 시대는 오래 계속되었다. 그러나 그때도 신도가 황족의 무시를 당한 적은 한 번도 없었다. 천황이 행하는 가장 중요한 의식은 신도 의식이며 새해에는 언제나 사방배(四方拜)로 시작했다.

설날 인시(오전 4시 전후)에 천황은 속성(屬星: 자신의 운명을 지배하는 별)과 천지 사방의 신들 및 부모의 산릉을 향해 요배(遙拜: 연고가 있는 쪽을 향해서 하는 절)하고 나서, 오곡의 풍요와 보조(寶祚: 천자의 위)와 국가와 국민의 안녕을 빌었다. 말하자면 이는 이 세상에서의 은혜를 기원한 것으로 신도의 현세적인 세계관에 따른 것이다. 그러나 '속성'이라는 용어로도 알 수 있듯이 신도 의식은 도교에서 많은 영향을 받고 있었다. 조정이 항상 의지하고 있던 것은 운세의 길흉을 점치는 음양사였고, 그의 지시 없이는 궐내의 주요 행사를 할 수 없었다.

메이지라는 시대가 시작될 무렵 일본에는 신도, 불교, 도교, 기타의 신앙이 뒤섞여 있었다. 그중에는 미신 같은 종교도 있었다. 신도와 특히 신기관을 중시하는 정부의 결정은 강해진 천황의 지위와 밀접하게 연결되어 있었다. 신도에 의하면 천황은 세계의 정점에 서 있는 존재였다.

천황의 5개조 어서문 반포에서 행한 의식은 완전히 신도에 따른 것이었다. 그날, 의식은 자신전에서 시작되었다. 참석한 구게와 제후 이하 백관은 모두 의관을 갖춰서 그 형형색색의 정장 차림이 현란했을 것이다. 의식은 제일 먼저 공간을 정화하기 위해 소금물과 쌀 뿌리기로 시작되었다. 이어 신기사무국독(神祇事務局督) 시라카와 스케노리(白川資訓)가 강신(降神)의 신가(神歌)를 불렀다. 신들에게 공물을 바치는 헌찬(獻饌)을 한 후 천황은 히키노시(引直衣)를 입고 부총재 두 명(산조 사네토미와 이와쿠라 도모미)과 보필 두 명(나카야마 다다야스와 오기마치산조 사네나루)을 데리고 옥좌에 나와 앉았다. 옥좌는 남쪽을 향해[283] 오른쪽으로 비스듬하게 신좌(神座)를 바라보고 있었으며 사계(四季) 병풍으로 둘러 쳐져 있었다. 산조 사네토미가 축문을 읽기 시작했다.

소리 내어 부르기 황송하도다
하늘의 신이여, 나라의 신이여[284]

축문이 끝나자 천황은 신좌로 나아가 배례하고 폐백으로 다마구시(玉串: 비쭈기나무에 닥나무 섬유로 만든 베나 종이를 매단 것)를 바쳤다. 이어 산조가 5개조 어서문을 읽었다.

제1조, 널리 회의를 활성화해서 만기(萬機: 제반 문제)를 공론에 부쳐 결정한다.
제2조, 상하가 합심해 활발하게 경륜을 편다.
제3조, 문무백관으로부터 서민에게 이르기까지 각자가 그 뜻을 이루고 불만이 없도록 해야 한다.
제4조, 구래의 누습을 타파하고 천하의 공도를 따른다.
제5조, 지식을 세계에서 구하고 황국의 기반을 굳건히 다진다.

이 어서문은 메이지 천황이 작성한 것이 아니다. 유리 기미마사(由利公正)와 후쿠오카 다카치카(福岡孝弟)가 작성한 뒤 기도 다카요시가 이를 수정했다.[285] 학자 중에는 그 의의를 가볍게 여기는 자도 있지만 5개조에 깃든 이념 뒤에는 15일로 예정된 에도 성 총공격과 천황의 친정 행차의 포고에 대비해서 협력 체제를 이룬다는 의미가 담겨 있다고 한다.[286]
5개조 어서문이 의회제 민주주의를 세우려는 정부 수뇌부의 의도였다는 추측은 분명 잘못일 것이다. 그러나 어쨌건 어서문의 내용은 그야말로 혁신적이라고 할 수 있으며, 그 발상은 일본에서는 전례가 없었을 뿐 아니라 사실 중국 문화권에 속하는 다른 어떤 나라에서도 전례가 없는 것이었다.

만기를 공론에 의해 결정하는 일은 결코 전통적 방법이 아니었고, 또 경륜을 행하는 일도 이전에는 하층 계급이 공유할 특권으로 볼 수 없었다. 제4조 구래의 누습을 타파하고 공도에 따른다는 것은 솔직히 애매한 말이다. 서로 모순된 해석을 낳기 쉽다. 과거의 관습은 으레 존중되어 마땅한 것이요, 오히려 타락한 현상과 대조해야 할 거울이므로 누습이라고 불릴 일은 아니었다. 지식을 널리 세계에서 구한다고 한 마지막 조문은 복고의 기본 개념과 모순되는 것이 아닐까. 복고란 원래 일본 이외의 나라를 본받는 것이 아니라 일본의 지난날을 돌아보고 그곳에서 의지처를 구하는 일일 터였다. 훗날 5개조에 명기된 원칙은 의미가 좁혀져서 효력을 상실하고 때로는 무시되었다. 그러나 그것이 부정되는 일은 결코 없었으며, 일본을 문명개화의 근대 국가로 만들고자 한 사람들의 이념으로 남았다.[287]

5개조 어서문이 포고된 다음 참석한 구게와 제후들은 어서문을 받들겠다는 뜻으로 '성지를 삼가 받들어 목숨 바쳐 힘씀으로써 천자의 마음을 편안하게 모시겠습니다'라는 내용의 서약서에 서명했다. 당일 참석하지 못한 구게와 제후는 나중에 입궐해서 서명했다. 서명한 자는 모두 767명이었다.

이 의식은 대체 메이지 천황에게 어떤 인상을 주었을까. 천황은 자신의 생각을 기록한 문장을 남긴 바가 없다. 설사 주위 사람에게 뭔가 이야기했는지는 몰라도 전해지는 것은 없다. 그의 나이를 감안하면 어서문을 작성할 때 천황이 의논 상대가 되었을 것 같지는 않다. 산조 사네토미가 5개조 어서문을 읽을 때 천황이 그 내용을 제대로 이해했을까 싶기도 하다. 그러나 메이지 천황의 치세가 시작된 이래로 가장 감명 깊은 이 의식에서 천황도 전혀 느낀 바가 없지는 않았을 것이다. 오히려 아직 젊었기에 5개조에 담긴 이념은 그를 더 깊이 감동시키지 않았을까. 확실히 치세 초기에 메이지 천황은 스스로 준수한다고 서약한 이 글의 취지에 공감을 표시하고 있었다.

5개조 어서문이 반포되던 날, 동시에 천황의 고유(告諭)도 서한 형식으로 발표되었다. 다음은 역대 선조의 위업을 칭송하고 천하 만민의 안태(安泰)를 기원하면서, 함께 해외에 국위를 선양하기를 호소한 서한의 원문이다.

유약한 짐이 갑자기 대통을 이은 이래로 무엇으로 만국과 맞서고, 어찌하면 조상들을 제대로 받들어 모실 수 있을지 아침저녁으로 생각했다. 중세에 조정이 쇠약해져서 무가에서 권세를 전횡한 이래로 겉으로는 조정을 존숭하면서도 사실은 경원함으로써 억조창생의 부모로서 백성의 사정을 알 수 없게 되어 마침내 억조의 천황이라는 이름뿐인 존재가 되고 말았도다.

오늘날 조정에 대한 존중은 예전보다 배가된 것처럼 보이나 조정의 위세는 오히려 배로 쇠해져 위아래로 벌어짐이 하늘과 땅같도다. 이러한 형세 아래에서 무엇으로 천하에 군림할 것인가. 이번 조정(朝政) 일신의 때를 맞이하여 천하 억조가 각각 알맞은 처지를 얻지 못함은 모두 짐의 죄다. 오늘에 이르러 짐은 뼈를 아끼지 않고 마음을 다해 고난에 앞장서서, 옛 열조(列祖)께서 정성을 다해 놓으신 발자취를 밟으며 치적을 쌓기에 힘씀으로써 비로소 천직을 다해 억조의 천황이 되고자 한다.

옛날에 열조들이 정치상의 모든 과제를 스스로 처리하고 신하의 도리를 못하는 자가 있으면 스스로 장수가 되어 치셨고, 조정의 정사는 모두 간결하게 했다. 지금처럼 경원되는 일 없이 군신이 서로 가까이하고 상하가 서로 사랑하며, 그 덕이 골고루 미쳐서 국위가 해외에까지 찬연히 빛났다. 그럼에도 근래에 온 세계가 크게 열려서 각 나라들이 사방으로 웅비하건만, 오직 일본만이 세계정세에 어둡고 구습을 고집하며 일신(一新)의 효과를 꾀하지 않았도다. 짐이 공연히 구중궁궐에 안주하며 하루하루의 편안을 탐하고 백 년의 근심을 잊어버린다면, 마침내 각 나라의 업신여김을 받아서 위로는 열성(列聖)을 욕되게 하고 아래로는 억조창생을 괴롭힐까 두렵다. 고로 짐이 이제 백관 제후와 더불어 널리 함께 서약하노라.

열조의 위업을 계승하고 일신의 어려움과 괴로움을 돌보지 않으며, 스스로 사방을 경영하여 그대들 억조를 평안히 감싸 안고, 마침내는 만 리의 파도를 개척해 국위를 사방에 선포하고 천하만민에게 부악(富嶽: 후지 산)의 반석 같은 평안함을 가져오려 하노라. 그대 억조창생은 구래의 누습에 젖어 조정을 존중해야 할 대상으로만 여기고, 신주(神州: 일본)가 위급하다는 것을 모르도다. 짐이 한번 다리를 들어 움직이려 하면 매우 놀라 온갖 의혹을 일으켜 만(萬) 입이 제각기 분분하다. 만약 짐이 뜻을 이루지 못하게 한다면 이는 짐으로 하여금 천황의 도리를 잃게 할 뿐만 아니라 이로써 열조께서 이룩한 천하를 상실하게 된다.

그대 억조창생아, 짐의 뜻을 깊이 새겨서 서로 이끌며 사사로운 생각을 버리고 공의를 따르자. 짐의 사업을 도와 신의 터전을 보전하자. 열성의 신령을 위로할 수 있다면 평생의 행복이겠노라.[288]

이 친서에는 실로 흥미로운 점이 있다. 고메이를 비롯한 근세 천황이 쓴 서한과 너무나도 다르다. 백성과의 밀접한 관계를 절실하게 바라는 천황 자신의 기분을 적고 있다.

무가가 천황을 외경(畏敬)이란 후광으로 감싸놓음으로써 천하 만민이 자신을 이해하지 못하게 방해했으며, 동시에 자신도 천하 만민의 심정에 둔감해졌다는 것이다. 이제까지의 수동적인 역할을 버리고 나라와 천하 만민을 위해 적극적으로 행동하겠다고 말하고 있다. 바야흐로 대변혁을 앞두고 천황이 국민을 향해 협력을 호소하고 있는 것이다. 국민의 협력이 불가결하다는 사실은 메이지 이전의 어느 천황도 생각해 보지 않았을 것이다.

5개조 어서문이 반포된 15일, 옛 막부의 방 대신 금령 5조가 적힌 태정관 게시판 다섯 개가 세워졌다. 세 번째 게시판까지는 막부가 오랫동안 지켜온 금령을 거의 그대로 계승한 내용이었다. 나머지는 현재의 급한 불을 끄기 위한 미봉책이었다. 다음은 첫 번째 게시판에 적힌 전형적으로 내려오는 금령이다.

첫째, 사람된 자로서 오륜지도(五倫之道)를 바르게 한다.

둘째, 과부나 외로운 자, 폐질(廢疾)을 앓는 자를 불쌍히 여긴다.

셋째, 사람을 죽이고 집을 불태우며 재물을 훔치는 악행을 저지르지 않는다.

두 번째 게시판에는 도당을 이루는 일, 강소(强訴: 데모), 그리고 촌민이 다른 영지로 도망하는 것을 금하고 있다. 세 번째 게시판에는 기독교나 사교는 엄히 금하니 의심스러운 자는 관계 관청에 신고하라는 내용이다. 이러한 내용에 새삼 놀라는 사람도 없었다. 그러나 나머지 두 개 게시판에 적힌 금령은 보다 현실정에 맞는 내용이었다.

우선 네 번째 게시문은 외국인을 위협해 추방하려고 기를 쓰고 있는 양이주의자들의 콧대를 꺾기 위함인 것 같았다.

왕정이 이제 일신되었다. 즉 조정은 조리를 따르고 외국과 교제하며, 만국 공법에 따라 조약을 이행할 것이므로 외국인에게 위해를 가하지 말라. 이를 어기는 자는 조정의 명을 거스르며 국난을 조장할 뿐 아니라, 국제간의 신의를 잃게 해 황국의 위신을 손상시키므로 적절한 형으로 다스릴 것이다.

한편 막부가 붕괴된 후 나라 안의 왕래에 대한 규제가 느슨해진 틈을 타서 자기 번의 현상에 불만을 가지고 타지로 이주하려는 자가 생겼다. 다섯 번째 게시문은 이런 사태를 제지하는 내용이었다.

사민(士民)이 자기 번을 탈주하는 것을 엄히 금한다. 또한 번을 위해 그리고 주가(主家)를 위해 의견이 있는 자는 이를 태정관에게 건의하는 것을 허락한다.

전국 곳곳에 세워진 이 금령은 분명 일부 구게와 제후들 앞에서 포고된 5개조 어서문보다 훨씬 더 가깝게 국민에게 주지되었다. 특히 네 번째 게시문은 양이의 종언을 고하고 있다는 점에서 중요한 금령이었다.

마침 그 무렵, 에도에서는 사이고 다카모리와 가쓰 가이슈(勝海舟) 사이에 에도 성을 넘겨받기 위한 교섭이 진행되고 있었다. 오랫동안 양이론자로 알려져 온 사이고 다카모리가 영국 공사 파크스에게 조언을 구했다. 어니스트 사토에 의하면 막부 측 대표 가쓰 가이슈는 다음과 같이 말했다고 한다.

요시노부 한 사람의 목숨을 지키기 위해 전쟁도 불사하겠다. 미카도에게 불명예가 될 뿐 아니라 내란을 오래 끌게 될 가혹한 요구는 반드시 사이고의 수완으로 저지될 것이라고 믿는다.

또한 가쓰는 영국 공사 해리 파크스에게 이렇게 말했다.

미카도 정부에 대한 경의 영향력을 이용해서 이러한 재앙을 미연에 막아주시오.

특히 사이고가 4월 28일(음력 4월 6일) 요코하마로 파크스 경을 찾아갔을 때 파크스 경은 그에게 이렇게 경고했다.

요시노부와 그 일파에 대한 가혹한 처분, 특히 체형으로 대처하려 한다면 유럽 제국의 여론은 그 잘못을 따질 것이다. 아울러 신정부의 평판에 흠집이 생길 것이다.

이에 사이고는 다음과 같이 대답했다.

전 쇼군의 목숨을 요구하는 일은 없을 것이고, 요시노부를 부추겨서 교토로 군대를 몰고 가게 한 무리 역시 관대한 처분을 받을 것이다.[289]

에도 성의 무혈점령을 가져온 교섭은 파크스의 충고 덕이 컸다. 도카이도 선봉 총독 하시모토 사네야나(교토의 구게)는 4월 4일, 사이고 다카모리 이하 군관 참모 등 60명을 이끌고 에도 성에 들어갔다. 요시노부를 대신해 에도 성의 새 주인이 되어 있던 도쿠가와 요시노리(慶賴)는 서쪽 성 현관에서 공손하게 일행을 맞이했다. 에도 성은 일주일 후인 4월 11일, 관군에 넘겨주게 되었다. 그리고 당일 약속대로 막부의 최후의 보루인 에도 성은 천황군에 넘겨졌다. 그러는 사이, 에도 성 점령만큼이나 큰 의미를 가진 사건이 기다리고 있었다.

3월 21일, 천황은 건례문을 통해 궁을 나와 오사카를 향해 관군의 최고 사령관으로 친정 길에 올랐다. 천황은 노시(直衣: 귀족의 평복)를 입고 총화련에 탔다. 일본 황실의 세 가지 신기(神器) 중 하나인 거울 야타노카가미(八咫鏡)를 받들고 나아가는 천황의 행렬에는 금기가 휘날리고 있었다. 히로쓰네(博經) 친왕, 산조 사네토미, 나카야마 다다야스 이하 스물아홉 명의 구게가 갑옷을 입을 때의 복장과 두건을 쓰고 말에 올라탄 채 곁을 지켰다. 선봉대를 이끌고 있는 것은 다카히토 친왕이었다. 황태후를 비롯한 구게와 대관들이 의관을 차려입고 천황의 행렬을 배웅했다. 가마가 사카이마치 산조 거리를 지나갈 때 일반 서민은 꿇어앉아 이 행렬을 우러러보았다. 행렬은 일단 동본원사(東本願寺)에서 잠시 휴식을 취한 다음, 이어 도바의 성남궁(城南宮)으로 향했고, 천황은 그곳에서 점심을 들었다. 술시(戌時: 오후 8시 전후), 행렬은 이와시미즈하치만 신궁에 도착했다. 천황은 이곳을 행궁(行宮: 임금이 행차시 묵는 곳)으로 삼고 하룻밤을 지냈다. 행렬이 나아가는 속도가 느려서 천황이 오사카의 행궁인 본원사(本願寺) 별원에 도착한 것은 3월 23일 미시(오후 2시 전후)였다.

수도를 떠나온 이 기념할 만한 행차에서 어쩌면 천황이 가장 흥분한 순간은 3월 26일, 덴포 산 앞바다에서 함대 훈련을 관람하고 처음으로 세토(瀨戶) 내해를 봤을 때일 것이다. 천황은 아지(安治) 강 연안에 있는 도시마(富島)에서 작은 배를 타고 강을 내려갔다. 좌우 연안을 병사들이 전진하면서 천황이 탄 작은 배를 호위했다. 오시(정오 전후), 천황은 덴포 산에 도착했다. 사가 번의 선박 덴류(電流) 호가 축포를 쏘자 정박 중이던 프랑스 군함의 축포가 이에 이어졌고, 다시 여기 화답하듯 덴류 호가 예포를 발사했다. 오찬을 마친 천황은 함대가 훈련하는 장관을 바라보았다.

천황을 언제나 냉정하고 침착하게만 묘사하는 『메이지 천황기』에, 이때는 '천안(天顔)이 유별나게 환해지셨다'고 적혀 있다.[290] 틀림없이 이날은 천황의 생애 중에서도 보기 드문 행복한 하루였을 것이다. 폐쇄된 세계인 궁궐에서 빠져나왔을 뿐만 아니라, 탁 트인 넘실거리는 바다를 바라보면서 주변을 제압하듯 울려 퍼지는 해군의 축포가 환영했던 것이다.

무진 전쟁은 아직 끝난 것이 아니었다. 여전히 북쪽에서는 전투를 계속하고 있었다. 에노모토 다케아키(榎本武揚)는 막부 함대를 이끌고 홋카이도로 향하려 하고 있었다. 에도는 창의대(彰義隊)의 위협을 받고 있었다. 에도 성이 넘겨진 후로도 계속해서 전 쇼군을 지지하는 막부의 신하 일단이 창의대라 칭하며 우에노 관영사에서 농성하고 있었다. 이들 반란군이 진압될 때까지는 시간이 걸릴 것이 확실했다. 그러나 심각한 위협은 이 무렵 일단락 지어진 것 같았다.[291]

그러는 동안 젊은 천황은 오사카에서의 체재를 진심으로 즐기고 있었던 것 같다. 윤4월 1일, 천황은 빅토리아 여왕의 신임장을 가지고 온 영국 특명전권공사 해리 파크스를 접견했다. 케펠 제독, 미트포드, 사토 등 공사 관원과 해군 사관들이 파크스를 따라왔다. 알현은 동본원사 별원에서 있었다. 지난번 알현 때 파크스 공사 일행이 습격 받은 일도 있고 해서 이번 경비는 매우 엄중했다. 사토는 이때의 알현 광경을 잘 전해주고 있다.

가장 안쪽에 있는 고좌(高座) 위 검은 옻칠이 된 기둥으로 받쳐진 천개(天蓋) 아래, 발을 꼭대기까지 말아 올리고 미카도가 앉아 있었다. 우리는 2열로 늘어섰는데 오른쪽 열은 제독을 선두로 해서 사관들이, 왼쪽 열은 공사를 선두로 해서 공사 관원이 서서 한꺼번에 홀의 중앙으로 나아갔다. 모두 세 번 머리를 숙였다. 처음에는 홀의 중앙까지 나아갔을 때, 그다음은 단 아래서, 마지막으로 단 위에 올라서였다. 단상은 우리 전원이 편하게 늘어설 수 있을 정도로 넓었다. 처음으로 머리를 숙여 경례를 했을 때 미카도는 천개 아래에서 기립했다. 외국사무국독과 다른 한 명의 고관이 옥좌 좌우에 각각 무릎 꿇고 앉았다.

옥좌 앞 양쪽에 작은 목제 사자 조각이 놓여 있었다. 이것은 아주 오래된 것으로 일본 국민이 매우 소중히 여기는 것이다. 옥좌 뒤로는 다수의 신하들이 검은 종이 모자를 쓰고 색색의 화려한 비단 예복을 입은 채 2열로 도열해 있었다. 미카도가 일어나자, 그의 얼굴 위쪽이 가려서 보이지 않게 되었지만 나에게는 그가 움직일 때마다 잘 보였다. 아마도 화장하고 있었겠지만, 얼굴색이 뽀얗게 보였다. 입 모양은 그리 좋지 않았고 의사들이 말하는 주걱턱이었는데, 대체적으로 얼굴 윤곽은 자리가 잘 잡혀 있었다. 눈썹은 깎여 그 1인치 위쪽으로 그려져 있었다. 의상은 보라색 바지와 망토처럼 보이는 흰색 상의, 그리고 그 위에 뒤로 늘어뜨린 검은색의 헐렁한 케이프를 입고 있었다. (중략) 해리 경이 나아가 영국 여왕의 서한을 미카도에게 바쳤다. 미카도는 수줍어하며 머뭇거리는 것 같았다. 그래서 야마시나노미야[292]의 도움을 받았는데 이 황족의 소임은 바로 미카도에게서 그 서한을 받아드는 일이었다. 그리고 미카도는 자신이 해야 할 말이 떠오르지 않는 듯 왼쪽 사람에게서 한마디 들은 다음 어렵게 최초의 한 구절을 발음할 수가 있었다. 그러자 이토 히로부미는 미리 준비한 번역 내용을 읽어 내렸다.

이후 해리 경은 차례로 우리를 미카도에게 소개하고 다음으로 제독을 소개했으며 제독은 사관들에게 알현을 시켰다. 미카도는 제독 휘하의 함대가 무사하기를 빈다고 말했다. 이런 일이 다 끝나자 우리는 처음과 마찬가지로 폐하의 앞에서 물러나 대기실로 되돌아왔다. 모든 절차가 무사히 끝나 서로 축하 인사를 나눴다.[293]

천황의 모습과 태도에 대한 사토의 묘사는 아직 모든 일에 익숙하지 않은 젊은 군주의 신경 과민적인 마음을 전해주고 있다. 수십 년 후(1906), 영국 왕실의 일원인 콘노트 공 아서 왕자로부터 가터 훈장을 받을 때, 메이지 천황은 아주 침착하게 훈장을 받았다. 긴장했던 것은 아서 왕자 쪽이었다.

이 시기 천황을 알현한 일본인의 기술은 비교적 드문데, 이는 의심의 여지 없이 외경하는 마음 때문이다. 오쿠보 도시미치는 4월 9일, 동본원사의 행궁에 있는 천황의 어전에 불려나갔던 때의 일을 자신의 일기에 적고 있다.

내 일신의 행복으로 감격의 눈물을 흘릴 수밖에 없었다. 무사로서는 처음 있는 일이며 실로 미증유의 일로 황공할 따름이다. 두 점(2시) 무렵부터 흠뻑 마시면서 서로 축하했다.[294]

4월 17일, 기도 다카요시와 고토 쇼지로가 역시 동본원사로 불려가 천황을 배알했다. 기도는 '천하의 형세, 해외 만국의 대세를 천자께서 물으셨으며……' 라고 시작되는 내용을 자신의 일기에 쓰고 있다.

평복─기도는 아직 관직에 오르지 못했다─을 입은 채 천안(天顔)을 지척에서 뵈었다. 이런 일은 수백 년간 들어 보지 못했다. 감격의 눈물이 깃을 적셨고, 오로지 오늘날 중흥의 대업이 쭉쭉 뻗어 나가지 못함을 한탄할 뿐이다. 오후 스모를 발 뒤에서 관람하셨다.

또, 같은 5월 24일에 요코이 쇼난(橫井小楠)이 가족에게 보낸 편지에 천황을 알현했을 때의 인상이 적혀 있다.

용모는 갸름한 얼굴이요, 안색은 가무잡잡하셨으며, 음성은 크고 키도 늘씬하셨다. 그 기력으로 말할 것 같으면 열 명 분은 족히 되실 것이다. 말할 수 없이 영특하신 용모요, 참으로 특출하신 분이다. 그야말로 황공무지하게 생각했다.[295]

오사카 체재 중 메이지 천황의 생활은 궁궐에서의 일상과 비교해 볼 때 훨씬 여유로운 것이었다. 천황은 꽤 자유로운 분위기를 만끽했음에 틀림없으며, 그러는 동안에도 공부는 계속되었다.

4월 11일, 천황은 발 뒤에서 칼싸움을 관람했고 이어서『대학』『손자』『삼략(三略)』에 대한 강의를 들었다.『대학』을 제외한 두 권은 병법 책이다. 4월 16일에는 참여 다나카 구니노스케(田中國之輔)에게『손자』강의를 들었다. 이날부터 천황은 일과로 행궁에서『고사기(古事記)』『좌씨전(左氏傳)』『손자』같은 책을 공부하기 시작했다. '당상 마흔 이상인 자는 마음대로 청강할 수 있었다'고 기록에 나와 있다. 천황의 교육은 측근들이 언제나 가장 관심을 기울인 일이었다.

천황의 오사카 방문은 적어도 가까운 신하와 일부 외국인에게 천황을 눈에 보이는 존재로 인식시키는 데 한몫했다. 그러나 도쿠가와 요시노부가 이미 징벌을 감수하고 있는 지금, 관군의 최고 사령관으로서 천황의 임무는 끝난 것 같았다. 이윽고 천황의 귀경 일정이 세워졌다. 오쿠보 도시미치는 이를 달가워하지 않았다. 그는 원래 오사카 천도를 바라고 있었다. 천황이 교토로

돌아가면 또다시 그가 국민으로부터 고립된 존재가 되지나 않을까 염려했다.[296]

천황은 윤4월 7일, 오사카를 떠났다. 교토를 떠날 때와는 달리 이튿날 일찍 교토에 도착했다. 천황이 탄 가마가 사카이마치문(堺町門)에 들어서자 환궁을 축하하는 악사들이 아악인 환성악(還城樂)을 연주하며 행렬을 선도했다. 궁궐과 구조 미치타카(九條道孝)의 저택 앞에는 3직을 비롯한 구게, 제후, 징사(徵士: 정부가 등용한 무사와 서민)로부터 지위가 없는 관리에 이르기까지, 그 신분에 어울리는 의관과 정장을 차려입고 천황을 맞이했다. 미시(오후 2시 전후), 천황은 자신전에 들어가 근신들의 인사를 받았다. 천황은 벽사(僻邪)와 목욕재계를 하고 머리를 매만진 다음 황태후를 대면했다.

이날은 날씨가 맑았다. 일반 시민은 이 호화스러운 행사를 보려고 인산인해를 이루었고, 환호성으로 천황의 환행(還幸)을 축하했다. 천황 친정을 상징하는 듯, 건례문, 건춘문, 의추문(宜秋門)에 내걸려 있던 금기가 모두 거두어졌다. 메이지 천황은 이날 첫 개선을 장식했던 것이다.

제17장 천황가의 반란

천황이 오사카에서 교토로 돌아온 지 얼마 되지 않아서 〈만기
친재(萬機親裁) 포고〉가 내려졌다. 천황이 스스로 정무를 본다는
사실을 분명히 밝힌 것이다.[297]

주상께서 나이 어리신 까닭에 지금까지 후궁[298]에서 지내셨으
나, 지난번 어서문의 취지도 있고 또 주상께서 이전부터 가지신
생각도 있으셔서 이제는 앞 궁궐로 옮기시고, 매일 학문소로 납
신다.[299] 모든 정무를 장악하시고 보상(輔相)[300]에게 주문(奏聞)
하도록 분부하셨는데, 때로는 스스로 팔경지간(八景之間)[301]으로
납시는 일도 계시다. 틈틈이 문무를 연마하시고 신시(오후 4시 전
후)가 되면 앞 궁궐로 들어가시곤 하신다.

신정부 참여(參與)인 요코이 쇼난은 바로 앞장에서 인용한 서
한[302]에서 천황의 일에 대한 열성에 깊은 감명을 받았다고 말하
고 있다. 쇼난에 의하면, 천황은 다다미 여덟 장 되는 방 중앙에

다다미 두 장을 겹쳐놓은 옥좌에 앉아 아침 일찍부터 접견하고 정무에 몰두했다. 옥좌 오른쪽에는 재떨이만이 놓였다.[303] 긴주(近習)[304] 두세 명이 곁에서 대기하며 다른 근신들은 문지방 너머에서 대기했다. 의정과 참여는 경우에 따라서는 여럿이 따르기도 하고, 어떤 때는 단독으로 어전에 출두했다. 쇼난은 '이런 성사(盛事)는 실로 1천여 년 이래 전혀 없던 일'이라고 기록하고 있다.

때를 같이해서 정체(正體) 개혁의 취지가 공포되어 태정관(太政官)이 입법, 행법, 사법의 3권으로 분할되었다. 이 새로운 정치 체제의 입안자는 분명 미국 혹은 유럽의 예를 본으로 삼고 있었다.[305] 그러나 개혁 의도는 외국의 관습을 모방하는 데 있었던 것이 아니라 5개조 어서문의 이행에 있었다. 이 무렵에는 가까운 장래에 민주주의가 실현되어서 만민이 균등한 기회를 가지고 정치에 참여할 수 있을 것으로는 아무도 상상하지 못했다. 친왕, 구게, 제후만이 1등관이 될 자격이 있었다. 그러나 앞으로는 번사(藩士) 및 실력 있는 일반 서민에게도 2등관이 될 길이 열렸다.[306] 관리는 공선입찰(公選入札)로 하고 4년 임기로 한다는 규정이 정해졌다.[307] 인망 있는 관리는 계속해서 재임도 가능했다. 제후, 농민, 상인 등 계급을 불문하고 만인이 신정부의 비용을 부담하기로 결정한 까닭은 그로써 군비를 정비하고 치안을 유지하기 위한 것이다. 관직에 있는 자는 봉급의 30분의 1을 세금으로 내야 했다. 그 밖의 많은 규정이 동시에 공포되었는데, 그중에는 특별히 세세한 것도 있고 널리 일반적인 성격의 것도 있었다. 어떤 규정이나 서구 선진국 못지않은 근대 국가 건설을 향한 포부가 넘쳐났다.

전투는 결코 끝난 것이 아니었다. 특히 동북과 북부 지역에서는 전투가 계속되고 있었다. 신분이 높은 구게들이 실지 훈련에 의한 전투 능력 여하에 관계없이 사령관으로 불온한 지역에 파견되기도 했다. 예를 들면 사이온지 긴모치(西園寺公望)처럼 글재주가 뛰어난 인물이 윤4월 23일, 북쪽 진무사로 임명되어 이튿날에는 임지인 에치고(越後)로 향했다. 아마도 사이온지는 구게에서 선발된 다른 장관들과 마찬가지로 명목상의 대장이었을 것이다. 그러나 그런 인물이 대장으로 임명된다는 것 자체가 문무양도(文武兩道) 사상이 아직도 남아 있음을 보여주고 있다.[308]

이 시기의 전투에 참가한 구게 중에서 가장 수수께끼 같은 인물은 요시히사(能久) 친왕이었다. 그는 고겐(公現) 친왕 또는 린노지노미야(輪王寺宮), 마지막에는 기타시라카와노미야(北白川宮)로 알려져 있다.

그는 1847년, 후시미노미야구니이에(伏見宮邦家) 친왕의 아홉 번째 아들로 태어났다. 1858년, 열한 살의 나이에 에도 우에노에 있는 천태종 몬제키(門跡: 황족이나 귀족의 자제가 출가하여 그 법통을 전하고 있는 절) 윤왕사(輪王寺)에 들어가 득도해서 법호를 고겐이라 했다.[309]

1867년, 젊은 나이로 윤왕사 주지가 되었다. 여러 상황으로 볼 때 친왕이 그대로 기도와 명상의 생애를 보낸다 해도 조금도 이상할 것이 없었다. 그러나 조정의 명에 복종하기로 서약하고 우에노 관영사에 칩거하고 있던 도쿠가와 요시노부는 린노지노미야 요시히사 친왕에게 상경해서 자신과 천황 사이의 중재를 맡아달라고 부탁했다.[310]

1868년 2월 11일, 먼저 요시노부의 사자가 린노지노미야를 찾아갔다. 린노지노미야에게 동정대총독 다루히토 친왕을 만나 요시노부를 위해 구명 탄원을 해달라고 의뢰했다. 그러나 린노지노미야는 거절했다.

나는 어려서 중이 되었기 때문에 세상일에는 어둡다. 국가의 대사를 놓고 중재하는 일은 내 능력 밖이다. 부처님을 숭배하고 경문을 외는 일에는 익숙하지만 사람과 교섭하고 상대를 설득해 본 경험은 전무하다. 만일 꼭 필요하다면 나를 대신해서 다른 사람을 보냈으면 한다.

이튿날 요시노부는 직접 린노지노미야를 찾아가 정식으로 상경을 부탁했다. 윤왕사의 집당(執當: 절을 관리하는 직책) 가쿠오인 기칸(覺王院義觀)은 린노지노미야를 대신해서 말했다.

린노지노미야의 아버지 젠라쿠(禪樂: 구니이에 친왕)는 이제 늙었다. 일단 상경하면 에도로 돌아오는 일은 용이하지 않을지도 모른다. 그렇게 되면 에도의 인심은 동요한다. 역시 대리를 세우는 것이 낫겠다.

린노지노미야가 돌아오지 않으면 인심이 동요한다는 것은 그가 인기가 있었고, 에도에서 잘 알려진 존재였음을 나타내고 있다. 아마도 황족과 인척 관계이기 때문일 것으로 생각된다.

그날은 요시노부도 어쩔 수 없이 물러났다. 그러나 13일, 요시노부는 기칸을 불러 동정대총독 다루히토가 이미 교토를 출발해서 군사를 이끌고 에도로 향하고 있다고 말했다. 요시노부는 린노지노미야가 상경하여 탄원하게 해달라고 기칸에게 거듭 요청했고 다음 날 같은 취지의 서한을 린노지노미야에게 보냈다.

15일, 야마오카 뎃슈(山岡鐵舟)와 기타 각료들이 연서로 기칸에게 서한을 보냈다. 요시노부 등이 이처럼 린노지노미야 설득에 집착했던 이유는 그가 상경해서 천황에게 알현을 요청하면 신분상 절대로 거절할 수 없다고 판단했기 때문이다. 이것은 천황의 용서를 받을 수 있는 유일한 방법이었다.

마침내 린노지노미야는 17일, 요시노부의 부탁을 수락했다. 출발은 21일로 정했다. 수행 인원은 약 80명이었다. 승려와 무사를 비롯해서 의사 한 명, 서기 한 명, 요리사 한 명, 다인(茶人) 세 명, 그 밖에 가마꾼과 잡역 등이다. 이것도 황실 차원에서 본다면 이례적으로 소규모 행렬이라 할 수 있었다.[311] 교토 도착은 3월 8일로 예정되었다.

2월 21일 사시(오전 10시 전후), 린노지노미야의 가마는 우에노를 출발했다. 수행하는 가신들의 친척들이 행렬을 배웅하면서 그가 두 번 다시 돌아오지 못하는 것이 아닌가 싶어 이별을 매우 슬퍼했다. 에도의 시민들은 도쿠가와 가를 위해 사심 없이 교토로 탄원하러 가는 린노지노미야에 감동해서 눈물을 흘리며 가마가 지나는 것을 바라보았다.

행렬은 예정보다 이틀 늦은 25일, 오다와라(小田原)에 도착했다. 그러나 린노지노미야는 감기로 몸이 시원치 않아 계속 전진할 수가 없었다. 27일, 관군의 선봉대가 오다와라로 들이닥쳤다. 대총독의 사자로 사쓰마, 조슈, 오무라(大村) 각 번의 무사가 기칸 등과 만났다. 사자는 린노지노미야가 교토에 가는 목적을 물었고, 일행 중에 무가 사람들이 많아 대총독이 의심스럽게 보고 있다고 말했다. 그 밖에도 몇 마디 말이 오고간 끝에 사자는 이대로 오다와라에 머물러 대총독의 지시를 기다리라고 명했다. 그리고 따라온 무사는 에도로 돌려보내라고 요구했다. 그는 요구에 응해 승적에 있는 사람만 남기고 따라온 무사들을 모두 에도로 돌려보냈다.

3월 3일, 사쓰마 번 무사가 찾아와 대총독이 내일 슨푸(駿府)에 도착하니 린노지노미야가 그곳 관청까지 왔으면 좋겠다고 고했다. 그는 4일 새벽, 비가 내리는 가운데 슨푸를 향해 출발했다. 일행이 하코네 유모토무라(湯本村)를 통과할 때였다. 오다와라로 향해 행군하는 삿초의 병사들과 스쳐지나가게 되었다. 병사들은 조롱하듯이 큰 소리로 노래하기 시작했다.

비가 내리는구나
다시 돌아올 수 없는 길을 올라가는 전하 씨 그 속을 알 수 없네
힘껏 싸워라 힘껏 싸워라[312]

병사들의 총검과 창에 가마가 찔릴 것 같았다. 휴게소로 예정된 집의 주변도 병사들로 꽉 차서 입추의 여지가 없었다. 하는 수 없이 일행은 근처의 절로 일시 피난했다. 다시 출발한 행렬의 앞길은 전보다도 더 많은 병사들로 차 있었다. 린노지노미야에 대한 불경한 행동도 지난번보다 더 심했다. 일행은 하코네의 금강왕원(金剛王院)에서 점심을 먹을 예정이었으나 이곳도 병사들이 점령하고 있었다. 일행은 배를 곯은 채로 이동해야 했다. 이

미 날은 어둑어둑해지고 있었고 비는 좀처럼 그칠 기색이 없었다.

미시마(三島)로 먼저 떠난 자들의 보고에 의하면 미리 숙박하기로 예정된 집에는 관군들로 가득 차서 묵을 만한 집이 하나도 없다는 것이었다. 미리 미시마로 보내놓은 식기와 그 밖의 세간들을 넣은 궤짝을 도로 가져와서 저녁밥을 먹게 된 것은 이미 새벽에 가까운 시각이었다. 그날 밤, 수하들은 여장을 풀지도 못한 채 한데서 잤다.

길고 비참한 여행 끝에 3월 6일 저녁, 린노지노미야는 슨푸에 도착했다. 총지원(總持院)이 숙소로 지정되었으나 정중하게 거절했다. 총지원 부근에는 아사마(淺間) 신사의 신직(神職)들의 집이 많은 데다가 적심대(赤心隊)를 결성해서 관군 편을 들고 있었다. 적심대는 린노지노미야에게 반감을 가지고 있다는 소문이었다. 은둔 생활을 하고 있던 인물에 이토록 강한 반감을 보이고 있다는 것은 이해할 수 없는 일이다. 어쩌면 린노지노미야가 전 쇼군의 필사적인 부탁으로 상경 중이라는 소식이 신직들에게 들어갔는지도 몰랐다.

3월 7일, 린노지노미야는 대총독 본영에서 다루히토 친왕과 만났다. 그는 요시노부의 진정서를 내놓고 전 쇼군이 우에노 도에이(東叡) 산에 칩거하고 있다고 말한 뒤 그를 용서할 것을 탄원했다. 다루히토 친왕은 다음과 같이 대답했다.

요시노부의 반역 행위는 너무나 커서 이미 토벌하라는 조칙이 내려져 있다. 이제 와서 어찌해 볼 수는 없다.

그리고 참모들은 다음과 같이 주장했다.

　요시노부가 사실, 공순하겠다고 말하며 절에 칩거하고 있다지만 그것은 토벌을 중지할 충분한 이유가 되지 않는다. 요시노부가 진정서를 보내면서까지 과거의 행위에 대해 변명에 급급한 것 자체가 자신의 죄를 인정하지 않는 증거가 아닌가.

린노지노미야는 관군 참모에게 답했다.

　내가 이렇게 탄원하고 있는 것은 요시노부 한 사람만을 위해서가 아니다. 천자의 마음을 괴롭게 할까 두려워서다. 에도의 시민은 무사도 서민도, 관군이 곧 에도를 공격한다는 것을 알고 혼란상을 보이고 있다. 만일 이런 일이 천황의 귀에 들어간다면 얼마나 마음이 상하시겠는가.

　이 한마디가 참모들의 마음을 움직인 모양이었다. 여전히 의심을 품으면서도 린노지노미야의 탄원을 재고해보겠다고 약속했다.

　린노지노미야는 3월 12일, 다시 다루히토 친왕을 만났다. 그는 요시노부가 진정으로 공순의 뜻을 밝히기 위해서는 어떻게 하면 되겠냐고 물었다. 다루히토 친왕은 참모들의 의견을 들으라고 대답했다. 다루히토 친왕은 틀림없는 대총독이었으나 실제로 군략(軍略)을 결정하는 것은 참모들이었던 모양이다. 린노지노미야의 질문에 대한 그들의 대답은 아주 간단했다. 요시노부가 거주하는 성과 군함을 바치라는 것이었다. 린노지노미야에게 이는 타당한 제의로 여겨졌다. 그는 다루히토 친왕에게 참모들의 요구를 요시노부에게 전할 사자를 내주면 자신은 예정대로 계속 상경하고 싶다는 뜻을 전했다. 다루히토 친왕은 이에 반대했다.

전하의 임무는 이미 완료되었다. 상경할 필요는 없다.[313] 곧장 에도로 돌아가 직접 요시노부와 만나서 사죄의 조건을 전하고 에도 시민들을 안심시키라.

린노지노미야는 이틀 후 에도를 향해 출발했다.

이때의 린노지노미야의 기분을 알 수 있는 문서는 아무것도 남아 있지 않다. 그러나 아마도 다음과 같지 않았을까. 린노지노미야는 친왕의 신분이면서도 삿초의 병사들로부터 무례하기 짝이 없는 대접을 받았다. 그런데 다시 다루히토로부터 불문곡직하고 에도로 돌아가라는 명령을 받았으니, 무척 화가 나 있었을 것이다. 그러지 않아도 린노지노미야는 삿초가 이끄는 도쿠가와 요시노부 토벌군에 대한 분노를 풀 길이 없었다. 그랬는데 이게 무슨 꼴인가. 나중에 린노지노미야가 관군에 끝까지 저항하는 사람들 편을 들어줬다 해도 무리가 아니었을 것이다.

에도로 돌아온 후 얼마 지나지 않아 창의대가 린노지노미야에게 접근했다. 요시노부를 지지하는 옛 막부 신하들의 일단이 창의대를 결성한 것은 1868년 2월 23일의 일이다. 요시노부를 경호하기 위해서라며 도쿠가와 가의 보리사(菩提寺: 조상 대대로 위패를 모신 절)인 우에노 도에이 산 관영사에 자리를 잡았다. 윤왕사 주지인 가쿠오인 기칸은 창의대의 열렬한 지지자였다. 수동적이라고는 하지만 린노지노미야가 창의대에 협력하려는 마음이 우러난 것도 아마 기칸의 영향이 컸을 것이다. 히토쓰바시도쿠가와(一橋德川) 가(요시노부가 당주였던 도쿠가와 본가에서 갈라진 다이묘 가문. 줄여서 히토쓰바시 가라고도 한다)의 옛 가신을 비롯한 무사들은 창의대의 혈판서에 앞 다투어 이름을 써넣었고, '임금 측 간신'인 사쓰마 번 무사를 멸망시키고 도쿠가와 요시노부의 오명을 씻겠다고 맹세했다.

관군이 에도 시중을 제압할 때까지 창의대는 옛 막부로부터 시내 순찰의 권한이 주어졌다. 사실 에도 시중의 질서 유지에 도움이 된 면도 있었는지 모른다. 그러나 일단 관군이 도착하자 창의대는 관군과 부딪치기 시작하더니 때로는 약탈까지 하게 되었다. 다루히토 친왕은 창의대에 해산을 명했다. 그리고 가쓰 가이슈, 야마오카 뎃슈 같은 옛 막부 관료는 창의대의 행동이 오히려 요시노부를 해롭게 만든다고 간했다. 그러나 효험은 없었다. 기칸은 야마오카를 반박하면서 다음과 같이 말했다.

오늘의 사태는 조정의 이름을 빌렸지만, 실은 삿초의 소행이다. 귀하는 삿초에 현혹당하고 있다. 뜻있는 자가 우에노 산에 우연히 모여서 주가(主家)에 보답하려는 것은 당연한 일이다. 오로지 전 쇼군만을 위해서가 아니다. 동조궁(東照宮: 도쿠가와 이에야스를 모신 신사이자 그의 별칭이기도 하다) 이래 역대의 영궁(靈宮)을 수호하기 위해서다. 귀하와 같은 사람은 실로 은혜를 저버린 적신(賊臣)이다.[314]

관군이 창의대의 본거지를 공격하기 위해서는 린노지노미야가 우에노에 있는 것이 아무래도 꺼림칙했다. 전투를 하다가 린노지노미야가 죽거나 부상이라도 당하는 날이면 아주 골치 아프게 된다. 그래서 관군은 그의 아버지인 젠라쿠에게 편지를 쓰게 했다. '천황에게 문후를 여쭈러 상경하라'는 내용이었다. 이 소식을 들은 창의대는 상경을 맹렬히 반대했다. 만일 린노지노미야가 상경하면 그 틈을 타서 관군이 관영사에 총공격을 가할 것은 불을 보듯 뻔했다. 창의대는 린노지노미야에게 통고했다.

만일 전하가 산을 내려간다면 우리 일동은 산문 밖에서 할복하겠다. 전하는 우리의 주검을 밟으며 산을 내려가게 될 것이다.

에도 시민 역시 린노지노미야의 상경에 반대하며 애원했다. 그가 우에노에 있는 한 에도가 전쟁의 불바다가 되는 일은 없을 거라고 믿었던 것이다. 린노지노미야의 마음이 흔들렸다. 우에노에 머무르기로 한 결심이 이튿날에는 다시 바뀌었다. 승려 중에는 그의 안전을 바라며 상경을 재촉하는 자도 있었고, 강력하게 상경에 반대하는 자도 있었다. 그가 일단 상경하면 환속하게 될 것은 거의 틀림이 없었다. 천태종 측으로서는 큰 손실이었다. 동정총독은 총공격에 대비해 린노지노미야에게 당장 우에노를 떠나라고 봉서 한 통을 보냈는데, 이것은 기칸이 구겨서 버렸다.

다루히토 친왕은 더 이상 기다릴 수 없었다. 5월 15일 새벽, 관군은 도에이 산을 포위하고 공격을 개시했다. 창의대는 린노지노미야 경호라는 명목으로 이에 대항했다. 전투는 매우 치열했고, 수적으로 밀리는 창의대는 후퇴하지 않을 수 없었다.

오시 반각(오후 1시경), 사쓰마 병사가 흑문(黑門) 근처를 점거했다. 그날 아침 린노지노미야는 여느 때와 같이 절에서 독경하고 있었다. 총포 소리가 들리자 측근들은 그에게 절을 떠나라고 권했다. 그러나 그는 독경이 끝날 때까지 자리를 떠나려 하지 않았다. 그러는 사이 승려들은 비상시에 대비해 미리 준비해 놓은 여행복을 내놓았다. 그는 승복을 벗고 옷을 바꿔 입었다.

린노지노미야는 도대체 어디로 피신하려 했던 것일까. 그를 수행하는 몇몇 승려들은 매우 어려운 상황 가운데 포로가 될 것을 두려워하며 방황했다. 린노지노미야는 관군에게 항복할 마음이 없었던 것 같다. 자수를 하기보다는 어려움을 견뎌내는 편이 낫다고 판단하고 있었는지 모른다. 방황하고 있는 도중 평소부터 도에이 산의 은고(恩顧)를 받아온 한 상인이 그를 안전한 장소로 안내하겠다고 제의했다.

그를 따라 어떤 농가에 들어갔는데, 좁은 방 하나에 전하를 들일 수도 없어서 헛간을 열게 해보니 농구, 볏짚, 건초 같은 것이 쌓여 있는 한편으로 사방 아홉 자 정도의 판자가 깔려 있고 그 앞에 봉당이 있었다. 전하를 판자 위로 모시고 승려들은 봉당에 앉았다. 전하가 춥다고 해서 이불 두 채를 빌렸는데 때로 얼룩져 있었다. 전하는 승려들이 주저하는 양을 보시더니 염려들 말라고 이르고는 집어서 덮으셨다. 때는 축시 반각(오전 3시경)이었다. 모기가 많아 밤새도록 잠을 잘 수 없었다.[315]

다음 날 16일, 새로 지은 밥과 된장국이 나왔다. 밥그릇이 이가 빠지고 더러웠으므로 따라온 승려가 이를 주먹밥으로 만들어 전하에게 내밀었다. 냄새가 지독한 된장국은 그대로 옆에 놓았다. 그러나 전하는 "이런 때가 아니면 민가의 국 맛을 언제 볼 수 있겠나" 하고 억지로 한 모금 마시고는 웃으면서 내려놓으셨다.

린노지노미야는 이 시련을 웃음으로 달랠 수가 있었던 모양이다. 그러나 관군은 담당관에게 창의대 잔당이 어디에 숨었는지 수색하게 했다. 대총독부는 린노지노미야의 행방을 아는 자는 즉시 신고하라고 명했다. 관군의 한 무리가 기슈(紀州) 가의 별저를 에워싸고 수색을 했다. 린노지노미야의 누이동생은 기슈 번주의 정실이었다. 그곳 별저에 숨어 있는 것이 아닐까 의심했던 것이다.

린노지노미야가 잠복한 일로 이치가야(市ケ谷) 자증원(自證院)의 료에이(亮榮)는 다루히토 친왕이 적이요, 믿을 자가 못 된다고 확신하게 되었다. 료에이는 린노지노미야에게 배를 타고 오우(奧羽) 방면으로 도피하라고 권했다. 그를 변장시키고 시나가와(品川)까지 경호를 주선했다. 시나가와 만에 정박해 있던 에노모토 다케아키의 군함에 린노지노미야를 승선시키려 했던 것이다.[316]

5월 25일 밤늦게, 린노지노미야 일행이 쪽배를 타고 군함 조게이(長鯨) 호까지 저어가자 선상에서 정중하게 맞이했다. 에노모토는 기함 가이요(開陽) 호에서 조게이 호로 건너와 환영했다. 에노모토는 사람들을 물리치고 린노지노미야에게 말했다.

만일 전하께서 다루히토 친왕의 대총독부로 가고 싶다면 선원들은 목숨을 걸고 호위해 대총독부로 보내드릴 생각이다. 그러나 오우로 가겠다는 마음을 굳히셨다면 그 뜻에 따르겠다.

그러자 린노지노미야는 다음과 같이 답했다.

　우에노 도에이 산의 절에 병사들이 불을 질러 이제는 갈 곳이
없다. 에도는 어디나 위험하다. 설혹 다루히토 친왕에게 의지한다
해도 그곳이 안전하다는 보장은 없다. 잠시 오슈(奥州)로 피란을
가 있다가 전란이 미치지 않는 천태종 말사(末寺)에 몸을 숨기고
싶다. 그곳에서 관군이 전국을 평정하는 날을 기다리겠다.

　에노모토는 린노지노미야의 말에 따르겠다고 했다. 그러나 남
북조 시대의 전철을 밟지 않기 위해 이것이 그의 뜻이라는 것을
분명히 하는 편지를 써달라고 린노지노미야에게 부탁했다. 여기
서 에노모토가 14세기 남북조 시대의 예를 끄집어냈다는 것은
린노지노미야가 메이지 천황과 나라의 지배권을 다투는 일파의
기수가 되리라는 사실을 이 단계에서 꿰뚫어보고 있었음을 의미
했다.

　일설에 의하면 린노지노미야의 글은 칙서 형식을 취하고 있었
고, 에노모토 이하의 막신(幕臣)을 새로 수립될 조정의 관직으로
임명했다.[317] 만일 이것이 사실이라면 린노지노미야는 자신을
전국까지는 아니라 하더라도 일본을 양분하는 북국의 천황쯤으
로 생각하고 있었다는 이야기가 된다.[318] 어쩌면 린노지노미야
는 자신이 어떤 입장에 있는지 전혀 인식을 못하고 있었던 것이
아닐까. 린노지노미야는 그저 전란에 휩쓸릴까 두려워 북으로
도망하고 있었던 것이다. 그러나 그곳은 반정부 세력의 중심지
였다. 도무지 세상 물정을 모를 것 같은 린노지노미야와 반란 세
력 편을 드는 린노지노미야를 어떻게 연결 지어야 한단 말인가.

5월 28일, 린노지노미야는 히라카타(平潟) 항에 상륙했고 6월 6일, 반정부 세력의 거점인 아이즈 번의 와카마쓰(若松) 성으로 들어갔다.

5월 29일, 곤다이나곤 도쿠가와 모치하루(德川茂榮)와 주나곤 도쿠가와 요시요리는 연서를 해서 동정대총독부에 린노지노미야에 대한 온정을 탄원했다. 탄원서에는 그가 적도를 옹호하며 함께 도주할 수밖에 없었던 이유가 쓰여 있었다.[319] 그러나 린노지노미야는 적도들의 편을 들도록 강요받은 것이 아니었다. 게다가 이번에도 린노지노미야는 대총독부로 무사히 보내주겠다는 에노모토의 제언을 거절했다.

린노지노미야 자신의 증언에 의하면 그의 결의는 전란을 피해 오로지 평화를 기원하는 마음에서 나온 것이다. 그러나 사실은 적도를 이롭게 만드는 결과가 되었다. 황족의 한 사람을 옹립함으로써 적군은 금기를 들어 올릴 수가 있었던 것이다.

이미 '시라이시(白石) 맹약서'가 윤4월에 조인되어 오우(奧羽) 제후 동맹이 5월 3일로 결성되어 있었다. 1개월 후, 린노지노미야가 나타났을 때 그는 동맹의 '심벌'이 되어 달라는 간청을 받았다. 그리고 제후 동맹은 린노지노미야에게 군사까지 통괄하는 동맹 총재에 취임해 달라고 했다. 그러나 린노지노미야는 자신은 승려의 몸이라면서 정중히 거절했다. 6월 16일, 린노지노미야는 오우 제후 동맹의 맹주로 취임했다. 그날, 제후 동맹 회의에서 그의 지위를 규정하는 7개항이 작성되었다. 최초의 3개항은 다음과 같다.

제1항, 전하의 임시 거처는 시라이시(白石) 성으로 한다.

제2항, 비용은 오우에 있는 옛 막부령의 세금으로 감당한다.

제3항, 창의대는 지금까지 했던 대로 전하를 경호한다.

린노지노미야는 7월 13일, 시라이시 성으로 들어갔다. 린노지노미야는 성에서 제후 회의를 주재하고 명실상부한 동맹 맹주의 역할을 담당했다. 센다이(仙台) 번주, 요네자와(米澤) 번주가 총독으로 뽑히고 참모 이하도 결정해서 사실상 여기에 교토 조정에 대항하는 새로운 '조정'이 탄생했다.

기쿠치 요사이(菊池容齋)[320]가 기록한 문서에 따르면 린노지노미야가 맹주에 취임한 6월 16일을 기해서 오우에서는 다이세이(大政) 원년으로 개원하고, 린노지노미야는 도부(東武) 황제로 즉위했다.[321] 달리 증거도 없는 이 문서를 어디까지 믿어야 할지는 의문이다. 이런 문서가 존재한다는 것 자체가 당시 사람들이 이런 일이 있을 수 있다고 여겼다는 증거다.

린노지노미야는 전투가 뼈저린 종언을 맞이할 때까지 북쪽에 머물렀다. 오우 제후 동맹은 이미 거의 병력을 상실하고 있었다. 전투의 결말이 어렴풋이 보이게 된 1868년 9월 18일, 린노지노미야는 교토 조정에 '소승은 조정에 대해 깊이 참회하고 황공하다'고 자신의 행위를 사과하는 변명서를 써보냈다. 제후 동맹의 잔당이 그를 유괴해서 외국행 배를 태울 계획을 세우고 있다는 소문이 퍼졌다. 엄중한 감시를 계속하라는 명령이 내려졌으나 사실은 린노지노미야는 그대로 센다이에 머물러 있다가 10월 12일, 도쿄를 향해 출발했다. 11월 다음과 같은 결정이 린노지노미야에게 내려졌다.

린노지노미야는 대의를 상실했으므로 후시미노미야에게 맡긴다. 바로 교토로 와서 근신하라.

메이지 2년(1869) 10월 4일, 린노지노미야는 근신이 해제되어 후시미노미야의 직위로 복귀했다. (이때뿐 아니라 황족이 관련되어 있을 때는 항상 그랬지만) 조정이 자진해서 그렇게 했는지 어떤지는 몰라도 교토 조정에 대항하여 반역했던 중심인물 린노지노미야에게 관대한 자비를 베풀었다.[322]

1870년 그는 요코하마를 떠나 먼저 미국과 영국을 거쳐 마지막에는 독일로 가서 그곳에서 군사학을 공부했다. 1872년, 기타시라카와노미야 가를 이었으므로 만년에는 이 이름으로 알려졌다. 1895년, 린노지노미야는 근위 사단장으로 타이완에 출정 중 병사했다.

또 한 사람, 황족 중에서 툭하면 물의를 일으키는 존재였던 아사히코(朝彦) 친왕은 1868년 8월 16일, 정부 전복 계획에 관여한 혐의로 히로시마(廣島) 번에 맡겨져 감독을 받게 되었다. 아사히코 친왕은 이미 전해 조정으로부터 근신 처분을 받아 칩거하고 있었다. 그러나 1868년 7월, 그가 도쿠가와 가의 정권 회복을 기도한다는 밀고가 들어왔다. 친왕은 에노모토 다케아키가 이끄는 함대를 오사카, 단고(丹後), 와카(若狹)로 보내 각처에 병력을 상륙시켜 조정에 대항해 모반을 일으킬 계획을 세우고 있었다고 한다.[323]

조사해 본 결과 그 사실이 확인되었다. 아사히코 친왕은 탄정대(彈正坮: 메이지 초기의 경찰 기관) 장관직을 박탈당했고, 닛코 천황의 양자의 지위도 상실했다. 그러나 그 벌은 점차로 경감되어 1872년 1월, 근신이 해제되고 나중에는 친왕의 지위를 회복했다.

이 시기 조정 정부에 대항한 세력 중에서 가장 잘 알려져 있는 것은 의심의 여지 없이 에노모토 다케아키의 반란이다. 에도 성이 관군에 넘어간 지 5개월 후, 에노모토는 여덟 척의 군함을 이끌고 도주했다. 히라카타(린노지노미야의 상륙 지점)에 기항한 다음, 에노모토는 에조(蝦夷: 홋카이도)로 향했다. 에노모토는 마쓰마에(松前), 히로사키(弘前) 번 수비병에게 압도적인 승리를 거두고 서양식 성채인 하코다테 오릉곽(五棱郭)을 점거했다.

에노모토는 12월 2일, 영국과 프랑스 공사를 통해 조정에 탄원서를 보내 에조 땅의 개척 사업을 위임해 달라고 청원했다. 그러나 이와쿠라 도모미는 12월 14일, 양 공사에게 보낸 답장에서 다음과 같이 말했다.

에노모토의 탄원서에는 언행일치가 되지 않는 바가 많다. 그가 한 짓거리는 그야말로 '역적이라는 이름(賊名)'을 면할 수 없다.

이 신랄한 답변은 어쩌면 에노모토의 이른바 '에조 공화국' 선언에 촉발된 것인지도 몰랐다. '에조 공화국'은 마침 하코다테에 있던 영국과 프랑스 양국의 소함대에 국가로서의 조건부 승낙을 얻은 데 불과했다. 막부를 지지하는 사람들이 모여 막부의 전통에 따라 생활하는 나라를 만들어 보겠다는 시도는 1869년 5월 18일, 실패로 끝났다. 에노모토는 구로다 기요타카(黑田淸隆)가 이끄는 관군에 항복했다. 메이지 유신 때 일어난 반란 중에서 이

것은 가장 오래 끈 전투였다.[324]

이것이 메이지 유신 직후에 조정 정부의 권위에 대항한 최후의 큰 반란이었지만, 작은 규모로 비슷한 사건은 몇 건 더 있었다. W. E. 그리피스는 이렇게 쓰고 있다.

1871년에는 새 미카도를 세워서 낡은 제도를 부활시키려는 시도가 또다시 일어났다. (중략) 모든 일이 참으로 케케묵은 방법으로 계획되었다. 즉 맨 먼저 누군가 황족 한 사람의 신병을 확보하는 것이다. 천자 한 사람을 잡아놓을 수만 있다면 찬탈자들은 그의 이름으로 일을 벌이며, 여기에 신성함과 법의 색채를 입힐 수가 있는 것이다.[325]

1871년 4월 3일, 또 하나의 음모가 탄로 났다. 두 명의 구게―도야마 미쓰스케(外山光輔)와 오타기 미치테루(愛宕通旭)―가 정체의 변혁과 고메이 천황의 양이의 이상을 실현하기 위해 음모를 꾀했던 것이다. 물가의 급등은 서민을 괴롭히고, 도쿄로 천도되는 바람에 교토가 황폐해졌다. 게다가 외국인이 국내를 활보하고 사방에서 외국의 영향이 범람하고 있었다. 이러한 현상에 도저히 견딜 수 없었던 이 두 사람은 아사히코 친왕의 가신을 포함한 구게들을 규합했다. 그리피스의 말에 의하면, 그 계획이란 도쿄에 불을 지르고 황제를 교토로 모셔온 다음 정치 조직 전체를 싹 바꿔버리는 것이었다.[326]

공모자 중 한 명은 교토의 정부 건물을 폭파해서 그 안에 있는 사악한 관리들을 학살하자고 주장했다. 또 한 사람은 고베에 있는 외국인의 소탕을 기도했다. 다행히도 용의자는 계획을 실행하기 전에 체포되었다. 체포된 뒤로도 계속 도야마와 오타기가 조정이 공포한 법령을 모욕하고 있었던 것만 봐도 법령 위반을 획책하고 있었던 것은 분명했다. 이런 이유로 이 두 사람에게 1871년 12월 3일, 자진(自盡)하라는 명령이 내려졌다. 두 사람을 추종하던 사람들도 역시 벌을 받았다. 그중에는 평민으로 격하된 자도 있었고 종신형이 선고된 자도 있었다.

이러한 고위 인물들의 음모 말고도 농민들의 봉기가 많이 일어났다. 1868년만 해도 126건의 봉기가 있었고, 그 대다수는 고즈케(上野) 지방 일대에서 일어났다. 이러한 봉기는 옛 막부와 여러 번에서 탈주한 사람들이 농민을 선동한 사례가 많다. 그러나 봉기의 표적은 중앙정부가 아니라 부유한 쇼야(庄屋: 에도 시대의 촌장)나 지방의 제후들이었다. 그래서 결과적으로 정부에 도움이 되는 봉기도 있었다.[327]

이들 조정의 지배에 대한 불만의 소리를 어린 천황은 어디까지 알고 있었을까.『메이지 천황기』는 이런 이야기를 소상히 밝히고 있지 않다. 하지만 메이지 천황이 이런 상황을 개괄적으로 파악하고 있었음은 확실하다.[328] 또 린노지노미야와 아사히코의 행동에 대해서도 들어 알고 있었을 것이 틀림없다.

어쨌든 그들 두 사람은 모두 닌코 천황의 양자라는 구게 최고 위층 인물이다. 북쪽에서의 정부군의 수많은 승리는 언제나 사태가 수습되었다는 보증과 함께 천황에게 보고되었다. 어쩌면 이 시기, 천황의 관심은 이들 군사적 문제에서 벗어나 있었을지도 모른다. 바로 앞으로 다가온 즉위와 에도 하향 여행, 이 두 가지 모두가 멀리서 들려오는 전투 소식보다는 천황의 마음에 큰 울림으로 다가오고 있었다. 그러나 막부 부활의 위협이 영원히 파묻혀지기 위해서도 계속해서 일어나는 반란을 철저히 진압하지 않으면 안 되었다.

제18장 동쪽의 도읍 도쿄

    1868년 8월 27일, 메이지 천황의 즉위식이 거행되었다. 당초는 전년 11월로 예정되어 있었으나 국내 정정이 불안했던 탓에 대대적인 의식을 치를 상황이 아니었다. 또 식전에 걸맞은 준비를 할 시간도 충분하지 않다고 판단되어 연기했던 것이다. 국사가 다난하여 식전에 대해 상세하고 면밀한 연구가 시작된 것은 1868년 5월에 접어든 다음의 일이었다. 이와쿠라 도모미는 신기관(神祇官) 부지사(副知事) 가메이 고레미(龜井茲監)를 불렀다. 그에게 옛날 기록을 고증해서 일본 고래의 올바른 전거(典據)에 따른 '황국 신손(神孫) 계승'의 규범을 제정하게 했다. 이와쿠라는 지금까지 전통적인 의식은 사실 모두 중국의 제도를 모방한 것에 불과하다고 생각했다. 바야흐로 유신의 대변혁에 즈음해서 전례 또한 향후 즉위식의 모범이 되도록 바꾸는 것이 바람직스럽다고 판단했다.

    8월, 정식 명령이 신기관 판사 후쿠바 비세이(福羽美靜)와 가메이에게 내려져 새로운 형식에 의한 즉위 예식 절차를 정하게 되었다. 이 시점에서 후쿠바는 고래의 전통에 분명하게 어울리지 않는 하나의 건의를 내놓았다.

일찍이 도쿠가와 나리아키가 고메이 천황에게 지구본을 바친 일이 있었다. 나리아키의 의도는 고메이 천황에게 세계의 대세를 알려서 사해를 향해 일본의 국위를 떨치도록 만드는 데 있었다. 만일 이 지구본을 즉위 식전 중심에 놓는다면 참석하는 백관유사(百官有司: 조정의 많은 관리들)에게 고매한 지조를 불어넣고 그 식견을 깊게 할 수 있을 것이다. 동시에 만민은 장엄하고 숭고한 즉위 식전에 깊은 감명을 받을 것이 틀림없다.[329]

후쿠바는 또 식전에서 바치는 주시(壽詞: 천황에게 바치는 축사)는 모든 만민이 축하하는 분위기를 드러내는 것이어야 한다고 건의했다. 지금까지 고위 구계에 국한되어 있던 의식의 세계에 만민을 포함시키는 일은 이와쿠라가 바라는 바이기도 했다.

식전이 거행될 일시를 음양두에게 잡게 했다. 즉위 일시는 8월 27일 진시(오전 8시 전후)로 결정되었다. 식전을 진행할 사람들이 임명되었다. 이들은 지금까지의 식전 규범에다 여러 가지 변경 사항을 지시했다. 모두 고대 일본 문헌을 토대로 한 것이었다. 헤이안 시대 이래 사용되어 온 당제(唐制) 예복은 폐지되었다. 주요 신사와 불각에 제물이 바쳐지고 즉위 당일 맑은 날씨를 기원하는 기도가 올려졌다.[330]

봉폐사(奉幣使)를 진무 천황, 덴치(天智) 천황 및 전제(前帝) 3위의 산릉으로 파견해 곧 즉위식이 거행됨을 아뢰게 했다.

즉위 대례는 치밀하게 진행되었다. 참례자의 동작 하나하나에 이르기까지 계획대로 거행되었다. 이들 의식에 대해서는 『메이지 천황기』에 깨알 같은 글씨로 빼곡히 다섯 페이지 이상에 걸쳐 아주 자세하게 기술되어 있다. 그날 이른 아침, 천황은 청량전에서 속대를 착용했다. 이것은 당제 예복의 전통에서 벗어남을 의미한다. 사시 반각(오전 11시경), 천황은 의식이 거행되는 자신전으로 통하는 긴 다리를 건넜다. 어전 명부(命婦)가 두 명씩 앞서서 가고 다음으로 장시(掌侍) 두 명이 각각 어검과 옥새를 받쳐 들고 나아갔다. 천황의 뒤로는 변사(辨事) 아노 긴미가 홀(笏: 손에 드는 패)이 든 상자를, 다른 변사가 천황의 옷자락을 받쳐 들고 따랐다. 천황의 모습은 아직 자리에 앉아 있는 사람들에게는 보이지 않았다. 장시 두 명이 옥좌 왼쪽에 놓여 있는 탁자 위에 검과 옥새를 놓고 물러났다. 아노 긴미가 천황에게 홀을 올리고, 야나기하라 미쓰나루가 천황의 신을 옥좌 뒷단의 첫 단에 놓았다. 징 소리를 신호로 여관 두 명이 옥좌 앞의 휘장을 올렸다. 이렇게 해서 비로소 천황의 모습을 모든 사람이 볼 수 있게 되었다. 집장(執杖)의 신호로 군신들은 엎드렸다. 변사 가데노코지 스케나리(勘解由小路資生)가 천황에게 누사(幣: 신에게 바치는 헝겊으로 된 예물)를 바치고, 다음에 신기관 지사(知事) 다카쓰카사 스케히로가 어전으로 나아가 누사를 받았다. 이 의식이 끝나자, 전의(典儀) 후세하라 노부타루(伏原宣足)가 재배를 요구하고 찬자(贊者)가 이를 전해 외치자 군신들은 일제히 재배했다. 여기서 선명사(宣命使) 레이제이 다메타다(冷泉爲理)가 앞으로 나아가 정해진 위치로 가서 선명(宣命)을 받쳐 들고 큰 소리로 새 천황의 황위 계승을 선언했다. 이어서 천황의 장수와 국가의 번영을 축하하는 축사를 읽은 다음 악사가 오우타(大歌: 궁중에서 정초나 공식 의식 때 부르는 노래)를 연주했다.

대양의 바닷가 모래 수를 헤아리면서
그 수만큼 치세가 영원히 이어지기를 기원하노라.[331]

연주가 끝나자 후세하라 노부타로의 신호로 군신이 일제히 재
배했다. 다카히토 친왕이 무릎걸음으로 천황 앞으로 나아가 즉
위의 대례가 끝났음을 고했다. 징을 신호로 명부(命婦)들이 장막
을 내렸고 천황은 다시 사라졌다.

천황은 어전으로 돌아갔고 의정과 참여는 소어소로 가서 천황
에게 즉위식이 무사히 끝난 것을 축하했다. 열석해 있던 다른 벼
슬아치들이 퇴고(退鼓) 소리를 신호로 물러났으며, 모든 의식이
종료한 것은 오시(정오)였다.

마침 그때까지 퍼붓던 비가 뚝 그치며 갑자기 하늘이 파랗게
맑아졌다. 사람들은 이를 길조로 보고 기뻐했다. 관리는 휴가를
받았고 서민은 일을 쉬고 봉축했다.

즉위 대례의 전날, 천황과 국민 사이의 기반을 강화하는 조처
로 천황의 탄생일(9월 22일)을 국민의 경축일로 삼아 천장절(天
長節)로 정했다.[332] 천황의 생일을 축하하는 관례는 이미 775년
에 볼 수 있다. 그러나 이 관례는 오랫동안 중단되었다. 이 시기
에 관례를 부활시킨 일은 역시 고대로의 복귀를 의도한 것이다.

9월 8일, 연호[333]가 게이오에서 메이지(明治)로 개원되면서 동
시에 1세 1원호제로 정해졌다.[334] 메이지라는 말은 고대 중국의
『역경(易經)』에 나오는 다음 구절에서 취한 것이다.

성인이 남면해 천하의 소리를 듣고 밝음을 향해 다스린다(聖人南面而聽天下嚮明而治).

새 연호가 공표되기 전날, 천황은 스스로 내시소로 가서 기요하라(淸原)와 스가하라(菅原) 양가 당상에 의해 제출된 두세 개의 이름 가운데서 제비를 뽑아 새 연호를 결정했다.[335] 그것은 단순히 연호로 그치지 않았다. 당시 천황은 그런 생각을 하지 못했겠지만 후세 사람들이 그것을 천황의 호칭으로 삼았던 것이다.

지금까지 천황의 이름은 주거지명, 혹은 메이지 천황의 아버지와 할아버지가 그랬던 것처럼 죽은 다음에 주어지는 시호에 의해 결정되는 것이 보통이었다. '메이지'는 '밝게 다스리다'라는 의미로 해석되어 메이지 천황의 치세의 성격 그 자체를 정확하게 나타내는 명칭이 된 것 같다. 천황의 아버지와 할아버지에게 붙여진 '고메이' '닌코' 같은 시호는 길조를 나타내기는 했으나 시대의 성격을 드러내는 것으로는 부적절했다.

즉위 대례가 끝나자 젊은 군주 앞에는 도쿄 행차라는 큰 일이 기다리고 있었다. 이 행차에 대해서는 8월 4일에 포고문이 내려졌고 이미 '해내일가 동서동시(海內一家東西同視)'라는 천황의 뜻으로 에도가 도쿄(東京), 즉 '동쪽의 도읍'으로 명명되었음을 밝히고 있다. 행차의 공식 이유는 다음과 같다.

이번 봄 이래로 동쪽 백성은 숱한 전투 때문에 엄청난 고난을 맛보았다. 천황은 일찍부터 이들 동쪽 민중을 위무해 주고 싶은 소원을 품고 있었다. 도쿄 행차는 그러한 천황의 소원을 실현하는 일이다.

이와쿠라 도모미는 이 행차를 매우 중시했던 것 같다. 그는 천황의 출발일을 즉위식의 다음 날로 잡아 공식적으로 발표해야 한다고 주장했다. 8월 25일, 이와쿠라는 의정과 참여에게 누가 천황을 수행해 도쿄로 갈 것인지, 또 누가 교토에 남아 정무를 보며 천황이 없는 동안 교토를 지킬 것인지 그 일을 분담하기 위한 제의를 했다.

도쿄 행차에 대해서는 시기상조라는 반발의 소리도 있었다. 아사히코 친왕의 음모 발각과 옛 막부 군함 탈주는 동쪽이 아직 완전히 진압되지 않았다는 증거라며 반대했다. 그러나 도쿄 천도 발안자 에토 신페이(江藤新平)는 당장 행차해야 한다고 강하게 주장했다.

동쪽 백성들은 오랜 무가(武家) 정치 덕만 보아 아직 천황의 자애로운 위광이 어떤 것인지 모른다. 도쿠가와 가의 붕괴로 동쪽 민중은 주인을 빼앗긴 심정이며 그 서글픈 마음을 어디에 쏟아놓아야 할지 알지 못하고 있다. 만일 적함(賊艦)을 두려워해서 천황의 동행(東行)이 연기된다면 천황의 신정부는 믿음을 내외에 잃어버릴 뿐 아니라 동쪽 민중의 마음을 붙잡을 수 있는 다시없는 기회를 잃어버릴 것이고, 그 폐해는 이루 헤아릴 수 없을 것이다.

에토의 강력한 웅변과 이와쿠라의 정치적 통찰력이 상승 작용을 해서 대세는 도쿄 행차를 즉각 실행해야 한다는 쪽으로 기울었다.

하지만 반대의 목소리는 그치지 않았다. 오우, 에치고 방면이 완전히 진압되지 않은 점을 염려하는 자만 그런 것은 아니었다. 도바, 후시미 전투 이래로 정부의 지출은 늘어 가기만 했다. 반대를 외치는 자들의 머리에는 그 막대한 비용이 어른거렸다. 도쿄 행차 때 천황과 그를 수행할 인원에 들 비용이 이미 재정 위기에 빠진 이 나라의 재원을 심각하게 고갈시킬 것을 두려워했던 것이다. 교토의 시민들 역시 이번 도쿄 행차가 어쩌면 도쿄 천도를 예고하는 것이 아닐까 우려하고 있었다.[336]

도쿄 시민들은 반대로 천황의 행차를 고대하고 있었다. 이미 막부가 해체되고 만 지금 에도(도쿄)는 그 정치적 가치를 상실하고 아무도 돌보지 않는 존재가 되지 않을까 하는 두려움이 있었다. 꼭 도쿄 시민만이 이런 위기감을 품고 있었던 것은 아니었다. 사토는 일기에 다음과 같이 쓰고 있다.

출입하던 상인과 상점주들, 그리고 지금까지 물품을 대던 여러 다이묘가 이제 모두 고향으로 뿔뿔이 내려가고 만 까닭에 인구 감소도 당연히 피할 수가 없게 되었다. 에도는 동쪽의 가장 훌륭한 도시 중 하나였으므로 이것은 정말 비통한 일이다. 에도에는 훌륭한 공공건물은 없지만 도시는 바다를 바라보고 있고, 그것을 따라 다이묘들의 유원지가 여럿 있었다. 성은 거대한 돌을 쌓아 올린 당당한 성벽으로 구축되어 있었다. 성 주위를 둘러싼 해자에는 물이 넘실거리고 있었다. 그림처럼 아름다운 솔밭이 그늘을 이루고 있으며 시중에도 전원풍을 이룬 곳이 많았다. 도쿄의 모든 것이 위대하다는 인상을 주고 있었다.[337]

사토의 애조가 깃들인 필치는 쇼군과 다이묘가 사라진 에도의 거리가 그 위대함과 유형의 미까지도 상실하지 않을까 안타까워하고 있다. 무가 저택이 늘어서 있는 곳 일대는 스산해져서 쥐 죽은 듯이 고요했다. 도쿄가 그 가치를 회복할 유일한 길은 일본의 수도로 정해지는 일이었다. 이것은 사실 오쿠보가 의도한 바였다.

오쿠보는 동정대총독을 보좌하기 위해 도쿄에 있었다. 9월 13일, 교토로 돌아온 오쿠보는 도쿄 행차를 서둘러 단행해야 한다고 열변을 토했다. 조의(朝議)는 마침내 출발을 9월 20일로 결정했다. 일주일 뒤, 오우에서 길보가 날아왔다. 15일, 센다이 번이 관군에 항복을 한 것이었다.

천황의 봉련은 예정대로 20일, 도쿄를 향해 출발했다. 진시(오전 8시 전후), 천황은 자신전으로 나와 이곳에서 봉련에 올랐다. 천황은 3종의 신기 중 하나인 신경(神鏡)을 받들고 건례문을 나섰다. 이와쿠라 도모미, 나카야마 다다야스, 다테 무네나리, 이케다 아키마사(池田章政, 오카야마 번주), 기도 다카요시 등을 필두로 이 행렬을 수행한 인원은 3천3백 명에 이르렀다. 미나쿠치(水口) 번주 가토 아키자네(加藤明實)가 신경의 보위를 담당했다.[338] 행렬은 도희문(道喜門)에서 황태후와 스미코(淑子) 내친왕의 배웅을 받았다. 황족, 당상, 재경 제후는 남문 밖에 도열해서 행렬을 전송했다. 연도에는 남녀노소가 열을 이뤄 행렬을 바라보았다. 특별히 통제가 있었던 것도 아닌데 연도의 민중은 질서를 어지럽히는 자도 없이 숙연한 규율을 보여주었다. 연도에서 가시와데(拍手: 신을 배례할 때 손을 마주치는 일)를 하며 배례하는 소리가 그치지 않았다.

행렬은 산조 거리 동쪽으로 아와다구치(粟田口)까지 나아가 천태종 본사인 청련원(靑蓮院)에서 잠시 휴식을 취했다. 여기서 천황은 오찬을 든 뒤 먼 거리 행차를 위해 간편한 가마로 갈아탔다. 행렬은 게아게(蹴上) 고개와 얏코자야(奴茶屋)를 지나 히가시 야마(東山)를 넘어 야마시나(山科)로 나아갔다. 도중 천황은 덴치 천황의 능을 향해 절했다. 미시 반각(오후 3시경), 행렬은 오쓰(大津)에 닿았다. 천황은 행궁으로 정해진 본진으로 들어갔다. 보물인 신경은 다른 곳에 안치되었다. 이때 곤주나곤 오하라 시게토미(大原衆德)가 행렬을 따라 말을 타고 쫓아왔다. 오하라는 즉시 교토로 되돌아가기를 건의했다. 이달 16일에 도요우케(豊受) 대신궁에서 대제를 거행하던 중 황대(皇大) 신궁의 큰 도리이(鳥居: 신사 앞에 세운 상징물)가 쓰러졌는데, 그곳 신직 등이 이를 아마테라스오미카미(天照大神)의 경고로 받아들여 즉시 급사를 보내 조정에 보고했다는 것이다.

그러지 않아도 천황의 도쿄 행차에 반대하고 있던 오하라는 이를 기화로 동행을 저지하기 위해 급거 달려왔던 것이다. 그러나 이와쿠라는 그 건의에 꿈쩍도 하지 않았다. 자신이 직접 서문(誓文)을 신명에게 바치기로 약속하고 오하라를 교토로 돌려보냈다.

이날 천황은 연도에 있는 모든 신사에 공물을 바치도록 명했다. 이것은 사실 도쿄 행차 도중 들른 모든 곳에서 행해졌다. 그리고 고령자들에게 돈을 주었고 효자, 절부, 의복비(義僕婢), 그리고 공익사업에 공이 있는 자들을 표창했다. 질병, 조난, 곤궁자에게는 재물을 베풀었다. 그 비용은 막대한 액수에 이르렀다. 다행히 여비의 태반은 미쓰이 지로우에몬(三井次郎右衛門)을 비롯

한 교토와 오사카의 부유한 상인들이 감당했다.[339]

행렬은 교토와 도쿄를 이어주는 도카이도로 별 탈 없이 나아 갔다. 9월 22일에 아이즈 번, 10월 6일에 나가오카(長岡) 번, 9일에 모리오카(盛岡) 번, 이렇게 북부 지방의 각 번에서 항복했다는 보고가 차례차례 도착했다. 이제 관군에 반항을 계속하고 있는 에조의 에노모토 다케아키만 남게 되었다.

천황은 난생 처음 해보는 이 대대적인 여행을 어떻게 생각하고 있었을까. 천황은 주로 와카를 감정 표현의 수단으로 삼았는데, 이 여행에 대한 인상을 담은 와카는 없는 것 같다. 그러나 『메이지 천황기』는 간혹 그 실마리를 주기도 한다.

9월 27일, 아쓰타(熱田)를 지난 지 얼마 되지 않아 천황은 가마를 세우고 농민이 쌀을 수확하는 모습을 잠시 바라보게 되었다. 이와쿠라는 농민에게 벼이삭을 가져오게 해서 천황에게 바쳤다. 이때 오와리 번주 도쿠가와 도쿠나리(德川德成)는 다음 와카를 천황에게 바쳤다.

베어 든 이삭 앙상한 것 보니 안쓰러워라
오미타카라의 심정인들 오죽할까

'오미타카라(大御田族)'는 천황의 신하인 농민을 가리킨 말이다.[340] 기록에 의하면 천황은 농민에게 과자를 주면서 그 노고를 치하했다. 혹 마리 앙투아네트의 말을 떠올리는 사람도 있을지 모르겠다. 인민이 빵도 없어 굶주리고 있을 때, "빵이 없으면 과자를 주면 될 게 아닌가"라고 말했다는.

10월 1일, 시즈오카(靜岡) 연안의 시오미(汐見) 언덕에서 천황은 처음으로 태평양을 보았다. 천황이 실제로 태평양을 본 것은 아마도 일본 역사상 최초일 것이다. 메이지 천황의 반응은 기록되어 있지 않지만 기도 다카요시는 마음속에 느끼는 바가 있어 이렇게 중얼거렸다고 한다.

황위(皇威)를 해외로 빛나게 함은 이곳에서 비롯될 것이다.

이튿날, 천황은 배로 하마나(濱名) 호수를 건넜다. 호수는 잔잔했고 '천안(天顏)이 매우 환하셨다'고 기록되어 있다.[341] 이와쿠라는 여기서 와카 한 수를 읊었다. 겸허하게, 여행에 대한 자신의 감상은 집어넣지 않았다.

풍랑이 심하다는 것은 이름뿐이고
님 타신 배는 고요히 건너가네[342]

여행길에서는 이 밖에도 흥미로운 경험이 많이 있었다. 일본에서 가장 강폭이 넓어서 건너기가 어려운 오이(大井) 강에서는,[343] 천황의 편의를 위해 판자 다리가 가설되었다. 덴류(天龍) 강과 아베(安倍) 강에서는 배다리로 건넜다. 천황으로서는 이 또한 새로운 경험이었을 것이다. 그러나 무엇보다도 천황의 기억에 가장 선명하게 남은 인상이 있다면 그것은 틀림없이 10월 7일, 후지 산을 우러러본 일이었을 것이다. 와카나 이야기, 기행문 등에서 접한 유명한 이 산을 처음으로 본 것이다. 메이지 천황은 수행하는 사람들 모두에게 행렬이 도쿄에 도착하기까지 후지 산을 와카로 지어 읊으라고 명했다. 이날 오후, 미시마에 도착한 다음, 천황은 행궁으로 정해진 본진에 있는 불이정(不二亭)에서 후지 산을 실컷 감상했다.

8일, 행렬은 하코네 산을 넘어야 했다. 천황은 미시마 행궁에서 먼동이 틀 무렵인 인시 반각(오전 5시경)에 출발했다. 천황은 예정대로 오찬 때 하코네 역에 도착했다. 아시노 호수를 바라보면서 천황은 엽총 쏘는 모습을 한번 봤으면 했지만, 그 고장 사람들에게 폐를 끼치고 싶지는 않아 했다. 기도 다카요시는 천황의 기분을 알아차리고 전날, 스루가—이즈 국경에서 천황 일행을 맞이한 명사수 에가와 다로자에몬(江川太郎左衛門)과 의논했다. 에가와는 부하에게 호수 위를 날고 있는 새를 총으로 쏘게 했다. 총알은 적중했다. 에가와는 이를 천황에게 바쳤다. 천황은 몹시 기뻐하며 에가와의 부하에게 상금 5백 필(옛날 엽전을 세던 단위)을 내렸다. 이튿날, 오이소(大磯)에서 천황은 병사들에게 바위 위에 있는 까마귀 무리를 사격하게 했다. 유감스럽게도 총알은 모두 빗나가 까마귀 무리는 무사히 날아가 버렸다. 천황은 또 어부들에게 후릿그물을 치게 했다. 한 어부가 여러 개의 큰 통에 물을 채워서 그 안에 포획한 고기를 넣어 천황 앞으로 가지고 왔다. '천황, 매우 기쁜 안색이었다'는 기록이 있다.

천황이 도쿄에 도착한 것은 10월 13일이었다. 대총독 다루히토 친왕, 진장(鎭將) 산조 사네토미, 도쿄부(府) 지사 가라스마루 미쓰에(烏丸光德) 등이 시나가와(品川)에서 천황을 맞이했다. 천황과 친왕, 구게, 제후는 의관에 검을 차고 들어갔다. 3등관 이상의 무사들은 모두 예복 차림에 검을 차고, 말을 타고 있었다. 이 지극히 인상적인 효과를 연출한 사람은 이와쿠라였다.

오래도록 무력 통치에 익숙해진 간토의 민중은 매우 거칠다. 이들을 제대로 다스리자면 먼저 조정의 의관의 예를 보여주고 그 마음을 부드럽게 하는 것이 상책이다.

천황의 행렬은 증상사(增上寺)에서 잠시 쉬었고 천황은 여기서 봉련으로 갈아탔다. 행렬은 시바(芝)에서 신바시(新橋), 교바시(京橋), 고후쿠바시미쓰케(吳服橋見附)를 거쳐 에도 성으로 들어갔다. 악사들이 관악기와 현악기를 연주하면서 행렬을 선도했다. 도쿄에 있는 3등관 이상의 관리 및 제후가 도열해서 행렬을 맞이했다. 미시 반각(오후 3시경), 천황은 서성(西城)으로 들어갔다.

이후로 에도 성은 황궁이 되어 도쿄 성으로 명칭이 바뀌었다. 이날, 수천수만의 민중이 천황의 행렬을 우러러보았고 감격의 눈물을 흘리며 이렇게 말했다고 한다.

뜻하지 않게 오늘 일천만승(一天萬乘: 천하를 통치하는 천자)의 존엄을 우러러볼 줄이야.

전투는 아직 끝나지 않았다. 실은 10월 27일, 에조의 관군이 에노모토 다케아키의 군함에 패배를 맛보았다.[344] 그러나 대부분 반란군은 이제 더 이상 신정부에 심각한 위협이 되지 않는다고 전망했다.[345] 11월 2일, 다루히토 친왕은 금기와 절도를 천황에게 돌려줬다. 이는 북부 지역 여러 번들의 관군에 대한 반항이 끝났다는 것을 의미했다.

11월 4일, 천황은 도쿄 행차를 축하하며 도쿄 시민에게 술을 내렸다. 하사한 술은 약 2,990통이었다. 여기다 주석 술병 550개, 말린 오징어 1천7백 짝이 하사되었다. 총금액으로는 1만 4,038냥이었다.

도쿄 시민들은 이틀에 걸쳐 가업을 쉬고 즐겼다. 이 일이 초기 메이지 문학의 제재(題材)가 되었다. 다음의 시는 오누마 진잔(大沼枕山)의 칠언절구를 풀이한 것이다.[346]

천자가 천도하며 총화(寵華)를 내리시니
도쿄의 아녀자는 꽃처럼 아름답다
오스이(鴨水)가 오토(鷗渡)만 못함을 알고
구게들 집안 걱정을 잊게 되었다

'총화'란 천황이 하사한 술을 가리키는 말일 것이다. '오스이 (교토에 있는 가모鴨 강)'는 바야흐로 교토의 구게들에게는 '오토 (鷗渡: 도쿄의 스미다隅田 강)'만큼 매력이 없어서 조상 대대로 내려온 교토의 집안일 따위 어찌 되든 상관없게 되었다는 것이다. 사실 11월 27일, 12월 초에 천황이 교토로 환행한다는 발표가 나자, 구게를 이끄는 입장에 있는 산조 사네토미는 도쿄를 떠나는 일이 불가하다고 주장했다.

국가의 흥망은 간토 사람들의 인심의 향배와 관계가 많다. 만일 천황이 갑자기 교토 환행이라도 하는 날이면 간토의 인심을 잃고 말 것이다. 도쿄의 성쇠는 바로 일본 전국의 성쇠로 이어진다. 설혹 교토와 셋쓰를 잃는 한이 있더라도 도쿄를 잃어서는 안된다. 그것은 곧 천하를 잃는 것이 된다.

도쿄 체재 중에 천황은 특히 개인적으로 소중한 사람들과 만났다. 이제 지카코 내친왕으로 알려져 있는 가즈노미야를 만나 보았다. 천황은 아마도 가즈노미야의 오빠인 아버지 고메이 천황을 그리며 담소를 나누었을 것이다. 천황은 또 11월 23일, 미토 번주인 도쿠가와 아키타케(德川昭武)를 만났다. 1년 동안 프랑스에서 공부하고 돌아온 아키타케에게 천황은 외국 사정을 물었다. 아키타케의 이야기는 확실히 메이지 천황을 감명시킨 것 같았다. 그 이후에도 천황은 서양 정보를 듣기 위해 빈번히 아키타케를 불렀다. 12월 초, 아키타케는 겨우 열다섯의 나이에 에조로 파견되어 미토 번주로서 하코다테의 반란군 토벌에 종군하게 되었다.[347] 아키타케가 파견된 것은 아마도 관군에 도쿠가와 가의 사람(마지막 쇼군의 동생)을 둠으로써 에노모토 다케아키를 지지하는 옛 막부 사람들의 동요를 노렸을 것이다.

메이지 천황이 도쿄에 머무르는 동안 요코하마 주재 외교관들과의 교섭이 시작되었다. 안건은 정부군과 반란군과의 분쟁에 대처하는 국외 중립 자세의 해제와 하코다테 반란군 토벌, 기독교도에 관한 조처, 지폐 발행 등등에 관한 문제들이었다. 이러한 교섭은 결코 순조롭게 진행되지는 않았다. 해리 파크스가 인솔한 외국 대표단은 하코다테나 기타 지역에서의 불가침의 무역 권리를 위협하는 어떠한 요구도 고려하는 것을 거부했다.

11월 19일, 도쿄 호시장(互市場: 교역소)이 열리고, 또 일본과 외국 간에 오랫동안 논쟁의 초점이었던 니가타 항이 마침내 개항했다. 도쿄 호시장은 쓰키지(築地) 뎃포즈(鐵砲洲)에 있었고, 그곳은 외국인을 위한 거주지로 개방되었다. 무사는 감찰 없이 이 거류지에 들어갈 수 없었다. 이러한 조치는 아마도 칼을 찬

무사에 대한 외국인의 공포를 가라앉히려는 의도가 있었을 것이다. 그러나 이는 필연적으로 무사의 위신을 위축시키는 일이 되었다. 얼마 안 있어, 무사들에게 외국 선박을 지키는 일이 주어졌다. 아무도 예측하지 못했던 일이었다. 오누마 진잔은 무사들의 어려운 형편에 대해 다음과 같은 시를 읊었다.[348]

> 소양주(小揚州)*가 바로 신시마바라(新島原)로구나
> 구박만 받아온 우리 무사 이제 외국 배를 지키네
> 아가씨들 하는 말, 제발 칼 따위나 차고 올 생각일랑 말고
> 이왕이면 허리에 십 만 냥쯤 꿰어차고 오란 말예요
> (* 중국의 양주는 유곽으로 유명하다)

1868년 겨울, 뎃포즈의 다이묘 저택들은 헐리고 그 일대는 외국인 거주지로 개방되었다. 동시에 교토의 시마바라 유곽의 이름을 딴 새로운 유곽이 문을 열었다. 이 노래의 마지막 두 행은 시마바라 유녀들에게는 손님의 신분이나 지위보다는 돈이 소중함을 시사하고 있다. 이는 분명 무사들로서는 수년 전 양이의 신념과는 딴판으로 외국인을 보호하는 일에 종사하게 된 일 못지않게 굴욕적인 것이었다.

11월 22, 23일 계속해서 천황은 외국 공사를 접견했다. 여러 외국과의 관계를 증진시켜서 양호하게 만들자는 천황의 뜻을 보여준다. 22일 오시(정오 전후), 이탈리아, 프랑스, 네덜란드 공사가 도쿄 성에 입궐했다.[349] 받들어총을 받으며 외국관판사(外國官判事), 변사(弁士: 서무직), 외국관 지사(知事)의 영접을 받았다. 다과가 나오고, 그러는 사이에 천황이 큰 홀로 나오자 영인(伶人:

악사)의 주악이 시작되었다. 지사가 천황 앞으로 각 공사를 안내했다. 통역관은 보상(輔相)에게 공사의 이름을 알리고, 보상이 이를 다시 천황에게 아뢰었다. 공사는 국서를 봉정하고 자국의 군주에게서 받은 명을 전했다. 그다음에 공사의 수행원들이 마찬가지로 천황을 배알했다. 접견이 끝나자 공사들이 먼저 물러가고, 천황이 들어가자 주악이 멈추었다. 세 명의 공사와 함께 입궐한 외국인 일동은 다카나와(高輪) 접대소로 안내되어 일본 요리와 서양 요리를 대접받았다.

서양의 외교 관례로 볼 때 이날 그리 특기할 만한 일은 없었다. 그러나 외교관 접대를 위한 향연은 일본에서는 전례가 없던 일이었다. 게다가 그것을 당당하게 벌인 것은 놀랄 만한 일이었다. 그리고 그것이 고메이 천황 사후 2년도 되지 않은 시점이라는 것을 생각하면 더 놀라웠다. 고메이 천황은 결코 외국인을 만나려 하지도 않았고, 신성한 일본 땅에 외국인이 있다는 것 자체가 신들에 대한 말로 다할 수 없는 모욕이라고 생각했다. 반면 어린 천황은 자진해서 외국인을 만나려 했을 뿐 아니라 그들에게 언제나 호의적이었다.

11월 28일, 천황이 처음으로 일본 군함을 타고 함선을 시찰했다. 전날 산조 사네토미와 이와쿠라 도모미는 천황에게 군함으로 요코하마 앞바다까지 나가 보기를 권했다. 그러나 외조부 나카야마 다다야스는 해상에서 보검과 옥새가 분실될 것을 염려하며 이에 반대했다. 결국 보검과 옥새는 빈어전(濱御殿)에 두고 엄히 지키게 했다. 천황이 후지(富士) 함에 승선하자 미국 전함이 축포 스물한 발을 발사했으며, 후지 함도 이에 화답했다. 천황을 수행하던 신하들—의정 나카야마 다다야스나 참여 오쿠보 도시미치 등 이하—은 이 대포 소리에 기겁을 했다. 그러나 천황은 '태연자약하고 용안이 특히 환하셨다'고 기록되어 있다. 훗날, 가까운 곳에서 폭발이나 그 비슷한 소리가 나도 천황은 똑같이 침착하고 냉정했다. 어렸을 때 천황이 포탄 소리를 처음 듣고 기절했다는 이야기와는 너무 대조적이다.

천황의 군함 승선은 성공리에 끝났다. 이날 날씨가 맑고 풍파도 없었기 때문에 '천황의 기분 매우 흐뭇하셨다'고 기록되어 있다. 일본 해군으로서는 징조가 좋았다. 다음 날, 천황으로부터 '해군에 관한 일은 당장의 급무이므로 더욱 강구하고 정려(精勵)하라'는 지시가 있었다.

12월 3일, 보상 이와쿠라 도모미와 외국관 부지사 히가시쿠제 미치토미는 요코하마에 있는 영국 공사관을 방문해 정부군과 옛 막부군과의 전투 문제에서 열강의 국외 중립 자세를 해제하라고 요구했다. 이 문제를 긴급하게 요구한 데에는 미국이 건조 중인 철갑선 스톤월 잭슨 호 구입 문제가 있었다. 원래 이 전함을 구입하겠다고 한 계약 당사자는 옛 막부였다. 그러나 배가 막부에 인도되기 전에 일본은 내전으로 이미 두 쪽이 나 있었다. 열강은 국외 중립을 택했고, 그 바람에 어느 한쪽에 배를 인도하기를 꺼렸다. 정부는 여러 차례 열강에 중립 해제를 요구했으나 열강은 이를 거절했다. 스톤월 잭슨은 요코하마 항에 못 박혀 있는 것이나 마찬가지였다. 이와쿠라와 히가시쿠제는 전투가 사실상 종결되었고, 따라서 열강이 국외 중립을 유지할 이유는 아무것도 없다고 주장했다. 사토는 이때 해리 파크스가 한 답변에 관해 이렇게 기록하고 있다.

공사들은 전쟁 종결 선언은 하고 싶었지만 그럼에도 스톤월 잭슨 호를 인도하고 싶은 것 같지는 않아 보였다. 그리고 이 배를 묶어두기 위한 구실로 국외 중립 통고를 취소하지 않는 것 같았다.[350]

나는 이는 사리에 맞지 않는 이야기라고 생각했다. 이와쿠라는 지난번의 논리를 되풀이하며 부언했다.

"에노모토를 공격하기 위해 미카도가 스톤월 호를 차지하려 하고 있다는 것은 말도 안 되는 소리다. 오히려 에노모토에 대해서는 관대한 조건을 고려하고 있는 중이다. 그래서 장관으로서 전쟁은 이미 종결했다고 판단하고 있으므로 국외 중립도 그와 동시에 소멸된 것으로 본다. 나는 언제든 이러한 뜻을 문서로 제시할 수 있다". 이와쿠라는 계속해서 말했다. "미카도는 여러 공사의 회답을 몹시 기다리고 계신다. 미카도는 이 사람에게 뒤에 남아 닷새 동안 이 문제 해결에 힘쓴 다음 도카이도의 시미즈(清水) 항에서 교토 환행 행렬에 참여하라고 명했다. 그래서 미카도에게 좋은 선물을 안겨 드리고 싶어서 내밀히 해리 경의 말을 알고 싶은 것이다"라고 했다.[351]

그는 모든 수단을 다해 다른 외국 공사들을 설득했다. 그 결과 12월 28일, 공사들은 국외 중립을 중지하는 데 동의했다. 미카도 정부가 스톤월 잭슨 호를 에노모토 공격에 사용한다는 것은 당치도 않다고 한 이와쿠라의 말을 어떻게 이해하면 좋은가. 이와쿠라의 말에 대한 사토의 이해에 오류가 없다고 가정하면, 이와쿠라는 거짓말을 한 것이다. 중립이 해제되자마자 정부는 미국 함선을 구입해 하코다테로 보냈다. 스톤월 잭슨은 에노모토 군과의 해전에서 용감히 싸웠다.[352] 그러나 이와쿠라가 약속한 반란군에 대한 관대한 조처는 거짓이 아니었다. 1869년 5월 18일, 항복한 에노모토는 그 후 3년간 투옥되었다가, 1872년 특사를 받고 곧바로 홋카이도 개발을 위한 개척사로 임명되었다.

반란에 관여한 번주들도 마찬가지로 관대한 조처를 받았다. 전투가 끝나자 천황은 다음과 같은 의미 있는 조칙을 발표했다.

상벌은 천하의 대전(大典)이라 짐 한 사람이 마음대로 결정하는 것이 아니다. 널리 천하의 중의를 모아 공정하고 공평하며 조금도 잘못이 없도록 결정하라고 했다.

전 아이즈 번주 마쓰다이라 가타모리는 원칙대로 한다면 모반 죄로 사형에 처할 일이지만 정상을 참작해 사형은 면하게 되었다. 이는 사실 가타모리뿐 아니라 다른 모든 모반 번주에게도 적용되었다. 정부에 대항해서 처형된 자는 하나도 없었다.

가타모리는 돗토리(鳥取) 번에 영구 구금 처분되었으나 얼마 되지 않아 근신이 풀렸고, 닛코(日光)의 동조궁 궁사(宮司)로 임명되었다. 영지를 몰수당했던 번주들에게는 새로운 영지가 주어졌다. 끝까지 사죄(死罪)라고 주장한 사람은 기도 다카요시 단 한 명이었다.

나는 그 사람을 미워하는 것이 아니라 오직 그 죄를 미워한다. 왕사(王事)를 위해 진력한 자 다수가 그들의 모반 때문에 비명횡사했다. 형전(刑典)은 천하의 대법이다. 관대한 조처로 천하의 대법을 왜곡시켜서는 안 된다.

그러나 기도의 말은 다른 정부 고관을 움직이지 못했다. 관대한 조처는 시대의 흐름이었다.

천황은 12월 8일, 이듬해 봄 다시 도쿄로 돌아올 것을 약속하고 환행 길에 올랐다. 따르는 사람은 2,153명으로 하향 때에 비하면 상당히 적은 인원수였다. 적대하는 자들의 위협이 줄었다는 것을 의미했다. 도중에 천황은 다시 후지 산을 우러러보고 미호(三保)의 솔밭 경관을 감상했으나 처음 보았을 때의 감동에는 미치지 못한 것 같다. 그러나 천황이 교토를 출발한 지 3개월도 안 되는 사이에 반란은 완전히 진압되었다. 아직 하코다테에서 저항이 계속되고 있다고는 하지만, 각 나라 공사들까지도 이제 승리는 조정 정부의 것이라고 인정했다. 2백여 년에 걸쳐 막부의 거점이었던 에도의 거리는 천황의 수중으로 떨어졌다. 게다가 천황의 봉련이 도카이도를 행차한다는 전례 없는 장거는, 교토에서 멀리 떨어진 고장에 사는 민중들에게까지 천황의 위광을 알리는 계기가 되었다.[353]

천황의 봉련은 12월 23일, 교토에 들어갔다. 25일에는 예정대로 고메이 천황의 3주기가 무사히 거행되었다. 사흘 후 28일, 천황의 신부 이치조 하루코가 입궐했다. 일본 사상 가장 중요한 해라 할 수 있는 이 한 해를 마무리하는 데 어울리는 길사(吉事)였다.

제19장

검소한 천황

메이지 2년(1869)은 기억에 남아 있는 지난 몇 년 동안의 어느 해보다도 훨씬 더 행복한 상황 속에서 시작되었다. 설날, 교토의 궁궐에서 시행된 사방배(四方拜)를 비롯한 수많은 의식은 모두 옛 법식에 따라 정성껏 치러졌다. 도쿄에서도 그곳에 머물러 있는 구게, 번주, 백관유사(百官有司)가 도쿄 성에 입성했다. 영미 각 공사가 보낸 신년 축하 글도 도착했다. 4일, 정부의 중신들이 소어소에 모여 보상(輔相) 이와쿠라 도모미가 천황의 칙서를 봉독하는 것을 경청했다.

짐은 나 자신의 부덕으로 조상에게서 물려받은 만세일계의 황통을 손상하게 되지나 않을까 우려하고 있다. 많은 백성이 숱한 전투 때문에 도탄의 괴로움을 맛보았다. 다행히도 오늘, 이곳에 도열한 백관장사(百官將士)들의 노력으로 백성이 안도하기에 이르러 짐이 기뻐하는 바이다. 원컨대, 짐은 앞으로 더욱 선조의 위업을 내외에 떨쳐 오래도록 선황의 위덕을 선양하고자 한다. 모두 노력을 아끼지 말고 그 직분을 다하며 기탄없이 짐의 궐루(闕漏: 잘못)를 바로잡으라.

틀에 박힌 칙서의 내용을 작성할 때 천황이 관여하지는 않았을 것이다.[354] 그러나 천황은 분명 앞으로 정부에서 결정하는 모든 일에 참여할 의향이 있었다. 이때 이후로 메이지 천황은 각의에 출석함은 물론 헤아릴 수 없을 만큼 많은 공적 직무를 수행했으며, 그 일은 타계하는 날까지 계속되었다. 천황이 마지막으로 공식적인 자리에 모습을 드러낸 것은 도쿄제국대학교 졸업식 때였다.[355] 천황이 회의 석상에서 발언하는 일은 거의 없었다. 그러나 천황이 그 자리에 있다는 것 자체로도 회의에 위엄과 무게가 생겼다.

신년 도소주(屠蘇酒) 마시는 기분을 깨뜨리는 사건이 발생했다. 1월 5일 미시경(오후 2시 전후), 참여 요코이 쇼난이 가마로 퇴궐하던 도중 데라마치(寺町) 거리를 지날 때였다. 괴한 몇 명이 갑자기 권총을 쏘면서 요코이의 가마를 덮쳤다. 요코이는 단도로 대항하려 했으나 병 끝이라 쇠약해 있었다. 결국 몸이 마음먹은 대로 움직여 주지 않아 애처롭게 괴한의 칼에 쓰러지고 말았다. 요코이를 따르던 문하생들과 종복들이 방어할 겨를도 없이 괴한들은 모두 도망치고 말았다.

요코이 암살 소식이 알려지자 천황은 매우 놀랐다. 즉시 쇼나곤(小納言) 나가타니 노부나리(長谷信成)를 요코이의 집으로 보내서 사건의 진상을 확인했다. 부상당한 문하생들과 종복들에게 천황은 치료비로 금 4백 냥을 보냈다. 이때 천황은 민첩하고도 마음 훈훈한 조처를 보여주었다. 훗날 요코이 이상으로 가까운 존재였던 사람들이 암살되었을 때 보여준 냉정함과는 아주 대조적이다. 이때 천황이 보여준 자상함은 어쩌면 젊음 때문이었는지도 모른다. 뒷날, 군주의 행동이 어떠해야 하는가 하는 생각이 익어가면서 천황의 이러한 자발적인 태도는 볼 수 없게 되고, 개인의 감정을 좀처럼 드러내지 않는 공평무사한 태도로 바뀐다.

요코이 쇼난 암살범은 고야(高野) 산에서 체포되었다. 교토의 모든 출구를 봉쇄하는 등 갖가지 엄중한 조처를 취한 결과였다. 붙잡힌 암살범들은 요코이가 외국인과 통하면서 기독교를 일본에 유포시키려 한 경멸할 만한 매국노라서 죽어 마땅하다고 했다.[356] 암살범은 후쿠오카 번 관저에 감금되었다. 그런데 암살범은 점차로 그 관저 안에서 동정의 대상으로 변해갔다. 후쿠오카 번주는 이들에게 관대한 조처를 내려달라고 청원하기에 이르렀고, 그 밖에도 특사를 탄원하는 자가 많았다. 정부 관리까지도 요코이에게 비리가 있었다는 증거를 찾아내는 판이었다. 이렇게 해서 요코이 암살은 정당화되어 갔다. 암살범에 대한 이러한 동정은 분명 개화된 신정부의 외관과는 딴판으로 외국인 혐오증이 여전히 끈질기게 남아 있음을 보여주었다. 네 명의 암살범이 처형된 것은 이듬해인 1870년 3월 10일의 일이다.

물론 요코이에게는 일본인을 기독교도로 개종시키려는 의도가 없었다. 요코이는 유학자—메이지 천황의 시독(侍讀)으로 유학을 강의한 아주 보수적인 모토다 나가자네(元田永孚)의 스승이다—였고 유학의 가르침을 한 번도 버린 일이 없었다. 요코이는 양이사상을 가진 인물이었으나, 후에 실학으로 바뀌었다.[357] 이것이 요코이를 서양의 정치, 경제, 사상 같은 양학 수입을 장려하는 입장으로 이끌었다. 요코이의 근본 사상에 기독교가 있었던 것은 결코 아니었다. 이 시대를 전문적으로 연구하고 있는 한 서양인은 이렇게 말했다.

요코이에게 기독교는 이른바 실용주의 혹은 합리주의를 지탱해 주는 윤리 같은 것이었다. 서양의 과학 기술 및 경제력이 기독교와 밀접한 관계가 있다는 것을 발견한 점에서 요코이는 훗날의 일본 사상가들보다 통찰력이 뛰어났다. 즉 요코이는 근대성과 그 이면에 도사리고 있는 윤리와의 관계를 이해했던 것이다.[358]

요코이의 암살범은 일본 전통사상의 순수성이 외국의 영향으로 오염될 것을 두려워했다. 암살범은 요코이의 새로운 학문이 일본에 가치가 있는 것임을 이해하려 하지 않았다. 요코이는 시대를 앞서간 인물이었다. 조지 샌섬은 요코이의 정치사상의 발전을 뒷받침하며 다음과 같이 생각했다.

요코이는 보편적인 평화와 우애의 관념을 말하기에 이르렀으며, 일종의 '세계는 하나'란 설을 제기했던 것이다.[359]

어쩌면 전통적인 유교 교육이 우애의 신념을 키웠을지 모른다. 그러나 이것은 도쿠가와 시대 말기의 일본 유교의 전형적인 특징은 아니다. 요코이를 살해한 사나이들은 자신들이 일으킨 폭거가 젊은 시절 무사의 교양으로서 배운 유교에 의해 촉발된 것이라고 믿고 있었다. 도량이 넓건 좁건 간에 모두 유교의 가르침에 의해 정당화할 수 있었다.

젊은 천황은 주로 당시 사람들로부터 중국 사상의 정전(正典)

으로 인정받고 있는 서적들을 읽었다. 여기에 일본사로 정평이 있는 두세 권의 서적이 더해졌다. 매달 일과로 『논어』 진강이 6회, 『일본서기』 진강이 6회 있었다. 이윽고 교과의 범위가 〈사서〉 윤독(輪讀)으로 넓혀지고, 일본 서적 중에서는 『신황정통기(神皇正統記)』 윤독이 이에 더해졌다.[360] 아직 이 시기, 메이지 천황에게 세계의 지리나 역사를 진강하는 시독은 없었다. 과학에 대해서는 말할 나위도 없었다.

당시 일과 중에서 유일하게 근대에 들어서 달라진 점이라면, 젊은 천황에게 매월 6회의 승마가 허용된 일이다. 천황이 승마에 흥미를 느끼기 시작한 것은 2년 전인 1867년, 처음으로 말을 탔을 때였다. 그 이듬해에는 마술 시범을 몇 번씩이나 관람했다. 천황의 몇 안 되는 친구 중 한 사람이었던 기도 다카요시는 일기에 이런 글을 써놓았다.

메이지 원년 8월 24일, 교토의 어마장(御馬場)에서 천황이 발을 걷어 올리고 내게 말을 타라고 명했다. 나는 시원하게 말을 타 보였다. 천황이 친히 술을 내리시는 바람에 많이 취했다.

메이지 천황이 승마에 너무 열중해서 나중에 이것이 신하들의 걱정거리가 되고 말았다.[361] 승마 시간을 줄이고 독서에 많은 시간을 할애해야 한다고 생각했다. 승마를 좋아한 것만 보아도 알 수 있듯이 젊은 천황은 주로 비활동적으로 생활한 고메이 천황과는 아주 대조적이었다. 고메이 천황은 말을 타지 않았을 뿐 아니라 궁궐 밖으로 나간 일조차 거의 없었다. 메이지 천황의 생동성은 어쩌면 천황이 사족에게 보여준 친근감에서 나온 것인지도 모른다. 사족들은 일본 전통 무예의 보고였다.

1869년 1월 15일, 천황은 백색 저고리와 붉은 하의를 입고 직접 새해 마장 오프닝식에 나와 말을 탔다. 다이묘 몇 명(온갖 무예는 무가 교육의 당연한 소양이었다)이 배승했을 뿐 아니라, 산조 사네토미와 천황의 외할아버지 나카야마 다다야스 등 구게들도 함께 말을 탔다. 애초에 천황에게 승마를 장려한 이유는 어려서부터 궁녀에 둘러싸여 자라난 천황의 허약한 신체를 단련하기 위해서였다. 이제는 승마를 대하는 천황의 정열이 주변 사람들에게 파급되어 말을 탈 줄 아는 능력 여하에 따라 인간을 평가하고 있었던 것 같다.

천황의 교육은 신하들의 일대 관심사였다. 기도 다카요시는 일기에, 특히 지난 10년간 그 심통한 마음을 되풀이해서 적고 있다. 이와쿠라 도모미 역시 천황의 주위에 적절한 의논 상대가 필요하다는 것을 통감하고 있었다. 1869년 1월 25일, 이와쿠라는 산조 사네토미에게 서한을 보냈다.

군덕(君德)의 배양이 필요하다. 바야흐로 대정(大政) 유신 초에 즈음해서 천황은 나이가 젊고 경험이 일천하다. 그러니 보도(輔導)의 소임을 하루도 빼놓을 수 없다.[362] 또 구게, 제후, 징사(徵士)[363] 중에서 독실하고 근엄한 자, 기량과 견식이 빼어난 자, 또는 국내외 학식이 있는 자를 선발해서 천황의 신하 또는 시독으로 충당해야 한다. 군주가 총명 민첩하며 밝은 덕을 갖추고 대강(大綱)을 훑어보게 하려면 정부는 곧 그럴 사람을 얻어야 한다.[364]

새로운 일본의 군주에게 어울리는 교육 내용에 대해서는 당초 구체적인 계획이 없는 것이나 마찬가지였다. 1871년, 천황의 교과 내용이 변경되어, 근대와 관련된 소재가 몇 개 받아들여졌다. 교과의 시간표는 열흘 단위로 세워졌다. 나흘 동안 천황은 『서국입지편(西國立志編)』 강의를 들었다. 이는 새뮤얼 스마일스의 『자조론』을 번역한 책이다. 주로 유교 서적과 황실 이야기만 읽어온 젊은 천황에게 이는 신선한 자극이 되었을 것이다. 타고난 지성과 노력으로 빈곤과 계급의 장벽을 극복한 벤저민 프랭클린 같은 인물이 차례로 등장했으니 말이다. 천황은 또 원서 강독을 목표로 독일어 학습을 시작했다.[365] 그러나 이는 얼마 안 가서 공무가 다망하다는 이유로 중지되었다.

학문에 관해서는 서양의 신지식이 도입되었으나 문화는 구래의 전통이 아직 궁중을 지배하고 있었다. 1월 27일, 메이지 천황의 치세가 된 이래 처음으로 어악시(御樂始) 행사가 벌어져 천황이 황후와 함께 소어소에 나왔다. 주악은 모두 신하들에 의해 연주되었다. 생황은 전 좌대신 고노에 다다후사 외 여덟 명의 구게가, 피리는 나카야마 다다야스 외 여섯 명이, 그 밖에 비파는 세 명, 거문고는 다섯 명의 구게가 각각 연주했다. 아악은 헤이안 시대와 마찬가지로 당시 궁중에서도 중요시되었다.

메이지 천황은 악기를 별로 좋아하지 않았던 모양이다. 그러나 아버지 고메이 천황의 지도 아래 와카를 익혔고 평생 이 취미를 버리지 않았다. 1869년 1월 24일, 메이지 천황은 역시 치세 들어 처음으로 소어소에서 열린 와카 모임 개회식에 나왔다. 어제(御題)는 '봄바람이 바다로부터 오다'였다.

천년만년 변치 않는 봄소식인 양
바닷가에 부는 바람 한가롭구나

황후도 같은 제목으로 이런 와카를 읊고 있다.

난바다의 파도에 봄이 왔다고 안개 깃들어
바람 포근히 어루만지는 사방의 바다여라

이들 와카에는 작자의 감정이나 개성이 거의 드러나 있지 않
다. 아니 아예 없다고 해도 좋을 정도다. 천황과 황후는 과거 천
년 동안의 무수한 궁중 가인들과 똑같은 작법으로 봄이 오는 기
쁨을 노래하고 있다. 말의 기교나 언어의 영상에 독창성을 곁들
이려는 의도가 전혀 없다. 운율이 정확한 와카를 읊음으로써 전
통적인 궁중 문화에 정통해 있다는 사실을 보이는 데 그치고 있
다.

2월 8일에 나온 아주 간결한 고시문에서도 궁중의 일면을 엿
볼 수가 있다. 곤다이나곤 하시모토 사네아키라의 딸 나쓰코(夏
子)가 이날 덴지(典侍)로 임명되었다. 이튿날, 천황은 나쓰코를
접견하고 잔을 내렸다. 그리고 나쓰코에게 명주 등을 선물로 보
냈다. 나쓰코는 열두 살이었다. 천황의 측실이 되기에는 너무나
어린 나이였으나 4년 후 1873년 11월 13일, 천황의 딸을 사산하
고 나쓰코도 이튿날 죽었다. 이 공주는 천황의 첫 아이가 아니었
다. 이미 2개월 전인 9월 18일, 곤노텐지 하무로 미쓰코(葉室光
子)가 아들을 출산한 바 있다. 이 황자는 태어나자마자 죽고 미
쓰코도 나흘 후 죽었다.

천황과 황후의 결혼 생활은 행복했으나 황후에게 아기가 생기지 않는다는 사실을 일찌감치 깨닫고 있었던 것 같다. 설혹 황후 이외의 여성과 잠자리를 함께 하는 일이 마음에 내키지 않았다 하더라도 천황에게는 후사를 만들 의무가 있었다. 대체로 이 무렵부터 천황은 세심한 주의를 기울여 선택된 구게의 딸들과 밤을 함께 보내게 되었다. 그중에서 누구든 임신하기를 기대했던 것이다. 이들 구게의 딸들은 거의가 십대였다. 모두가 흠 잡을 데 없는 집안이었음에도 불구하고, 오직 황자나 황녀를 낳는 것만이 소원인 양 천황의 관심을 끌기 위해 여성들 사이에서는 경쟁의식으로 불꽃이 튀었다. 그러나 운 좋게 천황의 아기를 가졌다 하더라도 어머니의 기쁨을 맛볼 수는 없었다. 태어난 아기는 곧 생모와 이별하고 정식으로 황후의 아기가 되었다. 그리고 메이지 천황의 어머니 나카야마 요시코의 경우에서 알 수 있는 것처럼, 황자나 황녀의 생모는 궁중에서 높은 위계를 받고 갖가지 은전을 입을 수가 있었다. 설혹 그 아기가 죽는다 하더라도 생모에게는 평생 안락한 생활이 약속되었다. 설혹 그것이 쓸쓸한 일생이 된다 하더라도 말이다.[366]

메이지 천황은 다섯 명의 측실에게서 열다섯 명의 황자와 황녀를 얻었다. 어느 측실도 궁중에서 특별히 눈에 띄는 여성은 없는 것 같다. 남아 있는 사진으로도 알 수 있는 것처럼 정해진 머리 스타일과 의상 때문에 모두가 똑같아 보인다. 천황이 이성에 흥미가 있었는지는 알 수 없다. 그러나 곤노텐지 소노 사치코(園祥子)와 오구라 후미코(小倉文子)는 다른 여성보다도 오래 천황을 섬겼다. 소노 사치코는 메이지 천황의 자식을 여덟 명 낳고, 그중 네 명이 살아남았다. 유럽에서는 서출은 왕위를 계승할 자격이 없었다. 그러나 일본에서는 황후가 낳은 아기든 다른 여성이 낳은 아기든 상관없었다.

메이지 천황의 성생활에 대해서는 예전부터 여러 가지 소문이 있다. 오늘날까지도 천황의 자손으로 자처하는 자들이 무수히 많다. 그 주장을 뒷받침해줄 확고한 증거는 전혀 없다.[367]

옛 일본의 구게나 무사의 예를 생각해 본다면 천황이 예쁜 게이샤에게 끌려 하룻밤을 같이 지냈대도 이상할 것이 없다. 그런 사실이 있었다고 상상해 볼 수도 있다. 그러나 천황을 가장 잘 아는 인물들이 쓴 내용 중에는 이런 추측을 뒷받침할 만한 게 없다. 천황의 측실로는 다섯 명의 구게의 딸이 배속되어 있었다. 천황의 마음에 들지 않거나 혹은 죽은 측실을 대신할 여성은 쉽게 찾을 수 있는 환경이었다. 천황은 눈을 밖으로 돌릴 필요가 없었던 것이다.

아직 스무 살도 되지 않은, 게다가 아기를 되도록 빨리 만들어야 한다는 정신적 중압감을 지닌 젊은이가, 공부에 지장이 있을 만큼 육체적 쾌락에 빠질지도 모른다는 것은 쉽게 상상할 수 있다. 기도 다카요시는 일기에서 특히 1874년 이후, 가끔씩 천황의 마음이 아무래도 학문 이외의 일에 쏠리고 있는 것 같다며 탄식하고 있다. 그해, 기도는 시독들의 요청을 받아 '학문을 연마해 황통을 잇기에 걸맞은 인물이 되도록' 천황에게 권고하고 있다. 어쩌면 이는 천황이 여성과 지나치게 시간을 보내는 일에 대한 간접적인 경고였을지도 모른다.

이 시기 천황의 교육 계획이 상당히 광범위하게 세워져 있었다. 중국 사상을 담은 고전과 일본사는 말할 것도 없고, 유럽의 역사와 독일어까지 있었다. 그러나 공부는 지지부진이었다. 기도는 일본 역사를 담당한 후쿠바 비세이(福羽美靜)와 독일의 법률을 시독한 가토 히로유키(加藤弘之)와 만난 후 일기에 이런 이야기를 써 놓았다.

후쿠바나 가토는 천황의 공부가 진척되지 않는 것을 매우 걱정하고 있다. 그들은 내가 천황을 가까이서 모시고 있는 처지니 어떻게 천황에게 지금까지의 마음가짐을 고쳐서 학문에 전념하도록 권해줄 수 없겠느냐고 했다. 그래서 내가 생각하는 바를 그들에게 말했다. 그들이 이의 없이 이에 동의했기에 천황께 직접 그들의 뜻을 전하기로 했다.[368]

기도는 평소부터 천황이 자신에게 호의를 가지고 있다는 점을 알고 용기를 얻었던 것 같다. 어전에서 지금까지보다 좀 더 정진해서 천직을 다하라고 설득했다.[369]

1년 후, 기도는 천황에게 기탄없이 "천직을 다하지 못하시면 신들이 걱정스러워 견딜 수 없습니다"[370]라고 말했다.

신하들의 큰 관심사 중 하나는 천황이 술을 좋아한다는 점이었다. 기도는 일기에 '나카야마 다다야스의 저택에서 교겐(狂言)을 관람한 뒤 술자리에서 너무나 흥겹게 지내심을 걱정하는 자가 있었다'고 썼다.[371]

천황의 주량에 대한 가까운 신하들의 여러 가지 회상이 남아있다. 다음은 시종 다카시마 도모노스케의 회상이다.

주량도 강하셔서 때때로 마음에 드는 신하들을 불러놓고 술자리를 벌이시지만 나는 술에 약해 언제나 숨듯이 하고 있었다. 그러나 야마오카 뎃슈나 나카야마 다다야스 같은 분은 대단한 주호(酒豪)로 두주불사의 호걸이었으므로 성상께서는 언제나 술자리를 베푸실 때마다 이분들을 불렀다. 그들과 무용담을 안주 삼아 술잔을 기울이는 것을 더할 나위 없는 낙으로 삼고 계셨다. 게다가 성상께서 당시 사용하시던 옥배는 보통의 작은 크기가 아니라 우리가 사용하는 물잔처럼 큰 옥배였는데, 여기에 가득 채워 들이켜곤 하셨다.

요즘 들어 성상께서는 매우 부지런하셔서 매일 아침 일찍부터 궐로 나아가 모든 정사를 친히 재단하시고, 오후 대여섯 시나 되지 않고서는 안으로 들어가시지 않는 것이 보통이었다. 또 때로는 오늘 밤은 궐에서 놀자고 하시면서 밤늦게까지 신하들을 상대로 여러 가지 이야기에 빠지시는 일도 있다. 이러다가 잠이 드시게 되면 안에서 부지런히 침구 등을 운반해 오고, 우리 신하들은 복도에서 하룻밤 지새우는 일이 결코 드물지 않았다.[372]

황후 또한 천황의 음주벽을 크게 염려하고 있었다. 그 마음을 그녀가 지은 와카에서 엿볼 수 있다.

꽃피는 봄, 단풍 드는 가을 술잔
알맞게 드시면 얼마나 좋을까[373]

황후가 봄과 가을을 말한 까닭은 아무래도 술을 많이 마시는 것이 (지금도 그렇지만) 이 두 계절이었기 때문이다.

젊은 날의 메이지 천황은 일본주를 즐겼다. 그러나 나중에는 와인과 샴페인으로 바뀌었다. 천황의 주량은 보통 이상이었으나 항상 술에 강했던 것은 아니었다. 1886년부터 시종으로 있던 히노니시 스케히로(日野西資博)는 "천황이 샴페인을 앉은자리에서 두 병이나 해치운 일이 있다. 입에 잘 맞고 해서 자칫 과음하는 바람에 발걸음이 흐트러지는 일도 있었다. 그 후로는 될 수 있는 대로 샴페인은 내놓지 않았다"[374]고 회상했다. 천황은 테이블 위의 술이 없어질 때까지 자리를 떠나는 법이 없었다. 보통은 밤 11시에는 돌아가지만, 다른 회상록을 보면 때로는 12시 지나서까지 술자리를 벌인 경우도 있었던 모양이다.

그러나 천황은 매일 아침 일찍부터 학문소로 나가 그날의 정무를 처리했다. 아닌 게 아니라 때로는 공부를 소홀히 하기도 해서 기도 다카요시나 가까이 모시고 있는 신하들을 실망시키는 일도 있었는지 모른다. 그러나 천황은 집무에 대한 의무감이 강해서 국사를 소홀히 하는 일은 결코 없었다. 천황은 자신이 일본의 천황이라는 사실을 충분히 인식하고 있었다. 당시 외국 비평가들은 그런 점에 깊이 감명받고 있었기 때문에 그들은 유럽의 군주와 비교할 때면 언제나 메이지 천황에게 호의적이었다. 찰스 랜먼은 1882년 메이지 천황을 칭찬하며 다음과 같이 썼다.

숱한 유럽의 군주나 황족들과는 달리 메이지 천황은 방종에 몸을 맡기는 일이 없이 정신을 교화하는 데서 기쁨을 찾고 있다. 지식을 탐구하는 데도 노력을 아끼지 않고 개인적 부자유도 마다하지 않는다. 아직 젊었음에도 불구하고 추밀원 고문관 회의에 빈번히 출석한다. (중략) 행정 부문을 자주 찾으며 천황이 출석하는 게 바람직스러운 모든 공무에도 항상 얼굴을 내민다. 과학이나 문학에 힘쓰는 한편으로 전문적인 연구에 매일 몇 시간씩 쏟는 등 자신을 엄하게 절제하는 습관을 가졌으며 그런 일에 엄격히 따르고 있다. 성격은 현명하고, 단호한 결의의 소지자이며 진보적이면서 향상심에 불타고 있다. 그 치세의 초기부터 천황의 주변에는 제국에서 으뜸가는 현명한 정치적 지도자가 있었다. 이 일은 당연히 천황의 성장에도 도움을 주고 있다. 이렇게 해서 이번 세기의 일본의 왕관은 위대하고 존경하기에 합당한 인물의 머리 위에서 빛나고 있는 것이다.[375]

랜먼은 계속해서 메이지 천황을 '편견으로부터 자유롭고 국가의 번영이 증진되는 데 유익하다고 여겨지는 모든 것을 외국에서 채용하는 열의 있는 향상심의 소유자'라고 말하며, 표트르 대제와 놀라울 정도로 닮았다고 언급하고 있다. 기도 다카요시가 들었으면 이러한 칭찬이 좀 도가 지나쳤다고 여겼을지 모른다. 그러나 유럽 황실들의 약점을 알고 있는 사람이라면 누구나 공무에 헌신적인 메이지 천황을 칭찬했을 것이다.

랜먼이 표트르 대제와의 유사점을 지적하고 있는 것은 분명 일본의 근대화를 추진한 메이지 천황의 방침에 대한 찬사였을 것이다. 그러나 인격상으로 볼 때 이 두 사람에게는 비슷한 점이 하나도 없다. 표트르 대제는 난폭하고 잔인했다고 말할 수 있는 러시아의 군주요, 메이지 천황은 성실하고 매우 조용한 일본의 군주이기 때문이다.

일본인들은 메이지 천황의 성격을 그 밖에도 여러 가지 면에서 칭찬하고 있다. 소박하고 사치나 과시를 싫어하는 천황의 성격은 곧잘 지적되는 점이다. 어떤 시종은 이렇게 회상하고 있다.

붓도 끝이 무뎌지고 먹도 오래 사용해서 작아진 것을 버리지 않고 그대로 사용하셨다. 먹을 손수 가졌고 결코 남을 시키지 않았다.[376] 몇 년에 걸쳐 똑같은 군복을 입었고 육군의 복제 개정으로 다른 모든 사람이 근대풍으로 바꿔 입은 다음에도 천황은 구식 군복을 입고 있었다. 그 군복은 여러 번 수선되었다. 단화가 낡아 신을 수 없게 되면 시종은 새 구두를 갖다놓았다. 그러면 낡은 구두를 수선하라고 명하곤 했다.[377]

의복과 구두뿐 아니라 낡은 것을 수선하는 편이 새것을 사는 것보다 비용이 더 드는 수가 있다는 사실을 천황은 알고 있었다. 그러나 천황은 어디까지나 수리해서 쓸 수 있는 것은 수리한다는 원칙이었다. 많은 회고록의 필자들은 그 때문에 궁중의 커튼은 바래고 장지문의 종이가 칙칙해졌다고 지적하고 있다.

메이지 천황이 학구파였다는 증언은 하나도 없으나 다카쓰지 오사나가(高辻修長)는 '진강을 매우 열심히 들으셨으며 의심이 가는 곳은 뜻이 통할 때까지 몇 번씩 다시 하시는 식이었다'고 회상하고 있다.[378] 가토 히로유키는 일주일에 두세 번 헌법과 국제법을 시독했다. 유감스럽게도 천황은 정치를 학업보다 우선시하지 않을 수 없었다. 학업의 진도는 당연히 가토가 세운 계획보다 늦어지게 마련이었다.

그래서 시독 시간을 연장해 한때 여름이면 오전 7시부터, 겨울에는 오전 8시부터 매일 학문소로 들어가시게 되었다. 폐하의 부지런하심은 황송할 정도여서 매일 아침 5시면 반드시 일어나셨다. 시간이 되기 전부터 학문소에서 시독이 들어오기를 기다리시

는 바람에 늦게 들어온 시독들이 황공해서 등에 식은땀을 흘린 경우도 적지 않았다.[379]

가토는 헌법에 관한 서양 서적을 요약 번역해서 강의했다. 입법, 행정, 사법의 3권 분립 이야기, 자치제 이야기, 18세기에서 19세기 중엽에 이르기까지 유럽 헌법사의 대략 등이 그 내용이다. 처음에는 독일의 권위 있는 학설, 특히 요한 브룬츨리의 책을 교재로 사용했다. 그러나 가토는 천황이 번역서에만 의존하다가는 참된 이해를 얻을 수 없게 될까 걱정이 되었다. 그래서 독일어 원서 강독으로 전환하기로 했다. 그러나 이윽고 천황에게는 외국어를 배울 시간이 없다는 것이 분명해졌다. 어쩌면 적성에 맞지 않았을 수도 있다. 그래도 가토는 천황이 공부에 열심이었다고 전하고 있다.

선제께서는 성품이 지극히 면밀 착실하셔서 사물을 중도에서 그만두시는 일이 없으며 어디까지나 근본을 이해하지 않고는 견디지 못하는 분이셨다. 예를 들면, 오늘 말씀드린 것에 대해서도 의심스러운 것은 내일 이해가 갈 때까지 질문하시기 때문에 진도가 늦어지는 대신 일단 이해된 일은 언제까지나 잊지 않고 반드시 이를 활용하시는 모습을 볼 때 나는 감탄할 수밖에 없었다. 나는 다년간 교육가로서 많은 수의 학생과 접하고 있으나, 폐하처럼 시험이 있는 것도 아닌데 전적으로 자신의 수양을 위해 이와 같이 학문에 열성을 보이는 사람은 아직 다른 곳에서 보지를 못했다.

천황의 뛰어난 기억력은 많은 사람들이 지적하고 있다. 해군 중장 아리치 시나노조(有地品之允)는 다음과 같이 회상하고 있다.

궁중의 수많은 의식, 전례, 기타 역사의 사실에 이르기까지 정진하지 않으시는 것은 하나도 없으며 미미한 자들까지도 한번 배알한 자는 결코 그 이름을 잊으시는 법이 없다. 예컨대 육해군의 여러 학교 및 대학 등의 졸업식에 행차하셔서 손수 상전(賞典)을 내리신 우등 졸업자라든지, 어전 강의를 한 사람들 하나하나의 이름까지도 결코 잊으시는 법이 없었다. 성상이 처음으로 대학 졸업식에 행차하셔서 사이토 슈이치로(齋藤修一郎)의 어전 강의를 청취하신 일이 있었는데, 그 후로도 늘 "사이토, 사이토" 하며 잊지 않으시고 성상과 함께 식사를 하게 되는 경우 등에는 그 무렵의 일을 끄집어내셔서 "그때는 이랬었지, 저때는 저랬었지" 하며 일일이 생생하게 기억을 더듬으시는 것을 곧잘 보곤 했다.[380]

막 서거한 뒤에 나온 회상이므로 다소 과장이 있었을지도 모른다. 그러나 그런 점을 감안하더라도 역시 메이지 천황이 발군의 기억력의 소지자였다는 사실은 틀림이 없다. 천황은 분명 지식인은 아니었다. 천황을 아는 사람들의 회고록을 읽다보면『논어』의 한 구절이 떠오른다. '강의목눌(剛毅木訥)', 즉 의지가 강하고 불의에 쉽게 굴하지 않고 욕심이 없고 질박하며 어눌함, 이것이 바로 공자의 이상인 인(仁)에 가깝다는 것이다.

메이지 천황의 인격에 있는 '강의(剛毅: 강직해 굽힘이 없음)'는 군사훈련에 적극적으로 참가하는 모습을 봐도 알 수 있다. 천황은 말 위에서 옥검을 손에 들고 3군을 통솔하기까지 했다. 대원수로서 처음으로 훈련했을 때, 심한 비바람에도 끄떡없이 시종 침착하고 냉정하게 임해서 3군을 고무 격려했다고 한다. 이 같은 침착함과 냉정함은 그 후의 치세를 통해 변함이 없었다. 힘들고 비참한 상황에 빠져도 불평하거나 의기소침해지는 법이 없었다.

메이지 천황은 이때까지는 경험이 부족한 젊은 군주였다. 자신의 주변을 에워싼 우수한 인재에 의지할 수밖에 없었다. 이들 주변 인물들의 태도는 경의에 넘쳤고, 틀림없이 천황을 자신들의 군주로서 존경하고 있었다. 그러나 동시에 그들이 지닌 정치 군사 및 문학, 철학에 이르는 지식은 오히려 천황에게 겁을 주었을지 모른다. 기도가 불만을 토했던 것처럼 천황은 학문에 대한 열의가 모자랐을지도 모른다. 어쩌면 이는 아무리 노력해도 신하들이 원하는 목표까지 도달할 수 없으리라는 체념 비슷한 기분에서 나왔을지 알 수 없다.

아직 메이지 천황은 자신의 기개를 보여줄 기회가 없었을 것이다. 만일 이대로 젊어서 죽거나 아버지 고메이 천황과 같이 겨우 서른다섯 살의 나이로 생애를 마감하게 되었더라면, 이 젊은 이는 단순히 왕정복고 시대에 군림했던 천황으로만 기억되었을 것이다. 장수했고 강한 사명감이 있었기에 마침내 역대 천황 중에서 가장 이름 높은 천황으로 남을 수 있었던 것이다.

제20장 에딘버러 공 알현

적어도 메이지 천황에 관련된 한에서는, 1869년 들어 가장 중요한 사건은 천황의 두 번째 도쿄 행차였다. 전년의 첫 번째 도쿄 행차는 대성공이었다. 그러나 교토 시민들은 천황이 도쿄 시민에게 술과 그 밖의 선물들을 준 것을 알고는 다소 홀대받는 기분이었다. 교토로 돌아온 천황은 신년이 되자마자 교토 시민에게도 술과 오징어를 하사했다. 아마도 이렇게 해서 옛 도읍이 동쪽 신도시에 의해 대체될지 모른다는 교토 시민의 위기의식을 불식시키려 했던 모양이다. 도쿄 천도에 대한 우려는 이런 조처에도 불구하고 사라지지 않았다. 1월 25일, 의정 이와쿠라 도모미는 보상 산조 사네토미에게 보낸 시무 4책 가운데서 특히 이 문제를 다루고 있다.

도쿄로 천도하는 것이 아닌가 하는 소문 때문에 교토, 오사카 사람들의 마음의 동요가 심하다. 전년, 에도가 도쿄로 개칭된 것은 사실이다. 그러나 이는 천황에게 천도 계획이 있어서 그런 것은 결코 아니다. 어디까지나 사해를 집으로 삼는다는 본뜻에 의해 동서일시(東西一視)의 취지에서 나온 것이다. 게다가 교토는 간무(桓武) 천황 이래로 1천여 년의 도읍이며 역대 천황의 산릉이 있는 곳이다. 금후 천년백년이 지나도 천도는 있을 수 없다. 따라서 교토가 버려진다는 일은 만에 하나도 생각할 수 없다. 멀리, 그리고 널리 에조(蝦夷)나 지시마(千島)의 끝에 이르기까지 왕화(王化)시키려는 취지 아래 천황은 이번에 다시 도쿄 행을 고려하게 되었다. 이는 오로지 왕화를 입지 못하고 있는 지역에 골고루 신정부의 은혜를 베풀고자 하는 배려 때문이다. 아닌 게 아니라 조정에서 천도를 하자는 사람이 없는 것은 아니다. 그러나 나는 절대로 찬성할 수 없다. 만일 이것이 천황의 결정이라면 어쩔 수가 없다. 그러나 신하된 자가 이를 주장하는 것은 나로서는 동의할 수 없다.

앞으로 있을 도쿄 천도의 예고를 의도한 것이 아니냐는 여론 속에서 두 번째 도쿄 행차 계획은 착착 진행되었다.

2월 8일, 천황의 이세 신궁 참배를 위해 봉련 행차가 도중에 이세 쪽으로 돌아간다는 포고문이 내려졌다. 이 결정은 행차의 성격을 바꿔놓았다. 단순히 천황의 은혜를 입지 못하고 있는 지역에 그 은혜를 베푼다는 정치적인 의도뿐 아니라, 이제는 자연스럽게 종교적인 의미를 띠게 되었다. 앞으로 해를 거듭할수록 두드러질 신도와 천황의 밀접한 관계를 확연히 드러내게 되었다. 그리고 2월 18일, 새로 내려진 포고 내용은 3월 7일에 있을 도쿄 행차 일정을 발표하면서 연도에서의 환영 행사는 간소하게 치를 것임을 알리고 있다. 행차 수행원들에게 연도를 오가는 사람들에게 방해가 되는 일이나 농사에 지장을 주는 일은 해서는 안 된다는 금령을 내렸다. 간소함을 기본으로 한다는 이 포고 내용은 과거 요란했던 전통적인 다이묘 행렬과는 다르다는 사실을 강조하려 했던 것인지도 모른다. 특히 농사에 대해 언급한 것을 보면 백성이 일하고 있는 모습 그대로를 천황에게 보이려는 의도가 엿보인다.

2월 20일, 신정부에 대한 반란이 종결된 북부 지방 민중에게 특히 다음과 같은 고유가 내려졌다.

천지간 가는 곳마다 '왕토(王土)' 아닌 곳이 없다. 여기 사는 백성은 모두 천황의 자식이다. 적어도 이 나라에서 생을 받은 자를 보기를 아기와 같이 해서, 한 백성이라도 그 기하는 바를 얻지 못하면 깊이 마음을 쏟음으로써 산간벽지, 에조(=홋카이도) 마쓰마에(松前)의 끝에 이르기까지 골고루 무휼(撫恤: 불쌍히 여겨 위로함) 하고자 함이니라.

말투는 어디까지나 유교적이었지만 그것이 뜻하는 바는 과거 천황들의 것과는 근본적으로 달랐다. 고메이 천황이 '한 백성이라도 그 기하는 바를 얻지 못하면…'이라고 깊이 마음을 쓰는 모습을 상상이나 할 수 있겠는가. 젊은 천황은 백성(신분에 상관없이 모든 일본인)과 친히 접할 뿐 아니라 그 행복에 대해서도 항상 마음 쓰며 하루하루의 생업에 방해되는 일은 무엇이든지 싫어했다.

천황과 백성의 거리를 없애기 위한 또 하나의 방책으로 황궁의 정원을 시민들에게 개방했다. 2월 23일, 사흘간 도쿄 시민에게 도쿄 성의 정원이 개방되었다. 시민들이 환성을 지르고 도쿄 성 문밖으로 몰려드는 바람에 사망자 여덟 명, 부상자 약간 명이 생겼다. 천황은 그 유족과 부상자들을 위해 금 3백 냥을 하사했다.

　메이지 천황은 3월 7일 이른 아침, 예정대로 교토를 출발했다. 산조 사네토미, 외할아버지 나카야마 다다야스 이하 구게, 당상이 행렬을 따랐다. 그중에는 초대받지 않은 호위병인 '친병(親兵)'이 있었다. 당시 일본에 머무르고 있던 존 블랙은 이 친병에 대해 다음과 같이 쓰고 있다.

　　그들은 자신들에게만 특별히 '일본 고대의 혼'이 깃들어 있다고 믿고 있었다. 그들의 신조는 '미카도에게 헌신을, 이국의 야만인에게 죽음을'이었다. 이 사나이들은 천황이 가는 곳마다 몸을 던졌다. 천황에게 성스러운 도읍을 버리지 말 것, 그리고 외국인과 어울림으로써 몸을 더럽히지 말 것을 탄원했다. 천황이 그들의 탄원을 무시하자 자신들에게 남은 방법은 천황의 행차를 따라가 그 신변을 경호하는 일밖에는 없다고 했다. 예리한 무기로 무장한 2천여 명의 병력이었는데 아무도 말리지는 않았다. 그러자 그들은 대열을 이뤄 도읍으로 집결했다.[381]

　도쿄 행차의 시작은 전년 행차 때와 마찬가지로 도카이도로 나아갔다. 그러나 3월 10일, 행렬은 관문을 떠난 다음 이세 가도에서 마쓰자카(松坂)로 향했다. 천황은 마쓰자카에서 하룻밤을 묵었다. 행렬은 행궁으로 지정된 도요우케(豊受) 대신궁 문전(文殿)에 도착했다. 이튿날 아침, 천황은 황로염포(黃擄染袍: 천황이 조의朝儀 때 입는 불그스름한 황색 의상)를 입고 총화련을 탄 뒤 행궁을 떠나 외궁(外宮: 도요우케 대신궁을 가리키는 말)으로 갔다. 이어 제주인 대궁사(大宮司)의 선도를 받아 정성껏 참배 의식이 거행되었다. 오찬을 마친 다음 천황은 더 중요한 황대신궁 참배를 위해 다시 행궁을 나왔다. 문무백관이 정장하고 따라와 우지(宇治) 다리를 건넜다. 잠시 휴식한 다음 천황은 목욕을 했다. 미시(오후 2시 전후)에 천황은 황대신궁을 참배하고 내궁(황대신궁) 문전으로 돌아와 이곳을 행궁으로 삼았다.

천황이 이세의 내궁과 외궁, 양대 신궁을 참배한 것은 역사상 처음이었다. 칙명으로 이때를 기해 집행될 새로운 일련의 의식이 신기관에 의해 입안되었다. 신관들은 메이지 천황을 두 명의 고대 천황, 진무 천황과 게이코(景行) 천황[382]에 비기며 이렇게 찬양했다.

성효(聖孝)는 창산(倉山)의 구름보다 높고 예념(叡念)은 궁천(宮川)의 물보다도 깊다. 이로써 신명이 서로 받아들이고 천지가 서로 화합하며 당당하게 천고(千古)의 의식을 이루고 양양하게 만세 소리 울리도다.

메이지 천황이 쓰(津)의 행궁에 도착했을 때, 쓰 번의 후계자 도도 다카키요(藤堂高潔)가 문후를 아뢰면서 망원경과 과자를 바쳤다. 즉위 식전에서 현저한 역할을 한 지구본과 마찬가지로 망원경은 젊은 천황의 시야를 넓히고자 하는 의도 같았다. 천황은 비로소 일본인의 마음의 고향이라 할 이세의 땅에 점점 정이 들었다.

행렬은 다시 도카이도로 접어들어 아쓰타(熱田), 오카자키(岡崎)를 거쳐 그대로 도쿄로 향했다. 행차 자체는 별 탈 없이 진행됐으나 북쪽에서 계속되고 있는 전투 보고를 둘러싸고 우려가 있었다. 에노모토 다케아키의 전함이 미야코(宮古) 만[383]에 정박 중인 관군의 함선을 포격했으나 실패로 끝났다. 하지만 이미 후쿠야마(福山) 성은 적군의 손에 떨어졌고 하코다테의 반란군이 쳐들어올 우려가 있었다. 이때부터 결국 에노모토가 항복해서 오릉곽 성문이 관군의 손에 의해 열리게 된 5월 18일까지, 반란군에 대한 군사 행동은 지지부진해서 골칫거리로 남아 있었다.[384] 에노모토는 정중하게, 때로는 선물까지 곁들여가며 항복을 종용받았다. 장기간에 걸친 전투와 식량 부족으로 지쳐 있던 에노모토 수하의 장병 중에서 수백 명 단위로 항복하는 자들이 생겼다. 그러나 에노모토는 도쿠가와 가에 끝까지 충성하기로 하고 최후의 일각까지 버텼다.

메이지 천황은 일단 도쿄에 자리를 잡자마자 일상적인 일과를 재개했다. 중국과 일본의 고전을 학습하고 승마를 즐겼다. 천황의 개인적 생활은 평온했으며 이 시기의 공식 기록에는 그가 정부의 결정에 관여했다는 흔적을 찾아 볼 수 없다. 그럼에도 불구하고 수많은 포고가 천황의 이름으로 내려졌다. 4월 4일, 칙명에 의해 새로이 수사(修史) 편찬을 위한 사국(史局)이 열렸다. 다음은 그와 관련된 칙서이다.

수사는 만세 불후의 대전(大典)이며 선조의 위대한 사업이건만 3대 실록 이후로는 이어지지 않고 있으니 이 어찌 불완전한 전적이 아니겠는가. 가마쿠라 시대 이후 무문(武門) 전권(專權)의 폐악이 제거되고 정무를 회복한 이제, 사국을 열어 조상의 향기로운 발자취를 이어 문교(文教)를 세상에 펼치고자 한다. 이에 산조 사네토미를 총재직에 임명한다. 조속히 군신의 본분을 바르게 하고 나라 안팎의 관계를 분명히 해서 천하의 질서를 세우라.[385]

정부는 많은 문제에 직면해 있었다. 북쪽의 반란 진압은 여의치 않았을 뿐 아니라 비용이 많이 들었다. 전비를 조달하기 위해 정부가 발행한 지폐는 민중에게 쉽사리 받아들여지지 않았다. 당초 정부는 지폐와 금의 명확한 불균형을 시정하기 위해 지폐 120냥을 정화(正貨) 1백 냥 상당으로 잡고 있었다. 그러나 이것이 오히려 투기꾼들의 화폐 조작을 돕는 결과를 낳았다. 그래서 정부는 지폐를 정화와 동등한 가격으로 한다는 포고를 내렸다. 그 결과 그리샴의 법칙의 완벽한 실례로서 악화가 양화를 구축하고 말았다.[386] 정부가 취한 조처와 그 대응책은 정부의 미숙함과 나라가 여전히 중대 국면을 벗어나지 못하고 있다는 사실을 여실히 보여주었다.

마찬가지로 범죄에 대한 형벌의 방침 역시 극단적인 가혹함과 비교적 관대함 사이를 오락가락하고 있었다. 4월 15일, 군율이 다음과 같이 정해졌다.

도당(徒黨)의 금지령을 범한 자는 당수는 사형에, 당원은 근신 처분한다. 군복을 입고 무기를 휴대한 채 탈주한 자는 사형에 처한다. 군복과 무기를 반납하고 탈주한 자의 경우 초범은 50일의 금고에 처하고 재범은 유배에 처한다. 이유 없이 금전을 강요하거나 강매한 자는 그 죄의 경중에 따라 사형 또는 유배 등에 처한다.

다음 달, 군무관에서 다음 명령이 나왔다.

　관군에 저항한 반군의 주모자는 참수형에 처한다. 그리고 이미
죽은 자에 대해서는 참수에 준해 가계를 단절시킨다.

이런 가혹한 조처는 에조에서 반란을 일으킨 에노모토에게 약
속한 관대한 조처와는 일치하지 않았다.

5월 22일, 공의소(公議所) 회의에서는 기독교도의 사형을 부
결하고 대신에 태형을 가결했다. 그러나 구체제의 정신이 아
주 사라진 것은 결코 아니었다. 5일 후, 이 회의는 할복 금지 건
을 부결했다. 약 일주일 후, 관리나 군인 이외의 사람이 칼을 소
지하는 일을 자유에 맡기기로 했던 의안을 만장일치로 부결했
다.[387] 7월, 온갖 혹독한 형이 폐지되었다.

기독교도에 대한 형벌을 경감하게 된 것은 아마도 이전부터
기독교 탄압에 항의를 계속해 온 서구 열강의 눈을 의식해서일
것이다. 아이누 역시 열강의 동정을 불러일으킨 존재였다. 정부
는 에조 지방의 관리가 때때로 아이누를 매우 학대해 왔고, 열강
의 호의적인 태도에 아이누 중에는 외국인을 더 좋아하는 자가
나오고 있다는 사실을 알게 되었다. 정부는 열강이 고통 받고 있
는 아이누를 돕는다는 명목으로 그들을 선동해서 반란을 일으킬
까봐 걱정했다. 그런 사태를 막기 위해 갑자기 일본인의 홋카이
도 이주가 장려되고 마침내 실행에 옮겨졌다.

외국인 폭행 사건은 계속되었다. 영국 공사 해리 파크스는 이

들 사건에 대해 격노해서 범인을 체포하라고 요구했다. 4월 3일, 의정 도쿠다이지 사네쓰네(德大寺實則)와 하치스카 모치아키(蜂須賀茂韶)가 영국 공사를 방문하고 사과했으나 뜻이 받아들여지지 않았다. 그리고 보상 산조 사네토미, 의정 오기마치산조 사네나루, 참여 겸 외국관 부지사 오쿠마 시게노부(大隈重信)가 공사를 방문했다. 이튿날, 정부는 외국인에 대한 어떠한 폭력 행위도 엄금한다는 명을 내렸다. 그러나 반외국 감정은 여전히 강했다. 외국인 폭행 사건은 끊이지 않았고, 이에 격노한 외교 사절은 당장이라도 전쟁을 일으킬 것처럼 기세등등했다. 정부도 대비책을 강구하려 했지만 일본 정부는 내정 문제 처리만으로도 골치가 아픈 상태였다.

이 시기의 천황에 대해서는 승마 이야기가 빈번히 나오는 것 말고는 거의 기록에 없다. 중국 고전 학습은 놀라운 진전이 보였다. 천황은 시강과 함께 『시경』 『맹자』를 읽고 있었다. 때때로 천황은 대대의 연병이나 대포 훈련을 관람했다. 천황은 에노모토의 반란군과의 싸움에서 그토록 바라던 승리를 거두고 돌아온 해군, 육군 참모와 함장 등을 접견하며 노고를 치하했다. 메이지 천황이 모든 정치적 전개에 대해 세세하게 보고를 받고 있었는지 여부는 분명하지 않다. 그러나 천황은 틀림없이 이 시기의 가장 중요한 사건에 관여하고 있었다. 다이묘가 영유하고 있던 토지와 인민을 천황에게 반환하는 이른바 '판적봉환(版籍奉還)'이었다.

6월 17일, 천황은 각 번 번주들의 판적(영토와 호적) 봉환 청원을 받겠다는 내용의 칙령을 내렸다. 청원하지 않는 번주에게는 즉시 봉환을 명했다. 이미 이해 1월, 4대 번(사쓰마와 조슈를 포함)

의 번주는 연서해서 봉토와 인민의 봉환을 청원했고, 다른 번주들도 줄을 이었다. 최종적으로 274명의 번주가 중앙 정부에 판적을 인도했고, 번주들은 칙명에 의해 각 번의 지사로 임명되었다. 구게와 제후라는 직함은 폐지되고 모두 화족(華族)이라 불렸다. 일본의 정치적 통일이 이제 크게 한 발짝을 내디딘 것이다.

7월 8일, 정부 조직이 새로 개편되어 신기와 태정(太政)의 두 관직이 설치되었다. 산조 사네토미는 우대신으로, 이와쿠라 도모미와 도쿠다이지 사네쓰네는 다이나곤(大納言)에 임명되었고, 천황의 외할아버지 나카야마 다다야스는 신기백(神祇伯)의 자리에 올랐다. 그 밖에 왕정복고 때 큰 활약을 한 사람들이 신정부의 요직에 앉았다.

그러는 동안 천황의 업무는 이제 하나의 중요한 전개를 향해 그 기반을 착착 구축해가고 있었다. 1869년 초여름, 영국 공사 파크스는 빅토리아 여왕의 둘째 왕자 에딘버러 공작이 전함 갈라테아 호를 지휘하여 일본을 방문할 계획이라는 보고를 받았다. 에딘버러 공은 지난해부터 갈라테아 호로 세계 일주 항해를 하고 있었다. 에딘버러 공의 외국 방문은 주로 의례적인 것이었으나, 오스트레일리아에서는 아일랜드인 애국자 때문에 하마터면 목숨을 잃을 뻔했다. 일본으로의 단기 방문은 에딘버러 공이 일본을 방문하는 최초의 유럽 황족이라는 점 말고는 별로 기억할 가치가 있는 것은 아니었다.

공작의 일본 방문 보고가 조정에 도달했을 때 당시의 기록 중하나이다.

진보파는 "이번 기회에 천황이 다른 나라 군주의 관례를 될 수 있는 대로 따르기로 결단을 내려야 한다"고 주장했다. 그러나 반대파는 강경한 말투로 다음과 같이 반론했다. "외국 황족의 황자를 자칫 일본의 천손(天孫) 가계인 황족과 동등한 반열에 놓는 일을 용인하게 될지도 모를 모든 조처는 천황의 존엄을 폄하하는 결과가 된다."[388]

수개월이 지난 다음에야 간신히 영국 공사는 조정으로부터 회답을 받을 수 있었다.

영국의 왕자가 곧 방일한다는 사실을 알고 천황은 매우 기뻐하셨다. 만일 왕자가 바다에 면한 별궁인 빈어전(濱御殿)에 머물러 준다면 기쁨은 더할 수 없을 것이다.[389]

에딘버러 공의 방문 배경에 대해 가장 상세하게 이야기해 주는 『영 재팬』의 저자 블랙은 다음과 같은 것을 특히 중시했다.

궁중에서 왕자를 공식으로 알현한 후 천황은 영국 공사 및 통역을 맡은 영국 공사 관원 한 명을 동반한 왕자를 황궁의 뜰에 있는 정자로 초대해서 대등하게 회견하게 된다.[390]

방문하는 영국 왕자를 일본 측이 어떻게 접대하느냐 하는 문제는 영국 공사 파크스로서는 지극히 중요한 일이었다. 그는 "미카도는 왕족이라는 점에서 '대등한 상대'로서 왕자를 맞게 될 것이다. 만일 최종적으로 일본 측의 준비에 왕자의 명예를 훼손할 우려가 있을 경우 나는 환영을 거절할 수도 있다"[391]고 역설했다.

청나라 정부는 이미 에딘버러 공에 대한 '대등한 환영'을 거절했다. 그래서 에딘버러 공의 중국 방문은 미행(微行: 국제법에서 외교 사절이나 국가 원수가 신분을 알리지 않고 하는 여행)이 되었다. 이와쿠라 도모미는 파크스에게 다음과 같이 말했다.

왕자의 환영을 어떻게 해야 할 것인가로 정부는 크게 고민하고 있다. 이 문제가 의제로 올랐을 때 환영 행사 준비에 대한 의견은 한곳으로 모아지지 않았다. 그러나 대부분의 선진적 의견에 따르면 설혹 고래의 사고방식이나 관습을 희생하더라도, 이것은 외국 열강에 우호적인 감정을 보여주고 그들과 보다 친밀한 관계를 촉진할 용의가 있음을 보일 절호의 기회로 생각하고 있다. 따라서 영국의 조건에 어울리는 범절로 왕자를 맞이하기 위해 미카도는 새로운 의례를 채용하게 될 것이다.[392]

도쿄 성에서 천황이 공작을 환영하는 행사는 선례를 찾아볼 수 없는 것이었다. 블랙은 다음과 같이 쓰고 있다.

그날 이후로 다른 황족과 저명한 고관들은 이전보다도 친밀한 환영을 받게 되었다. 그러나 그것은 조정과 일본이 이러한 개혁에 익숙해지고 그에 대해서 더 이상의 이론이 없게 된 후의 일이었다.[393]

알현은 9월 4일(음력 7월 28일)에 있었다. 모든 단계에 걸쳐 치밀하게 환영 준비를 계획했다. 그것은 공작이 무사하게 도착하기를 한신(漢神)에게 기원하는 일에서 시작되었다.[394] 공작이 요코하마에 상륙했을 때 스물한 발의 축포가 발사되었다. 요코하마 도로가 깨끗이 정비되었으며 이동 중 무사하기를 도조신(道祖神)에게 기원했다. 요코하마에서 에도로 향하는 길은 천황의 행차에 준하는 엄한 경계 태세였다. 미트포드에 의하면 도로변에 있는 집들의 이층 덧문은 종이를 발라 고귀한 손님을 내다볼 수 없게끔 했다.[395] 도착 지점에서도 기도가 올려졌다.

전하가 에도에 도착하는 날 종교 의식이 시나가와에서 벌어질 예정인데 그것은 모든 악령을 쫓아내기 위한 것이다. 전하가 도착할 때에는 황족이 마중 나가 인사를 하게 되어 있다.[396]

에딘버러 공을 위한 환영 계획 중 '전하가 황궁의 문을 통과할 때 누사라고 불리는 의식을 한다'란 항목이 있었다. 미트포드는 회상록에서 '누사'를 설명했는데, '베로 만든 장식술이 달린 파리채 같은 것을 사용해서 악령의 힘을 일소하는 의식'이라고 말하고 있다. 영국인은 아무도 이 의식에 반대하지 않았다. 그러나 미국 임시 대리공사 A. C. 포트먼은 「에딘버러 공의 재계(齋戒)」[397]라는 제목의 미국 대통령에게 보내는 보고서를 준비했다. 후쿠자와 유키치의 『복옹자전(福翁自傳)』에 의하면 그 보고 내용은 다음과 같다.

일본은 진실로 자존자대(自尊自大)의 일개 작은 쇄국으로 외국인을 짐승처럼 취급하는 것이 보통이다. 이번에 영국 왕자가 입성 알현했을 때 성문 밖에서 미소기(潔身)의 벽사를 왕자의 몸에 했다. 미소기의 벽사란 상고 시절에 부정한 자를 깨끗이 하기 위해 물을 부었던 것인데, 중세에 종이가 발명된 이래 종이로 고헤이(御幣)라는 것을 만들어 물 대신에 그것으로 사람의 몸을 훑어 모든 부정과 불결을 떨어버렸다. 이번에 영국 왕자에게 한 일도 바로 그런 것이므로 일본인의 눈으로 볼 때 왕자 또한 그저 부정한 한 짐승에 지나지 않으며……[398]

아마도 포트먼은 이러한 도발적인 보고로 대통령의 주목을 끌려고 했을 것이다. 어쨌든 그가 진실을 꿰뚫어본 것인지도 모른다. 1868년 2월, 천황의 의전 문제가 토의되었다. 외국 공사 접견 문제는 최종적으로 다음과 같이 결정되었다.

외국인을 황궁 안으로 들여보내되 성역을 보호하기 위해 황궁 4개문 밖에서 악령을 쫓아내는 의식을 행하기로 한다.

에딘버러 공이 황궁에 들어갈 때 행한 의식은 같은 목적에 의한 것이었다. '누사' 의식은 에딘버러 공을 악령의 작용에서 지키자는 것이 아니라 외국인의 부정으로부터 황궁을 지키기 위해 행해졌다.[399] 후쿠자와는 미국 공사관 측 통역에게서 그런 이야기를 들었을 때 웃을 수가 없었다.

영국 측 일행은 아무도 이 의식이 의미하는 바에 당혹감을 느끼지 않았던 모양이다. 공작과 천황의 회견은 무사히 치러졌다. 황궁 안에 들어가서 마차에서 내린 에딘버러 공은 정부 고관들의 마중을 받았고, 곧장 대기실로 안내되었다. 조금 있다가 에딘버러 공이 알현 자리로 인도되자 천황은 대좌 위에 서 있었다.

천황은 환영 인사말을 하고 손님은 그에 답했다. 그 후 천황은 에딘버러 공을 뜰로 인도해서 좀 더 친밀하게 담소를 나누었다. 미트포드는 다음과 같이 회상했다.

조금 늦게 왕자와 조정의 중신이 에딘버러 공에게 경의를 표하고 난 후, 에딘버러 공은 황궁의 뜰에 있는 모미지(紅葉) 다실로 안내되었다. 그곳에는 차와 온갖 종류의 진미들이 차려져 있었다. 이윽고 다키미(瀧見) 다실에서 천황이 기다리고 있다는 전갈이 있었다. 파크스 공사, 케펠 제독과 함께 에딘버러 공을 따라 그곳으로 갔다.

파크스는 공작과 천황의 회견이 순조로울지 걱정하는 마음을 이렇게 썼다.

아직 나이 어린 미카도는 애처롭게도 몹시 수줍어하겠지. 대신들도 왕자가 미카도를 따분한 사람으로 생각하지나 않을까 걱정하고 있을 것이다. 사실 왕자도 꽤 수줍음을 탄다.

전해진 바에 의하면, 메이지 천황과 영국 왕자와의 회견은 그저 그런 자리에 어울리는 통상적인 것이었던 모양이다. 천황은 "먼 곳에서 온 왕자를 맞이하는 것은 대단한 기쁨이다. 천천히 여독을 풀고 오래 머물러 주기 바란다"고 했다. 에딘버러 공은 "천황의 따뜻한 환대에 매우 감사하고 있다. 아마 여왕 폐하도 무척 기뻐하실 것이다"라고 답했다. 천황은 또 "이 경사스러운 방문이 양국 간의 우호 관계를 깊게 하는 데 도움이 된다고 생각하니 매우 기쁘다. 만일 무엇인가 미진한 데가 있으면 언제든 말해 달라. 기꺼이 만족하시도록 조처하겠다"라고 덧붙였다. 에딘버러 공은 "천황의 환대에 불만은커녕 오히려 기대한 것 이상이다. 진작부터 이야기로만 들어오던 나라를 방문하는 것은 나의 오랜 꿈이었다. 이번 방문은 기대에 어긋나는 일이 없었다"고 대답했다. 오늘날의 경우를 생각해 봐도 이와 비슷한 인사 교환은 쉽게 상상할 수 있다.

처음부터 에딘버러 공은 이러한 의례적인 행사가 따분하리란 것을 알고 있었다.[400] 미트포드는 회상록에서 따분함을 감추지 못하고 '다이아몬드를 박은 담배통을 선물로 받은 뒤 그 미적 감각을 칭찬하기'가 얼마나 어려운가를 고백하고 있다. 떠나기 직전 에딘버러 공이 방문 기념이라며 천황에게 증정한 문제의 담배통에 대해 케펠은 '아름다운 금빛 상자로 그 뚜껑에는 공작 자신의 모습이 다이아몬드로 장식되어 있었다'고 써 놓았다.[401] 영국 손님에게 천황이 준 선물은 이보다도 훨씬 더 예술적 감각이 빼어난 것이었다.[402] 에딘버러 공은 귀국해서 빅토리아 여왕에게 바치고 싶다면서 천황에게 친필 어제를 부탁했다. 에딘버러 공은 나름대로 정치적인 함의가 담겨 있는 와카를 받았다.

치세도 하고 인정도 베풀며
이 세상 더불어 오래오래 이끌며 살리라

회견에서 두 젊은이가 어떤 감상을 가졌는가에 대해서는 아무런 기록이 없다. 에딘버러 공의 눈에 천황은 야만은 아니지만 정체를 알 수 없는 나라의 지배자였을 것이고, 그 자체는 별로 흥미로운 일이 아니었다. 그러나 체재하는 동안 받은 환대에는 아마도 감격했을 것이 틀림없다.[403] 메이지 천황은 유럽 황족과의 첫 만남에 너무 긴장한 나머지 영국 왕자에게 특별한 감상이 없었을 것이다. 다만 상냥한 언행을 해야 한다는 것은 알고 있었다. 회견 내용이야 어떻든 외국의 왕자를 맞이할 때 천황이 대등하게 응대한 처신은 매우 의미 있는 선례가 되었다.

에딘버러 공이 일본을 떠난 지 한 달 뒤, 폰 페츠 남작이 이끄는 오스트리아-헝가리 사절단이 들어와서 조약 교섭을 시작했다. 남작 역시 선물을 가지고 왔다. 황후에게는 피아노, 천황에게는 오스트리아 황제의 등신상을 선물했다.[404] 오스트리아-헝가리 제국과 조약을 체결―그것은 이례적으로 빠른 속도로 이뤄졌다―하면서 메이지 천황은 오스트리아 황제를 '형님'이라고 경칭한 친서를 썼다고 한다.[405] 이 사실을 쓴 존 블랙은 '아직 중국 황제를 빼놓고는 미카도에게 이러한 경칭을 받아 본 군주는 없다'고 했다. 유럽 사람의 눈으로 볼 때 메이지 천황은 새로이 온 세상의 군주와 친척처럼 사귀게 된 셈이었다.

제21장 시독(侍讀) 모토다 나가자네

이미 본 바와 같이 1869년 3월 7일, 메이지 천황이 두 번째 도쿄 행차에 나섰을 때 교토 시민은 이것을 도쿄 천도의 전조로 받아들였다. 천도는 백년천년 뒤에도 있을 수 없다는 이와쿠라 도모미의 말에 교토 시민들은 가슴을 쓸어내렸으나, 황후 역시 동하(東下: 동쪽으로 내려감)할 계획이 있다는 것이 알려지자 다시 불안해졌다. 정부가 그 가능성을 부인했음에도 불구하고 교토 시민 대다수는 천도를 기정사실로 믿고 있었다. 시민들은 신사에 모여 황후가 동쪽으로 가지 않기를 열성으로 빌었다. 천황과 황후가 더 이상 교토의 궁궐에 살지 않을 것이라는 소문이 확산됨에 따라 교토의 인심은 크게 동요했다. 관리들은 시민들이 데모라도 할까봐 우려했다. 예기치 못한 사태가 벌어질지도 몰랐다. 유수장관(留守將官) 나카미카도 쓰네유키(中御門經之)와 교토 지사 나가타니 노부아쓰(長谷信篤)는 시민을 설득하는 데 힘을 쏟았다. 마침내 교토 시민의 흥분도 무사히 진정되었다.[406]

교토 시민이 황후의 동하를 천도 계획이 임박해 있는 증거로 본 것도 무리가 아니었다. 그러나 시민들의 우려야 어쨌건 1869년 10월 5일, 황후는 3개 번 병사의 호위를 받으며 의추문(宜秋門)을 나와 도쿄로 향했다. 황후는 10월 24일 무사히 도쿄에 도착했다. 새 환경에도 곧 익숙해져 며칠 뒤에 정원에 신하들을 불러 모아 술자리를 마련했다.

1869년 가을, 교토 시민에게 다음과 같은 내용이 고지되었다.

천황은 내년에 돌아오며 그해 겨울 교토에서 다이조에(大嘗會: 천황이 즉위한 후 처음 거둔 햇곡식으로 천지의 신에게 드리는 제사)[407]를 올린다.

이 발표를 듣고 교토 시민은 안도했으나 그것도 잠시, 1870년 봄이 되자 천황의 환행이 부득이 연기되었다는 사실이 전해졌다. 북부 지방이 아직 정정 불안 상태에 있고 나라 일이 너무 바쁘다는 것이 이유였다.

2년 후인 1871년 3월 25일, 다이조에가 이번 겨울 도쿄에서 집행된다는 포고문이 내려졌다. 4월 6일, 다이나곤 도쿠다이지 사네쓰네가 칙사로 파견되어 교토에 있는 고메이 천황의 후월륜동산릉(後月輪東山陵) 앞에서 나라 일이 바빠서 천황의 교토 환행이 연기되었다는 내용을 보고했다. 그리고 도쿠다이지는 대궐로 가서 황태후에게 문안을 여쭙고, 환행이 몇 해 늦어지겠다는 것과 교토 어소 내정(궁정의 내부)이 도쿄로 옮겨지게 된다는 사실을 보고했다.

천황은 1877년까지 약 8년간 규슈 순행 길에 며칠간 체재한 일 말고는 교토로 돌아오지 않았다. 도쿄 천도가 공식적으로 발표된 것도 아니었다. 그럼에도 불구하고 메이지 천황이 교토로 왔을 때는 이미 1868년의 '환행'이란 단어가 아니라 '행행(行幸: 궁궐에서 나들이함)'이란 단어로 바뀌어 있었다.

1875년, 이미 도쿄는 완전한 일본의 수도로서 기능하고 있었다. 도쿄는 황궁과 모든 정부 기관의 소재지일 뿐 아니라 외국 공관의 소재지이기도 했다. 그러나 정부는 이 사실을 공식적으로 발표하지 않았다. 어쩌면 교토 시민의 반응을 염려했는지도 모르겠다. 메이지 천황은 사후 교토에 안장되었고, 다이쇼(大正) 천황의 즉위식도 1915년 교토에서 거행되었다. 이 일은 교토가 어떤 의미로는 아직도 수도라는 신념이 뿌리 깊이 남아 있음을 보여주는 증거다. 그렇지 않다는 반대 성명이 나오지 않는 한 지금 다시 교토가 일본의 수도라는 주장이 나온다 해도 조금도 이상할 것이 없다.

정부는 메이지 천황이 당장 교토로 돌아갈 수 없는 것은 처리해야 할 긴급한 국사가 있어서라고 강조했다. 틀린 말은 아니었다. 그러나, 『메이지 천황기』를 통독하면서 시시각각 일어나는 온갖 사건에서 메이지 천황이 구체적으로 어떤 역할을 했는지 확인하기란 어려운 일이다. 연대기 중에서 특히 메이지 천황에 대해 언급한 제목 부분을 봐도 그 대부분이 승마에 소비한 시간이라든지, 중국 고전의 학습 진도에 관한 것뿐이다.

한때 천황은 승마에 완전히 빠져 하루걸러 거의 모든 시간을 승마에 할애하고 있었다. 천황이 건강하기만을 소망한 사람들조차도 천황이 승마에 너무 빠져 있다고 생각했다. 당시 교토에 있던 의정 나카미카도 쓰네유키는 천황이 빈번히 승마 교습을 받고 있다는 사실을 알고 이와쿠라 도모미에게 서한을 보내 승마

교습을 월 6회로 한정하도록 주청하기를 권하고 있다.[408] 이 권고는 잠시 효과가 있었으나 천황의 승마열은 좀처럼 수그러들 줄 몰랐다.

이 시기 메이지 천황의 학습은 『시경』『맹자』『십팔사략』 등 유교의 경전과 중국의 역사서에 집중되어 있었으나, 동시에 히라타 아쓰타네(平田篤胤)의 사위 히라타 오스미(平田大角)에게서 『일본서기』 진강도 받고 있었다.[409] 시독으로서 가장 중요한 존재인 모토다 나가자네(元田永孚)는 1871년 5월 30일, 처음으로 어전에 나왔다. 이때의 일을 모토다는 자신의 일기에 이렇게 써놓고 있다.

의관을 갖추고 무릎걸음으로 나아가 바닥에 엎드려 삼간(三間)[410] 밖에서 천황의 어안을 우러러보고 다시 무릎걸음으로 물러났다. 이것이 어전에 처음 나갔을 때다. 마음속으로는 오직 외경과 기쁨이 가득하고 감격을 억누를 수 없었다. 이 일이 끝나고 도쿠다이지 다이나곤을 만나 시독 전무(專務)로 임명되었다는 사실을 알았다. 주임관(奏任官) 상당의 대우라고 했다. 처음엔 이 일이 내게 어울리지 않는다고 고사했으나 대명이 이미 내려져 거절할 수 없었다. 나는 결연히 이에 따르기로 했다.[411]

주자학자인 모토다 나가자네는 구마모토(熊本) 번주 호소카와 모리히사(細川護久)의 시강으로 있었으나 번 중신의 추천과 산조 사네토미의 승인을 얻어 천황의 시독으로 뽑힌 것이다.[412] 이 시기에 모토다를 완고한 보수주의자로 보는 사람도 있었다.[413] 천황의 신임은 두텁고 정부 중신들도 모토다라면 무조건 인정하고 있었다. 여간해서는 남을 칭찬하지 않는 오쿠보 도시미치도 그가 천황 곁에 있으면 안심이라고 했을 정도였다. 소에지마 다네오미(副島種臣)는 '군덕(君德)을 대성시키는 데 가장 공로가 큰 사람은 모토다 선생이다. 메이지의 으뜸 공신은 바로 선생이라고 해야 한다'[414]고 했다. 모토다는 오늘날에는 거의 잊혀진 존재다. 그러나 천황 주변에 있던 저명한 정치가 그 누구보다도 천황에게 큰 영향을 미치지 않았을까 싶다.

모토다는 1818년 구마모토에서 태어났다. 가계는 중산층 무사 계급으로 큰 어려움 없이 성장했다. 성현의 가르침을 배우고 익혀 나라에 진력하고자 결심했다. 스무 살이 되기까지는 요코이 쇼난 등 다양한 학자와 친교를 맺고 주자학을 공부했다. 1847년, 그의 나이 스물아홉이었을 때 이미 모토다는 자신의 철학적 신조를 아버지에게 말하고 있다.

새삼스럽게 말할 것도 없지만 신하의 도는 충과 효이며 충효의 길은 도리를 밝게 하는 데 있습니다. 도리를 밝게 하는 것은 실학입니다. 실학 이외의 것은 허문부유(虛文腐儒)의 학문으로 충효의 도를 밝히기에는 부족합니다. 오늘날 저는 실학으로 아버지를 섬기고 있습니다. 다른 날 천황을 섬기게 된다면 역시 이 실학으로 근본을 삼을 것입니다.[415]

오늘날 '실학'이라고 하면 이론적, 철학적 지식과 반대되는 공학이나 의학 같은 실제로 소용이 되는 학문을 가리킨다. 그러나 이는 분명 모토다 시대의 실학과는 의미가 다른 것이다. 실학은 원래 주희(朱熹, 1130~1200)가 제창한 유학을 가리키는 말이다.

자신의 도덕적 완성을 목적으로 삼는 불교나 도교와는 달리 '실학'의 목적은 도덕적 완성을 통해 국가에 필요한 인재를 양성하는 데 있었다. 이제 그 의미는 다양해졌지만 언제나 사상과 실천의 통일을 강조하는 학문으로 알려져 있다.[416] 이런 부류의 철학이 이른바 추상적인 유학자의 생각보다 훨씬 근대 국가의 지배자에게 걸맞은 것임은 쉽게 이해된다.

모토다의 아버지는 그에게 실학을 버리라고 설득했다. 번주가 마땅찮게 여기는 유교 일파와 관계를 갖다 보면 자식의 출세에 지장이 있지 않을까 걱정했던 것이다. 모토다는 처음에는 거절했다. 그러나 이 시기에 모토다와 그의 가족을 엄습한 여러 가지 질병이 원인이 되어 자연히 실학자들과의 사이가 소원하게 되었다. 그 결과 아버지하고도 화해하게 되었다.[417]

1858년, 모토다는 세상을 떠난 아버지의 뒤를 이어 구마모토 번주의 측근이 되었다. 번주가 죽은 후 그 후계자가 된 세자를 따라 1860년 모토다는 에도로 갔다.

모토다는 정력적으로 번의 일에 참여했다. 처음에는 요코이 쇼난의 영향으로 존왕개국주의를 외쳤다. 일반적으로 완고하고 고루한 보수파로 치부되고 있던 그로서는 의외로 열려 있는 입장이었다.

제1차 조슈 전쟁 때 모토다는 공무합체(公武合體)를 부르짖으며 구마모토 번의 출병에 참가했다. 그러나 제2차 조슈 전쟁 출병에는 반대했다. 구마모토 번은 모토다의 건의를 받아들이지 않고 고쿠라(小倉)로 부대를 출격시켰다. 구마모토 병사는 통렬한 참패를 맛보게 되었고, 이 일로 모토다의 정치를 읽는 안목에 대한 평판이 높아졌다. 모토다는 착실하게 지위를 쌓아갔다.

1871년, 모토다는 번의 지사가 된 구마모토 번주의 시독으로 도쿄로 갔다.[418]

당시 모토다의 강의를 들어본 사람들은 그의 정열에 대해 이야기하곤 한다. 대부분의 유학자들과는 달리 모토다는 글의 해석보다는 실제 수양에 도움을 주는 데 중점을 두었다. 다음은 1871년에 처음으로 모토다의 강의를 들은 한 제자의 회상이다.

고금의 살아 있는 실례를 많이 들어가며 말씀하시기 때문에 하나하나가 폐부에 스며들어 감동하지 않고는 못 배깁니다. 선생님의 일거수일투족이 성인의 길을 따르려 했다고나 할까요. 당시 청년의 혈기가 들끓던 우리의 눈에도 선생의 말씀과 동작, 용모와 태도, 이 모든 것이 훌륭해 보이고 티 하나 없이 빛나는 옥처럼 여겨졌습니다. 그러면서도 전혀 거북스러운 데라고는 없고 당당한 풍채 가운데 한마디로 형언할 수 없는 친근감과 푸근함도 있었습니다.[419]

이 무렵 모토다는 번의 지사(知事)의 견해로 조정에 제출할 건의서를 작성하고 있었다. 짧은 내용이었지만 아주 높이 평가받았다.

유신에 즈음하여 천자의 주위에서 흉한들이 난폭하게 날뛰는 것은 아직 조정이 권위를 떨치지 못하고 있기 때문입니다. 이는 왕정이 실제로 확립되지 않았다는 뜻입니다. 원컨대 폐하께서는 앞으로 남전(南殿: 紫宸殿)에 임하셔서 그 어전에서 대신들이 의견을 아뢰고, 그 공의를 채택해서 친히 모든 일에 결단을 내리신다면 공명정대한 정치가 시행되어 인심도 비로소 감복하게 될 것입니다. 지방까지 정치의 교화가 미치지 못하는 것은 지방관으로 삼을 인물이 없기 때문입니다. 그러므로 마땅한 인재를 등용해서 널리 정치 교화를 베풀어야 합니다. 저와 같이 세습으로 지위를 얻은 지사는 마땅히 제외해야 할 것입니다. 이에 자진해서 신의 파면을 청원하는 바입니다.[420]

모토다의 제언에는 두 가지 내용이 담겨 있다. 하나는 입법에 관한 논의로, 반드시 어전에서 행하고 천황이 결단을 내려야 바람직하다는 것이다. 곧잘 하는 말이지만 메이지 천황은 각의뿐 아니라 그다지 중요하다고 여겨지지 않는 회의까지 열심히 참석하곤 했다. 천황 자신의 직무에 대한 헌신을 그렇게 회의에 반드시 출석한다는 형태로 구체적으로 보여주었다. 이는 아마도 모토다의 영향인 것 같다. 또 하나는 요직에 있는 관리의 세습은 이제 폐지해야 한다는 의견이다. 그러나 이것은 당장에 실현될 수는 없는 일이었다.

모토다가 쓴 건의서는 많은 사람들의 칭송을 들었다. 최종적으로 그것은 오쿠보 도시미치의 손에 들어갔다. 오쿠보는 모토다의 의견에 감명받아 곧바로 천황에게 올릴 것을 약속했다. 천황의 새 시독을 물색하고 있던 오쿠보는 구마모토 번의 지사에게 모토다의 인품에 대해 물었다. 지사는 "모토다가 과연 그 직책에 적합한지는 알 수 없으나 그의 됨됨이는 보증한다"고 대답했다. 이 천거로 모토다는 1871년 5월 30일, 천황의 시독으로 취임한다. 6월 4일, 어전에서 처음으로『논어』를 진강했다.[421] 그 후로 매월 12회에 걸쳐『논어』를 진강했고, 나중에는『일본외사

(日本外史)』가 이에 덧붙여졌다. 어전에서의 진강은 1891년 모토다가 숨을 거둘 때까지 계속된다.

천황의 시독으로 추천받은 것을 처음 알게 되었을 때, 모토다는 놀라서 자신의 자격에 의문을 품었다. 자신이 정부의 유능한 일원으로 일하기에는 나이(당시 52세)가 너무 많다고 생각했다. 이미 신정부에서 활약하고 있는 사이고 다카모리, 오쿠보 도시미치, 기도 다카요시, 이타가키 다이스케 등은 모두 이십대에서 사십대 초반이었다. 모토다는 자신보다 더 젊은 인재를 앉히라고 사양하고 구마모토로 돌아갈 작정이었다. 그러나 모토다가 존경하는 무사 시모쓰 규야(下津休也)가 반대했다.

안 됩니다. 당신의 학문과 덕행에 사이고의 담력이 더해진다면 천하무적. 절대로 조정에 나가주셔야 합니다.[422]

이쯤 되자 더 이상 모토다도 거절할 수가 없었다. 천황의 시독으로 취임한 후 모토다의 실학에 대한 관심이 되살아났다. 모토다에게 이것은 공자나 맹자의 원전으로 되돌아감을 의미했다. 모토다는 주자가 말한 것처럼 '도는 6경(4서 2경)에 있다.[423] 다른 곳에서 구할 일이 아니다'라고 주장했다.

서양의 과학 지식과 기술의 가치를 인정하고 일본인은 '격물(格物) 정신'으로 이를 배워야 한다. 그러나 인간관계에서 서양은 제시할 만한 아무것도 가지고 있지 않다. 본이 되는 것은 모두 4서 2경에 있다.

격물은 『대학』에 나오는 말로 사물의 이치를 끝까지 파헤친다는 의미다. 모토다는 나아가 이렇게도 말하고 있다.

이제 고문 서적이 진부하다며 싫어하고 오로지 서양의 신학문만 좋다고 한다면 이 역시 마침내는 서양 문화의 곡학(曲學)으로 빠질 염려가 있다.[424]

막부 말, 사쿠마 쇼잔(佐久間象山)이 처음으로 제창한 동양의 도덕과 서양 과학의 결합은 특히 만년의 메이지 천황의 태도를 특징짓게 된다. 이것 역시 어쩌면 모토다의 가르침의 영향이 아닐까.

어전 진강 말고도 모토다는 국가의 종교 문제인 '국교론(國敎論)'과 관련해 몇 가지 논문을 썼다. 그러나 모토다에 대해 가장 잘 알려져 있는 것은 1890년, 〈교육 칙어〉 작성에 관여한 일이었다. '칙어'에는 모토다의 정치에 대한 신념이 두 가지로 요약된 '충군애국주의', 그리고 공자의 윤리 사상이 크게 부각되어 있다.

메이지 시대 초기부터 천황의 도덕 교육은 전통적인 생각에 기초를 두었는데, 이는 모토다와 다른 시독의 영향이었다. 그러나 천황의 공적 생활에서는 서양의 영향이 조금씩 심화되어 가고 있었다. 천황이 처음으로 대중 앞에 모습을 드러낸 것은 1870년 4월 17일, 연대 훈련을 관람했을 때였다.[425] 물론 천황이 배우는 유교 경전에서는 이런 행동을 좋게 보지 않는다. 아마도 오쿠보 도시미치의 강한 요청이 있었을 것이다. 메이지 천황이 근대 유럽의 군주처럼 행동하기를 소망한 오쿠보는 '천황은 궁중 속 그늘에서 나와 눈부시게 공중(公衆)의 주목을 받아야 한다'고 믿었다.

다음은 1871년에 천황을 배알한 적이 있는 오스트리아의 휘브너 남작의 글이다.

　　천황의 시종이 나를 마중하느라 홍콩제 사륜쌍두마차를 가져왔다. 아마 궁중에 있는 유일한 마차일 것이다. 궁중에서는 대형마차가 필요하지 않은 모양이다. 미카토는 외출하는 일이 없으니까. 몇 달 후, 개혁 정신에 불타는 대신들의 조언으로 천황이 지붕이 있는 경(輕)이륜마차를 타고 신하들 앞에 나타나는 바람에 그들은 깜짝 놀랐다. 또 1872년 여름, 천황이 마차를 타고 요코하마 거리에 나들이 나온 모습을 볼 수가 있었다. 신의 아들인 천황은 수병 제복 같기도 하고, 대사 제복 같기도 한 이색적인 유럽풍 옷을 입고 있었다![426]

　　메이지 천황의 제복 가슴께에 금술 달린 장식 끈이 몇 가닥 달려 있었다. 그 착상은 유럽풍을 따른 것이었지만 그것을 본 오스트리아 남작은 분명 웃었을 것이다. 해외에서 그 비슷한 것이 눈에 띈 후에도 천황은 줄곧 같은 제복을 입고 있었다. 황궁 안에 있으면서도 천황은 매일 아침, 안채에서 나올 때면 양복으로 갈아입곤 했다. 이 제복을 입는 경우도 있었지만 프록코트를 입는 경우도 있었다. 언제부터인지 식탁 위에도 전형적인 서양 요리와 마실 것이 올려졌다. 천황이 언제 처음으로 우유를 마시고, 언제 처음으로 쇠고기를 먹었는지도 우리는 확실하게 알 수가 있다.[427]

　　당연한 일이지만 유럽인들은 일본인들이 성급하게 전통적인 의상을 벗어 던지고 양복을 입게 된 일을 한탄했다. 온갖 만화에서 꼴사납게 화려한 양복을 입고 있는 일본인들을 묘사했다. 그러나 1871년에 에치젠(越前) 후(侯)를 섬긴 일이 있어서 일본에 정통해 있던 W. E. 그리피스는 이와는 다른 견해를 가지고 있었다.

예술가나 일본인 특유의 기이한 것들을 사랑하는 사람들이 무슨 말을 하건 일본인은 인간의 본성을 이해하고 있고 의복에 대한 진지한 철학을 터득하고 있다. 그들의 큰 야심은 사람으로서, 신사로서, 그리고 서양인과 동등한 자로서 취급받자는 것이다. 그들은 그따위 케케묵은 의상을 입고 있다가는 자신은 물론 나라까지 결코 진지하게 대접받지 못하리라는 것을 알고 있었다. 오래지 않아 병사들이나 무사들뿐 아니라 모든 관리들, 나아가 미카도까지도 복장이 바뀌고 말았다. (중략) 무사의 의상을 폐기처분함으로 봉건제도에 속하는 낡아빠지고 야만스러운 습관의 붕괴를 촉진시킨 것만큼은 확실하다. 실제로 의복 혁명은 일본이 여러 외국과 동등한 형제라는 것을 온 세계로 하여금 인정하게 하는 데 큰 도움을 주었다.[428]

1871년 11월, 메이지 천황이 요코스카(橫須)를 찾았을 때 수행원들과 기념 촬영을 했다. 이는 아마도 최초의 사진 촬영이었을 것이다. 천황은 고노시(小直衣)에 일본식 하의를 입고 긴코지관(金巾子冠: 정상 부분의 뒤쪽 튀어나온 부분에 금박을 칠한 고지巾子 종이가 달린 천황이 상용하는 관)을 쓰고 있다. 그러나 외국인 두 명을 포함한 수행원 스무 명 가운데 세 명을 제외하고는 모두가 양복 차림이었다.[429] 무슨 이유인지 모르겠지만, 메이지 천황은 분명 이때부터 사진 찍기를 싫어하게 되었다. 천황의 사진이 별로 남아 있지 않은 것은 아마도 그런 까닭이 아닐까.

겉보기에는 여전히 관습을 중시하는 것 같았다. 그러나 근대 국가에 어울리지 않다는 이유로 하나하나씩 낡은 관습이 배척되고 있었다. 그중에는 금지시킨 것도 있다. 예를 들면 뎃시(涅齒: 염료로 이를 검게 물들이기)와 소비(掃眉: 눈썹 그리기)는 당상 구게의 관례(冠禮)에서 빼놓을 수 없는 것이었으나 1870년 2월 5일, 금지령이 내려졌다. 두 달 후에는 사형수의 시체로 칼이 잘 드는지 시험하던 관행도 금지되었다. 또한 무사들이 사소한 일로 평민을 괴롭히거나 살상하는 것을 금했다.

메이지 천황은 외국 물건을 사용하고 외국 손님을 접견할 때의 의례에도 익숙해져갔다. 손님을 응대할 때는 악수하고 미소를 지으며―이것이 처음에는 좀처럼 몸에서 우러나지 않았다―관심이 없는 일에 대해서 정중하게 질문하기도 해야 한다는 것을 배웠다. 열성적인 궁중 잡부들은 금방 외국의 예절을 터득하고 손님을 조금이라도 편안하게 대접하려고 노력했다. 향연에는 서양 요리를 준비했으며, 외국 손님이 신발 벗기를 싫어하는 것을 알고 다다미 위에 양탄자를 깔게 했다.

1869년, 무사들이 칼을 차고 다니는 일에 예민해 있는 외국인들의 감정을 누그러뜨릴 생각으로 공의소(公議所)에서는 대도폐지수의(帶刀閉止隨意: 자진해서 칼을 차지 아니함)가 채택되었다. 다음은 찬성파와 반대파의 견해다.

〈찬성파〉 일본은 거칠고 살벌한 시대에서 다행히 벗어나게 되었고 이제는 사회도 안정되었다. 동란의 시대의 상징이었던 도검이 이제 와서는 장신구 노릇밖에 하지 못한다.

〈반대파〉 칼을 차는 것은 황국 상무(尙武)의 기상의 발로이며 신주(神州)의 정기가 바로 여기에 존재한다. 야마토다마시(大和魂)를 가진 자가 칼을 벗어놓는다는 일이 어디 있을 법한 일인가.

그런데 1871년 8월 9일, 무사에게 산발탈도(散髪脱刀) 허가령이 내렸다. 이 허가령에는 나아가 '제복, 약제복(略制服) 임의 착용'이라고 정해져 있었다. 참의(參議: 메이지 2년, 태정관에 마련한 직책. 좌대신 아래, 정3위에 상당)인 기도 다카요시는 이에 앞서 머리카락을 잘랐다. 이러한 근대성과 계몽의 상징에 대해 반감은 거의 찾아볼 수 없었던 것 같다. 시종들까지도 단발을 했다.

그러나 개화된 신체제에 의해 법과 질서가 회복되었다는 정부의 주장에도 불구하고 암살은 계속 저질러졌다. 비전통적인 의견을 내세우는 자는 항상 그러한 위협 속에 살아야 했다. 아무리 용감한 사람이라도 언제 암살자의 칼을 맞아 쓰러지게 될지 모른다고 생각하면 마음 편히 지낼 수가 없었다. 후쿠자와 유키치는 특히 암살의 위험을 늘 느끼고 있었다. 후쿠자와는 계몽의 선도자로 알려져 있었다. 그의 자서전에는 다음과 같은 구절이 있다.

무릇 이 세상에서 내가 가장 싫어하고 불쾌하고 두려운 것은 암살이다. 이 기분은 당해 본 사람이 아니고는 이해할 수 없을 것이다.[430]

1871년, 후쿠자와가 창설한 게이오의숙(慶應義塾)—숙(塾)은 사설 교육 기관—이 미타(三田)로 이사하면서 후쿠자와는 암살자가 쳐들어올 때의 대비책으로 벽장 안에 밖으로 통하는 비상 탈출구를 만들었다.[431]

메이지 시대 초기의 가장 충격적인 암살 사건은 조슈 번의 무사 오무라 마스지로(大村益次郎, 1824~69) 암살이었다.[432] 오무라는 오사카의 오가타 고안(緒方洪庵)의 숙(塾)에서 네덜란드어를 배웠고, 후에 나가사키에서 서양 의학을 공부했다. 1853년 다테 무네나리(伊達宗城)의 초청으로 우와지마(宇和島) 번에서 난학(蘭學)과 병학(兵學)을 가르쳤다. 이 무렵에는 일본에 대한 외압이 높아져 있었기 때문에 오무라는 번에서 나가사키로 파견되어 그곳에서 다시 전함의 건조와 항해술을 공부했다. 1856년, 번주 무네나리를 따라 에도로 간 오무라는 그곳에서 막부의 번서조소(蕃書調所: 양학 학교로 양서 번역도 하던 곳. 도쿄 대학의 전신) 조교수가 되었다가 다음해 강무소(講武所: 막부가 창설한 무술 강습소) 교수로 임명되었다. 그 밖에도 요코하마에서 미국인 선교사 J. C. 헤본한테서 영어도 배웠다. 오무라는 차차 군사 전문가로 알려지게 되었다. 1861년, 조슈로 돌아온 오무라는 육군 창설에 착수했다. 무사뿐 아니라 평민까지도 전투 교육이 필요하다는 것이 그의 지론이었다. 제2차 조슈 전쟁(1866) 때 막부군을 대패시킨 부대가 오무라가 직접 정성을 쏟아 훈련시킨 부대였다. 그리고 이 부대가 막부를 쓰러뜨린 도바, 후시미 전투에서도 눈부시게 활약해서 명성을 떨쳤다. 1868년 5월, 오무라는 창의대를 토벌하기 위해 직접 지휘에 나섰다.

메이지 유신 후 병부대보(兵部大輔)가 된 오무라는 근대적 군대의 창설에 힘을 기울였다. 그 노력은 효과를 거둬 그는 나중에 '일본군의 아버지'라 불리게 된다. 오무라의 구상 가운데 가장 주목할 만한 특징은 평민 징병을 제창한 일이었다. 이 일은 무사들을 격분시켰다. 자신들의 자리를 노리는 위협으로 받아들였던 것이다. 창의대 공격 역시 과거 양이 사상에 얽매여 울분이 쌓여 있던 많은 무사들을 적으로 만들게 되었다. 그런 점에서 오무라가 암살의 표적이 된 데는 충분한 이유가 있었다.

1869년 7월 하순, 오무라는 교토와 오사카 지방으로 시찰 여행에 나섰다. 주로 사관을 양성하는 병학료(兵學寮)의 이전 설립 문제 때문이었다. 오무라도 물론 암살 위험을 감지하고 있었다. 그의 친구인 기도 다카요시도 이를 알고 사전에 특별한 경호 태세를 갖추고 있었다. 오무라는 시찰 중 의심스러운 자들이 자신을 미행하고 있다는 정보를 들었다. 오무라는 조심성 있게 은밀히 행동을 취하기로 했다. 그러나 9월 4일, 오무라가 교토의 숙사에서 친지들과 여독을 풀고 있을 때 여덟 명의 자객—태반이 조슈 번의 무사였다—이 오무라의 방을 습격했다. 어둠 속에서 처절한 싸움이 벌어졌다.[433] 몇 군데 깊은 상처를 입은 오무라는 욕조의 더러운 물속에 숨어 간신히 위기를 모면했다. 그러나 곧 다친 상처가 악화되는 바람에 오사카의 병원으로 실려갔다. 네덜란드인 의사 A. F. 보두인이 치료를 담당했다. 보두인은 즉시 다친 다리를 절단해야 한다고 말했다. 그러나 당시 오무라같이 정부 요직에 있는 인물을 수술하자면 정부의 허가가 필요했다. 허가를 얻는 데 시간을 지체해 결국 오무라는 11월 5일 사망했다.[434]

오무라 암살 하수인은 붙잡혀서 사형 선고를 받았다. 그러나 처형 직전 집행유예가 되었다. 요코이 쇼난의 경우와 마찬가지로 이들의 행동을 지지하는 목소리가 높았다. 특히 신분이 높은 무사는 오무라의 병제(兵制) 개혁을 무사 계급에 대한 용서할 수 없는 모욕으로 여겼다. 암살자들의 처형은 사건일로부터 약 1년 뒤에 있었다.

다음 희생자는 참의 히로사와 사네오미(廣澤眞臣)였다. 히로사와는 1871년 1월 9일, 자택에서 살해되었다. 하수인을 밝혀내지 못하고 암살 동기도 알아내지 못한 채 사건은 미궁에 빠지고 말았다.[435] 천황은 히로사와의 죽음을 매우 슬퍼하며 경찰이 하수인 체포에 지지부진한 것을 우려해 이런 조칙을 내렸다.

고 참의 히로사와 사네오미가 변을 당했으나 짐은 대신을 지켜주지 못했을 뿐 아니라 그 적도(賊徒)까지 놓치고 말았다. 유신 이래로 피해를 입은 대신이 세 명에 이르고 있다. 이는 짐이 불운하고 나라의 기강이 서 있지 않은 소치로 이를 매우 유감스럽게 생각한다. 천하에 영을 내려 엄히 수색해서 적도를 반드시 체포하라.[436]

젊은 천황은 치가 떨리도록 원통했을 것이다. 일본이 법과 질서를 존중하는 문명국이라는 것을 엄청난 노력을 기울여가며 서양 제국에게 납득시키고 있는 터에, 겨우 2년 사이에 세 명의 정부 요인이 암살되었던 것이다.[437] 그리고 이어진 30년 동안 수많은 암살 사건과 암살 미수 사건이 빈발해서 서양 제국에 부정적인 인상을 심어주게 되었다. 서양 제국이 치외법권을 포기하도록 설득하기가 곤란해졌다.

그러나 그런 와중에도 일본은 근대화를 향해 빠른 걸음을 내딛고 있었다. 철도와 전신은 전국 구석구석까지 뻗쳤고 새로운 서양 문물은 매일 도입되었다. 그것에는 의료품, 식료품, 기계 같은 것은 물론이고 사진도 있었다. 그러나 아직은 사람들이 막부 말의 소란스러운 시대에 마음을 흔들어놓았던 정열에 가끔씩 몸을 떠맡기는 것을 저지할 수 없었다.

동시대의 많은 사람들과 마찬가지로 젊은 천황은 낡은 것을 버리는 일 없이 새로운 문물의 매력을 체험했다. 자신의 생활 속에 그 새로운 물건들을 놓기 위한 장소를 따로 확보했다. 천황은 다른 어느 곳보다도 교토를 좋아했다. 그러나 새로운 일본은 고도(古都)의 전통과는 별도로 새로 출발하지 않으면 안 된다는 것을 깨닫고 있었다.

서양 문명을 거부한 고메이 천황의 아들은 근대 일본의 상징적 지도자가 되었다. 일본이 근대 국가가 되기 위해 필요할지 모를 것들을 용감하게 받아들였다. 그러면서도 천황은 동양의 영원불변한 지혜를 전하는 모토다의 말에 귀 기울이는 일을 잊지 않았다.

제22장 번을 폐지하고 현을 두다

　　1871년의 일대 정치 사건이라 하면 따질 것도 없이 7월 14일의 폐번치현(廢藩置縣)이었다. 그날 아침 천황은 유신과 신정부 양쪽에 걸쳐 의욕적으로 관여해 온 야마구치(조슈), 사쓰마, 사가(히젠), 도사 등 4개 번의 지사를 소어소로 불러들였다. 천황은 1869년 판적봉환을 제창한 일을 칭찬하며 앞으로 있을 폐번치현의 대업에도 힘을 쓰라고 명했다. 우대신 산조 사네토미가 칙서를 읽었는데, 그 안에 다음과 같은 내용이 있다.

　　안으로는 억조(億兆)를 보안하고 밖으로는 만국과 대치하려 하고 있는 이때 번을 폐하여 현으로 삼는다. 공연한 허실을 배제하고 간결함을 위주로 하며, 유명무실한 폐(弊)를 제거하여 온 나라에 기강을 세우고 정령(政令)을 하나로 통일해 온 천하에 그 나아갈 길을 알린다.

　　여기서 제거해야 할 '유명무실한 폐'라는 것은 무엇인가. 바로 나라를 각 번으로 분리해 놓은 봉건제도를 가리키는 것이었다.

판적봉환 움직임은 번에서 나왔다. 그러나 폐번치현은 칙명으로 번에 내려진 것이다. 12세기부터 이어져온 한 나라의 체제를, 그것도 번주와 가신들에게 숱한 특권을 보증해온 체제를 일거에 무너뜨리는 일이었다. 당연히 비난의 소리도 있을 법한데 칙명을 거역한 번은 하나도 없었다. 이는 주도면밀한 준비가 있었기 때문이다. 이 구상의 입안자 중 한 사람인 오쿠보 도시미치는 사이고 다카모리의 협력을 얻기 위해 멀리 사쓰마로 갔다. 사이고는 유신 건설의 중심인물로 청렴결백해서 많은 이들의 존경을 받고 있었다. 폐번치현 계획을 실현하기 위해서는 그의 지지가 반드시 필요했다. 일단 그는 반대파에 설 수 있는 수많은 번 지사에 영향을 끼칠 수가 있었다.

이미 이 시기에 이르러서 번을 폐지해야 한다는 생각이 행정관 오쿠보나 군인 야마가타 아리토모(山縣有朋) 같은 사람들에게는 당연하게 여겨졌다. 1년간 유럽을 시찰한 야마가타는 그곳에서 다양한 군대 조직에 대해 배웠다. 정부가 당장 반란의 위협 아래 놓여 있는 것은 아니었다. 그러나 어떤 정부든 예기치 않은 사태에 대비해서 군사력은 분명 필요했다. W. E. 그리피스는 당시의 정부에 대해 다음과 같이 쓰고 있다.

나라에 병사는 한 명도 없고, 가지고 있는 것이라고는 정신력뿐이었다. 왜냐하면 혁명은 미카도라는 이름이 불러일으킨 위대한 숭배심에서 우러나왔기 때문이다.[438]

정부가 운용할 수 있는 자금도 한정되어 있었다. 자금의 조달은 중요하다. 개혁파들로서는 조금이나마 자치권을 지닌 번을 현으로 바꿔 중앙 정부 지배 아래 두는 일을 유일한 해결책이라 여겼다. 그러나 그 일이 그리 쉽지만은 않았다. 무사 계급은 자신들의 권리를 위해 투쟁할 것이고 대다수의 평민은 번주를 최고의 권위자로 알고 있었다. 만일 번주가 천황에게 순종하지 않는다면 평민 역시 천황의 뜻을 따르기 어려울 것이다. 번주의 영향력은 영지의 구석구석까지 침투해서 영민의 일상생활을 지배하고 있는 터였다. 이미 폐번치현 이후 120년이 경과된 오늘날까지도 가나자와(金澤)를 방문하는 사람은 으레 가가(加賀)의 마에다(前田) 가를 떠올리게 마련이다. 수백 년 동안이나 번을 지배해 온 마에다 가의 문장(紋章)이 가나자와 거리 곳곳에서 살아 숨 쉬고 있기 때문이다.

그리피스는 에치젠, 후쿠이 번주의 성에서 폐번 포고문이 내려졌을 때 마침 그곳에 있었다.

나는 그때 봉건제하의 후쿠이 성에서 지내고 있었기 때문에 이 포고문의 직접적인 영향을 목격할 수 있었다. 세 가지 광경이 강한 인상으로 남아 있다. 첫째로 양력 1871년 7월 18일 아침, 그곳 지방 관청의 광경이다. 경악, 드러내지 않으려고 해도 자꾸만 나타나는 분노, 공포와 불길한 예감이 충의(忠義)의 감정과 마구 뒤섞여 있었다. 나는 후쿠이에서 그곳 정부 대표자이자 1868년의 어서문의 초안자이기도 한 유리(由利)란 인물을 사람들이 죽이자고 한 것을 기억하고 있다. 둘째로 1871년 10월 1일 성에 있는 홀에서의 광경이 기억에 남는다. 에치젠 번주는 수백 명이나 되는 세습 가신을 소집해서 번주를 향한 충성심 대신 애국심을 가질 것을 명하며 숭고한 연설을 통해서 지방적 관심을 국가적 관심으로 고양시키라고 했다. 셋째로 기억에 남는 것은 그다음 날 아침의 광경이다. 인구 4만 명인 이곳 백성들이 모두 길에 나와 에치젠의 번주가 조상 대대로 물려받은 성을 뒤로 한 채 아무런 정치적 권력도 없는 일개 신사로 도쿄에서 살기 위해 후쿠이를 떠나가는 것을 배웅했다.[439]

이 비슷한 광경을 다른 270개 번에서도 볼 수 있었을 것이다. 다이묘들은 조상 대대로 세습해 온 특권을 잃고, 대신 지금까지 자신이 다스리고 있던 영지의 이름뿐인 지사가 된 것이다. 다이묘들이 이처럼 순순히 폐번치현을 받아들인 것은 정말 놀라운 일이라 하지 않을 수 없다.

메이지 유신은 일본의 사회 구조 자체는 그대로 둔 채 그 지도자들을 바꿔 버린 것이다. 그러나 폐번치현은 이보다 훨씬 강력한 여파를 미치게 된다. 2백만 명 가까운 무사 계급이 지금까지 다이묘에게 받고 있던 봉록을 잃어버리고 영구히 실업자가 될지도 모를 운명에 직면한 것이다. 몇 년 뒤 무사들은 지위를 상실한 대가로 정부로부터 일시불로 돈을 받게 되었다. 그것은 새 출발을 위한 자금이었다. 그러나 대부분의 무사들은 다른 일에 서툴렀다. 새로운 일본에서 돈벌이를 할 일에도 어두웠다. 곧 돈이 바닥난 무사 중에는 어쩔 수 없이 막노동에 종사하는 자들도 나왔다.

오누마 진잔(大沼枕山)의 한시 「차부편(車夫篇)」은 이러한 무사를 묘사하고 있다. 차부와 손님과의 대화 형식을 취하고 있는 이 한시는 손님의 대사로 시작된다.

차부여, 어찌 이리 일찍 일어나는가?

수레의 먼지를 떨기 위해서라오.

손님은 아직 오지 않지만 준비를 위해 새벽에 일어난다오.

예전에는 무엇을 했었는데?

3천 석 받는 관리 아니었겠소.

집 문을 나설 때면 언제나 가마나 말을 타고

신분 높은 무사로 의기양양하게 지냈다오.

이제 옛날 일은 말끔히 잊어버리고 지금은 기꺼이 장사치들을 태우고

동서남북으로 달린다오. 하루벌이래야 동전 몇 개.

처자식은 장작과 쌀을 달라 하고

돈이 좀 남으면 한 잔 걸치는 거지.[440]

많은 무사들 가운데 나중에 정부 관공서에서 직업을 얻어 50년 이상 일본 지식 계급의 중추를 이룬 사람들도 있었다.[441] 그러나 아무리 애써도 시대의 변화에 순응하지 못한 무사들이 많았던 것 또한 틀림없는 사실이다. 이런 내키지 않는 노동에 종사하고 있는 인물들이 당시의 문학 작품에도 곧잘 등장한다.

봉건제에서 중앙집권제로의 이행은 믿어지지 않을 만큼 순조롭게 진행되었다. 폐번의 조칙을 내놓은 7월 14일, 천황은 이전부터 군현제(郡縣制) 수립을 건의해 온 나고야, 구마모토, 돗토리, 도쿠시마 등 4개 번의 지사를 불러 그 노고에 대해 치하했다.[442]

같은 날 오후, 교토에 있던 번의 지사 56명이 큰 홀에 소집되었다. 산조 사네토미가 읽은 칙서에 의해 일대 변혁이 일어났다

는 것이 알려졌다. 다이묘 일동은 꿇어 엎드린 자세로 대명을 받들었다.

같은 칙서가 이튿날 지방에 있는 다이묘들의 재경(在京) 대리에게 전해졌다. 7월 16일, 외무경 이와쿠라 도모미는 각국 공사에게 글을 보내 번이 폐지되고 현으로 바뀌었다는 것을 알렸다.

7월 20일, 이와쿠라는 영국 대리공사 F. O. 애덤스를 찾아가 폐번치현이 단행되었다는 사실을 직접 전했다. 애덤스는 참으로 대단한 영단이라며 경하의 말을 건넸다.

> 유럽의 정부도 이렇게 짧은 기간에, 하물며 군사력도 사용하지 않고 똑같은 대변혁을 수행한다는 것은 도저히 불가능한 일이다.

천황의 권위는 분명 이 변혁으로 말할 수 없이 드높아졌다. 적어도 원칙적으로 천황은 이제 일본의 유일한 지배자가 되었다. 다소간이지만 독립적으로 개개의 영지를 다스리던 수많은 봉건 번주의 자리가 천황으로 대치된 것이다. 이 변화는 확실히 천황 개인에게 영향을 끼쳤다. 그러나 아마도 천황은 그 후 곧 일어난 또 하나의 변화에 의해 한층 더 직접적인 영향을 받았을 것이다.

폐번치현이 단행된 7월, 궁내성과 내정(內廷)에서 대개혁의 칼바람이 몰아쳤다. 이 무렵까지 궁중에서 천황을 모실 수 있었던 사람은 당상 화족들뿐이었다. 고래로부터 내려오는 계통을 이어받아 선례와 격식을 무조건 지키는 것이 그들의 일로, 천황이 사생활을 영위하는 궁중 깊숙한 곳까지도 구게 출신의 여관이 좌우하고 있었다. 그 대다수는 지난 치세 때부터 자리를 지켜온 사람들이었다. 이들 여관은 융통성이라고는 찾아볼 수 없는 보수주의자로, 천황에게 영향력을 구사해서 온갖 변혁의 기선을 제압해 왔다.[443] 정부 중신은 물론 산조 사네토미와 이와쿠라 도모미 같은 구게들까지도 이런 현상을 탄식하며 이를 개혁해 보려 했다. 그러나 수백 년 동안 고수해온 관습을 하루아침에 바꾸기란 쉽지 않았다.

폐번치현을 실현시키기 위해 도쿄에 와 있던 사이고 다카모리는 지금이야말로 개혁을 단행할 때라고 판단했다. 사치하고 유약한 풍조가 있는 옛 구게를 배척하고 강건하고 청렴한 선비를 천황 측근에 둬야 한다고 생각했다. 이를 기도 다카요시와 오쿠보 등 두 사람과 의논한 다음, 다시 산조와 이와쿠라에게 진언해서 영단을 구했다. 7월 4일 결단이 내려졌다. 사쓰마 번 무사 요시이 도모자네(吉井友實)가 궁내대승(宮內大丞)으로, 궁내성과 내정 개혁의 책임자로 임명되었다. 일찍부터 개혁을 제창하고 있던 구게 도쿠다이지 사네쓰네는 궁내성에 출사하여 천황 측근에 있게 되었다.

이윽고 개혁안이 제출되었다. 이것으로 앞으로는 신분을 따지지 않고 시종에 임명될 수 있었다. 우선 한두 명이라도 사족(士族: 메이지 유신 이후 무사 계급 출신에게 부여된 명칭)이 시종으로 들어옴으로써 오랜 폐습이 타파되기를 원했다. 또한 시종에게 새로운 일이 주어졌다. 그것은 천황에게 늘 동서고금의 담론을 전하는 일이었다. 시종장은 군덕(君德)의 배양에 힘쓰게 되었다. 개혁의 영향을 받는 것은 천황 한 사람만이 아니었다. 황후를 비롯한 여관들은 동서양 고금의 대세에 통달할 필요가 있다 해서 어전에서 함께 진강을 들을 수 있게 했다.

산조니시(三條西), 우라마쓰(裏松), 아야노코지(綾小路)라는 구게가 천황 측근에서 사라지고, 대신에 무라타 신파치(村田新八) 같은 무사 출신이 서게 되었다.[444] 8월 1일, 재직해 있던 여관은 모두 파면되었고, 새로운 여성들이 덴지와 곤노텐지로 임명되었다.[445] 사이고 다카모리는 12월 11일, 숙부 시하라 요산지(椎原與三次)에게 매우 만족한 듯한 서한을 쓰고 있다.

여러 가지 변혁 가운데서도 기뻐하고 귀하게 여길 일은 주상(主上)의 신변에 관한 것들입니다. 지금까지는 화족이 아니면 어전에 나올 수도 없었고 어쩌다 궁내성의 관원이라 하더라도 사족들은 어전에 나올 수조차 없었으나, 이러한 모든 폐습이 고쳐져서 사족도 시종으로 뽑을 수 있게 되었습니다. 구게, 무가, 화족과 사족들이 모두 똑같이 관원으로 뽑힐 수 있는데, 특히 사족 출신 시종들을 총애하시는 일은 참으로 장하신 일입니다. 후궁에 계시는 것을 아주 싫어하시며 아침부터 밤까지 바깥 궁중에 나오셔서 화한양(和漢洋) 학문에 힘쓰시며 시종들과 함께 읽기도 하시는 등 잠시도 쉴 틈이 없으시며 복장도 지금까지의 다이묘보다도 가벼운 옷차림이시고 다른 사람들보다 공부에 열심이십니다. 이제는 지난날의 주상이 아니시며 너무나 의욕적이 되셨다는 것을 산조 경과 이와쿠라 경, 두 분께서도 인정하고 있습니다. 원래가 영매하신 데다 지극히 장건하셔서 이러한 주상은 근래에 보기 드문 일이었다고 구게들도 말하고 있습니다. 날씨만 좋으면 승마는 매일 하시고 이삼일 안에 친병(親兵)을 1개 소대씩 불러서 훈련하실 예정이며 앞으로는 격일로 훈련하실 예정입니다. 대대를 통솔해서 몸소 대원수를 자임하시겠다니 황공하고 감사할 따름입니다.[446]

7월 말, 태정관제(太政官制)가 개정되어 좌우 대신, 다이나곤을 비롯한 여러 관직이 폐지되었다. 정부는 새롭게 3원(三院)으로 분할되었다. 천황이 친히 임해서 모든 정사를 총괄하는 정원(正院), 좌원(입법), 우원(행정)이 그것이다.

국내에서 이러한 대변혁이 있었으니, 이번엔 국제 정세에 관심을 기울일 차례였다. 가장 중요한 것은 북쪽 국경선 확정이었다. 에조(蝦夷: 1869년 8월 홋카이도로 개칭됨) 개척은 러시아가 선수를 치게 해서는 안 될 긴급 과제였다. 미토 번 지사 도쿠가와 아키타케를 비롯한 전국 번의 지사에게 홋카이도와 지시마(千島)—이곳은 11국86군으로 나뉘어 있었다—각지의 관리와 경영을 맡겼다.

1869년 9월 1일, 홋카이도 개척의 제신(祭神)으로 오쿠니다마노카미(大國魂神)가 모셔지고 진좌제(鎭座祭)가 올려졌다. 동본원사(東本願寺) 같은 이름난 사찰은 신도 개설을 위한 문도(門徒)의 이주를 장려했다.

일본과 러시아의 경계 확정의 초점은 가라후토(樺太=사할린)였다. 러시아와 일본 쌍방이 가라후토에 거류지를 가지고 있었기 때문에 양국의 경계선을 어디에다 둘 것인가를 정하는 것은 결코 용이한 문제가 아니었다.

1870년 2월, 가라후토 개척사(開拓使)가 설치되었는데, 러일 간에 외교 관계가 없었기 때문에 교섭은 불가능했다. 2월 3일, 데라시마 무네노리(寺島宗則, 1832~1893), 오쿠마 시게노부, 이토 히로부미는 미국 공사 찰스 E. 드롱과 가라후토 문제에 대해 회담했다. 드롱은 가라후토의 경계 확정이 다른 나라들로서도 중요한 문제임을 강조하면서 자청해 중재역을 맡겠다고 했다.

미국과 러시아는 이미 친교가 있으므로 만일 일본이 미국에 교섭을 위촉한다면 수고를 아끼지 않겠다고 약속했다. 일본은 드롱의 제의를 받아들이면서 '경계는 위도로 정하며 북위 50도 이북을 러시아령, 이남을 일본령으로 한다'는 조건을 달았다.

드롱이 나섰음에도 불고하고 교섭은 좀처럼 결말이 나지 않았다. 가라후토에서는 일본인과 러시아인 거주자 사이에 분쟁이 끊이지 않았다. 일본 측은 정책을 어떻게 정해야 할지 전혀 모르고 있었다. 선택의 가능성은 적어도 세 가지가 있었다.

첫째, 러시아인 거주자에게 약간의 위로금을 지급하여 퇴거시킨 다음 섬 전체를 일본령으로 한다. 둘째, 섬을 이등분해서 러시아인 거주자 전원을 경계선 북쪽으로 이주시키고 이주자들에게는 약간의 비용을 지급한다. 셋째, 섬 전체를 러시아에 양도하고 일본이 그 대가를 받는다.

1871년 5월, 가라후토 러시아령에서 러시아 측과의 교섭을 위해 소에지마 다네오미를 파견하기로 결정되었다. 출발 직전에 천황은 소에지마에게 다음과 같은 칙서를 내렸다.

러시아는 일본에 가장 가까운 나라이며 우호 관계를 유지하는 일이 가장 바람직하다. 특히 가라후토는 양국 인민이 섞여 살며 이익을 구해 생활을 영위하고 있는 곳이다. 이러한 현상을 보전하기 위해 노력을 다하지 않을 수가 없다. 이미 1852년, 러시아 황제는 전권대사를 파견해서 경계선 확정 교섭을 시도했으나 쌍방의 사정으로 이를 결정하지 못했다.

그 후 1867년 상트페테르부르크에서, 섞여 살기로 가조약이 맺어졌다. 가라후토의 상황을 살펴보건대 말이 통하지 않기 때문에 민심에 의혹, 간극이 일어나 원한 내지는 적의를 품기에 이르러 마침내는 양국의 우호 관계를 파괴하게 되지 않을까 염려하는 바이다. 경계선의 확정이야말로 목하의 급무이며, 이는 짐뿐 아니라 러시아 황제 또한 매우 마음을 쓰던 일이다. 따라서 그대 다네오미에게 전권을 주어 경계선 확정 문제를 교섭하기를 명한다. 그대는 임기응변으로 일을 잘 대처하고 성과를 거두어 양국 인민이 행복한 생활을 영위하고 또 양국의 우호 관계가 더욱 두텁고도 영구한 것이 되기를 깊이 바라는 바이다. 그대 다네오미는 짐의 뜻을 깊이 헤아려 몸소 실천하라.[447]

천황이 러시아 황제도 자신처럼 국경 문제의 평화적 해결을 원하는 협력자로 보고 있는 점은 주목할 만하다. 천황은 양국 백성이 서로 방해가 되지 않고 행복하게 생계를 유지해 가는 일이 자신과 러시아 황제의 공통의 소망이라고 언명하고 있다. 천황이 자국 백성에 대한 군주의 의무를 주지함과 동시에 타국의 군주도 협력해서 행동하는 것이 바람직하다는 인식을 가지기에 이르렀다는 것을 이 칙서는 보여주고 있다.

이어지는 수년간 소에지마 다네오미는 러시아 대리공사 뷰초프와 여러 번에 걸쳐 회견하고 교섭을 거듭했으나 가라후토 문제는 결론에 도달하지 못했다.[448] 1873년 2월, 개척차관 구로다 기요타카는 일본이 가라후토를 포기해야 한다는 의견서를 올린다.

가라후토 같은 척박한 땅을 개척하기보다는 홋카이도의 광대한 대지의 개간이야말로 자금을 투자할 만하다. 가라후토에서 산출되는 석탄이나 어패류의 수익만으로는 생계를 이어가기도 힘들다. 1868년 러시아가 같은 이유로 알래스카를 미국에 매각한 것은 아주 현명한 일이라고 하지 않을 수 없다.[449]

사태의 결말은 1875년 5월, 특명전권대사 에노모토 다케아키와 러시아 전권위원 공작 알렉산드르 고르차코프 사이에서 조약이 체결될 때까지 기다려야 했다. 체결 조건은 다음과 같다.

대일본 황제 폐하는 가라후토 전도에 걸친 권리를 러시아국 황제 폐하에게 양도하고 그 대가로 러시아국 황제 폐하는 지시마 열도 18개 섬을 대일본 황제 폐하에게 양도한다. 그리고 양국의 경계선은 지시마 열도의 북단 슈무슈 섬과 캄차카의 남단 로파트카 곶 사이의 해협으로 한다.

그러는 사이 천황의 관심은 아득히 먼 곳에서 일어나고 있는 사건에 쏠려 있었다. 보불 전쟁(1870년 7월~1871년 5월)이 발발하고 얼마 지나지 않아서 일본 정부는 전황 시찰을 위해 네 명의 무사를 유럽으로 파견했다. 이들이 현지에 도착했을 때 이미 프로이센은 연전연승을 거듭해 파리를 포위하고 있었다. 네 명은 파리로 가서 양군의 전황, 장병의 강약, 병기의 장단점, 승패의 원인, 유럽의 동정 등을 면밀하게 조사하고 상세한 보고서를 작성했다. 이들은 프로이센군의 막강함과 전술에 깊은 감명을 받았다. 이때까지 일본은 근대 육군을 조직하는 데 프랑스 방식을 채용하고 있었다. 그러나 프랑스군의 패배로 일본은 모범으로 삼을 모델을 완전히 바꿔버렸다. 이때부터 독일식이 일본 육군의 모범이 되었다.[450]

천황은 이 전쟁에 각별한 관심을 쏟았다. 다음은 육군 사관이었던 다카시마 도모노스케(高島鞆之助)의 회상이다.

천황은 보불 전쟁의 전황 보고서를 세밀하게 살펴보고 양군이 채택한 전략에 대해 자꾸만 신하들에게 질문하셨다. 이 전쟁이 끝나고 얼마 되지 않아 독일 군함이 요코하마 항에 기항했을 때, 함장은 천황에게 한 장의 사진을 바쳤다. 그것은 보불 전쟁 때 사진이었는데, 포연이 하늘을 뒤덮고 창공에 살기가 꽉 차 있는 피가 끓고 살이 떨리는 장관을 보여주고 있었다. 독일 함장이 사진에 대해 설명해 드리겠다고 제의하자, 천황께서는 즉시 허락했다. 사진이 촬영된 날의 양군의 전략은 말할 것도 없고 전쟁의 결말에 이르기까지 천황은 깊은 관심을 갖고 설명에 귀를 기울이셨다. 용안을 빛내시며 경청하셨다.[451]

천황은 1872년 4월 7일, 독일 변리공사로부터 보불 전쟁 개선 축제 사진에 대해 설명을 들었다. 물론 천황이 외국인을 이러한 목적으로 어전에 부른 일은 전례가 없었다.[452] 그다음 날 천황은 다시 전례를 깨고 다른 나라로 전임하는 영국 대리공사 F. O. 애덤스를 접견했다. 천황은 애덤스에게 "이번 영전은 귀국 황제가 귀하의 가치와 공적을 인정한 결과요, 기뻐할 일이다. 석별의 정은 있으나 차마 붙잡지는 않겠다. 원양만리 자중자애하라"는 칙어를 내렸다.

천황의 말 자체에 별로 주목할 만한 것은 없으나 일본 궁중이 유럽 궁중의 관습에 대해 얼마나 급속도로 익숙해져 있던가를 보여준다.

프로이센 왕 빌헬름은 전쟁에 승리함으로써 1871년 1월, 베르사유에서 독일연방 황제의 지위에 올랐다. 그 뜻을 전하는 국서가 메이지 천황에게 도착했다.[453] 천황은 빌헬름 황제에게 축하의 뜻을 전하며 야마토 회화첩 두 질을 보냈다. 이것은 전년 가을, 빌헬름 황제가 보내온 전쟁 화집 세 권에 대한 답례였다.[454] 일본과 유럽의 거리는 여전히 멀리 떨어져 있었다. 그러나 일본은 천황이 '사촌'인 유럽 황제들의 새로운 소식을 항시 접하고 있을 정도로 충분히 세계적으로도 중요한 지위를 차지하고 있었다.

이 시기 일본이 세계 여러 나라와 좀 더 긴밀한 관계를 맺게 되는 가장 중요한 사건은 의심의 여지 없이 1871년 11월 12일의 이와쿠라 사절단 구미 파견이었다.[455] 1858년 6월에 미국과 조인한 미일 수호통상조약은 171개월(약 14년) 후를 개정 기한으로 한다는 조건이 있었다. 따라서 일본이 조약을 체결한 열강 각국에 사절을 파견하기에는 적절한 시기였다. 조약은 치외법권과 수출입 세율의 불균등을 규정하고 있었다. 모두 주권을 침해하는 조항으로, 일본은 이에 대해 극도의 불만을 갖고 있었다. 용인하기 어려운 조항들을 교섭을 통해 없애고자 했다.[456]

1871년 1월, 당시 워싱턴에 주재하고 있던 대장소보(大藏少輔: 여기서 소보는 차관급) 이토 히로부미는 정부 고관 몇 명에게 보낸 서한 중에서 다음과 같이 말했다.

조속히 뛰어난 관리를 특명사절로 파견해 각국의 수호 관계, 무역, 관세 현황을 조사하고 미리 조약 개정에 대비해야 한다. 사절단은 방문하는 나라들을 설득해 일본이 근대국가로 성장했다는 사실을, 따라서 법률이나 재정이 엉성한 후진국으로 대하지 말 것을 이해시켜야 한다. 사절단의 첫째 목적은 서양 열강의 신뢰를 얻는 일이며 정부가 지향하는 조약 개정의 의도를 그들에게 전하는 일이다.

1871년 3월, 정부는 참의 오쿠마 시게노부, 대장성(大藏省) 출사(出仕: 메이지 초기에 임시로 둔 관리) 요시다 기요나리(吉田清成)를 각국 조약 개정 담당으로 삼아 그 조사를 명했다. 조약 개정 준비를 하는 한편으로, 태정관은 해외사절 파견과 관련해 사유서 두 통을 올리면서 천황의 재결을 바랐다. 첫 번째 사유서는 대략 이렇게 말하고 있다.

국가 간의 관계는 대등해야 한다. 어째서 일본은 불평등 조약을 해외 제국(諸國)과 맺어야 했었는가. 그것은 막부 말기 관리의 나태와 고식적인 조처 때문이었다. 유신 당초보다 일본은 권리를 회복하고 조약이 강제하는 능욕으로부터 벗어나기 위해 노력해왔다. 그러나 조약은 아직 개정되지 않았고 그 폐해를 제거할 수가 없었다. 이제는 외국 정부와 조약 개정에 대해 협의하고 대등한 수호 관계를 맺을 때가 왔다. 조약 개정은 만국 공법에 기초해서 하지 않으면 안 되며, 그러기 위해 우리나라의 제도와 법률까지 만국 공법에 반하는 것이 있으면 바꿔야 한다. 변경해서 실제로 시행될 때까지 1년 또는 2, 3년이 걸릴지도 모른다.

그러나 조약에는 조약 개정의 기한이 메이지 5년 5월, 즉 1872년 7월 1일부터 시작된다고 규정하고 있다. 이것은 상황을 호전시킬 일대 전기인 동시에 수많은 곤란이 기다리고 있는 것 또한 사실이다. 당연한 일이지만 각국 외교관은 자국의 이익을 얻기에 급급하다. 만일 일본의 제도, 법률, 종교, 그 밖의 널리 세계에 받아들여지고 있는 공의에 반하는 것이 있으면 그들은 그것을 공격하고 조약 개정의 대가로 즉시 공의를 따르라고 요구할 것이 틀림없다. 이것은 일본으로서는 당장 받아들이기 어려운 일이며, 결과는 우격다짐의 담판이 될 것이 틀림없다.

이 불행한 결과를 피하기 위해서는 전권사절을 각국에 파견하는 일이 긴요하다. 각국에 경의를 표하기 위해 방문하고, 일본의 정치 체제 변화로 인해서 각국과의 화친이 이전보다 훨씬 깊어지게 될 것이라는 기대를 표명하고, 동시에 조약 개정이 일본 정부의 목적이며 희망이라는 것을 각국에 전하면서 교섭을 제안한다. 여러 외국에 대해 이쪽에서 교섭을 시작하자고 의뢰하는 데에 의미가 있다. 그렇게 함으로써 일본은 바람직한 변혁을 실시하기 위한 시간적 여유를 얻게 된다. 그 시간은 3년으로 예상하고 있다. 구미 제국에 사절을 파견하는 일이야말로 국제 사회의 일원으로 일본이 해야 할 일을 찾아내는 최상의 방법이다. 사절에는 전문 관원을 수행시켜야 한다. 제도, 법률, 경제, 교육 등을 시찰시켜서 일본에서 채용할 수 있는 방법을 제정하는 일이 중요하다.

이렇게 사절의 파견은 일본이 바야흐로 문명되고 개화된 나라라는 것을 외국에 납득시키는 동시에 일본 자체에는 나라를 개혁할 시간적 여유를 준다는 것이었다.

두 번째 사유서에는 변혁하고 개정해야 할 요점으로서 다음과 같은 것을 들고 있다.

첫째, 법률을 개정해야 한다.
둘째, 각 국민의 왕래와 거주의 자유를 보장해야 한다.
셋째, 왕성한 교육을 통해 개화를 촉진한다.
넷째, 종교의 자유에 장애가 되는 것을 제거한다.[457]

만일 이 사유서의 취지에 따라 일이 진행되고 사절이 성급하게 조약을 개정하려고 하지만 않았더라도 이 일은 칭찬받아야 마땅할 터였다. 하지만 일본의 대다수 역사 연구가들은 무슨 까닭인지 사절이 조약 개정을 달성시키지 못했다면서 이것을 참담한 실패라고 규정한다. 이와는 달리 당시의 외국인들은 사절단이 일본 역사의 빛나는 첫 페이지를 장식하는 역할을 했다고 절찬했다. 그리피스는 1900년 다음과 같이 쓰고 있다.

아마 1871년의 가장 주목할 사건은 기독교 국가인 미국과 유럽으로의 대사절단을 파견한 일이었을 것이다. 이 일의 발안자는 기도 F. 베르베크이며 그가 조정역이었다.

1871년 11월 21일, 베르베크는 도쿄에서 이렇게 쓰고 있다.

정부는 매우 우수한 외교 사절단을 구미로 보내려 하고 있습니다. 이 사절단의 파견이 오래도록 대망하던 신교의 자유를 기독교에 가져다주지 않을까 하는 것이 나의 희망이요 기도입니다. 사절단 참가자 명단에 있는 인물 중 여덟, 아홉 명은 지난날 제 제자였습니다. 사절단이 훌륭한 성과를 올리고 나아가 하느님의 축복 아래 신교의 자유의 은혜가 내리기를 바랍니다. 그렇게 될 수 있도록 나는 모든 정성을 다했으니까요.[458]

베르베크의 회상에 의하면 1871년 10월 26일, 이와쿠라는 베르베크에게 내방해줄 것을 요청했다. 이와쿠라의 첫 질문은 "당신이 의견서를 써서 그것을 당신의 고관 한 사람에게 건네지 않았나요?"[459]라는 것이었다. 이와쿠라가 한 말은 베르베크가 수년 전에 오쿠마에게 보낸 구미 사절 파견을 권고하는 의견서를 가리킨 것이다. 이와쿠라는 사흘 전까지만 해도 그 의견서에 대해 알지 못했지만 현재 아랫사람을 시켜 번역 중이라고 했다.

마지막으로 이와쿠라는 이렇게 말했다. "그것은 실로 우리가 최우선적으로 해야 할 일이며 당신의 기획은 그대로 실행되어야 합니다." 외교 사절단은 내 의견서에 따라 조직되었다. 내 의견서가 이와쿠라와 천황에게 읽혀진 지 약 2개월 뒤에 사절단은 출발했다.[460]

그리피스는 덧붙여 이렇게 쓰고 있다.

사절단의 주목적은 조약 중에서 치외법권 조항을 확실하게 제거하고 일본이 독립국으로서 전면적인 승인을 얻을 수 있도록 하는 일이었다. 그러나 우리가 존경하는 미국 공사 찰스 E. 드롱이

그들이 출발하기 전에 나에게 말한 것처럼 사절단은 천황에게서 전권을 위임받지 못했다.[461]

전문가들의 의견을 분열시키고 있는 초점은 '과연 조약 개정 그 자체가 사절단의 첫째 목적이었느냐'다. 그렇다고 생각하는 쪽은 사절단의 해외 체재가 길어져 그 때문에 소요된 막대한 경비를 더 강조하면서, 사절들이―조약 개정 실패로―귀국 후에 보인 실의와 낙담에 대해 말하고 있다. 조약 개정은 본디부터 열렬히 바라던 일임에는 틀림없다. 그러나 확실히 그것은 사절단의 소기의 목적은 아니었다. 워싱턴까지 사절단과 동행한 드롱이 무책임하게 드디어 미국에 조약 개정을 요구할 시기가 왔노라고 일본인에게 시사하고 있었는지도 모른다. 아마 드롱은 조약 개정이 성공하면 일본에서 자신의 신용이 더 빛날 것으로 기대했을 것이다. 일본 사절단이 미국 여기저기서 이례적으로 환대를 받은 것 또한 참으로 교섭의 때가 무르익었다고 여길 만했다.[462]

그러나 일본인이 워싱턴에 도착했을 때, 미국 국무장관은 그들이 가지고 간 신임장에 조약 개정에 대한 권한이 없다는 점을 지적했다. 오쿠보와 이토는 새 신임장을 얻기 위해 도쿄까지의 긴 여정을 되돌아와야 했다. 그러나 그를 위해 소비된 시간과 노고와 경비에도 불구하고,[463] 이와쿠라는 미국과 단독으로 조약을 개정하는 것은 일본에 불리하다고 판단했다. 조약에 명기된 최혜국 조항에 의해 일본은 미국에 준 것과 똑같은 특권을 어떤 대가도 없이 다른 여러 나라들에도 어쩔 수 없이 제공하게 된다. 이와쿠라는 미국과의 조약 개정 교섭을 중단하기로 했다. 대신,

장차 각국 대표 전원이 모인 자리에서 일거에 교섭할 요량이었다. 이와쿠라, 기도, 외무차관급 야마구치 나오요시(山口尚芳)는 미 국무장관을 찾아가 미국과 단독으로 협의할 수 없다는 뜻을 전했다.

사절단 일행은 여러 나라에 경의를 표하기 위해 방문한다는 본래의 목적으로 제자리를 찾아가게 되었다. 사절단은 미국에서 6개월 반을 소비한 후(워싱턴에서의 긴 대기 기간 포함), 영국과 기타 유럽 제국으로 향했다. 그러나 미국에서의 시간이 결코 쓸데 없이 허비된 것만은 아니었다. 사절단의 여행을 시종 상세하게 기록한 구메 구니타케(久米邦武)의 방대한,『구미회람실기(歐美回覽實記)』를 읽어보면 그것은 일목요연하다.

사상가이자 역사가인 미야케 세쓰레이(三宅雪嶺)는 사절단의 임무가 미국을 떠남과 동시에 '무의미한 순유(巡遊)'에 빠졌다고 단언했다.

> 미국을 떠날 때 사실상 무의미한 순유에 지나지 않음을 의식했지만 그대로 중지할 수도 없고, 얼마간 예상이 어긋나는 데 실망하고 얼마간 문명국의 여행에 흥미가 쏠려 세계의 형세를 알게 됨을 마음속에 위로로 삼았는데, 그 실패는 스스로도 감출 수 없었다.[464]

그러나 구메가 기록한 방대한 일지에는 실의의 그림자 하나 발견할 수 없다. 그들이 늘 그런 점을 의식하고 있었는지 잘 모르겠지만, 아무튼 사절단 일행은 일본을 근대 국가로 만들기 위해 공헌했다.

서양 제국은 경제적인 이유로 조약 개정을 원치 않았다. 일본의 수입 관세를 계속 지배하는 것이 그들에게는 유리했다. 서양 여러 나라는 또 일본에서 유럽인의 살해 혹은 살인 미수 사건이 여전히 없어지지 않는다는 이유로 개정 반대를 정당화할 수 있었다.[465]

그들은 일본의 사법이 범죄를 처벌할 수 있을 것으로는 믿지 않았다. 어쩌면 그들은 기독교에 대한 제약이 해제되지 않는 한 조약 개정은 있을 수 없다고 주장했는지도 모른다. 하기야 그것은 사절단의 권한을 뛰어넘는 문제였다. 그러나 설령 조약 개정을 할 수 없었던 일이 뼈아픈 실망이라 하더라도 사절단이 소기의 임무를 수행한 것은 사실이었다. 만일 사절단이 더 이상의 조약 개정의 성취를 바란 것이 아니라면, 이토와 오쿠보가 도쿄에서 돌아오기를 기다리던 몇 개월은 거저 없어진 것이 아니었고 그들의 성공을 의심할 이유는 아무것도 없었다.

어쨌든 그들은 다른 어떤 방법으로도 얻을 수 없는 종류의 서양 지식을 개개의 체험에 의해 터득했다. 그들은 번영과 낙천주의 시대의 서양 제국을 시찰하는 행운을 누렸다. 그들은 그 지식, 가령 과학적으로 진보한 기기, 또는 정치의 형태, 또는 유럽의 환영회에서 목도하게 된 단순한 예법 같은 것까지, 모두 일본에서 대대적으로 활용할 수가 있었다. 이런 관점에서 생각해본다면 이와쿠라 사절단은 놀라운 대성공을 거둔 것이었다. 그 장기간에 걸친 도항으로부터 얻은 성과가 천황과 일본 전 국민에게도 전해진 셈이다.

제23장 천황 사절단

이와쿠라 사절단이 워싱턴에서 오쿠보 도시미치와 이토 히로부미가 일본으로부터 돌아오기를 애타게 기다리고 있을 무렵, 일본에서는 또 하나의 사절단을 계획하고 있었다. 목적은 이와쿠라 사절단과 비슷했다. 각 방문지를 시찰하고 그곳 민중에게 새로운 일본 정부의 위광을 각인시키자는 것이었다. 다만 천황이 이끄는 이 사절단의 방문지가 외국이 아닌 일본의 원격지(遠隔地)라는 점이 달랐다. 1872년 4월 28일, 다음과 같은 포고문이 내려졌다.

　　근일 천황은 해로로 주고쿠(中國) 지방 및 시코쿠(西國) 지방
　을 순행할 계획이다.

행차의 예행연습을 위해 이날 우라가(浦賀) 항까지 본격적인 시승 항해를 했다.[466] 천황은 이 시승 항해에 만족한 것 같았다. 마침내 행차일이 5월 23일로 결정되었다. 이 행차가 바로 천황

이 일본 전국을 순회하게 되는 전국 요지 순행의 시작이었다. 이에 앞서 제출된 전국 요지 순행에 대한 건의서에는 순행이 지니는 의의를 이렇게 말하고 있다.

중세 이후 천하의 정치는 무문(武門)이 장악하고 천황은 궁궐에 갇혀 지냈다. 이번 순행은 새 시대의 개막을 선언하게 될 것이다. 천황은 일본 전국을 순행하며 지리, 형세, 인민, 풍토를 시찰하게 된다. 지금까지 천황에게 순행의 기회를 마련하지 않은 것은 중대한 과실이라 할 수 있다. 그러나 이 과실은 지금이라도 바로잡아야 마땅하다. 연해 순람(巡覽)에 의해 천황은 오사카, 효고, 시모노세키(下關), 가고시마(鹿兒島), 하코다테, 니가타 외에 민중이 생활하고 있는 곳, 그리고 요충지를 친히 살펴보게 된다. 이 순행은 앞으로 전국을 다스리는 방책을 세우는 데도 이바지하는 바가 클 것이다. 유감스럽게도 벽촌에는 아직 조정이 지향하는 바에 대해 무지한 민중이 많으며, 이는 왕화(王化)가 아직 골고루 미치지 못했음을 보여주는 것이다. 만일 수수방관해서 기회를 잃고 만다면 나라의 장래에 대한 불안은 점점 나라 전체로 퍼지게 될 것이고, 개화 진보에 대해 이루 헤아릴 수 없는 장애가 될 것이다.[467]

천황에 대한 세간의 반응은 사실 건의문에서 시사하는 것 이상으로 심했다. 메이지 시대가 시작될 당시 거의 모든 평민이 천황에 대해 아무런 관심을 보이지 않았다.[468] 이를 알아차린 오쿠보 도시미치는 유럽의 다른 군주들처럼 천황도 백성 앞에 그 모습을 드러내야 한다고 기회 있을 때마다 발언했다. 오쿠보는 천황이 첩첩이 싸인 궁궐 속 깊이 감춰진 신비로운 존재에서 백성에게 친밀감을 갖도록 눈에 보이는 존재로 탈바꿈해야 한다고 확신했다.

천황은 공인으로서의 역할에 관해 전혀 교육받지 않았다. 유럽인이 천황에 관해 쓴 초기의 글들을 보면 '천황은 처음 대면하는 사람 앞에서는 매우 불안해했으며 어쩌다 말할 경우에도 그 목소리를 거의 알아들을 수가 없었다'[469]고 말하고 있다. 궁전 안에서의 생활이 몸에 밴 것 같은 천황의 독특한 걸음걸이에 대해서도 말이 많았으며,[470] 천황이 입고 있는 의상과 화장한 얼굴은 어딘지 모르게 이상한 환상을 떠올리게 했다. 천황이 용모를 바꾸고 민중 앞에 모습을 드러내게 된 것은 천황 자신이 그렇게 하고 싶어서가 아니라 오쿠보 같은 중신들의 조언에 따른 결과였다.

천황을 '인간화'하려고 한 초기의 시도는 이 정도로 끝났다. 교토에서 도쿄로 행차하는 길에서는 시종 민중에게 그 모습을 보여주지 않았다. 거리의 민중이 볼 수 있었던 것은 겨우 천황이 탄 봉련뿐이었다. 그러나 일찌감치 메이지 원년(1868), 천황의 초상화가 니시키에(錦繪: 컬러 목판화)로 시중에 나돌기 시작했다. 천황에 대한 관심은 이미 싹트고 있었다.

이는 참으로 반길 만한 일이었지만 오쿠보의 계획과 꼭 일치하는 것은 아니었다. 오쿠보는 젊은 천황을 루이 14세 같은 군주로 만들고자 했다. 그리고 언젠가는 입헌 군주제를 수립하겠다는 것이 그의 복안이었다. 그러나 일본 군주제의 전통은 루이 왕조의 바로크풍의 화려함을 보여주기에 알맞은 토양이라 할 수 없었다. 루이 14세의 경우, 서구의 절대주의에서 정치 기술은 매우 시각적이어서 어떤 경우에는 왕의 입성 퍼레이드로, 혹은 궁중의 가면극이나 화려한 궁중 건축과 정원에서 예술과 권력의 결합을 보여주고 있었다. 이러한 예술로 왕은 시각적인 존재가 되었다.[471] 일본에서의 군주제는 그와는 거리가 멀었다. 천황만 베일에 가려져 있었던 게 아니다. 궁궐 주위에 둘러쳐진 흰 벽은 베르사유 궁전을 둘러싼 화려한 건축물이나 정원과는 거리가 먼 것이었다.

그러나 그런 가운데 루이 14세에 관한 이야기를 읽으면서 우리는 메이지 천황과의 유사성에 놀랄 때가 있다. 거기에는 '국왕을 동시대의 거의 모든 인간이 성인(聖人)으로 우러러보고 있었다'[472]고 적혀 있는 것이다. 어린 나이에 루이는 중후하고 위엄 있는 태도로 외국 사절을 감탄하게 만들었다.

베네치아국 사절에 의하면, 1643년 겨우 다섯 살이었던 루이는 남들 앞에서 좀처럼 웃는 일이 없었고 몸을 움직이지도 않았다.[473] 루이는 스페인 궁중의 예의범절을 몸에 익힌 것 같았다. 루이의 의붓아버지에 해당하는 스페인 국왕 펠리페 4세는 알현 도중에는 마치 대리석 조각상처럼 미동도 하지 않았다고 한다.

이는 메이지 천황을 알현한 외국인이 기록한 천황의 인상과 놀라울 정도로 흡사하다.[474]

그러나 메이지 천황이 부동자세를 취한 것은 그가 수줍은 탓도 있었겠지만 그것이 예의 바른 자세였기 때문이다. 그에 비해 프랑스나 스페인 국왕이 보여준 조각상 같은 외관은 다분히 연극적 효과를 노렸던 것이다. 어떤 학자는 이렇게 써놓고 있다.

국왕의 부동자세와 국왕이 실질적으로 눈에 보이지 않는 존재라는 것은 모두 궁중이라는 무대에서 치러지는 하나의 연극으로 간주해야 한다. 펠리페의 모습을 좀처럼 볼 수 없다는 것은 대중 앞에 나선 그의 모습을 말할 수 없이 눈부시게 하기 위한 하나의 전략이었다.[475]

마침 메이지 천황이 제위를 이을 무렵과 같은 나이에 젊은 루이는 모범적인 통치자처럼 보였다.

1660년대의 젊은 국왕은 나라의 일과 백성의 행복을 위해 매진하는 통치자의 모습 바로 그것이었다.[476]

그러나 국민에 대한 관심으로 여겨지던 것이 루이 자신의 영광에 대한 탐닉의 길로 빠지기까지는 그리 오래 걸리지 않았다. 이와 대조적으로 메이지 천황의 국민에 대한 관심은 천황이 황위를 계승할 때 이미 싹텄고, 치세의 마지막에 이르기까지 계속 성장했다.

프랑스 국왕과 메이지 천황의 현저한 유사성은 오히려 중신들과 함께 있을 때의 태도에서도 볼 수가 있다.

식사를 하는 국왕 가까이에 있을 수 있는 것은 명예이며, 식사 도중 국왕이 말을 걸어준다면 더욱 명예롭다. 그런데 최고의 영예는 국왕의 초대를 받아 식사 시중을 들거나 함께 식사를 하는 것이다.[477]

일본에서 이에 상당하는 것이라면 천황이 손수 따라주는 잔으로 술을 마시는 일이다.

이런 유사점을 발견해 보는 것은 확실히 흥미롭다. 그러나 그것도 단편적일 뿐 오래 계속되지 못한다. 프랑스 도처에서는 말에 올라탄 루이 14세의 조각상을 볼 수 있었는데, 일본에는 그와 비슷한 것이 없다. 또 가톨릭 신앙을 가진 루이, 외국과의 전투에서 승리를 거두는 루이를 아름답게 치장한 그림도 많이 있는데, 일본에는 이에 해당하는 것도 없다. 게다가 동시대 사람이나 자손에게 루이의 이상상(理想像)을 정착시키기 위해 의뢰하며 만들어진 시, 희곡, 음악에 해당하는 것도 일본에는 없다. 프랑스에는 '영광성(榮光省)'이라고 부를 만한 관청이 설치되어 국왕을 일반 민중에게 선전하기 위해 노력했다. 그러나 메이지 천황은 그런 목적의 '관청'을 필요로 하지 않았다. 천황의 영광은 그 치세의 오랜 역사와 일본 국민에게 변함없는 깊은 관심을 갖고 있는 데서 유래하는 것이지 미화시킨 것이 아니다.

이 두 군주의 최대 유사점은 아마도 노르베르트 엘리아스의 루이 14세에 대한 다음과 같은 평가에서 볼 수 있다.

'루이 14세는 분명 서양 역사상 위대한 인물 중 한 사람이다. 그의 위광은 이례적으로 광범위하게 미쳤다. 그러나 그의 개인적인 역량은 결코 뛰어난 것이 아니었다. 그것은 위대했다기보다는 오히려 범용한 것이었다……'

이 역설은 아주 흥미롭다. 경우에 따라 가장 중요한 일이라는 것은, 우리가 창조성이니 독창성이니 하면서 우러러볼 만한 자질을 가진 인간이나, 엄청난 정력과 행동력을 갖춘 인간이 아니

라, 오히려 착실하고 평범한 인간에 의해 이뤄지는 것이다. 루이 14세가 바로 그렇다.**478**

메이지 천황을 루이 14세와 비교한 오쿠보의 노력은 가당치 않은 것이었으나 천황이 눈에 보이는 존재여야 한다는 오쿠보의 신념은 옳았다. 오쿠보가 의도하는 눈에 보이는 존재로서의 천황은 일본 국민에게는 엄격하면서도 자애로움이 넘치는 아버지 상과 일치했다.

1872년 5월 23일부터 7월 12일까지 49일간에 걸친 메이지 천황의 순행은 처음부터 끝까지 순조롭게 진행되었다. 루이 14세의 행렬이나 막부 전성기 때의 다이묘 행렬과 달리 조용하게 진행되었다. 순행 행렬로 인해 교통이 차단되는 일은 없었다. 서민은 평소와 다름없이 열심히 일할 수 있었다. 도로를 정비하거나 깨끗하지 못한 장소를 가릴 필요도 없었다. 천황에게 바치는 선물은 일절 금지되었다. 천황 순행의 목적은 나라의 모습을 있는 그대로 보자는 것이지 그럴싸하게 위장한 외관을 즐기자는 것이 아니었다.

이 순행에 대해 처음에 교토의 구게들은 반대했다. 천황의 외할아버지인 다다야스는 민심이 아직 불안정한 이 시기에 순행이라는 중대사가 결행되는 데 놀라고 그 성과에 대해서도 깊은 우려를 나타냈다. 황궁에서의 수많은 변혁은 또 교토의 당상 구게 하시모토 사네아키라를 놀라게 했다.

하시모토는 5월 15일, 천황에게 지카코 내친왕의 전언을 올리기 위해 입궐했다. 하시모토가 엎드려 전언을 올린 다음 고개를 들었을 때, 그곳에는 양복 차림의 천황이 의자에 앉아 있었다.

하시모토는 또 복도에 양탄자가 깔려 있음도 깨닫게 되었다. 궁중의 시종들은 신을 신고 의자에 앉아 집무를 보고 있었다.[479]

궁중의 급격한 변화에 어리둥절해진 사람은 결코 하시모토 한 사람뿐이 아니었다. 그러나 이에 아랑곳 않고 5월 23일 오전 4시, 천황은 순행에 나섰다. 이때 천황이 처음으로 입은 연미복 스타일의 단추가 있는 제복[480]은 후에 천황의 가장 전형적인 복장이 되었다. 천황의 양복 차림은 보수적인 백성들의 비난을 면치 못했다. 천황이 나가사키에 체재하는 동안 현민(縣民) 아무개는 건의서를 제출해 천황의 양복 착용 중지를 호소했다. 궁내경 도쿠다이지 사네쓰네는 그 처치를 사이고 다카모리와 의논했고, 사이고는 건의서를 낸 자를 불러 "그대는 아직 세계의 대세를 모르는가"라고 호통을 쳤다. 바로 3, 4년 전 양이를 외치던 무사들이 있을 때라면 이런 항의가 받아들여졌을지도 모른다.

천황은 말을 타고 황궁을 출발했다. 하마(濱) 별궁에서 잠시 휴식을 취한 뒤 23일 오전 5시 30분, 보트로 시나가와 앞바다에 정박해 있는 기함 료조(龍驤)로 향했다. 신하 70여 명—그중에는 사이고 다카모리, 그리고 사이고의 동생으로 육군 소보(少輔) 사이고 쓰구미치(從道)도 있었다—과 근위병 1개 소대가 천황을 수행했다. 기함에 오른 천황을 해군 악대가 연주로 맞이했다. 12년 전, 최초로 미국으로 파견된 일본 사절단이 태평양을 건넜을 때 일행은 불협화음으로 연주하는 '호악(胡樂: 오랑캐 음악)'의 환영을 감수해야 되는 것을 불평했다. 그때와 같은 선율을 일본 해군이 천황을 위해 연주하고 있었다. 천황 환영 행사는 이것뿐이 아니었다. 중앙 돛대에 높이 내걸린 금기와 신호기가 펄럭거리고, 수병들이 등항례(登桁禮: 돛의 가로 횃대에 올라가 일렬로 서서 하는 경례)를 올렸으며 축포 스물한 발이 울려 퍼졌다. 금기 게양을 제외한 다른 의식은 모두 지난 10년도 안 되는 사이에 서양 제국으로부터 받아들인 것이다. 그것이 오늘날에 와서는 모조리 일본 해군의 군건한 전통의 일부가 되어 있었다.

순행의 첫 방문지는 이세 신궁이었다. 25일 오전 9시, 기함 료조가 이끄는 함대는 도바(鳥羽) 만에 닻을 내렸다. 천황의 행렬은 여기서 야마다(山田)로 향했다. 지방관이 행렬을 선도하고 공부성(工部省), 해군성, 육군성의 관리가 그 뒤를 이었다. 시종 두 명이 보검과 옥새를 받들었다. 천황은 말을 타고 가고 시종이 좌우를 지켰으며, 근위병이 앞뒤를 수호했다. 수행하는 제관은 연미복을 입고 양도(洋刀)를 허리에 찬 채 도보로 뒤따랐다. 길가에 서서 이들을 맞이한 민중은 예전의 다이묘 행렬을 장식했던 화려한 의상에 비해 그 행렬의 간소함에 놀랐다. 사람들은 길바닥에 꿇어 엎드려 마치 신을 배례하듯 가시와데(拍手)를 올렸다. 이러한 환영은 순행하는 동안 각 방문지에서 되풀이되었다.

두 번째 방문지는 오사카였다. 오사카로 가는 항해 중 스쳐 지나간 러시아 군함은 료조의 돛대에 게양된 금기에 경의를 표하는 의미로 축포 스물한 발을 쏘았다. 천황이 본원사의 행궁에 도착한 것은 밤 10시였다. 오사카 시민들은 초롱을 들고 길을 밝히며 환영의 뜻을 표했다. 길에 늘어선 시민들은 가시와데를 치며 만세를 불렀다.[481] 마쓰시마(松島)에 거류하는 외국인들도 역시 길가에 불을 피우고 모자를 벗고 경례하며 천황의 행렬을 맞이했다.

30일, 오사카의 행궁을 출발한 천황은 요도가와(淀川)의 선착장에서 배를 타고 교토로 향했다. 두 번째 도쿄 행차 때 교토를 떠난 이래 어언 3년의 세월이 흘렀다. 행렬이 교토에 이르렀을 때 주위는 온통 어두웠다. 하지만 궁으로 향하는 길은 가로등과 집집마다 내건 등으로 환하게 비춰져 있었다. 교토의 환영 인파는 가시와데를 치며 태어나서 처음으로 천황의 얼굴을 우러러보았다. 『메이지 천황기』에 '직접 천안(天顏)을 뵈옵고 감읍하지 않는 자 없고……'라고 기록되어 있다.[482]

교토에서의 짧은 체재 기간 중 메이지 천황은 외할아버지 나카야마 다다야스, 고모 지카코 내친왕, 스미코 내친왕[483] 등 일가 사람들과 대면했다. 아버지 고메이 천황의 후월륜동산릉을 참배할 때 천황은 양복을 벗고 의관을 갖춰 입었다. 그 후 천황은 교토의 특산물을 진열한 박람회장을 방문했다. 전통적인 니시진(西陣)의 고메오리기누(米織絹: 얇게 비치는 비단의 일종)와 양면 공단뿐 아니라, 새로 발명한 쌀 찧는 기계와 접는 우산 등이 진열되어 있었다. 천황은 그 고장의 중학교도 방문해서 수업을 참관하고 학생들이 읽기, 암송, 산술, 외국어 등을 공부하는 것을 보았다. 또 화족과 사족 자녀에게 외국어─영어, 독일어, 프랑스어─와 수예를 가르칠 목적으로 창설되었고, 나중에 일반 평민 자녀도 입학할 수 있게 된 신영(新英)학교 여홍장(女紅場: 교토 부립 제일고등여학교의 전신)도 찾아갔다. 천황은 외국인 교사를 접견하고 다음과 같은 칙어를 내렸다.

학생 교육에 진력해 주니 짐은 이를 매우 기쁘게 생각한다. 앞으로도 더욱더 격려해서 이들이 학문을 게을리 하지 않도록 지도해주기 바란다.[484]

천황은 순행으로 찾아간 곳마다 그곳의 특산물 시찰을 빠뜨리지 않았다. 또 학교를 방문해서 화학 실험 등을 견학했으며, 학생들이 일본어와 외국어로 하는 연설에도 귀를 기울였다. 천황은 또 야영지가 있는 곳에서는 부대를 열병했다. 이러한 행동을 통해 천황은 자신이 해야 할 가장 전형적인 의무를 알게 된다. 즉 지방 특산물의 장려, 교육에 대한 깊은 관심, 부대를 고무, 격려하는 일이다. 근대 국가 일본의 장래는 산업, 교육, 군대에 걸려 있음을 천황은 마음에 새기고 있었을 것이다. 〈나가사키 익스프레스〉지는 틀에 박힌 외경과 감사의 글에 그치지 않고 천황의 순행을 이렇게 칭송했다.

이번 순행은 나가사키 시민의 완미(頑迷: 완고하여 사리에 어두움)를 각성시키고 고루(固陋)를 박멸했다. 문명 진보의 앞길에 가로놓인 형극(荊棘: 장애)을 삼제(芟除: 아주 없애 버림)해서 세운(世運) 개발에 공헌할 만한 새로운 사상을 고취했다.[485]

말할 것도 없이 가는 곳마다 백성들은 천황을 숭경하는 마음으로 우러러보았다. 천황은 또 외국인에게도 환영을 받았다. 학교에서 가르치는 외국인 교사도 있었고, 서양의 과학 기술 지식을 일본에 보급하기 위해 고용된 외국인 관리, 통칭 '야토이(雇)'도 있었다. 아마도 순행을 통해 가장 진귀한 사건이 구마모토에서 벌어졌다. 천황이 양학교 교사 르로이 L. 제인스의 집을 방문했을 때, 제인스 부인은 교사관 이층의 발코니에 서서 들어오는 천황의 머리 위로 꽃잎을 뿌렸다. 생각해보면 천황으로서는 색다른 체험이었을 것이다.[486]

순행 중에는 여러 가지 에피소드가 많았다. 히고국(肥後國) 오시마(小島: 지금의 구마모토 시 교외)에서 천황의 승선 시각이 썰물 때문에 많이 늦어진 일이 있었다. 사이고 다카모리는 조류 간만을 제대로 파악하지 못한 해군소보 가와무라 스미요시(川村純義)를 질책하면서 너무나 화가 난 나머지 곁에 있던 수박을 들어 마당에다 내던지는 바람에 박살이 났다. 천황은 그때 이층에서 이들을 내려다보고 있었다.

대신들과 함께 식사할 때 메이지 천황이 곧잘 꺼내던 이야기가 있었다.

가고시마의 한 외국인 저택에서 수행원 몇 명과 잠시 쉰 적이 있는데, 그 집 주인이 훌륭한 서양 요리와 다과를 대접해 줬지. 그런데 그녀는 짐이 누구인지를 통 모르는 것 같더군.

천황은 이 이야기를 늘 웃음으로 끝냈다. 어떠한 사정이었건 천황이 신하와 함께 평범한 외국인 집에 우연히 들른다는 것은 상상하기 어렵다. 그리고 여주인이 정성을 다해 대접했는지는 몰라도 짧은 시간에 요리를 만들어냈다는 것도 믿기 어렵다. 고귀한 가문의 인간이 신분을 감추고 한 누추한 집에서 따뜻한 대접을 받게 된다는 비슷한 이야기가 있다.[487] 그 이야기와 다른 점이라면, 고귀한 가문의 인간이 돌아가서 착한 은인에게 값비싼 선물을 내렸다는 결말이 빠져 있다는 것뿐이다.

천황이 가고시마를 떠난 후 가고시마에서는 시민에게 행재소(行在所: 천황이 잠시 머문 곳) 구경을 허락했다. 새벽부터 줄을 선 시민들은 천황이 신대삼릉(神代三陵)을 바라보고 절할 때 무릎

밑에 깔았던 자리의 부스러기나 장식에 썼던 나뭇잎 등을 얻어 가서 부적으로 삼았다.[488]

천황을 태운 료조 함은 가고시마에서 시코쿠의 마루가메(丸龜)로 향했다. 마루가메에 도착한 7월 4일은 종일 비가 내렸는데, 밤에는 폭풍우로 변했다. 천황은 임시로 가설된 배례소에서 스이토쿠(崇德) 천황의 시라미네릉(白峰陵), 준닌(淳仁) 천황의 아와지릉(淡路陵)을 향해 절을 했다. 불행히 모두 비명횡사한 천황이다. 그날, 도쿄에서 사쓰마 병사가 태반을 차지하는 근위병 사이에서 충돌이 일어났다는 보고가 들어왔다. 사이고 다카모리와 그 동생이 급히 군함을 타고 귀경했다. 분규를 수습할 수 있는 사람은 그곳 출신 인물이어야 했을 것이다.[489] 천황은 예정대로 순행을 계속해서 고베, 요코하마를 들러 귀로에 접어들었다.

도쿄로 돌아온 뒤로도 줄곧 메이지 천황은 교육에 특별한 관심을 보였다. 8월 1일, 민중이 이용할 수 있는 최초의 공립 서적관(도서관)이 문을 열었다. 이튿날, 학사 장려 및 학제 제정에 관한 오세이다사레쇼(被仰出書)가 공포되었다. 새로 설치하기로 계획된 학교의 수는 대학교 8개, 중학교 256개, 소학교가 53,760개에 이르렀다. 여섯 살 이상의 어린이는 모두 심상소학(尋常小學)을 비롯해 여아소학(女兒小學), 촌락소학(村落小學), 빈인소학(貧人小學) 등 필요에 따라 골라 들어가게 되었다. 모델은 프랑스의 교육 제도였다. 이들 계획은 5개조 어서문에 있는 '구래의 누습을 타파하고 천하의 공도를 따른다'는 천황의 서약을 실행에 옮긴 것이다.

일본은 동란의 시대가 지나고 마침내 평화의 시대를 맞은 것 같았다. 도쿄 성의 외곽 21문을 허물고 초석과 돌담만 남겨졌다.

각국 공사, 도쿄 개시장(開市場)에 거류하는 외국인, 각 성(省)에서 고용한 외국인 등의 경호를 맡고 있던 조직은 폐지되고, 이제는 시중의 안전 확보를 담당한 나졸(순사의 구칭)이 이를 대신했다. 그러나 지방에서는 아직도 농민 봉기가 여기저기서 산발적으로 일어났고, 또 국제적인 여러 문제가 특히 중요성을 띠었다.

8월 24일, 마리아 루즈 호 사건의 판결이 내려졌다. 지난 6월 4일, 마카오에서 페루로 향하던 도중 선체에 손상을 입은 페루 국적의 마리아 루즈 호가 수리를 위해 요코하마 항에 입항했다. 항구에 정박 중이던 어느 날 밤, 승선했던 청나라 사람 하나가 바다로 뛰어들어 탈주했다. 청나라 사람은 마침 항구에 정박해 있던 영국 군함에 구조되어 가나가와 현청에 인도되었다. 그는 페루 선박에 타고 있는 자신을 포함한 2백 수십 명의 청나라인이 비인도적인 학대를 받고 있다며 일본 정부에 보호를 요청했다. 정부는 페루 선박의 선장을 불러들여 경고한 뒤 탈주한 청나라인을 인도했다. 그러면서 탈주한 청나라인을 벌해서는 안 된다고 엄중 경고했다. 그러나 선장은 그 청나라인을 무자비하게 벌했을 뿐 아니라 다른 사람들도 여전히 학대했다. 보고를 받은 영국 대리공사 왓슨은 손수 마리아 루즈 호에 올라가 실정을 목격했다. 그 결과, 탈주한 청나라인이 말한 것이 사실로 판명되었다. 배 안에 있던 청나라 노동자는 노예와 같은 처우를 받고 있었다. 대리공사는 외무경 소에지마 다네오미에게 조사를 의뢰했다.

소에지마는 즉시 페루 선박에 출항 금지 명령을 내렸다. 조사 결과 무지한 청나라인을 속여 마카오에서 사실상 노예와 다름없는 계약을 한 후 선창에 감금하며 온갖 박해를 가하고 있었다.

심리가 열리고 페루 선장의 불법 행위의 확증을 얻어 처벌 단안(斷案)이 작성되었다. 청나라인은 전원 상륙을 허가받고 현청에 수용되었다.

7월 24일, 단안에 대한 조정의 재가가 내려졌다. 더욱 신중을 기해 일본 주재 각국 영사에게 단안을 보이고 의견을 들었다. 영국 영사만 타당하다고 지지했다. 미국 영사는 자국과 관계없는 사건이라며 의견을 보류했다. 그러나 다른 영사는 모두 1867년 10월의 요코하마 거류지 단속 규칙을 내세우며 단안에 반대했다. 그들은 일본 영역 밖에서 발생한 사건의 재판권이 과연 일본 정부에 있는지 의문을 제기했다. 가나가와 현 권령(權領)으로 심리를 주재한 오에 다카시(大江卓)는 이를 소에지마에게 상신했다. 소에지마는 심리 단안을 존중하라고 명을 내렸다.

7월 27일, 오에는 청나라인 해방 판결을 내렸다. 선장은 곤장 1백 대 형에 처해져야 마땅하나, 특별히 관대한 조처를 내려 출항을 허가했다. 그러나 8월 8일, 페루인 선장은 용인(傭人) 계약 이행 소송을 현청에 제출해서 마카오에서 청나라인 노동자와 맺은 계약이 합법적이고 유효하다는 것을 증명하려 했다. 이에 대해 청나라인의 반박서가 제출되었기 때문에 16일, 오에는 다시 현청에서 재판하게 되었다. 신중한 심리 결과, 24일 오에는 피고인 청나라인의 승소 판결을 내렸다. 페루인 선장의 행위는 국제법에 위반될 뿐 아니라 일본의 국법에도 어긋나며, 따라서 이 계약은 효력을 발휘할 수 없다고 했다. 청나라인 승무원 중에는 이 판결에 힘을 얻어 탈주하는 자가 뒤를 이었다. 선장은 아마도 생명에 위협을 느꼈던지 배를 버리고 상하이로 도망쳤다. 청나라 정부는 일본의 후의에 감사의 뜻을 전했다.[491] 그리고 이 사건으로 일본과 페루 정부 사이에 분규가 일어났다. 1872년 6월, 사건은 러시아 황제 알렉산드르 2세의 국제 중재 재판에 맡겨지게 되었다. 2년 후, 러시아 황제는 일본의 재판 판결을 지지했다.

메이지 천황의 깊은 이해자인 W. E. 그리피스는 이 판결에 관한 천황의 역할을 다음과 같이 쓰고 있다.

무쓰히토는 8월 중순에 요코하마로 돌아왔다. 이곳에 있는 동안 그는 요코하마의 장관(가나가와 현 권령) 오에 다카시와 페루 선박 마리아 루즈 호 사건에 대해 오래도록 상담을 했다. 이 배는 악천후에 시달리다 요코하마 항에 들어왔지만, 그 짐 속에 중국인 노동자가 섞여 있었다. 이 중국인들은 사실상 납치되어 온 자들로 혹독한 대우를 받고 있었다. 그 참상은 그들 중 한 명이 도망쳐서 때마침 정박 중인 영국 군함에 헤엄쳐 갔기 때문에 알려지게 되었다.

무쓰히토는 공화정치의 악폐나 페루의 철갑 함대, 그리고 시대에 뒤떨어진 인간의 험악한 얼굴도 두려워하지 않고 인간의 자유를 위해 일격을 가할 결심을 했다. 법정에서 충분한 심리를 한 뒤 중국인 노동자는 일본 상륙을 허가받았고 베이징 정부로부터 답변이 올 때까지 보호받았다. 이는 일본이 자국을 위해서만이 아니라 아시아인을 위해서 내놓은 최초의 선언이었다. 일부 외국인들은 일본의 행동을 신랄하게 비판하며 페루의 군함이 보상을 요구하기 위해 오고 있을 것이라는 상상까지 했다. 그러나 사건은 중재자인 러시아 황제가 일본이 옳다고 재결해 결말이 났다.[492]

그리피스가 지적하는 마리아 루즈 호 사건 결정과 관련해 천황이 보인 역할에 대해서는 자료를 발견할 수 없다. 만일 그리피스가 한 말이 맞는다면 이는 천황이 법적 문제에 직접 개입한 희귀한 예가 된다. 그리피스는 또 다음과 같은 일도 회상했다.

법정 재판에서는 영국인 변호사로 일본 고전시를 번역하기도 한 F. V. 디킨스의 설득력 있는 변론이 큰 성과를 거두었다.[493] 그 덕분에 악덕 업자를 위해 억지로 봉사하고 있던 젊은 여성들은 자유의 몸이 되었고 그녀들을 일정 기간 꼼짝 못하게 했던 낡은 계약서는 파기되었다.

고소를 위해 페루 정부에 고용되었던 일본어가 능숙한 영국인 변호사 디킨스는 청나라인 노동자와의 계약이 노예 노동에 해당한다는 일본 측 주장에 대해 일본에서 행해지고 있는 창녀의 인신매매를 예로 들어 응수했다. 만일 창녀의 매매가 합법적인 것이라면 페루인은 죄를 범하지 않은 것이 된다고 했다. 일본 측에서는 디킨스의 주장에 허를 찔린 기분이었다. 재판장 오에는 급거 휴정을 선언했다. 최종적으로 다음과 같이 판결이 내려졌다.

설사 창녀 매매에 의해 예증될 만한 노예제가 일본에 있음을 인정한다 하더라도 노예를 국외에 내보내는 것은 금지되어 있다. 따라서 청나라인 노동자를 요코하마에서 국외로 이송하려 한 페루인 선장의 행위는 위법이다.

이 궁색한 이유를 들어 오에는 청나라인의 해방을 명했다.[494] 일본에서의 인신매매 실태가 법정에 모인 각국 영사 앞에서 폭로된 일은, 일본 측을 매우 당혹하게 만들었다. 오에는 태정관에게 조속히 인신매매를 금지하도록 품신했다. 10월 2일, 인신매매를 엄금하는 획기적인 법령이 공포되었다.[495] 예기, 창기처럼 기한을 정해놓고 일하는 경우는 비인간적 환경에서 학대를 강요당하고 있다면서 전원 해방되었고, 이에 관한 대차(貸借) 소송 역시 일절 받아들일 수 없다고 했다. 그리고 통상적인 고용은 1년마다 계약 경신을 의무화하도록 변경되었다.

이 무렵에 일본 정부가 취한 일련의 행동은 페루보다도 가까이 인접해 있는 두 나라, 즉 조선과 류큐(琉球)와의 관계를 복잡하게 만들었다.

일본은 4백 년에 걸쳐 조선에 교역소를 차려놓고 있었다. 그것은 나가사키 만의 데지마(出島)에 있는 네덜란드 '상관(商館)'과 매우 흡사했다. 부산의 초량 왜관[496]에 주재하고 있는 일본인은 쓰시마(對馬) 번 사람으로 한정되어 있었다. 일본과 조선의 중간에 위치하는 쓰시마는 그 지리적 관계 때문에 전통적으로 양국의 중개역을 해왔다. 왜관 주재 일본인은 엄한 감시하에 놓여 있었고 때로는 소홀한 대접을 받을 때도 있었지만, 교역—주로 교환무역—의 수익이 컸기 때문에 계속 체류했다.

일본과 조선은 메이지 초기, 긴장 관계에 있었다. 지금까지 우호 관계를 계속해 온 막부가 무너진 것을 알게 된 조선 정부는[497] 유신 정부와 관계를 맺는다는 것은 의리가 아니라고 표명했다.[498] 이 난관을 타개하기 위해 일본 정부는 1869년, 쓰시마 번의 번주였던 소 시게마사(宗重正)를 교섭에서 제외시키고 직접 교섭하려 했다. 1870년 2월, 외무성 관리 두 명을 조선에 파견해 이 사실을 알렸다. 그러나 조선은 일본 정부의 국서를 받을 수 없다는 회답을 보냈다. 화가 난 사절은 일본으로 돌아와 정한론(征韓論)을 주장했다.

1870년 9월, 일본은 다시 사절을 파견했다. 사절 세 명은 동래부사(府使)와 부산 첨사(僉使)에게 회견을 요구했으나 거절당했다. 조선 측 회답은 다음과 같았다.

과거 3백 년에 걸쳐 쓰시마 번은 양국의 중개역을 해왔다. 어째서 지금에 이르러 이 관습을 깨는가. 만일 일본이 양국 간의 관계를 보다 긴밀히 하기를 원한다면 구래의 관습을 준수하는 것이야말로 유일한 길이다.[499]

일본은 다시 거절당했다. 일본 정부의 다음 사절이 부산에 도착한 것은 1872년 1월이었다. 일본 측과의 절충을 맡은 지방 관리인 훈도(訓導)는 병이 났다며 면회를 거절했다. 사절 대표 사가라 마사키(相良正樹)가 예조참판, 동래부사, 부산첨사에게 낸 외무대승(外務大丞) 소 시게마사의 서한, 그리고 자신의 방문의 뜻을 전하는 구술서를 훈도 대리에게 건넨 것은 3월 들어서의 일이다. 5월, 훈도는 왜관을 찾아와 방문 건은 충분히 검토한 뒤에 회답하겠다고 사절 대표 사가라에게 고했다. 그러나 회답 기한에 대해서는 약속할 수 없다고 했다. 훈도의 애매하면서 공연히 회답을 질질 끌려는 태도에 울화가 치민 사절 일행은 금령을 깨고 왜관을 나와 직접 지방청인 동래부로 향했다. 부사는 면회를 거절했을 뿐 아니라 마음대로 왜관을 나와 금성(禁城)에 들어온 일을 비난했다.

일본 측은 왜관으로 물러가는 수밖에 없었다. 사절 일행은 일본으로 돌아가 외무경 소에지마 다네오미에게 상황을 보고했다. 8월 10일, 소에지마는 오랜 세월에 걸친 교역의 역사와 금후의 국위 발양을 위해 교역소의 존속은 반드시 필요하다고 결의하고 정원(正院)에 처분안을 제출했다. 소에지마의 처분안은 묘의(廟議)에서 승인되어 8월 18일, 천황의 재가를 받았다. 칙지로 내려진 처분안 제1항에는 조선에 일본의 출장 기관으로서 왜관을 존치하라는 소에지마의 신념을 담고 있었다.[500]

8월 28일, 외무대승 하나부사 요시모토(花房義質)는 소에지마의 처분안 실행을 위해 조선으로 향했다. 하나부사의 가장 중요한 임무는 초량 왜관에 주재하는 쓰시마 번의 가신을 외무성 관리와 교체해 교역소를 외무성의 관할 아래 두는 일이었다. 이제 왜관은 일개 쓰시마 번의 교역소가 아니었다. 조선 정부에 대한 쓰시마 번의 부채도 청산되어야 했다. 여기서 다시 교섭은 오래 끌었다. 지연된 표면적인 이유는 조선 측에서 원래의 훈도가 복직할 때까지 잠시 유예해 달라고 했기 때문이다. 11월 들어 조선 측은 왜관에 있는 관리가 모두 조정에서 보낸 인물이라는 것, 그리고 하나부사가 가지고 온 부채 상환의 물품 또한 조정의 지출에 의한 것임을 이유로 그 수리를 거부했다. 상황은 악화일로에 빠졌다.

일본 측의 불쾌감은 조선 측에서 받은 다음과 같은 인상에 의해 배가되어 있었다. 조선은 일본과 달리 문명개화 정책의 채용을 거부했다. 조선은 지금 결정적으로 시대에 뒤떨어져 있었다. 조선은 여전히 서양에 문호를 닫고 있었다. 일본인의 눈으로 볼 때, 조선은 바로 지난날 유럽인의 눈에 비친 일본의 모습이었다. 그런 일이 조선의 후진성에 대한 모멸감을 낳았다. 지난날 중국 문화의 전파자로서 조선에 대해 품고 있던 존경의 마음과는 현저하게 대조적인 일이라 하지 않을 수 없다.[501]

또 하나의 이웃 나라인 류큐 역시 일본의 새로운 발흥에 위협을 느끼기 시작했다. 류큐는 오랜 세월에 걸쳐 애매한 상황 아래 놓여 있었다. 고래로 이 나라는 오키나와 섬이라 칭하는 남해 12도의 하나였다. 1186년, 가마쿠라 막부는 시마즈(島津) 씨의 시조 다다히사(忠久)를 사쓰마, 오스미(大隅), 휴가(日向) 세 곳의 슈고로 임명함과 동시에 남해 12도의 지토(地頭: 관리자) 자리에 앉혔다.

국내 전란으로 시마즈(島津) 가가 남해에 개입할 수 없었던 시기, 오키나와 섬에서 내란이 일어났다. 오키나와 섬은 중산(中山), 산남(山南), 산북(山北)으로 분열해서 싸웠다. 명나라의 힘을 빌려 섬 전체를 통일하려 한 중산왕은 1372년, 사절을 파견해서 명나라의 속국이 되겠다고 했다. 명나라는 승낙하고 오키나와 섬에 '류큐'라는 국호를 내렸다. 명나라와의 새로운 관계는 일본에 대한 오랜 속국 관계를 단절하는 것은 아니었다. 1441년, 쇼군 아시카가 요시노리(足利義教)는 다시 시마즈 다다쿠니(島津忠國)에게 류큐를 가봉(加封)했다. 도쿠가와 시대를 통해 류큐는 어찌되었건 시마즈 가의 영지였다. 그러나 류큐는 중국과의 관계 또한 유지하고 있었다.

1872년 1월, 가고시마 현 참사 오야마 쓰나요시(大山綱良)는 현 관리를 류큐로 파견해서 오래도록 쌓인 류큐 통치의 악폐를 인정하고 관계를 개선하고 싶다는 뜻을 전했다. 류큐 국주 쇼 다이(尙泰)는 이를 승낙했다. 이러는 사이 대장대보(大藏大輔) 이노우에 가오루(井上馨)는 류큐의 판적을 거두어 그 관할을 분명히 해야 할 것이라고 정원에 건의했다. 오야마는 류큐 주재 가고시마 현 관리에게 명해 일본 정부의 실망을 전했다.

왕정 유신 이래, 류큐 국주 쇼 다이는 아직도 천황을 알현하러 입궐한 바가 없다. 국주는 조속히 경하 사절을 상경시키라.

쇼 다이는 이 말을 납득해 대표 사절 세 명을 파견했다. 9월 3일, 사절 세 명이 도쿄에 도착했다. 14일, 태정대신 산조 사네토미 등 중신이 늘어선 가운데 사절은 천황을 알현했다. 천황에게 보낸 서한에서 국주는 아득히 먼 남쪽 섬에서 엎드려 유신의 성사를 들으니 기쁨에 겹다고 했다. 천황은 이에 대해 오래도록 사쓰마의 속국이었던 류큐가 조정에 충성을 맹세한 것을 만족하게 생각한다는 칙어를 내렸다. 이어 천황은 류큐 국주에게 류큐 번왕의 호칭을 내리고 화족으로 삼는다는 뜻의 칙서를 내렸다. 야마토 비단 다섯 필, 엽총 세 자루, 안장과 등자 한 벌, 칠보 대화병 한 쌍 등의 선물을 류큐 번왕과 그 아내에게 보냈다.[502]

번은 이미 폐번치현 시행으로 소멸해 있었다. 그럼에도 불구하고 국주가 번왕 직함을 받은 것은 기묘한 일이다. 분명 이는 류큐 왕국을 확실히 일본 지배하에 두기 위한 잠정적인 조처였다. 최종적인 목표는 류큐 제도를 일본이 감싸 안는 데 있었다. 이것이 달성된 것은 1879년의 일이다.

메이지 5년(1872)의 마지막을 장식한 주목할 만한 사건은 태양력 채용이었다. 태음력에서 태양력으로 이행하기에 앞서 11월 9일, 개력식(改曆式)이 거행되었다. 오전 10시, 천황은 현소(賢所)의 편전으로 나갔다. 이세 신궁을 요배한 다음, 천황은 "메이지 5년 12월 3일을 메이지 6년 1월 1일로 한다"고 했다.

천황은 이어서 개력에 대해 황령(皇靈)에게 보고하고 정원에 나아가 산조 사네토미에게 개력의 이유를 쓴 조칙을 내렸다. 다음은 천황이 첫째로 지적한 내용이다.

태양의 궤도에 맞추기 위해 2, 3년마다 윤달을 끼워 넣어야 하는 태음력은 매우 불편하다. 태양력은 훨씬 정확하고 4년마다 하루를 덧붙이기만 하면 된다. 게다가 여기서 생기는 오차는 7천년에 하루의 비율에 지나지 않는다. 이 말할 수 없는 정밀함이야말로 태양력을 채용하기로 결단한 이유다.[503]

천황은 칙서에서 어쩌면 태양력을 채용하게 된 가장 큰 이유였을지도 모를 사실을 언급하지 않았다. 전년 9월 이래로 일본 정부는 급여 지불에 월급제를 채용하고 있었다. 만일 태음력을 따른다면 윤달이 있는 해에는 13개월분의 급여를 지불해야 했다. 이것은 정부에 바람직한 일이 아니었다.

이런 이유로 메이지 5년은 한 달치 급여를 줄일 수 있게 되었다. 일본인 대다수는 인생의 귀중한 일부를 상실한 기분이었을 것이다. 그러나 태음력이 완전히 폐기된 것은 아니었다. 공식적으로 인정되지는 않았지만 태음력은 종교적인 의식이나 그와 비슷한 목적으로 여전히 계속 사용되었다. 하지만 크게 볼 때, 일본은 이제 서양 선진 여러 나라와 똑같은 시간의 틀 안에서 생활하게 되었다.

제24장 상장군(上將軍) 소에지마 다네오미

　1873년 설날의 신년 축하는 몇 가지 점에서 전과 달랐다. 첫째로, 신년이 태음력이 아닌 태양력으로 시작되었다. 신년을 축하하는 가인(歌人)들은 지금까지의 전통에 따라 '산에 드리운 안개' '따뜻한 미풍' '얼었던 시냇물의 풀림' 같은 계절의 변화를 노래로 읊을 수 없게 되었다. 봄이라는 계절의 변화를 노래하기에는 너무나 추웠다. 지금까지 메이지 천황은 신년 와카에서 '바닷가를 훑어가는 바람 한가하구나'라든지 '불어오는 바람 포근하구나'라든지 '날이 갈수록 풍경을 아늑하게 만드는 봄바람' 같은 자연을 관찰한 노래를 읊었다. 그러나 이번 신년에는 그런 자연의 영상이 와카에서 완전히 사라져버렸다.

　　세월 따라 더욱 올바르라고 축수하며
　　이 세상 나아갈 길을 생각하노라[504]

　이러한 전통 이탈은 다른 의식에서도 볼 수 있었다. 그해 처음으로 정부 각 청의 외국인 고용원인 '야토이'가 천황을 배알할 수 있게 되었다. 1월 10일, 다시 하나의 새로운 사례가 만들어졌다. 외국 공사와 함께 공사 부인의 입궐이 허용되었다. 천황과 황후는 각국 공사 부처로부터 신년 축하 인사를 받았다.[505]

1월 7일, 천황은 황후와 함께 첫 강서(講書)에 나와 모토다 나가자네의 『대학』 제1장을 들었다. 새로운 수업 일과표가 이미 천황을 위해 준비되어 있었다. 매월 1일과 6일을 휴일로 하고, 『국사찬론(國史纂論)』 회독(會讀)을 위해 12일이, 그리고 『서국입지편』(새뮤얼 스마일스, 『자조론』)에 나머지 12일이 배당되었다. 전통적인 동양의 학문과 서양 실학과의 균형을 유지하려는 의도가 분명히 나타나 있다. 스마일스의 통속적인 읽을거리가, 주요한 역사서와 철학서를 제쳐놓고 서양의 대표 서적으로 뽑힌 것을 이상하게 여기는 독자도 있을지 모르겠다. 그러나 이 시기의 일본이 서양 학문에서 구하고 있던 것은 지혜가 아니라 실제적인 지식이었다. 이러한 진강에 더해 천황은 한 달에 세 번 와카 모임에 참석하고 휴일을 제외한 매일 독일어 강습, 습자 연습, 국문법의 진강을 받게 되었다.[506]

1월 10일, 지난해 말에 결정된 징병령이 정식으로 공포되었다. '20세 남자로서 신체 건강한 자'는 모두 징병되어 육해군에 배속되게 되었다. 22일, 비구니의 '머리 기르기, 육식, 결혼, 환속'을 허용했다. 2월 1일, 천황은 승마할 때 양복을 입고 서양 마구를 사용했다. 2월 8일, 우편 요금이 새로 정해졌는데, 거리를 불문하고 국내에서는 무게로 우편 요금을 통일시켰다. 2월 12일, 서양 종이의 수요 증가로 제지 사업을 위한 첫 공업회사가 일본에 설립되었다. 3월 14일, 궁중에서의 불사(佛事)가 모두 폐지되고 제사는 모두 신도(神道)식으로 통일했다. 교토의 공명궁(恭明宮)에 안치되어 있던 역대 천황의 위패와 불상은 모두 교토에 있는 천용사로 옮겨졌다.

이러한 일들은 격변하는 시대를 상징하는 것들이다. 모두가 사람들의 세속적, 종교적 활동에 영향을 끼치면서 커다란 변화의 원형이 되었다. 그러나 1873년이 일본 역사에서 기억에 남을 만한 한 해로 자리하게 된 것은 이런 일들보다는 오히려 시시각각 전개되고 있던 외국과의 관계 때문이다.

외교 관계에서 일어난 최초의 큰 사건은 2월 27일, 외무경 소에지마 다네오미를 특명전권대사로서 청나라에 파견한 일이다. 소에지마의 임무는 1871년 두 나라 사이에 맺어진 수호조약 비준서의 교환, 그리고 청나라 황제 광서제(光緒帝)의 친정(親政)과 성혼 축하를 위한 천황의 친서를 전달하는 일이었다.

이외에 3월 9일, 소에지마에게 또 하나 중요한 칙명이 내려졌다. 1871년, 타이완을 표류하던 류큐 도민 54명이 그곳의 생번인(生蕃人)에게 학살된 사건에 대해 그 죄를 청나라에 규명케 하라는 것이었다.[507] 청나라가 승복하지 않으리라 예측하면서도 천황이 이런 칙명을 내린 데에는 류큐 도민이 일본 백성이라는 암묵적인 주장을 하기 위함이었다.

지난해에는 류큐 왕에게 번왕이라는 호칭을 내렸었다. 소에지마는 도쿄 주재 각국 공사에게 일본이 류큐를 책임지는 입장이라는 것을 정식으로 통고했다. 그러나 청나라는 류큐의 종주권을 양보하려 하지 않았다. 천황의 칙명은 동시에, 타이완에 대해 통치권을 행사한다는 청나라의 주장에 대해 간접적으로 '청나라의 주장은 생번인의 죄를 벌함으로써만 증명될 수 있다'라는 이

의를 제기한 셈이었다.[508]

청나라로 사절을 파견하기로 결정한 것은 원래 1872년 10월에 소에지마와 미국 공사 드롱, 미국 장관(將官) 찰스 리젠드르 등 세 사람이 논의한 결과였다. 리젠드르는 샤먼(廈門)의 미국 영사로서 생번인 문제에 대해 잘 알고 있었다. 소에지마에게 다행이었던 것은 리젠드르가 미국으로 귀환하는 도중 우연히 요코하마에 들렀던 것이다.[509] 소에지마와 만난 리젠드르는 일본 병사 2천 명만 있으면 쉽게 타이완을 점령할 수 있다는 정보를 제공하며, 그곳 지도와 사진을 주었다. 일본의 영토를 확장할 가능성이 있음을 듣고 매우 기뻐한 소에지마는 "군대 1만 명을 소집하는 것쯤은 문제도 안 된다.[510] 그러나 미리 청나라 정부의 태도를 살펴볼 필요가 있지 않겠는가"라고 말했다.

소에지마는 청나라에 곤란한 양자택일을 요구할 심산이었다. 만일 청나라가 어디까지나 타이완 전체의 통치권을 주장한다면 청나라는 생번인을 처벌해야 한다. 뿐만 아니라 살해된 류큐 도민의 가족에게도 보상금을 지불해야 한다. 만일 청나라가 생번인의 행위에 대한 책임을 포기한다면, 그것은 일본의 타이완 토벌에 충분한 구실을 제공하게 된다.[511]

3월 9일, 천황은 칙명과 함께 명예 대사의 표시로 소에지마에게 천황의 사진을 내렸다. 12일, 소에지마는 이미 미국 외교관 직에서 물러나 외무성 '야토이'가 되어 있던 리젠드르, 그리고 두 명의 통역[512]과 함께 군함 료조에 올랐다. 료조는 같은 날 코르벳 함 쓰쿠바(筑波)의 호위를 받으며 요코하마에서 출항했다. 소에지마를 청나라로 보내면서 일본은 소규모이기는 하지만 해군 최강의 군함을 사용했다. 이는 분명 청나라를 위압하려는 의도

가 있었다.[513] 일본 군함의 해외 파견은 이것이 효시가 된다.[514]

소에지마는 청나라 대사로서는 아주 적임자였다고 할 수 있다. 소에지마는 메이지 정부에서 가장 달필이었고 한시를 짓는 데 그를 능가할 사람이 없었다. 중국의 역사, 철학, 관습에 통달해 있었다. 이러한 소양은 그가 청나라 관리와 교섭하는 데 큰 도움이 될 터였다. 또 마리아 루즈 호 사건이 발생했을 때, 청나라 노동자 232명을 해방시킨 것도 그였다. 그에게 청나라 정부가 감사의 뜻을 표했던 일도 크게 도움이 되었다.

청나라로 가는 료조 함과 쓰쿠바 함은 도중에 가고시마에 들렀다. 소에지마는 이 기회를 이용해 사이고 다카모리를 방문했다.[515] 그리고 나가사키 기항 후 일행이 상하이에 도착한 3월 31일, 소에지마는 러시아 황자 알렉시스가 주최하는 연회에 초대받았다. 알렉시스 황자는 전년 10월, 일본에서 소에지마의 향응을 받은 일이 있었다. 4월 8일, 일행은 상하이에서 톈진(天津)으로 향했다. 항해 도중 문제가 생겨 20일에 도착하게 되었다. 24일, 소에지마는 톈진 부 총독인 리훙장(李鴻章)을 방문했다. 리훙장은 마리아 루즈 호 건에 대해 소에지마에게 진심으로 감사의 뜻을 표했다. 30일, 소에지마와 리훙장은 전년 양국 간에 비준된 청일 수호통상조약서를 교환했다. 그러나 조약서 교환 자리에 입회한 리젠드르 장군에 의하면, 리훙장이 소에지마에게 형식적인 대접을 했고 자신에게도 매우 무례한 태도를 보였다고 했다. 리훙장은 소에지마에게 리젠드르 장군이 누구냐고 물으면서 이렇게 말했다.

청나라와 일본은 이미 여러 번 조약을 맺어왔다. 새삼 외국인

에게 조언을 받을 필요는 없다. 무슨 특별한 이유라도 있는가.[516]

그리고 리훙장은 또 소에지마의 수행원들이 양복 차림인 것을 보고 비난했다. 이에 대해 소에지마는 이렇게 답하고 있다.

각하, 양장은 어쩌면 아름답지 않을지도 모른다. 하지만 특히 서양식 군함을 타고 있을 때는 아주 편리하다. 옛날 의상을 입고 는 아무래도 의장수(艤裝手)나 포수 노릇을 할 수 없다. 양복을 입고 나서부터는 모든 것이 순조롭다. 우리를 청나라까지 무사히 태우고 온 코르벳 함에 외국인 선원이 한 명도 타지 않은 것이 바로 그 증거이다.[517]

소에지마는 청나라 관리 특유의 거만한 태도를 이때 처음으로 맛보게 된 셈이다. 그러나 소에지마는 일본의 근대적 방식의 우월함과 청나라의 완고한 보수주의를 대비시킴으로써 리훙장의 비판을 교묘히 받아넘긴 것이다.[518] 다음 날 소에지마는 리훙장과 좀 더 친밀한 회담을 했고, 청일 관계에 대해 오랜 시간에 걸쳐 대화를 나누었다. 소에지마는 중국 고전의 소양을 한껏 구사해서 '그러한 태도는 귀국 성현의 가르침에 어긋나는 것이 아닌가'라며 비판했다.[519] 소에지마의 비판이 정곡을 찌른 모양이었다. 리훙장은 나중에 서한에서 '일본은 서양화의 방침을 채용한 이래로 전에 없는 강국으로 성장했다. 청나라는 지금 많이 뒤떨어져 있다'라고 썼다.[520]

소에지마는 5월 5일에 톈진을 출발해서 이틀 후 베이징에 도착했다. 도착하자마자, 소에지마는 1백여 일 이상 청나라 조정과 각국 공사가 황제 알현의 예식 문제로 교착 상태에 있다는 사실을 알았다. 결국 일반적 관습에 따라 청나라 황제는 입례(立禮)로 공사를 맞이해야 한다는 것이 각국 공사의 주장이었다. 그러나 청나라 조정은 어디까지나 청나라의 독자적인 관습에 따라 각국 공사가 꿇어 엎드리는 예를 요구했다. 양쪽 모두 양보할 기색이 없었다. 청조가 절정기를 맞이한 17세기 강희제(康熙帝) 시대 이래로 청나라는 유럽인에게 꿇어 엎드리는 예를 강요해 왔다. 유럽인에게 무릎 꿇기는 가장 큰 모욕이었다. 당시 러시아 사절의 불만에 강희제는 다음과 같이 대답했다고 한다.

러시아의 사절이 중국에 왔을 때는 중국의 예를 따를 것이요, 중국의 사절이 러시아에 가면 그곳의 예를 따를 것이다.

결국 러시아 사절 쪽이 양보했다. 황제 알현 날 러시아 사절은 처마 밑의 바닥에, 즉 옥외에 꿇어앉은 처지가 되었다. 강희제 자신은 거만하기 짝이 없는 태도로 궁중의 옥좌에 앉아 있었다. 러시아 사절은 그 자리에서 꿇어앉아 3배, 9배의 절을 되풀이해야 했다.[521] 소에지마는 분개했다.

청나라는 강희제 시대와 19세기가 다르다는 것을 인식하지 못하고 아직도 제 나라가 세계의 중심인 양 처신한다. 강희제 시대의 전례에 따라 외국 사절에게 모욕적인 알현을 강요하고 있다.

이 비슷한 일은 예전에 일본 조정에서도 있었다. 1872년 3월, 도쿄에 부임한 영국 대리공사 왓슨은 신임장을 전하기 위해 천황 알현을 신청했다. 지금까지의 조정의 관습으로는 천황은 옥좌에 앉은 채 외국인의 알현을 받았다. 이러한 전통의 개선을 요구하며 왓슨은 천황이 서양 일반의 예식에 따라 상호 존경의 표시로 입례로써 외교관을 접견해야 한다고 말했다. 당시 외무경의 지위에 있던 소에지마는 왓슨의 요구를 일축하고 "외국 사절인 자는 그 나라에 들어가면 그 나라의 예를 따라야 한다"고 말했다. 이것은 바로 소에지마가 분개하고 있는 청나라 조정의 태도와 다를 것이 없었다. 소에지마는 영국 대리공사에게 "그처럼 천황에게 입례를 요구한다면 굳이 알현할 필요는 없다"고 고했다. 왓슨은 한마디도 하지 않고 나가버렸다.

그 후 얼마 안 있어 사할린의 운명을 좌우할 교섭을 위해 일본에 온 러시아 대리공사 뷰초프가 천황 알현을 신청했다. 뷰초프는 알현을 입례로 할 것인지 좌례로 할 것인지 천황의 판단에 맡기겠다고 소에지마에게 고했다. 뷰초프의 온건한 태도에 호감을 가진 소에지마는 즉시 알현을 주선했다. 러시아 공사의 알현 날, 놀랍게도 메이지 천황은 입례로 공사를 맞이했다. 이 얘기를 들은 영국 공사 왓슨은 자신의 완고한 태도를 반성했다. 왓슨은 다시 천황 알현을 신청했다. 어떤 예식이든 상관없다고 했다. 영국 공사가 알현하는 날, 천황은 역시 입례로 맞이했다. 이는 천황 자신의 결단이었다. 천황은 어쩌면 다음과 같은 의사를 분명히 한 것이 아니었을까. 만일 외국 사절이 그들의 예법을 강요하지 않는다면, 나 또한 국제적으로 인정된 예법을 받아들이는 일에 결코 인색하지 않겠다고 말이다. 이 일로 왓슨은 일본의 '친구'가 되었다고 한다.

일본에서 보인 태도와 달리 소에지마는 유럽인과 같은 입장을 취했다. 즉 황제 알현 때 고두(叩頭: 머리를 땅에 조아리고 배례함)를 요구하는 청나라의 관습을 따를 수 없다고 주장했다. 이제 일본은 청나라보다 선진국이었다. 소에지마는 이제 더 이상 일본이 과거에 그랬던 것처럼 청나라에 두려운 마음을 가질 필요가 없다고 확신하고 있었다.

소에지마는 5월 25일, 총리아문(衙門: 외무부)의 외무 관료를 찾아가 따졌다. 자신과 같이 바쁜 인간에게 황제 알현을 위해 이토록 오래 기다리게 하는 이유는 무엇인가라고. 관료 중 한 사람은 공친왕(恭親王)의 병을 이유로 들었다. 중국 등 동아시아 나라에서 병은 방문자와의 면접을 거절하는 훌륭한 핑계거리였다. 그리고 청나라 정부는 현재 유럽 각국 및 미국 사절들이 제기하고 있는 알현 예법에 대해 검토 중이라고 했다. 소에지마는 다시 '어째서 청나라의 예법을 외국인이 고려해야 한다고 생각하는가'라고 질문하면서 일본의 관습을 설명했다.

일본도 먼저 스스로 사절 접견의 예절을 제정해서 사절이 오기를 기다린다. 따라서 외국 사절이 오늘 수도에 도착하자마자 내일 알현하게 되어도 전혀 불평하지 않는다. 이런 식으로 우리는 조정의 권위를 알린다.[522]

소에지마는 들고 있던 부채를 펼쳐서 거기에다 황제가 외국 사절의 알현을 어떻게 받아야 하는지 자신의 소견을 한문으로 적었다. 소에지마는 유교적 낱말을 사용해서 서로 사절을 교환하는 국가 간의 관계를 설명했다. '이는 곧 붕우의 교제'라고 했다.

알현 자리에서는 성실과 서로 존경하는 마음이 있어야 한다. 입례나 궤례(跪禮)나는 마땅히 사절 측 나라의 관습에 따라야 한다.[523]

이는 분명 소에지마가 일본에서 보인 태도와 반대되는 것이었다. 청나라 관료와 주고받은 말 가운데 소에지마는 시종 중국 성현의 가르침을 인용하면서 자기 견해를 뒷받침했다. 예를 들면, 외국인을 대하는 청나라인의 오만한 태도를 논박하면서 소에지마는 주공(周公)의 가르침을 인용했다.

오랑캐도 역시 인간이다. 군자로 대접하면 곧 자신도 군자가 되고 야만인으로 대접하면 곧 자신도 야만인이 된다.

소에지마는 고대 중국, 즉 자국의 성현의 지혜에서 근거를 구하지 않는 청나라 사람을 조롱한 것이다.[524]

6월 1일, 공친왕은 병이 나았는지 소에지마를 찾았다. 중국 고전에 정통한 일본인과 이에 무지한 유럽인과의 차이를 확실히 보여줄 요량으로 공친왕은 이렇게 말했다.

소에지마가 규정에 있는 예법으로 황제에게 알현하는 데 이의를 달지 않을 것으로 믿는다.

소에지마는 격노했다.

청나라 황제 앞에 엎드리는 것은 메이지 천황의 대리인인 내

위신에 관계된다.[525]

6월 3일, 총리아문 측에서 전통적인 고두 대신 5배로 하겠다는, 서양 사절의 제안을 승인한다는 발표가 났다. 소에지마는 서한으로 이에 응했다.

본인은 새 예법에 따를 마음이 추호도 없다. 만일 내가 황제 앞에 머리를 숙여야 한다면 황제도 같은 예로 응해주기 바란다.

이런 글은 청나라 사람을 더 자극하니 내지 않는 것이 좋겠다고 리젠드르가 말렸으나. 소에지마는 이 강경 수단이 효과를 발휘할 것으로 내다보고 있었다.[526]

교섭은 계속되었다. 소에지마는 메이지 천황의 대사 자격으로 청나라 황제와 동등한 대우를 받겠다는 마음을 굳게 먹고 있었다. 아직 일개 공사에 지나지 않는 서양 외교관 어느 누구보다도 천황의 대사인 자신이 먼저 알현해야 마땅하다고 여겼다. 이 두 가지 조건으로 소에지마는 청나라 사람뿐 아니라 서양 공사들의 반대에 부딪혔다. 그러나 최종적으로 개가를 올린 쪽은 소에지마였다. 소에지마는 높은 지위를 배려한 정당한 영예가 주어져 유럽 측 대표들의 축하 인사까지 받았다. 29일, 소에지마는 다른 사절들보다도 먼저 황제를 알현했다.

소에지마는 자신이 청나라로 파견된 첫 번째 임무인 타이완의 생번인 처벌에 대해서는 아직 거론도 하지 않았다. 6월 21일, 소에지마는 1등 서기관 외무대승 야나기하라 사키미쓰(柳原前光), 통역 정융닝(鄭永寧)을 총리아문으로 파견했다. 생번인 건뿐 아니라 청나라와 조선의 관계를 따지기 위해서였다. 이 시기에 소에지마가 조선을 끄집어낸 것은 이미 *그*가 조선의 무례한 대우에 대한 보복을 고려하고 있었다는 이야기가 된다. 타이완 문제에 관해서 야나기하라는 다음과 같이 주장했다.

청나라가 생번인을 통제할 수 없음은 이미 분명하다. 일찍이 타이완은 일본의 영토였다. 후에 네덜란드, 그리고 국성야(國姓爺: 정성공鄭成功)가 타이완을 점거했다. 청나라는 지금까지 섬의 반 이상을 점거한 일이 없다. 그 지배력은 2년 전 일본인 표류민을 참살한 섬의 동부에 사는 생번인에게는 미치지 못하고 있다. 일본에서는 생번인 토벌군을 파견할 계획이다. 그러나 생번인은 청나라 영토에 인접한 지역에 살고 있다. 따라서 일본은 마땅히 그러한 의도를 청나라에 전하고자 한다.

이에 대해 청나라 측은 다음과 같이 답했다.

류큐민의 살해 사건은 알고 있으나 일본인이 죽었다는 말은 듣지 못했다. 생번인의 습격을 모면한 생존자는 청나라 관리에 의해 구조되어 이미 조국인 류큐 제도로 송환되었다.

이에 대해 야나기하라는 다음과 같이 반박했다.

류큐는 '중엽(中葉) 이후' 오래도록 사쓰마의 속국이었다. 일본 백성인 류큐인은 일본 정부의 보호 아래 있다.[527]

이어지는 논의에서 청나라 측은 다음의 사실은 인정했다.

청나라의 정치적 지배는 타이완 전 영토에 미치는 것이 아니다. 청나라의 통치하에 있는 '숙번(熟蕃)'에 반해 '생번'은 청나라의 지배하에 있지 않다.

이 발언이 1874년 4월, 타이완의 '생번' 지역에 대한 일본군의 공격을 정당화하게 되었다.

야나기하라는 조선 국왕이 청나라 황제에게 임관받고 있지만 조선 국내의 통치 및 전쟁과 평화의 문제는 조선이 자체적으로 해결한다는 사실을 알게 되었다. 이에 소에지마는 만일 일본이 조선을 공격하더라도 청나라는 개입하지 않을 것이라는 확신을 얻었다.

소에지마는 황제를 알현하는 것으로 사절로서의 임무를 다했다.[528] 소에지마는 궤배(跪拜)가 아니라 3배의 예를 했다. 소에지마의 알현이 끝나자, 러시아, 영국, 미국, 프랑스, 네덜란드 각국 공사가 알현을 했다. 벌써 십 수년 전에 발령된 그들의 신임장이 이제 비로소 건네진 것이다. 소에지마의 외교 수완이 효력을 발휘했다.

알현 의식이 끝난 후, 각국 공사는 청나라의 관습에 따라 정식 오찬에 초대받았다. 그날은 이상하게 더웠다. 서양 공사들은 의논 끝에 초대를 사양하기로 했다. 청나라 조정에서 소에지마도 사양할 생각이냐고 묻자, 중국 예법에 정통해 있던 소에지마는 "아니오, 일본 대사는 기꺼이 식사를 하겠소" 하고 답했다. 소에지마의 태도는 청나라 제왕, 대신 등에게 호감을 주었다. 소에지마의 예의 바른 행동과 황제의 초대를 거절한 서양 제국 사절들의 무례한 행동은 그야말로 대조적으로 비쳤다.

이 일로 유럽인들이 소에지마에게 나쁜 인상을 가진 것은 아니었다. 소에지마가 베이징을 떠나기 전, 영국 공사 토머스 웨이드는 소에지마를 방문하여 다음과 같이 말했다.

> 몇 년 동안 해결의 기미가 안 보였던 황제 알현 문제를 시원히 해결해준 데 대해 외국 사절을 대표해서 삼가 귀하에게 감사의 뜻을 표한다.[529]

청나라 또한 소에지마의 노력에 사의를 표명했다. 소에지마의 함선이 다구(大沽: 톈진의 항구)를 떠날 때 스물한 발의 축포가 발사되었다. 외국인을 위해 청나라 포대가 축포를 쏜 것은 이번이 처음이었다.[530] 겨우 며칠 동안의 톈진 체재 중, 리훙장은 죽은 동생의 상중임에도 불구하고 소에지마를 위해 특별히 하루를 냈다. 리훙장은 상복을 벗고 소에지마의 숙소를 방문했다. 두 사람은 몇 시간에 걸쳐 환담했다. 이튿날, 리훙장과 소에지마는 서로 글을 주고받았다. 리훙장은 마리아 루즈 호 사건 때 소에지마의 수완을 높이 평가하고, 같은 동방에 위치하는 청일 두 나라가 오래도록 우호 관계를 맺어야 한다고 썼다.[531]

소에지마는 의기양양하게 일본으로 개선했다. 소에지마는 자신에 차 있었다. 일본은 이제 조선과 타이완에 영토를 확장할 수 있게 된 것이다. 소에지마는 요코하마 도착 때까지 일본 각지의 항구에 들를 때마다 영웅처럼 환영받았다. 오랜만에 일본 땅을 밟은 소에지마는 기쁜 마음에 나가사키에서 한시를 읊었다.[532]

이제 고국에 돌아오니 바람 기운 순정하구나

산천은 수려하고 자연은 진실되도다

돌이켜보노라, 지난날 베이징에 있던 때를

만지(滿地: 청나라)의 모래바람이 사람을 덮는

7월 27일, 소에지마는 메이지 천황을 알현하고 청나라 황제의 복서(復書)를 바쳤다. 천황은 소에지마의 노고를 치하하고 주연을 베풀었다.

소에지마가 자리를 비운 동안 일본과 조선의 관계는 악화일로를 치닫고 있었다. 조선은 교역 및 외교 관계를 열려고 하는 일본에 문호를 닫아버렸다. 그 고답적인 태도에 일본은 화가 머리 끝까지 나 있었다. 조선의 실질적 지배자인 대원군[533]은 단호히 개국을 거절하고 일본에서 일어난 갖가지 변혁에 의문을 품고 있었다. 조일 양국 관계는 지난 3백 년 동안 쌓아올린 선례에 따라야 한다고 대원군은 믿고 있었다.

7월에 사태는 중대 국면을 맞이했다. 쓰시마 상인 이외의 일본인이 몰래 왜관에 드나드는 일이 탄로가 난 것이다. 조선 정부는 왜관의 관문(館門)에 '잠상금지령(潛商禁止令)'[534]을 내걸고 과거 3백 년 동안의 관례를 깨는 일본의 위법 행위를 비난했다. 또 머리를 서양풍으로 자르고 양복을 입은 이들 일본인에 대해 '이것을 일본 사람이라 할 수 없다'고 실망을 표했다. 조선 측의 주장은 이랬다.

쓰시마를 매개로 한 양국의 전통적인 교역법은 '불역지법(不易之法: 바꿀 수 없는 법)'이다. 쓰시마 이외의 타도 사람의 교역은 결코 일본이 허용하는 바가 아니다. 이러한 잠상(潛商)이 왜관에 자유로이 출입한다는 것은 곧 일본이 '무법지국(無法之國)'이 되었음을 의미한다. 왜관 사람들이여, 나중에 후회하지 않도록 우리의 비난을 잘 보고하라.[535]

일반 일본인을 비난하지 않고 왜관에 온 일본 상인의 불법행위에만 초점을 맞춘 데 설득력이 있었다. 비난의 대상이 된 것은 조일 교역의 전통적인 틀에서 일탈하여 상거래를 하려고 한 상인들이었다.[536] 그러나 당시의 일본인은 이 말을 그렇게 해석하지 않았다. 특히 '무법지국'이라는 말은 바로 명예에 대한 모멸이었다. 온 일본이 분노하며 조선 파병의 목소리가 높아졌다. 자꾸만 겹쳐지는 외국과의 불상사에 천황은 깊이 우려했다. 산조 사네토미에게 조선 사건을 처리하라는 칙명이 내렸다.

각의가 소집되고 산조는 일본과 조선 사이에 일어난 사건의 경위를 상세하게 보고했다. 지난 1871년에 정부는 부산에 사절을 파견했다. 사절은 왜관 담당 훈도에게 일본의 폐번치현을 전하고 정변에 의한 양국 관계 개선을 논의하기 위해 회담을 요구하는 내용의 서한을 보냈다. 20여 회에 걸쳐 서한을 보내 부탁했으나 훈도는 병을 핑계로 계속 알선을 거부했다. 마지못해 훈도는 상경하고 돌아와서는 사절에게 일본 측의 요구는 온 나라의 중의를 묻기 전에는 결정할 수 없다고 전했다. 사절이 그 시기를 묻자 동래 부사는 6, 7년 또는 10년이라고 거침없이 말했다. 그리고 왜관 관문에 모욕적인 내용의 게시문이 나붙었다. 산조는 자신의 소견을 말했다.

일본은 장차 어떤 능욕을 받게 될지 모른다. 유신 이래, 일본은 조선과 우호관계를 유지했고 선린의 길을 다하고자 노력해 왔다. 그러나 이는 모멸에 찬 말로 되돌아왔을 뿐이다. 일본은 조선에 있는 일본 거류민 보호를 위해 육해군의 소부대를 파견해야 할 것이다. 그 수는 필요하다면 얼마든지 증강시킬 수도 있다.

산조는 각의에 찬동을 요구했다. 먼저 입을 연 것은 사이고 다카모리였다. 사이고는 이 의견에 반대하면서 이렇게 말했다.

지금 갑자기 육해군을 파견한다면 조선 인민은 일본이 조선을 병탄하는 것이 아닌가 의구심을 품게 될 것이다. 이것은 우리 조정의 의사에 반하는 일이다. 우선 전권사절을 파견해서 일본의 참뜻을 전하고 조선 측을 설득해야 할 것이다. 조선이 이를 듣지 않고 계속해서 무례하게 군다면, 그 죄를 천하에 알려 조선을 치면 된다. 전권사절로 내가 가겠다.

사이고의 제안은 정부 중신 대다수의 지지를 얻었다. 그러나 정부의 중추를 이루는 인물 중에는 해외 도항 중인 사람도 있었고, 이날 각의에 출석하지 못한 자도 있었다.[537] 이렇게 되자 산조 사네토미는 늘 그러하듯이 흔들리기 시작했다.

산조는 이와쿠라에게 전보를 쳐서 각의에 참가할 수 있게 즉시 귀국하라고 요청했다. 그러나 8월 3일, 사이고는 산조에게 서한을 보내 각의의 결과를 단호히 실행하라고 요구했다. 8월 16일, 산조에게서 답장이 오지 않는 것에 화가 나서 직접 산조를 찾아가 거친 어투로 다음과 같이 말했다.

이와쿠라의 귀국을 기다리다가는 시기를 놓치게 된다. 사절이 간다면 조선에서는 반드시 사절을 죽일 것이다. 그렇게 되면 그 때야말로 그 죄를 물어 군대를 파견할 명목이 선다. 작금의 국내 정세에는 내란 발생을 바라는 조짐이 팽배해 있다. 이럴 때 그 분노의 화살을 밖으로 돌려서 국위를 해외에 떨치자.[538]

산조는 사이고의 뜻을 막는 일은 무리임을 깨닫고 8월 17일 각의를 소집했다. 사이고의 제안대로 조선에 사절을 파견하기로 결정했다. 유일하게 반대한 인물은 개척차관 구로다 기요타카였다. 구로다는 러일 간에 분규를 일으키고 있는 사할린 문제야말로 가장 시급한 일이라고 주장했다. 그리고 가령 조선에 사절 파견을 결정한다면 사이고 대신에 자기가 가겠다고 나섰다.[539]

8월 초, 천황과 황후는 도쿄의 무더위를 피해 하코네의 미야노시타로 향했다.[540] 천황은 이후에는 어떠한 이유로든 사적인 일로 도쿄를 떠나기 싫어했다. 아마도 이때는 더위에 지쳤던 모양이다. 천황은 주위의 경관을 감상하고 그 고장의 특산물을 맛보았다. 특히 강에서 잡은 민물고기—천황은 바닷고기를 좋아하지 않았다—와 막 캐낸 토란을 좋아했다.

그러나 천황이 수도를 떠나 있기에는 적절치 못한 시기였다. 논의를 속행하다가 천황의 재결을 얻어야 하는 각료는 당시 상당한 거리였던 미야노시타까지 일부러 가야 했다.

8월 19일, 산조가 미야노시타에 도착했다. 23일까지 머무른 산조는 매일 천황을 만나 보았다. 각의에서 사이고를 조선에 파견하기로 결정했음에도 불구하고 산조의 마음은 아직도 흔들리고 있었다. 산조는 이와쿠라가 빨리 귀국해서 의견을 말해주기를 기대했다. 산조와 천황의 회담 내용은 분명하지 않다. 그러나 최종적으로 천황은 "사이고의 조선 파견 문제는 이와쿠라의 귀국을 기다려 각의에서 충분한 논의를 한 다음 짐에게 보고하라"고 결론을 내렸다.

산조는 급히 도쿄로 돌아가 천황의 의사를 사이고에게 전했다. 이와쿠라의 귀국을 기다리라는 칙명이 메이지 천황 자신의 결단에서 나온 것인지, 아니면 산조의 거듭된 설득의 결과인지 그것은 알 수 없다. 만일 이것이 진짜로 천황의 결단이라면, 천황은 지금까지의 정치적 행위 중에서 가장 중요한 결단을 내린 셈이 된다. 확실히 이 시기의 많은 일본인들이 조선과의 전쟁에 열렬한 지지를 보냈다. 그러나 만일 전쟁이 일어났더라면 양국에 큰 불행을 가져왔을 것이다. 도덕적으로 보더라도, 그리고 침략이 조선 국민에게 미칠 엄청난 괴로움을 예상하더라도, 이것은 용서받지 못할 일이었다. 그러나 그런 면을 빼놓고 보더라도 당시 일본에 단기간에 승리를 거둘 수 있는 충분한 군사력이 있었는지 의문이다. 전쟁은 조일 양국에 엄청나게 비싼 대가를 치르게 했을지도 모른다.[541]

사이고는 7월 29일부터 8월 17일까지 이타가키 다이스케 앞으로 다섯 통의 편지를 보냈다. 최초의 서한에서 사이고는 즉각 조선에 출병해야 한다는 이타가키의 의견에 반대했다. 사이고의 주장은 이랬다.

목하 북쪽 러시아의 침략에 대비하기 위해 군대가 필요하다. 그럴 만한 도발도 없이 조선과 전단을 연다면 토벌 명분이 서지 않는다. 우선 사절을 파견하는 일이 바람직하다. 공공연히 사절을 보내면 사절은 틀림없이 살해당할 것이다. 그러므로 제발 나를 사절로 파견해 줄 수 없겠는가. 소에지마만큼 훌륭히 임무를 수행할 수는 없겠지만 목숨을 버리는 일이라면 할 수 있다.

8월 14일의 서한에서 사이고는 다음과 같이 쓰고 있다.

이 기회를 놓친다면 다시는 기회가 오지 않을 것이다. 이런 온화한 방법으로 조선을 유인한다면 반드시 전단을 열 날이 올 것이다. 나의 죽음이 안됐다는 고식적인 기분만 가지고는 아무 일도 실현할 수 없다. 일을 벌이기 전에 죽느냐, 벌인 후에 죽느냐의 차이뿐이다. 지금까지의 후의를 가지고 진력해 준다면 죽어서도 고맙게 생각하겠다. 제발 부탁한다.

이 짧은 글에 '죽음'이라는 말이 여러 번 되풀이되고 있다. 어떤 역사 연구가는 '사이고가 추구하던 것은 조선과의 골치 아픈 관계의 해결이 아니라 자신의 죽음 그 자체였다'라고 말하기도 한다. 사이고는 숙부 시하라 요에몬(椎原與右衛門)에게 보낸 6월 29일의 서한에서 자신이 5월 초부터 지병이 도졌다는 내용을 고하고 있다.

계속 뜸으로 치료했지만 도무지 효과가 없습니다. 천황께서 시의와 독일인 의사를 보내주셨습니다. 덕분에 고통이 차츰 줄어 회복되어 가고 있습니다.[542]

8월 23일, 이타가키에게 쓴 편지에서 사이고는 '죽음을 담담

하게 받아들이고 있다. 과격하게 나가서 죽을 짓은 하지 않겠다'
라고 말하고 있다. 그러나 사이고는 그러면서도 조선에서 죽을
결의를 굳히고 있는 것 같았다. 무의미하게 병으로 쓰러지는 것
보다 사절로 가는 편이 낫겠다고 판단했는지도 모르겠다.[543]

사이고의 서한에서 각의에서의 발언과 같은 취지를 엿볼 수
있다. 사이고는 분명 조선에서의 자신의 희생이 전쟁을 위한 좋
은 구실이 될 것으로 여기는 듯했다. 그러나 학자 가운데는 주전
론자라는 사이고의 혐의를 불식하고자 사이고가 실은 평화주의
자였고 조일 양국 관계가 원만히 해결되길 바랐다는 설을 내세
우는 사람도 있다. 조선에 파견되는 사절은 궁중 의상을 입어야
하며 군대나 군함을 이끌고 가서는 안 된다는 사이고의 주장이
그러한 의도를 증명한다고 말하고 있다. 그러나 어떤 학자가 말
한 것처럼 이타가키에게 쓴 편지가 사이고의 진의를 고의로 감
추고 있는 것이 아니라면,[544] 사이고가 전쟁을 바라고 있었다는
점에 대해서는 이론이 없다. 조선에서의 사이고의 죽음은 전쟁
을 가능하게 할 뿐 아니라 대의를 위해 죽는다는 만족감을 그에
게 줄 수 있었다. 또한 조선 파병은 지위를 잃어 원망하며 반란
을 기도하고 있던 무사 계급에게, 외국과 싸우는 일본 군인으로
서의 존재를 증명할 수 있게 해준다. 사이고는 당장 행동으로 옮
기지 않으면 천재일우의 호기를 놓치게 된다고 경고했지만, 오
늘날의 사람들 거의 모두가 사이고의 계획이 좌절된 데 감사하
고 있는 것은 분명하다.[545]

8월 31일, 천황이 귀경했다. 일주일 전, 요코하마에 도착한 이
탈리아 황제의 조카 제노바 대공(大公)을 접견하기 위해서였다.
9월 9일에는 류큐 번왕 쇼 다이의 사절, 9월 12일에는 리젠드르

장군과 각각 접견했다. 9월 13일, 이와쿠라 도모미는 21개월에 걸친 해외 12개국 친선 방문 여행에서 돌아왔다.

이와쿠라의 귀국으로 정한론에 종지부가 찍힌 것은 아니었다. 10월 15일, 각의는 다시 사이고의 조선 파견 결의를 했다. 그러나 파견에 반대하는 목소리도 차차 높아져 가고 있었다. 기도 다카요시는 9월 3일의 일기에 다음과 같이 써놓고 있다.

오후 4시, 산조 공을 찾아갔다. 담론 중 사이고 다카모리가 건의한 타이완 출병과 조선 토벌 이야기가 나왔다. 정부는 건의에 찬성 결의를 한 모양이다. 안타까운 일이다. 이제 만민은 어려움을 당하고 계속해서 나오는 새 법령에 당혹감을 가지고 있다. 작년 이래로 몇 차례에 걸쳐 봉기가 일어났는데, 정부는 무관심한 것 같다. 오늘날의 방략을 이야기하자면 당장의 급선무는 내정을 다스리는 일이요, 외교적으로 가장 급한 일은 가라후토(=사할린) 인민의 보호다. 어째서 국가의 명예침해죄 같은 처벌을 서둘러야 하는가. 지금은 내정을 살피는 것을 최우선으로 할 때다.

기도에 의해 제기된 내정과 외정의 이해 대립은 앞으로도 국정을 논의하는 특징을 이루게 된다. 기도를 비롯해서 이와쿠라 사절단에 참가한 일행들 눈에 비친 일본의 허약함은 서양 열강과 비교해 볼 때 너무나 자명했다. 조선과 전쟁 따위나 벌이고 있을 때가 아니라는 것이 그들의 생각이었다. 기도는 병으로 각의에 출석하지 못했고 이와쿠라가 반전파의 주도권을 잡았다. 이와쿠라는 사이고의 조선 파견을 저지하려면 오쿠보 도시미치의 도움이 꼭 필요하다는 것을 알고 있었다.

그런데 오쿠보는 참의 취임을 재삼 거부하고 있었다. 각의에 출석하기 위해서는 참의가 되어야 했다. 배를 타고 외국에 나가 있는 동안 사이가 틀어졌던 기도까지도 오쿠보에게 참의 취임을 설득했다. 오쿠보는 최종적으로 승낙했다. 그러나 소에지마의 참의 취임이 조건이었다.[546]

소에지마가 정한론의 주도자인 것을 감안하면 언뜻 이해할 수가 없는 말이지만, 어쩌면 오쿠보는 조선에 사절 파견이 결정될 경우 각의가 소에지마를 그 사절로 선택하길 바랐는지도 모른다. 죽을 작정으로 있는 사이고보다는 소에지마 쪽이 낫다고 생각한 것일까.

메이지 천황은 10월 12일, 오쿠보를 참의로 임명했다. 다음 날, 소에지마도 참의에 취임했다. 10월 14일, 각의에서 이와쿠라는 다음과 같은 견해를 말했다.

일본이 지금 직면해 있는 중대사는 셋이다. 가라후토를 둘러싼 러시아와의 분쟁 문제, 타이완의 생번인 토벌, 조선으로의 사절 파견이 그것이다. 조선 사절 파견만이 급선무는 아니다. 오히려 가라후토 사건의 해결이야말로 서둘러야 할 일이다.

그러자 사이고는 여기에 굴하지 않고 이렇게 논했다.

가라후토나 타이완 건은 중대하지 않다. 조선의 사건이야말로 황위와 국위에 관계된 대사이며 일각의 여유도 없는 일이다. 만일 가라후토 사건의 해결이 급하다면 내가 사절이 되어 러시아에 가겠다.

이 논의 중 참의 이타가키 다이스케, 고토 쇼지로, 소에지마 다네오미, 에토 신페이 등 네 사람이 사이고를 지지했고 오쿠보 도시미치, 오쿠마 시게노부, 오키 다카토(大木喬任)가 이와쿠라를 지지했다.[547]

10월 15일, 산조 사네토미는 사이고 지지를 표명했다. 이렇게 해서 사이고의 조선 파견은 결정된 듯이 보였다. 그날 밤, 산조는 이와쿠라에게 편지를 썼다.

사이고는 무슨 짓을 할지 모른다. 불안하다. 그래서 내가 다시 번복했던 것이다.

10월 17일, 오쿠보가 사의를 표명했다. 기도가 그랬던 것처럼 사이고의 승리에 항의를 표시한 것이다. 이와쿠라는 병을 이유로 10월 18일의 각의에 출석하지 않았다. 19일, 산조는 인사불성에 빠졌다. 사이고 일을 처리하느라 극도로 긴장한 결과였다.

천황은 산조의 발병 소식을 듣고 시의 두 명, 독일인 의사 두 명을 보냈다. 29일, 천황이 몸소 산조의 저택을 방문했다. 그 길로 천황은 이와쿠라의 집으로 가 태정대신 대리를 맡으라는 어명을 내렸다. 23일, 이와쿠라는 조선 사절 파견에 반대 이유를 쓴 의견서를 상서해서 천황의 재결을 기다렸다. 의견서에서 이와쿠라는 국제간에 동등한 대우를 받기 위해 무엇보다도 국력 보강이 절실하다고 했다.

유신 이래로 겨우 4, 5년밖에 지나지 않아 아직 나라의 기반은 불안정하다. 가볍게 외국과 분쟁을 일으킬 때가 아니다. 조선과의 전쟁은 사절의 방문과 동시에 발발할 것으로 보인다. 이 일은 일본의 국력이 충실해질 때까지 기다려야 한다. 그러지 않으면 대참사가 벌어질 것이다.

다음 날인 10월 24일, 천황의 재결이 내려졌다. 이와쿠라의 의견에 동의하는 내용이었다.

그대 도모미가 진언하는 바를 기꺼이 받아들이기로 했다. 그대는 짐이 뜻하는 바를 삼가 받들라.[548]

천황의 이 말 한마디로 정한론은 자취를 감췄다. 사이고와 사이고 지지파였던 참의—에토, 고토, 이타가키, 소에지마—들이 전원 사임했다.[549] 천황은 매우 안타깝게 여겼으나 조선과의 전쟁 위험은 사라졌다.[550]

1873년의 소란스러운 정치 상황은 자칫 메이지 천황의 사생활의 그림자를 엷게 만들어놓기 일쑤였다. 그러나 천황의 일상생활에서도 한층 흥미 깊은 사건이 극적으로 전개되고 있었다.

그해 5월, 전 곤다이나곤 종2위(從二位) 하무로 나가토시(葉室長順)의 딸 곤노텐지 하무로 미쓰코(光子)가 회임, 임신 5개월 만에 내착대(內着帶) 의식이 거행되었다. 이것이 5월 10일의 일이었다. 이어 7월 1일, 미쓰코는 분만을 위해 나가타(永田)초의 궁내성 건물로 옮겼다. 1873년 9월 18일, 안타깝게도 메이지 천황의 첫 황자가 탄생하자마자 죽었고 생모 미쓰코도 나흘 뒤 사망했다. 황족의 사후 관례대로 황자의 죽음을 애도해서 사흘 동안 가무음곡이 금지되었다.

9월 19일, 또 한 명의 곤노텐지 하시모토 사네아키라의 딸 하시모토 나쓰코가 임신하여 내착대 의식을 거행했다. 24일, 나쓰코는 분만을 위해 오빠 사네야나(實梁)의 저택으로 갔고 10월 16일, 아오야마의 황실 별채로 옮겼다. 특히 하무로 미쓰코와 황자의 죽음 직후였으므로 출산에 대비해서 세심한 주의를 기울였다. 그러나 11월 13일, 나쓰코는 격렬한 자간증(子癎症: 일종의 임신 중독증)을 보이며 급격히 용태가 나빠졌다. 보고를 듣고 이와쿠라 도모미, 도쿠다이지 사네쓰네 등이 달려왔다. 이와쿠라는 천황의 허락을 받고 의사에게 인공 분만을 지시했다. 그러나 의사의 필사적인 노력에도 불구하고 여아를 사산했고, 하시모토 나쓰코 역시 사망했다.

메이지 천황은 황자, 공주를 모두 잃고 깊이 슬퍼했을 것이다. 그리고 총애하는 당상 구게 집안의 딸이 젊은 나이에 죽은 것을 알고 눈물을 흘렸을 것이다. 그러나, 『메이지 천황기』는 천황 개인의 감정의 움직임에 대해 일절 언급하지 않았다.

1873년 5월 5일 새벽, 전혀 뜻밖의 재앙이 천황과 황족을 엄습했다. 불씨가 완전히 꺼진 것을 확인하지 않은 한 여관의 부주의로 황실 안 곳간에서 불이 난 것이다. 숙직과 근위병이 진화에 힘썼으나 불은 강풍이 부는 바람에 에도 성 건물을 차례차례 태워나가 마침내 황궁 일대가 재로 변하고 말았다. 천황 부부, 그리고 보검과 옥새 등을 포함한 귀중한 물건들은 다행히 화를 면했다. 그러나 태정관과 궁내성의 중요한 문서류 대다수는 재가 되었다. 전 기슈 번 관저 안에 있는 아카사카(赤坂) 별궁이 임시 거처로 정해지고, 천황은 1889년에 새 궁전이 완성될 때까지 십수 년간을 여기서 지내게 되었다.

임시 황궁이 천황의 거주뿐 아니라 정무를 보는 장소로서 제 구실을 하자면 응급 수리가 필요했다. 그러나 천황은 모든 일에 엄격하게 검약을 지시했다.[551] 사람들 눈에는 대화재로 타 버린 옛 에도 성을 대신할 새 궁전 건축이 무엇보다도 급선무였다. 그러나 5월 18일, 천황은 태정대신 산조 사네토미에게 다음과 같이 명했다.

국가 재정은 쓸 곳이 많은데, 황궁 건축을 서두르는 것은 바람직하지 않다. 짐의 거처를 위해서 민산(民産)을 축내고, 백성을 괴롭히는 일이 없도록 하라.

평소 유학에 대한 깊은 관심이 천황의 극기주의를 형성하고, 생애를 통해 낭비와 과시를 싫어하는 형태로 나타난 것 같다.

아마도 이 시기 천황의 가장 큰 즐거움은 군사훈련 참가였을 것이다. 1873년 4월 29일, 천황은 스스로 근위병을 이끌고 시모우사(下總)국 지바(千葉)군의 오와다(大和田)로 향했다. 오전 6시, 천황은 말을 타고 황궁을 출발했다. 나팔이 울려 퍼지고 근위 4대대가 받들어총을 하며 맞이했다. 천황은 검을 들어 행군 개시 신호를 했다. 행군은 몇 번의 휴식을 포함 모두 30킬로미터가량 이어졌다. 오와다 마을에 천막이 쳐지고 천황은 장교, 수행원과 함께 야영했다.

그날 밤, 비바람이 거세게 불어닥쳤다. 천막은 금방이라도 쓰러질 것 같았다. 근위 도독 육군원수 사이고 다카모리는 천황의 안부가 걱정되어 막사로 달려왔다. 천황은 태연하게 사이고에게 답했다.

빗물이 새서 큰일이군.

이 유명한 일화는 천황과 사이고의 친밀한 관계를 보여주는 것으로 해석되었고,[552] 현대 학자들도 기꺼이 이를 인정하고 있다. 천황은 악천후를 만났음에도 불구하고 오와다가 '광야의 연무(演武)'에 알맞다고 판단했다. 새 훈련장의 이름에 걸맞게 이 땅은 '나라시노하라(習志野原)'로 명명되었다.

6월 12일, 천황은 임시 황궁 어원 내의 훈련장에서 근위 소대의 실탄에 의한 발화 훈련을 관람했다. 임시 황궁 안에서 총포가 발사된 것은 이것이 처음이었다. 당시 훈련장에는 아직 천황이 앉을 설비가 없었다. 임시 관람소를 세우자고 건의하자 천황은 그럴 필요는 없다고 대답했다. 천황은 소나무 아래에 의자를 놓고 훈련을 관람했다.

이때의 젊은 천황의 모습을 우리는 볼 수 있다. 1873년 10월, 천황은 공식 사진 촬영을 위해 사진기 앞에 앉았다. 이것이 천황의 최초 사진은 아니었다. 이미 본 것처럼 1871년 11월, 요코스카 조선소에서 촬영된 기념사진에 천황이 들어 있다.[553] 그리고 1872년 4월에 전통적인 궁중 의상을 입고 아직 수염이 나지 않은 천황의 모습을 우치다 구이치(內田九一, 1844~75)가 찍었다.[554] 이때의 사진―천황, 황후, 황태후의 사진도 포함해서 모두 72장―은 이와쿠라 사절단이 방문한 각 나라에서 서로 주고받는 원수 사진의 답례로 외국 수뇌에게 배포될 예정이었다. 그러나 미국에서 잠시 귀국해 있던 오쿠보 도시미치가 워싱턴에 돌아갈 때까지 완성될 수 없다는 발표가 있었다. 어쩌면 오쿠보는 이때 찍은 사진이 근대 국가의 원수답지 않은 것에 실망해서 해외에 배포하지 않기로 결정했을지도 모른다.[555]

1873년 10월 8일에 촬영된 사진은 틀림없는 근대적인 것이었다. 사진 속의 메이지 천황은 서양풍 군복 차림이었다. 이때부터 천황은 늘 군복 차림이었다.[556] 조금 딱딱한 느낌으로 의자에 앉았고 곁의 탁자 위에는 수를 놓은 배 모양의 모자가 있다. 이해 3월에 상투를 자른 머리는[557] 한가운데서 가르마를 탔고 후년의 초상에서 많이 볼 수 있는 콧수염과 턱수염이 나기 시작했다. 양손은 검 위에 포개어져 있다. 천황은 아직 젊어 보이지만 표정은 엄숙하다.[558]

그 같은 외견상의 변화는 천황을 근대적 군주로 세상에 인상 짓기 위한 것이었다. 이에 덩달아 황후, 황태후 모두 먹으로 눈썹 그리기와 뎃쇼(鐵漿: 이에 검은 물들이기)를 하지 않았다. 유서 깊은 오랜 건물조차도 변화를 무시할 수는 없었다. 황족의 주거로서 오랜 세월에 걸쳐 신성시 되어온 교토 궁궐은 1873년 2월, 교토부에 관리를 위임했다. 다음 달, 궁궐은 박람회장으로 대여되었다. 여태까지 일반 민중이 구경할 수 없었던 황실 비장의 보물이 90일간에 걸쳐 전시되었다.

이 시기 '잠정 정부'[559]에 의해 새로운 포고문이 차례로 발표되었다. 일본이 얼마나 자발적으로 국제적 관습을 받아들일 수 있는지를 온 세계에 보일 의도였던 것 같다. 일본인은 외국인과 정식으로 결혼할 수 있게 되었다. 신앙을 버리지 않은 1천9백여 명의 '숨은 기독교도'가 해방되면서, 일본과 서양의 오랜 논쟁에 종지부를 찍었다.

이런 다양한 변화는 특히 하층 계급의 일본인 사이에 깊은 반감을 불렀고, 봉기까지 불러일으키기도 했다. 그러나 1873년에 일어난 최초의 대규모 봉기는 단순한 오해에서 발생했다.

전년 11월의 징병 조서(詔書)와 함께 공포된 징병 고유문(告諭文) 속에 '혈세(血稅)'라는 글자가 있었다. 이는 '병역'을 완곡하게 가리킨 말로 '그 생피로써 나라에 보답하는 것'이라고 설명되어 있었다. 호조(北條: 지금의 오카야마岡山 현) 현의 농민들은 그것을 글자 그대로 '징병은 백성의 생피를 착취한다'는 의미로 받아들였다. 부근 마을에서 의사 같은 차림을 한 사람을 보았다는 유언비어가 더 큰 오해를 불러일으켰다. 이 조처에 대한 불만으로 말미암아 당장 여러 마을의 촌민 3천여 명이 무기를 들고 봉기했다. 그러나 그들의 첫 표적이 된 것은 엉뚱하게도 피차별 부락―에도 시대에 형성된 마을로, 사람들이 싫어하는 천한 직업에 종사하고, 일반 사람들과 상종할 수 없는 천민들이 모여 사는 마을. 보통 부락(部落)이라고 부른다―이었다. 부락은 습격되고 불태워졌다. 이전에는 순종적이던 '피차별민'이 신체제를 만나 오만해졌다는 것이 습격의 이유였다. 분노의 창끝은 소학교를 위한 세금 징수, 서양풍의 단발, 소의 도살에까지 겨누어졌다.[560] 이러한 특정의 불만 표출에서도 알 수 있듯이―징병제에 대한 오해가 봉기의 직접 원인이었지만―이는 근본적으로는 근대화를 달성하려는 정부의 수많은 변혁에 대한 불만의 폭발이라고 할 수 있었다.

또 하나의 봉기가 홋카이도에서 일어났다. 흉어에 시달리던 어민이 감세를 요구하며 발생했다. 이 봉기는 구로다 기요타카가 책임을 한 몸에 지고 이미 체포된 자들을 풀어줌으로써 해결되었다.

더 큰 규모의 봉기가 후쿠오카 현에서도 일어났다. 쌀값을 엄청나게 올린 상인에게 반발해서 농민이 들고일어난 것이다. 농민들은 가뭄 때문에 고생하고 있었다. 가뭄의 원인은 욕심 많은 상인들이 산신령을 부정하게 만든 탓이라고 농민들은 믿었다.

봉기는 6월 16일에 시작되어 며칠 만에 곳곳으로 파급됐다. 폭도의 수는 30만 명이라고 했다. 폭도는 여기저기 불을 지르고, 집을 파괴하고 전신선을 절단하고 공공 문서를 소각했으며, 관리가 눈에 뜨이기만 하면 살상했다. 20일, 폭도는 후쿠오카, 하카타(博多)로 난입했다. 이튿날, 현청을 습격하고 불을 질렀다. 폭동은 이웃 현에서 부대가 출동해서 겨우 진압되었다. 이 봉기는 직접적으로는 탐욕스러운 쌀 상인에 대한 증오심에서 시작되었다. 그러나 그 규모가 너무나도 컸던 것으로 볼 때, 신체제의 변혁으로 억압되었던 불만이 옛 봉건 시절을 떠올리며 말로 다할 수 없는 욕구가 되어 폭발한 것이라고 해도 좋을 것이다.[561]

이들 봉기에서 수백 명이나 되는 사람이 죽었다. 그러나 만일 정한론이 주효해서 조선에서 전쟁이 일어났더라면 훨씬 많은 인명이 살상되었을 것이다. 다행히도 이해는 그 이상의 소동 없이 끝났다. 『메이지 천황기』메이지 6년(1873) 마지막 항목의 날짜는 12월 31일이다.

그달, 문부성 '야토이'인 독일인 의사 테오도르 호프만은 1년 내내 주량이 조금 과했던 천황에게 일본주를 포도주로 바꿀 것과, 하룻밤의 만작(晩酌)에 한 병 이상 마시지 말도록 진언했다. 천황이 첫 황자와 공주 및 그 두 명의 생모를 잃은 일로 비탄에 빠져 있었을 것은 쉽게 짐작할 수 있다. 또 정한파와 반대파의 대립은 천황을 초조하게 만들었을 것이다. 술은 천황의 가장 가까이에 있는 위안품이었다.

1874년의 새해는 새 기분으로 시작되었다. 황후가 처음으로 천황과 함께 조배(朝拜) 의식에 참석했다. 치세가 시작된 이래, 지금까지의 새해맞이와 거의 비슷한 것이었다.

1월 4일, 천황은 정원(正院)에 나왔다. 대장경(大藏卿), 육군경, 공부경으로부터 여러 가지 보고와 제의를 상주받았다. 웬만큼 술기운이 있을 때에도 천황은 이들 정례회의 출석 같은 자신의 임무를 소홀히 하는 법이 없었다. 이해, 천황은 40여 회 정원(正院)에 나왔다. 그리고 작년에 이어 시독의 진강을 받았다. 첫 강의로는 후쿠바 비세이가 『고사기(古事記)』를, 가토 히로유키가 『서국입지편』을, 모토다 나가자네가 『제감도설(帝鑑圖說)』을 진강했다. 황후도 이에 동석했다. 천황은 독일어 학습도 계속할 예정이었다. 그러나 천황은 이 수업을 가장 싫어했다. 그래서 독일어 학습은 폐지하게 되었다. 만일 천황이 학습을 계속해 실제로 독일어를 익혔더라면, 영어보다도 독일어가 일본 궁중의 제1외국어가 되었을지 모른다.

1874년 1월 14일, 이와쿠라 도모미는 천황의 만찬에 배석한 다음 마차로 임시 황궁을 나왔다. 마차가 아카사카(赤阪)에 다다랐을 때였다. 이때 괴한 8, 9명이 이와쿠라를 습격했다. 이와쿠라는 부상을 입고 마차에서 도망치려다가 굴러 떨어져 덤불 속으로 몸을 감추었다. 괴한들은 사람들이 달려오는 소리를 듣자 도망쳤다. 이와쿠라는 벼랑을 기어 올라가, 달려온 궁내성 사람들에게 구조되어 임시 황궁으로 되돌아갔다.[562]

천황과 황후는 이와쿠라 습격 보고를 받고 놀라서, 이와쿠라가 치료받고 있던 궁내성으로 달려갔다. 천황은 이와쿠라에게 이대로 궁중에서 요양하라고 명했다. 17일, 아직 괴한이 잡히지 않았다는 것을 안 천황은 산조 사네토미, 오쿠보 도시미치, 오키 다카토를 불러 힐문했다.

우대신의 조난은 국가의 대사이며, 짐이 깊이 우려하는 바이다. 아직 폭도가 잡혔다는 보고가 없는데 수색은 어찌되어 가는가.

그날 밤, 먼저 습격범 다섯 명이 체포되고 이어 나머지 네 명도 체포되었다. 모두 고치(高知) 현 사족이었고, 이타가키 다이스케의 심복이었다. 이와쿠라가 사이고 다카모리, 이타가키 등의 정한론을 저지한 데 격분하여, 이와쿠라를 죽여 조정의 방침을 바꾸려고 모의한 것이었다. 7월 9일, 습격범들에게 판결이 내려졌다. 사족의 신분이 박탈되고 참수형에 처해졌다.[563]

정한의 위기는 1863년 10월, 일단 사라진 것으로 보였다. 그러나 정한 문제는 아직도 많은 사족 계급의 마음을 계속해서 흔들어대고 있었다. 사족의 태반은 여전히 신체제 아래서 직업을 얻지 못하고 있었다. 그 경제적 곤경은 외국의 모욕에 한바탕 보복도 해보지 못한 데 대한 분노를 더욱 부채질했다. 조선과의 전쟁은 그들의 재정적 문제를 해결해 줄지도 몰랐다. 그 해결 방도가 사라지자 많은 사족이 반항적이 되었다.

일찌감치 1873년 2월, 사가(佐賀) 현 사족 사이에서 반란의 조짐이 보였다. 정부의 근대화 추진에 반대하고 양이와 봉건제의 부활을 외치는 '우국당(憂國黨)'이라는 정치 결사가 결성되었다. 그들은 군대 강화의 중요성을 호소했다.

정한은 군대 강화가 달성될 때까지 연기되어야 한다. 국내 분열이 해소되고 국력이 다시 충실해지면 그때 가서 일본은 조선뿐 아니라 청나라, 러시아, 독일을 공격하라.[564]

우국당에 가담한 자의 태반은 옛 막부 시대를 그리워하는 사오십대 사족이었다.

사가에는 또 하나, 주로 이삼십대 사족으로 이뤄진 '정한당'이 있었다.[565] 그들은 대체로 신체제의 변혁을 지지했다. 그러나 참의의 과반수가 결의해 놓고도 조선에 사절을 파견하지 않은 데 대해 분개하고 있었다. 우선 제1단계로 정한당은 결의를 이행하라고 요구했다. 그러나 최종적인 목적은 조선 정복에 있었다. 이들 두 당은 많은 점에서 정반대의 견해를 보이고 있었다. 그러나 어찌되었든 최대 관심사가 사족의 어려운 경제 사정에 있다는 점에서 일치하고 있었다. 당시의 사족에게 비참한 무위(無爲) 상태를 타개할 해결책은 달리 있어 보이지 않았다. 양당 모두 정력적으로 새로운 당원을 모았다. 1874년이 되자 그들은 반란에 대비해 무기와 식량을 저장하기 시작했다. 사가에 약 2천 명의 세력을 지닌 정한당은 가고시마, 고치 같은 다른 현의 사족에도 동지가 있다고 공언하고 있었다.

에토 신페이는 이미 참의 직은 관둔 상태였다. 그러나 그대로 정부에서 일하라는 명령 때문에 도쿄에 남았다. 정한론은 실패했지만 에토는 사법경(司法卿) 시절에 손수 벌였던 사업을 다시 시작했다. 최하급 사족에서 참의의 지위까지 오른 정력적인 행동력은 변함이 없었다.[566]

1월 17일, 민선 의원 설립을 요구하는 건의서가 좌원(左院)에 제출되었다. 에토는 여기에 연서한 여덟 명 중 한 사람이었다. 이것은 참으로 에토다운 행동이었다. 에토는 줄곧 의회 개설을 외쳐왔고 기본적인 인권의 존중을 주장했다. 그러나 1월 13일, 즉 건의서가 좌원에 제출되기 4일 전, 에토는 정부의 명령을 어기고 갑자기 사가로 떠났다. 정한당의 수령이 되어 달라고 조르던 사가 현 사족의 요청에 응한 것이었다. 도쿄 친지들의 충고를 뿌리치고 에토는 결단을 내렸다.[567] 이 결단은 결국 에토를 비극적 결말로 이끌게 되었다. 총명하고 지혜로운 인물이 어째서 파멸적인 최후를 맞을 것이 뻔한 행동으로 말려 들어갔는지 참으로 이해할 수 없는 일이었다.[568]

에토는 이타가키 다이스케와 고토 쇼지로에게 '정한당 놈들의 머리를 식혀 주기 위해 사가로 돌아간다'고 말했다. 그러나 한편으로는 다른 친지에게 슬쩍 '지금이야말로 제2의 유신을 성취할 때다'라고 말했다고 한다.[569] 아마도 에토는 처음에는 정부에 대한 모반 같은 것을 꾸밀 생각은 없었을 것이다. 그러나 에토의 귀향과 더불어 사가 '정한당'의 반정부 열기는 최고조에 달하고 에토도 들고일어나지 않을 수 없는 분위기가 되었을 것이다.

이와쿠라 암살 미수 사건이 일어난 직후의 일이었다. 사가의 불온한 움직임에 위기감을 느낀 오쿠보 내무경은 심복인 이와무라 다카토시(岩村高俊)를 사가 현 권령(權令)에 앉히기로 했다. 오쿠보는 이와무라에게 사가의 치안 회복을 명했다. 이와무라는 사가의 상황을 전혀 파악하지 못하고 있었다. 무능하고 오만한 이와무라의 발탁은 최악의 선택이었다고 할 수 있다. 이와무라는 우연히도 위험한 적을 만듦으로써 상황을 더욱 악화시켰다.

사가로 가던 도중, 이와무라는 사가 무사 시마 요시타케(島義勇)와 한배를 탔다. 시마는 시종(侍從)과 아키타 현 권령을 역임한 인물이었다. 시마는 '우국당'에서 수령이 되어 달라고 부탁받았을 때 취임을 거절했다. 이제는 산조 사네토미의 요청으로 사가 사족들을 달래느라 사가로 향하는 도중이었다. 그러나 배 위에서 이와무라와 이야기하는 동안 사가 사족을 모욕하는 말과, 못된 놈들을 일망타진하겠다는 이와무라의 오만한 발언에 화가 많이 났다. 이 새 권령의 망발로부터 사가를 지키기 위해 시마는 에토에게 협력하기로 마음을 군혔다.

사가 현에서 봉기의 조짐이 있다는 보고가 끊임없이 오쿠보에게 도착했다. 오쿠보는 가능한 한 속히 반란을 진압하는 일이야말로 내무경인 자신의 소임이라고 판단했다. 오쿠보는 자신이 직접 규슈로 가서 상황을 살펴보고 적절한 조처를 강구하기로 했다. 출발하기 4일 전인 2월 10일, 오쿠보는 천황의 만찬에 배석했다. 13일, 천황은 오쿠보를 접견하고 일의 처리를 간곡하게 부탁했다.

같은 날, 사가에서는 에토가 정한당 동지들과 의논한 끝에 이런 성명을 발표했다.

만일 일본이 조선국의 오만무례함을 따지지 않는다면 국권은 실추되고 말 것이다. 적어도 한 국가의 체면이 그렇게까지 떨어진다면 해외 제국의 경멸을 자초할 것은 정한 이치다. 천황과 일본 국민을 위해 나와 동지는 죽음도 돌보지 않고 결단코 이 큰 모욕을 씻고자 한다. 정부는 군사를 보내 우리의 대망을 꺾으려 하고 있다. 지난해 대의를 내세워 막부에 적대한 조슈의 전례를 본받아 우리는 부득이 이에 거사한다.[570]

다음 날인 2월 14일, 에토는 옛 사가 성의 정부군을 공격할 것과 새로운 정부의 결성을 결의했다. 에토는 사쓰마, 도사에 있는 불평 사족들이 호응해서 일어날 것이라고 믿고 있었던 것 같다.[571] 그러나 정한당과 함께 일어선 것은 시마 요시타케가 이끄는 우국당뿐이었다.

공격은 2월 16일 새벽에 시작되었다. 반란군의 첫 공격 목표는 옛 사가 성터에 있는 현청이었다. 방어하는 정부군은 수도 적었고 탄약과 식량도 얼마 되지 않았다.

18일, 정부군은 반란군의 포위망을 돌파해서 지쿠고(筑後)로 도주했다. 많은 사상자가 뒤에 남겨졌다. 이것이 사가의 난에서 정한당과 우국당 혼성군이 거두었던 유일한 승리였다. 에토는 곧 일이 그르쳐졌음을 깨달았다. 사쓰마, 도사의 동지가 전투 개시와 동시에 궐기할 것이라는 기대는 중대한 오산이었다.[572] 17일, 산조 사네토미는 각 지방장관에게 다음과 같은 훈령을 내렸다.

사가 현 사족 등은 정한, 봉건의 설을 내걸고 다른 현을 선동하며 동지를 끌어 모으려 하지만 이는 완전한 실패로 끝났다. 가고시마 현까지도 아주 평온무사하다. (현재 또 하나의 반정부 감정의 온상인) 도사에서 봉기한다는 풍문이 들렸으나 이것은 잘못 전해진 것이었다.

19일, 오쿠보는 하카타에 도착해서 본영을 설치했다. 같은 날, 정부는 사가 현 폭도를 토벌하라는 포고를 내렸다. 20일, 정부군이 사가 현으로 쳐들어갔고, 22일 후쿠오카와 사가 경계에서 전투를 벌인 후 반란군의 방어선을 돌파했다. 23일, 에토는 이 이상의 저항은 희생자 수만 늘릴 뿐이라고 정한당 전 군의 해산을 결단하고 동지들을 설득했다.[573]

나는 가고시마로 가서 사족을 움직이게 하겠다. 가고시마가 안 되면 도사로 간다. 그곳도 안 되면 또 다른 생각이 있다.

에토는 그것이 무엇인지 밝히지 않았다. 그날 밤, 에토는 동지 일곱 명과 함께 어선으로 탈출해 가고시마로 향했다. 재기를 노리던 에토는 사이고 다카모리의 조력을 받으려 했다.

에토의 도망으로 사가 사족의 사기는 크게 꺾였다. 그러나 그들은 저항을 계속했다. 최대의 격전은 27일에 일어났다. 이튿날 밤, 전부터 사가 성 안에서 죽겠다고 선언했던 시마가 동지 몇 명과 가고시마로 도망쳤다. 시마는 정부군이 요구한 사죄 항복 문서 쓰기를 거절했었다.

정부군은 3월 1일, 사가 성에 무혈 입성했다. 산발적인 총격은 계속되었다. 그러나 정토총독(征討總督)이라는 칙명을 받은 히가시후시미노미야(東伏見宮) 요시아키(嘉彰) 친왕이 도착했을 때는 이미 반란군의 저항이 끝나 있었다. 3월 3일, 이틀 전에 사가에 도착해 있던 오쿠보는 정원(正院)에 '반란군 진압'이라고 전보를 쳤다.[574]

3월 5일, 에토와 시마 두 사람을 체포하기 위한 수색영장이 발급되었다. 여기에는 두 사람의 신체적 특징이 상세히 기록되어 있었다.[575] 공교롭게도 경찰 조직을 만든 당사자인 에토가 이제는 경찰에 쫓기는 신세가 되었다. 정부 고관 중에도 이들 도망자들에게 동정을 표하는 자가 있었다. 산조는 오쿠보에게 쓴 편지에서 시마를 다음과 같이 변호했다.

시마가 반란에 가담한 사실은 인정한다. 그러나 시마는 원래부터 천황에게 충성을 다하는 마음이 두터우며 간사한 무리가 아니다.

4월 5일, 에토가 체포된 후, 기도는 산조에게 보낸 서한에 이렇게 썼다.

에토는 정한론의 우두머리이다. 타이완 정벌 때에 선봉장을 명하면 어떨까.[576]

도망친 에토 일행은 2월 27일, 가고시마 성 아래로 들어갔다. 에토는 이튿날, 사이고를 찾아갔다. 사이고는 우나기(宇名木) 온천에 가고 없었다. 3월 1일, 에토가 우나기 온천으로 찾아갔다. 두 사람은 3시간에 걸쳐 밀담을 나눴다. 그날 밤 9시경 에토는 일단 물러갔다. 그러나 이튿날, 에토가 다시 사이고를 방문했다. 이때의 밀담은 약 4시간에 걸쳐 이어졌다. 때때로 목소리가 높아지기도 하며 두 사람의 목소리가 밖에까지 새어나왔다. 밀담의 내용은 분명하지 않다. 그러나 사이고는 사가의 난의 패배가 분명해진 이 시기뿐 아니라, 앞으로 어떤 경우에도 에토를 지원하지 않겠다며 부탁을 거절한 것으로 보인다. 사이고는 어쩌면 다음과 같이 말했는지도 모른다.

나는 이미 정부의 사람이 아니다. 나를 의지하기보다는 오히려 내각 고문인 시마즈 히사미쓰에게 구원을 요청해보라.

그러나 히사미쓰는 2월 13일, 천황에게서 다음과 같은 칙명을 받고 있었다.

속히 가고시마로 돌아가 사이고가 사가의 난에 부화뇌동하지 않도록 진력하라.

3월 3일, 에토는 다시 어선으로 가고시마를 떠났다. 거친 파도가 치는 가운데 그날 밤 간신히 사쿠라지마(櫻島)에 도달했다. 4일, 일행은 오비(飫肥: 지금의 미야자키 현 니치난日南 시)로 오구라 쇼헤이(小倉處平)를 찾아갔다. 구미 유학에서 갓 돌아온 오구라는 정한론에 공명하는 인물이었다. 오구라는 에토 일행을 환대하고 근처에 숨겨주었다. 오구라는 이렇게 온정을 베푼 일로 인해 후에 금고 70일의 형을 받게 된다.

3월 10일 에토 등 일행 아홉 명은 정부의 눈을 피해 오구라가 내준 다랑어 어선을 타고 도사로 향했다. 바다와 육지를 넘나드는 도피 행각은 위험이 가득했으며 극도의 피로를 가져왔다. 마침내 고치에 도착한 에토는 하야시 유조(林有造)를 만났다. 에토는 하야시의 도움을 기대하고 있었다. 그러나 하야시는 쌀쌀맞게 대했다. 하야시는 추격대가 바로 지척에 와 있다는 것을 알고 있었음에 틀림없다. 에토는 하야시에게 폐를 끼칠 수 없다며 그날 밤 고치를 떠났다. 추위와 비가 내리는 산 속에서 사흘 밤낮을 방황했다. 에토 자신은 이때의 일을 어머니의 뱃속에서 나와 그만큼 고통을 당해 본 적은 없다고 회상하고 있다.

에토는 어떻게 해서든 도쿄로 들어가서 옛 동지들에게 사가의 난의 진의를 이야기하고 싶었다. 그럼에도 그들이 유죄라고 인정한다면, 자살할 작정이었다.[577] 28일, 에토는 고치와 도쿠시마 현 경계에서 산을 벗어나 바닷가 마을로 나왔다. 도쿄로 데려다줄 배를 찾아볼 요량이었다. 그러나 파수병에게 붙들려 여권 제시를 요구받았다. 에토는 처음에는 오사카 상인으로 가장했다. 그러나 금방 마음을 바꾸었다. 자신은 내무성의 밀정인 야마모토 기요시(山本清)라는 사람이라고 했다. 이와쿠라 도모미를 습격한 범인 수색을 위해 도쿄에서 파견된 것이라고 둘러댔다. 에토는 이와쿠라에게 보내는 봉서를 전해달라고 부탁했다. 3월 27일자의 이 서한은 이와쿠라와 다른 사람들에게 자신이 도사에 있는데 검문이 심해서 도쿄로 갈 수가 없다, 제발 상경할 수 있도록 조처를 해주면 고맙겠다고 호소한 것이었다.[578]

파수병이 봉서를 열어 보았다. 편지의 내용에서 에토란 그의 본명을 알게 되었다. 지금 이곳에 머물고 있는 남자는 틀림없이 수배 중인 인물이었다. 하지만 바로 얼마 전까지 참의라는 높은 자리에 있던 인물을 어떻게 체포한단 말인가. 결국 동행하던 사람들을 빼놓고 에토만 촌장 집으로 초대했다. 구실은 바둑이었다. 에토는 흰 돌을 잡았고, 경리(警吏)는 검은 돌을 잡았다. 경리가 먼저 돌 하나를 놓고, 에토가 돌 하나를 놓았다. 두 번째 돌을 놓는 순간 경리가 갑자기 "에토 어른, 에토 어른" 하고 소리를 질렀다. 그것을 신호로 옆방에서 "에토 어른을 체포합니다" 하고 외치면서 몇 명의 포졸이 들이닥쳤다. 체포하는 순간 포졸이 내뱉은 이 말은 우스꽝스럽도록 지나치게 공손했다. 그러나 포졸은 보통 죄인과 마찬가지로 에토를 오랏줄로 묶었고, 에토도 저항하지 않았다.

포졸들은 에토에게 친절했다. 보통 때면 고치까지 사흘길이었지만, 포졸들은 일부러 닷새를 끌었다. 얼마 남지 않은 마지막

날을 하루라도 늘려주고 싶었던 모양이다. 고치에서 에토와 두 명의 동지는 군함으로 호송되다가 도중에 육로를 취해 4월 7일, 사가에 도착했다. 세 명은 옛 사가 성 내의 임시로 만든 감방에 갇혔다.

에토, 시마[579] 등 사가의 난을 일으킨 일당의 재판은 4월 8일에 개정되었다. 재판은 믿을 수 없이 빠른 속도로 진행되었는데, 모든 것이 오쿠보의 명령이었다. 오쿠보는 한시라도 빨리 재판을 끝내 적도(賊徒)를 극형에 처함으로써 전국의 불평 사족들의 궐기를 미연에 막고 싶었는지도 모른다. 에토 등의 유죄는 개정을 할 때 이미 결정되어 있었다.

재판장인 권대판사(權大判事) 고노 도가마(河野敏鎌)는 전에 에토의 수하였다. 고노를 사법성에 들여놓고 백수의 처지에서 권대판사의 자리에까지 오르도록 뒤를 봐준 것이 바로 에토였다. 조사 도중 고노는 에토에게 거친 말을 했다. 당장에 에토의 불호령이 떨어졌다. "이 자식 도가마, 너는 무슨 면목으로 내 앞에 얼굴을 내미느냐?"[580] 고노는 고개를 떨구며 물러나갔다. 그러나 4월 13일, 고노가 내린 판결은 아주 가혹한 것이었다. 구법은 물론 에토가 사법경 시절에 공포한 신형법에도 내란죄, 소요죄 같은 전례가 없었음을 감안할 때 더더욱 그랬다. 이런 범죄는 예상도 하지 못했던 것이리라. 고노는 판결을 내리며 청나라의 법률을 참고로 했다. 에토와 시마는 제족(除族: 사족의 신분 박탈) 후 효수(梟首)되었다. 정한당과 우국당의 다른 주모자들 역시 효수는 면했지만 참수형이 내려졌다.[581]

판결이 내려지는 순간, 에토는 재판장에게 고개를 돌려 무엇인가 말하려 했다. 그러나 미처 입을 열기도 전에 에토는 법정

밖으로 끌려나갔다. 이날 에토의 처형이 집행되었다. 원래 참수는 이른바 히닌(非人: 에도 시대 사형장에서 일하던 망나니)들의 일이었다. 그러나 정토총독인 히가시후시미노미야는 에토, 시마 같은 공신의 목을 히닌에게 베게 하는 것은 예의가 아니라고 생각했다. 두 사람의 목은 사족이 베었다.[582] 죽기 직전 에토는 세상을 하직하는 와카를 읊었다.

> 대장부의 눈물을 소매에 적시면서
> 헤매던 이 마음 오직 임금을 위해

에토의 목은 사흘 동안 매달려 있었다. 에토의 나이 마흔이었다. 도쿄에서 사가로 떠난 비운의 여행을 시작한 지 꼭 3개월 만이었다.

오쿠보는 4월 13일의 일기에서 재판 성과에 만족을 표시하고 있다.

> 오늘, 무사히 끝나 크게 마음이 놓인다.

에토에 대한 연민의 마음은 조금도 엿보이지 않는다. '에토의 추태는 웃기는 일이다'고 써놓았다. 법정에서 끌려나오기 직전 에토가 마지막으로 무슨 말인가 하려던 것을 가리킨 듯하다. 에토의 효수 사진이 한때 도쿄에서 시판되었다. 5월 27일, 도쿄 부청은 사진을 모두 회수하라고 명했다. 그러나 오쿠보는 이 사진을 내무성 응접실에 계속 붙여놨다고 한다.[583]

사가의 재판과 에토의 죽음에 천황이 어떤 반응을 보였는지,

『메이지 천황기』에는 아무런 언급이 없다. 천황은 이 시기, 아마도 진압된 사가의 난보다도 오히려 타이완 문제의 진전에 관심을 가지고 있었을 것이다. 1873년 6월, 소에지마는 천황의 신하인 류큐 도민을 학살한 타이완 '생번인'의 징벌 문제를 놓고 청나라 관리와 담판을 지었다. 그런 이후로 이 건은 지지부진한 상태였다.

1874년 1월, 오쿠보와 오쿠마는 산조의 요청으로 생번 문죄(問罪)에 대해 조사한 다음 타이완 번지(蕃地) 처분 요략을 작성했다. 그 결론은 다음과 같았다.

청나라 정부의 성명에 의하면 생번 지역은 어느 나라에도 속하지 않는다. 따라서 신하가 받은 폭행에 대한 보복은 일본 정부의 의무가 아닐 수 없다.

2월 6임 대신과 참의는 이 결정을 승인했다. 그러나 기도 다카요시는 이 회의에 출석하지 않았다. 이는 기도가 어떠한 형태가 되었든 외부 정벌에 반대해 왔다는 것을 뜻한다.[584]

3월, 오쿠마 시게노부, 참의 겸 외무경 데라시마 무네노리, 청나라 주재 특명전권공사 야나기하라 사키미쓰(柳原前光), 육군대보(陸軍大輔) 사이고 쓰구미치(西鄉從道)가 오쿠마의 집에 모였다. 타이완 출병을 협의한 결과 3월 18일, 구마모토 출발로 결정되었지만, 이 계획은 실시되지 않았다. 그러나 4월 3일, 메이지천황은 오쿠마를 불러 지금까지의 경위를 보고하도록 했다. 이미 사가의 난은 완전히 진압되었고, 정부는 타이완을 향해 군사행동을 일으킬 수 있는 상황에 있었다. 다음 날, 사이고 쓰구미

치는 중장에 임명되어 타이완 번지사무도독(蕃地事務都督)으로
취임했다. 5일 오쿠마는 정원(正院)의 타이완 번지사무국 장관에
취임했다.

4월 6일, 천황은 사이고 쓰구미치에게 타이완 번지 처분에 관
한 전권 위임 칙서를 내렸다.

　　일본 사람을 학살한 죄를 물어 상응한 처벌을 하라.

그리고 따로 내린 열 가지 특유(特諭) 중에서 천황은 대략 다
음과 같이 말하고 있다.

　　생번인을 그들 멋대로 내버려두면 그 해악이 어디까지 미칠지
알 수 없게 된다. 이제 짐이 응징하려는 까닭은 그들의 야만성을
고쳐서 우리의 양민을 편안하게 해주려는 데 있다. 그대는 이 뜻
을 헤아려 일을 처리함에 있어 은혜와 위엄을 아울러 행하라. 진
압 후에는 토인들을 가르치고 이끌어서 개명하게 하고, 우리 정
부와의 사이에 유익한 사업을 일으키도록 하라.

그러나 기도 다카요시는 재차 타이완 출병에 반대를 표명했
다. 기도가 지적한 것은 다음과 같다.

　　사가의 난이 가라앉은 지 아직 며칠 되지도 않았는데, 놀랍게
도 벌써 타이완 출병 타령을 하고 있으니 이게 어찌된 일이란 말
인가. 무릇, 국위를 해외에 떨치고 판도를 바깥으로 넓히는 일을
기뻐하지 않는 사람이 어디 있을까. 그러나 정부의 일을 하는 데

는 원래 안과 밖, 본과 말을 구별할 줄 알아야 하고 완급 선후의 순서라는 것이 있다. 3천만 민중은 아직 정부의 충분한 보호를 받지 못하고 있으며 무지몽매하고 가난에 허덕이는 사람은 아직 권리를 갖지 못하고 있다. 이런 상황에 처한 나라를 나라라고 말할 수 있겠는가.

또 현 체제는 몇 가지 점에서 봉건 시대에 미치지 못한다고 지적했다.

민중이 신정부를 의심하는 데는 분명 이유가 있다. 유신 이래로 사민(士民)의 반란이 일어나지 않은 해가 없었다. 나는 지금까지 여러 가지로 진언해 왔다. 그러나 조의(朝議)는 이를 모두 무시했다. 군관들은 벌써 외국 정벌의 길에 나섰다. 나는 이제 더 이상 나와 의견을 달리하는 내각에 남아 있을 수가 없다. 나를 기만하고 세상을 기만하는 일이다. 설혹 병이 나지 않았더라도 현직에 남아 있을 수는 없다. 더군다나 병이 든 이제 어찌 나의 성심을 다할 수 있을까.

기도의 반대에도 불구하고 타이완 출병 계획은 착착 진행되었다. 이미 사이고 쓰구미치와 오쿠마는 나가사키에 가 있었고, 군대는 당장이라도 타이완으로 출격할 태세였다. 그러나 타이완이 청나라의 영토라고 주장하는 영국과 미국 정부의 강경한 항의가 정부를 찔끔하게 만들었다. 대신과 참의는 이 이상의 행동으로 옮기기 전에 먼저 청나라 정부에 통보하기로 했다. 오쿠마는 귀경 명령을 받았고 쓰구미치는 나가사키에 남아서 명을 기다리게 되었다.

쓰구미치는 더 이상 출발을 늦출 수 없다고 강력하게 항의했다.

병사들은 이미 출발 태세에 있다. 지체하는 일은 어떠한 이유가 되었건 부대의 사기를 손상시키게 된다. 그 폐해는 사가 사변정도에 그치는 것이 아니다. 굳이 저지시킬 생각이라면 본인은천황이 내리신 전권 위임 칙서를 반환하고 스스로 적도(賊徒)가되어 생번의 소굴을 공격해서 국가에 누를 끼치지 않도록 조처를할 작정이다.

오쿠마는 극력 쓰구미치를 달랬다. 그러나 소용이 없었다. 그날 밤 쓰구미치는 함정들에 명령을 내려서 석탄과 물을 싣게 했다. 오쿠마는 정원(正院)에 사기가 너무 왕성해서 그 기세를 누르기가 어렵다고 전보를 쳤다.

4월 27일, 쓰구미치는 청나라의 민저(閩浙) 총독 리허녠(李鶴年)에게 쓴 서한을 샤먼 영사 후쿠시마 규세이(福島九成)에게 주며 샤먼으로 가게 했다. 이웃 나라로서의 후의를 중시하고 사전에 타이완 출병 의사를 전하기 위해서였다.

본관은 천황의 대명을 받들어 친병을 거느리고 바야흐로 번지(蕃地)를 향해 나가려 하고 있다. 우리 함선은 귀국 치하의 해역을 통과하게 되었다. 처음부터 딴 뜻은 없다. 항로를 차단하지 말아주기 바란다. 본관의 목적은 우리 국민을 학살한 생번을 징계하고 두 번 다시 그런 사건을 일으키지 못하게 하는 데에 있다.

만일 청나라 통치하의 타이완 부현(府縣) 안으로 침입하는 생번이 있거든 당장 체포해서 우리에게 인도해 주기 바란다.

쓰구미치가 타이완을 향해 출격하고 싶어 안달이 나 있음은 확실했다. 그러나 도쿄로부터의 허가를 기다리지 않을 수 없었다. 마침내 5월 2일, 더 이상 기다릴 수 없다고 마음을 정한 쓰구미치는 해육군 병력 1천여 명을 네 척의 군함에 나누어 태우고 타이완 샤료(社寮) 항으로 출격시켰다. 쓰구미치는 5월 17일, 뒤를 따랐다. 쓰구미치의 나가사키 출발이 늦어진 것은 작전에 사용할 미국, 영국 상선 구입 교섭 때문이었다.[585]

청나라 사람들로서는 당연한 이치지만 불쾌하기 짝이 없는 일이었다. 청나라가 자국의 영토라고 생각하는 섬에 일본인이 뻔뻔하게 들어온 것이다. 청나라는 여러 차례 일본에 철수를 요구했다. 타이완은 류큐와 더불어 청나라 땅이니 조속히 철병하라고 했다. 청나라는 타이완에 두 척의 군함을 파견했는데 이들은 5월 22일 샤료 항에 도착했다. 함장 등은 쓰구미치와 회담하며 대답을 기다렸다. 쓰구미치는 양국의 교섭이라면 청나라 공사 야나기하라 사키미쓰와 담판 지으라고 대답했다. 이때 이미 쓰구미치의 입장에서는 생번 토벌 작전은 일단 완료된 것이나 마찬가지라 해도 좋은 시점이었다. 병사들은 혹서에 시달리고 있었고, 쓰구미치는 일본으로 개선하기 위한 귀환 명령을 기다릴 뿐이었다.

일단 생번 토벌 작전을 완료하긴 했으나 일본 부대가 즉시 타이완을 떠난 것은 아니었다. 장병들은 사나운 생번과 싸웠을 뿐 아니라 뜨거운 햇볕, 열병과도 싸워야 했다. 타이완 문제 처리에 관한 청나라와의 교섭은 계속되었다.

일본은 언제든지 교섭을 중단할 수 있다고 내다보고 있었다. 그렇게 될 경우 일본은 청나라에 선전포고를 해야 할 것인가. 야마가타 아리토모를 비롯한 육군 소장 대다수는 군비가 아직 불충분하다며 전쟁에 반대했다. 그러나 두 명의 육군 소장은 두려워할 것이 전혀 없다면서 다음과 같이 주장했다.

청나라는 고의로 교섭을 질질 끌면서 한편으로는 전비를 갖추는 일에 급급하고 있다. 청나라에 기선을 제압당하면 안 된다.

7월 9일, 다음과 같은 포고가 육해군경에게 내려졌다.

청나라와의 교섭은 어디까지나 화친을 위해 노력한다. 그러나 만일 청나라 쪽에서 전단을 벌이는 일이 있다면 교전도 불가피하다.

중국은 1천 년 이상 일본 문명에 커다란 영향을 주었다. 그런 중국과의 전쟁 가능성은 당연히 엄청난 불안을 가져다주었다. 한편에서는 중국이 예전의 중국이 아니라는 설을 내세우는 사람도 있었다.

일본은 일본의 의무를 다하는 수밖에 없다. 그저 수수방관밖에 못하는 약하고 무능한 청나라를 대신해서, 타이완의 생번을 교화하는 일이 우리 정부에 과해진 의무이다.

8월 1일, 천황은 오쿠보 도시미치를 전권변리대신으로 임명하여 청나라 파견을 명했다. 현안인 타이완 문제에 대해 청나라 정부와 교섭하기 위해서였다.[586] 교섭은 뜻대로 되지 않았다. 10월 2일, 황제 알현을 신청한 특명전권공사 야나기하라 사키미쓰의 청원을 청나라는 거절했다.

한편에서 군비를 정비하면서, 또 한편에서는 알현을 청하는 것은 청나라를 심히 업신여기는 일이다.

10월 10일, 오쿠보는 청나라에 최후통첩을 들이댔다. 그러나 청나라는 다시금 교묘하게 회답을 늦추었다. 양쪽이 모두 똑같은 주장을 되풀이하고 있었다.

10월 31일, 마침내 청일 사이에 조약이 성립했다. 조약서의 요지는 다음과 같았다.

청나라는 일본의 생번 토벌을 의거(義擧)로 인정한다. 청나라는 일본인 피해민에게 배상금을 지급한다. 청나라는 일본인이 타이완에서 만든 도로, 건축한 가옥의 비용을 보상한다. 양국에서 교환한 적의가 있는 공문서는 모두 철회해서 파기한다. 청나라는 타이완의 생번을 다스리고 항해의 안전을 확보한다.

일본 병력의 철수는 12월 20일로 정해졌다.

청나라에서 돌아온 오쿠보는 12월 9일, 타이완 출병으로 커다란 공헌을 한 장관 등과 함께 입궐해서 천황을 알현했다. 천황은 일동의 노고를 치하하며 선물을 내렸다. 13일, 궁내경 대리 궁내대보 마데노코지 히로후사(萬里小路博房)를 통해 오쿠보에게 상금 1만 엔이 내려졌다. 오쿠보는 이것을 사양하며 이렇게 말했다.

청나라와의 교섭이 성공한 것은 오쿠보 한 사람의 공이 아니다. 그 공적은 황상(皇上)의 밝은 권위와 조정의 계략에 의한 것이다. 타이완 토벌을 위해 국비가 엄청나게 들었고 검약을 위해 궁궐을 다시 짓는 토목공사도 아직 착수하지 못했다.

그러나 천황이 이를 받아들이지 않아 마침내 오쿠보는 하사금을 받았다.

12월 23일, 천황은 여러 가지 사정상 하는 수 없이 궁궐을 조영하라는 칙명을 내렸다. 이는 천황 자신의 희망에서 나온 것이 아니었다. 임시 황궁이 너무나 규모가 협소해서 의식 행사 같은 공적 기능을 다할 수 없었기 때문이었다.

이해는 밝은 기분 가운데 막이 내렸다. 사가의 위험한 반란은 정부의 최소한의 희생으로 진압되었고, 타이완 출병은 그 목적하는 바를 제대로 이루었으며 청나라에 류큐가 일본 영토라는 것을 인정시켰다. 그러나 이 모든 일이 일단 성공을 거두었다고는 하지만, 그것이 지니고 있던 위기를 완전히 해결했다고 할 수는 없었다. 사가의 난은 훨씬 심각한 서남(西南) 전쟁의 전주곡이 되었고, 청나라와의 분쟁은 20년 후 청일 전쟁의 길을 열어놓았던 것이다.

1874년 12월, 이와쿠라는 1853년 페리 제독이 이끄는 미국 함대의 내항 이래 이어져온 격동의 나날을 되돌아보며 그 대세를 천황에게 아뢰었다.

폐번치현, 이와쿠라 사절단의 구미 파견 같은 대사들이 제대로 성공을 거둔 것은 오로지 국가의 난국에 잘 대처하신 폐하의 영단에 의한 것이었습니다.

물론 한편에서는 또 다른 숱한 비참한 사건들이 벌어졌다. 사실 혼미했던 20년을 겪고 난 지금, 처음으로 나라 안은 평화롭고 사해 또한 조용해졌다고 할 수 있을지도 모른다. 계속해서 이와쿠라는 주청의 최후를 마무리하며 건의를 올렸다.

폐하께서는 이제까지보다도 예의정려(銳意精勵)하시어 지난날을 되돌아보고 앞날을 도모하셔야 합니다. 여러 신하들을 사랑하고 중히 여기시되 이들에게 대계(大計)로써 책임을 물으십시오. 무거운 책임을 가지고 일을 맡기시며 협동 일치해서 그 재주를 발휘하게 하십시오. 그 능력을 다해 나라 안팎을 다스리게 해서, 당초의 거룩한 뜻을 관철하게 하셔야 합니다. 복고의 뜻을 내세우며 나라 안에서 대치하고 있는 자들은 오직 폐하께서 어찌 이끄시는지에 달려 있습니다.[587]

제26장 **궁중 제일의 현부인**

　세는나이로 24세, 메이지 천황의 치세도 8년째로 들어선 이해
는 가장 평온한 해 가운데 하나였다. 『메이지 천황기』에는 신년
의식에 대해 '모든 것이 지난해와 같다'고 기록되어 있다. 2일,
천황은 황태후에게 문후를 드리기 위해 아오야마(青山) 어소를
찾았다. 4일, 천황은 정원에 나와 정무를 시작했다. 이날 정원
에서는 이세 신궁, 가모 신사, 히카와(氷川) 신사에서 보고가 있
었고, 이어 각 성청에서도 보고가 있었다. 『일본지지(日本地誌)』
77권과 『태정유전(太政類典)』 299권이 완성됨에 따라 각 편찬자
의 승진이 제청되고 인민 보호를 위해 전국에 배치될 경라(警邏:
경찰관)의 정원과 우편환 업무의 개시 등에 대한 보고가 있었다.
지난해, 중학교와 소학교가 많이 생겨서 소학생의 경우 그 수는
129만 7612명으로 전국 인구의 약 24분의 1에 해당했다. 대장
경 오쿠마 시게노부는 6월까지의 세입, 세출 예산회계표를 태정
대신에게 제출했다. 예산에 의하면 세입이 세출을 4천만 엔 남짓
넘어선 것으로 되어 있었다. 일본은 만사 순조롭게 나아가고 있

는 듯이 보였다.

1875년, 천황은 지금까지의 학문을 계속하는 일환으로 달마다 정해진 날에 후쿠바 비세이, 모토다 나가자네, 새로 출사를 명한 니시무라 시게키(西村茂樹)의 진강을 받게 되었다.[588] 지금까지의『일본외사』나『정관정요(貞觀政要)』말고도『여지지략(輿地誌略)』같은 책도 더해졌다. 그리고 모토다, 조히카루(長芃)에게서 붓글씨 지도도 받았다.

학문 이외의 천황의 일상을 보면 역대 천황의 제사 같은 의식 거행, 외국 공사 접견, 공신 표창, 육해군 훈련 관람, 와카를 짓는 일 등이 있었다. 1875년의 첫 와카 모임 때의 어제는 '도비(都鄙: 도시와 시골)의 새해맞이'였다. 이 와카에는 난해한 표현이 하나도 없다.

도시에도 먼 시골에도 새로운
한결같은 새해를 맞이하건만

1월 21일, 천황의 두 번째 공주가 탄생했다. 생모는 곤노텐지 야나기하라 나루코(柳原愛子)였다.[589] 아오야마 어소에 증축된 새 궁에서 분만했다. 두 명의 황자와 공주를 사산해서 매우 낙담하고 있던 터라 건강한 공주가 탄생하자 모두 가슴을 쓸어내렸다. 이날부터 사흘 동안 궁에는 축하 행렬이 이어졌다. 27일, 천황은 탄생한 공주에게 시게코(薰子)라는 이름을 붙였다.[590] 주거가 매어전(梅御殿)이었던 까닭에 시게코는 우메노미야(梅宮)로 불리기도 했다. 공주의 탄생과 그 명명을 현소(賢所), 황령(皇靈), 신전에 보고하고 연회를 벌였다. 공주의 장수와 황손이 날로 번

창해지기를 기원하며 산조 사네토미가 축사를 올리고 천황은 참석자에게 다음과 같은 말을 했다.

그대들은 짐의 뜻을 헤아려 기쁨을 누리라.[591]

이해 2월, 천연두가 유행했다. 천황과 황후는 솔선해서 종두를 맞았다. 민중도 이에 용기를 얻어 종두를 맞았다. 어린 공주 시게코까지도 종두를 맞았다.[592] 20일, 시게코는 생모 나루코, 외할아버지 야나기하라 미쓰나루(柳原光愛), 백부 야나기하라 사키미쓰 등과 함께 처음으로 입궐했다. 이후로 시게코는 자주 입궐하게 되었다. 아버지인 천황은 매일같이 공주를 만나고 싶었을 것이다. 그러나 전례를 깨고 태어난 지 얼마 안 된 공주를 황궁에서 지내게 할 수는 없었다. 메이지 천황 역시 관례에 따라 나카야마 가의 외가에서 어린 시절을 보내야 했다. 시게코가 다섯 살이 될 때까지 외조부모 밑에서 사는 것은 당연한 일이었다.

시게코의 어머니 야나기하라 나루코는 메이지 천황의 측실 중에서도 가장 걸출한 존재였던 모양이다. 1912년 메이지 천황의 궁중 이야기인 『여관 이야기』를 쓴 사이토 게이슈(齋藤溪舟)는 사와라비노쓰보네(早蕨の局 : 야나기하라 나루코의 다른 이름)[593]를 궁중 제일의 현부인(賢婦人)이라 부르고 후궁에서 여관들의 모범이었다고 썼다.

나루코는 용모도 수려했을 뿐 아니라 매우 지적이었다. 그리고 엄격함과 동시에 온화한 덕을 갖춘 여자였다. 내궁 사람들은 위아래 할 것 없이 모두 야나기하라 덴지(典侍)를 따랐다. 아무도 그녀의 언행을 비난하는 자가 없었다.

다른 곤노텐지와 마찬가지로 나루코는 황궁 안에서도 좀처럼 밖으로 나오지 않았다. 일반적으로 여관들에게는 외출이나 운동을 장려했고 황후가 행차할 경우 먼 데까지 따라다니기도 했다. 그러나 나루코만은 황궁 안에 있는 자신의 방을 나오는 일조차 드물었기 때문에 햇빛을 보지 않아 안색이 창백했다.[594] 그녀의 관위(官位)는 천황을 둘러싸고 있는 많은 여관들—더러는 후에 덴지가 되어 최고위에 앉기도 했다—중에서도 가장 높았다. 그러나 곤노텐지 주변에는 어딘지 신비로운 분위기가 감돌고 있었다. 궁중에서 곤노텐지보다 지위가 낮았던 야마카와 미치코(山川三千子)는 다음과 같이 쓰고 있다.

곤노텐지는 세속적인 말로 표현하자면 첩으로, 천황의 신변을 돌보는 일이 주된 일이다. 천황이 내전으로 들어오시는 경우에는 한 사람씩 교대로 곁에서 모시게 된다.[595]

예를 들면 곤노텐지는 천황이 의복을 입을 때나 목욕할 때 곁에서 시중을 들었다. 그러나 그녀들의 가장 중요한 임무는 야마카와 미치코가 살짝 내비친 바와 같이 천황과 잠자리를 함께 하는 일이었다. 이 특수한 직무는 공식으로 인정된 것이었다. 여관들 중에서 화장료(化粧料: 여성의 용돈)를 받았던 것은 곤노텐지뿐이었다.[596] 곤노텐지는 교대로 천황 침실에서 봉사했으나 그날의 담당을 정하는 것은 천황 자신이 아니라 여관장(女官長)이었다.[597]

천황은 잠자리 상대에 대해 특별히 기호가 없었던 것 같다. 만일 천황이 싫어하는 측실이 있었다면 그 여성은 밤의 의무에서 벗어나게 되겠지만 그런 일은 좀처럼 없었다. 1886년부터 1897년 사이에 태어난 여덟 명의 황자와 공주는 모두 곤노텐지 소노 사치코(園祥子)와의 사이에 난 자식들이었다. 이 사실은 천황이 유독 소노만을 총애했을 수도 있고, 그녀가 예외적으로 다산했을 수도 있다. 천황의 마음에 들었다는 오구라 후미코(小倉文子)를 포함한 다른 곤노텐지는 끝까지 천황의 아기를 잉태하지 못했다.[598]

시게코 공주의 생모인 야나기하라 나루코는 각별한 대우를 받고 있었다. 그러나 세 번째 아기―뒷날 다이쇼(大正) 천황이 된다―의 출산이 상당히 난산이었기 때문에 그 뒤로는 침실의 임무에서 제외되었다.[599] 그러나 나루코는 2위의 덴지로 승진했고 죽은 다음에는 종1위를 추서받았다. 황위 계승권을 가진 황자를 낳은 결과였다.

시게코 공주는 생후 수개월 만에 뇌질환에 걸려 1년도 안 돼서 시의들의 필사적인 노력도 헛되이 죽고 말았다.[600] 시게코의 탄생과 다음 황자의 탄생 사이에는 2년의 세월이 끼어 있다. 곤노텐지의 착대 소식을 메이지 천황이 얼마나 고대했을지 짐작이 간다.

그러는 사이 천황의 일상은 여느 때와 다름없이 지나가고 있었다. 내외 방문객의 알현을 받고 승마를 즐기며 그때그때 국사에 관한 조칙을 내렸다. 그리고 천황은 대신들이 제출하는 건의서를 읽고 의견을 말해야 했다.

2월, 이와쿠라 도모미가 '외국의 부와 강대함은 우리 황국과는 비교도 되지 않는다'라는 국세(國勢)에 관한 장문의 건의서를 상주했다. 일본의 군사나 산업이 열강에 뒤떨어져 있다는 인식은 사절로서 구미 제국을 시찰한 그의 체험에서 나온 견해임이 분명했다. 이와쿠라는 훗날 사이고 다카모리의 정한론에 반대한 바 있다. 그러나 이번 상주에서는 특히 청나라를 위협하는 러시아에 대해 언급하고 있다. 이와쿠라는 순망치한(脣亡齒寒)이라는, 중국 고전의 잘 알려져 있는 한 구절을 인용하면서[601] 러시아의 침략에 대처해야 할 장벽으로서 청나라와 더욱더 우의를 돈독히 해야 할 필요가 있다고 호소했다. 일본과 청나라는 '수레의 양쪽 바퀴와 같고 새의 양 날개와 같아야 한다'고 했다. 이와쿠라의 이 진언은 당시로서는 이례적인 것이었다. 당시 일본 관료들은 청나라를 한반도의 지배를 놓고 다투는 경쟁 상대로, 일종의 적으로 간주하고 있었다. 그뿐 아니라 독선적이고 무능한 청나라의 타이완에 대한 영유권 주장 따위는 무시해 버려도 좋다고 생각하고 있었다.

그리고 이와쿠라는 천황의 판단력에 깊은 감명을 받았는지 이렇게 말하고 있다.

무릇 천하의 일을 모두 이와 같이 깊이 궁리하고 친히 판단을 내리신다면 이루지 못할 일이 어디 있을까. 천황은 모든 정사를 친히 재단하고 백관은 천황의 인자한 마음을 받들어 실현한다. 온 나라가 하나로 일치단결할 때에 비로소 해외 만방과 어깨를 겨룰 수 있으며 만세에 이르도록 변함이 없는 제업(帝業)을 성취시켜 온 세계에 웅비하기를 기할 수 있다.

이는 그저 아첨하느라 한 말이 아니었다. 이와쿠라는 아마도 구미로 파견되었을 당시 얻은 체험으로 천황이 나라의 전권을 쥐어야 할 존재라고 여기게 된 것이 아닐까. 이에 대해 기도, 오쿠보, 이토 같은 인물들은 점진적으로 민주 국가를 향해 나아가야 할 것이라고 생각했다. 그러나 이와쿠라가 머리에 그리고 있던 독재 체제는 유럽의 것이 아니라 고대 일본의 이상을 바탕으로 한 것이었다. 이와쿠라로서는 천황이란 신들의 후예로, 정치적 항쟁에 시달림 없이 조용한 마음으로 군림하며 대신들에게 지혜를 내리는 존재였다.[602]

이와쿠라가 절대 천황제를 떠올리게 된 것은 어쩌면 일부 중신들이 정부에 대해 보이고 있던 적의를 알아차렸기 때문인지도 모른다. 시마즈 히사미쓰(島津久光)는 좌대신이었음에도 불구하고 병을 이유로 오래도록 궁궐에 나오지 않고 모든 혁신에 일관되게 반대하고 있었다. 히사미쓰가 특히 격노한 것은 관리들의 태반이 이제는 당연하다는 듯이 양복을 입게 된 일이었다. 육군 대장 사이고 다카모리는 가고시마에 틀어박혀 정부에 무언의 압력을 가한 채 도쿄로 돌아올 기미가 없었다.[603]

4월 14일, 천황은 정원에 나와서 대신과 참의 및 여러 성의 장관들 앞에서 원로원과 대심원을 설치한다고 발표했다. 동시에 지방관 회의도 개설한다고 발표했다. 이들 조처는 입헌 정체를 수립하기 위한 준비였다. 칙서는 다음과 같았다.

짐이 즉위하자 맨 처음 여러 신하들과 함께 5개조 어서문으로 신명에게 맹세했다. 이로써 국시를 정하고 만민을 보전할 길을 모색하였는데 다행히 조상의 혼령과 여러 신하들의 힘으로 오늘날 소강(小康)을 얻게 되었다. 그러나 돌아보건대 중흥이 일천해서 내정에서도 수많은 과제를 떠안고 있다. 짐은 이제 어서문의 뜻을 확충해서 이에 원로원을 설치해 입법의 근원을 넓히고 대심원을 두어 심판의 권세를 공고히 하며, 또 지방관을 소집해서 민정을 통해 공익을 도모하고자 한다. 이는 점차로 입헌 정체를 세워 민중과 함께 일로매진하고자 함이다.[604]

4월, 이와쿠라는 또 하나의 긴 건의서를 올렸다. 건의서는 이렇게 시작하고 있었다.

세계만방에 살고 있는 자들은 그 풍속이 다르고 그 하는 말이 다르더라도 모두 똑같은 인간이다.

현대의 독자로서는 자명한 이치처럼 여길지도 모른다. 그러나 이것은 다음에 전개되는 논지의 전제로서 필요한 말이었다. 이와쿠라는 지금까지 여러 외국과의 관계에서 일어났던 갖가지 변화를 분석해서 말했다.

도쿠가와 히데야스의 패업이 자리 잡더니 쇄국을 주로 하여 외교를 단절하고 겨우 나가사키에서 청나라인과 네덜란드인하고만 교역하게 했다. 그러나 이는 더 이상 불가능한 일이다. 일본은 이제 서양이 달성한 것을 무시할 수는 없다. 구미 열강에서는 백성을 부(富)하게 하고 군사를 강하게 하는 기술과 온갖 예능의 기술이 크게 발달해, 육지로는 기차를 달리게 하고 바다로는 증기선을 띄우며 전신은 1만 리를 순식간에 달린다. 옛날의 1만 리는 오늘의 계단 앞뜰이요, 동서양은 바로 이웃과 같다.

이와쿠라는 10년 전의 열광적인 양이주의자들과는 생각이 달랐다. 일본은 다른 나라 사람들의 우수성을 인식하고 그들과 더불어 사는 법을 배워야 한다고 믿었다.

러시아의 영토적 야심에 대한 이와쿠라의 우려에도 불구하고 때마침 러일 간에 조약이 조인되어 가라후토 영유를 둘러싼 오랜 분쟁이 끝난 것처럼 보였다. 조약은 다음과 같은 것을 규정하고 있었다.

대일본 황제는 가라후토 섬 전체의 권리를 양도하고 그 대상으로 러시아국 황제로부터 지시마 열도 열여덟 개를 양수한다.[605]

그 후 얼마 지나지 않아 러시아 황제에 의해 페루 선박 아리아루즈 호 사건의 재단도 내려졌다. 그것은 일본에 매우 호의적인 결론이어서 러시아를 최대의 적으로 확신하는 일본인의 마음까지도 누그러뜨렸다.[606] 러일 간 관계 개선의 조짐을 보는 것 같았다. 메이지 천황은 러시아 황제에게 감사를 표했다.

지시마 열도를 손에 넣게 됨으로써 새로운 관심이 북쪽으로 집중되었다. 1875년 7월, 산조, 기도, 오쿠보는 홋카이도 순행을 상주하기 위해 입궐해서 각각 의견을 아뢰었다. 친히 지세와 민정을 시찰하고 벽지 민중에게 천황의 존재를 알리는 것이 순행 목적이었다.

폐하께서 홋카이도 순행을 결행하신다면 전국의 백성은 폐하의 원대한 구상과 행동력에 모든 시선이 쏠리게 되어 소소한 분쟁은 저절로 사라질 것입니다.

산조는 이를 기회 삼아 국위를 확장하고 무지한 백성을 개명으로 이끌어 골고루 덕화(德化)를 끼쳐야 할 것이라고 여겼다. 정부는 이 무렵, 홋카이도와는 정반대에 위치한 오키나와에도 관심을 쏟기 시작해 류큐 왕국에 일본의 관습을 따르도록 압력을 가하고 있었다. 7월, 사절이 슈리(首里) 성으로 파견되었다. 사절은 번왕 쇼 다이에게 청나라와의 주종 관계를 단절하라는 명령서를 전했다.

류큐 정부는 청나라에 조공 사절이나 황제 즉위 때 경하사절을 파견해서는 안 되며, 번왕 대체 시에도 청나라 정부로부터 관작 책봉을 받아서는 안 된다. 그리고 연호는 '메이지'를 사용한다.

그러나 류큐 국민은 청나라와의 역사적 인연을 끊으려 하지 않았다.

일본의 '양이' 감정의 찌꺼기는 외국 제품 수입 반대라는 형태로 나타났다. '수입품'은 무역의 불균형과 화폐의 해외 유출을 가져왔다. 좌대신 시마즈 히사미쓰는 외국 배척 운동을 외치는 일파의 대표였고, 천황의 외할아버지 나카야마 다다야스도 이에 가담하고 있었다. 천황은 그들의 불평불만에 귀를 기울이고 숙고하겠다고 약속했다. 그러나 히사미쓰의 거듭되는 항의에 귀를 기울이는 신하의 수는 자꾸 줄어들기만 했다.[607] 외국 제품의 수입을 금지했다가는 서양 열강과의 사이에 분쟁이 일어날 것이 뻔했다.

오쿠보 도시미치 역시 일본의 무역 적자에 대해 걱정하고 있었다. 오쿠보는 무역 적자 삭감을 위해 적극적으로 움직이기 시작했다. 2년 전, 오쿠보는 목양업 도입을 위해 미국인을 고용하고 모포 제조소를 세웠다. 이렇게 해서 양모의 수입을 줄이고 불모의 토지를 개발하려 했던 것이다. 목양 강습생이 전국에서 징집되었고, 9월에 오쿠보는 손수 시모후사(下總)의 벌판을 살펴보고 그곳에 목양장을 열기로 결정했다. 유감스럽게도 이 계획은 무역 불균형을 바로잡기에 이르지는 못했다.

1876년 9월, 이해 들어 가장 극적인 사건이 조선의 강화도에서 일어났다. 일본 측 자료에 의하면,[608] 쓰시마 해 측량 임무를 마친 일본 군함 운요(雲揚) 호가 청나라를 향해 한반도의 서해안을 항해하던 중, 마침 식수가 떨어졌다. 운요 호는 9월 20일, 강화도 앞바다에 닻을 내리고 함장이 직접 보트를 타고 나와 물을 구할 수 있는 상륙 지점을 찾고 있었다. 보트가 강화도 앞을 지나려 할 때였다. 갑자기 소총이 난사되고 강화도의 포대가 불을 뿜었다. 위급한 사정을 알게 된 운요 호도 이에 응전했다. 함장은 상륙해서 따지려 했다. 그러나 물의 깊이가 얕아 해안에 군함을 댈 수 없을 것 같았으며 이끌고 있는 병사 수도 적었다. 이 이상의 전투는 불리하다고 판단한 함장은 본함으로 돌아와 일단 전투를 중지시켰다. 이튿날 새벽, 일본 측은 공격을 개시해서 단시간의 격전 끝에 포대를 파괴하고 남쪽 영종도를 점령했다. 일본 측 사망자 한 명, 조선 측 사망자는 서른다섯 명이었다. 조선인 열여섯 명이 포로가 되었다. 군함 운요 호는 9월 28일 나가사키로 귀항했다.[609]

사건은 쌍방의 수십 명이 충돌한 가벼운 마찰에 지나지 않았다. 그러나 일본 정부는 이것을 빌미로 중대 사건으로 확대시켰다. 조선의 양보를 끌어내기 위한 구실로 사용하려 했던 것이다. 강화도에서의 교전 보고가 정부에 도달한 29일은 마침 천황이 정원에 참석한 날이었다. 어전에서 각의가 열렸다. 각의는 조선에 살고 있는 일본인 거류민 보호를 위해 군함 한 척을 부산에 파견하기로 결정했다.[610] 사건의 진전을 깊이 우려한 천황은 이와쿠라를 불러 다음과 같이 말했다.

조선에서 일이 벌어졌다고 하는데 아직 그 상세한 것은 알 수 없지만 이는 국가의 중대사라 짐은 매우 우려하는 바다. 그대는 4월 이래로 병으로 집에 있는데 힘써 자리를 지켜 나를 보필하도록 하라.

우대신 이와쿠라 도모미는 4월부터 병으로 입궐하지 않고 있었다. 천황은 내각 고문으로서 사건 해결을 위해 협력하라고 명했던 것이다. 이와쿠라는 아직 병에서 완전히 회복된 것은 아니지만 국가의 대사인 만큼 이에 대처하기 위해 최선을 다하겠다고 약속했다.

2년 전, 기도 다카요시는 조선 파병을 요구하는 사이고의 주장에 이의를 제기했다. 일본의 명예를 모욕한 데 대해 일격을 가하기보다는 먼저 국력을 충실하게 하는 일이 급선무라고 판단했기 때문이다. 그러나 이 무렵 기도는 생각을 바꾸고 있었다.

정한론에 반대했던 것은 첫째로 그들(조선)을 쳐야 할 이유가 분명하지 않았기 때문이다. 하지만 이번에는 분명히 조선국이 우리를 적대했다. 따라서 공연히 내치만을 고집할 수는 없다. 나의 생각 또한 바꾸지 않을 수 없다.

기도는 스스로 조선 파견 사절로 가겠다고 했다. 산조 사네토미에게 쓴 서한에서 그는 이렇게 말하고 있다.

우리 정부가 조선과의 수호에 힘쓴 지 오래지만 국론의 분열이 해마다 그치지 않습니다. 재작년의 정부 변혁도, 지난봄 사가의 소요도 모두 여기서 비롯된 것입니다. 그런데 이제 일대 사변이 일어나고 말았습니다. (중략) 작년에는 류큐 번민 등이 폭행당한 일로 인해서 타이완 번지(蕃地)에 처분을 거행했습니다. 그런데 이번 일은 우리 일본 국기에 대한 모욕입니다. 한편, 타이완과는 달리 조선에는 우리 관민이 머무르고 있습니다. 이를 불문에 부칠 수 없음은 더 말할 나위도 없습니다. (중략) 우선 조선에서 일어난 사변의 전말을 청나라에 묻고 우리 대신 그 처리를 하도록 해야 합니다. 만약 청나라 정부가 이를 우리에게 맡긴다면 우리는 그 사유를 조선국 정부에 힐문하고 타당한 처분을 내려야 합니다. 그래도 그들이 끝내 응하지 않는다면 그때 이 죄를 물어야 할 것입니다. (중략) 만일 조정이 나에게 모든 일을 맡긴다면 비록 미력하나마 신명을 다해서 황국의 영광을 손상하지 않게 할 것입니다.[611]

강화도 사건을 놓고 여론이 들끓었다.[612] 그러나 정부는 즉각 행동에 나설 수는 없었다. 그 원인은 국내 문제에 있었다. 그중에서도 좌대신 시마즈 히사미쓰는 천황에게 상소를 올려 태정대신 산조 사네토미의 이름까지 들어가며 공격하고 있었다.

만일 산조를 파면하지 않으면 황국은 결국 서양 각국의 노예가 될 것이 분명하며 실로 위급존망지추에 있다. 만민을 거느리는 큰 책임이 있는 천황은 조속히 근원적 숙폐를 씻어내고 정부를 스스로 장악해야 한다.

시마즈가 무슨 뜻으로 건의했는지는 매우 애매했다. 11월 22일, 천황은 시마즈를 불러 '산조는 국가의 공신이므로 폄출(貶黜: 관직을 내리고 물리침)할 수 없다'며 그 건의를 물리쳤다. 시마즈 히사미쓰는 만일 자신의 건의가 받아들여지지 않는다면 자신은 사직하는 수밖에 없다고 대답했다. 이에 대해 천황은 '바야흐로 조선에서 사변이 일어나 그 청을 들어줄 수 없다'고 그의 사임을 인정해 주지 않았다.[613]

이 무렵, 천황은 여러 가지 논전에서 언제나 의연한 태도를 보여주었다. 어리고 미숙하던 시절은 지나갔다. 천황은 대신들, 특히 기도와 의논은 해도 결단은 스스로 내렸다.

11월 1일, 우대신 이와쿠라 도모미 및 참의 등이 산조의 집으로 모였다. 조선 사절을 특파하고 또 정보를 정확하게 파악하기 위해 청나라에 특명전권공사를 주재시키기로 결정했다. 11월 10일, 모리 아리노리(森有礼)가 청나라 주재 특명공사로 임명되었다. 모리의 사명은 청나라 정부에 일본의 취지를 설명하고, 식수를 구하는 일본인을 조선 측이 어째서 공격했는지 청나라 정부를 통해 사실을 확인하는 일이었다.

12월 9일, 조선에 파견할 특명전권변리대신이 결정되었다. 기도는 재삼 사절로 파견되기를 요구했으나 때마침 뇌출혈로 쓰러지는 일이 생겨 육군 중장 겸 참의인 구로다 기요타카가 파견되었다. 산조는 구로다에게 내린 훈령 중에서 '일본이 당한 오욕은 그에 합당한 배상을 받아야 한다'고 말하고 있다. 그러나 그는 이어서 이러한 말을 강조했다.

일본 정부와 조선의 친교가 아주 끊어졌다고는 볼 수 없다. 강화도 사건은 어쩌면 지방관 개인의 독단에서 비롯되어 조선 정부가 몰랐을 수도 있다. 중요한 것은 누가 결정을 내렸는가다. 만일 조선이 우호 관계를 맺고 무역을 촉진하자는 일본의 요구에 응한다면 사절은 그것을 운요 호 공격의 배상으로 보고 승낙할 권한을 갖는다. 그러나 만일 조선 정부가 운요 호 공격의 책임을 인정하지 않고 일본과의 국교를 재개할 성의를 보이지 않는다면 사절은 임기응변으로 적절한 조처를 취할 권한도 있다.

구로다는 1876년 1월 6일, 군함 두 척과 수송선 세 척, 해병 3개 소대(합계 약 8백 명)를 이끌고 조선으로 향했다.[614] 이것은 일본 해군이 준비할 수 있는 최대한의 편성이었다. 장비가 빈약한 이 소함대는 23년 전 페리 제독이 똑같은 사명을 띠고 일본으로 몰고 온 함대와는 비교도 되지 않는 것이었다. 교섭 결렬에 대비해 극비리에 육군의 증원이 획책되었다. 군인, 군속의 휴가와 귀성이 중지되고 육군경 야마가타 아리토모는 시모노세키로 가서 닥쳐올 군사 원정에 대비했다.

일본 함대는 서울에서 약 32킬로미터 떨어진 강화도에 닻을 내렸다. 16일, 일본 측은 강화부의 연무당(鍊武堂)까지 시위 행진한 다음 그곳에서 조선 정부에서 파견한 대표 두 명과 회담했다.[615] 구로다는 처음에 조선 내의 예사롭지 않은 분위기를 감지하고 합의에 도달할 가능성이 거의 없을 것으로 생각했다. 구로다는 본국에 증원을 요청했다. 그러나 정부는 섣부른 군사력 시위는 조선 국민에게 겁만 주고 평화적 교섭에 장애가 된다며 구로다의 요청을 물리쳤다.

양국 대표의 1차 회담은 나흘간 계속되었다. 교섭은 양쪽 모두 예의를 갖춘 형식으로 진행되면서 주로 같은 논의가 되풀이되고 있었다. 일본 측은 구교(舊交)를 유지하자는 일본의 요구를 왜 거절해 왔는지 그 이유를 따졌다. 조선 측은 일본 천황이 어째서 청나라 황제와 대등한 직함을 사용하고 있는가를 따졌다. 왜냐하면 그것은 조선이 일본에 예속적인 입장에 서는 것을 뜻하기 때문이었다. 일본 측은 조선의 종주권을 주장할 의도는 조금도 없다고 부정한 다음 일본의 배가 강화도에서 포격된 이유를 따졌다. 조선 측의 답변은 이러했다.

일본의 해병이 유럽식 제복을 입고 있었기에 프랑스 병사나 미국 병사로 착각했다.[616]

조선 측은 오로지 지방관이 일본 선적이라는 것을 몰랐다는 점을 되풀이할 뿐 사죄하려 하지 않았다. 일본 대표가 다시 말했다.

어째서 조선 정부는 선적을 나타내기 위해 게양한 일본 국기에 대해 지방관에게 통보하지 않았는가. 이는 사죄해 마땅한 것이 아닌가.

조선의 접견 대관 신헌(申櫶)은 자신은 접대를 맡은 일개 사신에 지나지 않으므로 마음대로 사과의 말을 할 권한이 없다고 응답했다.

교섭은 조선 측 대표와 조선 정부 사이의 여러 번에 걸친 협의 때문에 오래 끌었다. 그러나 2월 27일, 마침내 일본 측 대표(구로다 기요타카, 이노우에 가오루)와 조선 측 대표(신헌, 부관 윤자승尹滋承)가 수호조약에 조인했다. 조인식 후, 일본 측은 조선 국왕 고종에게 일본의 전통적인 견직물 외에 회전포(回轉砲) 한 문, 6연발 권총 한 정, 금으로 된 포켓용 시계 한 개, 청우계(晴雨計) 한 개, 자침(磁針) 한 개를 선물했다. 견직물을 제외한 나머지는 일본과 미국이 처음으로 조인했을 때 미국이 일본에 준 선물과 아주 흡사했다. 조약 자체는 일본과 미국 사이에서 교환된 조약과 마찬가지로 중요성을 띠고 있었다. 다시 말해 일본은 쇄국 정책을 취했던 조선과 외교 관계 및 무역을 위한 길을 터놓은 것이었다.[617] 어떤 서양 학자는 훗날 이를 다음과 같이 논평하고 있다.

서양 열강이 일본에 한 것과 똑같은 짓을 지금 일본은 아무런 양심의 가책도 없이 조선에 요구했다. 즉 조선에 행정과 관세 자치의 주권을 조인해 양도받고, 유럽인이 일본에서 행사할 때 공평과 정의를 짓밟는 짓이라고 비난하던 온갖 치외법권을 조선국이 인정하도록 만들었다.[618]

도쿄 주재 각국 공사들에게 조약 조인 보고가 도착하자 공사들은 축하의 뜻을 표하기 위해 천황에게 알현을 요청했다. 천황은 시바(芝) 별궁에서 벌일 오찬회에 각국 공사를 초대했다. 각국 공사는 천황에게 조일 우호가 더욱 발전하기를 바란다고 조약 조인에 대한 축하 인사를 했다.

그러는 동안, 일본 국내에서는 소규모 변혁이 매일같이 일어나고 있었다. 3월 12일, 공식적으로 일요일이 공휴일로 정해졌다. 정부는 당초 이 조처의 단행을 주저했다. 이것이 기독교 인정으로 받아들여질까 두려웠기 때문이었다. 그러나 일본은 서양 선진국과 보조를 맞출 필요가 있었다. 최종적으로 정부는 기독교도에 대한 굴복이라는 소리를 듣게 될지도 모를 위험을 무릅쓰기로 했다. 또 한 가지는 토요일 오후도 반공휴일로 정해 이것도 4월부터 시행하기로 했다.

3월 28일, 폐도령(廢刀令)이 내렸다. 대례복 및 제복을 착용한 군인이나 경찰관을 제외하고 일반 국민은 칼을 찰 수가 없게 되었다. 위반자는 칼을 압수당했다. 이 건에 대해서는 '전통에 따라 사족에게는 칼 차기를 허용해야 한다'와 '아니다, 근대 국가 일본에 있을 수 없는 일이다. 금해야 한다'는 입장 차이로 오래도록 논의가 일었는데 마침내 결정이 난 것이었다. 칼을 볼 때마다 예민해질 수밖에 없었던 유럽인들로서는 낭보였음이 틀림없다.

4월 4일, 천황은 이와쿠라 도모미의 저택으로 행차했다. 이와쿠라의 집에서 이날, 노(能) 공연이 있었다. 노는 교토 궁궐에서 자주 공연되었는데 특히 에이쇼(英照) 황태후가 노를 좋아했다. 그러나 노는 오랜 세월에 걸쳐 막부와 밀접한 관계에 있었다. 현명한 정치는 '예악(예절과 음악)'을 중히 여긴다는 유교의 전통에 따라 막부는 이를 '악(樂)'으로 비호했다. 막부의 붕괴로 노의 앞날은 위기에 처해 있었다. 노의 연기자 중에는 도쿠가와 가를 따라 시즈오카(靜岡)로 낙향한 자도 있었다. 그러나 시즈오카에는 노 무대의 관중이 없었다. 거의 모든 노 연기자는 다른 직업을 선택했다. 도쿄에서는 몇 명 안 되는 노 연기자만이 그 명맥 유지에 안간힘을 썼다. 아직 도쿄에 남아 있던 옛 번주들은 때때로 손님 접대를 위해 노 연기자를 불렀다. 그러나 그들마저 영지로 돌아간 후, 노 연기자들은 완전히 비호자들을 잃고 말았다. 에딘버러 공이 방문하던 날, 유신 이래 처음으로 노를 상연한 것은 사실이다. 그러나 노 연기자들은 해외에서 다음 손님이 오기만을 기다리고 있을 수는 없었다. 그들에게도 부양해야 할 가족이 있는데 생활에 필요한 수입은 어디에서도 기대할 수 없었다.

호쇼 구로(寶生九郎)는 당시 가장 널리 알려져 있던 노 배우였을 것이다. 1870년 허가를 받아 은퇴를 결심한 구로는 장사를 할까, 농사를 지을까 마음을 정하지 못하고 있었다. 당시 노 공연을 계속하고 있던 무대는 두 곳밖에 없었다. 교토에서는 곤고류(金剛流)가 노가쿠도(能樂堂)를 지켜왔고, 도쿄에서는 1872년 우메와카 미노루(梅若實)가 아카사카의 자기 집에 무대를 만들었다. 양쪽 다 노가 공연되는 일은 드물었다.

이와쿠라 저택에서 천황이 관람한 이 노 공연은 그 부활에 아주 중요한 역할을 했다. 이와쿠라는 구미 시찰 중 여러 번 오페라에 초대된 일이 있었다. 이와쿠라는 오페라가 유럽 연극 중에서 가장 훌륭한 예술임을 알게 되었다. 이와쿠라가 으레 오페라에 초대받곤 한 것은 말은 이해하지 못해도 음악은 즐길 수 있다는 점 때문이었을 것이다. 해외에서 오페라 공연을 보면서 이와쿠라는 노 무대를 연상했다. 귀국 후, 그는 파견단 수행원 두 사람을 시켜 외국 손님을 접대하기에 알맞은 오락의 하나로 노의 부활을 꾀했다.

이와쿠라 저택에서 노를 연기한 배우 중에는 우메와카 미노루, 호쇼 구로가 있었다. 황족 외에도 도쿠가와나 마에다 같은 옛 번주 네 명, 산조 사네토미, 기도 다카요시, 오쿠보 도시미치, 오쿠마 시게노부, 이토 히로부미, 야마가타 아리토모 외에 많은 정부 중신들이 관람했다. 준비한 〈작은 대장간〉〈다리 위의 벤케이(弁慶)〉〈흙거미〉 등의 공연이 끝나자 천황의 요구로 호쇼 구로가 〈구마사카(熊坂)〉를 추었다. 이때 기록에 '천황의 어안이 특히 밝아졌다'고 쓰여 있다.

공연이 끝나자 서양 요리가 나왔다. 천황은 이와쿠라에게 천작(天酌)과 천배(天盃)를 내렸으며, 함께한 대신과 참의에게도 천작을 내렸다.

도쿄에서 노 공연을 천황에게 보인 일은 이때가 처음이었다. 천황은 진심으로 노를 좋아한 것 같았다. 흥에 겨워 노의 한 가락을 흥얼거리기도 하고 때로는 여관들을 불러 목소리 높여 가르친 적도 있다고 한다. 노에 대해 보여준 천황의 관심은 풍전등화였던 당시의 노를 보호하는 데 큰 힘을 더해주었을 것이다. 이때부터 천황이 대신이나 참의, 화족의 저택으로 행차할 때면 노 공연을 보는 일이 잦아졌다.[619]

메이지 천황이 또 다른 내각 고문의 저택으로 찾아간 것은 그로부터 얼마 지나지 않은 4월 14일의 일이었다. 오지(王子)에 있는 제지공장을 견학하고 아스카(飛鳥) 산에서 벚꽃을 구경한 다음, 소메이무라(染井村)에 있는 기도 다카요시의 별장에 들렀다.[620] 천황은 기도를 어전으로 불러 다음과 같이 말했다.

　　그대 다카요시는 유신이 시작되던 무렵부터 나라를 위해 바쁘게 일하느라 쉴 틈도 없더니, 이제야 행복하고 평안히 살 수 있게 되었구나. 이는 오직 그대들이 짐을 보좌해서 힘쓴 결과다. 짐은 이렇게 이곳을 찾아와 함께 즐겁게 지낼 수 있게 된 것을 기쁘게 생각하노라.

　　천황은 기도에게 금 5백 엔, 사쓰마 산(産) 꽃병 한 쌍, 황실 문장이 박힌 은제 컵 한 쌍, 포도주 세 상자 등을 선물했다. 천황은 기도의 아내도 만나 보았다. 뜰 안을 거닐고 나서 천황은 도시락을 펼쳐 산조 사네토미 등 수행원들과 함께 먹었다. 천황이 사족 저택으로 행차한 것은 이것이 처음이었다. 물론 기도는 감격했을 것이다.[621]

　　몇 년 전에 발표된 천황의 전국 순행 계획은 조선 사절 파견을 둘러싼 정한 논쟁, 사가의 난, 타이완 출병, 아주 최근의 강화도 사변 등 잇따른 긴급 사태로 연기될 수밖에 없었다. 그런데 그 순행 계획이 다시 부상하게 되었다.

　　국내는 대체로 평화로운 양상을 보이고 있었다. 다만 5월 초순 와카야마(和歌山)에서 일어난 것 같은 농민 봉기가 불평불만의 흔적을 남기고 있었다. 5월, 기도는 첫머리에 '정부는 백성을 위해 존재하는 것이며 백성은 정부에게 사역을 제공하는 자가 아니다'라고 대담하게 시작하는 장문의 건의서를 올렸다.

　　7백여 년 동안 무인들이 대권을 쥐고 있어 민중은 언제나 정부의 압제 아래 있었다. 그러나 성천자(천황)의 지극히 인자한 배려로 유신의 영을 내리고 오래도록 쌓여온 악습을 말끔히 일소했다. 이는 실로 백성의 일대 행복이라 해야 할 것이다.

여기까지만 읽으면 이다음에는 이미 부정된 과거부터 연면히 이어져온 갖가지 악습을 배제하기 위해 한층 더 강경한 정책을 취하자는 내용이 아닐까, 생각할지 모른다. 그러나 기도는 오히려 변혁이 너무 지나쳤다고 경고했다.

폐번치현을 하면서 지방관 자리에 그 고장 사람이 아닌 타향 사람을 채용했다. 이것은 그 고장의 구습을 바꿔보자는 일시적인 편의에서 나온 것이다. 구습이 일소된 지금, 지방 관리는 그 고장 사람으로 차차 바꿔나가야 할 것이다. 그들은 그 지방 사람들과 밀접한 관계가 있기 때문에 정분이 돈독하고 오명이 자손에게까지 미치는 일을 수치로 알기 때문이다.

기도는 사실 과거의 적습(績習) 하나만큼은 유지하자고 탄원했다. 그는 사족의 가록(家祿: 한 집안이 세습하여 물려받는 녹봉) 지급 중단 결정에 분노했다. 5월 19일, 산조 사네토미를 찾아갔을 때 그날의 일기에 이렇게 써놓고 있다.

네모진 막대기가 둥근 구멍에 맞아 들어갈 수 없듯이 무리가 따르는 느낌이다. 우리는 눈앞의 변화에 정신이 팔려 수백 년의 관습을 허물어뜨리고 있다. 만일 가록 지급을 부득이 중단해야 한다면 충분히 시간을 들여서 사족에게 생활의 길을 열어주는 관

대한 조처를 취하기를 희망한다.[622]

기도는 변혁에는 찬성했으나 그 성급함은 싫어했다. 그리고 '인간적 배려'를 가지고 임해야 한다고 했다. 아마도 기도는 이러한 뜻을 천황에게 말하고 싶었을 것이다. 기도는 누구보다도 천황의 두터운 신임을 받고 있었다.

메이지 천황의 반응이 설혹 있었다 하더라도 『메이지 천황기』에는 그러한 것이 기록되지 않는다. 기록할 가치가 없는 활동들은 빠짐없이 기록되어 있는데도 말이다. 의식, 승마, 원로원 행차, 황태후에게 문후 올리기 위해 아오야마 어소를 찾는 일 등을 제외하고 천황의 일상을 차지하고 있었던 것은, 주로 근대화를 향한 착실한 진보와 직접 관계된 일들이다. 가령 5월 9일, 천황은 일본 최초의 공원인 우에노(上野) 공원 개원식에 참석했다. 이때, 내무성이 헌상한 음식은 새 시대를 상징하는 것이었다. '백포도주, 샴페인, 카스텔라, 아이스크림 등'이라고 기록되어 있다.

6월 2일, 천황은 드디어 도오(東奧) 순행을 떠났다.[623] 수행원은 각료, 사관(史官), 시종, 시의 등으로 모두 230여 명이었다. 황후는 센주(千住)까지 천황의 마차를 배웅했다. 거기서부터는 사이타마(埼玉) 현령의 마중을 받았다. 첫 숙박지는 소카(草加)였다. 행렬은 오후 3시 지나서 도착했다. 천황이 행궁으로 들어가자 사이타마 현령이 정식으로 맞이하며 축사를 했다. 이튿날, 천황은 4시에 기상했고 일행은 7시에 출발했다. 가모무라(蒲生村) 근처에서 천황은 행렬을 멈추게 하고 모내기하는 광경을 바라보았다. 남자는 흰 머리띠를, 여자는 붉은 머리띠를 맞춰 매고 일제히 삿갓을 썼으며, 모두들 이날을 위해 화려한 의상을 입고 있었다. 모내기 타령 소리가 멀리까지 들려왔다. 천황은 이때 처음 모내기를 봤을 것이다. 그 광경에 완전히 매료된 천황은 행렬을 기다리게 해놓은 채 마음껏 모내기 풍경을 보며 즐거워했다.[624]

그날 오후, 행렬은 다음 숙박지인 삿테(幸手)에 도착했다. 천황은 사이타마 현령을 불러 현 내의 상황을 물었다. 현령 시라네 다스케(白根多助)는 지세, 토질, 생활 상태, 산물 등에 대해 답변했다. 나아가 현령은 현민의 걱정거리인 도네(利根) 강, 아라(荒) 강, 에도 강의 범람 문제를 아뢰었다. 천황은 토지세 납부 제도에 대한 현민들의 불만의 목소리가 없느냐고 물었다. 현령은 많은 현민들이 이를 기쁘게 생각한다고 말했다. 다만, 가능하다면 토지세를 몇 번으로 나눠 낼 수 있게 되기를 바라고 있다고 했다. 순행 중 천황이 지방 장관 등을 어전에 부를 때면 반드시 이와쿠라 도모미, 기도 다카요시가 자리를 함께했다.

천황은 가는 곳마다 소학교를 방문했다. 학생들이 암송하는 소리에 귀를 기울이고 성적이 좋은 학생에게는 사전이나 지도 같은 선물을 주었다. 교실 수업 말고도 옥외에서 하는 학생들의 체조도 관람했다.[625] 소학교 방문에 천황이 특별한 관심을 가지고 있었을 리는 없었다. 그러나 자신이 본 것들에 대해 언제나 만족해하는 모습을 보였다. 아마도 아직 어린 백성이 심신 단련에 힘쓰고 있는 모습을 보며 마음속으로 흐뭇했던 것이 아닐까. 어쩌면 학교 방문이나 공장 시찰도 군주인 자신의 의무의 하나로 여기고 있었는지 모른다.

방문지에서 관심이 끌리는 대상이 있을 때만큼은 순행도 단순한 군주의 의무 이상의 것이 되곤 하는 것 같았다. 닛코에 있는 동조궁(東照宮)을 방문했을 때 천황은 건축, 목상(木像), 내외의 보물 등을 찬찬히 시간을 들여가며 살펴보았다. 도쿠가와 이에미쓰(家光)의 영묘(靈廟)에도 들어갔다. 동조궁의 유래를 일본 글로 쓴 다섯 권의 책과 한문으로 쓴 것 세 권도 일부러 행궁으로 가져오게 해서 꼼꼼히 들여다보았다. 그날 밤, 천황은 수행한 여러 신하들로 하여금 닛코 산 8경을 시로 읊게 했다.[626]

도쿠가와 가와 밀접한 관계에 있는 동조궁을 방문했을 때 메이지 천황이 주저했다는 내용은 전혀 찾아볼 수 없다. 오히려 천황은 도쿠가와 묘역 내에 있는 삼불당(三佛堂) 보존을 위해 하사금을 내놓았다. 삼불당은 1648년에 건축된 중후한 건물인데 신불혼효(神佛混淆) 금지로 이전이 명해진 상태였다. 그러나 자금 부족으로 이전할 수가 없게 되자, 그 일부가 헐리게 되었다. 이를 안 천황은 삼불당이 옛 모습을 잃어버리는 것을 애석히 여겨서 이전 자금으로 돈을 내놓았다. 천황은 분명 이 도쿠가와 가 전래의 유서 있는 건조물에 감명을 받았던 것이다.

천황의 행렬이 지나는 곳마다 환영 군중이 길에 열을 이루었다. 많은 구경꾼은 자신의 기분을 와카에 실었고, 재수가 좋아 그것이 천황의 눈에 띄길 기대했다. 이들 농민 가인들은 절차를 밟아 천황에게 노래를 바쳐봤자 기껏해야 지방관에게나 도달할까 천황의 눈에 띄지 못하리란 것을 잘 알고 있었다. 그래서 그들은 신하들에게 부탁해서 와카를 바치기도 했으며, 일부러 신하들의 눈에 띌 만한 곳에 와카를 놔두었다. 시종 번장(番長)은 이들의 와카를 모으고 정리해서 만찬 때 천황에게 보이곤 했다.

천황은 가는 곳마다 그 고장의 산물을 시찰하고 농민들의 와카에 관심을 기울였다. 또 예로부터 전해오는 서화 골동품과 고대의 농기구를 보며 눈이 둥그레졌다. 새로 개간된 농지를 보고는 만족스러워하고 산업화를 낳은 공장을 보고는 감탄했다. 센다이에서 천황은 다테(伊達) 가문이 소장한 물건들을 진열한 박람회장을 시찰했다. 그리스도 십자가상 앞에서 기도 드리는 하세쿠라 로쿠에몬(支倉六右衛門) 자신을 그린 유화 한 점과 그가 유럽에서 가지고 돌아온 양피지에 적힌 라틴어 공문서 등이 있었다.[627]

천황은 지방관뿐 아니라 신분이 낮은 사람에게서도 헌상품을 받았다. 예를 들면 후루카와(古川)에서는 소학교 학생이 바친 반딧불 한 바구니를 받았다. 때로는 천황이 마음에 든 지방 산물을 스스로 사기도 했다. 예컨대 이치노헤(一戸)에서는 농민복 중에서 후토노반텐(太布半纏)이라고 부르는 거칠 게 짠 옷을 샀다.

아마도 천황은 최후의 방문지인 하코다테에서 보게 된 것을 가장 흥미 있어 하지 않았을까. 시찰 방문 길에 그곳 병원에 들렀을 때였다. 우연히 진찰소에 두꺼비의 혈액 순환을 관찰하기 위해 현미경이 놓여 있었다. 천황은 손수 현미경으로 두꺼비의 혈액이 순환하는 것을 보았다. 현미경을 들여다본 것은 이때가 처음이었을 것이다.

하코다테의 행궁에 도착했을 때, 천황은 그곳에 진열되어 있는 수많은 산물을 보았다. 아이누가 사용하는 기구와 의복도 있었다. 이날, 50여 명의 아이누가 천황을 배알했다. 그날 밤 행궁 뜰에는 수백 개의 홍등이 불을 밝히고 있었다. 시내에는 집집마다 초롱이 내걸렸고 항구에 정박한 모든 함선도 등불을 내걸었다. 해안을 따라 가로에 등롱이 매달렸으며, 연해의 촌락에서는 모닥불을 피웠다.

7월 17일, 천황은 관군에 저항한 막부군의 최후의 요새, 오릉곽 성을 찾아갔다. 성벽에 올라 개척사(開拓使: 메이지 초년에 홋카이도의 행정, 개척을 맡았던 관청) 관리에게 당시의 전황을 물었다. 나중에 행렬 구경을 위해 하코다테에 와 있던 아이누 남녀 50여 명을 불러 술을 내렸다. 아이누들은 예를 다해 잔을 비운 다음 천황을 위해 춤을 추었다.

다음 날 18일, 천황은 하코다테에서 배를 타고 귀로에 올랐다. 요코하마로의 항해는 풍랑이 심해 많은 사람들이 배멀미를 했다. 그러나 이 일만 제외한다면 순행은 대성공이었다. 기도 다카요시는 천황의 운동 부족을 걱정해서 여행 중에는 되도록 보행이나 승마를 권했다. 그러나 이것은 무리였다. 천황은 순행하는 동안 마차와 봉련에서 좀처럼 내려올 수가 없었던 것이다.[628] 그러나 정말 심각한 문제가 따로 있었다. 각 지방관들이 사족들의 불만과 불온한 움직임이 있음을 보고했기 때문이다. 이 쌓이고 쌓인 불만은 해가 다 가기 전에 폭발했다.

근대화의 급속한 발걸음은 1876년 후반이 되어서도 사그라들 줄 몰랐다. 9월 4일, 천황의 전용함으로 사용될 군함 진게이(迅鯨) 호의 진수식이 요코스카 조선소에서 있었다. 그다음 날인 5일, 교토와 고베 사이를 잇는 철도가 개통되었다. 9월 7일, 천황이 원로원에 칙어를 내렸다.

짐은 이제 일본의 건국 정신에 맞게 널리 해외 각국의 성법(成法)을 참조하여 국헌을 제정하고자 하니 원로원에서는 이 조안을 기초하라.

9월 9일, 〈도쿄일일신문〉 〈요코하마매일신문〉이 천황에게 보여졌다. 이후로는 이 두 신문 외에도 〈우편보지(郵便報知)〉를 비롯한 각 신문을 천황이 보게 되었다. 여기서 언급한 교통망의 발달, 정치의 진전, 정보의 보급은 각각 일본의 앞날의 모습을 암시하는 것이었다.

천황은 또 해외 여러 나라의 원수와 보다 긴밀한 교제를 시작했다. 10월 1일, 천황은 미합중국 독립 1백 주년을 기념하는 필라델피아 박람회를 축하해서 그랜트 미국 대통령에게 친서를 보냈다. 이틀 후, 천황은 러시아 황제가 증정한 상트페테르부르크의 겨울궁전 사진과 설계도를 보았다. 이는 이전부터 황궁을 조영할 때 참고하기 위해 천황이 원하고 있다는 말을 러시아 황제가 듣고서 보내온 것이었다.

그렇다고 천황의 신하들 모두가 이러한 천황의 행보를 반기고 있었던 것은 아니다. 사족들 대부분은 아직도 케케묵은 존왕양이 사상을 고집하며, 일본을 근대 국가로 만들기 위해 정부가 취한 갖가지 조처에 분개하고 있었다. 많은 사족들은 '신주(神州)'의 땅을 외국인에게 팔아넘겨서, 외국인들이 그들의 거류지 바깥으로 삶의 터전을 넓히게 만든 처사에 크게 격분했다. 특히 사족의 격앙을 불러 온 것은 이해 초에 연이어 나온 폐도령과 단발령이었다. 사족 측에서 볼 때 이것은 일본의—특히 사족 계급에 속하는—전통에 대한 모독이었다. 이 노여움은 당시 사족 대부분이 겪고 있던 경제적 어려움 때문에 배가되었다.

사족의 분노가 사가의 난으로 폭발했고, 구마모토 주둔 정부군의 지원으로 난적들을 진압하였다. 구마모토의 '애국적인' 당 지도자들은 반란군의 진압 때문에 병력이 허술해진 이때야말로 주둔지 습격의 호기라고 생각했다. 당시 구마모토에는 네 개의 '당'이 있었다. 경신당(敬神黨: 일반적으로 신풍련神風連이라는 이름으로 알려져 있다)[629]과 학교당(學校黨)은 수구파로 메이지 정부가 부정하는 사족 재건을 바라고 있었다. 나머지 실학당(實學黨)과 민권당(民權黨)은 근대화를 지지하는 개진파(改進派)였다.[630]

510

천황이 해외 천행을 계획하고 있다는 풍문을 듣고 신풍련의 분노는 극에 달했다.[631]

신풍련의 수령 오타구로 도모오(太田黑件雄)는 10월, 여러 차례 신도식 점[632]을 되풀이해 마침내 '결의하라'는 점괘를 얻었다. 오타구로는 이전부터 뜻을 같이하는 다른 현의 사족들과 연락을 취하고 있었다. 구마모토에서의 성공은 다른 현으로도 파급될 것이고, 차례차례로 궐기하게 될 것이 분명하다고 오타구로는 믿고 있었다. 이들 사족을 묶어주는 공통 기반은 메이지 유신 이래의 갖가지 변화—특히 사족 계급의 신분과 관계된—에 대한 불만이었다.

그중에서도 신풍련은 가장 극단적이었다. 신풍련은 서양의 영향을 저지하는 것만으로는 만족하지 않았다. 그들은 양복 착용이 되었건, 서양 달력의 사용이 되었건, 서양의 영향을 이 세상에서 흔적 없이 지워버릴 각오를 하고 있었다. 가령 전기를 혐오한 나머지 전깃줄 밑을 지나야 할 때면 부채를 펼쳐 머리를 가리고 재빨리 지나, 해롭기 짝이 없는 외국의 영향에서 몸을 지키려고 하였다. 또 항상 소금을 가지고 다니면서 승려[633]나 양복 차림의 일본인, 장례식 등과 마주칠 때마다 일종의 '벽사(辟邪) 의식'을 했다. 그중에는 지폐 역시 서양 것을 흉내 낸 것이므로 몸을 부정하게 만든다고 여겨 손으로 직접 만지지 않고 젓가락으로 받는 사람까지 있었다.[634] 그들은 근대 병기 사용을 거부하여 다가올 정부군과의 전투에서 치명적인 보복을 당하게 된다. 라이플과 대포로 무장한 군대에 신풍련은 칼과 창으로 대항했던 것이다.[635]

10월 24일 밤, 신풍련 당원 약 2백 명이 몰래 집결하여, 곧바로 부대를 나누어 진격했다. 한 무리는 구마모토 주둔군을 습격했다. 기습 작전으로 다수의 수비병을 죽이고 보병과 포병 양쪽 막사에 불을 질렀다. 다른 한 무리는 전신국으로 가서 외국제 통신기기를 모두 파괴했다. 그러나 이것은 아군과의 통신을 포함해 외부와의 통신이 모조리 끊겼음을 의미했다. 또 다른 일부는 현령 야스오카 료스케(安岡良亮), 주둔군 사령관 육군 소장 다네다 마사아키(種田政明), 참모 육군 중령 다카시마 시게노리(高島茂德)의 집을 습격했다. 다네다와 다카시마는 살해되고 야스오카는 치명상을 입었으며, 집은 모두 불태워졌다.

살육은 무차별적으로 저질러졌다. 막사 습격은 예고 없이 행해졌고 무방비 상태로 있던 병사들은 잠자다가 습격을 받은 꼴이 되었다. 그들은 상대를 죽이지 않고 포로로 잡는다는 생각은 없었다. 중상으로 자신의 몸을 지킬 수 없는 병사에게조차 일말의 자비심도 베풀지 않았다. 주둔병 3백여 명 대부분이 사상했다. 사족으로 이뤄진 신풍련과는 달리 주둔병은 징집병으로서 태반이 농민이었다. 자신들의 위치를 차지한 신분 낮은 농민을 살해하면서 신풍련의 사족들은 뭔가 희열이라도 느꼈는지 모른다.

당초, 반란군이 완전히 승리를 거둔 것으로 보였다. 그러나 경악과 충격에서 깨어난 육군 장관들은 즉시 나머지 병사를 소집하여 근대 병기로 공격에 나섰다. 전세는 역전되어 주둔군의 총앞에 반도(叛徒)들은 하나씩 쓰러져갔다. 중상을 입은 오타구로는 동지에게 자신의 목을 치라고 명했다. 동지는 눈물을 머금고 그의 목을 베었다. 다수의 생존자들도 할복함으로써 마지막까지 일본 전통을 지켰다. 습격자들이 지른 불길은 새벽이 되자 가라앉기 시작했고, 포성도 멎었다. 전투는 끝났다. 그러나 공포에 질린 시민들이 사방으로 도망치는 일이 종일 끊이지 않았다. 비상사태가 풀린 것은 11월 3일의 일이었다.

신풍련의 난은 아무것도 이루지 못한 채 종결되었다. 그것은 국가, 혹은 세계를 위해 이바지했을지 모를 5백여 인간의 의미 없는 죽음을 가져왔을 뿐이었다. 구마모토 사쿠라야마 신사에 늘어선 두 줄의 묘석 밑에는 신풍련의 동지 123명이 잠들어 있다. 묘석에는 각각 성명과 죽은 해가 새겨져 있다. 그중에는 전투에서 죽은 자, 자결한 자들도 있다. 두 줄의 묘석을 보고 있노라면 지는 벚꽃처럼 사라진다는 무사의 죽음에 관한 몇 가지 비유가 떠오르게 마련이다. 오늘날 이들 묘 앞에 선 사람들은 비운의 대의에 바쳐진 그들의 헌신에 감명받은 나머지, 그 습격이 지극히 잔인했다는 것, 그리고 십대나 이십대의 젊은이들이 목숨을 바친 갖가지 이념들에는 이성이 결여되어 있었다는 사실을 망각하기가 쉽다.

그럼에도 불구하고 신풍련의 동지 약 2백 명은 '소집단이라도 결사의 각오로 불의에 습격한다면 대집단을 깨뜨릴 수 있으며 적어도 공황 상태에 빠뜨릴 수 있다'는 사실을 분명히 했다. 이 폭력주의의 교훈은 일본 전국에 있는 반체제파 사족에게 곧장 전파되었다. 이윽고 몇몇 동지들과 뜻을 모아 이 같은 반란을 행동으로 보인 자들이 있었다.

신풍련 궐기 소식은 10월 25일, 조정에 도달했다. 이와쿠라 도모미, 기도 다카요시는 즉시 그 사실을 천황에게 보고했다. 그러나 구마모토와의 통신이 끊어져 있었기 때문에 상세한 것은 알 수 없었다. 그날 밤 구마모토 주둔군과의 전신이 회복되었고

26일, 산조 사네토미와 오쿠보 도시미치는 천황에게 좀 더 상세한 상황을 보고했다. 직접 정보를 얻기 위해 관리들이 구마모토로 파견되었고, 육군 소장 오야마 이와오(大山巖)가 다네다 대신 구마모토 주둔군 사령 장관에 임명되었다.

구마모토 폭동 전날인 10월 23일, 신풍련은 아키즈키(秋月)번으로 사자를 보냈다. 진작부터 계획된 궐기 실행을 아키즈키의 동지들에게 전해서 반란에 가담하라고 호소한 것이었다. 정부가 시마즈 히사미쓰의 조언을 받아들이지 않을 뿐 아니라 일본의 서양화를 막으려 하지 않자 아키즈키의 사족은 화가 났다. 그들은 암암리에 신풍련 및 조슈의 불평 사족들과 연락을 취하고 있었다. 또한 간성대(干城隊)[636]—아키즈키 사족은 스스로를 그렇게 부르고 있었다—의 정치사상은 조금 색다른 특징을 가지고 있었다. 그들은 해외 개척을 주창하고 있었고, 당연히 정부의 정한론 거부는 그들을 격노시켰다.

미야자키 샤노스케(宮崎車之助)가 이끄는 아키즈키 사족은 신풍련과 서로 연락을 취해가며 궐기하기로 했다. 미야자키의 동생 이마무라 하쿠하치로(今村百八郎)가 수령으로 지명되었다. 26일, 아키즈키의 사족 180여 명은 거병 준비를 갖추었다.[637] 그러나 옛 아키즈키 무사 모두가 이 결정에 찬성한 것은 아니었다. 그중에는 이의를 제기하며 부대 해산을 요구하는 자도 있었다. 그러자 궐기도 중지되는 것으로 보였다. 그러나 동지들의 사기가 높아져 이제 군사 행동 이외에는 사족을 억누를 방법이 없었다. 아키즈키 사족은 대열을 지어 '보국(報國)'이라고 크게 쓴 백기를 앞세우고 진군했다.

아키즈키 사족의 목적지는 구마모토가 아니었다. 후쿠오카 현

동부 도요쓰(豊津)였다. 도요쓰의 사족을 설득해서 함께 바다를 건너 조슈로 달려가, 그곳에서 조슈의 불평 사족과 합류할 계획이었다. 그러나 도요쓰 사족은 아키즈키 사족의 요청에 응하기는커녕, 그 계획을 몰래 고쿠라(小倉)의 육군 본부에 알렸다. 정부군은 반도를 습격해 대승을 거두었다. 11월 1일, 말할 수 없이 지친 간성대의 지도자들은 모든 것이 끝났다며 자결했다. 그런 사정도 모른 채 이마무라는 20여 명의 동지와 아키즈키로 향했으나 그곳에는 정부군이 기다리고 있었다. 이마무라는 체포되어 처형되었다.

제3의 반란이 조슈에서 일어났다. 마에하라 잇세이(前原一誠)는 조슈에 있는 쇼카손주쿠(松下村塾)에서 요시다 쇼인(吉田松陰)의 가르침을 받은 재기 발랄한 학생이었다. 후에 나가사키에서 양학을 공부하고 조슈군과 메이지 육군을 위해 진력했다. 마에하라는 특히 무진 전쟁 때 호쿠에쓰(北越) 출병으로 이름을 날려 병부대보(兵部大輔)의 지위에 올랐다. 1870년, 마에하라는 병을 이유로 사직했다. 그러나 사실은 조정의 옛 번주에 대한 취급에 화가 나서 그만둔 것이었다. 마에하라는 또 정부 수뇌의 정치적 견해, 특히 근대화의 제창에 불만을 품고 있었다. 그의 능력을 높이 산 정부의 간청으로 1875년 마에하라는 다시 상경했다. 그러나 정부 방침이 마음에 맞지 않아 한 달도 못 돼서 귀향했다. 마에하라는 봉기를 결심하고 다른 반체제 세력, 특히 신풍련과 힘을 합칠 것을 결심했다.

신풍련의 궐기를 알게 된 마에하라는 10월 26일, 동지 십여 명을 불러 다음과 같이 고했다.

지금이 바로 국체를 만회할 절호의 기회이다. 급히 야마구치를 치고 대거 동으로 올라가 정부의 간신들을 제거해야겠다.

동지들은 모두 이에 찬동했다. 마에하라는 도쿠야마(德山)의 동지들을 향해 격문을 보냈다. 10월 28일, 마에하라를 지지하는 자들이 모여 전투 준비를 시작했다. 수는 1백여 명에 지나지 않았으나 그날 밤 진격하기로 결정했다. 조슈에 폭동 조짐이 있다는 보고를 받은 야마구치 현령은 현의 관리를 마에하라에게 파견해서, 이미 구마모토의 반란이 진압되었으니 즉시 군대를 해산하라고 달랬다. 현령은 동시에 히로시마 주둔군 야마구치 분영(分營)에 출동을 요청하고 도쿄의 내무성에 현황을 보고했다.

마에하라는 형세가 불리하다는 것을 눈치챘다. 급습이야말로 성공의 열쇠였는데, 현령이 사전에 계획을 알아차리고 주둔군 부대에도 출동을 요청하고 있는 마당에 야마구치를 습격해 봤자 승산이 없었다. 마에하라는 계획을 변경했다. 우선 산인(山陰: 주고쿠 산지의 북쪽) 지방에 있는 여러 번의 사족을 설득해서 그들을 끌어들이는 한편, 함께 천황의 발밑인 도쿄까지 진군해서 간(諫)하다 죽는 것만 못하다고 생각했다.

마에하라와 동지들은 지나는 곳마다 무기 등을 약탈해가면서 야마구치 현 북쪽의 스사(須佐)로 향했다. 스사에서 다시 동지를 모아 대오를 편성하여 '순국군(殉國軍)'이라 칭했다. 스사에서 해로를 통해 이와미(石見)의 하마다(濱田)로 갈 계획이었다. 그러나 어선 30여 척의 소함대는 강풍의 저지를 받아 앞으로 나아갈수가 없었다. 마에하라는 다시 계획을 바꿔 조슈로 향했다. 도중 순국군은 정부군과 충돌해 격전 끝에 정부군을 격파했다. 그러나 이미 그들은 심신이 모두 지쳐 있었다. 게다가 마에하라는 조슈 번 학교인 명륜관(明倫館)에 감춰뒀던 탄약이 모조리 연못에 버려졌다는 것을 알았다. 더 이상 승산이 없었다. 도쿄로 가서 거병의 전말을 정부에 알리기로 한 마에하라는 몇 명의 동지와 함께 몰래 조슈를 탈출했다. 그러나 11월 5일 체포되었다. 명륜관에서 끝까지 버티고 있던 나머지 순국군 동지들은 물과 바다에서 쳐들어오는 정부군의 공격을 받아 괴멸했다.

반도(叛徒)와 뜻을 같이하고 있던 서쪽의 후쿠오카, 구루메(久留米), 사가 등지의 불평 사족들은 더 이상의 봉기가 무리라는 것을 알고 모반을 포기했다. 12월 3일, 반란에 실패한 구마모토, 아키즈키, 조슈의 반란 지도자들이 재판에 회부되어 처형되었다. 사족의 반란은 잠시 숨을 죽인 꼴이 되었다. 그러나 이바라키(茨城), 미에(三重)에서 일어난 농민 봉기는 국내에 불평불만이 얼마나 뿌리 깊게 남아 있었는지를 여실히 보여주었다.

행정부 안에서도 가장 기탄없이 의견을 내놓는 것으로 알려진 기도 다카요시[638]는 12월, 태정대신 산조 사네토미, 우대신 이와쿠라 도모미에게 건의서를 제출했다. 건의서에서 기도는 최근의 사족 반란 및 농민 궐기가 시정상의 불찰에 의한 것임을 지적했다. 그러나 그 궁극적 책임은 따로 있다고 했다.

회고해 보건대 메이지 6년(1873) 이래 국가의 많은 대사들이 사쓰마에서 발단한 것이나 다름없다. 정한(征韓)이나 정대(征臺) 문제도 역시 그러하다. 정부는 항상 사쓰마에서 하자는 대로 따라 했다.

사쓰마 무사의 행동에 대한 기도의 신랄한 비판 뒤에는 기도가 조슈 출신이라는 사정이 얽혀 있었는지도 모른다. 그러나 분명히 그것만이 전부는 아니었다. 기도는 진심으로 농민을 동정하고 있었다. 농민은 세상이 불안하게 돌아가는 가운데 빈곤과 기아에 직면했고, 그 풀어 볼 길 없는 기분을 죽창으로 무장하는 일 말고는 호소할 도리가 없었던 것이다.

기도는 농민 복지를 촉진시키고 내정을 충실히 하기 위해 긴급히 처치해야 할 여섯 개 항목의 대강(大綱)을 제창했다. 예를 들면, 여러 성(省)의 경비를 절약해서 시급하지 않은 공사를 중단하고 백성이 쉴 수 있게 해야 한다고 했다. 또 민정이 어떠한지 살펴보지도 않고 함부로 법률이나 규칙을 내놓아 이를 속박하지 말라고 하고 있다. 그리고 마지막으로 민중에게 아직 마음의 준비가 안 됐다는 이유로 민선의원 개원을 늦추려 하고 있는 정부 점진파에 불만을 터뜨렸다.

사람들의 의식이 아직 낮기 때문에 민선의원 개원이 시기상조라고 말하는데, 그 정책을 백성들에게 시행할 때, 백성의 의식이 높고 낮음을 불문하고, 또 일의 적합하고 부적합함을 논하지 않은 채 이것이다 싶을 때 즉시 이를 시행하면서 그 일이 빨리 성사되기를 서두르는 것이 바로 급진 개혁이 아닌가.[639]

1877년 1월 1일, 신년 의식이 전통에 따라 황궁에서 거행되었다. 천황은 이제 세는나이로 스물여섯 살이 되었다.

4일, 중대한 결정이 천황에 의해 발표되었다. 민중의 부담을 덜어주기 위해 토지세를 땅값의 1백 분의 3에서 1백 분의 2.5로

낮춘다는 것이었다. 이날 기도 다카요시는 일기에 다음과 같이 썼다.

평소에 소원하고 있던 바라 참으로 은혜롭기 한량없다. 이제 주군 성상의 뜻이 관철되어 백성들이 행복해지기를 오직 바랄 뿐이다.[640]

세입의 감소는 행정 경비 삭감이라는 결과를 초래하게 되었다. 천황은 각 성청에 세출 비용 절감을 명했다. 천황의 이런 결단의 배후에는 오쿠보 도시미치의 존재를 느끼게 된다. 오쿠보는 1876년 12월 27일, 산조 사네토미에게 건의서를 제출해 놓았다.

농민을 어려움에서 구하는 일이야말로 당장 시급한 문제. 신정부는 농민을 위해 아무것도 하지 않았을 뿐 아니라 농민이 안고 있는 문제를 생각할 시간조차 가지지 못했다. 최근 여러 지방에서 빈발하고 있는 농민 봉기는 농민이 불행한 처지에 있다는 것을 보여주는 확실한 증거다. 정부는 농민이 국가의 기반이라는 것을 늘 주장해 왔다. 농민에게 보통 사람의 생활을 할 수 있도록 배려하는 일이야말로 정부의 의무가 아닌가.[641]

오쿠보는 그러면서 세금을 땅값의 1백 분의 2로 삭감하기를 주장했다. 농민의 부담을 가볍게 해주는 일이 바로 국가의 번영을 가져오는 일이라고 판단했던 것이다. 짐작건대 천황이 발표한 1백 분의 2.5로의 삭감은 오쿠보가 제창한 것에 대한 절충안이었음에 틀림없다.

1월 4일, '천황, 승마를 했다'고 기록되어 있다. 보통의 경우라면 특별히 언급할 것도 없는 일과 중의 하나다. 그러나 이날부터 천황은 신들린 듯이 말을 타기 시작했다. 거의 연일, 오후 2시부터 해가 지기까지 마술 연습에 몰두했다. 도쿄에서만이 아니다. 이달 후반부터 교토로 가 있는 동안에도 이 일과는 바뀌지 않았다. 교토에서는—예를 들어 7월 1일—화씨 94도[642]가 되는 폭염에도 마장으로 나가는 일은 빼놓지 않았다. 그 후 천황은 각기병을 앓았다. 그 때문에 일시적으로 승마를 중단했지만 시의의 허가가 내린 10월 후반, 승마는 재개되었다. 이 시기에 승마열이 특히 눈에 두드러졌던 이유는 당시 천황이 각료와 만나기를 애써 피하고 있었고, 예정된 학문의 일과에 따르기를 거부했기 때문이었다.[643]

천황은 1월 24일, 야마토와 교토 행차에 나섰다. 행차의 공식 목적은 진무 천황 우네비(畝傍) 산 동북릉(東北陵) 참배, 그리고 고메이 천황 10주기 제사가 열리는 후월륜동산릉 참배에 있었다. 교토, 나라에 있는 역대 천황의 능을 참배하는 일도 예정되어 있었다.[644] 행차는 도쿄와 고베 사이의 왕복 모두 바닷길을 취하기로 하였다. 천황은 작년의 도오(東奧) 순행 귀로에서 하코다테 출항 때 풍랑이 몹시 거셌던 일을 떠올리고 해로로 왕복한다는 게 마음이 내키지 않았던 모양이다. 돌아올 때만이라도 육로로 했으면 좋겠다는 뜻을 산조에게 건넸다.[645] 그러나 산조는 '조정을 개혁하는 때인 만큼 하루라도 속히 돌아오시는 것이 좋다'면서 육로보다 빠른 해로 이용을 진언했다. 결국 천황은 이를 수락했다. 그러나 이 시기에 읊은, 와카를 보면 매우 생생한 거친 바다에 대한 염려는 사라지지 않았다.

　무섭게 불어치는 바람은 포효하고
　푸른 바닷벌에는 파도가 날뛰네

1월 21일에 읊은 것이다. 출항 예정일 전날이었는데, 사실 이
날 풍파가 심해서 이튿날의 출항은 연기되었다. 다음 와카는 아
마도 바다 위에서 지은 것 같다.

　어제오늘 바다에 불어치는 바람 하도 사나워
　노 저어 나온 배도 잠시 발길 멈추네[646]

1월 24일 아침, 천황 일행은 기차로 요코하마까지 가서, 그곳
에서 다카오(高雄) 호에 승선했다. 다카오 호는 군함 두 척의 호
위를 받으며 요코하마 항을 출항했다. 이날 천황은 다음과 같은
와카를 읊었다.

　풍파에 아랑곳없이 바다로
　물보라 날리면서 달리는 배여[647]

이 노래는 천황이 날씨와 상관없이 전천후로 활약하는 군함에
대한 신뢰감을 내비친 것으로 볼 수 있다. 그러나 바다는 천황이
예상했던 것 이상으로 요동을 쳤다. 파도는 높고, 거센 북풍을
타고 비바람이 몰아쳤다. 배가 몹시 흔들려 폭풍이 가라앉을 때
까지 도바 항에 닻을 내리기로 했다. 천황은 이때의 기분을 이렇

게 읊었다.

불어치는 바람, 질세라 이는 거친 파도
어쩔 수 없이 다시 저어 올 수밖에[648]

폭풍우는 며칠에 걸쳐 불어댔고, 27일에야 겨우 도바 항을 떠날 수 있었다. 고베에 도착한 것은 이튿날인 28일이었다. 천황은 부두에서 말을 타고 휴게소인 고베 우편국으로 향했다. 민중이 연도에 도열하여 천황을 맞이했다. 고베 정거장에서 교토 정거장까지는 기차로 가고, 동본원사에서 잠시 쉰 다음 다시 연도에 늘어선 교토 시민의 환영을 받으며 궁궐로 향했다. 천황은 어쩌면 어릴 때의 정경을 떠올리고 있었던 것이 아닐까. 그러나 그의 기분을 전하는 유일한 자료는 이 와카뿐이다.

정들었던 꽃다운 수도의 첫눈을
올해는 보겠지 하고 기다리는 기쁨이여[649]

천황은 상어전에서 황후와 황태후의 영접을 받고, 그날 소어소에서 황족들을 만났다. 29일, 천황은 학문소에서 황족과 교토의 화족들을 만났다. 그리고 31일, 황자와 공주를 비롯해서 고위 화족들에게 선물을 하사했다. 마치 예전 교토의 영화가 다시 소생하는 듯이 보였다. 그러나 천황이 도쿄로 간 후 내팽개쳐진 궁은 황폐해진 몰골을 하고 있었다.[650]
29일, 황족 및 화족들이 궁궐의 의식에 참여하고 있는 사이에 한 무리의 젊은이들―'사학교도(私學校徒)'라고 기록되어 있다—이 가고시마 현 소무다무라(草牟田村)의 육군 화약고를 습격해서 탄약을 탈취해 갔다. 서남(西南) 전쟁의 발발이었다.

사이고 다카모리가 설립한 '사학교'[651]에서 공부하는 사족들인 사학교도의 직접적 행동 원인은 다음과 같은 데 있었다. 가고시마에 불온한 움직임이 있다는 정보에 불안을 느낀 육군성은 기선 아카류(赤龍) 호를 가고시마에 보내 화약고의 탄약을 오사카 포병 지창(支廠)으로 옮기려 하고 있었다. 사전에 이런 기미를 알아차린 사학교도들이 선수를 쳐서 봉기한 것이었다. 육군 화약고, 그리고 해군성 소관 조선소 병기국의 화약고 습격은 약 일주일 동안 계속되었다. 조선소 차장 해군 소령 간노 가쿠베(菅野覺兵衛)는 가고시마 현령 오야마 쓰나요시(大山綱良)에게 경찰의 보호를 요청했다. 그러나 오야마는 간노의 요청을 무시했다. 2월 3일, 간노는 조선소를 폐쇄했다. 오야마가 움직이지 않는 것은 습격자에 대한 공감에서 우러나온 짓이라고 의심했던 것이다. 이틀 후, 사학교도들이 조선소를 점거하고 무기 탄약의 제조를 시작했다.

이들의 행동 배경에는 조선 사절 파견 요구를 최종적으로 거절당한 사이고 다카모리를 비롯한 가고시마 사족의 불만과 분노가 있었다. 그들은 귀향 후 가고시마 현을 지키기 위해서는 특별한 사족 교육이 필요하다고 결의했다. 가고시마 사족들에게 가고시마 현은 이른바 독립국 같은 곳이었다. 1874년 6월, 사이고는 가고시마 시내 시로야마(城山) 기슭에 있는 옛 사쓰마 번의 마구간 터에 학교를 설립했다. 시중에도 작은 분교가 세워지고, 분교들은 이윽고 현 내 각 고을로 퍼져 나갔다. 이들 '사학교'의 대들보는 말할 것도 없이 사이고 다카모리였다. 사이고 스스로 쓴 교지(敎旨)가 각 학교에 내걸렸다.

> 왕을 받들고 백성을 어여삐 여기는 것이 학문의 참뜻이다.[652]
> 하늘의 이치를 깊이 연구하여 백성들이 어려움에 빠지지 않도록
> 대처하며 통치의 임무를 다하는 것이야말로 사족의 본분인 것이
> 다.

사학교에서는 한적(漢籍), 그중에서도 특히 병서(兵書)와 전통
적인 사풍(士風) 교육을 중시했다.[653] 신도와 와카 같은 국학이
나 과학 기술 같은 양학은 가르치지 않았다. 도쿄 정부가 아무리
사족 계급을 무시하더라도, 우리 사족이야말로 일본의 전통 보
유자라고 자각시키는 일이 사학교의 목적이었다. 사학교는 학문
의 중요성을 강조하면서도 정치 집단에 지극히 가까웠다. 사학
교에 속하는 사족들의 교육이란 오로지 실천을 위한 활동이 주
가 되었고, 순수 학문에 대한 관심과는 거리가 멀었다.

가고시마 사족 중에서도 특히 외곽 출신 사족은 사학교에 가
기를 주저했다. 그러나 주변의 분위기에 휩쓸려 결국은 사족끼
리의 결속을 보이지 않을 수 없었다. 사학교는 현에서도 은근히
지지를 얻고 있었다. 현령은 사학교도를 현관(縣官)이나 각 지구
장으로 임명하고 있었다.

1876년 12월, 정부는 사학교에 의한 파괴 활동의 실태를 살피
기 위해 경시국(警視局) 소경부(少警部) 나카하라 나오오(中原尙
雄)를 비롯한 일단[654]을 가고시마에 파견했다. 가고시마에 도착
한 뒤 얼마 되지 않아 나카하라 이하 20여 명은 사학교도에게 붙
잡혀 정부의 밀정으로 고발되었다. 그 후, 나카하라 등에게는 더

중대한 혐의가 씌워졌다. 그들의 사명이 실은 사이고 암살에 있었다는 것이었다. 나카하라는 고문을 당하여 그 죄를 인정하는 공술서에 서명을 강요받았다.[655] 나카하라는 나중에 공술 내용을 부인했다. 그러나 가고시마에서는 도쿄 정부가 사이고를 암살하려 한다는 소문이 널리 퍼져 있었다.[656] 당사자인 사이고까지도 그것을 믿었다. 이 음모 발각은 사학교에 관여하는 사람들에게 안성맞춤의 구실을 제공하게 되었다. 즉 사이고를 지키기 위해 반란을 일으킨다는 것이다.

천황은 가고시마의 동향을 늘 보고받고 있었음에도 불구하고, 도무지 도쿄로 돌아갈 기색을 보이지 않았다. 또 천황의 위엄에 도전하는 모반을 진압하기 위해 스스로 진두지휘할 기미도 없었다. 대신 천황은 교토에서 학교를 방문하고 권업장(勸業場), 사밀국(舍密局) 같은 여러 공장을 시찰했으며, 니조에 있는 목축장으로까지 발길을 옮겼다. 또 여러 신사를 참배하고, 황후 및 황태후 등과 더불어 고모인 스미코(淑子) 내친왕의 계궁(桂宮)에서 노를 관람했다.[657] 가고시마의 정세가 급격하게 악화일로를 치닫고 있는 동안에도 천황은 한가로운 생활—그리고 역대 천황릉 참배—을 멈추려 하지 않았다.

2월 6일, 가고시마에서의 긴급한 동향을 전하는 정보가 잇달아 교토에 도달했다. 정보는 경악과 당황을 가져다주었다. 그 내용이 먼저 내무 소보 하야시 도모유키(林友幸)가 전달한 시찰 보고와 엄청나게 달랐기 때문이다.

1월 초순, 가고시마 시찰을 마치고 귀경길에 오른 하야시는 2월 2, 3일경 교토에 들러 산조와 기도에게 이상 없음을 보고했던 것이다.[658] 하야시는 일변한 상황을 파악하기 위해 다시 가고시마 파견을 자원했다. 산조 사네토미, 기도 다카요시, 이토 히로부미 등은 협의 끝에 하야시에게 가고시마 파견을 명하고 해군대보 가와무라 스미요시(川村純義)를 동행하게 했다. 산조 등이 특히 우려한 것은 가고시마에서 반란이 일어날 경우 그것이 가고시마와 지리적, 정신적으로 가까운 옛 번에까지 파급될 우려가 있다는 것이었다.[659] 사태의 중대성에 비춰, 긴급을 요했기 때문에 하야시, 가와무라 일행은 기선 다카오 호로 가고시마로 가기로 했다. 그러나 다카오 호는 천황이 도쿄로 돌아갈 때 승선할 예정이었다. 천황은 2월 21일 출항에 늦지 않게 배를 고베로 되돌린다는 조건으로 다카오 호의 가고시마행을 허가했다.

다카오 호는 2월 7일 고베를 떠나 이틀 후 가고시마에 도착했다. 일행의 도착을 알리는 사자가 현청으로 뛰었다. 잠시 후에 현령 오야마 쓰나요시가 배로 왔다. 오야마는 하야시와 가와무라에게 다음과 같이 고했다.

사학교도의 동요는 대경시(大警視) 가와지 도시요시(川路利良)가 자객을 풀어 사이고 암살을 기도한 데에 원인이 있다. 현주민들의 민심이 들끓고 있는데, 그 기세는 이제 제지할 수 없을 정도다.

그리고 오야마는 가와무라(사이고 사촌 누이의 사위)와 회견하고 싶다는 사이고의 요구를 전달하고 가와무라에게 상륙하자고 했다. 이에 대해 하야시는 '자객을 가고시마로 보냈다는 사실은 믿을 수 없다. 사이고와 힘을 합쳐 사족 무마에 노력하겠다'며 오야마를 설득했다.

오야마가 보트로 다카오 호를 떠나자마자 다른 보트 7, 8척이 각각 10여 명의 무장한 남자들을 태우고 다카오 호에 다가왔다. 그들은 필사적으로 다카오 호에 올라타려고 했다. 그러나 다카오 호 선장 해군 중령 이토 스케유키(伊東祐亨)는 닻줄을 끊고 배를 사쿠라지마 서안으로 돌렸다. 나중에 오야마가 다시 배로 와서 가와무라와 꼭 면담을 해야겠다는 사이고의 말을 전했다. 하야시는 사족의 동요가 가라앉을 때까지 가와무라를 뭍에 내리게 할 수는 없다며 관의 선박에 대한 습격은 불경이라고 오야마를 나무랐다. 그리고 하야시는 일이 이쯤 되었으니 곧바로 귀경해서 보고하겠다며 오야마를 배에서 내쫓았다.

다카오 호는 2월 12일 한밤, 고베에 입항했다. 일행을 마중 나온 사람은 야마가타 아리토모, 이토 히로부미였다. 가고시마에서 있었던 다카오 호 습격 보고가 교토에 도착한 시점에서, 두 사람은 산조 사네토미의 명을 받고 고베에서 대기하고 있었던 것이다. 그날 밤, 고베의 한 여관에서 가고시마 출병 준비에 대한 협의가 있었고, 전쟁 발발은 이미 시간문제가 되었다.

제28장 공신인가 적신인가 사이고 다카모리

1877년 2월은 일본 근대사에서 기억에 남을 만한 달이다. 이 달 일본 최후의 내전인 '서남(西南) 전쟁'이 일어나면서 유신의 영웅들이 서로 적이 되어 싸웠다. 서남 전쟁은 정부 수뇌가 바라고 있던 민주주의에 큰 위협이 되었을 뿐 아니라 체재의 사활이 걸린 중대사였다. 전쟁이 발발할 당초 사쓰마의 반란이 실패로 돌아갈지는 아무도 몰랐다. 만일 성공했더라면 일본의 정치 지도는 완전히 새로 그려졌을 것이다.

메이지 천황은 반란의 징조가 보이던 처음부터 사태의 추이를 듣고 있었다. 자신이 들은 보고에 관심이 없지는 않았다. 그러나 교토에 체류 중인 천황의 일상은 가고시마에서 일어나고 있는 극적인 사건과는 전혀 상관이 없어 보였다. 천황은 학교를 시찰하고 학생들의 암송을 들었으며 우등생에게는 상으로 책 살 돈을 주었다. 때로는 천황이 교토를 떠난 일도 있었다. 2월 5일, 교토와 고베를 잇는 새 철도의 개통 축전에 참석하기 위해 교토, 오사카, 고베의 각 정거장에 들렀다. 『기도 다카요시 일기』에는 당일의 딱딱했던 의식 상황이 이렇게 기록되어 있다.

9시에 승차하시고 오사카를 향해 출발했다. 도착과 동시에 군
악대의 연주와 관원들의 환영을 받았다. 정거장에는 옥좌가 준비
되어 있었다. 외국 공사는 옥좌의 왼쪽에, 그리고 우측에는 태정
대신이 병으로 불참해 나와 내각고문, 참의 등이 도열했다. 시키
부노카미(式部頭: 예식 진행자)가 오사카 지사를 소개했다. 지사
는 서기, 총구장(總區長) 등을 이끌고 어전으로 나가 축사를 아뢰
었다. 천황이 이에 답했다.

이틀 뒤인 2월 7일, 메이지 천황은 야마토로 행차했다. 오랜
숙원이었던 진무 천황의 우네비 산 동북릉 참배를 하기 위해서
였다. 도중, 천황은 우지(宇治) 강에 있는 관월교(觀月橋)에서 행
렬을 멈추고 수십 척의 배가 동원된 그물질을 구경했다. 그날
밤, 우지 강이 내려다보이는 행궁에서 달을 감상하며 와카를 읊
었다.

우지 강의 물속에 사는 달이여
그 빛으로 비쳐 보이는 아사히(朝日) 산이여

다음 날인 8일, 천황은 평등원(平等院) 절로 가서 유명한 봉황
당, 쓰리도노(釣殿) 등을 관람했다. 그 후 일행은 나라에서 동대
사(東大寺) 남원의 행궁으로 들어갔다. 옥좌에서는 와카쿠사(若
草) 산, 미카사(三笠) 산 등의 기막힌 경치가 내다보였다.
2월 9일, 메이지 천황은 가스가(春日) 신사를 참배했다. 동단

(東壇)에서 막 말을 내렸을 때였다.

동쪽 산속에서 신록(神鹿) 서른네 마리가 나타나 에노모토(榎
本) 신사 앞에서 서쪽 행랑을 거쳐 뛰어갔다. 사람들이 이를 보고
기이하고 상서롭다고 했다.[660]

가모 신사를 참배했을 때처럼 신도 의식이 집행되고, 천황은
이 신사에 예로부터 내려오는 가구라(神樂)에 귀를 기울였다. 오
후, 천황은 동대사 대불전 안에서 개최 중인 나라 박람회를 찾
았다. 회랑에 진열된 동대사와 법륭사(法隆寺)의 보물을 본 다음
뜰에서 곤파루 히로시게(今春廣成)가 연기하는 노「석교(石橋)」
를 감상했다.[661]

그 후, 메이지 천황은 정창원(正倉院)에 보관된 보물을 구경
했다. 정창원은 평소에는 출입할 수 없었다. 그러나 이날 칙명에
의해 개방되고 보물들이 사성방(四聖坊) 안에 진열되었다. 천황
은 보물들 중에서 고대의 이름난 향인 '란자타이(蘭奢待)'에 흥
미를 보였다. 그 옛날 아시카가 요시마사(足利義政)와 오다 노부
나가(織田信長)는 귀중한 란자타이 한 조각을 베어 듦으로써 권
세의 증거로 삼았다. 나라의 행궁에서 돌아온 후, 천황은 란자타
이 한 조각을 원했다. 박물국장 마치다 히사나리(町田久成)는 두
치 길이로 잘라 천황에게 바쳤다. 천황은 이깃을 두 소각으로 갈
라 한 조각을 손수 피웠다. '연기가 피어오르며 그 향기가 행궁
안을 가득 채웠다'[662]고 기록되어 있다. 나머지 한 조각은 후에
도쿄로 가지고 돌아갔다.

2월 11일은 신유년 1월 초하루이며 초대 천황 즉위일이었

다.[663] 이날, 메이지 천황은 진무 천황릉을 참배했다. 이곳은 1863년에 진무 천황릉으로 정해져 고메이 천황 치세 때에 수리 복구되었다. 그러나 참배할 때 메이지 천황의 고문(告文)에 지적되어 있듯이 그 이후로는 거의 돌보지 않았다. 오후에 천황은 요시노(吉野) 군 남쪽의 구즈무라(國栖村)에서 고대부터 전해오는 아악 비슷한 구즈마이(國栖舞)를 관람했다. 춤이 끝난 뒤, 미와무라(三輪村)의 유명한 소면(素麵) 제조인을 불러 그 제조하는 모습과 기기 등을 견학했다.

2월 12일, 메이지 천황은 스가와라 미치자네(菅原道眞)―지쿠젠(筑前)국 다자이후(太宰府)로 좌천됨―와 인연이 있는 가와치(河內)국 도메이지무라(道明寺村)를 찾았다. 그날 아침, '흰 구름이 꼬리를 물며 신령한 기운이 천지에 가득 찼다'[664]고 기록되어 있다. 천황은 이 황국을 일으킨 신령스러운 야마토를 떠나기가 아쉬웠던 것 같다. 하루 더 머무르기를 바랐다. 그러나 "일정을 갑자기 변경하시면 백성들을 번거롭게 할 뿐입니다. 뿐만 아니라 가고시마의 정세가 화급을 다투고 있으므로 폐하께서는 하루바삐 도쿄로 환행하셔야 합니다"라는 궁내경의 권유를 받아들였다.

가고시마에 변고가 일어났다는 소식을 듣고서도 천황이 담담했다니 놀라운 일이다. 물론 천황의 야마토 행차는 단순한 유람 여행은 아니었다. 천황이 진무 천황을 비롯한 역대 천황릉 참배를 중시했다는 이야기가 될 수도 있다. 그와는 별도로 이번 행차는 규슈, 홋카이도 순행과 마찬가지로 백성과 가까워진다는 의미에서 아주 중요한 역할을 하고 있었다. 천황이 내전 발발의 위기를 느끼면서도 예정대로 행사를 진행시킬 결심을 한 데는 어쩌면 기도 다카요시의 진언이 있었을지도 모른다. 기도는 2월 10일의 일기에서 가고시마의 심상치 않은 사태에 대해 언급한 후 다음과 같이 말하고 있다.

이전부터도 생각했던 일이지만 이번 사태로 환행 예정을 갑자기 변경하는 것은 좋지 않을 것 같다. 하지만 환행 전에 폭동이 일어날 경우에는 천황은 교토에 머물러야 한다. 혹시 폭동까지는 일어나지 않더라도 정벌하기로 결정될 경우 역시 이곳에 머물러야 한다.

어쨌건 천황이 유유히 야마토 행차를 계속하고 학교와 방적 공장, 천황릉을 순행하고 있을 무렵, 근위 연대를 비롯한 도쿄 진대(鎭臺: 지역 주둔군), 오사카 진대의 대대가 규슈 파견을 위해 착착 준비를 계속하고 있었다. 2월 12일, 육군경(陸軍卿) 야마가타 아리토모는 구마모토 진대에서 온 급보를 받고 전략에 관한 의견서를 태정대신 산조 사네토미에게 제출했다.

가고시마의 상황은 아주 긴박하다. 폭동이 일어나면 무슨 일이 벌어질지, 그리고 그 결과 어떠한 변동이 생길지 짐작조차 할 수 없다. 만일 가고시마가 움직이면 이에 동조하는 자는 규슈, 시코쿠, 산인, 도카이, 호쿠리쿠, 도호쿠 등 전국으로 퍼질 것이다. 관동 8주만 예로 들더라도 어느 쪽이라고 단언할 수 없는 옛날의 작은 번들이 몇 있다.[665] 가고시마가 총력을 기울여 반란을 일으킬 경우 어떤 책략으로 나올지는 예측하기 어려우나, 이를 다음 세 가지로 요약해 볼 수 있다. 첫째, 화선(火船: 기선)으로 도쿄 혹은 오사카를 급습한다. 둘째, 나가사키 및 구마모토 진대를 습격해서 규슈를 제압한다. 셋째, 가고시마 내부에서 할거하여 전국의 동요를 살피면서 공격의 시기를 기다린다.

야마가타의 예견대로 사이고는 두 번째 책략으로 나왔다. 구마모토 진대를 습격한 것이다. 야마가타의 결론은 이랬다.

상대방이 어떤 책략을 쓰든 우리는 우리의 전력을 하나로 결집해서 육해군 합동으로 사쿠라지마(櫻島)로 돌진해 일순간에 가고시마 성을 무너뜨리고, 이를 기해 다시 시코쿠, 주고쿠 및 히젠, 히고로 진격해 잔당을 무찌르는 것은 그리 어려운 일이 아니다.[666]

산조 사네토미는 2월 13일 오후 8시, 기차로 교토를 떠났다. 사카이(堺)의 행궁에 도착한 것은 밤 12시였다. 산조는 가고시마로 군함을 파견하는 일에 대해 아뢰고 천황이 이를 재가했다. 오전 2시, 산조는 어전에서 물러나왔다. 동해 진수부 사령관 해군 소장 이토 스케마로(伊東祐麿)는 칙명을 받고 즉시 군함 가스가(春日)에 올라타 세이키(淸輝) 함을 거느리고 고베 항을 출발했다. 이미 료조(龍驤) 함은 9일, 고베를 출항해서 나가사키로 향하고 있었다.

이에 앞서 가고시마에 긴박한 조짐이 보였을 때 이와쿠라 도모미, 오쿠보 도시미치 등은 협의 끝에 이렇게 결정했다.

만일 가고시마에 변고가 생기면 당장에 칙사를 보내 사이고 다카모리, 시마즈 히사미쓰를 설득해야 한다.

그리고 사학교도들이 탄약을 약탈했다는 급보가 도착했을 때 이와쿠라는 스스로 칙사가 되어 직접 가고시마로 가겠다고 오쿠보에게 말했다. 오쿠보는 이에 찬동하지 않고 다음과 같이 주장했다.

천황이 서행(西幸)하고 계신데 국정의 중책을 지고 있는 대신이 수도를 떠나 스스로 칙사가 되는 것은 경솔한 일이 될 수 있다.

그러나 가고시마에서 급박한 속보가 계속 들어오는 가운데 이와쿠라와 오쿠보는 사학교도의 폭거에 종지부를 찍기 위해 무엇인가 수단을 강구해야겠다고 결심했다. 각의는 급거 오쿠보의 교토 출장을 결정했다. 사이고와 시마즈가 어떻게 나올지는 전혀 알 수가 없었다. 이와쿠라 등은 당장에 '토벌'이라는 이름을 사용하는 것은 현명하지 않다면서 우선 칙사를 파견하기로 뜻을 굳혔다.

그러는 동안 천황은 관서 지방의 명소 방문을 계속하고 있었다. 2월 14일 아침, 정복을 입고 스미요시(住吉) 신사를 참배했다. 참배를 마친 후, 양복으로 갈아입고 도요토미 히데요시(豊臣秀吉)가 스미요시 신사를 참배했을 때 들렀다는 덴카(天下) 찻집을 찾았다. 이어서 천황 일행은 오사카로 들어갔다. 연도에는 오사카 진대 병사들이 도열해서 맞이했으며 시내의 집집마다 국기와 등을 달았고, 또 여기저기서 알록달록한 깃발을 날리며 축하했다. 오사카 진대에 도착한 천황을 육군의 예포가 맞이했다. 천황은 진대 장교들을 만나 본 후 기도 다카요시, 야마가타 아리토모를 불러 이야기를 나누었다. 오찬 후, 천황은 연병장에 나와 가마를 탄 채 군사훈련을 참관했다. 이어 포병 병기창에서 여러 기계소(器械所)를 둘러보고 오후 3시, 오사카 영어학교에 갔다. 교장, 외국인 교사의 축사를 받은 후 학생의 영어 암송을 듣고 이과 학생들의 실험실을 시찰했다. 다시 오사카 사범학교로 가서 마찬가지로 축사를 받고 수업을 참관한 뒤 선물을 주었다. 그 후 천황은 행궁으로 정해진 조폐국 천포관(泉布觀)에 들러 조폐국장, 재판소 판사 등을 만났다. 만찬은 서양 요리였다.

아무리 젊은 나이라고는 하지만 이날 메이지 천황은 매우 지쳤을 것이다. 나머지 순행 일정도 부담을 가중시켰다. 15일, 오전 8시부터 시작된 각처의 방문 일정 끝에 천황은 동본원사 별원 본당에서 열린 연구회에 참석했다. 연구회의 취지는 오사카 산하 소학교에서 선발된 학생을 한자리에 모아 놓고 각종 문제를 풀어나가며 학생의 지능을 계발하는 데 있었다. 천황은 지사의 주청에 응해 학생들에게 여섯 명의 역대 천황—게이코(景行), 닌토쿠(仁德), 고시라카와(後白河), 고우다(後宇多), 오오기마치(正親町), 고요제이(後陽成)—의 사적에 대해 질문했다. 휴식 시간 뒤, 다시 일본 지리에 대해 문제 여섯 개를 냈다. 이튿날 16일, 오사카를 떠나기에 앞서 천황은 쪽빛 염색 공장을 찾아가 그 제조 공정을 시찰했다. 같은 날, 천황은 교토로 돌아왔다.

전기 작가들이 천황의 생애 가운데 속마음을 들여다보고 싶어 하는 시기가 몇 있는데, 바로 이때가 그럴 것이다. 전국의 현 가운데서도 그 위치가 특별하다고 여겨지던 가고시마가 국가의 통제에서 이탈하려 하고 있었다. 다른 현까지 이에 동조해서 반란을 일으킬 기미도 보이고 있었다. 이를 알았을 때 천황은 어떤 기분이었을까. 사이고 다카모리는 특히 천황이 친밀히 여기고 있던 유신의 영웅이다. 그 사이고가 이끄는 가고시마군과 정부군이 한바탕 교전을 벌일지 모르는 일이었다. 이런 사실을 알았을 때, 천황은 어떤 반응을 보였을까. 생각해보건대 메이지 천황이 곁눈질도 하지 않고 순행의 일정을 착실히 진행하는 데 전력을 기울였던 것은 이러한 잡념을 떨치기 위한 고육책이었는지도 모른다. 나머지 교토 체재를 통해 천황이 보여준 무기력한 태도 역시 같은 이유에서였는지 모른다.

2월 16일, 고베에 도착한 오쿠보를 마중 나온 사람은 이토 히로부미, 가와무라 스미요시였다. 세 명이 협의를 거듭한 후, 오쿠보와 이토는 교토로 가서 산조 사네토미와 만났다. 17일, 산조, 기도, 오쿠보, 이토가 교토 궁궐에서—나중에 오사카에서 도착한 야마가타도 합세해서—오랜 시간에 걸쳐 논의를 계속했다. 가고시마로 칙사를 보내기로 결정하고 천황의 재가를 얻었다. 천황은 다루히토 친왕을 불러 칙사로 가고시마에 파견했다. 다루히토 친왕은 18일, 기선 메이지 호로 가고시마에 가기로 되었다. 메이지 호가 출항 준비를 하고 있을 때였다. 구마모토 진대에서 다음과 같은 보고가 들어와 출항이 연기된다.

가고시마 폭도의 선봉, 이미 턱밑에까지 쳐들어와 사시키(佐敷)에 도달했다. 오래지 않아 전단을 열 것 같다.[667]

사이고의 명령으로 가고시마군이 구마모토 진군을 시작한 것은 2월 14일이었다. 사이고가 전투 행위로 들어가기를 바라지 않았다는 것은 모든 자료가 한결같이 증명하고 있다. 그러나 사이고 암살 음모에 격노하고 있던 가고시마 사족을 더 이상 억누를 수 없는 상태였다. 12일, 육군 대장 사이고 다카모리는 참모인 육군 소장 기리노 도시아키(桐野利秋), 시노하라 구니모토(篠原國幹)와 함께 서명한 글을 보내 가고시마 현령 오야마 쓰나요시에게 '부대를 이끌고 정부에 따지기 위해 상경한다'는 행군의 목적을 전했다.[668] 다음 날 13일, 오야마는 산조 사네토미, 그리고 상경하는 길목에 있는 각 현령 등에게 통고문을 보냈다. 오야마는 사이고와 그 호위대가 대거 상경함에 있어 각 현 내를 통과한다는 것, 사이고의 상경 목적이 정부가 꾀하고 있는 사이고 암살 계획을 따지기 위한 것이라는 사실을 알렸다.[669] 이와 똑같은 글들이 각 진대에도 보내졌다.

답서가 도착하기도 전에 사이고군은 이미 구마모토로 들어갔다. 보병 7개 대대, 포병 2개 부대, 병참부대 등으로 이뤄진 1만 5천 명은 거의 신식 병기로 무장하고 있었다.[670]

사이고군이 구마모토 현의 경계를 넘었다는 급보가 도착한 뒤로도 천황은 교토에서 평온한 일상을 유지하고 있었다. 18일 천황이 기도 다카요시와 궁내경, 시종장 등을 거느리고 교토 아라시(嵐) 산의 덴류지무라(天龍寺村)에 있는 한시인(漢詩人) 야마나카 겐(山中獻)의 산장인 대람산방(對嵐山房)을 찾았다. 오찬 후, 천황은 오이(大堰) 강에서 잉어 잡이를 구경하고 이어 우메즈(梅津) 제지 공장을 시찰했다.

18일 밤, 태정대신 산조 사네토미는 가고시마 현 사학교도의 반란 의도가 명백하다며 기도, 오쿠보, 이토, 야마가타와 의견을 하나로 모아 천황에게 아뢰었다. 천황은 즉시 폭도를 토벌하라는 영을 내리고 다루히토 친왕을 정토총독(征討總督)으로 임명했다. 육군경 야마가타 아리토모, 해군대보 가와무라 스미요시를 각각 정토참군(征討參軍)과 총독 보좌로 임명했다. 천황은 반란이 진압될 때까지 도쿄행을 연기하고, 교토에 계속 머무르기로 했다.

사이고군이 구마모토를 향해 떠나던 날, 가고시마에는 예닐곱 치나 되는 많은 눈이 내렸다. 기후가 온난한 이곳에서는 보기 드문 50년 만의 폭설이었다. 사이고군은 훈련이 잘 되어 있었고 규율 또한 훌륭했다. 그러나 그 행군은 매우 기묘한 광경을 연출했다. 사이고, 기리노, 시노하라 등 근위 또는 진대에 속했던 자들은 아직 관직을 내놓지 않은 상태였다. 그래서 정부군과 같은 군복을 입고 있었다. 해군 제복 차림도 있었고 순사의 복장, 또는 학생복이나 양복 차림도 있었다. 장교는 오른팔에 소속 부대를 표시하는 흰 헝겊을 붙였고, 상의에는 흰 무명 등으로 된 띠를 매고 있기도 했다. 왼쪽 허리에는 칼 한 자루를 찼으며, 오른손에는 빨간색 부대 깃발을 들고 바지 차림에 신발은 짚신이었다. 병사의 복장은 더 가지각색이었다. 그러나 그중에서도 남다른 차림새를 하고 있었던 것은 무라타 신파치였다. 서양에서 돌아온 그는 연미복에다 중산모를 쓰고 말을 타고 있었다.[671]

사이고군의 목표는 규슈 남부 정부군 세력의 중추라 할 구마모토 성(진대)을 점거하는 것이었다. 수비병의 태반은 작년 신풍련 습격의 충격에서 아직 깨어나지 못하고 있는 농상(農商) 출신의 징집병이었다. 그들의 사기는 바닥으로 떨어졌고, 천하에 명성을 떨치고 있는 사이고군에 겁을 집어먹고 있었다.

수비대로서는 이 고장 사족들의 지원을 기대할 수가 없었다. 사족 중에는 사이고군과 뜻을 같이하고 있는 자도 적지 않았다. 수비대의 유일한 희망은 성문을 굳게 걸어 잠그고 정부군의 구원을 기다리는 일이었다. 19일, 설상가상으로 성 안에서 화재가 발생해 저장고의 식량 태반이 숯이 되고 말았다. 앞으로 몇 주간이나 이어질지 모를 포위 농성에 대비해 수비대는 부근의 민가에서 식량을 조달해야 했다. 같은 날, 가고시마 현령 오야마 쓰나요시가 보낸 사자가 도착해 진대 사령장관 육군 소장 다니 다테키(谷干城)에게 세 가지 문서가 전달됐다. 상경 취지를 쓴 사이고의 글, 오야마 현령의 글, 사이고 암살 계획에 관한 나카하라 히사오의 조서였다. 다니는 문서의 수령을 거부하고 '만일 사이고군이 수비대의 성 아래를 굳이 통과하려 한다면 우리는 최후까지 저항할 것'이라고 말했다.[672]

그런데 사이고군의 선봉은 다음날인 20일, 이미 구마모토 남서 2리까지 진격해 있었다.

서남 전쟁이 시작된 것은 2월 21일이었다. 구마모토로 들어가려던 사이고 군은 성의 병사들로부터 포격을 받았다. 다니 사령장관은 전신으로 오사카 총독 본영에 포성이 울려 퍼졌음을 알렸다. 야마가타는 교토의 산조 사네토미에게 이를 알렸고, 동시에 다니 사령장관에게 다음 명령을 전신으로 하달했다.

정부의 생각은 이미 확고하니, 결코 머뭇거릴 것 없이 더욱 사기를 북돋아 일격으로 적을 깨부수라. 천하 인심의 향배가 이 싸움에 달려 있다.

동시에 야마가타는 제1, 제2여단의 원군이 2월 25일 구마모토에 도착하게 될 것이라고 전했다.

22일, 사이고군은 성의 앞뒤에서 공격을 개시했다. 23일, 다시 맹공을 시도했지만 성은 빼앗지 못했다. 성내의 농민병은 예상 외로 선전했다. 사이고군은 수비병을 우습게 볼 수 없음을 깨달았다. 구마모토 성 공격은 장기간의 포위전으로 갈 태세였다.

22일 밤, '달빛이 밝아 마치 대낮과 같다'고 기록되어 있다. 연대장 육군 소령 노기 마레스케(乃木希典)가 이끄는 고쿠라 14연대와 반란군이 충돌했다. 반란군은 칼을 뽑아들고 함성을 지르며 육박했다. 정부군은 견디지 못하고 퇴각했다. 그날 밤의 전투는 매우 치열했으며, 정부군의 기수가 전사하는 바람에 연대기를 잃었다. 노기 마레스케는 놀라 기를 쓰고 반격해서 연대기를 되찾으려 했다. 그러나 부하들의 제지로 단념했다. 정토총독 다루히토 친왕도 상황을 감안할 때 어쩔 수 없었다며 이 일을 불문에 부쳤다. 그러나 노기 마레스케는 잊을 수가 없었다. 35년 후, 노기는 이 일을 자책해 자결한다.

그러는 동안 구마모토 사족이 앞 다투어 사이고군 산하로 모여들기 시작했다. 구마모토 사족은 이렇게 말했다.

상하 모두가 서양에 심취하여 충효의 유풍(遺風)은 이 땅에서 사라진 지 오래다. 지금이야말로 간신들을 제거하여 국운을 만회하고 황위를 떨칠 절호의 기회이다.[673]

구마모토 사족의 가세로 사이고군은 약 2만 명으로 늘어났다. 이들 불평 사족들 사이에 존왕양이 사상이 널리 퍼져 있었다 해도 그리 놀랄 일은 아니다. 그들은 서양화가 가져다준 자신들의 생활의 변화에 분노하고 있었고, 신풍련의 영웅적인 죽음에 분기탱천해 있었다. 사이고는 반(反)서양 성향이 아니었다. 조지 워싱턴은 사이고가 좋아하는 영웅 중 한 명이었다. 그러나 사학교도 사이에는 양이 의식이 강했다. 그것은 그들의 출전가를 보면 알 수 있다.

예나 지금이나 신의 나라이건만
러시아, 미국, 유럽
바보 같은 이풍(夷風)에 눈이 멀어서
일본의 혼란상을 생각도 않고
이국의 법으로 바꿔가며
다이묘를 싹 쓸어버린 그때에
예전으로 돌아갈 거라고 말하더니
거짓말이라는 게 이제 드러났네

거역하는 마음의 끝 어찌 되었나
서양 오랑캐에게 나라를 팔고
무기도 버리고 칼도 버리라니
고금에 없는 포고가 아닌가
이제는 더 이상 참을 수 없어
최선을 다하는 무사들
수만 백성 구하기 위해
오늘이 마지막이다
죽음의 여행길[674]

외국의 영향을 질타했을 뿐만 아니라, 유신 그 자체를 의문시했다. 사족들의 마음을 붙들고 놓아주지 않는 죽음의 매력을 노래한 마지막 구절은, 외국 군가에 자주 등장하는 익숙한 승리의 노래와는 대조적인 감상을 노래하고 있다.

전투가 본격적으로 시작된 뒤에도 사이고는 자신이 상경하는 목적은 오로지 정부에 항의하기 위함이라고 주장했다. 사이고가 하는 일에는 일절 비밀이 없었다. 매번 통과하게 되는 현과 진대에는 사전에 사이고군의 진군을 통보했다. 하지만 구마모토 진대의 수비대는 사이고의 행군을 저지하려 했다. 사이고는 대항하지 않을 수 없었다.

2월 28일, 가고시마 현령 오야마 쓰나요시는 산조, 이와쿠라에게 사이고군이 부득이하게 개전하지 않을 수 없었던 경위를 쓴 진정서를 보냈다.

당초에 다카모리는 관직을 그만두고 고향으로 돌아와 근신하며 학교를 세우고 충효의 길로 이끌었다. 그래서 사가의 난이 있었을 때나 구마모토와 야마구치에서의 폭동 때도 가고시마는 조금도 동요를 보이지 않았다. 그런데 무슨 혐의로 다카모리 암살 명령을 내렸는지 그 이유를 알 수 없다. 또 다카모리가 상경하면서 수행하는 무리들이 병기를 갖고 있는 것은 암살 명령을 받은 처지인 까닭에 도중에 혹 변고라도 있을까 싶어 취한 만부득이한 조치다. 이미 토벌 명령이 내렸기 때문에 가고시마 현이 동요할 우려가 있다. 바라건대 속히 칙령을 내려 현민을 달래고 한편으로는 다카모리의 뜻이 관철될 수 있도록 해주기 바란다.[675]

이보다 앞선 2월 25일, 가고시마 현 역도 토벌 취지가 공포되었다. 이것을 보고 사이고는 격노했다. 3월 3일, 사이고는 진중에서 정토총독 다루히토 친왕에게 편지를 써 오야마를 통해 전달했다. 여기서 사이고는 오야마에게 '이 호소문이 받아들여지지 않는다면 병력의 힘으로 지나가는 수밖에 없다'고 말하고 있다.

구마모토 성 공방전은 54일을 끌었다. 4월 14일까지 포위는 풀리지 않았다. 그사이 수비대와 외부의 교통은 완전히 차단되었고, 가끔 성내의 상황을 보고하는 급사가 포위망을 빠져나가는 일만 있을 정도였다. 3월 4일, 오사카의 내각 출장소(정토 사무본부)에서 교토로 돌아온 기도는 구마모토의 전황과 장래 계획 등을 천황에게 아뢰었다. 천황은 전세가 정부군에게 유리하게 기울고 있다는 보고에 안도했다. 동시에 천황은 사이고의 의중을 헤아려 보았다. 사이고는 오래도록 측근에서 천황을 섬겼고, 그 성격은 천황이 익히 잘 알고 있었다. 이제는 적도라는 낙인이 찍혀 금기(錦旗)에 대항하는 입장에 있다고는 하지만, 사이고의 심중은 이해되는 구석이 있었다. 천황은 사이고를 깊이 불쌍하게 여겼다. 기도는 공신을 생각하는 천황의 연민의 정에 깊이 감동했다고 한다.[676]

이것은 한 편의 미담에 지나지 않을지도 모른다. 그러나 메이지 천황이 보인 연민의 정은, 똑같은 상황에 놓였을 때의 유럽인이 보이는 태도와 비교해 보다면 실로 주목할 만한 것이다. 자신이 신뢰하고 총애한 신하가 반란을 기도했다는 것을 알았을 때, 유럽의 군주라면 아마 그 배은망덕함에 호통을 쳤을 것이다.

반란을 결심하게 된 고뇌 따위가 군주의 안중에 있을 리가 없다. 사이고 다카모리에게 느끼는 메이지 천황의 측은한 정은 어쩌면 사이고군과 관군의 대립이 언젠가는 해소될 것이라는 희망을 갖고 있었기 때문이 아닐까. 사이고, 기리노, 시노하라의 관직이 박탈된 것은 2월 25일의 일이다.

반대로―유럽의 반역자가 보여주는 태도와는 정반대로―사이고 역시 메이지 천황에게 불만을 품고 있었다든지 공화제가 군주제를 대체했으면 좋겠다든지 하는 흔적은 전혀 찾을 수 없다. 사실 사이고는 천황 친정을 설사 그것이 전제(專制)라 하더라도 이상적인 국가 형태라고 믿었던 것 같다.[677] 사이고 밑에서 싸운 가고시마 사족들도 그와 같은 생각이었다. 서남 전쟁의 최종 목적은 천황의 주변에서 썩어빠진 관리들을 제거하여, 천황이 간신의 교언영색에 현혹됨 없이 나라를 통치할 수 있게 하는 일이었다.

천황과 똑같은 생각을 천황 가까이 있던 기도 다카요시 역시 가지고 있었던 듯하다. 그들은 적의 지도자를 배반자라거나 배은망덕한 놈이라고 부르지 않았다. 기도는 사이고에 대해 이렇게 말하고 있다.

다카모리는 결코 (고다이고 천황에게 반기를 든) 아시카가 다카우지(足利尊氏)처럼 간악한 자가 아니다. 안타까운 일은 견문이 부족해서 세상 돌아가는 형세를 모른다는 것이다. 하루아침의 노여움을 풀기 위해 제 몸을 망치고, 나라에 해를 끼치기에 이르렀다. 다카모리의 소행은 물론 용서될 수 없다. 하지만 정부 역시 반성하지 않을 수 없다.[678]

구마모토 성의 공방은 분명 자웅을 겨루는 싸움이었다. 만일 반란군이 성을 포위하고 첨병을 보내어 히젠으로 돌격한다면, 규슈 전체가 그들 손아귀에 들어가게 된다.[679] 반대로 반란군이 구마모토에서 패배한다면 그것은 전투의 종결을 의미한다. 반란군 지도자들은 가고시마로 후퇴해서 전쟁을 오래 끌 것같이 보이지는 않았다. 그러나 고대하는 원군은 좀처럼 도착하지 않았다. 반란군도 당초에는 농민 출신 수비병들의 저항이 거센 데 놀랐으나, 나중에는 보불 전쟁의 메츠 공방전과 비교될 만한 전술로 단단한 포위망을 치고 있었다.[680]

정부군의 첫 승리는 정예 순사 1백 명으로 구성된 '발도대(拔刀隊)'에 의해 거두어졌다. 그들은 칼을 뽑아들고 측면 공격을 감행하여 정규군이 여러 날 걸려서도 함락하지 못한 적의 보루에 대한 기습 공격에 성공했다.[681] 3월 15일, 정부군은 적의 방어 거점인 다바루자카(田原坂) 공격을 개시했다. 서남 전쟁의 격전이 시작된 이래, 쌍방 모두 많은 희생자를 냈다. 20일, 정부군은 적진을 돌파하여 언덕 위의 보루를 탈취했다. '쓰러진 적병은 수백에 달했고, 시체들이 가는 길을 막고 성 밖 연못은 온통 핏빛이었다'고 기록되어 있다. 정부군은 도망가는 적을 쫓았다.[682] 구마모토 성 공방은 3주 동안 이어졌으며 서남 전쟁은 9월 말까지 끌었다. 그러나 다바루자카에서 거둔 정부군의 승리는 앞날을 예견하게 만들었다. 조만간에 정부군의 물자 및 병력의 우위가 막강한 사쓰마 사족을 쓰러뜨릴 태세였다.

전투가 시작된 이래 천황은 전쟁밖에 아무것도 생각할 수 없었던 것 같다. 접견 때를 빼놓고는 좀처럼 학문소에도 나가지 않았다. 다만 산조 사네토미가 보고하는 전투 경위에 매일 아침 귀를 기울일 뿐이었다. 교토 체재 중 천황은 상어전에서 밤낮 여관들에 둘러싸여 지내고 있었다. 대신, 참의조차도 구등출사(九等出仕)를 통하지 않고는 어전에 나갈 수가 없었다. 산조, 이와쿠라, 기도 같은 중신은 평소부터 성덕의 함양에 진력하고 있었다. 온 나라가 비상 상태인 지금, 산조 등의 걱정은 깊어만 갔다. 산조, 기도 등은 재삼 간하는 말을 올려 학문소에 나가기를 주청했다. 그러나 일은 그리 쉽게 이뤄지지 않았다. 20일, 기도와 협의한 다음 산조는 입궐해서 다시 간했다. 마침내 천황이 이를 받아들였다. 21일부터 천황은 하루걸러 학문소로 나왔고, 서남 전쟁에 관한 보고를 받게 되었다. 때마침 모토다 나가자네가 천황에게 문후를 올리고자 교토에 체류 중이었다. 천황은 구마모토 출신 모토다를 불러 히고와 사쓰마의 지리에 대해 물었고, 일본과 중국의 고금의 전쟁에 대한 강의를 들었다.

25일, 천황은 기도의 진언으로 교토 시내를 기마로 순행했다. 교토에 머무르게 된 후로 천황은 궁궐 속에만 틀어박혀 밖으로 나오려 하지 않았다. 걱정이 된 기도는 기분도 풀 겸 말을 타고 시내 산책이라도 할 것을 권했다. 눈발이 다소 뿌리겠지만 아무쪼록 다녀오라고 했다. 한때는 미친 듯이 승마열에 빠졌던 천황이 전쟁이 시작된 이래로는 두 번밖에 마장에 나가지 않았다. 오전 10시, 천황은 기도 다카요시, 궁내경, 시종 등을 대동하여 말을 타고 남문을 나섰다. 일행은 고조(五條) 거리까지 내려왔다가 거기서는 다른 길을 따라 북상하여 정오에 궐로 돌아왔다. 길이 진흙투성이여서 천황의 의복에 흙이 튀었다. 아마도 기도는 교토 시민들이 마상의 천황 모습에서 생기를 되찾게 할 요량이었던 듯싶다. 구마모토의 전투는 벌써 한 달을 끌어 백성들은 피로의 기색이 역력했다.[683]

3월 31일, 천황은 오사카 진대로 행차해서 장교들이 수용되어 있는 병원을 방문한 다음 사병들이 수용된 병원도 방문했다. 그곳에서는 서남 전쟁에서 부상당한 군인들이 치료를 받고 있었다. 한 부상병이 경례하기 위해 바닥 위에 정좌하려 했다. 그때 자신도 모르게 눈썹을 찡그렸다. 천황은 그 표정에서 병사의 고통을 짐작하고 정좌하지 말라고 했다. 다른 부상병들에게도 일어나지 못하게 했다. 병사들은 모두 감읍했다.

반란군은 아직도 정부군을 제압하며 끈질기게 구마모토 성을 공격하고 있었다. 정부군이 더 이상 약점을 드러내다가는 이를 틈타 다른 곳의 불평 사족들이 차례로 궐기해서 체제가 와해될 우려가 있었다. 4월 4일, 산조, 기도, 오쿠보, 이토는 협의 끝에 며칠 후에도 전황이 호전되지 않을 경우에는 즉시 대독(大纛: 천황기, 즉 옥좌)이 정부군이 있는 곳과 가까운 시모노세키까지 나아가도록 주청하기로 결정했다.[684] 그러나 사흘 뒤 이와쿠라가 산조 등에게 서한을 보냈다.

천황 친정은 천하 인심에 대단히 크게 영향을 끼친다.

전날의 장병 모집 발령 때만 해도 천하 인심은 모두 관군의 형세에 의심을 품고 여러모로 불안을 느끼고 있을 정도였다. 이런 마당에 천황 친정 같은 이야기는 함부로 꺼낼 일이 아니라는 것이다.

그러는 사이, 구마모토 성내는 절망적인 상황을 맞고 있었다. 양식과 탄약이 바닥을 드러내고 있었다. 장교의 식사는 아침저녁이 죽이고 낮에는 조밥이었다. 병사들은 세 끼 식사가 모두 조밥이었다. 사졸들의 피로를 달래주는 것이라고는 담배뿐이었다. 그것도 말이 담배지 차잎을 말아 피우는 거였다. 식량은 길게 잡아야 18일 분이었다.

4월 12일, 참군(參軍) 구로다 기요타카 휘하의 정부군이 총력을 기울여 진격했다. 성의 포위망 한 귀퉁이가 뚫리고 반란군은 패주했다. 포위군을 지휘하고 있던 대장 나가야마 요이치로(永山 與一郎)는 패배 사실을 알고 자결했다. 14일, 원군이 가까이 다가왔음을 안 구마모토 진대 사령장관 다니 다테키는 성 밖으로 치고 나와 반란군을 협공하려 했다. 오후 4시, 야마카와 히로시(山川浩)가 이끄는 제2여단이 반란군의 포위를 돌파하여 성 안으로 들어갔다. 성 안의 군사들은 일제히 함성을 지르며 기를 흔들었고 환호성이 온 성 안에 울려 퍼졌다. 구마모토 성의 포위가 풀린 것이다.

15일, 구로다가 구마모토 진대로 들어가고 16일, 야마가타가 뒤를 이었다. 지금까지의 전투로 사상자는 7천5백 명에 이르렀으며, 구마모토의 대부분이 잿더미로 변했다. 구마모토 성 공방전은 승리 후로도 다섯 달을 더 끌었다. 그러나 반란군의 양식은 점점 줄어들 뿐이었고, 그 반면에 정부군은 점점 힘을 붙이며 대담해졌다. 반란군은 패주했고, 사이고의 비범한 통솔력만이 포위와 괴멸에서 전군을 지켜주고 있었다. 때때로 사이고는 우세한 정부군에게 타격을 주기도 했다.[685]

이 시기, 메이지 천황은 학문에 대한 관심을 급속히 잃어 갔다. 천황은 5월, 시강 모토다 나가자네에게 도쿄로 돌아가도록 명했다. 모토다는 교토를 떠나면서 군주의 행동 강령 열 가지를 천황에게 아뢰었다. 늘 그렇듯이 깍듯한 말씨였지만 뜻하는 바는 분명했다. 그 가운데 군덕(君德)에 대한 구절이 있었다.

덕이 있으면 임금이 되는 일이 가하지만 덕이 없으면 임금이
되면 안 된다.[686]

강의가 폐지되었을 뿐 아니라 태정대신이나 참의가 배알하기
도 쉽지 않았다. 정기적으로 학문소에 나오는 시간도 오전뿐이
고 오후에는 안에 들어가 한가하게 지내는 날이 많았다. 측근들
은 천황이 학문을 소홀히 하는 것에 깊은 우려를 나타냈다.

5월 26일, 기도 다카요시가 오랜 지병 끝에 숨을 거두었다. 기
도의 죽음은 천황에게는 분명 큰 충격이었다. 그럼에도 천황은
무기력한 상태에서 빠져나올 기미가 보이지 않았다. 기도가 죽
고 나자 산조는 천황의 성덕 함양에 대해 지금보다도 책임이 더
막중함을 느꼈다. 7월, 산조는 최선의 방법으로 시강인 모토다
나가자네, 후쿠바 비세이를 교토로 불러 강학 재개를 시도했다.
천황의 윤허 없이 두 사람을 불러들일 수 없었으나 현 상황에서
는 윤허를 기다리기 어려웠다. 결국 두 시강이 교토에 도착했다.
산조는 모토다와 후쿠바가 그들의 소임을 다하게 하고 싶다는
뜻을 천황에게 주청했다. 천황은 산조의 주청을 받아들여 앞으
로는 매일 공부에 힘쓰겠다는 약속을 했다. 그러나 결국 제반 사
정 때문에 강의는 시작되지 못했다.

7월 28일, 천황이 교토를 떠나 환행 길에 올랐다. 천황의 환행
은 여러 차례 연기되고 있었다. 구마모토, 가고시마에서 선전하
는 정부군의 사기가 떨어질까 우려해서였다. 그러나 전투의 대
세가 결정된 지금, 정부의 기능이 도쿄와 교토로 양분되어 있는

불편은 천황의 환행으로 해결할 수밖에 없었다. 고베에서 요코하마로 가는 항해 중에 천황은 배 위에서 구름 사이로 솟아나와 있는 후지 산을 바라보며 와카 세 수를 읊었다. 다음은 그 두 번째 와카다.

> 동쪽으로 서두르는 뱃길 파도 위로
> 반갑게 바라보는 후지의 파릇한 산이여[687]

천황은 연필로 적은 이 와카를 수첩에서 찢어 시종 다카사키 마사카제(高崎正風)에게 보였다. 천황은 가인(歌人)으로 이름난 다카사키의 기탄없는 비평을 바랐다. 다카사키는 공손하게 읽고 나서 두 번째 와카가 특히 훌륭하다고 답했다. 천황은 나머지 와카는 어디가 나쁘냐고 물었다. 다카사키는, 결코 나쁘다는 것이 아니라 단지 두 번째에 비해 떨어질 뿐이라고 대답했다.

천황은 다시 둘째 노래가 다른 것보다 나은 이유를 물었다. 문답이 계속되고 천황은 점점 가도(歌道)에 흥미를 느끼기 시작했다. 전에 읊은 와카를 몇 수 더 꺼내 다카사키에게 보였다. 다카사키는 하나하나 정성껏 읽고 비평했다. 계속해서 와카를 꺼내 보였는데 무려 30여 수에 이르렀다. 다카사키와 가론(歌論)을 펼친 일은 항해 중의 무료함을 달래준 것 같았다. 아니, 어쩌면 전쟁으로 우울했던 천황이 자신의 임무와 인생에 다시 관심을 보이기 시작한 순간이었을지도 모른다.[688]

7월 4일, 곤노텐지 야나기하라 나루코가 착대 의식을 치렀다. 천황의 첫째 황자와 첫째, 둘째 공주는 모두 어려서 숨을 거두었다. 대신, 궁내경, 시의 등은 새 아기의 탄생을 위해 세심한 주의를 기울여 최선의 환경을 갖추려고 애를 쓰고 있었다. 이전부터 병약했던 야나기하라를 위해 분만 때 교토 이주는 피했다. 9월 23일, 도쿄의 매어전(梅御殿)**689**에서 황자가 탄생했다. 그것은 서남 전쟁 마지막 총공격 전날이었다.

사이고의 최후 거점은 시로야마(城山)였다. 그 산기슭에 사이고 자신이 개설한 사학교가 있었다. 사이고의 산하에는 겨우 40명만이 남았다. 게다가 사이고는 중상을 입고 있었다. 사이고는 황궁이 있는 쪽을 향해 앉았다. 측근인 벳푸 신스케(別府晉介)가 할복을 도와 목을 치자 사이고의 목은 땅에 떨어졌다. 반란은 종언을 고했다.

제29장 **오쿠보 도시미치 암살**

메이지 10년(1877)은 적어도 메이지 천황에게는 서남 전쟁의 잔무 처리에 쫓기는 나날의 연속이었다. 참전한 장교, 하사, 병졸들이 환호성을 받으며 귀환했다. 개선한 문무 제관에게 훈장이 수여되었다. 사이고 다카모리는 반란군의 수괴라는 죄는 용서받지 못했지만 많은 동정을 받았다. 사이고가 죽은 다음 날, 천황은 황후에게 '사이고 다카모리'라는 제목을 주었다. 황후는 다음과 같은 노래를 읊었다.

사쓰마 갯벌 가라앉은 파도는 깊어
처음의 작은 차이, 끝 간 곳은 가련하구나[690]

사쓰마 반란은 일반 사람들에게 평이 좋지 않았다. 그런 내전의 종결은 더 이상 희생자가 나오지 않게 되었다는 것을 의미했다. 그러나 나가사키에서 발생한 콜레라가 전국으로 퍼져 그 위세가 수그러질 때까지 환자 수 1만 3,810여 명, 사망자 8,020여

명에 이르렀다.

천황은 야마가타 아리토모 이하 장교, 군의관 등 110명을 소어소로 초대해 만찬을 베풀며 서쪽 정벌의 노고를 치하했다. 근위 사관 중에는 팔과 손가락이 절단된 자, 또 한쪽 눈을 잃은 자도 있었다. 천황은 이를 매우 가슴 아파하며 그들 다섯 명을 어전 가까이 불렀다. 천황은 부상당한 장소와 일시를 물으며 "아픔은 이제 사라졌는가" 하고 그들의 상처를 어루만졌다. 부상자들은 그저 고개 숙이고 감읍할 뿐이었다. 시종 그 모습을 지켜보고 있던 야마가타 이하 장교, 군의관 등은 즉각 기립해서 경의를 표하며 눈물을 흘렸다.

이 무렵부터 메이지 천황과 신하의 접촉을 언급한 기록에서 자주 '감읍(感泣)'이라는 단어와 마주치게 된다. 1백 년 전 사람들은 오늘날의 사람들보다 눈물이 많았다. 우는 일은 사족들조차도 나약한 일이라 여기지 않았다. 10년 전까지 궁궐 안 벽 속의 신비한 존재였던 천황은 어느새 자애로움이 가득하며 외경스러운 존재로 변모하고 있었다. 신하를 대하는 애정 넘치는 몸짓 하나하나가 신하의 눈물을 자아내게 했다.

도쿄로 돌아온 뒤 천황의 생활은, 교토에서의 오래고 나태한 시기 이전의 일상으로 복귀했다. 천황은 오전 10시부터 매일 30분씩 내각에 나왔다.[691] 10월 6일, 다카사키 마사카제, 모토다 나가자네가 당번 시보(侍補)일 때였다. 이야기를 나누는 사이에 천황은 붓을 들고 크게 휘호했다.

신하들을 모아 오늘 밤 붓을 잡고
문자를 이것저것 써 보였노라

긴 가을 밤 지루한 줄 모르는 등불을

걸어놓고 서도에 몰두하였노라

『메이지 천황기』에는 '두 사람 모두 천황의 깊은 뜻에 감격해 눈물지으며 엎드려 절하였다'라고 기록되어 있다. 황후는 다카사키에게 답가를 재촉했다. 다카사키는 즉시 이런 노래로 응했다.

깊으신 마음 헤아려

붓 자국 가는 곳마다 눈물 소매 적시네

모토다도 이어서 두 수를 읊었다. 천황은 이날 일이 즐거웠던 모양이다. 그 후로도 기회가 있을 때마다 당번 시보와 휘호를 즐기기도 하고 시가를 주고받기도 했다. 10월 12일, 시종 시보 오기 마사요시(獲昌吉)가 조롱박 그림을 그렸다. 당번 시보인 야마구치 마사사다(山口正定)는 다음과 같은 찬(讚: 서화 제목으로 붙이는 글)을 붙였다.

이 표주박은 안회(顏回)와 히데요시(秀吉)의 완상하는 마음

갈라가며 마셔 보네

이 찬을 보고 천황과 황후는 소리 내어 웃었다.[692] 좀처럼 볼 수 없는 부부의 이 오붓한 광경에 마음 푸근해지는 느낌이다. 문득 빅토리아 여왕이 빈객에게 노래를 불러주었다는 일화가 떠오른다.

10월 23일, 오래도록 중단되었던 학과 강습이 재개되었다. 천황은 학문소에서 약 1시간, 모토다 나가자네와 『통감람요(通鑑覽要)』를 읽었다. 독서 외에 이윽고 진강도 재개되었다. 천황은 특히 『제감도설(帝鑑圖說)』을 좋아했다. 제덕(帝德)의 귀감을 쓴 책으로 해설도 자세하고 쉬웠기 때문에 모토다는 근세의 사정과 그리고 군덕의 실제에 비춰 가며 되풀이해서 설명했다. 모토다는 천황의 관심을 이끌어내고자 애썼다. 그것은 성공했다. 천황은 이 책을 많이 칭찬했다. 그러나 모토다는 처음에는 특히 어느 부분이 천황의 흥미를 끌었는지 알 수가 없었다. 어느 날 밤, 천황은 주나라 선왕(宣王)이 강후(姜后)의 간언에 마음이 움직여 정치에 힘쓰게 된 대목을 골라, 황후에게 '감간근정(感諫勤政)'이라는 칙제(勅題)를 주었다. 천황의 마음이 특히 끌린 것이 간언에 깊이 뉘우치고 스스로의 행동을 고친 중국 황제의 일화에 있었다는 것은 분명한 듯했다.

천황이 오랫동안 학문을 멀리해 온 지금 새롭게 자성의 눈이 떠진 모양이었다. 그리고 천황은 신하의 간언에 적극적으로 응하게 된 것으로 보인다. 모토다는 이 일에 깊은 감명을 받았다. 12월 13일, 어전 간담회가 재개되고 강학은 더욱 충실해졌다.[693] 그보다 조금 전, 아오야마 어소 어원에서 열린 국화 감상 잔치에서도 천황은 모토다에게 감명을 주었다. 이때 천황의 담론은 넓은 범위에 걸친 것으로서, 그 훌륭한 탁론은 신하들이 일찍이 들어보지 못한 것이었다. 특히 해외 제국에 관한 의견은 매우 뛰어났다. '외국인에게 들려주어도 흠 잡을 데 없다'고 모토다는 감탄했다.

그리고 천황의 승마열이 되살아났다. 승마에 대한 새로운 관심은 처음에는 배신(陪臣)들에게 환영을 받았다. 그러나 곧 배신들은 너무 피로해 낙마하지나 않을까 걱정하게 되었다. 이와쿠라 도모미가 천황에게 간했으나 효과가 없었다. 1878년 초부터 끊임없이 비가 쏟아졌을 때에도 어원 안의 마장에 나갔다. 마장 진흙에 말의 다리가 빠질 지경이 되어도 개의치 않았다. 마장의 기수와 마부들은 지쳐갔다. 추위로 병에 걸리는 말도 생겼다. 1월 12일, 당번 시보 히지카타 히사모토와 다카사키 마사카제가 천황에게 간했다. 이를 듣고 따뜻한 표정으로 "참으로 잘 말해주었다. 앞으로 마장의 일은 마부의 의견에 맡기겠다"고 했다. 히지카타 등은 천황이 쾌히 간언을 들어준 데 대해 감격하여 눈물을 흘리며 물러났다.

이튿날, 히지카타는 천황과 함께 말을 타고 마장에 나갔다. 솔밭을 막 지나려 할 때였다. 히지카타의 말이 갑자기 달리기 시작해 하마터면 말에서 떨어질 뻔했다. 이를 본 천황은 얼른 말을 달려 다가와 "히지카타, 괜찮은가" 하고 소리를 질렀다. 승마 때문에 간언을 들은 것이 바로 어제의 일이었다. 지금 다시 천황의 승마를 수행하지 않을 수 없었던 히지카타가 낙마할 뻔하자 천황이 동요한 것이었다. 이때 천황의 말을 전해듣고 그 인덕에 감탄하지 않는 사람이 없었다.

이 무렵에는 또한 메이지 천황과 외국 원수와의 관계에 미묘한 변화의 조짐이 보이기 시작했다. 천황은 '하늘의 도움을 보유하고 만세일계의 제조(帝祚: 천자의 자리)에 있는 일본 황제 무쓰히토'[694]라는 답신을 프랑스 대통령 파트리스 드 마크마옹에게 보냈다. 천황은 지금까지 외교 문서에서 이처럼 어마어마한 호칭을 사용해 본 일이 없었다. 반대로 청나라 황제에게서 온 국서

에는 황제가 스스로 '대청국 대황제'라 칭했고, 메이지 천황에게
도 '대일본국 대황제'[695]라고 대등한 호칭을 사용하고 있다. 이
는 청나라 조정으로 보면 전례 없는 양보였다. 청나라는 일본에
처음으로 공사관을 설치했다.

메이지 천황은 또 일본의 역사를 이해하려고 애썼다. 예를 들
면 미국의 과학자 에드워드 모스가 1877년 발견한 패총(貝塚)이
나 또 천황 치세의 역사 가운데 중요한 부분을 차지하는 서남 전
쟁 같은 것이었다.[696] 조상에 대한 강한 애착과 함께 일본 역사
그 자체에 새로운 관심을 보이기 시작했다.

1878년 신년은 언제나 그랬던 것처럼 궁중 의식으로 시작되
었다. 상호 방문, 선물 교환, 와카 모임 등이 있었다. 1월 24일, 천
황은 농학교 개교식에 행차하면서 농업 중시를 천명했다.

짐이 생각하건대 농사는 나라의 근본이다.

수차례의 반란이 진압되고 평온해진 터라 나라를 움직이는 기
본 정책이 차례차례 나왔다.

공식적인 기록을 통해 간혹 천황의 개인사를 엿볼 수 있다. 천
황이 간언을 존중한다고 밝히자 신하들은 천황의 행위에 대해,
물론 지극히 경의에 찬 말투로, 이의를 제기할 용기를 얻은 듯싶
다. 2월 3일, 당번 시보 야마구치 마사사다와 나베시마 나오요시
(鍋島直彬)는 일요일임에도 불구하고 천황의 면담을 청했다. 어
전에서 야마구치는 "지난해 앓으신 각기병이 도질지도 모르니
과음은 삼가하시기 바랍니다"라고 간했다. 올해 들어서도 신년
연회, 그리고 이어지는 만찬 등으로 천황은 평소의 주량을 넘고

있었다. 1월 10일 밤 연회에서는 새벽 3시, 그리고 그 전날 술자리에는 새벽 5시까지 있었다. 야마구치 등은 내부 연회를 금하고, 특히 심야의 음주를 그만두도록 간절히 간했던 것이다.

『메이지 천황기』를 보면, 천황은 이 간언을 흔쾌히 받아들여 이후로는 연회 등에서 취한 모습을 볼 수 없게 되었다고 쓰여 있다.[697] 하지만 어째서 천황이 과음했는지는 한마디도 언급하지 않고 있다. 천황을 아는 많은 사람들은 후대에 가서까지 천황이 술을 즐겼다는 이야기를 증언하고 있다. 이전에도 일부 인용했지만 서남 전쟁에 종군할 당시 육군 소장이었던 다카시마 도모노스케는 다음과 같이 회고하고 있다.

당시의 궁중은 강건 용맹의 기풍으로 충만해 있었는데 주군은 언제나 쾌활하게 모든 것을 결정하시며 매우 활기차고 주량도 강해서 가끔 마음에 드는 신하들을 모아 술자리를 벌이셨다.

본인은 주량이 아주 약해서 황송한 이야기지만 언제나 도피하고 숨듯이 지내고 있었다. 그러나 야마오카 뎃슈나 나카야마 다이나곤(大納言) 같은 이는 대단한 애주가로 두주불사하는 호걸이었으므로 주군은 술자리를 베풀 때마다 이들을 불러, 기분이 매우 좋으신 가운데 무용담을 안주 삼아 술잔을 기울이는 일을 더할 나위 없는 즐거움으로 여기셨다.

그런데 주군께서 당시 사용하시던 옥배(玉杯)는 흔히 볼 수 있는 작은 것이 아니라, 아랫사람들의 사발만 한 큰 옥배로서 그득히 채운 다음 죽 들이켜는 것이 보통이었다.[698]

1886년에 시종에 취임한 히노니시 스케히로(日野西資博) 자작은 이렇게 회상하고 있다.

　함께 음식을 드실 때면 술을 컵에 따라 드셨죠. 줄곧 이야기를 하시면서 커피를 드시더라도 아직 잔에 커피가 남아 있는 동안에는 안으로 들어가시는 일이 없습니다. 그 자리에 있는 음식을 모두 드신 후라야 들어가시던 일은 함께 식사를 한 분들은 다 알 것으로 생각합니다. 깨끗이 잡수시기 전에는 들어가시지 않았던 것입니다.[699]

한편 전혀 다른 성격의 간언이 천황의 주임 유관(儒官) 모토다 나가자네에 의해 나왔다. 이 무렵(1878년 2월) 유럽 각국의 예를 따라 국유림의 일부를 황실 삼림으로 하자는 건의가 있었다. 모토다는 이 건의에 반대해서 다음과 같이 말했다.

　황실이 영원히 의지하고 유지해야 할 것은 토지가 아니라 '지덕대인(至德大仁)'으로 민심을 잡아두는 데 있다. 지난날에 정부는 조세로 그중 얼마를 상납시키는 데 그쳤다고 했다.

나아가 모토다는 군권, 민권에 대해 언급하고 있다.

　백성이 의무를 다하고 취할 권리가 있다면 군주는 이를 먼저 줘야 한다. 군주가 덕을 쌓고 취할 권리가 있다면 백성은 마땅히 이를 바쳐야 한다. 그러나 지금 정부가 하려 하는 짓은 '지덕대인'의 실천 없이 백성이 소유한 토지를 빼앗아 이를 황실의 소유로 삼으려 하는 것이다. 이는 황실이 백성과 똑같이 이익을 다툼으로써 스스로 제권(帝權)을 손상하는 일에 다름 아니다. 토지세의 일부를 쪼개 황실 보호세로 정하는 일이야말로 오늘날의 공명 정대한 시책이다. 지덕대인을 베풀고 백성을 사랑하면 인심이 황실을 사모하고 경중(敬重)함이 더욱 깊어질 것이다. 천하 모든 사람이 스스로 사유 토지의 조세를 황실에 바치려 할 것이다. 만일 인심을 잃는다면 천하의 모든 토지를 가진다 해도 백성들이 모두 들고일어나 이를 빼앗기고 말 것이다. 이것이 천리이므로 인심이 어찌 돌아갈지는 의심할 바가 없다.[700]

천황은 모토다의 말을 받아들였다. 황실을 위한 삼림 접수 건의는 실행되지 않았다. 이것은 유교의 가르침에 바탕을 둔 간언이 아직도 힘을 발휘하고 있다는 것을 보여준 사례다. 그러나 간언하려던 자가 천황에게 감화받아 거둬들인 예도 있었다. 하루는 천황이 시종에게 구두 수리를 명했다. 시종은 슬그머니 시보 사사키 다카유키, 다카사키 마사카제와 의논했다.

천황은 낡은 구두를 버리고 새 구두를 사면 될 터인데 어째서 일부러 구두를 수선하라고 명하는 것일까.

사사키와 다카사키는 다음과 같이 말했다.

이는 사소한 일인지도 모른다. 하지만 군덕이라는 면에서 본다면 큰 의미를 가질 수 있다. 만일 천황이 검약을 중히 여긴 것이라면 아주 바람직한 일이다. 만일 인색한 생각에서 나온 것이라면 이는 우려할 만한 일이다.

그러나 다카사키는 천황의 말을 듣고 감읍하게 된다.

그 구두는 시종 시보 후지나미 고토타다(藤波言忠)에게 줄 생각이었는데 좀 수선해야겠기에 받은 이가 공연히 돈을 쓰게 될까 봐 수리를 맡긴 것이다.

4월 23일, 천황의 또 다른 일면을 볼 수 있다. 천황은 각기 전문병원 설립비로 2만 엔을 도쿄 부(府)에 하사했다. 천황은 전년, 교토 체재 중에 각기병을 앓았다. 그래서 같은 병으로 고생하는 사람들의 마음을 이해할 수 있었다. 천황의 병은 어쩌면 재발할지도 몰랐다. 그래서 시의들은 이를 예방하기 위해서는 지금까지의 관례를 따라 전지(轉地) 요양하는 것보다 좋은 방법은 없다고 진언했다. 이를 받아들여 공기 좋고 지대가 높으며 건조한 곳을 찾아 별궁을 짓는 게 어떻겠냐는 의견이 나왔고, 이와쿠라는 이를 천황에게 상주했다. 이에 대해 천황은 다음과 같이 답했다.

전지 요양이 괜찮겠다. 그러나 각기병은 전 국민의 질환이지 짐만 앓는 병이 아니다. 사는 곳을 옮기는 일은 짐에게는 가능하다. 그러나 온 국민이 그렇다고 다 옮길 수는 없다. 그러니 국민을 위해 따로 예방 방법을 강구하기 바란다. 그리고 도오 순행 때 진대에 주둔하고 있는 병사들을 살펴보니 다들 높고 건조한 곳에 기거하고 있었건만 각기로 고생하는 자가 수십 명이었다. 짐작하건대 장소를 바꾼다고 해서 반드시 이 병에서 벗어날 수 있는 것이 아니다. 이 병은 서양 각국에서는 볼 수 없는 것이고 오직 우리나라에만 있다고 들었다. 그렇다면 그 원인은 식습관에서 연유하는 것이 아니겠는가. 짐이 듣기로는 한의사 도다 조안(遠田澄庵)이라는 자가 있는데, 그의 치료 요법은 쌀밥을 줄이고 팥, 보리 등을 많이 먹어야 한다고 했다. 여기에 일리가 있다고 본다. 한의사의 고루한 말이라고 함부로 배척할 것이 아니라 양의와 한의에 모두 취할 바가 있을 것이다. 우리 방법 역시 버리지 말아야 할 것이다.[701]

천황의 의견을 듣고 '이와쿠라는 탄복해서 물러났다'라고 기록되어 있다. 훗날, 참의 겸 내무경 오쿠보 도시미치 역시 전지를 권했으나 같은 답변을 들었다. 천황이 실제로 이렇게 말했는지는 확실치 않다. 그러나 천황의 말 그대로라고 한다면, 이는 사리에 정통한 의견을 내놓은 최초의 일이며 또한 총명하기 그지없는 생각이라 하지 않을 수 없다. 천황에게서 받은 비용으로 7월 10일 병원은 개원했다. 이런 종류의 시설은 그때까지 없었던 것이다. 천황은 도쿄의 전광원(癲狂院: 정신병원) 설립을 위해서도 3천 엔을 내놓았다.

천황 자신은 평소 의사를 싫어했는데 이는 평생 지속되었다. 특히 매일같이 받는 진찰을 싫어했다. 전해에 각기병에 걸렸을 때도 몸의 이상을 시의에게 밝히지 않았다. 시의가 알게 되었을 때는 이미 증상이 한창 진행되어 있었다. 천황은 신체가 튼튼했기 때문에 평소에 특별히 건강에 신경을 쓰는 일이 없었다. 시의들은 시의들대로 아직 전통 의술에 의지하고 있었다. 그것은 말하자면 문명 이전의 의술이라 해도 좋았다.

1877년 6월, 지카코 내친왕이 각기병에 걸렸을 때 시의들이 할 수 있었던 일은 전지 요양을 권하는 것뿐이었다. 지카코 내친왕은 그들의 말에 따라 8월 하코네로 갔고, 그곳에서 3주 후인 9월 2일에 타계했다. 나이 서른한 살이었다. 고메이 천황의 누이동생이자 쇼군 이에모치의 아내로서, 불우한 생애를 보낸 내친왕의 비극적인 결말은 메이지 천황의 의사 혐오증을 한층 더 심화시킨 것 같다. 사사키 다카유키가 2시간 남짓 간언을 한 끝에 겨우 천황은 아침저녁의 진찰을 승낙했다.

천황은 신하들의 갖가지 간언에 처음에는 저항을 보였지만 차츰 그 간언에 쾌히 따르려는 성숙한 성군의 자세를 보였다. 다행히도 천황은 비범한 능력을 가진 인물들에게 둘러싸며 있었다. 그들은 인내심을 발휘했고, 천황을 가르치고 인도할 필요가 있다고 판단되면 용기를 발휘할 줄도 알았다. 그러나 천황은 어린 시절 궁궐 안에서 받은 교육의 영향에서 아직 완전히 벗어나지 못하고 있었다.

이들 신하 중에서 아마도 인기는 별로 없었지만 빼어난 재주를 가진 인물은 내무경 오쿠보 도시미치였을 것이다. 오쿠보는 천황에 대해 직접 책임을 지는 내무경의 지위에 있었고 정부 안에서는 명실상부한 최고 실력자였다. 1873년 구미 시찰에서 돌아온 이래 오쿠보가 지향했던 것은 정치적, 경제적으로 국력을 강화하고 서양 선진국과 대등한 지위에 일본을 올려놓는 일이었다. 오쿠보의 언동에는 위압적인 면이 있어서, 우익과 좌익 양쪽 모두의 반감을 사곤 했다. 우익 쪽에서는 정한론이 취소되고 사이고 다카모리가 죽은 것을 오쿠보의 탓으로 돌렸다. 좌익 쪽에서는 오쿠보의 보수주의가 민권의 진전을 가로막고 있다고 생각했다. 오쿠보는 대다수 일본인, 특히 사족이 비참한 경제적 곤경에 시달리고 있는데 그만이 호화판 생활을 하고 있다는 비판을 받았다. 불만을 가진 사족들은 도쿠가와 말기의 존왕양이주의자를 연상시키는 구호를 입에 올리면서 오쿠보를 원한의 표적으로 삼았다.

이 무렵, 이시카와(石川) 현 사족 일파가 오쿠보 암살 계획을 꾸미기 시작했다. 가나자와(金澤)는 음모가 발생할 만한 고장으로는 걸맞지 않은 지역으로, 유신 때 가가(加賀) 번이 맡은 역할은 아주 미미했다. 마에다(前田) 가문은 에도 시대 다이묘 중에서도 최대의 녹봉 1백만 섬을 받고 있었고, 가나자와 거리는 대대로 문화 활동의 중심지로 번성하고 있었다. 메이지 천황의 치세 초기 10년간 일본 전국이 정치 소용돌이에 깊이 휩쓸리고 있을 때도 이 고장은 불온한 정치 활동과는 전혀 인연이 없었다. 가가 번 1백만 섬의 중심지 가나자와의 번영이 그 이유를 말해 주고 있는지도 모른다.

그러나 사족 중에는 옛 가가 번의 미온적 태도에 불만을 품은 자도 있었다. 다른 번이 정치적 분쟁에 말려들고 있는 동안 가가 번만 오직 평화적 번영을 구가하고 있었던 것이다.[702] 그런 한편으로 그들은 정한론의 묵살에 격분해서 정부에 싸움을 걸어 패하고 만 사이고 다카모리의 입장을 지지했다. 오쿠보 암살 계획의 주모자 중 한 사람인 조 쓰라히데(長連豪)는 두 번에 걸쳐 가고시마를 찾아가 사이고의 사학교에서 공부한 일이 있었다.[703] 가나자와의 반정부 활동의 중심은 '삼광사파(三光寺派)'로 알려졌다.[704] 이 일파는 당 규율을 가진 조직은 아니었으나 무단주의(武斷主義), 완력적 행동주의를 지향하고 있었다. 이 일파의 두목 시마다 이치로(島田一郎)가 오쿠보 암살의 중심인물이었다. 경우에 따라 삼광사파는 큰 조직인 '충고사(忠告社)'와 한패를 이루는 일이 있었다. 충고사는 민권을 부르짖고 있었다. 이 두 조직의 이념은 전혀 딴판이었지만 오쿠보가 이끄는 유사전제(有司專制: 소수 독재제)에 이의를 제기하고 있다는 점에서는 일치했다. 충고사의 민권 사상 취지는 범행 후에 신문사에 계속 보내진 참간장에도 드러나 있다.[705]

서남 전쟁 중 이들의 공감대는 사이고에게 향해 있었다. 그들은 사이고 암살 계획에 격노하고 그의 서전의 승리에 기뻐했으며, 그 대의가 패배할 것이 분명해지자 안타까워했다. 1877년 4월 하순, 시마다와 조는 충고사의 유력자 구가 요지나오(陸義猶)를 찾았다.[706] 사이고군이 대패하자, 더 이상 방관할 수 없다며 두 사람은 구가에게 하소연했다.

사이고는 간신들 때문에 쓰러지게 되었다. 간신이란 바로 기도 다카요시와 오쿠보 도시미치를 가리킨다. 그러므로 이 두 명은 제거하지 않으면 안 된다.

두 사람은 암살 취지문 작성을 구가에게 의뢰했다. 구가는 그 계획에는 찬성할 수 없었다. 생각해보겠다는 말을 하고 기다리는 동안 두 사람의 감정이 정리되기를 기대했다. 그러나 두 사람의 결의는 더욱 강렬해졌다. 5월 26일, 기도가 병으로 죽었다. 암살 목표가 오쿠보 도시미치 한 사람으로 좁혀졌다.

시마다는 결행할 동지를 모았다. 처음 시마다는 자신의 진의를 밝히는 걸 조심스러워했다. 그러나 11월이 되자 시마다가 함께 결행할 동지와 속을 털어 놓고 암살 계획을 이야기할 만큼 일은 진전되어 있었다. 놀랍게도 어느 누구도 시마다를 경찰에 밀고하지 않았다. 그러나 배신자를 헷갈리게 하기 위해 오쿠보 암살 계획을 단념한 것 같은 말을 흘리기도 했다.

1878년 3월 25일, 시마다는 도쿄를 향해 떠났다. 시마다가 오쿠보 암살이라는 사명에 자신의 모든 것을 바치며 목숨도 아깝지 않다고 한 말은 진심이었을 것이다. 하지만 가족과 이별하면서 지은 단카에 시마다의 아픔이 고스란히 배어 있다.

> 왼쪽 오른쪽도 모르는 어린 마음
> 이제는 부자간의 이별이로구나
>
> 진작부터 오늘이 있음을 알고 있었건만
> 막상 이별이라고 여기니 슬프기만 하구나[707]

이 단카들이 문학적으로 뛰어난 것은 아니다. 그러나 모두 진심이 느껴지는 작품이다. 목숨을 건 사명을 띠고 떠나기 전에 시를 읊는 암살자는 일본 이외의 나라에서는 보기 드물다. 죽음을 분명히 예견한 시마다에게 이것은 세상과 작별을 고하는 노래였다.[708]

시마다와 조의 모습이 가나자와에서 사라지자, 현 당국은 과격파로 알려져 있는 두 사람이 무엇인가 음모를 꾀하고 있는 게 틀림없다고 의심했다. 중앙 정부 역시 반체제 사족과 자유민권 운동가 양쪽을 경계하면서 전국 각지에 많은 사복 경관들을 배치하고 있었다. 오쿠보 도시미치는 내무경으로 전국에 깔아 놓은 경찰 행정을 한 손에 쥐고 있는 위치에 있었다. 평온한 이시카와 현에 그다지 주의를 기울이지 않았던 것은 어쩌면 오쿠보의 방심에서 나온 것일지도 모른다.

상경한 주모자들의 첫 번째 임무는 오쿠보의 암살 이유를 세상에 알릴 취지서 작성이었다. 그들은 막부 말기 암살자들을 모방해 희생자 몸에 참간장을 던져두기로 했다.[709] 그 첫머리는 다음과 같이 시작되고 있다.

이시카와 현 사족 시마다 이치로 등은 고두(叩頭)하고 매사(昧死: 자신의 생각이 잘못되었으면 죽음으로 사죄함)하며 우러러 천황에게 아뢰고 엎드려 3천만 민중에게 고합니다. 지금 황국의 상황을 숙고해 볼 때 정령과 법도가 위로는 천황 폐하의 성지에서 나오는 것이 아니고 아래로는 서민들의 공의에서 비롯되는 것도 아니며, 오직 요로(要路) 관리 몇 명의 근거 없는 판단에 따르고 있습니다.

이 말에서 암살을 기도한 자들은 과거 또는 미래에 나타나는 여러 무리들과 마찬가지로 천황의 거룩한 뜻에 맞게 행동하고 있음을 주장했다. 그들의 의도는 천황 친정을 가로막고 있는 부패한 관리를 제거하는 데 있었다. 동시에 약간 모순된 일이지만, 그들은 공의(公議)라는 형태로 민중의 의지가 받아들여지길 원했다. 이는 아마도 참간장을 쓴 구가 요지나오의 자유민권 사상의 반영이었을 것이다.

참간장은 계속해서 탐욕스럽고 부패한 관리를 고발하고 있다. 즉 요로 관리는 일반 시민이 빈궁에 허덕이고 있을 때 그 희생을 발판으로 해서 사복(私腹)을 채우고 있다는 것이다. 다섯 개의 죄목이 차례로 열거되었다.

첫째, 공의를 두절시키고 민권을 억압하여 정사를 멋대로 행한다. 둘째, 법령 만시(漫施: 함부로 시행)하고 청탁 공행(公行: 권력자의 사사로운 부탁을 공공연히 행함)하며 방자하게 세도를 편다. 셋째, 급하지 않은 공사를 일으키고 쓸데없는 장식으로 나라의 재정을 허비한다. 넷째, 강개(慷慨) 충절의 선비를 배척하고 우국 기개의 인사를 싫어해서 내란을 조장한다. 다섯째, 외국과 잘못된 교류를 하여 국권을 실추시킨다.[710]

음모를 꾀한 자들의 목표는 오쿠보 암살이었다. 그러나 참간장은 이에 덧붙여 '베어야 할 자' 혹은 '용서할 수 없는 자'의 이름을 열거했다. 전자로는 이와쿠라 도모미와 고(故) 기도 다카요시를, 후자로는 오쿠마 시게노부, 이토 히로부미, 구로다 기요타카, 가와지 도시요시(川路利良)를 들고 있다. 그리고 산조 사네토미 등과 같은 '간리(姦吏)'는 헤아릴 것도 못 된다고 했으며, 그 근본을 없애면 지엽은 따라서 사라지게 된다고 했다. 시마다를 비롯한 암살자들이 그들의 유지를 잇는 자에 의한 제2의 암살을 기대하고 있음은 분명했다. 참간장 전문은 다음과 같이 끝맺고 있다.

원컨대, 메이지 일신(一新)의 어서문을 바탕으로 메이지 8년(1875)의 조칙에 의해 유사 전제(소수 독재)의 폐해를 고치고, 조속히 민회(民會)를 일으켜 공의를 취하며, 이로써 황통의 융성과 국가의 영속, 백성의 안녕을 기하라.[711]

여기서도 다시 천황에 대한 충성과 민권의 주장이 동시에 나타나고 있다. 그러나 도야 히로키(遠矢浩規)가 지적하고 있는 것처럼 그들의 범죄를 정당화하기 위해 구가 요지나오가 기초한 고매한 참간장 내용을 과연 암살자들이 스스로 이해하고 있었는지는 의문이다. 그들의 온 신경은 오직 하나에 집중되어 있었다. 오쿠보가 아카사카 임시 궁궐로 나가는 일정, 도중에 오쿠보가 지나는 길, 오쿠보의 마차의 특징 등을 조사했다. 오쿠보의 인상은 당연히 머리에 새겨놓았을 것이다. 그들은 오쿠보의 마차가 늘 지나는 좁은 길을 범행 현장으로 선택했다. 그곳은 사람의 통행이 적은 길로 남의 눈을 피하기에는 적합한 장소였다. 참의가 태정관에 출두하는 날은 매월 4일, 14일, 24일, 9일, 19일, 29일 등 엿새뿐이었다. 결행일은 5월 14일로 정해졌다. 그 며칠 전, 시마다는 동지의 반대를 무릅쓰고 오쿠보에게 암살 예고장을 보냈다. 시마다의 생각에 의하면 당사자를 그냥 조용히 죽여서는 암살 취지를 전달할 수 없다는 것이다.[712] 하지만 오쿠보는 아마 협박장 같은 것은 거들떠보지도 않았을 것이다. 그런 종류의 편지를 한두 번 받은 것이 아닐 테니까.

결행 준비 최후 단계에 시마다와 조는 각각 아내에게 편지를 썼다. 그들의 결의를 밝히고 아이들의 교육에 대한 희망을 적었다.[713] 시마다의 편지는 장문의 시 형태를 취하고 있는데, 거기에서 오쿠보를 이렇게 말하고 있다.

황공하게도 천황께 참소를 올려 충신들을 남김없이 죽이더니 온통 간신들을 불러 모아 위로는 주군을 기만하고 아래로는 백성을 괴롭히네. 지시마와 가라후토 교환에다 류큐 처리와 타이완 전쟁은 무엇을 위한 것인가.[714]

오쿠보는 결코 이들의 편지 내용처럼 극악하고 도에 어긋난 인물이 아니었다. 그날 이른 아침, 오쿠보가 마차로 임시 궁궐로 떠나기 전에 후쿠시마 현령 야마요시 모리노리(山吉盛典)가 오쿠보의 저택을 방문했다. 야마요시와의 대화에서 오쿠보는 유신의 뜻을 관철하기 위해서는 30년이 필요하다면서 그 시기를 셋으로 나눠 설명했다. 이제 메이지의 첫 10년이 지나고 두 번째에 접어들려 하고 있다. 오쿠보에 의하면 제2기는 아주 중요한 시기로, 내치(內治)를 정리하고 산업을 늘리는 시기이다. 스스로 부족한 사람이지만 내무직을 충실히 이행할 것을 결심하고 있다고 했다. 제3기는 후진에게 맡기는 수밖에 없다고도 했다. 생산 증식 사업의 제1단계로 황무지 개간을 들었다. 또한 후쿠시마 현의 치수 사업에 대한 포부도 밝혔다.

오쿠보는 불의의 습격에 대비하여 마차 안에 늘 권총을 두고 다녔다. 그러나 이날은 저녁때부터 청나라 공사의 만찬회에 참석하기로 되어 있어 마차 청소를 명한 뒤 권총을 부하에게 맡겼다. 이 일이 오쿠보의 명을 단축시킬지 그 누가 알았으랴!

암살은 주도면밀하게 진행되었다. 우선 여섯 명의 자객 중 두 명이 말의 다리를 베어 마차를 세웠다. 나머지 네 명은 마부를 베어 죽인 다음 오쿠보를 마차에서 끌어내 난도질을 했다. 목을 찌른 마지막 일격은 무서운 기세로 단도의 날 끝이 목을 관통해서 땅바닥에 꽂혔다.

이들은 무기를 시체 옆 범행 현장에 버린 다음 사전에 의논했던 대로 가까운 임시 궁궐로 가서 자수했다. 여섯 명은 수문장에게 참간장 사본을 제출했다. 다른 동지가 있느냐는 물음에 "관리를 제외한 국민 3천만 모두가 동지다"라고 대답했다.

570

보고는 금방 아카사카 임시 궁중에 전달됐다. 학문소에서는 모토다 나가자네가 천황에게 『논어』를 진강하고 있었다. 서기관이 헐레벌떡 뛰어 들어와 모토다에게 오쿠보 피습 소식을 알렸고, 모토다는 즉시 천황에게 아뢰었다. 천황은 크게 놀라 시종을 오쿠보 저택으로 보내 사건의 자초지종을 물었다. 시종은 곧 돌아와 오쿠보가 이미 사망했음을 보고했다. 천황은 오쿠보의 죽음을 깊이 애도하며 궁내경 도쿠다이지 사네쓰네를 칙사로 오쿠보 저택에 파견했다. 황태후와 황후 역시 위로의 말과 부조금을 보냈다.

이튿날 천황은 오쿠보의 공적을 기려 우대신 정2위로 봉하고 부조금으로 5천 엔을 보냈다. 그리고 도쿄에 체류 중인 지방관들을 불러 이렇게 말했다.

짐은 고굉지신(股肱之臣: 가장 믿고 의지하던 신하)을 잃었음을 심히 애도하노라. 국가의 불행이 이보다 클 수가 없도다.

이토 히로부미가 오쿠보의 후계자로 내무경에 임명되어 중요한 개혁의 임무를 이어나갔다. 오쿠보 도시미치가 암살된 일은 해외에까지 알려져 각지에서 그의 죽음을 애도하는 조문을 보내왔다.[715] 장례식은 근대 일본사상 첫 국장에 걸맞게 성대하게 치러졌다. 도쿄 주재 각국 공사관은 조기를 게양하고 요코하마 항에 있는 군함은 스물한 발의 예포를 쏘았다. 장례 의식은 처음부터 신도 식으로 치러졌다. 당시 일반인에게는 불교가 아직 인가되지 않아서 불교식으로 치러지지 않았을 것이다.

이토의 내무경 취임은 오쿠보의 정책을 부인하지 않음을 의미했다. 그러나 참간장의 취지는 참작이 된 것 같았다. 이미 오쿠보가 암살되기 전날 이른 아침에 세 명의 시보 사사키 다카유키, 요시이 도모자네, 다카사키 마사카제가 이토 히로부미를 찾아가 "천황을 보좌하기 위해 새로운 내대신이나 내정총재(內廷總裁) 같은 관직을 마련해야 할 것이다. 오쿠보 도시미치야말로 그 최고 적임자다"라고 제의했다. 이토도 그에 동의했다. 그런데 그 직후 이들은 전율할 만한 오쿠보 도시미치의 암살 소식을 듣게 된 것이다.

그러나 암살자들이 남긴 참간장의 내용처럼 지금의 정령이 천황의 성지에서 나온 것이 아니며, 또 백성의 공의에 의한 것도 아니라는 말은 인정하지 않을 수 없었다. 당장의 급선무는 천황이 모든 사안을 직접 결재하는 '만기친재(萬機親裁)'의 내실을 기하는 일이었다. 사사키 등 시보는 이 취지를 천황에게 주청하기로 했다. 16일, 시보는 천황을 배알하고 어전에서 이런 내용의 소견을 말했다.

말로만 친정이지 실제로는 대신들에게 정사를 위임하고 있다. 한두 사람의 권력자들이 국정을 농단한다고 여겨 천하의 인심은 모두 불평하고 있다. 그래서 시마다 같은 폭도까지 나오기에 이르렀다. 이래서는 유신의 대업도 황송한 말이지만 수포화병(水泡畵餅: 물거품과 그림의 떡)이 될 것이 뻔하다. 게다가 크게 우려할 일은 세계 각국의 형세다. 국위를 해외에 떨치느냐 마느냐하는 것은 오로지 천황의 유지 하나에 달려 있다. 오늘부터 친정의 내실을 기하고 내외의 사정에도 통달해 주시길 바란다.

다카사키 마사카제도 어전에 나아가 이렇게 말했다.

도시미치 생전에 언제나 깊은 뜻으로 성덕을 함양하는 데 고민하였으며 피살 전날에도 신의 집을 찾아와 그런 일을 이야기하고 깊이 우려하였습니다……

말하던 중에 감정이 북받친 다카사키는 '만기친재'가 중요하다는 것을 거듭 아뢰었다. 이때 천황의 눈에도 눈물이 맺혔다. 요네다 도라오(米田虎雄)는 매일 승마에 열중하시는 것처럼 국정에도 열중해 주십사고 아뢰었다. 천황은 자세를 바로 고치며 다음과 같이 대답했다.

그대들의 충언을 가납하겠다. 앞으로 깊이 주의할 것이다. 더욱 협력해서 보좌의 소임을 다하라.

이에 사사키 등은 감읍하고 물러갔다. 천황은 시보들의 간언을 마음에 새겼던 모양이었다. 이제는 천황도 국정에 무관심하지 않은 것처럼 보였다. 5월 21일, 천황은 이 시대의 폐해에 대해 두 명의 당직 시보에게 이런 의견을 말했다.

관리 중에 집을 신축하여 양옥을 짓는 자가 있다. 외국 공사 같은 사람과 교제를 하는 입장에 있는 자는 그럴 필요가 있을지 모른다. 그러나 일반 서민의 눈에는 이들 관리는 백성의 고혈을 쥐어짜서 사리를 탐하는 것으로 비칠 것이다. 모든 관리들은 잠시 종래의 저택에서 참고 지내야 할 것이다. 몇 년이 지나면 황궁 및 태정관의 건물이 완성된다. 그때를 기다려 각각 분수에 맞게 개축한다면 서민의 원성도 저절로 소멸될 것이다.

불만은 또 있었다.

유신 이래 정부의 요직은 주로 사쓰마, 나가토(長門, 조슈), 도사 등 3개 지역 출신 인물로 채워져 왔다. 이런 일은 이제 개선되어야 한다. 널리 천하의 인재를 등용해야 할 때다. 동북의 벽지에도 쓸 만한 인재는 있을 것이다.

5월 23일, 같은 해 8월 천황이 호쿠리쿠, 도카이 양 도의 여러 현들을 순행한다는 발표가 있었다. 오쿠보의 피살 충격과 시보의 간언은 천황에게 새로운 책임감과 자신에게 갖춰져 있는 위광에 눈을 뜨게 만든 것 같았다.

　메이지 11년(1878) 5월 23일, 천황은 미리 예정하고 있던 호쿠리쿠와 도카이 양 도의 순행을 8월로 결정했다.

　이 순행은 원래 지난해의 도오(東奧) 순행에 이어 1877년에 할 예정이었다. 그러나 서남 전쟁으로 국사가 바빠졌기 때문에 미뤄두었다. 이번 순행의 취지는 천황이 가보지 못한 고장을 찾아가서 친히 민정을 시찰하는 데 있었다.

　도오 순행 때의 경험에 비춰, 천황은 이번 순행이 민중에게 공연한 비용을 부담하게 해서는 안 된다고 생각했다. 특히 각지 학교 학생들이 환영을 위해 일부러 의복, 모자, 구두 등을 새로 맞출 필요가 없다는 것을 강조했다. 천황은 또 현청에 행차할 때 관내 지도, 관내 일람표, 덕행 있는 사람의 사적, 특산물 등을 열람하고 싶다는 희망을 표명했다. 그리고 경찰서, 지서와 순사의 인원수, 사업 권장 방법, 목축장 및 목축의 수, 황무지 및 현재 개간 중인 토지 등에 대해서도 보고서를 제출하라고 요구했다.

　천황이 이번 순행을 유람식으로 하지 않는다는 것은 분명했다. 그리고 천황의 주된 목적이 민중에게 외경하는 마음, 친애의 정을 품게 하려는 데 있지 않다는 것도 분명했다. 무엇보다도 순행은 천황 스스로 체득하는 것이 있어야 했다. 그것은 백성에 대한 견문을 넓히는 일이요, 백성의 생활상을 실지로 살펴보는 것이었다. 신하들은 동시에 천황의 방문을 통해 전국 민중의 마음에 꼭 새겨주었으면 하는 사항이 있었다. 그것은 바로 지연을 초월한 중앙정부의 존재였다.

천황이 궐 안에서 세상과 교류를 차단했던 시대에는 말할 나위도 없이, 유럽의 군주들이 하는 순행에 상당하는 것이 없었다. 메이지 천황이 일본 각지를 순행하게 된 다음에도 유럽의 순행에서 중요한 역할을 하던 화려한 축제적 요소는 실질적으로 없는 것이나 마찬가지였다.[716] 이들 천황의 지방 순행은 또 다른 일면에서 유럽의 순행과는 달랐다. 일본에서는 순행을 이용해서, 또는 동전이나 지폐에 초상을 넣어 천황의 얼굴을 일반 민중들이 익히게 해서 친근감을 주는 일은 거의 시도되지 않았다. 유럽처럼 왕실 권력의 상징으로 군주의 승마 모습을 동상으로 만들어 세우는 일도 없었다.

메이지 천황이 순행 때 탔던 가마는 안을 들여다볼 수 없게 만든 봉련이었지, 민중이 천황의 모습을 잘 볼 수 있게 만든 덮개 없는 마차가 아니었다. 옛날에는 신분이 높은 일부 구게 이외에는 천황의 얼굴을 볼 수가 없었고, 이 시기에도 그것이 용이해졌다고 말할 수는 없었다. 메이지 천황의 사진은 아주 적어서 일반인들은 좀처럼 수중에 넣기 힘들었다. 주로 유럽의 군주로부터 사진을 받은 답례로 사용될 뿐 대중에게 보이기 위한 것은 아니었다. 외국 공사들이 일본을 떠날 때 천황의 사진이 증정되는 일은 있었다. 아무리 총애하는 신하라고 하더라도 일본인은 군주의 사진을 입수하기 힘들었다.

1874년, 일찍이 우치다 구이치가 촬영한 천황의 사진을 무단으로 복사하여 도쿄 부에서 무허가로 매매한 자가 있었다. 우치다 역시 자신이 촬영한 사진을 판매하려고 필름을 도쿄 부에 출원했다. 이것이 발단이 되어 천황의 사진 판매를 놓고 엄청난 논쟁이 벌어졌다.[717] 결국 사진 판매는 금지되었다. 이미 사진을 구입한 자는 당국에 제출하라는 포고가 내려졌다. 천황의 사진 또는 권위 확대를 의도하는 동전이나 그 밖에 각인된 초상이 없다는 것은 순행의 겸허한 성격을 상징하고 있었다. 행렬이 통과하는 마을 연도에 줄을 이룬 군중은 어쩌다 천황의 모습을 힐끗 볼 수도 있었다. 그러나 천황은 화려한 군복을 입는다든지 호사스러운 마차를 타서 군중의 눈길을 끌려 하지 않았다. 천황의 선심은 겨우 소학교의 우수한 학생이나 노인에게 주어지는 조그만 선물로 표시되었다.

메이지 천황이 도쿄를 출발하기 직전에 순행이 연기될 만한 사건이 일어났다. 8월 23일, 봉급 경감과 경비 절감에 화가 난 근위 포병 대대 내부에서 폭동이 발생했던 것이다. 폭동에 관여한 1백여 명은 하사관 두 명을 제외하고 거의가 병졸이었다. 그나마 태반은 용맹한 것으로 알려진 가고시마, 고치 사족 출신이었다. 단시간에 끝난 반란에서 폭도는 사관 몇 명을 살해했고, 대장경(大藏卿) 오쿠마 시게노부의 저택에 발포했다. 그리고 산포(山砲) 2문을 끌고 병영을 탈출해서 봉급 인상을 청원하기 위해 아카사카 황궁으로 향했다. 90여 명이 임시 황궁에 도착했으나 폭도의 내습을 예상하고 황궁을 수비하고 있던 정규 부대와 충돌하여 모조리 붙잡혔다.

다음 날 아침 4시에는 정적이 되돌아왔다. 그러나 오쿠보 암살이 일어난 지 얼마 지나지 않아 일어난 이 사변 때문에 이와쿠라와 시보 등이 순행 연기를 주장했다. 소동 그 자체는 확실히 소규모였다. 그러나 이것은 보다 심각한 군 반란의 징조일지도 몰랐다. 이와쿠라 등의 주장은 산조 사네토미 및 참의들과 시보 사사키 다카유키 등의 반대에 부딪혔다. 산조 등에 따르면 일시적인 폭동 때문에 순행을 연기하면 조정의 위엄이 손상된다는 것이다. 천황은 시보 사사키 다카유키에게 하문한 후 예정대로 출발하기로 했다.

천황 일행[718]은 8월 30일, 호쿠리쿠와 도카이 순행 길에 들어섰다. 황후와 황태후는 이타바시까지 행렬을 전송했다. 순행 첫날밤은 우라와(浦和)에서 맞았다. 이튿날 아침 사이타마(埼玉) 현령 등을 만났을 때 천황이 받아든 것은 예상했던 대로 현민의 행복한 생활을 기록한 문서가 아니었다. 그것은 현의 나카쓰가와무라(中津川村) 주민의 비참한 상황을 전하는 보고였다.

주택 25호, 인구 129명인 나카쓰가와무라는 빈곤한 미개의 땅이었다. 촌민은 몸에 두를 천 조각도 없었고 문자도 알지 못했다. 병들어 죽어 가는데 처방할 약조차 없었으며 장사 지내줄 절도 없었다. 주식은 쌀이 아니라 피와 수수였다. 촌민의 대다수는 이 세상에 학교, 약국, 주점, 생선 가게 같은 것이 있는 줄도 몰랐다. '연곡(輦轂) 밑, 즉 천황의 지척에 이처럼 누우(陋愚: 비참하고 어리석은)한 백성이 있음은 실로 성대의 오점으로 통한스럽기 짝이 없다'고 기록되었다. 마을로 통하는 길을 수리하고 촌민을 점차 개명의 길로 이끌 수단이 강구되었다.[719]

이 보고에 대한 천황의 반응은 기록되어 있지 않다. 하지만 천황은 경악하지 않았을까. 이 뒤로 천황은 사이타마 현청 각과의 집무를 둘러보고, 재판소, 현립 학교 등을 방문했다. 각 학교에서 수업을 참관했을 뿐 아니라 우등생 83명에게 상을 주었다. 그리고 권업 박물관을 방문해 기계 모형, 광물, 미술품 등을 관람했다. 천황이 특히 흥미를 보인 것은 사야마(狹山)에서 생산되는 차, 고마(高麗) 군에서 생산된 생사(生絲)였다. 차와 생사는 당시 일본의 주요 수출품이었다. 이번 순행으로 천황은 가는 곳마다 그 고장 특산물에 특히 관심을 보였다.

봉련이나 마차로 이동 중에도 천황은 고장의 생활 풍경을 찬찬히 관찰했다. 한번은 허리에 서양 칼을 차고 있는 순사 몇 명을 보고 천황이 시보 사사키 다카유키에게 물었다.

　최근 들어 다시 일본도를 사용하는 자가 늘고 있다는데 사실인가.

사사키는 다음과 같이 답했다.

　근자에 폐기된 것이나 마찬가지였으나 작년 이후로 다시 일본도에 대한 관심이 부활하는 조짐이 보이는 것 같습니다.

『메이지 천황기』가 처음으로 군중의 환영에 대해 언급하고 있는 것은 마에바시(前橋)에 도착했을 때다. 그리고 천황은 다카사키, 마쓰이다(松井田)를 거쳐 우스이(碓水) 고개를 향했다. 도쿄를 출발한 이래 거의 매일 비가 뿌려 도로는 질척거렸다. 산길은 험준해서 가마로 지날 수 없을 정도였다. 천황은 내려서 진흙탕 속을 걸어야 했다. 다행히 천황은 다리가 튼튼했다. 그러나 그렇지 못한 수행원들은 천황의 뒤를 쫓는 것이 고작이었다. 그중에는 숨이 넘어갈 듯이 헐떡거리는 사람도 있었다. 우스이 고개를 넘은 날은 쾌청했는데 고개 꼭대기에 오르자 기막힌 조망이 내려다 보였다. 행렬이 가루이자와(輕井澤), 오이와케(追分), 고모로(小諸)를 지날 무렵에는 구름이 낮게 드리워 유명한 아사마(淺間) 산은 보이지 않았다.

천황은 나가노(長野)에서 선광사(善光寺) 주지를 만나보고 그 절에도 들어갔다. 천황이 불교의 승려와 어울린다는 것은 드문 일이었다. 그리고 천황이 절을 찾는 일도 좀처럼 없었다. 그러나 나가노 현민의 마음의 고향인 선광사는 무시할 수 없다고 생각했는지도 모른다.

다카다(高田)에서 그곳의 학교를 행궁으로 삼은 천황은 무진 전쟁 전사자의 무덤에 시종을 보내 혼령을 위로했다. 행렬이 무진 전쟁의 전장이 되었던 땅으로 들어갈수록 조문사의 파견이 빈번해졌다. 천황은 다카다의 명물인 오키나(翁) 엿을 사서 나가노 산 과자와 함께 황후, 황태후에게 보냈다. 이러한 천황의 행동은 그 고장 사람들을 기쁘게 했을 것이다. 엿은 진상품으로 받은 것이 아니라 천황이 직접 구입한 것이었다. 유럽의 군주라면 상상할 수 없는 일이었다.

다카다에서 가키자키(柿崎)로 가는 길은 동해에 면해 있었다. 천황은 동해의 웅대한 전망에 감탄하는 것 같았다. 그러나 가는 길은 행진하기에 용이하지 않았다. 길이 좁고 모래가 깊었다. 수레바퀴가 모래에 푹푹 빠졌고 마차는 요동을 쳤다. 햇볕이 창으로 쏟아져 들어와 마차 안이 더위와 습기로 찌는 듯했다. 천황과 함께 타고 있던 사사키는 참다못해 도중에 내려서 걷기 시작했다. 그러나 천황은 참을성 있게 마차의 흔들림과 더위를 견뎌냈다. 가키자키에 도착했을 때 의사를 싫어하는 천황이 시의를 불렀다.

고행이라고 할 수 있는 이 여행의 진수는 길을 따라 펼쳐지는 경치와 전망이었다. 이즈모자키(出雲崎)에서 천황은 어선 수백 척이 저녁노을이 지고 있는 바다 위에서 불을 밝히고 고기 잡는 장관을 넋을 잃고 바라보았다. 그래도 여행의 고통이 기쁨을 이기지 못했다. 낮에는 옹색한 봉련 속에서 하루 종일 정좌하고 있어야 했다. 밤에는 관행상 10시까지 단정하게 의자에 앉아 있어야 했다. 취침 시간이 되어서야 천황은 겨우 팔다리를 뻗을 수가 있었다. 이즈모자키에서의 밤은 좁은 행궁과 모기 대군의 습격으로 편치 못했다. 여느 때보다 일찍 모기장 속에 들어가라는 시종의 진언에 천황은 다음과 같이 답했다.

순행은 백성들의 고뇌와 괴로움을 보는 데 그 목적이 있는데 스스로 간고(艱苦)를 맛보지 않고서야 어찌 아래 사정을 알 수 있을까. 조금도 걱정할 것 없다.[720]

이 말을 곧이곧대로 믿기에는 유교적인 색채가 강해 보인다. 하지만 이 말은 기록에 남겨진 천황의 순행에 얽힌 다른 일화와도 통하는 면이 있다. 여기서 고생이라는 것을 거의 경험한 일이 없는 한 군주의 백성에 대한 연민의 정을 엿볼 수 있다.

니가타에 도착한 천황은 백성 중에 만성 결막염 환자가 많은 데 큰 충격을 받았다. 2년 전 도오 순행 때도 같은 안질 환자가 많다는 것을 느꼈다. 그때 천황은 시의에게 치료법을 물었다. 시의는 가난한 서민들의 주머니 사정으로는 치료에 무리가 있다고 대답했다. 이제 다시 니가타에서 더 많은 환자를 직접 본 천황은 원인의 구명과 치료, 예방법을 강구하도록 시의에게 명했다. 이틀 후, 천황은 다음과 같은 보고를 받았다. 주 원인은 기후와 풍토, 그리고 환기 설비 불량으로 옥내가 불결하다는 것, 트라코마의 높은 전염성 등에 있다고 했다. 천황은 안질 환자의 치료, 예방 연구비로 쓰라며 니가타 시에 1천 엔을 하사했다.

순행에 어두운 이야기만 있는 것은 아니었다. 나가오카는 무진 전쟁 중에 도시가 거의 파괴되었으며, 그 후로도 궁핍에 시달리고 있었다. 이런 마을이 서서히 회복되고 있다는 것을 알고 천황은 기뻐했다. 그러나 겨우 10년 전의 전쟁을 떠올리게 만드는 것들이 산재해 있었다. 무진 전쟁터였던 후쿠시마무라(福島村)의 논 여기저기에는 홍백 깃발이 세워져 있었다. 흰 기는 관군, 붉은 기는 적군이 포진하고 있었던 곳인 듯하다. 천황은 양군이 어떻게 싸웠는지 당시의 전장을 상상했을 것이다.

여행은 비참함 그 자체였다. 날이 새고 또 새 날이 와도 비는 계속되었고, 도로는 진흙탕이었다. 비가 그친 뒤로도 강물이 불어나서 강을 건너기가 아주 곤란했다. 훗날(1899) 천황은 이때의 일을 단카로 읊었다.

여름 추위 속 재넘이 산길에 뿌리는 비
흠뻑 젖어 넘어간 일도 옛 추억이구나[721]

마쓰오 바쇼(松尾芭蕉)가 『오쿠로 가는 오솔길』에서 호쿠리쿠의 가장 험한 곳이라 했던 오야시라즈(親不知)에 도착하자 사람도 말도 모두 지쳐 있었다. 그러나 전망은 기가 막히게 좋았다. 바다 위에 낀 안개 너머에 사도(佐渡)와 노토(能登) 반도가 내려다보였다. 『메이지 천황기』는 '단애 절벽 험난하기로 소문난 오야시라즈 꼭대기에서 전망 또한 아름답더라'고 기록되어 있다. 이 난관을 무사히 통과한 후 천황은 가마에서 내려 잠시 조망을 즐겼다.[722]

또 다른 의미에서 가나자와는 '험난한 곳'으로 간주되었다. 이 고장은 오쿠보 암살을 음모한 곳이었다. 아직 위험 분자가 도사리고 있을지 몰랐다. 다행히 아무런 문제도 일어나지 않았다. 천황은 언제나 그랬듯이 학교 등을 방문하고 가네로쿠(兼六) 공원으로 가서 공원 내의 가나자와 박물관에 들렀다. 그곳에는 호쿠리쿠 산업 발전에 참고로 삼느라 국내외에서 수집한 수많은 산물이 전시되어 있었다. 고마쓰(小松)에서 천황은 황후, 황태후의 친서와 선물을 받았다. 여행길의 나그네가 가족의 편지를 받은 것과 같은 기쁨을 맛보았을 것이다.

이 근처를 경계로 해서 여행길이 비교적 편해지기 시작했다. 행렬은 가나자와에서 고마쓰, 후쿠이, 쓰루가(敦賀), 오쓰를 거쳐 교토에 도착했다. 교토에서의 하룻밤, 천황은 신하들에게 유신 전의 궁궐에서 있었던 여러 가지 일과 내력을 이야기해 주었다. 그 모두가 10년 전에 일어난 일이었다. 그러나 아득한 옛 추억처럼 느껴졌던 모양이었다.

도카이 지방으로 향하는 순행 도중, 천황은 이세 신궁을 참배할 예정이었다. 그러나 미에 현에 장티푸스가 발생했다는 보고를 받는 바람에 예정이 변경되었다. 행렬은 교토에서 구사쓰(草津), 오가키, 기후(岐阜)를 거쳐 나고야로 나가게 되었다. 각지에서 천황은 학교를 방문하고 그 고장의 특산물 전시회를 둘러봤다. 천황이 지루해했다거나 빨리 도쿄로 돌아가고 싶어했다는 인상을 안겨주는 것은 전혀 없다. 서남 전쟁 중 일시적으로 사라져 버린 듯이 보이던 천황의 강한 의무감은 이제 다시 뚜렷하게 모습을 드러냈고, 앞으로의 천황의 행동을 특징짓게 되었다.

메이지 천황은 11월 9일 귀경했다. 호쿠리쿠와 도카이의 1부 10현을 순행했는데 그 거리는 약 440리(약 1천7백여 킬로미터), 기간은 72일에 이르렀다. 천황은 이 여행으로 피로한 기색도 없이 '용안 밝으신 채 환행하셨다'고 기록되어 있다. 이날은 백관에게 모두 휴가가 주어졌으며, 온 도시가 국기를 내걸고 봉축의 뜻을 표했다.

이해의 남은 날들은 별 탈 없이 지나갔다. 다만 연말이 임박한 12월 27일, 돌연 정부에서 류큐 번 처리가 마무리되었다. 내무경 이토 히로부미는 마침내 류큐 번을 현(縣)으로 바꾸었다. 이제 류큐는 왕국이 아니라 여러 현 중의 하나가 된 것이다. 이렇게 결정하게 된 배후에는 다음과 같은 일이 있었다. 청나라와의 관계를 단절하라는 일본 정부의 명령을 류큐 번은 무시했다. 류큐 번왕이 받은 명령은 '격년으로 보내던 청나라 조공사 파견을 그만둘 것, 청나라 황제 즉위 때 경축 사절을 보내지 말 것, 그리고 청나라 황제에게 번왕으로 책봉받지 말 것'이었다. 그러나 류큐 조정은 이 명령을 준수하겠다는 글을 아직도 일본 정부에 제출하지 않았다. 그뿐 아니라 류큐 번왕은 몰래 고치 웨카타(幸地親方)[723]와 쇼 도쿠코(尚德宏)를 청나라 조정에 파견해서 청나라의 지원을 바랐다. 동시에 도쿄 번저(藩邸)에 있는 이케구스쿠 웨카타(池城親方) 안키(安規)에게 명해서 일본에 주재하는 청나라, 미국, 프랑스, 네덜란드 각 공사에게 알선을 의뢰했다. 이케구스쿠 등 도쿄 번저에 있는 관리들은 일본 정부에 14회에 걸친 탄원서를 제출해서 류큐 번이 청, 일 양쪽 모두에 충성을 바치는 형태인 옛 체제로의 복귀를 바랐다. 이케구스쿠는 계속해서 '일본은 류큐의 아버지, 청나라는 류큐의 어머니(父皇母淸)'라는 말을 되풀이했다.[724]

그러나 일본 측은 '한 나라가 두 황제를 섬기는 일은 한 아내가 두 남편을 섬기는 것과 같다'고 주장했다.[725] 사실, 류큐 왕국은 몇 세기 동안이나 청나라와 사쓰마라는 두 주인을 섬기면서 양쪽에 모두 조공을 바쳐왔다. 이것은 자본력이 없고 군사력을 갖지 못한 작은 나라가 살아남는 유일한 방법이었다.

류큐와 청나라의 관계를 끊기로 결단한 일본 정부는 류큐 번왕의 교묘한 시간 끌기에 화가 났다. 마침내 이토는 번왕의 비타협적 태도를 구실로 번을 폐하기로 결정을 내렸다. 이토는 내무대서기관(內務大書記官) 마쓰다 미치유키(松田道之)에게 명해 류큐 번 처분안을 만들게 했다. 처분안은 태정대신과 조정의 승인을 얻었다.

류큐 번왕은 일주일 내로 정부 명령에 대한 준봉서(遵奉書)를 제출하라는 지시를 받았다. 만일 번왕이 이를 거부하면 일본 정부는 단호한 처분을 할 것이었다. 동시에 정부는 류큐 번의 도쿄 재번(在番)을 폐지하고, 번의 관리에게 즉시 돌아가라고 명했다. 이는 류큐 번의 반자치 자격을 박탈하는 첫 번째 조처였다.[726] 마쓰다와 류큐 번 관리 등은 1879년 1월 8일, 나하를 향해 요코하마에서 출항했다.

마쓰다는 1월 25일, 나하에 도착했다. 다음 날, 마쓰다는 슈리성에서 번왕 대리 쇼 히쓰(尙弼) 등 고관과 면담하면서 산조 사네토미가 보낸 글을 낭독했다. 그 내용은 대략 다음과 같다.

지난 메이지 8년(1875) 5월 29일, 일본 정부는 류큐 번이 청나라에 격년으로 조공 사절을 파견하는 일, 청나라 황제 즉위 때 경하 사절을 보내는 일 그리고 번왕 대체 때 청나라로부터 책봉받는 일을 중지하라고 명했다. 그러나 류큐 번은 아직 준봉서를 제출하지 않고 있다. 게다가 1876년 5월, 일본 정부는 류큐 번에 재판관을 파견했다. 그때 모든 재판 사무를 신속히 인도해야 할 터인데 이 또한 아직 이행할 기미도 없다. 이는 언어도단이다. 계속해서 준봉하지 않겠다면 그에 합당한 처분을 하지 않을 수 없다. 조속히 태도를 분명히 하라.[727]

문서를 낭독한 후 마쓰다는 번왕의 동생이기도 한 쇼 히쓰에게 그것을 건네주었다. 마쓰다는 만일 다시 명령에 따르지 않을 경우 엄중한 처벌을 내릴 것이며, 2월 3일 오전 10시를 회답 기간이라고 덧붙여 말했다. 1월 29일, 마쓰다는 번왕 쇼 다이에게 글을 보내 준봉서와 함께 서약서 제출을 요구했다. 이미 위약한 전례가 있으므로 서약서를 받지 않고는 이 일이 성사된다는 보장이 없다는 것이 이유였다. 회답 당일, 번왕 대리는 쇼 다이의 봉답서를 제출했다.

봉답서는 정중하게 번왕의 입장이 곤란한 까닭을 전했다.

만일 청나라 조정에 대한 조공과 경하를 중지하고 또 청나라 조정에서 책봉받기를 거부한다면, 류큐 번이 청나라의 비난을 받게 될 것은 정한 이치이다. 우리 소국은 양 대국 사이에 끼어 꼼짝 못하는 처지에 있다. 제발 이런 상황을 깊이 헤아려달라.

문서는 '번민 일동 엎드려 애원하며 백 번 머리를 조아립니다'라고 맺고 있었다.

쇼 다이는 결코 존경할 만한 인물이 아니었다. 그러나 적어도 일국의 왕이 관리 앞에서 자세를 낮추고 애원하는 모습은 어쩔 수 없이 사람의 마음을 약하게 만든다. 그러나 관리된 입장에서 류큐 문제 처분이라는 사명감을 놓고 왕을 동정할 여지가 없었다. 마쓰다는 봉답서의 내용은 조정의 명을 거역하는 것이라고 비난했다. 즉시 귀경해서 이 일을 자세히 보고하겠다고 말한 뒤 번왕 대리에게 앞으로 하달될 명을 기다리라고 전했다. 번왕 대리 등은 정상참작을 호소했다. 마쓰다는 이를 물리치고 이렇게 통고했다.

앞으로 번의 관리 자격으로 상경하는 자는 물론이고 번 밖으로 여행하는 자는 공사 불문하고 내무성 출장소를 통해 허가를 받아야 한다. 그리고 또 메이지 연호를 사용하라고 지시했음에도 불구하고 여전히 청나라 연호인 광서(光緒)를 사용하는 것은 분명히 일본 정부를 기만하는 짓이다. 이 또한 엄금한다.[728]

마쓰다는 이튿날 도쿄로 향했다. 3월 11일, 천황은 류큐 번을 폐하고 번왕 쇼 다이와 쇼 겐(尚健), 쇼 히쓰를 도쿄로 강제 이주시키라는 칙령을 내렸다.**729** 류큐 번은 오키나와 현이 되고, 쇼 겐과 쇼 히쓰에게는 화족의 칭호가 주어졌다. 12일, 마쓰다는 다시 류큐 번 출장 명령을 받고 경찰 160여 명과 함께 다시 요코하마 항을 출발했다. 가고시마에서 지원부대와 합세한 일행 6백 명은 25일 나하 항에 도착했다. 번왕은 병을 핑계로 마쓰다를 만나려 하지 않았다. 그러나 3월 29일 밤, 쇼 다이는 5백 년에 걸쳐 류큐 왕의 거처이던 슈리 성을 나왔다. 그는 반평생을 지낸 곳에서 나와, 큰아들 쇼 덴(尚典)이 사는 저택으로 옮겼다.

쇼 다이의 저항은 어느 정도 효과를 거둔 것 같았다. 4월 5일, 천황은 시종 도미노코지 히로나오(富小路敬直)를 내칙사로 오키나와 현에 파견했다. 쇼 다이의 병문안이 목적이었다. 천황은 도미노코지에게 되도록 속히 도쿄로 오도록 쇼 다이를 설득하라고 명했다. 동시에 쇼 다이의 안전을 고려해서 관선(官船)인 메이지 호를 보냈다.

도미노코지는 4월 13일 나하에 상륙했다. 곧장 마쓰다를 대동하고 경찰관 30명을 호위해서 슈리 성의 원각사(圓覺寺)로 들어갔다. 쇼 다이는 병을 핑계로 칙사 배알을 고사하면서 아들 쇼 덴이 대신하게 했다. 도미노코지는 이를 거절하고 스스로 쇼 다이가 사는 임시 거처로 향했다. 왕자들과 옛 번의 관리들이 문밖으로 나와 맞이했다. 쇼 덴이 칙사를 정당(正堂)으로 안내해서 다과를 대접했다. 도미노코지는 쇼 다이의 병실에 들어갔다. 쇼 다이는 칙사에 대한 의례의 표시로 머리맡에 예복과 예모를 놓고 착용한 것으로 대신했다. 쇼 다이는 시자 두 명의 부축을 받아 앉아서 절을 올렸다.

칙사가 천황의 말을 전했고 쇼 다이는 배사(拜謝)했다. 도미노코지가 성유(聖諭)를 받들겠냐고 물었다. 쇼 다이는 다음 날 답하겠노라고 약속했다. 방문 의례가 끝나자 마쓰다는 제자리에 앉았다. 쇼 다이의 병에 동정의 뜻을 표하고 지난 수개월간의 고생을 위로했다. 도미노코지 역시 위로의 말을 건넸다. 쇼 다이는 분명 꾀병을 부리는 것은 아니었다. 그렇지만 얼굴은 창백했으나 수척해 보이지는 않았다.

14일, 마쓰다는 옛 번의 중신들을 불러 답변을 재촉했다. 당연한 이야기지만 번왕 쇼 다이는 쉽사리 오키나와를 떠나려 하지 않았다. 병을 이유로 상경일 연기를 청원했다. 마쓰다는 쇼 다이의 질환은 만성이므로 완전히 쾌유하기까지 기다릴 수 없다면서 이를 거절했다. 15일, 쇼 다이의 아우 쇼 히쓰와 옛 3사 관리 이하 20여 명이 내무성 출장소로 가서 도미노코지와 마쓰다에게 4, 5개월 정도의 유예를 호소했다. 그리고 쇼 다이의 상경 연기 청원을 위해 황자 한 명이 이른바 인질로서 칙사와 함께 상경하게 해달라고 했다. 16일, 21개 마을의 사족 대표 105명, 그리고 왕자들과 옛 번 중신 등이 90일간 연기해 달라고 탄원했다. 이는 그 자리에서 거부당했다. 쇼 다이의 항로는 정부의 특별한 보호 하에 지켜지므로 우려할 것이 없다고 설득했다.

일본 정부는 쇼 다이가 상경을 늦추면서 청나라로부터 원조의 손길이 뻗쳐 오기를 기다리는 것이 아닌가 의심했다. 쇼 다이의 상경이 지연될수록 청나라가 개입할 여지가 있었다.

쇼 다이의 상경일은 18일로 결정되었다. 그러나 전날이 되자 쇼 히쓰와 중신들은 마쓰다에게 최후의 탄원을 했다.

90일간의 연기를 탄원한 것은 꼭 쇼 다이의 건강 때문만이 아니다. 이번의 변혁으로 옛 무사들이 크게 동요하고 있다. 왕 스스로가 백성들을 달래고 제반 사무 인계를 깨끗이 마치게 하고 싶다.

동시에 그들은 쇼 다이가 아닌 그의 큰아들 쇼 덴의 상경을 원했다. 마쓰다는 이쯤 되자 마침내 연기를 허가했다. 그러나 유예 기한을 90일로 잡을 하등의 이유가 없으니 기일을 단축시켜 다음 날인 18일 10시까지 다시 쇼 다이의 출발 기일을 보고하라고 명했다.

마쓰다는 사실 옛 무사들이 설사 반란을 기도한다고 해도 우려할 것은 없다고 판단하고 있었다. 그리고 만일 쇼 다이가 끝까지 거부한다면 억지로라도 상경시킬 작정이었다. 그리고 쇼 덴을 오키나와에 남겨두면 옛 무사들이 그를 옹위해 반란을 일으키고 청나라를 개입시킬 우려도 있었다. 최상의 방책은 부자를 함께 상경시키는 일이었다. 그래서 마쓰다는 쇼 덴의 상경을 받아들이기로 한 것이었다. 아버지 쇼 다이의 상경 연기를 요구하는 쇼 덴의 청원 문제는 태정관의 판단에 맡기면 되었다. 쇼 덴을 먼저 상경시킨 다음, 쇼 다이의 상경 연기 청원을 물리칠 수도 있다. 마쓰다는 쇼 다이를 상경시키는 책임은 정부 최고 기관인 태정관의 손에 맡기고, 칙사와 시의를 다시 오키나와에 파견하길 주청해서 쇼 다이의 상경을 독촉하면 된다고 생각했다.

18일, 쇼 히쓰를 비롯한 옛 번 중신들이 마쓰다를 찾아왔다. 쇼 다이의 상경 연기를 80일로 하고, 그 허가를 얻기 위해 쇼 덴의 상경을 청원했다. 마쓰다는 다음과 같이 대답했다.

만일 연기 기일이 40일 이내라면 칙사는 이대로 이곳에 체류할 수가 있다. 그 경우 쇼 덴은 사은을 위해 즉시 상경하지 않으면 안 된다. 그리고 만약 80일의 연기를 청원한다면 쇼 덴이 상경해서 태정대신에게 탄원해야 하며, 쇼 다이는 연기 청원을 위해 쇼 덴을 상경시킨다는 뜻을 칙사에게 진정해야 한다.

이튿날 칙사가 쇼 다이의 진정을 인정했다. 쇼 덴은 칙사를 따라 상경하게 되었다. 4월 19일, 칙사 도미노코지 히로나오와 쇼 덴은 메이지 호를 타고 나하를 출항했다.

메이지 호의 요코하마 도착은 5월 1일이었다. 3일, 메이지 천황은 쇼 덴의 알현을 받고 수행한 옛 번신 등 다섯 명을 접견했다. 다섯 명은 문지방 밖에서 엎드려 절했다. 5일, 쇼 덴이 천황과 황후에게 예물을 바쳤다. 그리고 태정관에게 아버지 쇼 다이의 상경 연기를 청원하는 글을 제출했다. 이는 거부당했고, 쇼 덴은 도쿄에 머물라는 명을 받았다. 모든 것이 마쓰다의 계획대로였다.

5일, 육군 소령 사가라 나가오키(相良長發)와 5등 시의 다카지나 쓰네노리(高階經德)가 쇼 다이의 질병 진찰을 위해 오키나와로 출발했다. 오키나와 도착은 18일이었다. 두 사람은 마쓰다와 함께 슈리에 있는 쇼 다이의 임시 거처를 찾았다. 다카지나의 진찰에 의하면 쇼 다이는 신경성 하복부 충혈이었다. 지금 당장 어떻게 된다는 위험한 증상은 아니었다. 그러나 완치되는 병도 아니었다. 여기까지 듣고 마쓰다는 일본 정부로서는 상경 연기를 들어줄 수 없다는 글을 써서 쇼 다이에게 보냈다. 쇼 다이는 일주일 이내에 상경해야 했다. 옛 번왕은 마침내 상경을 결심했다. 그러나 3주간의 유예를 원했다. 슈리, 나하, 구메(久米), 도마리(泊)의 사족 대표 60여 명이 내무성 출장소로 찾아와 연기를 탄원했다. 마쓰다는 단호히 거절했다. 옛 번왕의 출발은 마침내 5월 27일로 결정되었다.

이러는 동안 청나라가 드디어 사실을 전해 듣고 항의해 왔다. 5월 10일, 총리아문 공친왕(恭親王)과 대신 등은 나란히 서명하여 베이징 주재 특명전권공사 시시도 다마키에게 조회서를 보냈다.

류큐 왕국은 이미 수백 년에 걸쳐 청나라의 달력을 받들어 사용하고 조공을 바쳐왔다. 그러나 청나라는 류큐 왕국의 정교(政教), 금령을 모두 왕국의 재량에 맡겨왔다. 청나라가 류큐를 독립국으로 인정했기 때문이다. 그리고 청나라 및 일본의 동맹 체결국 중에서 류큐와 조약을 체결한 나라가 있다는 것 역시 각국이 류큐 왕국을 독립국으로 인정했기 때문이다. 그런데 오늘날, 일본 정부는 류큐에 군현제(郡縣制)를 실시했다. 이는 청일간의 수호조약에 위배될 뿐 아니라 한 나라를 멸망시키고 그 조상의 제사를 단절시키는 일이다. 이러한 행위는 청나라와 각국을 멸시하는 처사다. 류큐의 주권 침해를 조속히 중지하는 일이야말로 양국 간의 우호 관계를 촉진하는 유일한 길이 될 것이다.

청나라로서는 강력하게 항의하기 어려운 입장이었다. 1874년 10월, 베이징의 총리아문에서 일본 전권변리대신 오쿠보 도시미치와 청나라 정부가 조인한 협정에 의하면 청나라는 류큐 국민을 일본 백성으로 인정하고 있다. 또 청나라 정부는 타이완의 생번족에게 살해된 류큐 어민의 가족에게 배상금을 지불하기로 동의했다. 이는 청나라 정부가 류큐 어민을 '일본 국민'으로 인정했기 때문이 아니고 무엇인가.[730] 외무경 데라시마 무네노리는 청나라 정부의 항의에 다음과 같이 응했다.

류큐 문제는 일본 내정 문제로 다른 나라가 간섭할 일이 아니다.

청나라에게는 한 가지 희망이 있었다. 5월에 청나라를 방문한 미국의 U. S. 그랜트 전 대통령이 일본으로도 발걸음을 옮길 예정이었다. 그랜트 전 대통령이 공친왕의 친서를 가지고 일본을 방문해 그의 신망으로 설득할 수 있으리라 믿었다.

마침내 5월 27일, 쇼 다이는 나하를 출발했다. 요코하마 입항은 6월 8일이었다. 차남 쇼 인(尙寅)과 옛 번신 40여 명이 수행하고 있었다.[731] 6월 9일, 쇼 다이는 후지미초(富士見町)의 궁내성 별저로 들어갔다. 6월 17일, 쇼 다이는 장남 쇼 덴, 차남 쇼 인 외에 옛 번신 10여 명을 이끌고 입궐했다. 메이지 천황이 퇴위한 옛 류큐 왕을 만났을 때, 그의 소감에 대한 기록은 남아 있지 않다. 어쩌면 천황은 쇼 다이가 일본 정부의 명령에 불복하고 있는 상태를 못마땅하게 여기고 있었을지도 모른다. 그러나 천황은 피치 못할 근대 일본의 숙명 탓으로 황국의 피해를 최소한으로 줄이기 위해 정부가 할 수 있는 일을 다 했다고 느꼈을 것이다. 그날 쇼 다이는 종3위에, 쇼 덴은 종5위에 봉해졌다. 류큐 문제 처리에 진력한 공적을 치하해서 마쓰다는 훈3등 욱일중수장(旭日中綬章)을 제수받았다. 후에 한국 합병 때 답습될 퇴위 군주의 처우에 대한 선례가 만들어진 것이다.

　퇴위한 신분이라지만 쇼 다이의 처우는 훌륭한 것이었다.[732] 쇼 다이는 류큐에서의 치세 31년보다 도쿄에서의 생활이 행복했다고 한다. 쇼 다이가 류큐에서 끊임없이 시달린 정쟁에서 해방되었던 것만은 틀림없다.[733] 일단 도쿄에 들어선 다음부터는 처음으로 도회지를 방문한 시골 사람처럼 행복한 생활을 했다는 설도 있다.[734] 그래도 쇼 다이는 일찍이 군림하고 있던 왕국을 그리워했던 것 같다. 1884년, 쇼 다이는 허락을 얻어 일시 오키나와에 돌아갔다.

　히로사키(弘前) 출신의 전 사족 사사모리 기스케(笹森儀助)는 일기에 1893년 류큐 체재 시절의 경험을 기록해 놓고 있다. 사사모리는 퇴위한 왕의 편을 드는 자는 아니었다. 그러나 당시의 오키나와에서 여전히 쇼 다이와 그 일족에게 보여주고 있던 존경의 실례를 기록할 의무를 느꼈다.

　그해 6월 기타시라카와노미야 요시히사 친왕이 오키나와를 방문했다. 요시히사는 쇼 씨를 친선 방문하고 왕가의 사묘(祠廟: 무덤)를 참배했다. 이런 호의적인 태도에도 불구하고 며칠 후 지방 고등관 및 쇼 씨의 문벌 6, 7명에게 보낸 만찬 초대에 쇼 씨 일족 중에서 응한 사람은 하나도 없었다. 사사모리는 '이렇게 무례할 수가 있나'라고 기록하고 있다.[735] 그리고 사사모리는 나하에서 슈리에 이르는 도로에서 본 광경에 분개해서 다음과 같이 적고 있다.

　나하 연도의 집마다 문전에 자리를 깔고 남녀가 열을 지어 정좌하고 있었다. 왜들 그러고 있느냐고 물었더니 오늘 지사의 초

청으로 쇼 텐 일족의 행차가 있다, 모두 이를 뵙기 위해서라는 것이었다.[736]

사사모리는 일본인이 아무리 호의적으로 행동해도 언제나 타관 사람 취급하고 있었다는 사실을 기회 있을 때마다 지적하고 있다. 사사모리에 의하면 타부현인(他府縣人), 즉 일본인과 결혼한 오키나와 인은 한 명도 없었다. 오키나와에 영주하는 타부현인도 없었다. 사사모리는 그 점도 지적하고 있다.

다른 인종인 구미인 중에서도 일본에 귀하해서 영주하거나 일본인과 결혼하는 자가 있다. 그럼에도 오직 류큐인은 섬 밖 사람을 따돌리는 풍조가 심하며……

사사모리의 결론은 이러했다.

이 고장 사람들의 마음은 옛 번으로 돌아가기를 집착하고 있어 오늘에 이르러서도 아직 마음이 열려 있지 않다.[737]

오키나와 합병이 일본의 역사책에 나오는 일은 좀처럼 없다. 쇼 다이란 이름은 인명사전에서 사소하게 취급되고 있을 뿐이다. 쇼 다이는 국왕의 지위에 있을 때도 결코 중요한 정치적 인물은 아니었고 그 마지막 20여 년은 거의 세상에 알려지지 않았다. 그러나 지금까지도 이 왕의 몰락에는 어떤 애처로움 같은 것이 느껴진다. 소국의 왕이 근대의 여명기에 대국의 힘자랑에 제물이 되어 퇴위당한 것이다.

메이지 천황을 알현한 수많은 외국인 방문객 중에서 미국 전 대통령 U. S. 그랜트 장군만큼 천황에게 강렬한 인상을 준 인물도 없을 것이다. 2기에 걸친 대통령 재직 중에도 계속 '장군'이라는 이름으로 친밀감을 준 그랜트는 1877년 세계 유람의 여행길에 올랐다. 그 목적은 다분히 정치적인 것이었다. 남북 전쟁의 군사적 업적에 의한 그랜트 장군의 영광은 대통령 재직 중 독직 사건으로 타격을 받았다. 측근들은 그랜트가 잠시 미국에서 모습을 감추는 것이 현명한 일이라고 판단했다. 그렇게 함으로써 국민들이 그 사건을 잊기를 원했던 것이다. 그랜트는 세 번째 대통령 당선을 위해 의욕을 불태우고 있었다.

그랜트 부부의 첫 번째 방문지는 영국이었다. 영국에서는 빅토리아 여왕의 빈객으로 윈저 성에 머무르는 최고의 대접을 받았다. 계속되는 2년간 부부는 유럽 여러 나라를 차례로 방문했고 다시 이집트, 인도, 샴(타이), 중국, 일본까지 오게 된 것이다. 부부는 열성적인 관광객이었지만, 동시에 자신들도 사람들의 구경거리가 되는 존재였다. 그랜트의 전기를 쓴 작가의 말처럼, '이 잘난 체하지 않는 남자는 미국에서도 으뜸가는 영웅적 용사'였다. 세계는 그를 한번 보고 싶어했다. 장군 부처는 미국의 소박함과 힘을 상징하는 대사(大使)였다.[738]

다른 나라에는 대통령 재임 중의 독직 사건이 그다지 알려지지 않았거나 미국보다는 그에 대해 관대했다. 그래서 위대한 군인, 미국의 구세주로서 그랜트의 명성이 앞서게 되고 가는 곳마다 환영을 받았다. 〈런던 타임스〉의 사설은 '초대 대통령 워싱턴 이래 아마도 그랜트 장군은 미국 역사상 가장 위대한 지위를 차지하는 대통령이 될 것이다'라고 맺고 있다.[739] 각국의 국왕, 여왕, 귀족들은 기꺼이 그랜트를 만났다. 물론 그의 예의에 벗어난 행동에 대해서 뒷말이 없었던 것은 아니었다.

그랜트는 가는 곳마다 타고난 개방적 미국식 행동을 선보였다. 유럽의 최고 실력자 비스마르크를 만났을 때의 일이었다. 그랜트는 아무렇지도 않게 수상 관저의 뜰로 저벅저벅 들어가더니 피우다 만 궐련을 툭 던져버리고는 놀라는 관저 위병에게 답례를 했다고 보도되었다. 유람 중인 그랜트가 차지한 최대의 승리는 아마도 왕실의 향응이 아니라 잉글랜드 북부 노동자 계급의 환영이었을 것이다. 노동자들은 그랜트에게서 동포의 냄새를 맡고 호의적 반응을 보였다. 그는 한없이 되풀이되는 공식 만찬보다 탄광 광부 등 노동자들의 꾸밈없는 환영을 좋아했을 것이다. 만찬에서 그랜트는 너무나 따분한 나머지 술에 취하는 일도 있었다. 인도 총독 리튼 경은 편지에서 그랜트의 행동을 신랄하게 비판했다.

이번에 '위대한 서방 공화국'의 대통령을 두 번씩이나 역임한 전 대통령이자 '우리의 저명한 손님'은 해롱해롱 술에 취해서 어떤 귀족도 명함을 못 내밀 정도로 방정하지 못한 행동을 보여주었다. A부인의 꽁무니를 쫓아다니질 않나, 비명을 지르는 B양에게 입을 맞추고, 몽실몽실한 C부인을 꼬집어서 멍들게 만들더니 나중에 가서는 D양을 노려 돌진하기도 했다.[740]

그랜트 부부는 인도에서 싱가포르로 갔고 사이공, 방콕, 홍콩을 거쳐 청나라에 도착했다. 텐진에서 부부는 리훙장 총독을 만났다. 총독은 간결한 인사말로 그를 맞이했다.

그랜트 장군, 당신과 나는 세계에서 가장 위대한 인물이지요.

나중에 리훙장은 이 찬사에 대해 자신과 그랜트가 각각 청나라와 미국에서 일어난 대반란을 깨끗이 진압한 것을 가리킨 말이라고 설명했다.[741]

베이징 체류 중 그랜트는 청나라 총리아문 수반대신(首班大臣) 공친왕으로부터 "장군의 영향력으로 류큐 제도의 주권에 관계된 청일 간의 분쟁을 조정해주었으면 좋겠다"는 부탁을 받았다. 공친왕은 청나라에 조공을 바치고 언제나 우호적이었던 왕국을 일본이 말살하려 한다고 호소했다. 이에 대해 그랜트 장군은 국가의 굴욕 또는 국가의 멸망을 초래하는 것이 아닌 한 어떠한 행위도 전쟁보다는 낫다는 말을 했다.

전쟁은 크나큰 불행이다. 그러므로 그 이상의 불행을 피하는 방법이 따로 없을 때만 그 방법에 호소하는 것이다. 특히 일본과 청나라 사이의 전쟁은 한없는 불행을 가져다줄 것이다.[742]

전쟁 또는 전쟁과 관련된 모든 일에 대한 그랜트의 혐오는, 장군으로서 위대한 성공을 거둔 인물이라고 보기에는 너무나 의외였다. 그랜트는 전투를 묘사한 그림까지도 싫어했다. 세계 유람에 동행했던 작가 존 러셀 영에게 그랜트는 이렇게 말했다.

나는 유쾌한 전쟁화를 본 적이 없다. 베르사유 궁중에 있던 몇 장의 전쟁화를 감상하려 했지만 구토가 나올 것 같았다.

그랜트는 1845년의 멕시코 전쟁에 참전한 자신을 심하게 비난했다.

멕시코 전쟁 중 나는 내 자신과 싸웠다. 전쟁에 참가한 나 자신을 아직도 완전하게는 용서하지 못하고 있다. 나는 미국이 시작한 멕시코와의 전쟁만큼 사악한 전쟁은 없다고 본다. 젊었을 때도 그런 생각을 갖고 있었다. 그러나 그만둘 도덕적 용기가 없었다.[743]

그랜트가 육군에 입대한 것은 가죽 다루는 업자였던 아버지의 사업이 싫었기 때문이었다. 웨스트포인트 육군사관학교에 가는 것은 제대로 된 교육을 받을 수 있는 유일한 가능성이었다. 멕시코 전쟁 후 그랜트는 제대했다. 그러나 손대는 사업마다 실패해 육군 사관이 되는 길 말고는 선택의 여지가 없었다. 그랜트의 전쟁 증오는 여전히 사그라지지 않았다. 그랜트는 다음과 같은 말을 한 적이 있다.

　　나는 자진해서 정열을 갖고 전투에 참가한 적이 한 번도 없었다. 그래서 전투가 끝나면 항상 기뻤다. 그리고 두 번 다시 군대를 지휘하고 싶지 않았다. 나는 군대에는 전혀 흥미가 없다. 케임브리지 공작이 알더쇼트에서 자신의 부대를 사열해 달라고 부탁했을 때, 나는 두 번 다시 보고 싶지 않은 것이 바로 군대의 행진이라고 말했다.[744]

　군대를 지독히 환멸하던 그랜트가 일본을 방문했다는 것은 얄궂은 일이었다. 그곳에서는 메이지 천황이 이전보다도 더 열병(閱兵)과 군사훈련에 열중하고 있었다. 영은 이렇게 적었다.

　　일본 황제는 그의 군대를 썩 마음에 들어 했다. 제국의 다른 어떠한 시설보다도 황제는 그랜트 장군에게 군대를 보여주는 데 열심이었다.

　요컨대 그랜트는 열병 기피증을 억제하고, 군대를 열병시키고 싶어하는 천황의 기대에 응하지 않을 수 없다는 의무감을 느꼈다.[745] 그랜트는 1879년 6월 22일, 군함 리치먼드로 나가사키에 입항했다. 그랜트의 군함을 마중 나간 사람은 종2위 다테 무네나리(伊達宗城), 미국 특명전권공사 요시다 기요나리(吉田淸成)였다. 영은 다음과 같이 기록했다.

내며, 유리와 페인트가 얼마나 추악한가를 세상에 보여주었다.

간소함과 자연을 좋아하는 그랜트의 기호가 일본인의 미의식과 공감을 이룬 것 같았다. 그랜트는 또한 불타버린 황궁 자리에 천황의 새 궁중을 건설할 계획이 있었음에도 불구하고, 황제가 비용이 많이 드는 것이 싫어 중지시키고 지금의 임시 황궁에 만족하고 있다는 점에도 감명을 받았다.

영은 최초의 천황 알현 때 그랜트가 만난 정부 고관들의 인상을 기록해 놓았다. 이 인물들의 풍모가 당시의 일본 문장에 등장하는 경우는 좀처럼 없다. 그런 의미에서 이것은 귀중한 자료가 되고 있다.

총리(태정대신 산조 사네토미)는 매우 인상 깊은 인물이다. 키는 작고 말라서 마치 소녀 같은 몸매. 섬세하고 윤곽이 뚜렷해서 애교 있는 얼굴이며, 스무 살 청년으로도 쉰 살이 넘는 사람으로도 볼 수 있다. (중략) 이와쿠라는 단호한 결단력을 나타내는 선이 굵은 생김새로서 인상 깊다. 뺨에는 칼자국이 있다. 그것은 일본에서 가장 위대한 정치가 오쿠보가 몇 개월 전에 암살된 사건이 있었는데, 아마도 그 상처는 어떤 암살자가 남긴 흉터로 보였다.

황제(천황)는 부동자세로 선 채 미동도 하지 않았다. 우리가 보이고 있는 경의를 못 느끼고 있거나 신경 쓰지 않는 듯이 보였다. 황제는 젊고 날씬한 몸매로 일본인의 표준 키보다는 컸다. 우리로 치면 평균 키다. 인상적인 얼굴로서 입과 입술은 어딘지 합스부르크 가의 혈통을 떠올리게 된다. 이마는 오뚝하니 좁고, 머

다테 공이 말했다. "도착 때 그랜트 장군을 마중 나가 국빈으로서 환영하고 장군의 일본 체재 중에는 천황 대리로 접대를 맡으라는 칙명이 있었다." (중략) 요시다 씨는 미국의 현 일본 공사로 알려져 있다. 신중하고 학식도 뛰어난 인물로 제국의 정치가 가운데 출세가 빠른 인물 중 한 사람이다. 그랜트 장군의 대통령 재직 중에 주미 공사로 파견되어 그와 면식이 있었다. 그래서 정부는 그랜트 장군의 접대를 위해 요시다 씨를 일부러 일본으로 불러들인 것이다.[746]

이윽고 그랜트는 일본에서 최초의 연설을 했다.

이제부터 미국은 동양에서 많은 것을 획득할 것이다. 이 이상의 이권을 가지고 있는 나라들은 찾아볼 수 없다. 그러나 미국이 획득하는 것들은 동양 사람들이 기꺼이 승낙하는 것, 그리고 우리가 얻는 것과 같은 정도의 이익을 동양 사람들에게 보증하는 것에 한정되어야 한다. 만일 미국이 다른 나라들과의 관계, 특히 이들 오랜 역사를 지닌 동양의 가장 흥미를 끄는 나라들과의 관계가 무엇인지 다른 생각을 바탕으로 해서 이뤄진다면, 나는 나의 조국을 부끄럽게 여길 것이다.[747]

그랜트는 당초 교토를 방문할 예정이었다. 그러나 간사이 지방에 콜레라가 발생해서 일본 정부가 그에게 감염의 위험을 경고했다. 미국인은 일반적으로 콜레라의 위협을 가볍게 보는 경향이 있었으나, 그랜트 일행은 바로 일본의 국빈으로서 천황 대리의 감독 아래 있었다. 미국인의 간사이 상륙을 허락할 수 없었

다. 그래서 일행은 요코하마로 향했다. 도착은 7월 3일이었다.

그랜트 일행을 맞이한 것은 이와쿠라 도모미와 저명한 정부 관료들이었다. 이와쿠라는 그랜트와 악수를 교환했다. 악수라는 행위는 미국인들에게 아주 중요한 일이었던 것 같다. 이튿날, 천황은 그랜트를 접견할 때 앞으로 걸어 나와 그랜트와 악수를 했다. 이에 미국인들은 매우 감명을 받았다. 영은 다음과 같이 썼다.

일부러 쓸 정도의 일은 아닐지 모른다. 그러나 일본의 역대 황제들 중에 이런 일은 일찍이 없었다.[748]

이러한 천황의 행동을 영은 이렇게 보았다.

미카도는 지금까지 자신을 방문한 황족의 황태자에 대해 언제나 예의에 맞는 대응을 했다. 미카도에게 영국, 러시아, 독일의 황태자는 어디까지나 황태자였다. 그러나 그랜트 장군은 친구로서 대접했다.

일본 측의 요청으로 천황이 그랜트 장군을 최초로 접견한 날은 7월 4일, 바로 미국 독립 기념일이었다. 천황은 그랜트에게 "오늘이 귀국의 독립 기념일이라 들었는데, 운 좋게도 이날 첫 대면을 하며 경하 인사를 하게 된 걸 기쁘게 생각합니다"라고 말했다.[749] 영은 메이지 천황이 우호적인 인사를 하면서도 아직 외국 손님과 함께 있기가 거북한 듯이 보였다고 썼다.

천황의 몸놀림은 어색할 만큼 딱딱했고 마치 태어나서 처음 겪는 이 경험을 가능한 한 잘 치러내야겠다고 노력하고 있는 사람 같았다. 장군과 악수한 다음 황제는 원래 자리로 돌아가 칼자루에 손을 얹고 서서 으리으리하게 차려입은 금빛 찬란한 무리들 쪽으로 눈길을 돌렸다. 그 모습은 마치 우리의 존재를 전혀 의식하지 않는 것 같았다.[750]

천황과 그랜트 장군이 교환한 인사는 형식적인 것이었다.

"장군이 일본에 대해 대신들에게 말한 의견을 많이 들었다. 장군은 이미 이 나라와 국민을 둘러보았다. 짐은 그런 일로 장군과 이야기하고 싶은 마음 간절하다. 좀 더 일찍 기회를 갖지 못한 것을 유감스럽게 생각한다."

"폐하를 만나게 되어서 기쁘다. 일본에서 받은 모든 친절에 감사한다. 일본인이 아닌 사람으로 나만큼 일본에 관심을 가지고 있는 사람은 없을 것이고, 또 나만큼 일본 국민에게 진지한 우정을 가진 자는 없을 것이다."

아마 그랜트의 말은 진심이었을 것이다. 그랜트는 일본 경치에 만족했으며, 일본이 형용할 수 없을 만큼 아름답다고 느꼈다. 메이지 천황의 신변이 간소한 점도 그에게 더할 나위 없이 좋은 인상을 주었다. 영은 이렇게 썼다.

황제의 생활은 시골 신사의 조촐한 살림처럼 소박한 것이었다. 그의 거처는 겉면이 촘촘하고 티 없는 자연목의 아름다움을 드러리카락과 엷은 콧수염과 턱수염은 모두 칠흑색이다. 피부색은 미국에서라면 거무튀튀하다고 할 수 있으며 얼굴은 좀 더 검게 보인다. 얼굴 표정에서는 감정이 모두 지워져서 장군에게 주목하고 있는 검은 눈동자가 없었더라면 조각된 입상(立像)으로 잘못 볼 정도이다. 곁에 선 황후는 고귀하고 소박한 일본 의상을 입고 있었다. 얼굴은 아주 희고 홀쭉한 몸매로서 마치 아이 같았다. 머리는 곱게 빗어져서 금빛 화살로 묶여 있었다. 황제, 황후 모두 아주 느낌이 좋았으며, 특히 황제의 얼굴에는 확신과 자상함이 넘치고 있었다.[751]

영에 의하면 천황은 임시 황궁에서의 알현 때에는 제법 대화를 했던 모양이다. 통역은 요시다 기요나리가 맡았다. 대화 내용은 기록되지 않았다.[752] 그러나 천황은 그랜트에게 감명을 받은 듯 사적이고 우호적인 회담 자리를 마련하고 싶다는 뜻을 표명했다. 그 기회는 장군이 닛코 여행에서 돌아온 후로 예정되었다.

7월 7일, 천황과 그랜트의 두 번째 대면이 있었다. 그날 아침, 그랜트 장군과 함께 육군 식대식(飾隊式: 후의 관병식觀兵式)을 구경했다. 장비가 잘 갖춰진 자신의 부대를 보여주는 일에 천황은 기쁨을 느꼈음에 틀림없다. 어쩌면 천황은 그랜트의 열병 혐오증도 모른 채 이 손님이 열병에 특별한 관심을 가지고 있을 것으로 여겼는지도 모른다. 참석자 중에는 육군 중장 겸 참의 야마가타 아리토모, 친왕, 대신, 참의, 각국 공사 등이 있었다. 근위대, 도쿄 진대(鎭隊), 교도단 군대에 대한 열병이 있었다. 이 행사가 끝나자 메이지 천황은 그랜트에게 다음과 같이 말한 것으로 전해지고 있다.

식대식도 병사들의 수가 적으면 흥미가 줄어드는 법인데, 귀국에서는 상비 병력이 많지 않다고 들었습니다. 대국이면서 그렇게 간소하다니 감탄을 금치 못하는 바입니다.[753]

이 말에서 흥미로운 것은 지금도 외국인과의 대화에서 일본인이 곧잘 표현하고 있는, 대국의 실적과 비교해서 일본의 실적을 낮게 보는 말투다. 여러 외국의 부대가 소규모라는 천황의 견해는 워싱턴이나 런던을 방문한 구미 파견 사절의 보고가 반영된 것일는지도 모른다. 파견단 일행은 미국 대통령이나 영국 여왕이 필요로 하는 경비병의 수가 얼마나 적은가를 실제로 보고 온 것이다.

열병이 끝나고 천황은 시바(芝) 별궁으로 가서 그곳에서 그랜트 장군 부부와 합류했다. 천황은 부부를 맞이하며 각각 악수를 교환했다. 그 외에도 홍콩 지사 내외, 미국 공사 내외도 초대되었다. 그랜트 장군은 다루히토 친왕 부인을, 태정대신 산조 사네토미는 그랜트 부인의 손을 잡아 식탁으로 안내했다. 유럽 파견 사절단 일행이 국가 공식 행사에 여성과 함께 참석하는 광경을 보고 놀라 환멸을 느낀 게 그리 오래전 일이 아니었다. 그런데 이제 태정대신은 같은 행동을 자연스럽고 예의 바르게 해내고 있었다. 식사 중에 육해군의 군악대가 교대로 곡을 연주해서 흥을 돋우었다. 겨우 20년 전쯤 호악(胡樂: 오랑캐의 음악)이라며 질겁했던 바로 그 음악이다.

오찬 후 그랜트 장군 내외는 별전에 안내되어 그곳에서 커피 대접을 받았다. 천황은 커피를 들면서 요시다 기요나리의 통역으로 전 대통령과 환담했다. 천황은 몇 가지 질문도 하고, 그랜트의 세계 유람 여행에 대해 의견을 묻기도 했다.

"재작년 이래 각국을 유람하시면서 아마도 산천 풍경뿐 아니라 얻으신 것이 많겠군요."

"인도 지방의 더위에 얼마나 고생하셨습니까."

"인도 풍속은 구미하고 아주 달라서 여러 가지로 눈에 띄는 일이 많으셨을 텐데, 그중에서 두드러진 것이 무엇이었는지요."

"청나라의 만리장성과 그 밖의 명승고적을 보셨는지요."[754]

이런 질문들을 보면 메이지 천황이 나라 밖 소식에 대해 어느정도 지식이 있었다는 것을 알 수 있다. 이전의 천황은 외국 손님과의 대화에 매우 서툴렀다. 하지만 지금 천황은 으레 하는 날씨에 관한 인사라든지, 방문자가 바쁜데도 불구하고 멀리 일본까지 와준 것에 대한 틀에 박힌 인사 이상의 대화를 할 수 있었다.

당초 천황은 그랜트 일행과 함께 식사하는 것을 떨떠름하게 생각하고 있었다. 궁내경 도쿠다이지 사네쓰네의 설득에 간신히 승낙을 했던 것이다. 그러나 기온이 화씨 93도(섭씨 34도)에 달했고, 종일 정복을 입고 있었음에도 불구하고 천황은 이 기회를 매우 즐긴 것 같았다. 천황은 그랜트뿐 아니라 홍콩 지사와도 대화를 나누었다. 황후는 그랜트 부인에게 오랜 여행의 피로를 위로하는 말을 건넸다. 이에 대해 그랜트 부인은 지금까지 많은 나라를 차례로 방문했지만 일본처럼 친절한 대접을 받은 나라는 없었다고 대답했다.[755]

그랜트 내외는 7월 17일 닛코로 향했다. 요시다 기요나리와 다테 무네나리가 동행했다. 이튿날 천황이 이토 히로부미를 닛코로 파견했다.[756] 그랜트 일행의 접대에 소홀함이 있어서는 안 된다는 배려였다. 그랜트의 닛코 행은 아마도 도쿄의 혹서를 피하기 위해 계획되었을 것이다. 동시에 교토 방문을 할 수 없게 된 그랜트를 위로하는 의미도 있었는지 모른다.

7월 22일, 닛코에서 그랜트는 일본 정부 대표와 만났다. 류큐 문제를 놓고 청일 간의 난국을 타개하기 위해 정식으로 간담을 나누기 위해서였다. 이미 공친왕 및 리훙장 총독과 약속한 대로 그랜트는 청나라의 입장을 일본 측에 전했다.

이토 히로부미는 류큐의 주권이 이미 오래전부터 일본에 있었다고 대답했다. 그랜트는 자신의 관심은 청일 양국을 위한 것으로 다른 뜻은 없다고 말했다. 그리고 그랜트는 다음과 같이 덧붙였다.

일본은 군사 물자, 육군, 해군 모두 청나라보다 우세하다. 청나라가 일본에 강압적인 자세로 나오기란 불가능하다.[757]

일본과 청나라의 군사력을 비교한 그랜트의 정확한 평가에는 직업 군인으로서의 전문적 판단이 엿보였다. 외국 관측통 대부분은 청일 전쟁(1894~95)이 벌어졌을 때까지도 청나라 쪽이 단연코 일본보다 강하다고 확신하고 있었다.

류큐 제도의 영유권을 놓고 청일 양국 정부 사이에는 여전히 각서가 교환되고 있었다. 외무경 데라시마 무네노리는 청나라 정부에 반박 서한을 보내 이렇게 지적했다.

다테 공이 말했다. "도착 때 그랜트 장군을 마중 나가 국빈으로서 환영하고 장군의 일본 체재 중에는 천황 대리로 접대를 맡으라는 칙명이 있었다." (중략) 요시다 씨는 미국의 현 일본 공사로 알려져 있다. 신중하고 학식도 뛰어난 인물로 제국의 정치가 가운데 출세가 빠른 인물 중 한 사람이다. 그랜트 장군의 대통령 재직 중에 주미 공사로 파견되어 그와 면식이 있었다. 그래서 정부는 그랜트 장군의 접대를 위해 요시다 씨를 일부러 일본으로 불러들인 것이다.[746]

이윽고 그랜트는 일본에서 최초의 연설을 했다.

이제부터 미국은 동양에서 많은 것을 획득할 것이다. 이 이상의 이권을 가지고 있는 나라들은 찾아볼 수 없다. 그러나 미국이 획득하는 것들은 동양 사람들이 기꺼이 승낙하는 것, 그리고 우리가 얻는 것과 같은 정도의 이익을 동양 사람들에게 보증하는 것에 한정되어야 한다. 만일 미국이 다른 나라들과의 관계, 특히 이들 오랜 역사를 지닌 동양의 가장 흥미를 끄는 나라들과의 관계가 무엇인지 다른 생각을 바탕으로 해서 이뤄진다면, 나는 나의 조국을 부끄럽게 여길 것이다.[747]

그랜트는 당초 교토를 방문할 예정이었다. 그러나 간사이 지방에 콜레라가 발생해서 일본 정부가 그에게 감염의 위험을 경고했다. 미국인은 일반적으로 콜레라의 위협을 가볍게 보는 경향이 있었으나, 그랜트 일행은 바로 일본의 국빈으로서 천황 대리의 감독 아래 있었다. 미국인의 간사이 상륙을 허락할 수 없었다. 그래서 일행은 요코하마로 향했다. 도착은 7월 3일이었다.

그랜트 일행을 맞이한 것은 이와쿠라 도모미와 저명한 정부 관료들이었다. 이와쿠라는 그랜트와 악수를 교환했다. 악수라는 행위는 미국인들에게 아주 중요한 일이었던 것 같다. 이튿날, 천황은 그랜트를 접견할 때 앞으로 걸어 나와 그랜트와 악수를 했다. 이에 미국인들은 매우 감명을 받았다. 영은 다음과 같이 썼다.

일부러 쓸 정도의 일은 아닐지 모른다. 그러나 일본의 역대 황제들 중에 이런 일은 일찍이 없었다.[748]

이러한 천황의 행동을 영은 이렇게 보았다.

미카도는 지금까지 자신을 방문한 황족의 황태자에 대해 언제나 예의에 맞는 대응을 했다. 미카도에게 영국, 러시아, 독일의 황태자는 어디까지나 황태자였다. 그러나 그랜트 장군은 친구로서 대접했다.

일본 측의 요청으로 천황이 그랜트 장군을 최초로 접견한 날은 7월 4일, 바로 미국 독립 기념일이었다. 천황은 그랜트에게 "오늘이 귀국의 독립 기념일이라 들었는데, 운 좋게도 이날 첫 대면을 하며 경하 인사를 하게 된 걸 기쁘게 생각합니다"라고 말했다.[749] 영은 메이지 천황이 우호적인 인사를 하면서도 아직 외국 손님과 함께 있기가 거북한 듯이 보였다고 썼다.

천황의 몸놀림은 어색할 만큼 딱딱했고 마치 태어나서 처음 겪는 이 경험을 가능한 한 잘 치러내야겠다고 노력하고 있는 사람 같았다. 장군과 악수한 다음 황제는 원래 자리로 돌아가 칼자루에 손을 얹고 서서 으리으리하게 차려입은 금빛 찬란한 무리들 쪽으로 눈길을 돌렸다. 그 모습은 마치 우리의 존재를 전혀 의식하지 않는 것 같았다.[750]

천황과 그랜트 장군이 교환한 인사는 형식적인 것이었다.

"장군이 일본에 대해 대신들에게 말한 의견을 많이 들었다. 장군은 이미 이 나라와 국민을 둘러보았다. 짐은 그런 일로 장군과 이야기하고 싶은 마음 간절하다. 좀 더 일찍 기회를 갖지 못한 것을 유감스럽게 생각한다."

"폐하를 만나게 되어서 기쁘다. 일본에서 받은 모든 친절에 감사한다. 일본인이 아닌 사람으로 나만큼 일본에 관심을 가지고 있는 사람은 없을 것이고, 또 나만큼 일본 국민에게 진지한 우정을 가진 자는 없을 것이다."

아마 그랜트의 말은 진심이었을 것이다. 그랜트는 일본 경치에 만족했으며, 일본이 형용할 수 없을 만큼 아름답다고 느꼈다. 메이지 천황의 신변이 간소한 점도 그에게 더할 나위 없이 좋은 인상을 주었다. 영은 이렇게 썼다.

황제의 생활은 시골 신사의 조촐한 살림처럼 소박한 것이었다. 그의 거처는 겉면이 촘촘하고 티 없는 자연목의 아름다움을 드러내며, 유리와 페인트가 얼마나 추악한가를 세상에 보여주었다.

간소함과 자연을 좋아하는 그랜트의 기호가 일본인의 미의식과 공감을 이룬 것 같았다. 그랜트는 또한 불타버린 황궁 자리에 천황의 새 궁중을 건설할 계획이 있었음에도 불구하고, 황제가 비용이 많이 드는 것이 싫어 중지시키고 지금의 임시 황궁에 만족하고 있다는 점에도 감명을 받았다.

영은 최초의 천황 알현 때 그랜트가 만난 정부 고관들의 인상을 기록해 놓았다. 이 인물들의 풍모가 당시의 일본 문장에 등장하는 경우는 좀처럼 없다. 그런 의미에서 이것은 귀중한 자료가 되고 있다.

총리(태정대신 산조 사네토미)는 매우 인상 깊은 인물이다. 키는 작고 말라서 마치 소녀 같은 몸매다. 섬세하고 윤곽이 뚜렷해서 애교 있는 얼굴이며, 스무 살 청년으로도 쉰 살이 넘는 사람으로도 볼 수 있다. (중략) 이와쿠라는 단호한 결단력을 나타내는 선이 굵은 생김새로서 인상 깊다. 뺨에는 칼자국이 있다. 그것은 일본에서 가장 위대한 정치가 오쿠보가 몇 개월 전에 암살된 사건이 있었는데, 아마도 그 상처는 어떤 암살자가 남긴 흉터로 보였다.

황제(천황)는 부동자세로 선 채 미동도 하지 않았다. 우리가 보이고 있는 경의를 못 느끼고 있거나 신경 쓰지 않는 듯이 보였다. 황제는 젊고 날씬한 몸매로 일본인의 표준 키보다는 컸다. 우리로 치면 평균 키다. 인상적인 얼굴로서 입과 입술은 어딘지 합스부르크 가의 혈통을 떠올리게 된다. 이마는 오뚝하니 좁고, 머리카락과 엷은 콧수염과 턱수염은 모두 칠흑색이다. 피부색은 미국에서라면 거무튀튀하다고 할 수 있으며 얼굴은 좀 더 검게 보인다. 얼굴 표정에서는 감정이 모두 지워져서 장군에게 주목하고 있는 검은 눈동자가 없었더라면 조각된 입상(立像)으로 잘못 볼 정도이다. 곁에 선 황후는 고귀하고 소박한 일본 의상을 입고 있었다. 얼굴은 아주 희고 홀쭉한 몸매로서 마치 아이 같았다. 머리는 곱게 빗어져서 금빛 화살로 묶여 있었다. 황제, 황후 모두 아주 느낌이 좋았으며, 특히 황제의 얼굴에는 확신과 자상함이 넘치고 있었다.[751]

영에 의하면 천황은 임시 황궁에서의 알현 때에는 제법 대화를 했던 모양이다. 통역은 요시다 기요나리가 맡았다. 대화 내용은 기록되지 않았다.[752] 그러나 천황은 그랜트에게 감명을 받은 듯 사적이고 우호적인 회담 자리를 마련하고 싶다는 뜻을 표명했다. 그 기회는 장군이 닛코 여행에서 돌아온 후로 예정되었다.

7월 7일, 천황과 그랜트의 두 번째 대면이 있었다. 그날 아침, 그랜트 장군과 함께 육군 식대식(飾隊式: 후의 관병식觀兵式)을 구경했다. 장비가 잘 갖춰진 자신의 부대를 보여주는 일에 천황은 기쁨을 느꼈음에 틀림없다. 어쩌면 천황은 그랜트의 열병 혐오증도 모른 채 이 손님이 열병에 특별한 관심을 가지고 있을 것으로 여겼는지도 모른다. 참석자 중에는 육군 중장 겸 참의 야마가타 아리토모, 친왕, 대신, 참의, 각국 공사 등이 있었다. 근위대, 도쿄 진대(鎭隊), 교도단 군대에 대한 열병이 있었다. 이 행사가 끝나자 메이지 천황은 그랜트에게 다음과 같이 말한 것으로 전해지고 있다.

식대식도 병사들의 수가 적으면 흥미가 줄어드는 법인데, 귀국에서는 상비 병력이 많지 않다고 들었습니다. 대국이면서 그렇게 간소하다니 감탄을 금치 못하는 바입니다.[753]

이 말에서 흥미로운 것은 지금도 외국인과의 대화에서 일본인이 곧잘 표현하고 있는, 대국의 실적과 비교해서 일본의 실적을 낮게 보는 말투다. 여러 외국의 부대가 소규모라는 천황의 견해는 워싱턴이나 런던을 방문한 구미 파견 사절의 보고가 반영된 것일는지도 모른다. 파견단 일행은 미국 대통령이나 영국 여왕이 필요로 하는 경비병의 수가 얼마나 적은가를 실제로 보고 온 것이다.

열병이 끝나고 천황은 시바(芝) 별궁으로 가서 그곳에서 그랜트 장군 부부와 합류했다. 천황은 부부를 맞이하며 각각 악수를 교환했다. 그 외에도 홍콩 지사 내외, 미국 공사 내외도 초대되었다. 그랜트 장군은 다루히토 친왕 부인을, 태정대신 산조 사네토미는 그랜트 부인의 손을 잡아 식탁으로 안내했다. 유럽 파견 사절단 일행이 국가 공식 행사에 여성과 함께 참석하는 광경을 보고 놀라 환멸을 느낀 게 그리 오래전 일이 아니었다. 그런데 이제 태정대신은 같은 행동을 자연스럽고 예의 바르게 해내고 있었다. 식사 중에 육해군의 군악대가 교대로 곡을 연주해서 흥을 돋우었다. 겨우 20년 전쯤 호악(胡樂: 오랑캐의 음악)이라며 질겁했던 바로 그 음악이다.

오찬 후 그랜트 장군 내외는 별전에 안내되어 그곳에서 커피 대접을 받았다. 천황은 커피를 들면서 요시다 기요나리의 통역으로 전 대통령과 환담했다. 천황은 몇 가지 질문도 하고, 그랜

류큐 제도의 문자, 언어, 종교, 풍속 등은 우리 일본과 똑같다. 일본에 대한 류큐의 조공은 아득히 수당(隋唐) 시대까지 거슬러 올라간다. 그리고 호겐(保元) 원년(1156), 미나모토노 다메토모(源爲朝)는 류큐를 여행하면서 도수(島首)의 누이를 취해 아들을 낳았다. 그가 바로 류큐 왕 순천(舜天)이다.

그리고 반박서는 다시 류큐와 사쓰마 사이의 밀접한 관계를 상세히 이야기한 뒤, 마지막으로 류큐 번을 폐하고 오키나와 현으로 고친 것을 언급하면서 다음과 같이 말했다.

류큐 제도는 지금 일본 제국의 소중한 영토의 일부이다.

반면 청나라는 류큐가 대대로 청나라의 책봉을 받아온 것을 증거로 내세워 일본이 독립국 류큐를 멸망시켰다고 비난했다.

이러한 행위는 청나라뿐 아니라 류큐와 조약을 체결한 각국을 심히 멸시하는 짓이다.

이에 대해 일본은 다시 역사적 사실을 대면서 일본의 종주권을 주장했다.[758]

분명 이제는 제삼자가 개입하기에 적절한 시기가 아니었다. 그러나 그랜트는 7월 말 닛코에서 귀경 후, 천황에게 회담 일정을 마련해 달라고 요청했다. 청일 간의 긴장 관계에 대해 천황과 의견을 교환할 기회를 마련하기 위함이었다. 회담은 8월 10일, 하마(濱) 별궁에서 열렸다. 그날 오후, 천황은 산조 사네토미, 도쿠다이지 사네쓰네, 시종장 야마구치 마사사다 등을 대동하고 약식 복장으로 도착했다. 아들과 서기를 대동한 그랜트는 천황 앞으로 인도되었다. 천황은 일어나 '악수의 예'를 나눴다. 계속된 회담에 배석한 일본인은 산조와 통역인 요시다 기요나리 뿐이었다.

천황은 당시 스물여섯, 그랜트는 쉰일곱이었다. 두 사람의 회담은 2시간 이상 끌었다. 회담 내용은 영어로 기록되었다. 아마도 그랜트의 서기가 필기한 것으로 보인다. 그러나 이 필기록은 2시간에 걸친 담화의 기록으로는 너무 짧다. 일본 측은 필기하지 않은 것 같았다. 영어의 초고가 나중에 번역되었다.[759] 아쉽게도 메이지 천황이 실제로 말한 내용은 기록으로 남아 있지 않다. 기록이 있었더라면 젊은 군주가 자신보다 나이가 배나 되는 세계적으로 유명한 장군, 일찍이 미국의 전 대통령을 무엇이라고 불렀는지 정도라도 알 수 있었을 텐데 말이다.

회담은 이런 기회를 좀 더 일찍 마련하지 못한 것을 사과하는 천황의 말로 시작되었다. 그랜트는 일본에서 받은 따뜻한 환대에 감사의 뜻을 표명했다. 회담 내용의 태반은 그랜트의 관찰과 충고가 차지하고 있다. 그랜트는 천황의 눈에 자신이 일본의 친구로서 비치기를 희망했다. 이 때문에 아시아에서의 다른 유럽인이나 미국인의 태도를 기탄없이 비난했다.

싱가포르보다 동쪽에 있는 나라들에서 아시아인, 유럽인, 미국인을 동등한 입장에서 논할 수 있거나, 아니면 자진해서 논하려 하는 신문이나 잡지는 아주 드물다. 얼핏 보기에는 〈도쿄 타임스〉와 〈재팬 메일〉뿐이다. 이 두 신문만이 동양 제국도 존중되어야 할 권리를 가지고 있는 것으로 보고 있다. 서양 제국의 관리는 아주 소수의 예외만을 빼놓고는 모두 똑같다. 자신들에게 이익이 된다면 무엇이든 주장하며, 청나라나 일본의 권리는 존중되는 법이 없다. 이러한 부정과 탐욕을 볼 때마다 나는 피가 끓어오르는 것을 느낀다.[760]

그리고 이후에도 그랜트는 아시아에서의 유럽 열강에 대한 비난을 되풀이했다.

그들의 외교 정책으로 판단하건대, 유럽 열강은 아시아인을 모욕하고 압박하는 일 말고는 아시아에 대해 아무런 관심을 갖고 있지 않다. 그들의 외교 정책은 항상 이기적이며, 청일 간의 분쟁도 그들로서는 자신들에게 유리한 결과를 가져다줄지 모를 분쟁에 지나지 않는다.[761]

참으로 신랄한 비평이다. 그러나 유럽 제국과는 달리, 그야말로 미국 사회만이 인류 평등주의라는 것을 확신하고 있는 사나이의 입에서 나오기에 합당한 말이다. 그랜트는 정작 장본인의 이름을 꼭 집어 말하지는 않았지만, 아무래도 유럽 열강의 중심 세력인 영국을 지목하는 말 같았다. 존 러셀 영은 그랜트가 일본을 떠날 때 열린 송별연의 참석자에 관해 쓴 대목에서, 미국 공사 존 빙엄을 저 유명한 해리 파크스와 비교하고 있다.

그 예리한 얼굴이 나이에 걸맞게 난 흰 머리에 의해 누그러져 있는 빙엄 씨가 영국 공사 해리 파크스와 이야기하고 있었다. 세련된 몸놀림과 정력적이고 신경질적인 중년 신사 파크스는 전형적으로 윤곽이 또렷한 색슨 계 용모를 하고 있는데 참석자 중에서 가장 밝고 쾌활하며 상냥한 신사다. 누구하고나 친분이 있고 누구하고나 이야기를 잘 한다. 그 가벼운 우스갯소리와 주위를 금방 웃게 만드는 화술을 보고 있으면 그의 손이 실상은 강철로 만들어져 있으며, 그의 정책이 엄격하기 짝이 없는 영국 정책 전체를 구현하고 있으리라고는 상상조차 할 수 없을 정도다.

그랜트는 자신이나 미국인 동포는 파크스 같은 유럽인의 오만한 부류와는 다르다고 믿고 있었다. 파크스는 영국이 최대로 가능한 이익을 획득할 수 있도록 끊임없는 노력을 계속하고 있었다. 아시아 나라들에 아무리 부담을 많이 준다 한들 전혀 상관이 없었다. 그랜트는 천황에게 이렇게 말했다.

폐하의 백성을 빼놓고서, 나만큼 일본의 행복을 절실히 바라는 사람은 없다. 아니 이 점에 관해 나는 미국 국민 대다수를 대표하고 있는 자이다.

아마 진심에서 우러나온 말일 것이다. 그러나 그랜트의 공격 표적이 된 유럽인과 다름없이 이기적인 미국인을 발견하기도 어려운 일은 아니다. 그랜트는 천황에게 특히 외채에 대해 경고했다.

외국에 빚을 지는 일만큼 국가가 회피해야 할 일은 없다. 약소국에 자꾸만 돈을 빌려주고 싶어하는 나라가 있다는 것은 알리라 생각한다. 그렇게 함으로써 유리한 입장을 확보하고 부당하게 상대방을 위압하려 하는 것이다. 그들이 돈을 빌려주는 목적은 정권을 장악하자는 데 있다. 그들은 언제나 돈을 빌려줄 기회를 엿보고 있다. 아시아에서 외국의 지배 혹은 간섭으로부터 자유로운 나라는 일본과 청나라뿐이다. 그 일본과 청나라가 서로 전쟁 상태에 들어가는 일은 그들의 원하는 바이다. 그들은 그들 속셈에 맞는 조건으로 돈을 빌려주고 제멋대로 내정에 간섭해 올 것이 틀림없다.

한편 그랜트는 류큐 문제를 둘러싼 청나라와의 교섭에서 일본이 좀 더 상대방의 뜻을 헤아려 회유적인 태도를 취해야 한다고 말했다.

일본은 관대하고 공정한 자세로 청나라에 양보해야 한다. 청일 간의 화친의 중요성을 고려해 볼 때, 양국은 서로 양보하지 않으면 안 된다.

이쯤에서 천황이 동의해 주기를 기대했을 것이다. 그러나 천황은 적어도 기록상으로는 다음과 같이 말했을 뿐이다.

류큐 문제에 대해서는 이토 등에게 귀하와 이야기하라고 명해 놓았다. 가까운 시일 안에 그 기회가 있을 것이다.

그랜트는 또 일본이 여러 외국과 조인한 관세 협정이 불공평하다고 불만을 표시했다.[762]

수입 관세 5퍼센트는 너무 낮은 세율이며, 또 수출세는 어느 나라든지 실시국에 해를 끼치는 최악의 과세이므로 조속히 폐지해야 한다. 외국 정부는 다들 일본의 조약 개정에 응해야 한다.

미국은 다른 열강이 이에 따른다는 조건으로 조약 개정에 동의했으나 이를 따르는 나라가 없었다.[763] 마지막으로 그랜트는 일본의 교육 제도를 칭찬한 다음, 경험이 풍부한 외국인 교수를 젊은 일본인 교사의 감독을 위해 고용하도록 시사했다.

미국에서는 외국인이 유용하다고 판단되면 그들을 고용하는 일을 결코 주저하지 않는다. 세계에 유례가 없는 일본의 공부(工部) 대학교를 만든 외국인 같은 경우는 폐하가 허용하는 한 포용해 둬야 할 인재다.[764]

그랜트의 충고는 정곡을 찌른 것이었다. 그러나 다른 곳에서 가진 회담 때 그랜트는 성급한 의회 개설을 경고하고 있다. 이런 그랜트의 소견은 일본 국민을 칭찬하는 태도와 그 자신의 민주적인 신념에 비춰 볼 때 모순되게 여겨질지도 모른다.

성급하게 일을 벌이는 것은 매우 위험하다. 너무 일찍 의회를 연 결과 오히려 혼란을 초래하게 된다면 이는 폐하의 의사에 어긋나는 일이 된다. 최선의 방법은 점진이다. 신중하게 국민을 교육해 가면서 조금씩 결과에 접근시켜 나가야 한다.[765]

의회 개설은 사실 헌법 반포 이전에 일본 정부가 채용한 방침이었다.

이 회담이 메이지 천황, 혹은 일본의 정책에 어느 정도 영향을 끼쳤는지를 알기란 어려운 일이다. 외채에 관한 그랜트의 경고는 그중에서 가장 큰 성과를 올린 것이라고 말할 수 있다. 재정 담당 참의 오쿠마 시게노부가 5천만 엔의 외채를 발행하여 정부의 재정난을 타개하려 했을 때, 제안은 부결되었다. 부결의 이유로 그랜트의 경고를 들었다.[766]

그랜트의 점진적 의회 개설론은 어차피 일본의 정치인 다수가 품고 있던 의견과 일치했다. 일부러 외국 손님에게 가르침을 받을 것까지도 없는 일이었다.[767] 외국 상품에 부과된 너무 낮은 관세에 대해서도 일본인은 이전부터 불만이었기 때문에 새삼 그랜트가 상기시키지 않아도 되었다. 그러나 아직도 일본은 유럽 열강과 불평등 조약의 개정에 관한 동의를 받지 못하고 있었다. 그랜트는 류큐 제도의 주권에 관해 일본에 회유적인 대응을 권했으나 이 권고는 지켜지지 않았다. 그리고 나중에 그랜트가 이와쿠라 도모미와 공친왕에게 보낸 편지에서 청나라와 일본이 직접 교섭해야 한다고 한 제안도 즉시 효과를 발휘하지는 못했다.[768]

1879년 12월 1일, 러더포드 헤이스 미국 대통령은 의회에서 류큐 분쟁의 평화적 해결 촉구를 환영한다는 의지를 표명했다.[769] 그러나 헤이스 대통령의 제의는 겉돌고 말았다. 그랜트가 친절하게 제안한 청일 양국의 직접 교섭은 1880년이 되어서야 겨우 개시되었다. 그러나 교섭 타결을 하고 나서 청나라 정부는 마음이 또 바뀌었다. 류큐 제도의 영유 문제는 두 번 다시 의제에 오르는 일이 없었다. 1894년 청일 전쟁의 발발은 그랜트의 의도에 따른 우호적 논의 가능성에 종지부를 찍었다.

아마도 천황이 그랜트와의 회담에서 얻은 가장 큰 성과는 훗날, 외국 정치가와의 회담에서 천황이 지난날보다 더 자신감을 갖게 된 일일 것이다. 그의 방문이 일본에 끼친 문화적 충격은 천황과의 회담 성과를 훨씬 뛰어넘는 것이었다. 그랜트는 여기저기서 열광적인 군중의 환영을 받았다. 그가 지나는 거리는 제등(提燈)과 푸른 대나무로 장식되곤 했다.[770]

축하 행사가 정점에 달한 것은 8월 25일이었다. 이날, 도쿄 천도 12주년을 기념하는 도쿄 부민의 제전이 우에노 공원에서 벌어졌다. 천황이 참석해서 부민들 앞에 모습을 드러냈고 동시에 그랜트도 그 자리에 초대되었다. 천황이 도착하자 군악대는 연주로 그를 맞이했다.

이어서 창술, 검술, 야부사메(流鏑馬: 말 타고 활쏘기) 등의 공연이 벌어졌다. 불꽃놀이도 있었다. 그랜트 장군은 천황과 함께 축제 기분을 만끽했다. 행사가 끝난 후 그랜트 장군은 호텔로 돌아오는 길에 잊을 수 없는 광경을 보았다고 영은 썼다.

몇 마일에 걸쳐 장군의 마차는 수십만 명으로 추정되는 군중 속을 천천히 나아갔다. 나무마다 집집마다 등불과 제등이 걸려 있어 마치 거리에 빛의 아치가 걸린 것처럼 보였다. 밤은 청징하고 포근했으며 일찍이 본 적이 없는, 그리고 두 번 다시 보기를 기대할 수 없는 광경이 그곳에 펼쳐져 있었다.

이 축하 광경은 1860년대 구미 각국에서 최초의 일본 사절을 맞이할 당시의 환영을 떠올리게 했다. 그러나 지금은 그때보다 한층 장대한 것이었다. 그랜트에게 환호성을 보낸 군중 대부분은 십수 년 전이었다면 '양이'의 구호를 부르짖었을 것이 틀림없었다. 또 그중에는 마주치는 외국인을 닥치는 대로 베어 죽이려고 기도하는 자들이 있었을지도 모른다. 지난날의 증오는 놀랍게도 애정으로 변해 있었다. 오직 타고난 대로 꾸밀 줄 모르는 성품과 진심으로 일본을 즐기는 이 가식 없는 전직 군인의 모습은 일본인과 천황의 마음까지 사로잡았다.

그랜트는 헤아릴 수 없이 많은 판화에 묘사되었다. 경마장, 학교 학생들의 맨손체조 연기, 닛코의 게곤(華嚴) 폭포, 극장 등의 방문을 기념해서 조각된 것이다. 8월, 그랜트는 7월 16일에 본 가부키 관람에 대한 감사의 뜻을 담아 신토미자(新富座)에 무대 커튼을 선물했다.[771] 이 공연은 당시의 저명한 극작가 가와타케 모쿠아미(河竹默阿彌)의 작품으로 〈후 3년 오슈 군기(後三年奧州軍記)〉였다. 겉으로는 11세기(헤이안 후기)의 무장 미나모토노 요시이에(源義家: 하치만타로八幡太郎)가 오슈 지방의 반란을 진압하는 과정을 담은 것이 주요 내용이었다. 그러나 실은 그랜트 장군을 하치만타로로 빗대어 그 개선을 가부키 교겐(狂言)으로 만든 것이었다.[772] 초연 때 게이샤 72명이 성조기를 떠올리게 하는 의상을 맞춰 입고 춤을 추었다. 홍백의 줄무늬로 된 옷 한쪽 어깨 부분에 푸른 바탕에 별들이 뿌려져 있는 무늬가 보였다.

그랜트는 대중 작가인 가나가키 로분(假名垣魯文)이 쓴 『그랜트 씨 전 왜문상(格蘭氏傳倭文賞)』이라는 전기문 비슷한 작품으로도 그 이름을 후세에 남기게 되었다. 이 소책자의 표지에는 둥근 부채를 든 그랜트 씨 내외와 함께 춤추는 게이샤를 그린 판화가 인쇄되어 있다.

그러나 아마도 그의 가장 큰 공헌은 예술을 대하는 일본인의 생각을 바꾼 데 있을 것이다. 이와쿠라 도모미의 저택에서 노(能) 공연을 보게 된 것이 그 계기가 되었다. 이와쿠라는 유럽 체류 중, 여러 차례 오페라 공연에 초대받았다. 이와쿠라가 오페라를 마음속으로부터 즐겼다고 볼 수는 없다. 그러나 이와쿠라는 오페라 감상의 기회를 통해 일본을 방문하는 국빈에게 보여줄 만한 오락은 무엇일까 하고 궁리하게 되었다. 가부키는 국빈에게 보여주기에는 너무나 대중적이고 질이 좀 떨어졌다. 반면 노는 확실히 고상해 보였다. 그러나 노는 당시 막부와의 오랜 세월에 걸친 인연 때문에 냉대를 받고 있었다. 노를 하던 악사들은 이미 직업을 버리고 있었다. 노에 대한 황태후의 애정이 이 예술의 명맥을 잇는 데 크게 공헌했다. 메이지 천황은 황태후에게 효도할 마음으로 아오야마의 궁궐 안에 노 무대를 설치했다. 노 악사들에게는 고액의 의상료가 하사되었다.

이와쿠라는 노의 부흥에 착수했고 차곡차곡 계획을 세워 나갔다. 그럴 무렵, 마침 그랜트가 이와쿠라에게 일본의 고전 예술을 보고 싶다고 했다. 이는 그랜트로서는 어울리지 않는 말이었다. 유럽에서 그랜트는 여러 번 오페라에 초대받았으며, 오페라를 '끊임없는 위협'이라고 생각하기에 이르렀다. 마드리드에서 미국 공사인 시인(詩人) 제임스 러셀 로웰로부터 오페라에 초대받았을 때, '개막하고 5분이 지나자 그랜트는, 내가 확실하게 알아들은 유일한 소리는 집합 나팔 소리뿐이었다고 말하며 로웰 부인에게 "이만했으면 충분하지 않습니까?" 하고 물었다'는 것이다.

노에 대한 그랜트의 반응은 이와는 아주 딴판이었다. 그랜트는 호쇼 구로의 한노(半能: 약식 공연으로 보통 2막으로 된 노의 후

반부만 한다) 〈모치즈키(望月)〉, 곤고 다이치로(金剛太一郎)의 〈쓰치구모(土蜘)〉, 미야케 쇼이치(三宅庄市)의 교겐 〈쓰리기쓰네(釣狐)〉 등을 보고 매우 감격해 찬탄한 것으로 알려져 있다. 다 보고 난 후 그랜트가 이와쿠라에게 말했다.

이처럼 고상하고 아름다운 기예는 자칫 세상의 영향을 받아 품격이 떨어지고 스러져 가기 쉬우니 신경을 써서 소중하게 보존해야 할 것입니다.[773]

국빈의 이런 말을 듣고 이와쿠라는 보다 더 노를 되살릴 필요성을 자각했다. 예전의 다이묘와 구게들에게 도움을 청하며 노의 전승에 필요한 수단을 계속 강구했다. 8월 18일, 이와쿠라 저택에서 천황 참석하에 노가 공연되었다. 태정대신, 참의 다섯 명과 고관 등이 배석했다. 노의 부활은 착착 진행되었다.

그랜트 장군은 8월 30일, 입궐해서 천황에게 작별을 고했다. 일본을 방문한 이래로 각지에서 보인 열렬한 환영에 사의를 표한 다음, 그랜트는 이런 것을 지적했다.

일본에는 극단적인 부자도 없고 극단적인 가난뱅이도 없다. 이것은 여러 나라를 역방한 중에서도 보기 힘든 장점이다. 일본은 비옥한 땅을 가지고 있는데 그 태반이 미개척지다. 아직 채굴되지 않은 광산도 많다. 무한한 어획량과 좋은 항구도 가지고 있다. 무엇보다도 국민은 부지런한 데다 마음속에 불만도 없고 검약하다. 일본이 부국을 이루기 위해 부족한 것은 아무것도 없다. 그러나 내정 간섭에 부디 주의해야 한다. 내정 간섭을 피함으로써 일본은 내적으로 부를 축적할 수가 있고, 또 외국에 의존할 필요도 없게 된다.

그랜트는 고별사의 마지막을 다음과 같이 마무리했다.

일본의 완전한 독립과 번영을 바라는 것은 나 한 사람만이 아니다. 미국 국민 모두의 소원이기도 하다. 부디 천황과 일본 국민에게 하늘의 가호가 있기를……[774]

천황은 이에 짧은 인사로 답했다. 영은 천황이 확실하고 쾌활한 목소리로 칙답을 읽었고, 그것은 외국인과 처음으로 만났을 때의 그 알아듣기 힘든 속삭임과는 아주 대조적이었다고 말하고 있다. 여기에 천황에 대한 마지막 인상을 기록한 영의 문장이 있다.

황제는 고상한 인물은 아니다. 그 자세는 안에 불안함이 가득 차 보여서 편안하게 행동하고 있다고는 말하기 힘들다. 다른 사람의 마음에 들기 위해, 오로지 실수하지 않으려고 노력하고 있는 것 같았다. 그러나 마지막 알현에서 본 황제는 이전에 우리가 보았을 때보다도 훨씬 편안한 자세로 아주 자연스러웠다.[775]

그랜트의 방문은 모든 면에 걸쳐 대성공이었다. 꼭 하나 마음 먹은 대로 되지 않은 것이 있었다. 그랜트의 3선은 실현되지 않았다. 그러나 그랜트는 일본을 잊지 않았다. 천황과 일본 국민 역시 조금도 거만하지 않고 싹싹한 이 남자를 잊지 않았다.

제32장 '교육 칙어' 탄생 전야

1879년 8월 31일, 메이지 천황의 셋째 황자가 태어났다. 생모는 곤노텐지 야나기하라 나루코였다. 천황과 황후는 즉시 호신용 단도와 산의(産衣)를 아오야마 어소로 보냈다. 그날 밤, 축하연을 열어 황자의 탄생을 축하했다. 메이지 천황의 외할아버지 나카야마 다다야스에게 황자를 돌보라는 어명이 내려졌다. 다다야스는 고령이었기 때문에 보좌로서 오기마치 사네아쓰가 임명되었다. 9월 6일, 천황은 『시경』의 한 구절에서 글자를 따서 황자에게 요시히토(嘉仁)라는 이름을 내리고 궁호는 하루노미야(明宮)라고 칭했다.[776]

황자의 탄생을 현소(賢所)와 황령전(皇靈殿), 그리고 신전(神殿)―이 세 곳을 궁중의 3전이라 하여 가장 중히 여긴다―에 고하는 봉고제(奉告祭)를 올렸다. 천황은 대신, 참의, 궁내성 칙임관, 자코노마 시코(窮香間祖候)와 야나기하라 미쓰나루 부자에게 잔치를 베풀었다. 자리는 축하 분위기로 충만해 있었다. 그러나 그곳에 와 있는 사람 대다수는 황자가 극히 난산이었다는 것을 알고 있었다. 그리고 메이지 천황의 첫째, 둘째 황자는 모두 어려서 죽은 사실도 알고 있었다. 아마도 그 때문이었는지, 대신이 축사를 올리는 전례는 취소되었다.

태어날 때부터 황자의 온몸에 발진(發疹)이 있었다. 9월 23일, 창가(瘡痂: 부스럼 딱지)가 없어져 허리께까지 따뜻한 물에 담갔는데 역효과였다. 이튿날 복부 경련을 일으키더니 그 통증이 점차 가슴께로 퍼졌다. 기침과 가래로 고통이 더 심해졌다. 오전 5시, 경련은 가라앉았다. 그러나 완쾌될 기미는 보이지 않았다. 경증이기는 했지만 발작이 그치지 않아 천황과 황후는 깊이 우려했다. 의사들은 침술을 비롯해 모든 치료를 다 시도했다. 나이 든 나카야마 다다야스가 증손자인 황자를 주야로 간호했다. 12월 들어 병세는 진정됐다. 발작이 일어난 것은 12월 9일 뿐이었다. 생모 야나기하라 나루코는 분만 후 건강이 좋지 않았다. 산실이 비좁기도 해서 나루코는 황궁의 자기 방으로 돌아갔다.[777]

천황이 처음으로 요시히토를 본 것은 12월 4일이었다. 그날 오후, 마장에 나간 천황은 말을 탄 채 그대로 아오야마 궁 산실로 내달았다. 나카야마 요시코(中山慶子: 메이지 천황의 생모)가 황자를 안고 어전으로 나갔다. '천황은 매우 기분이 좋아 다다야스 등에게 주효(酒肴: 술안주)를 내렸다'고 기록되어 있다.

이튿날 5일, 황후는 명목상의 아들을 방문했다. 천황과 마찬가지로 황자는 나카야마 다다야스에게 맡겨질 터였다. 이미 9월 30일 나카야마 저택에 황자를 맡기기로 결정했으나 이날 발작이 일어났기 때문에 연기되었다. 나카야마 저택으로 옮겨진 것은 12월 7일이었다. 12월 28일, 생후 120일을 맞은 황자는 나카야마 저택에서 첫 젓가락 의식을 치렀다. 그러나 황자의 건강은 주위 사람들을 계속 걱정스럽게 만들었다. 언제 발작이 일어날지 알 수 없었다. 메이지 천황의 다른 공주들은 아주 엄격하게 교육시킨 반면, 황자는 행여 다칠세라 소중하게 조심하면서 돌보았다.

이 시기, 황자의 건강 이외에도 천황의 관심을 차지한 것이 있었다. 이미 천황은 유럽 왕가와 '사촌' 관계에 있었기 때문에 외국 황실로부터 정기적으로 장기 체재하는 방문자를 맞곤 했다. 독일 황제의 손자에 해당하는 하인리히 황자는 황제가 내린 훈장을 메이지 천황에게 전달했다. 아시아 군주에게 훈장이 전달된 것은 처음 있는 일이었다. 또한 메이지 천황으로서도 처음 외국 훈장을 받았다. 몇 개월 후 일본에 온 제노바 대공으로부터 천황은 이탈리아 최고의 훈장 아눈치아타 훈장을 받았다. 답례로 천황은 대공에게 국화대수장(菊花大授章)을 보냈고, 그것을 다는 방법을 몸소 보여주었다. 그리고 밀라노의 화공 주제페 우골리니가 제작한 천황 자신의 흉상과 천황, 황후의 초상화를 선물로 받았다.[778]

외국 황족의 방문과는 별도로 천황에게 정기적으로 각국 군주들의 소식들이 알려졌다. 그 예로 스페인 황제 돈 알폰소 12세의 재혼을 축하해 천황은 경하하는 글을 보냈다. 그리고 암살자로부터 아슬아슬하게 난을 모면한 러시아 황제에게 무사함을 안도하는 축전을 보냈다.[779]

국내 문제 역시 천황의 관심을 필요로 했다. 1879년 10월, 정부 내부에서 다음과 같은 일이 있었다. 대신들이 모의를 해서 시강 소에지마 다네오미를 적당한 명목을 붙여 해외에 파견한 다음 면직시키려 하고 있었다. 반 소에지마파의 선봉 구로다 기요타카는 외국 신문 기사를 거론하며 이렇게 주장했다.

천황의 어전에서 진강하면서 소에지마는 정부의 정책에 반하는 의견을 표명했다. 또한 그는 외무경 시절, 타이완 사건을 처리하면서 한 외국인(미국인 리젠드르)과 공모했다.

참의 사이고 쓰구미치와 가와무라 스미요시 등은 구로다의 주장에 찬동했다.[780] 그러나 참의 오쿠마 시게노부는 만일 소에지마가 면직된다면 자신도 그만두겠다고 분명히 밝혔다. 이토 히로부미는 소에지마의 학식을 높이 평가하면서도 세상 사람들의 신임을 얻지 못하는 것은 그의 극단적인 보수주의 때문이라고 말했다. 이토는 또 그의 뛰어난 서양 이해를 충실하게 한다는 의미에서 소에지마의 외국 파견에는 찬성하며, 소에지마가 언젠가는 돌아와 내각에 자리할 수 있다는 점을 지적했다.

천황은 어떻게 결정할지를 시보인 유학자 모토다 나가자네와 의논을 했다. 모토다는 소에지마를 강력히 옹호했다.

나는 어전에서 소에지마의 진강에 배석해서 그의 강의를 들은 적이 있다. 소에지마가 품고 있는 생각은 오직 황실의 존엄을 보전하고 성덕을 현양(顯揚)하는 것뿐이다. 그러나 구로다는 한 번도 소에지마의 진강을 들은 일이 없다. 확증도 없이 소에지마를 비난하고 공연히 세상의 뜬소문을 믿으며, 그것으로 그를 배척하려 한다는 것은 바로 폐하의 총명을 의심하는 것과 같다. 만일 신문 기사 따위를 믿고 그것으로써 사람을 면직시킨다면 과연 대신

중에서 면직당하지 않을 사람이 몇이나 될까. 구로다의 사견을 가지고 소에지마를 면직한다면 세상은 반드시 그 조처를 비난할 것이다. 그러나 자신의 제언이 거절되었다고 해서 구로다가 사직하고, 또 그것을 받아들인다고 해서 주군의 결단에 왈가왈부하는 사람은 없을 것이다.

천황은 결론을 서두르지 않았다. 몇 번에 걸쳐 모토다의 의견을 물었다. 천황은 모토다를 신임하고 있었다. 모토다는 기탄없이 의견을 말했다.

소에지마의 면직을 요구하는 구로다의 주장은 어디까지나 사사로운 원한에서 나온 것이다. 소에지마에게는 어떤 과실도 없다. 설혹 천만 명이 소에지마를 미워한다 해도 폐하는 결코 소에지마를 버리면 안 된다. 소에지마가 천황의 시강을 시작한 지 이제 7개월째다. 『대학』의 진강만 해도 아직 1편도 마치지 못하고 있다. 이 중요한 시기에 소에지마의 해외 파견을 끄집어내다니 대관절 무슨 속셈인가. 설혹 구로다가 참의를 그만둔다 하더라도 아직 아홉 명의 참의가 있다. 그러나 다네오미가 나간다면 폐하의 학덕을 도울 자는 찾기 어렵다. 그뿐 아니라 폐하가 늘 우려하는 천하의 불평분자들이 정부를 공격할 우려가 있다.

결국 모토다의 설득이 천황을 움직였다. 천황은 소에지마의 외유 건을 허가하지 않았다. 의견이 반영되지 않으면 사임한다고 위협하던 구로다도 그대로 관직에 남았다.

거리를 두고 이들 사건을 바라보면, 소에지마를 물리치려 한 구로다의 주장의 배후에는 분명 개인적 또는 번벌(藩閥)의 반목이 있었다. 이 사건은 또 다른 이유로 주목할 만하다. 일반적으로 메이지 정부의 결정은 모두 관료가 내리고 천황은 오직 이를 승인할 뿐이라는 인상이 강하다. 그러나 이 사건은 정부 고관들의 의도에 반해 천황 자신이 결단을 내린 사례다.[781]

천황의 결정이 주도권을 발휘한 최초의 사례는 아마도 1879년 3월, 근검(勤儉)의 성지가 공포될 때였다.[782] 전년 가을의 호쿠리쿠와 도카이 지방 순행 때 천황은 민중의 빈곤을 직접 보고 큰 충격을 받았다. 천황은 유교적 군주다운 방법으로 이에 대응했다. 민중을 고난에서 구해내기 위해 불필요한 성청의 지출이 모조리 삭감되었고, 이미 착수된 것을 제외한 관청의 건축과 기타 일체의 토목 공사가 중지되었다. 그리고 민권을 기르기 위해 지방관에도 같은 조처를 요구했다. 궁중의 이 방침에는 시보들의 강한 지지가 있었다. 시보는 유교의 가르침을 바탕으로 천황을 보좌하는 역할로 2년 전에 설치되었다.[783] 그러나 시보들의 간섭은 외국인 방문객의 주목을 끌 만한 근대적 수도의 건설을 지향하고 있던 정부 관료들을 격노하게 만들었다.[784] 이토 히로부미는 시보의 정치 간섭을 중국 환관의 악폐와 비교하며 이런 간섭은 궁중과 정부의 구별을 문란하게 한다고 했다.

부정부패의 대명사 환관과 비교하는 바람에 시보들은 화가 머리 꼭대기까지 났다. 마찬가지로 그들은 시보의 강한 지지로 기용된 시강 소에지마를 배척하려 하는 구로다의 음모에도 분개했다. 시보의 대표인 모토다는 여기서 한 걸음 더 내디뎠다가 적의 술수에 빠지고 말았다. 모토다는 '천황의 군덕 보좌를 담당하고 있는 시보의 기능을 대신과 참의가 겸임하는 것을 조건으로 폐하면 어떻겠냐'고 제안했다.[785] 아마도 모토다는 자신 이외에는 천황을 보좌할 적임자가 없다는 사실을 천황이 알 것이라 기대하고 있었던 것 같다. 모토다는 나아가 다음과 같은 조건을 달았다.

만일 대신과 참의가 이들 기능을 다할 수 없다면 시보는 그대로 두어야 할 것이다. 그 경우 시보에게는 그 직책을 다할 수 있도록 충분한 권력이 주어지지 않으면 안 된다.

그러지 않아도 골치 아픈 시보를 추방할 수 있는 호기로 여긴 내각은 궁중에서 보좌역을 담당하는 시보 대신에 대신과 참의를 앉히기로 결의했다. 천황은 내각의 결의에 따라 정식으로 시보를 폐했다. 시보 자리에는 도쿠다이지 사네쓰네, 사사키 다카유키, 모토다 나가자네 등 천황의 신임이 두터운 인물들이 있었다. 그러나 모토다는 늘 내각의 감시를 받고 있는 터였다. 천황과 직접 접촉할 수 있는 입장을 이용해서 내각의 권위에 대항하는 존재로 여겨지고 있었다.

시보 폐지의 내각 결의를 천황이 못마땅하게 여기고 있었던 것 같았다. 시보 폐지 일주일이 지난 10월 20일, 천황이 도쿠다이지, 사사키, 모토다 등을 궁으로 초대해서 다음과 같이 전했다. 그대들은 이제 더 이상 시보가 아니다. 그러나 앞으로도 짐에게 의견이 있으면 머뭇거리지 말고 말해 달라고 했다. 천황은 손수 홍백의 비단을 하사하며, 그들을 태정대신, 우대신과의 오찬에 초대했다. 내각의 결의가 메이지 천황을 괴롭힌 것은 이때만이 아니었다. 그러나 내각은 언제나 천황의 뜻을 수행한 것뿐이라고 주장했다.

1879년 후반, 주된 논쟁의 주제는 교육이었다. 메이지 천황의 5개조 어서문은 세계의 선진국을 따라잡아 대등하게 되고자 함을 목표로 '지식을 세계에서 구하고 황국의 기반을 굳건히 다진다'고 되어 있다. 교육에 대한 천황의 변함없는 관심은 순행길마다 반드시 그곳 학교를 방문한 것만 봐도 분명하다. 천황 자신의 교육 역시 유교 경전을 강의하는 모토다 나가자네를 비롯한 시강들의 진강 형태로 계속되고 있었다.[786]

천황은 유교의 중심 덕목인 '충'과 '효'를 강조하는 모토다의 신념에 강하게 감명을 받았다. 이 두 덕목은 지금까지 중국이나 일본의 유교 서적에서 특히 강조되는 것은 아니었다. 인의충효 네 개의 유교 덕목은 메이지 연간에 문화 개화 정책과 균형을 맞추기 위해 교육을 논한 문장에 곧잘 인용되었다. 그러나 '인'과 '의'는 신국가 정책에 당장 필요한 '충'과 '효'만큼 중시되지 않았다.

천황은 또 유교 이외의 일본 전통 서적과 얼마 되지는 않지만 서양의 역사에 관한 진강에도 귀를 기울였다. 하지만 어찌 되었건, 교육에 대한 천황의 기호는 보수적이었다. 그것은 천황이 읊은 와카에서도 엿볼 수 있다.

만대에 변치 않을 것은
옛 시절의 성인의 세상의 법도인 것을

그러나 동시에 천황은 전통적인 학문만으로는 근대를 살아가기에 불충분하다는 것을 알고 있었다. 예를 들면 다음과 같은 와카가 있다.

　　학문의 숲을 모조리 파헤친다 한들
　　진보하는 세상에 뒤지면 무슨 보람 있으랴[787]

　과거의 학문을 중시하는 천황의 신념에도 불구하고 신교육은 서양 지향이 되었다. 1876년 7월 15일, 천황은 아오모리(青森)의 소학교를 방문했다. 히로사키 도오의숙(東奧義塾)의 학생 중 열 명이 영어로 문장을 만들어 발표했다. 다음은 그때 발표된 제목 중 일부이다.

　연설—「한니발, 병사들을 격려하는 말」「앤드루 잭슨 씨가 미국 상원에서 한 연설」「키케로, 카테린 공격의 변」
　송가(頌歌)—「아오모리에 어가 행차를 축하하는 글」「개화 진보」「교육」[788]

　예정된 수업이 끝나지 않았는데 천황이 물러갈 시간이 되었다. 물러날 때에 학생들은 영어로 송가를 불렀다. 천황은 학생 한 사람 한 사람에게 5원씩을 주었다. 웹스터 영어사전을 살 수 있는 돈이었다. 그러나 천황은 극단적으로 서양을 중시하는 경향은 좋아하지 않았다. 그것은 학생들의 연설 제목 선택에도 드러나 있었다.
　1878년 호쿠리쿠와 도카이 지방 순행에서 귀경한 후 천황은 모토다에게 다음과 같이 말했다.

학생들이 일본에 대해 제대로 알지 못하는 것은 1872년 학제가 정해진 이래 신봉되어 온 '미국 교육법' 때문이 아닐까.[789]

그리고 우대신 이와쿠라 도모미를 불러 다음과 같이 말했다.

학교에서는 일본 고유의 도덕을 함양하는 일이 무엇보다 중요하다.

일본 학생이 일본의 전통에는 무지하면서, 한니발이나 앤드루 잭슨에 대해 능숙하게 영어로 연설하는 것을 듣고 천황은 분명 기분이 나빴던 것이다.

천황은 고도의 학문을 가르치는 학교뿐 아니라 실용 학문을 익히는 기술 훈련 학교에도 관심을 보였다. 1878년 1월 24일, 천황은 재무성 권농국(勸農局) 소관 농학교(도쿄대학 농학부의 전신)를 방문했다. 그때 이런 연설을 했다.

짐이 생각건대 농사는 나라의 근본이다. 산물이 불어나면 이를 생산하는 백성이 부유해진다. 이것은 농학이 없이는 불가능한 일이다. 이제 농학교가 다 준공되었다는 말을 듣고, 짐은 매우 기뻐 스스로 개교식에 나왔다. 앞으로 일본의 산업을 더욱 번성하게 하고 우리 국민을 더욱 풍요롭게 만들 것을 짐은 크게 소망하노라.[790]

한 국가에서 농업이 기본이라는 천황의 주장에는 물론 새로운 것이 없다. 이것은 유학자들이 천 년 이상 해온 소리다. 하지만 눈에 띄게 달라진 특징은 젊은이들이 과학적인 농법을 공부할 수 있는 학교의 설립이었다. 전에는 젊은이들이 논밭에서 실지로 일하면서 농업을 익혔다. 한 세대에서 다음 세대로 계승되어 온 전통적인 농업 방식이나 기능을 없애자는 것이 메이지 정부의 의도는 아니었다. 국가의 지도자들은 과학 기술의 채용이 좀 더 높은 생산량과 좀 더 번영된 사회를 가져다줄 것이라고 믿었다.

1878년 7월 15일, 천황은 공부(工部) 대학교 개교식에서 다음과 같이 연설했다.

짐이 생각건대 백공(百工: 수많은 공업)을 권장함은 세상을 경영하는 요체로 시급한 일이다. 앞으로 이 학교에서 공부하는 학생들은 후생에 널리 이용될 수 있는 기술 개발에 부지런히 노력해줄 것을 바란다.[791]

전통적인 기술을 계통적으로 가르치는 학교는 이제 오랜 일본과 새로운 '계몽' 이상과의 결합을 의미했다. 예컨대 일본에는 몇 세기에 걸쳐 완성된 견직물 기술이 있었다. 이런 산업 분야까지도 일본의 기술을 선진국 수준으로 높이기 위해서는 외국인 전문가를 고용할 필요성을 느꼈다. 메이지 천황은 일본이 외국의 영향을 너무 받은 것을 한탄했다. 그러나 전국의 학교를 방문했을 때, 천황은 외국인 교사를 감사의 말로 치하하고 선물까지 주었다. 계약 기간을 끝내고 일본을 떠날 때 천황은 외국인 교사들을 만났다. 이것은 일본인 교사가 좀처럼 맛볼 수 없는 명예였다. 이미 본 것처럼, 그랜트 장군은 외국인 지도 교관을 될 수 있는 한 일본에 붙잡아 둘 것을 권고했다. 그랜트는 언젠가는 교사들이 일본인에 의해 완전히 점거되기를 바랐다. 그러나 동시에 그랜트는 이미 언급한 것처럼 이런 말을 덧붙였다.

이유 없이 외국인 교관을 서둘러 해고하는 것은 현명하지 않다. (중략) 세계에 유례없는 일본의 공부 대학을 만든 외국인 등은 폐하가 허용하는 한 붙잡아둬야 할 인재다.[792]

그랜트의 조언은 받아들여졌다. 메이지 천황은 또 금전적 여유가 있는 일본인에게 유학을 장려했다. 세계 대세를 조망하고 실용 학문을 몸에 익혀, 일본이 외국에 뒤떨어지지 않도록 하라고 말했다. 천황은 와카에서도 서양 문물의 흡수가 얼마나 중요한지를 시사하고 있다.

내 정원에 다투어 자라나는
외국의 초목도 잘 자라주었으면[793]

1872년 교육에 관한 포고—'학제'로 알려져 있다—가 공포되었다. 프랑스의 교육 제도를 본떠 전국 교육 단일화를 꾀한 것이었다.[794] 이 계획은 일본의 한정된 재원으로 실현하기에는 너무 지나치게 이상적이라는 것이 판명되었다. 그러나 이는 메이지 정부가 발족 당시부터 교육을 매우 중요시하고 있었음을 보여준다. 학제가 공포된 지 얼마 되지 않아 다음과 같은 불평이 나왔다.

행정 당국은 경비는 무시하고 야심찬 계획을 단행한 나머지 거액의 돈을 낭비하려 하고 있다. 또 교육에 지나치게 간섭함으로써 획일화로 기우는 폐해가 있다.

이런 여러 가지 불평이 생긴 결과 문부대보(文部大輔) 다나카 후지마로(田中不二麿)가 미국의 교육 사정 시찰을 위해 파견되었다. 귀국 후, 다나카는 1872년 실시된 학제에서 기본적으로 벗어날 것을 건의했다. 즉 교육 제도는 지금의 국력, 민정(民情), 문화의 정도에 맞춰 변혁되어야 한다는 것이다. 그래서 모든 규정을 획일적, 강제적으로 실시하는 프랑스의 교육 제도를 본받은 학제를 지방 분권적인 교육 제도로 대체하게 되었다. 이 제도에 의해 교육의 책임은 각 지역 주민에게 이관되었다. 새 제도는 지방 문화 및 지방의 교과 선택을 중시한 것으로써 일반적으로 '자유교육령'이라 불렸다. 그 초안이 1878년 5월, 심사를 위해 참의 겸 내무경 이토 히로부미에게 제출되었다. 이토는 중앙정부의 간섭이 최소한으로 미치는 형태로 약간 수정하여 1879년 2월에 수정안을 제출했고, 다시 원로원의 수정이 가해진 후 의안은 6월 25일 천황에게 상주되었다.

그러는 사이, 이미 말한 것처럼 새 교육에는 '일본 고유의 도덕 함양'을 곁들일 필요가 있다는 천황의 내유(內諭)가 이와쿠라 도모미에게 내려졌다. 이와쿠라 역시 교육 방침은 개선되어야 한다는 결론을 내렸다. 사사키 다카유키, 원로원 의관(議官) 겸 시보 요시이 도모미(吉井友美), 모토다 나가자네 등은 일본 교육의 기초는 '충효'에 있다고 확신하고 있었다. 1872년의 학제에서도 도덕 교육이 소학교의 기본 교과이기는 했다.[795] 그러나 사사키 등은 서양의 학문이 너무 부각되는 바람에 수신(修身)의 의미가 희미해졌다고 생각했다.

1879년 4월 16일, 이와쿠라와 사사키가 어전에 나아갔을 때 천황은 두 사람에게 교육의 중요성을 강조했다. 한학자이건 근왕가이건, 또는 후쿠자와 유키치나 가토 히로유키(加藤弘之) 같은 양학자이건, 교육을 등한히 해선 안 된다고 주장했다. 그리고 5월 7일, 이와쿠라가 앞으로 더욱더 천직(天職)을 충실히 하시라고 주상했을 때, 천황은 이와쿠라에게 다음과 같은 의견을 냈다.

정부는 정치를 함에 있어서 공평하지 않으면 안 된다. 그리고 가장 중요한 것은 교육이다. 요즘 세태를 살펴보면 공연히 양풍에 자꾸만 빠져서 독자 자존의 기풍이 사라졌다. 서양 사람이 『논어』가 좋은 책이라고 말하면 금방 이를 읽고, 또 나쁘다고 하면 당장에 이를 버린다. 마치 어리석은 자들이 서로 앞을 다퉈 남들 따라 이나리(稻荷: 곡식의 신을 모신 사당) 참배를 가는 식이다.[796]

수정안이 상주된 다음 날인 6월 26일, 천황은 일의 중대성에 비춰 자신이 평소에 생각한 바를 적어서 보여주겠다고 약속했다. 모토다에 의해 기술된 이 문서는 〈교학대지(敎學大旨)〉〈소학조목(小學條目)〉 두 편으로 되어 있다. 천황의 견해를 기술한 것이라고 하지만 실상은 모토다 자신의 견해이다. '교학대지'는 이렇게 말한다.

교육과 학문의 요체로서 인의충효를 밝히고 지식과 재예(才藝)를 궁구해서 사람의 도를 다한다는 것은 우리 조훈(祖訓)과 국

전(國典)의 큰 뜻이요, 상하 일반의 가르침이다. 그러나 최근에는 주로 지식과 재예만을 중히 여기면서 문명개화의 끝자락을 달리며, 품행을 파괴하고 풍속을 문란하게 하는 자가 적지 않다. 유신이 시작될 때 지금까지의 악습을 버리고 지식을 온 세계에서 흡수하자는 탁견에서 서양의 장점을 받아들이기로 했고 그것이 나날이 효과를 거두었다고는 하나, 한편에서는 인의충효를 내팽개치고 함부로 서양풍만 앞을 다투어 본받다가는 우리의 앞날이 우려되며 결국 군신 부자의 대의를 망각하기에 이를지도 모른다. 이는 우리 교육의 본뜻이 아니다. 따라서 앞으로는 조상의 훈전(訓典)을 따라 주로 인의충효를 밝히되 도덕적 학문은 공자를 주로 삼고, 성실한 품행을 존중하는 동시에 각 학문에 있어서도 재기(才器)에 따라서 더욱 학업에 힘쓰게 해서, 도덕과 재예 모두를 완비하고 더할 나위 없이 중정(中正)한 교육 학문이 골고루 온 천하에 미친다면 일본 독립 정신에 있어 천하에 부끄러울 것이 없다.[797]

또 '소학조목'에서는 순행 때의 체험을 언급하며 다음과 같이 말한다.

지난가을 각 현의 학교를 돌아보며 친히 생도의 학업을 시찰했는데 농상(農商)의 자제로 그 발언이 고상한 공론(空論)으로 일관하는 자가 있었다. 심한 경우에는 서양 말이 능숙한 자임에도 불구하고 그것을 일본어로 옮길 줄을 모른다.[798] 이런 학생은 졸업 후 집에 돌아가도 본업을 구할 수가 없을 것이다. 고상한 공론 가지고는 공직에 앉아봤자 소용이 없을 것이다. 그뿐 아니라 많

은 것을 안다고 믿어 윗사람을 우습게 알고 현의 관리들에게 방해나 될 것이다.[799]

그래서 고상한 공론을 가르치는 대신에 농상에게는 농상의 학과를 마련할 것을 장려했다. 실용적인 학문에 힘쓰게 하면 농상의 자제는 졸업 후 제대로 본업을 찾아서 활약할 수 있다고 했다. 천황은 이토 히로부미를 불러 교육을 개선하고 풍속을 바로잡으라는 성지를 내리면서 이토의 의견을 물었다. 이토가 천황에게 상서한 〈교육의(教育議)〉는 맨 먼저 작금의 폐단으로서 도덕의 퇴폐를 호소한 후, 풍속의 폐(弊)를 일종의 '병'으로 간주했다.

병을 치유하기 위해서는 우선 그 원인을 살펴야 한다. 현재의 바람직스럽지 못한 교육 상황의 원인은 유신 때 야기된 '비상 변혁'에 있다. 쇄국이 끝나고 봉건제가 폐지됨으로써 무사 계급은 더 이상 전통적인 규율과 속박에 얽매이지 않게 되었다. 이 해방 자체는 바람직한 것이었다. 그러나 동시에 옛 제도의 '순풍미속(淳風美俗)'도 상실하게 되었다. 생활 수단을 잃은 무사들은 앞날에 대한 불안과 불평 가운데 '정담(政談)의 패거리'가 되고 말았다. 그리고 유럽의 과격 사상에 들뜨는 자까지 나왔다. 도덕의 퇴폐 원인은 유신 이후에 도입된 신교육의 실패에만 있는 것이 아니다. 교육은 즉각 효과가 나타나는 것은 아니라지만 현재의 위기에 대처하는 최상의 치료법이다. 만일 정부가 솔선해서 교육을 장려하고 제도의 불비를 개선한다면 몇 년 후에 문명사회 실현을 바라보는 일도 가능하다. 새것과 옛것을 절충하고 경전을 참작해서 '국교(國敎)' 같은 것을 세우는 데는 반대한다. 그러자면 성인의 출현을 기다리지 않으면 안 된다. 어찌 되었든 정부의 힘이 미칠 수 있는 일이 아니다.

이토에 의하면 일본 서생의 대다수는 '한학도'이다. 그들을 '정담의 패거리'로 만들지 않기 위해서는 '공예 기술 백과의 학'을 보급해야 한다. '정담의 패거리'는 어차피 서양의 과격 사상에 빠지게 되어 있다. 정담이 아니라 실용 학문이야말로 교육의 중추여야 한다. 우수한 학생에 한정해서 '법과정학(法科政學)'을 공부하게 해야 한다고 이토는 맺었다.

천황은 이토의 〈교육의〉를 모토다에게 보였다. 모토다의 의견은 이러했다. '이토의 견해는 성지를 확충하고 그 빠진 곳을 보충하기에 열심인 나머지 천황의 참뜻을 올바로 이해하지 못한 곳이 있다.' 모토다는 내칙을 받아 〈교육의부의(敎育議附議)〉를 기초해 이토를 정면으로 반박했다.

사서오경이야말로 교육의 중추가 되어야 한다. 여기에 윤리를 다루는 국학 서적이 이어지고 서양의 서적은 마지막에 배우면 된다. 교육에 조속한 효과를 바라면 안 된다고 이토가 말했는데 지금 기초를 세우지 않는다면 미래는 어찌 될 것인가. 그리고 적어도 이 시기는 국교를 세울 때가 아니라고 했는데, 그러면 적절한 시기가 언제 온다는 것인가. 유럽 제국들도 국교는 있다. 니니기노미코토(瓊瓊杵尊: 일본 황실의 조상이라는 아마테라스오미카미 天照大神의 손자) 시대 이래 일본인은 천조(天祖)를 숭경하고 유교를 받아들여 '제정교학(祭政敎學) 일치'로 나아갔다. 오늘의 국

교란 따로 있는 것이 아니다. 이는 고대로 되돌아가는 일일 뿐이다.[800]

모토다는 한편으로 문부경이 임명된 것을 반겼다. 오래도록 공석이었던 이 지위에 9월 10일, 참의 데라시마 무네노리가 겸임으로 취임했다.[801] 모토다는 천황이 교육에 관한 성지를 데라시마에게 내리기를 원했다. 11일 천황은 이와쿠라의 주청에 따라 데라시마를 불러 모토다가 기술한 두 편과 이토의 「교육의」, 원로원이 상주한 교육령 초안을 건넸다.

9월 29일, 새 교육령이 공포되었다. 교육령은 47개조로 구성되었으며 소학교부터 대학교, 사범학교, 전문학교 등 각종 학교의 개설을 정해놓았다. 각 도시와 시골에 공립 소학교가 설치되는데 이미 충분한 사립 소학교가 있는 지역은 제외되었다. 학교를 설치할 능력이 없는 지방에는 순회 수업을 하도록 법이 마련되었다. 학령은 여섯 살에서 열네 살까지로 교육 기간은 8년이었다. 부모 및 후견인에게는 학령 아동을 취학시킬 의무가 있었다. 이 의무를 빠져나가는 길이 없는 것은 아니었으나 거의 모든 아동을 대상으로 하는 의무 교육에 가까웠다. 이것은 자금난에도 불구하고 정부가 교육을 대단히 중시한다는 사실을 입증했다.

1872년의 학제를 1879년에 수정하면서 이룬 교육 제도는 그러나 성공하지 못했다. 과거 7년간 고생해가며 구축한 제도는 혼란에 빠졌고 교육 수준은 현저하게 저하됐다. 관료 행정의 다그침에서 교육을 해방하기 위한 자유화는 정부 각료와 천황이 예상하지도 못한 자유방임주의 정책으로 끝났다. 문부경 데라시마 무네노리가 고노 도가마(河野敏鎌)로 교체되었다.[802] 고노는 천황의 순행을 수행하면서 각지의 학교를 시찰하고 그 실정에 깜짝 놀랐다. 고노는 중앙과 지방 관청의 권한을 강화하는 방향으로 교육령을 개정하기로 했다.[803]

1880년 12월 24일, 원로원은 고노의 개정안을 수정해 천황에게 상주했다. 28일, 다시 일부 손질해서 개정 교육령이 공포되었다. 여기서는 '수신(修身)'이 여러 학과 중 첫머리에 올라 있었다.

이 무렵부터 메이지 천황의 견해는 두드러지게 보수적이 되었다. 천황은 일본이 채택해야 할 진로에 관해 그랜트 장군의 조언을 열심히 들었다. 그러나 모토다의 영향력은 그보다 훨씬 강했다. 그것은 천황이 되풀이하여 교육에서 유교 덕목의 중요성을 역설한 데서도 알 수 있다.

천황은 일본이 도쿠가와 쇼군이 지배하고 있던 예전으로 돌아가기를 바라고 있었던 것은 아니다. 그러나 천황의 발언을 보면 아무래도 지난날의 일본인을 현재의 일본인보다 훌륭하게 본 것 같은 느낌이 든다. 물론 자신의 시대에 속하는 무기력한 젊은이를 소박하면서 성실했던 옛 젊은이와 비교하는 일은 어느 시대에서나 볼 수 있는 일이다.

메이지 천황 치세에서 교육 방침은 국제주의에서 정통 유교로 방향 전환을 했다. 이 일은 진보와 실학의 보급에 몸 바쳐 일했던 정부가 구식 도덕의 상실을 단순히 탄식만 하고 있지 않았다는 것을 보여준다. 이리하여 젊은이에게 전통에 대한 복종을 강요할 준비가 갖춰졌다. 아스카이 마사미치의 말처럼 1890년의 〈교육 칙어〉로 향한 길은 이미 이때 열렸던 것이다.[804]

제33장 **다루히토의 헌법 초안**

1880년은 천황이 주재하는 신년 의식으로 막이 열렸다. 천황은 이제 만 스물아홉이었다. 이탈리아 황제의 조카 제노바 대공은 이날, 신년인사를 위해 입궐해서 천황 부부와 대면했다. 독일 황제의 손자 하인리히 황자는 나가사키 항에 정박 중인 군함에서 전신으로 신년 메시지를 보내왔다. 1월 2일, 메이지 천황은 스페인 국왕 알폰소 12세에게 축전을 보냈다. 이것은 신년 축하가 아니라 작년 말 황제가 암살을 모면한 것에 대한 경하의 표시였다.[805] 지금까지 메이지 천황은 이처럼 유럽의 군주들과 친하게 교신하고 있었다. 그러나 천황은 여러 황제가 가까스로 목숨을 부지하게 된 것에 안도를 표명하면서도 그들이 살고 있는 세계가 자신의 세계와 동떨어져 있음을 실감했을지도 모른다. 사실 천황은 누군가가 자신의 암살을 꾀한다는 일 자제를 상상해본 일이 없었을 것이다.

이해는 메이지 천황이 천황으로서의 권력을 일상적으로 행사했다고 해도 좋을 최초의 해였다. 참의를 통해 갖가지 건의가 그의 칙재(勅裁)를 받기 위해 올라갔는데, 과거 그저 형식적으로 올려진 것과 달랐다. 실제로 각의의 교착 상태를 타결하기 위해 천황의 결단이 필요한 것들이었다. 이 새로운 책임은 어쩌면 천황의 다른 활동이 축소된 것의 설명이 될지도 모르겠다. 예를 들면 황태후 방문이나 승마를 즐기는 날이 현저하게 줄어들었다.[806] 천황이 받아야 할 정규 교육도 마찬가지였다.

모토다 나가자네를 비롯해 다른 시강들의 진강을 받은 것은 4월부터 12월까지 겨우 23회였다. 예정대로라면 매주 4, 5회의 진강이 있었을 것이다. 그 대신 천황은 연일 각의에 출석했다.[807] 그리고 정부 고관들과의 오찬 회의에 자주 참여하여 국사를 논했다. 참의 이토 히로부미는 특히 이 시기 천황과 내각의 관계를 밀접하게 함으로써 일체화를 꾀하고 있었다. 이토는 의사 결정에서 천황이 중요한 역할을 하기를 바랐다.[808]

재정 문제는 1880년 정부의 최고 관심사였다. 정부의 세입은 도저히 세출을 감당하지 못했다. 천황은 전년 3월, 대신과 참의 등에게 근검할 것을 지시했다. 그리고 궁내경에게 궁중의 낭비를 줄여 모범을 보이라고 명했다. 그러나 천황의 명령은 큰 효과가 없었다. 각 관청에 의하면 더 이상의 예산 삭감은 불가능했다. 궁내경은 궁내성에 다음과 같은 내용을 통고했다.

성내의 지출이 줄어들기는커녕 자꾸 늘어나기만 한다. 물론 이것은 물가의 급등에도 원인이 있다. 그러나 좀 더 절약에 유의했으면 좋겠다. 앞으로 급하지 않은 수선 및 물품 구입은 일절 금한다.

태정관 회계부 주관 참의 오쿠마 시게노부는 재정 문제를 극복하기 위해서는 절약 이상의 적극적인 방침이 필요하다고 느꼈다. 오쿠마는 지난 1879년 6월, 현 상황을 개선하기 위해 긴급 재정 정책 네 건을 건의했다. 그중 하나는 1879년 서남 전쟁 때 전비 지불을 위해 증발(增發)된 지폐의 소각을 서두르는 일이었다. 은행권(지폐)의 증발은 그 가치를 떨어뜨리는 결과를 낳았다. 1880년 3월 현재 은화 1엔에 지폐 1엔 43전 5리의 비율이었다. 물가의 폭등은 통제가 불가능했다. 지폐의 신뢰를 회복할 유일한 길은 은화 같은 정화(正貨)로 태환(兌換)할 수 없는 지폐를 소각하고, 태환할 수 있는 지폐로 교환하는 것이었다. 지폐를 소각하기 위한 돈은 정부 소유 공장을 매각함으로써 일부 조달할 수 있었다. 그러나 오쿠마가 건의한 요지는 25년 상환으로 5천만 엔의 외채를 발행하는 일이었다. 오쿠마의 예상으로는 그러한 방법으로 교환 불가능한 지폐 7천8백만 엔을 소각할 수가 있었다.[809] 나머지 지폐 2,733만 엔은 상환 공채 증서로 소각할 수 있다는 것이다.

참의의 내각 회의는 외채 발행 여부를 놓고 의견이 분분했다. 오쿠마는 사쓰마 세력을 자기편으로 끌어들였다. 그러나 이토 히로부미가 이끄는 조슈 세력 측과 한편인 참의들은 차관에 반대했다. 그 이유는 제각각이었다. 가장 강경하게 반대한 사람은 이와쿠라 도모미였다. 화족 계급의 한 사람으로 그는 언제나 궁중과 통하고 있었다. 옛 시보에 속하는 이와쿠라의 맹우들, 특히 사사키 다카유키, 모토다 나가자네 역시 천황에게 영향을 미칠 수 있었다. 그들은 어떠한 외채 발행에도 강력하게 반대했다. 모토다의 생각에 외채는 국가의 안위와 관계되는 일이었다. 이미 그랜트 장군의 경고도 있었다. 모토다와 이와쿠라는 이렇게 말했다.

만일 일본이 상환 책임을 감당할 수 없을 경우에는 어찌되는 것인가. 채권국에 지불할 부채 대신 일본은 국토의 일부, 시코쿠나 규슈를 양도하겠다는 말인가.

이들은 재정 위기를 극복할 방법은 오직 절약뿐이라고 판단했다.

천황도 오쿠마의 계획에는 마음이 내키지 않았다 그러나 동시에 정한론 당시처럼 내각 분열을 우려했다. 천황은 각 성 관리들의 의견을 물었으나 그들 역시 의견이 분분했다. 어느 쪽으로부터도 명확한 결론을 얻지 못한 채 천황은 마침내 '외채 모집안 불가'라는 결단을 내렸다. 1880년 6월 3일, 천황이 조칙을 발표했다.

짐이 생각하건대 메이지 초년 이래 나라의 지출이 늘어 재정상의 어려움이 생겼다. 마침내 13년이 지난 오늘에 이르러 정화는 해외로 유출되고 일본 지폐는 그 신용을 잃고 말았다. 그래서 오쿠마 참의의 건의가 있었고 내각과 여러 성의 의견도 모두 같지 않다고 들었다. 짐도 재정 문제가 용이하지 않음을 알고 있지만 현 단계에서의 외채 모집은 불가하다. 작년 그랜트 장군이 외채의 이해에 관해 여러 가지 조언을 해주었고, 그 말이 아직도 귀에 쟁쟁하게 남아 있다. 재정 위기가 눈앞에 다가와 있는 이상, 우리는 장래를 향해 목적을 정하지 않으면 안 된다. 지금이야말로 근검절약을 실천에 옮길 때다. 각 대신들은 짐의 뜻을 깊이 깨달아 근검을 기본으로 삼고 경제 회복의 길을 정해, 내각과 여러 성이 숙의해서 짐에게 보고하라.[810]

당연한 일이지만 천황의 조칙에 반론은 없었다. 하지만 그 실시 방법에 대해서는 여러 가지 논의가 있었다. 천황의 이 결단은 사실상 내각과 여러 성 사이에서 의견이 대립할 경우 최종적인 결정권이 궁중에 있음을 드러낸 셈이 되었다. 얼마 후 다른 건의안에 대해 천황이 마찬가지로 결정을 내리게 되었다. 폭등하는 쌀값을 억제하기 위해 막부 때의 제도로 되돌아가 농민의 토지세를 돈이 아닌 쌀로 내게 해야 한다는 것이었다. 그러나 이 문제가 중대한 국면을 맞이하기 전 천황은 순행에 나설 예정이었다. 목적지는 야마나시(山梨) 현, 미에(三重) 현, 그리고 교토 부였다.[811]

3월 30일, 순행의 출발은 6월 16일이라고 발표했다. 5월, 나가노 현 이나(伊那) 군의 주민 청원이 들어왔다. 이번 행차 때 이미 국도가 정비되고 철도도 개통하게 되어 있는 기소지(木曾路)가 아니라 벽촌인 이모이나(下伊那) 군을 지나면 안 되겠느냐는 것이었다. 군민 일동은 이번 행차로 힘을 얻어 군 내 잠사업(蠶絲業)의 생산 개량의 기회로 삼고 싶다는 것이었다. 그리고 '천황을 뵙는 행복'은 평생을 산골에서 일하면서 '왕성(王城)의 땅'을 밟아 볼 일 없는 부녀자들에게 평생 잊지 못할 체험이 될 것이라고 했다. 결국 이 청원은 받아들여지지 않았지만 천황에게 자신들의 고장을 찾아와 달라는 백성들의 절실한 마음을 전하고 있다.

천황의 순행에 앞서서 도로가 대대적으로 정비되었다. 사사고 무라(笹子村)에서 시작되는 산길은 이전에는 좁고 험했으나 그 고갯길이 확장되었고, 가파르게 깎아지른 절벽 위에는 난책(欄柵)이 쳐졌다.[812] 이번 순행의 도로 수선 비용을 놓고 신문과 당국은 대립된 의견을 내놓았다. 한 신문은 이런 내용의 기사를 실었다.

순행 길에 이웃한 지구(地區)의 각 가구들은 도로 수선비뿐 아니라 새로 마련될 국기, 가로등과 기타 경비 부담을 졌다. 집집마다 3엔 53전 3리씩 시급히 납입하라는 통지를 받았다.

그러나 대개의 군민은 가재도구를 몽땅 팔아도 3엔 이상의 돈을 마련할 수 없는 경우가 태반이었다. '천황을 뵙는 일은 더할 수 없는 행복이지만 이를 위해 그처럼 많은 돈을 내야 한다면 그렇지 않아도 어려운 살림에 곤란하다'고 불평하는 시민도 많다는 그 지방의 보도인데 사실 여부는 알 수 없다고 기사는 말하고 있다.[813] 그러나 히가시치쿠마(東筑摩) 기타후카 시무라(北深志村) 촌장은 순행 준비를 위해 거액의 비용이 사용된 일이 없다고 신문 보도를 부인했다. 촌장은 설혹 어쩔 수 없이 비용이 필요하게 된다 하더라도 모든 가호마다 분담하게 하지는 않는다, 필요한 경비는 몇몇 유지들이 내게 되어 있다고 했다.[814]

이번 행차에 관해 아마도 가장 충격적인 논설이 4월 4일자 〈도쿄 요코하마 마이니치 신문〉에 게재되었다. 논설의 필자는 순행 시비를 놓고 '순행이 필요할 때가 있고, 순행이 필요하지 않을 때가 있다'며 다음과 같이 논했다.

천황 치세 초기에 동북의 백성들은 도쿠가와 있는 것은 알아도 조정이 있다는 것은 몰랐고, 서남의 백성들은 그 번주가 있는 것은 알아도 위에 조정이 있음을 몰랐다. 지금이 그러한 시대라면 천황의 존재를 모두에게 알리기 위해 벽지의 땅을 순행할 필요가 있다. 그러나 그렇지가 않다. 전국의 백성들은 오직 천자가 있다는 것을 알고 있으며 그 외에 경외해야 할 대상이 있다는 것을 알지 못한다. 이제는 궁중에서 천하를 통어(統御)해도 여유가 작작한 시절이다. 이런 마당에 이 더위를 무릅쓰고 용가(龍駕: 천황의 가마)로 번거롭게 다닐 필요가 어디에 있는가. (중략) 메이지 13년(1880)을 맞이한 지금은 순행이 필요 없는 때인 것이다.[815]

이 논설의 의도를 천황의 측근들은 이해했던 모양이다. 이때 이후로 천황 순행은 단 두 번뿐이었다.[816] 같은 논설의 필자는 또한 천황이 친히 국내의 실정을 파악하기 위해 순행이 필요하다는 의견에 이의를 내세우며 반론하고 있다.

전국의 사정이 알고 싶다면 신문을 보면 되지 않는가. 나아가 천황이 지방 빈민의 질고를 시찰한다고 가정한다 해도, 실제로 천황이 통과하는 길은 대체로 국도의 번화한 곳이며 빈민이 사는 벽지가 아니다. 오히려 소리 없는 소리를 듣고 형체 없는 형체를 보는 것이야말로 명군 현주(明君賢主)라 할 수 있다. 그럼에도 용가를 번거롭게 해가며 천자가 친히 백성의 질고를 보지 않고서는 백성의 고통을 알 수가 없다고 말하는 자는 황송스럽게도 폐하의 성덕을 모욕하는 것이다.

또, 〈조야신문(朝野新聞)〉은 논설에서 '순행 지방의 인민에게 고한다'는 제목으로 이렇게 논하고 있다.

이 흔치 않은 순행을 이용해서 연도에 늘어선 백성들은 천황에게 자신들의 생활 실태를 알려야 한다. 천황이 벽지를 순행하는 목적은 지방의 민정을 살피기 위함이다. 물론 연도의 사람들은 천자의 웅장하고 화려한 행렬을 바라보며 기뻐 날뛸 것이다. 그러나 천황을 환영하는 기쁨에 겨워 허식으로 민간의 실상을 가리고 민간의 실정을 은폐하는 일이 있어선 안 된다. 그렇게 해서는 순행의 성지를 훼손시킬 뿐 아니라 소시민의 비굴한 추종이 성덕까지도 더럽히는 결과가 될 것이다.[817]

천황의 봉련이 통과할 때 과연 어떤 방법으로 아랫사람들의 생활 실정을 천황에게 전달할 수 있었는지는 상상하기 어렵다. 그러나 천황을 기만하여 온 백성이 은덕을 입어 행복하게 살고 있음을 알리기 위해 그럴싸하게 겉으로 치장한 일이 없었던 것만은 사실로 여겨진다.

마지막으로, 〈The Japan Weekly Mail〉에 게재된 영문 논설은 천황의 순행 목적을 다음과 같이 말하고 있다.

이번 순행이 끝나면 폐하는 대다수 백성 이상으로 국내를 실제로 본 셈이 된다. 학교, 산업 시설, 고미술과 사적 등 모든 것을 자세히 시찰할 것이다. 이런 류의 순행 목적은 단순한 유람이 아니다. 사실 대부분 경우 국내 순행은 폐하에게 걸맞은 화려함이 수반되겠지만 이 순행은 천하 유람과는 아주 정반대의 것임이 분명하다. 폐하 및 대신들이 바라는 바는 아마도 폐하가 통치하는 나라의 실정을 폐하 자신의 눈으로 확인함으로써 폐하의 위엄 있는 지위의 임무를 감당해낼 만한 힘을 다시 배양하지 않으면 안 된다는 데 있을 것이다.[818]

이것은 천황과 정부 각료가 당시 갖고 있던 생각일 것이다. 그러나 최근의 역사학자는 천황의 순행을 다음과 같이 해석하고 있다.

순행은 천황의 위엄 있는 모습을 민중에게 효과적으로 인상 지음으로써 천황이 백성의 생활 실정을 알고 싶어하는 자상한 지배자일 뿐 아니라 그들의 생활에 확고한 감시를 게을리하지 않는 '감독관'이라는 것을 알리는 데 있었다.[819]

천황은 예정대로 1880년 6월 16일 순행에 나섰다. 수행하는 사람은 사다나루(貞愛, 후시미노미야伏見宮의 열네 번째 왕자), 태정대신 산조 사네토미, 참의 한 명, 문부경, 육군 중장, 궁내경, 시종, 시의, 기병, 사병, 마부 등 360명이었다. 우리의 기준으로 본다면 대규모 행렬이라 할 수 있었지만 지난날 다이묘 행렬 규모에는 미치지 못했다. 천황은 아주 사소한 외출일 경우에도 언제나 많은 수행원을 대동하곤 했다.[820] 통과하는 행렬을 보고 사람들이 그 규모와 장려함에 놀랐으리라고는 여겨지지 않는다.

첫 숙박지는 하치오지(八王子)였다. 천황은 견사(絹絲), 비단 옷감 등 그 고장의 특산물을 시찰했다. 그리고 근처의 개울가에서 잡은 반딧불이를 두 상자에 담아 황태후와 황후에게 선물로

보냈다. 이때 황후는 천황이 없는 쓸쓸함과 선물을 받은 기쁨을
실은 노래를 읊고 있다.

　　쓸쓸함도 잠시 잊고
　　바라보는 것은 반딧불이로다[821]

　이번 순행은 1878년의 호쿠리쿠와 도카이 지방 순행보다는
훨씬 편했다. 그러나 유럽 황족의 순행과는 달랐다. 6월 18일, 천
황은 오전 4시에 일어나 빗속에 가마를 타고 구불구불한 산길을
나아갔다. 그날 하루, 가마와 말 위에서 하루 종일 흔들린 끝에
목적지인 사사고(笹子)에 도착한 것은 오후 5시가 지나서였다.
그날 밤 행궁은 판잣집이었다. 촌은 그 이상의 적당한 처소를 제
공하지 못했다.
　이 순행에 관해 『메이지 천황기』의 한 구절이 새삼 눈에 띈다.

　　도쿄를 떠난 후 경치 좋은 곳이 있으면 수행한 인쇄국 사진사
　에게 이를 촬영하라고 명했는데, 앞으로는 사진사 스스로 경치가
　좋다고 판단되는 곳은 천황의 명이 없더라도 직접 촬영하라고 했
　다.

　그렇게 해서 천황은 순행 도중에 본 경치를 오래도록 기억하
려 했음이 틀림없다. 날씨가 너무나 더웠기 때문에 순행은 천하
유람 따위와는 거리가 멀었다. 천황은 늘 그렇듯이 학교, 공장,
야마나시 현에서는 포도주 양조장 등을 시찰했다. 고후(甲府)에
서는 1872년에 창설한 현립 병원에 사다나루 친왕을 대신 보냈

다. 원내 진열품 중에는 작년에 기이한 병에 걸린 소녀가 토해낸 20여 종의 기생충, 그리고 분세이(文政, 1818~30) 연간에 죽은 스님 묘신(妙心)의 합장부좌한 미라가 있었다.

구와나(桑名)는 12년 전, 관군과 막부가 싸운 무진 전쟁 때 관군에게 마지막까지 저항한 번이었다. 그러나 행렬은 매우 열광적인 관중의 환영을 받았다. 쓰(津)의 사범학교에서는 우등생 두 명이 화학 실험 모습을 보여주었다. 그리고 중학교에서 우등생 다섯 명이 만국사(萬國史)를 강술했다.

7월 8일, 더위가 기승을 부리는 가운데 천황은 정복을 입고 검새(劍璽: 보검 구사나기노쓰루기草薙劍와 야사카니노마가타마八坂瓊勾玉)를 모셔놓고 이세의 황대신궁(皇大神宮), 풍수대신궁(豊受大神宮)을 참배했다.

우선 풍수대신궁(외궁)에 간 천황은 손을 깨끗이 씻고 신사의 울타리 안으로 들어갔다. 정전 계단 아래로 나아가 모자를 벗고 허리를 깊이 숙여 일 배를 했다. 그 후 천황은 황대신궁(내궁)으로 가서 같은 의식을 했다. 두 신궁 참배 순서는 지금까지의 선례를 따라 곡물을 주관하는 풍수대신이 만물의 기본을 이룬다는 생각에서 나온 것이었다. 그러나 이에 앞서 신궁의 제주(祭主: 이세 신궁 신관의 우두머리), 궁사(宮司: 신사의 최고 신관) 등은 천황의 참배 순서에 이의를 제기했는데, 천황이 당연히 황조인 아마테라스오미카미(天照大神)를 모셔놓은 황대신궁부터 먼저 참배해야 한다는 것이었다. 그러나 이의는 받아들여지지 않았다. 1869년, 처음으로 이세를 찾아간 천황이 풍수대신궁을 먼저 참배한 선례를 답습한 것이다.[822]

행렬이 가메야마(龜山)에 도착한 7월 11일, 지독하게 찌는 더위 탓에 비교적 서늘한 오전 3시 조금 지나서 기상했다. 행궁을 오전 5시 30분에 출발, 가메야마 부근에서 육군이 훈련하는 것을 관람했다. 메이지 천황은 그러한 관람을 좋아했다.

순행의 최종 단계인 오쓰와 교토 구간은 철도를 이용했다. 이 것이 가능하게 된 것은 오사카(逢坂) 산을 관통하는 일본 최초의 터널이 완성되었기 때문이었다. 교토에 돌아온 천황은 무척 기뻤을 것이다. 그러나 유감스럽게도 교토에서의 활동은 별로 기록되어 있지 않다.

교토에 도착한 다음 날인 7월 15일, 천황이 만나 본 사람들 가운데는 승려도 있었다. 천황은 1864년에 포화에 의해 불타버린 불광사(佛光寺) 재건을 위해 1백 엔을 희사했다. 16일에는 아버지 고메이 천황의 묘소인 천용사에 있는 후월륜동산릉을 찾았다. 돌아오는 길에 묘법원에 들러 고서화와 옛 기물들을 관람했다.

그날 저녁, 초혼제가 있어서 히가시(東) 산에 대(大)자 모양으로 햇불이 피워졌다. 온 거리가 절로 뒤덮인 교토에서 천황이 절에 관심을 가졌다고 해서 놀랄 일은 아니었다. 그러나 이것은 천황의 치세 초기에 있었던 신불(神佛) 분리 정책에 의한 불교 박해와 모순되는 일이었다. 이는 불교에 대한 박해가 이미 끝났음을 보여주고 있다.[823]

교토에 머물러 있는 동안 천황을 가장 감동시킨 순간은 스미코 내친왕을 찾아가는 도중에 사치노이를 보았을 때였는지 모른다. 이 우물은 1853년 가뭄 때, 나카야마 다다야스의 마당에 판 것이었다. 고메이 천황은 그곳에서 솟아오르는 깨끗한 물을 보고 기뻐하며 메이지 천황의 아명 '사치노미야(祐宮)'에서 한 자

를 따 '사치노이(祐井)'라고 이름 붙였다.[824]

스미코 내친왕이 사는 계궁(桂宮)에 도착한 천황은 내친왕에게 칠보로 된 두 개의 그릇에 담긴 과자를 선물로 주었다. 하나는 이세 야마다(山田) 제품인 곤페이토(金平糖: 겉이 오톨도톨한 사탕), 다른 하나에는 오사카 산 얼음사탕이 들어 있었다. 이 별스럽지 않은 선물이 어딘지 푸근한 인간미를 풍긴다. 내친왕은 천황을 즐겁게 해주기 위해 노가쿠 다섯 편, 교겐 네 편을 준비했다. 공연은 교토에 사는 황족들이 함께 관람했다. 옛 시절 교토의 영광이 잠시나마 부활한 듯했다. 남은 순행 일정은 별 탈 없이 지나갔다. 교토에서 고베로 나온 천황은 뱃길로 요코하마로 향했다.

도쿄에 도착한 것은 7월 23일이었다. 여독이 풀린 8월 16일, 천황은 대신과 참의를 소집해 어전회의를 열어 토지세의 납부를 돈으로 할 것인지 쌀로 할 것인지 논하게 했다. 재정 위기 타개를 위한 새로운 방법을 모색해야 할 상황에 처했던 것이다. 이미 재정 위기는 토지세를 돈으로 내게 한 데서 연유한다는 결론에 이르렀고, 그 해결법으로 토지세를 쌀로 내게 하던 구법으로 돌아가자는 제안이 나왔다.

주창자는 참의 겸 원로원 의장 오키 다카토(大木喬任)였다. 여기에 찬동하는 참의가 적지 않았다. 오키의 논지는 이랬다.

일반 물가가 급등한 원인은 애당초 쌀값 폭등에 있었다. 쌀값의 폭등은 다른 모든 물가에 영향을 주었다. 만일 토지세를 쌀로 내게 하는 옛 제도로 되돌려놓으면 정부는 쌀값을 조절할 수가 있다. 쌀값이 오르면 저장한 쌀을 방출하고 값이 떨어질 때 이를 사들여 정부가 쌀값의 균형을 맞출 수 있다.

그리고 오키는 불쾌하다는 듯이 다음과 같은 점을 지적했다.

쌀값 폭등은 농촌을 부유하게 만들고, 그 결과 농민들이 수입품을 사들여서 사치하고 경박한 풍조로 흘러 산업 전체에 악영향을 주고 있다.

구로다 기요타카도 토지세를 쌀로 납부하게 하자고 강력하게 주장하는 사람이었다. 그의 주장은 이랬다.

종래 농민은 잡곡 같은 조곡을 먹었으나 이제는 쌀을 먹게 되었다. 재정 위기는 쌀 매매가 모두 농민의 손에 맡겨져 있는 데 기인하는 것이다. 적어도 토지세 일부를 쌀로 납부하게 함으로써 이를 축적해 쌀값 조절 권한을 정부가 장악해야 한다.

이 건에 관해 참의는 완전히 의견이 둘로 갈라져 있었다.[825] 8월 10일, 태정대신과 좌대신이 입궐해서 의견 대립의 취지를 천황에게 보고했다. 두 사람은 천황의 결단이야말로 난국 타개의 유일한 방법이라고 생각했다. 그래서 16일 어전회의에서 양자의 논지를 피력하게 하고 나서 천황의 판단을 기다리기로 한 것이다.

8월 31일, 이와쿠라는 일본을 재정 위기로부터 구하기 위한 급무 10개조를 건의했다. 이와쿠라가 가장 중요하다고 인정하는 첫 번째 조항은 토지세의 4분의 1을 쌀로 내게 하는 것이었다.

이와쿠라는 농민이 쌀을 상식(常食)하는 현상을 탄식하며 다음과 같이 말했다.

이제는 영세한 농민까지도 쌀값 폭등의 덕택으로 잡곡을 싫어하고 쌀만을 먹고 있다. 이 때문에 농민을 제외한 사(士), 공(工), 상(商)과 다른 산업 종사자들은 먹을 쌀이 모자라서 수입쌀까지 찾게 되었다. 여유를 갖게 된 농민들은 사치해지고 이런 일이 면포류, 설탕, 석탄유(석유) 등의 수입 증가의 원인이 되고 있다. 농민은 나태해지고 농업은 쇠퇴의 조짐을 보이고 있다. 농민은 구습에 따라 잡곡을 섞어 먹어야 한다. 그렇게 함으로써 전국에 검약을 장려하고, 그 결과 수입쌀에 의존하는 현상은 일변하여 일본은 거꾸로 쌀 수출국으로 외화를 획득할 수 있을 것이다.

이와쿠라와 그 찬동자들의 차가운 태도는 놀라울 뿐 아니라 농업이 나라의 근본이라는 유교의 가르침(누구나 말로는 동의하고 있었다)을 은근히 배척하고 있다는 의미여서 충격적이다. 설혹 농민이 쌀을 먹는다 해도 그것은 도쿄 관리들이 낭비하는 것과는 비교도 되지 않는 낮은 수준이었다.[826] 관리들은 그들 자신에 대해서는 덮어두고서 사회 최하층민의 생활수준이 조금 올라간 것을 탄식하고 있었던 것이다. 나태하다고 질타한 농민에 대한 언급은 그야말로 마리 앙투아네트의 '농민에게는 옥수수를 먹여라'라는 말을 바꿔놓은 것 같았다. 재정 위기를 안일하게 해결하고자 한 이 제언에 관리들 모두가 승복한 것은 아니었다. 사사키 다카유키는 모든 계층이 낭비를 없애고 철저히 근검절약하는 일이야말로 필요한 조처라고 했다. 그리고 농민이 사치로 흐르고 있다면 그것은 상층 계급에 책임이 있다고 비난했다.

사치하고 경박한 상류 사회 풍속을 보고 들어 그것을 문명이나 자유로 오해해서 천하가 이를 본받기에 이른 것이다.

최종적으로 메이지 천황이 토지세 미납론(米納論)을 주장하는 참의들의 건의를 물리치기로 결단한 것은 아마도 유교적 성향이 강한 사사키, 모토다 나가자네의 영향이 컸을 것이다.[827] 그리고 9월 15일, 토지세 미납에 관해서 의견을 물었을 것으로 여겨지는 이토 히로부미의 조언에서도 얻은 바가 있었을 것이다. 이토는 이와쿠라가 제창하는 미납론을 논박하기 위해서는 천황의 지지를 얻는 수밖에 없다는 점을 깨닫고 있었던 것 같다.

9월 18일, 천황은 대신 등을 불러 다음과 같은 내칙을 내렸다. 재정 위기를 극복하기 위한 참의의 노력이 많았다고 하면서도, 토지세 미납론을 '매우 불온하다'고 확실하게 물리쳐버렸다.

유일한 위기 타개 방법은 지금까지 짐이 되풀이해서 말한 것처럼 경비 절감을 실행하는 데 있다. 대신 등은 짐의 뜻을 이해해서 짐이 바라는 바를 바로 시행하라.[828]

이미 내칙 이전에 천황은 모토다를 통해 사사키 등에게 비공식적으로 토지세 미납론에 반대한다는 뜻을 표명하고 있었다.

토지세를 옛날 제도로 되돌려놓아 쌀로 내게 한다면 분명 농민들의 불만을 사 전국 각지에서 농민 봉기를 부르게 된다. 특히 올해(1880년) 5월, 토지세는 1885년까지 토지세 개정 당시에 정한 땅값을 기준으로 징수하기로 포고해 놓은 상태다. 만일 이를 파기하고 옛 제도로 되돌려놓으면 민중의 신의를 잃게 되고 만다. 이것이 토지세 미납론을 불가하다고 하는 가장 큰 이유다.

메이지 천황이 직면하게 된 세 번째 문제는 의회 개설과 헌법 제정에 관한 것이었다. 치세 초기 선서한 5개조 어서문 제1조에 '널리 회의를 활성화해서 제반 문제를 공론에 부쳐 결정한다'라고 해놓았던 것이다. 어서문이 1868년에 포고될 때의 경위야 어찌되었든,[829] 이미 이 시기에 그것은 천황이 의회의 개설과 헌법의 틀 안에서 이를 운영하기를 약속한 성지(聖旨)로서의 성격을 띠고 있었다.

헌법 편찬 문제가 정부의 논의의 도마 위에 오른 것은 이때가 처음이 아니었다. 이미 1872년 4월, 좌원(左院) 의제과장(儀制課長) 소의관(少議官) 미야지마 세이이치로(宮島誠一郎)는 국헌을 세워서 군권(君權)을 확정해야 한다며 다음과 같이 건의했다.

근자에는 무지한 국민들까지도 외국의 국체(國體)를 알게 되어 자주, 자유라는 이름 아래 함부로 자기의 권리를 과장하기에 이르렀다. 개중에는 공화 정치를 외치는 자까지 나오는 형편이다. 현재의 상황으로는 이런 자들을 어떻게 처리해야 할 것인지 알수가 없다. 그러나 일단 군권이 헌법에 명확하게 규정되고 그에 의거해서 민법이 정해진다면 이를 침해하는 자는 형법에 의해 벌할 수가 있다. 다만 군주 독재의 구제(舊制)에 의한 헌법을 세우는 데는 찬성할 수 없다. 그렇게 되면 백성을 억압하고 개화를 방해할 염려가 있다. 이상적인 해결은 군민동치(君民同治)의 제도를 채용하는 데에 있다. 그러나 아직 일반 민중의 교육 수준은 낮고 적절한 대표를 가려낼 지혜를 갖지 못하고 있다. 그러므로 군주 독재에 군민동치의 제도를 참작하여 적당한 헌법을 정하는 일이 매우 긴요하다.

건의안은 정원[830]에 제출되어 헌법 편찬 준비가 시작되었다. 1872년 5월, 좌원 의장 고토 쇼지로(後藤象二郎), 부의장 이지치 마사하루(伊地知正治)는 5개조 어서문의 취지에 따라 연명으로 하의원 개원을 건의했다. 다음은 건의서의 내용이다.

화족과 사족을 대표하는 상원, 그리고 일반 민중을 대표하는 하원의 상하동치 제도가 세워지지 않으면 예산과 법률의 기본을 확정할 수 없다. 구미 여러 나라의 제도를 본받아 하의원을 마련해서 공론을 수렴하는 자리로 삼아야 한다.

천황은 좌원에 규칙 조사를 명했다. 좌원은 이듬해인 1873년부터 실시해야 한다는 결론을 냈다. 1874년, 천황은 좌원에 헌법 편찬을 명했다. 이에 앞서, 좌원 부의장 이지치 마사하루는 정원에 '헌법은 국가의 기초이며 나라를 다스리는 요령이다. 원래 5개조 어서문은 만세의 국헌이다. 그러나 국가의 기본법인 헌법 역시 필수적이다'라고 건의했다. 헌법 제정을 바란다는 일반적인 합의에도 불구하고 편찬은 지지부진이었다. 1876년 9월, 천황은 원로원에 칙어를 내렸다.

짐은 이제 일본 건국의 국체에 합당하게 해외 각국의 성법(成法)을 참작해서 국헌을 정하고자 한다. 그대들은 그 초안을 작성해서 올리라. 짐이 그중에서 고를 것이다.[831]

천황은 곧바로 원로원 의장 다루히토 친왕에게 헌법 초안 작성을 명했다. 친왕은 즉시 국헌 취조위원을 임명하여 그해 10월, 첫 초고가 만들어졌다. 그 후 초안의 완성까지는 상당한 시간이 걸렸다. 그러나 논의가 거듭되었음은 분명했다. 1879년 일본에 온 그랜트 장군은 메이지 천황과의 대화 중에서 '이 나라의 신문과 민중의 일부가 열심히 외치고 있는 현안은 민선 의원의 토대가 될 것'이라면서 자신의 견해를 밝혔다.

의회 개설에 알맞은 시기가 도래했는지는 알 수 없다. 그러나 시기를 보아 의회를 개설하는 것은 어느 나라에서나 필수적인 일이다. (중략) 조만간 이 나라에도 의회가 개설되어야 한다. 민중은 장차 이러한 일이 있다는 것을 알고 그 책임에 걸맞게 스스로를 교육해 나가지 않으면 안 된다. 그러나 명심해야 할 것은 이러한 특권은 후에 가서 취소할 수 없다는 것이다. 일단 민중에게 참정권과 선거권을 주게 되면 그것은 영구적이 된다. 따라서 의회 개설은 아무리 신중해도 지나친 것이 아니다. 성급하게 일을 벌이는 것은 아주 위험하다. 너무 일찍 의회를 개설한 결과 오히려 국란을 초래하게 된다면 폐하의 뜻에 반하는 것이 된다.[832]

민주주의의 전통을 자랑하는 미국의 전 대통령이 말한 이들 견해에 대해 보수파 정치가들은 민감하게 반응했다. 1879년

12월, 육군 중장 겸 참의 야마가타 아리토모는 입헌 정체에 관한 의견을 올렸다. 국민이 정부를 받들지 않고 정령을 감수하지 않으며, 툭하면 의혹을 품고 반항하며 이반하는 상황에 처하게 되는[833] 이유를 몇 가지 든 후, 야마가타는 민심을 정부로 향하게 하는 유일한 방법은 국헌을 확립하는 것이라고 천명했다.

3년 전인 1876년, 천황은 원로원에 헌법의 기초를 명했다. 물론 이는 하루아침에 이뤄지는 것은 아니다. 그러나 본격적으로 매달리면 몇 년 안에 완성할 수 있을 것이었다. 헌법은 행정, 의정(입법), 사법 3권의 분립을 명확히 규정해야 한다. 부현회(府縣會) 의원 중 견식과 덕망이 있는 자들을 선발해서 하나의 의회를 열어 먼저 국헌의 조건을 논하게 하고, 아울러 입법 등 여러 사항을 다루게 해서 몇 년간의 경험을 시험해 보아 과연 입법의 대권을 맡기기에 합당하다면 이를 민회(民會)로 하면 된다.[834]

야마가타 같은 보수파 군인 정치가가 입헌 정체를 강력하게 지지했다는 것은 주목할 만한 일이다. 1880년 8월, 또 한 명의 보수파인 이와쿠라 도모미는 국헌 심사를 위한 국(局)을 설치하자고 상주했다. 이 건의는 너무 늦은 감이 없지 않다. 그러나 이와쿠라는 분명히 천황의 5개조 어서문을 실행에 옮길 때가 왔다고 마음을 굳히고 있었다. 이와쿠라는 5개조 어서문에 대해 다음과 같이 말했다.

폐하가 등극하실 때 이미 세상의 형세를 살피시고 비상한 개혁을 하겠다고 다섯 개 조항을 선서하셨는데 이로써 황기를 크게

떨치시고 유신의 큰 업적을 이루셨다. 모든 일이 어서문에 의거하지 않은 것이 없다.[835]

계속해서 이와쿠라는 헌법의 편찬을 건의하고 '널리 유럽 각국의 성법을 참작해서 그 포고식에 이르기까지 자세하게 조사한다면 흠 없이 완벽한 헌법을 만들 수 있다'[836]고 주장했다.

이와쿠라가 건의를 하면서 신중해진 까닭은 그의 의도가 실제로는 실행을 늦추는 데 있었음을 보여주는 것인지도 모른다. 그러나 그보다 진보적인 이토 히로부미도 마찬가지로 신중한 자세를 취했다. 유럽 역사에 통달한 이토는 일본에도 헌법이 있어야 한다고 권하는 이와쿠라보다 신중할 만한 충분한 이유가 있었다.

1백 년 전에 일어난 프랑스 혁명의 영향은 서서히 유럽 각국에 침투해 갔다. 그 결과 과거를 거부하고 새로운 방법을 고집하는 바람에 때로는 혼란을 초래하기도 하고, 이를 아직 수습하지 못하고 있는 나라도 있다. 그런가 하면 재빨리 혁명의 기선을 제압해서 나라를 잘 다스린 현명한 군주도 있다. 그러나 프랑스 혁명이 어떠한 형태로 영향력을 미쳤건 간에 군주와 백성이 정치의 권리를 공유한다는 귀결로부터 벗어난 나라는 없다. 유럽의 문물은 홍수처럼 일본에 밀려 들어왔고 정체에 관한 새로운 설이 이미 구석구석까지 만연해서 더 이상 방치할 수도 없다.

이토는 화족과 사족으로 이뤄진 상원과 일반 민중으로 이뤄진 하원의 양원제 의회를 장차 구성하자고 건의했다. 이토는 군민공치(君民共治)가 매우 바람직하다고 생각했다. 그러나 국체의 변경과 관계되는 일인 만큼 성급하게 변화를 주어서는 안 된다고 주장했다. 특히 천황에게는 각의의 모든 논의에 적극적으로 참가해 달라고 했다.

다루히토가 1876년에 작업하기 시작한 헌법 초안이 정식으로 의장인 오키 다카토에게 제출된 것은 1880년 12월 들어서였다. 다루히토는 해외 각국의 헌법에 대해 장기간 더 연구해야 한다고 믿었다.[837] 다루히토의 헌법 초안에는 절박함이 보이지 않았다. 이와쿠라나 이토 등과 마찬가지로 다루히토도 민주주의로의 점진적인 접근이 성급한 행동보다 낫다고 판단한 모양이었다. 그러나 많은 민중은 그렇게 생각하지 않았다.

1879년 11월 오사카에서 열린 애국사(愛國社) 제3회 회의는 국회 개설 청원을 결의했다. 그 실시 방안을 다음 봄 대회 때 결정하기 위해 전국에 취지를 알렸다. 이듬해인 1880년 3월, 2부 22현 대표가 오사카에서 회의를 열고 '국회기성(國會期成) 동맹'이라는 명칭을 채택했다. 동맹은 국회 개설을 천황에게 청원하려 했다. 하지만 태정관과 원로원에 의해 묵살되었다.

그 시도가 효과가 없었던 것은 아니다. 당초 점진론을 내세우고 있던 이와쿠라는 돌연, 헌법 성립을 서두를 필요가 있다고 말하기 시작했다. 청원이 쏟아지자 이와쿠라는 이러다가 자칫 황실의 안위에 관계되는 사태로 발전하는 것이 아닐까 우려했다.[838]

1880년 12월, 동맹은 정당인 '자유당' 결성의 맹약을 결의했다.[839] 앞으로 10년간에 걸쳐 펼쳐지는 국회 개설을 향한 각 당의 전단은 이렇게 해서 신호탄이 올랐다.

제34장 카라카우아 왕 일행

1881년은 메이지 천황의 치세 중에서 가장 파란만장한 해 중 하나였다. 새해의 시작은 천황의 사방배(四方拜)로 조용히 막을 열었다. 그러나 일찌감치 새해의 조배(朝拜) 의식에도 변화가 나타났다. 천황과 황후는 친왕 및 정부 고관뿐 아니라 각 부인들로부터도 배하(拜賀)를 받았다. 잠시 후 각국 공사들 역시 부인을 대동하고 천황을 배알했다. 조배 의식에서 부인 동반은 이것이 처음이었다.

구습이 왜 고쳐졌는지에 대한 설명은 없다. 아마 일본인 외교관이 유럽 궁중의 풍습을 전한 것이 반영된 것으로 여겨진다. 신년 의식에서 나타난 이러한 변화는 당장 새로운 난제를 안겨주었다. 첫 번째 문제는 이 중요한 행사에 남편과 동석할 때 아내가 무엇을 입어야 되는가였다. 이것은 결국 게이코(袿袴: 겹으로 된 윗도리, 홑옷, 주름 잡힌 하의에 쥘부채를 든 예복)로 정해졌다. 하지만 각국 공사 부인에 한해 양복 착용이 허용되었다. 다음, 내외가 함께 옥좌로 나아갈 때 아내는 남편의 전후좌우 어디에 있어야 하는가. 일본의 일반적인 관습을 따라 남편의 뒤를 따를 것인가. 이에 대해서는 보통 왼쪽이 오른쪽보다 상석으로 되어 있지만 남자가 오른쪽, 여자가 그 왼쪽에 나란히 서서 함께 나아가기로 했다. 이런 문제가 그리 간단하게 결정된 것은 아니었다. 의전 담당 관리는 새로운 전통을 만들고 있었다. 이들의 결정이 앞으로 궁중의 의례를 좌우하게 되었다. 이 시기, 천황에게 가장 가까운 위치에 있던 인물 중 한 사람인 사사키 다카유키는 이 새로운 변화에 대해 다음과 같이 말하고 있다.

올해 부부 동반으로 하는 참하(參賀)는 처음 있는 일로서, 불참한 부인들이 많았다. 외국인은 이러한 행사에 참여하는 것을 명예로운 일로 여기지만 우리의 정서는 다르다. 부인네들은 이런 일을 좋아하지도 않고 또 익숙하지 않아 망설이게 된다. 외국에서는 정부인이라 하더라도 출신이 천한 경우에는 상류 사회에 함께 어울리지 못한다. 이러한 여성은 일반 사람들이 천하게 보기 때문에 공식 모임에는 결코 모습을 나타내지 않는 것이 관습으로 되어 있다. 이는 바람직한 일이라 본다. 일본에서도 유신 이전까지는 이런 풍습이 살아 있었다. 그러나 유신을 거치면서 신분이 낮은 여자들이 요로 인물들의 정부인으로 들어앉는 일이 많아졌기 때문에 그 폐악이 오늘날까지 이르고 있다. 이러한 자들의 참하는 적절하지 않다는 말이 나오는 것도 당연하다. 이제는 제 모습을 찾아 좋은 풍습으로 되돌아가야만 한다.[840]

아마도 천황은 이 새 의례 방식을 승인했던 모양이다. 그러나 다른 건에 대해서는 반대했다. 예를 들면 외무경 이노우에 가오루가 각국 공사 부부는 빈객이므로 일본인보다 먼저 조배의 예를 하는 것이 좋다고 주청했다. 그러나 천황은 이를 부정하며 이렇게 말했다.

새해 인사는 본래 설날 아침에 군신의 예를 바로 하기 위함이다. 따라서 외국 손님보다는 먼저 짐의 신료(臣僚)를 우선하지 않으면 안 된다. 이것은 평시의 교제와는 전혀 별개의 문제다.

1월 3일, 천황은 승마를 즐겼다. 전년의 승마 횟수는 144회였다. 그러나 그해는 54회에 그쳤다. 이는 천황이 국사를 관장해야 할 시간이 늘어났다는 것을 의미한다. 1881년, 천황은 각의에 66회 참석했다. 보통의 경우 오전 10시부터 정오까지였다. 1월 10일, 예년보다 3일 늦게 진강이 시작되었다.[841] 모토다 나가자네가 천황 부부에게 『서경』 중에서 「순전(舜典)」편을 진강했다. 그해 진강한 사람은 소에지마 다네오미와 니시무라 시게키(西村茂樹)였다. 그러나 국사가 너무 바빠서인지 아니면 천황이 유교에 흥미를 잃어서인지, 1881년의 진강은 모두 17회로 끝났다.[842]

1월 5일, 각국 공사들이 처음으로 궁중 신년 연회에 초청받았다. 이것은 스스로 외국 관습에 적응하려 하는 궁중의 의욕을 보여주는 하나의 예였다. 이때 식기가 주석 그릇에서 은그릇으로 바뀌었다. 근검 방침에는 변함이 없었지만 외국 손님에게 경의를 표한 것이었으리라.

연초부터 천황은 매주 수요일과 금요일 이틀 동안(그리고 매월 상순, 하순의 토요일) 친왕, 대신, 참의, 고등관과 정례 오찬회를 가졌다. 이는 행정에 대한 천황의 관심이 높아지고 있음을 보여준다. 오찬 때, 지금까지는 과묵한 방관자에 지나지 않던 천황이 때때로 개인적 의견을 표명하는 일도 있었다. 1월 29일, 천황은 정례 토요 오찬회가 끝난 후, 특히 사사키 다카유키를 불러 신형법에 관해 물었다. 현행법보다 관대한 신형법은 7월 1일에 시행하기로 되어 있었다. 천황은 신형법을 시행하게 될 때 이미 사형 선고를 받은 죄수 중 7월 1일까지 처형되지 않은 죄수의 경우 사형을 면하게 되는 것이냐고 물었다.

이미 사법경 다나카 후지마로는 현행법에 의해 사죄(死罪)에 해당하는 자들에게는 사형을 선고하고, 그 사형 집행은 특명으로 7월까지 연기하라고 내주(內奏)해 놓고 있었다. 바꿔 말하면 이는 사형 집행을 면할 수 있음을 의미한다. 그러나 천황의 생각은 달랐다.

사형 집행의 연기가 맞는다고 한다면, 그것은(작년 7월의) 신형법 공포 때 나올 얘기였다. 이제 와서 갑자기 특명이라고 하면서 연기를 공포하는 것은 매우 불합리하다. 이는 현행법에 따라 단호히 처형하거나 아니면 사형 선고의 재가를 대신에게 올려서 대신이 이를 7월까지 보류했다가 다시 신형법에 의해 이를 결정하는, 둘 중에 하나를 택해야 한다. 이런 일이 생긴 것은 신형법 공포의 시기가 너무 일렀기 때문이다. 서구 열강과의 조약 개정에 대비해 가혹한 형벌을 줄임으로써 외국에 좋은 인상을 주기 위한 부득이한 조처였다고는 하지만 경솔했다는 비방을 면할 수가 없다.[843]

천황을 번민하게 만든 문제는 그리 중대한 일은 아니었다. 그러나 법률 문제에 대한 적극적인 관심은 천황의 새로운 성숙한 면모를 보여주는 것이었다. 사사키가 원로원 개혁의 필요성에 대해 굳이 천황의 의견을 물은 것도 주목할 만한 일이다. 당시 원로원은 각 파벌 사이의 의견이 대립하여 기능이 마비되어 있었다. 천황은 사사키의 질문에 아주 솔직하게 말했을 뿐 아니라 그 태도는 자신에 차 있었다. 각의에서는 과묵한 자세를 취했지만 천황은 국정의 여러 문제와 그에 관여하는 정치가에 관해 명확한 의견을 가지고 있었다.

천황이 정치에 열중해 있었다고 해서 기분전환을 하지 않았던 것은 아니었다. 1881년 2월, 천황은 갑자기 토끼 사냥에 열중하기 시작했다. 이전부터 천황은 도쿄의 혹서와 혹한으로부터 벗어나 휴양하는 일을 싫어했다. 측근이 휴양을 권하면 "짐은 백성과 똑같이 살고 싶다"고 대답했다. 일본인 다수가 혹한과 혹서에도 불구하고 부지런히 일하며 살고 있는 것을 알면서 혼자서 한가하게 쉴 기분이 들지 않았던 모양이다.

이런 한가로운 생활을 싫어했지만 유일한 예외가 다마(多摩) 지방에서의 두 번에 걸친 토끼 사냥이었다. 당시 다마는 공터였다. 지금까지 토끼 사냥을 해온 아카사카 어원 등에 비하면 토끼가 많았다. 천황은 어두워질 때까지 사냥에 열중했다. 조명이 거의 없는 다마의 길은 귀로가 어려울 것으로 예상되었다. 명령에 의해 마을의 가가호호마다 횃불에 불을 붙여 길을 밝혔다. 어느 날 밤, 부중(府中)의 행궁으로 돌아가는 길에 천황은 횃불 대신에 빗자루에 불을 붙여 세워놓은 집이 있는 것을 보았다. 행궁으로 도착한 후, 천황은 그 집을 찾아보라고 명했다. 그곳은 혼자 사는 노파의 집이었다. 너무 가난해서 횃불이 없어 빗자루에

불을 붙였던 것이다. 천황은 그 뜻을 가상히 여기고 노파를 불러 칭찬하고 상을 내렸다.[844]

2월 23일, 천황은 미국 공사 존 빙엄에게서 하와이 왕국의 카라카우아 왕이 세계 유람길에 잠시 일본에 들를 예정이라는 소식을 들었다. 개인적인 조용한 여행이었다. 그러나 국무도 없지는 않았다. 카라카우아 왕은 일본인의 하와이 이주를 장려하기 위해 일본 정부와의 조약 체결을 바랐다. 그래서 왕은 국빈 대우를 받게 되었다. 요시아키(嘉彰) 친왕과 관리 두 명이 이 일을 담당했다.

카라카우아 왕은 3월 4일, 요코하마에 도착했다. 요코하마 항에 정박 중인 내외 군함이 스물한 발의 환영 예포를 쏘았다. 왕일행을 맞이할 보트가 함선 오세아닉 호로 향했다. 일행을 태운 보트가 선창가에 도착했을 때였다. 일본 군악대가 하와이 국가를 연주해 일행을 놀라게 했다. 이 멀리 떨어져 있는 작은 나라 일본에서 자신들의 국가를 알고 있으리라고는 상상하지도 못했던 것이다.[845] 숙소로 정해진 별궁으로 향하는 요코하마의 연도에 일본과 하와이 국기를 교차시켜서 장식해 놓았다. 일행은 그 따뜻한 환영에 그저 깜짝 놀랄 따름이었다.

이튿날, 카라카우아 왕은 황실 열차로 도쿄로 향했다. 신바시(新橋) 정거장에서 마중을 받은 후, 그 길로 아카사카 임시 궁중으로 향했다. 외국 군주의 방문을 받을 때 유럽 궁중의 의례에 따라 천황은 궁중의 현관격인 방에서 왕을 맞이했다. 천황은 훈장으로 장식한 정장을 차려입어 눈이 부실 정도였다. 두 군주는 악수를 교환했다. 하와이인 일행은 천황이 보통은 악수를 하지 않는다는 것을 알고 있었다. 그들은 이를 특별한 영예로 받아들였다. 두 군주는 공식 인사를 교환한 후 나란히 안으로 들어갔다. 국왕의 수행원으로서 세계 유람 수행기의 필자이기도 한 W. N. 암스트롱은 다음과 같이 썼다.

천황은 신의 자손이기 때문에 어느 누구와도 옆으로 나란히 걷는 일이 허용되지 않았다. 황후까지도 천황의 뒤에서 걸었다. 그런데 천황의 치세, 아니 역대 천황의 치세에서 처음으로 천황이 그의 손님인 왕과 어깨를 나란히 하고 걸었다.[846]

황후는 황궁 거실에서 이 왕족 방문자를 기다리고 있었다. 메이지 천황은 카라카우아 왕을 황후에게 소개했다. 황후는 일어서지 않았다. 다만 왕의 인사에 머리와 눈을 조금 움직이는 것으로 응했다.

영국에서 몇 년 유학했던 이노우에 가오루의 딸 스에코(末子)가 황후의 말을 통역했다. 암스트롱은 스에코의 영어가 완벽했다고 적고 있다. 다과가 놓여 있었으나 하와이인 일행은 천황 앞에서는 먹으면 안 된다는 사실을 들어 알고 있었다.

천황은 당시의 일본인으로서는 키가 큰 편이었다. 그러나 카라카우아 왕은 한참 올려다보아야 할 만큼 거한이었다. 카라카우아 왕은 하와이인치고는 특이하게 피부가 검었다. 그래서 원래 검은 피부를 가진 천황이 오히려 희게 보일 정도였다. 지금까지 외국인 방문자가 메이지 천황의 얼굴을 묘사할 때면 으레 잘생긴 턱 이야기를 했으나, 이제는 턱수염에 가려져 있었다. 대신에 암스트롱이 눈여겨본 것은 유달리 튀어나온 천황의 이마와 쏘아보는 듯한 눈빛이었다.

'그 눈빛은 천황이 대신들이 하자는 대로 움직이지 않을 인물이라고 말하는 것 같았다'고 암스트롱은 썼다.

두 군주는 약 20분가량 대화를 나누었다. 카라카우아 왕은 융숭한 환영에 압도당한 듯 금세 일어섰다. 천황은 거실 문까지 왕을 배웅했다. 왕 일행은 외국 귀빈의 숙박 장소인 하마 별궁의 연료관(延遼館)으로 향했다. 나중에 1시간 이내에 답례를 해야 한다는 유럽식 의례에 따라 천황이 연료관을 찾았다. 하와이 손님들은 무거운 정장을 벗고 지친 심신의 여독을 풀고 있었다.

당초 카라카우아 왕의 일본 체재 기간은 예정대로라면 3일이었다. 그러나 외무경 이노우에 가오루는 외국 군주의 첫 방문을 어떤 식으로든 기념해야겠다고 생각했다. 그래서 이노우에는 천황이 신체제가 수립된 이래 가장 성대할 궁중 대무도회, 제국 군대의 관병식, 특별 관극 등[847] 다채롭게 짜인 행사를 계획하고 있다고 전했다. 왕은 천황의 호의에 깊은 감사를 표하고 출발일을 연기했다.

왕은 또 수행원 중 법률 전문가 암스트롱을 통해 이노우에게 일본과 하와이 양국 간의 조약에 있는 치외법권 조항을 파기하는 데 즉시 동의하겠다는 말을 전했다. 이노우에는 뛸 듯이 기뻐하며 그것은 '폐하와 일본 국민들에게 한없는 기쁨'이라고 말했다.

하와이는 아주 작은 나라에 지나지 않았다. 그러나 치외법권이라는 벽에 생긴 이 조그마한 균열은 일본인으로서는 크게 환영할 만한 일이었다. 이 조처가 알려졌을 때 미국 공사는 찬성의 뜻을 표했다. 그러나 조약 파기 협정서는 유럽 제국의 강한 항의 때문에 이행되지는 못했다. 이 굴욕적인 조항이 모든 조약으로부터 제거되기까지는 18년의 세월이 더 필요했다.

3월 11일, 카라카우아 왕의 요청으로 천황과의 사적인 회담이 있었다. 다과가 나오고 통역을 담당한 이노우에 가오루 이외의 신하는 모두 물러갔다. 카라카우아 왕은 이듬해 자신의 대관식이 있음을 천황에게 알리고 일본에서도 사절을 파견해 참석해 달라고 했다. 천황은 쾌히 승낙했다.

이어서 카라카우아 왕은 밀담으로 들어갔다.

이번 여행의 주목적은 내가 오랜 동안 마음속에 감추고 있었던 것, 즉 아시아 제국과의 연맹을 추진하는 데 있다. 유럽 제국은 오로지 이기주의만을 내세우고 있다. 다른 나라에 어떤 위해를 끼치건, 그리고 다른 나라 사람에게 어떠한 곤란을 초래할지 전혀 신경을 쓰지 않는다. 이 나라들은 동양 제국에 대한 정략에서 서로 힘을 합쳐 협동해 가며 대처하는 경향이 있다. 반면 동양 여러 나라들은 고립되어서 서로 도우려 하지 않는다. 유럽 제국에 대처하고 싶어도 아무런 정략이 없다. 오늘날, 동양 여러 나라의 권익을 유럽 제국들이 장악하고 있는 것은 주로 이 때문이다. 현재 가장 급선무는 동양 여러 나라가 연맹을 결성해서 동양의 대세를 유지하는 일이다. 이렇게 해서 유럽 제국과 대처해 나가지 않으면 안 된다. 지금이야말로 적기라고 본다.

메이지 천황은 다음과 같이 대답했다.

유럽과 아시아의 대세는 사실 왕이 말한 대로다. 동양 제국의 연맹에 관해서도 완전히 동감한다. 그러나 그 시기가 지금이라고 어떻게 확신하는가.

카라카우아 왕이 답변했다.

　동양 제국은 지금까지 유럽 각국의 억압에 의해 괴롭힘을 당했고 이제야말로 떨쳐 일어나야 할 때라는 자각에 이르렀다. 이는 바로 대책을 실행에 옮길 때가 왔다는 뜻이다.

천황은 다시 그 대책을 자세히 알고 싶다고 했다. 카라카우아 왕이 말했다.

　이번 여행을 통해서 나는 청나라, 태국, 인도, 페르시아 등의 군주와 만나서 연맹의 이해득실에 대한 의견을 교환할 생각이다. 그러나 우리 하와이 왕국은 작은 군도에 지나지 않고 인구도 보잘것없다. 큰 대책을 강구할 힘도 모자란다. 반면 귀국은 내가 이미 들은 바대로 진보는 실로 눈부시고 인구도 많고 그 기질도 용감하다.

　아시아 제국의 연맹을 실현하기 위해서는 폐하가 스스로 맹주가 되어야 한다. 나는 폐하의 손발이 되어 대의를 위해 온 힘을 바칠 작정이다. 만일 폐하가 맹주가 되어 그 목적을 수행하려 한다면 우선 유럽 제국에 치외법권을 철폐시키지 않으면 안 된다. 마침 1883년, 뉴욕에서 박람회가 개최된다. 폐하는 이를 기회로 미국에 건너가야 한다. 동시에 밀사로 황실 인사들을 유럽 제국에 파견하고 각국 군주를 설득해서 박람회 때 뉴욕에서 회합해야 한다.

그곳에 온 군주들에게 폐하가 직접 치외법권 철폐의 필요성을 역설하면 반드시 효과가 있을 것이다. 귀국 후에 폐하는 일본에서 박람회를 열어 아시아 제국과 유럽 제국의 군주를 초청하는 것이다. 치외법권의 철폐와 동양 제국 연맹의 실현은 오로지 폐하의 맹주로서의 활약에 달려 있다.

천황은 다음과 같이 대답했다.

왕의 뜻은 이해했다. 그러나 청나라의 경우 대국인 데다 오만한 기풍이 있다. 초청한다 해도 응하지 않을 것이다.

카라카우아 왕이 다시 말했다.

물론 아시아 제국의 군주가 모두 어깨를 나란히 하고 그 대회에 오리라는 것은 기대할 수 없다. 그러나 태국 왕, 페르시아 왕, 인도 여러 왕후(王侯) 등의 방문은 거의 확실하다. 이 정도만 모여도 연맹의 발단을 형성하기에는 충분하다. 단 이런 종류의 모의가 성사되기 위해서는 한두 번의 회합으로는 불충분하다. 유럽 제국의 군주를 귀국의 박람회에 초청하는 것은 어디까지나 그들의 의심을 피하기 위한 것이다. 이런 큰일을 의논할 상대를 아시아 제국의 군주로 국한해야 함은 두말할 나위도 없다. 만일 폐하가 다행히 나의 말을 이해해 주신다면 부디 반지를 주셨으면 한다.[848]

천황은 잠시 생각한 후 대답했다.

왕의 말은 잘 들었다. 그러나 일본의 진보는 겉보기와는 또 다르다. 갖가지 문제가 산재해 있는 데다 특히 청나라와는 갈등이 많다. 청나라는 일본이 침략을 기도한다고 여기고 있다. 청나라와의 평화적 관계를 유지하는 일만 해도 아주 어려운 일이다. 이런 상황에서 다시 왕의 말씀을 수락한다는 것은 더욱 어려운 일에 속한다. 내각과 의논해서 숙고한 다음 답변을 드리고 싶다.[849]

카라카우아 왕은 천황의 말을 이해했다. 1시간 20분에 걸친 회담이 끝났다. 물러가면서 왕은 자신의 사진 한 장과 하와이 왕국의 정체(政體)를 기록한 서적을 천황에게 선물했다. 그리고 하와이 국 황후의 사진을 황후에게 주었다. 천황은 팔경간(八景間)에서 왕을 배웅했다.[850]

이날 카라카우아 왕이 천황에게 이야기한 것은 이뿐이 아니었다. 왕은 일본과 하와이를 잇는 해저 전선을 부설하고 양국의 국권을 확장할 필요성에 대해 설명했다. 그리고 마지막에 질녀인 카이우라니(당시 다섯 살)와 야마시나노미야 사다마로(山階宮定麿) 친왕과의 혼담을 성사시키고자 했다.[851]

왕은 해군사관학교에 재학 중인 열세 살 된 사다마로가 마음에 쏙 들어 자신의 조카사위로 어울리는 인물이라고 판단한 모양이었다. 자식이 없는 카라카우아 왕은 이미 카이우라니를 왕위 계승자로 내정해 놓았다. 이 말은, 만일 왕의 제안이 받아들여진다면 미래의 하와이 여왕의 남편은 일본인이 될 터였다.

카라카우아 왕은 아마도 이 혼담이 하와이를 미국의 합병으로부터 지켜줄지도 모른다고 생각했던 것 같다. 반대로 일본 정부는 이 혼담이 자칫 미국뿐 아니라 유럽 열강의 반감을 살까 우려

했는지도 모른다. 카라카우아 왕의 두 가지 요청에 대해 즉시 답변할 수는 없었다. 결국 1882년 2월, 이노우에 가오루가 서한으로 카라카우아 왕의 요청을 거절했다.[852]

카라카우아 왕은 일본에서 받은 환영에 매우 만족했다. 그것은 자신의 기대를 훨씬 넘은 것이었다. 왕은 기독교도였으나 절을 보고 큰 감명을 받았다. 하와이에 세워진 엄숙한 뉴잉글랜드풍의 교회보다 마음에 들었던 모양이다. 왕은 암스트롱에게 하와이의 불교 도입 가능성을 검토해 보라고 했다.[853] 카라카우아 왕이 오직 하나 실망한 것이 있다면 그것은 대무도회가 취소된 일이었다. 러시아 황제가 암살되어 황족은 상을 치르지 않을 수 없었던 것이다.

가차 없이 자신의 주인을 우스꽝스러운 인물로 묘사하고 있는 암스트롱의 수행기에 의하면, 카라카우아 왕은 현명하지도 않고 사려 깊은 인간도 아니며 주의력도 산만한 인물이었다. 만일 그 말이 사실이라면 카라카우아 왕의 아시아 제국 연맹 제안은 그야말로 의외였다고 말하지 않을 수 없다. 카라카우아 왕은 하와이의 어느 누가 생각하고 있던 것 이상으로 뛰어난 정치적 통찰력을 갖고 있었다는 이야기가 되기 때문이다. 그러나 이 기획은 왕이 천황에게 제의한 다른 모든 것과 마찬가지로 결국에는 거절당했다.[854]

메이지 천황은 설혹 아시아 제국 연맹이라는 것이 결성된다 하더라도 청나라가 일본의 천황을 맹주로 앉히는 데 동의할 리가 없다고 보았다. 그리고 태국, 인도, 페르시아가 공통의 아시아 유산을 공유하고 있다고 말할 수는 있지만 그 언어나 관습은 서로 아무런 관련도 없었다. 서구 열강의 침략에 대한 분개 이외에

는 그들을 결속시킬 만한 다른 무엇을 발견하기가 힘들었다.[855]

3월 14일, 도쿄를 떠나기에 앞서 카라카우아 왕이 천황을 방문했다. 천황은 카라카우아 왕에게 최고 훈장인 대훈위 국화대수장을 수여했다. 천황은 늘 하듯이 칠보 화병 한 쌍, 비단 두루마리 두 개, 칠기 상자, 탁자 덮개 두 장 등을 선물했다. 황후는 흰색 비단 두 필을 하와이국 황후를 위해 선물했다.

카라카우아 왕의 방일은 확실히 그랜트 장군의 방문만큼 중요하지는 않았다. 카라카우아 왕의 아시아 제국 연맹 제안에서 나온 것은 결국 아무것도 없었다. 그리고 천황과의 회담에서 그가 제안한 다른 계획도 결국 잊혀지고 말았다. 그러나 메이지 천황이 정치적 지도자로 성장하는 데 있어서 이 만남은 아주 중요했다. 천황의 발언은 그랜트와의 회담에서는 짧고 애매한 말로 지적하는 것에 그쳤다. 그러나 카라카우아 왕에게 대답할 때는 자신감이 넘쳤고 동아시아 전체의 상황을 잘 파악하고 있다는 게 은연중에 드러났다. 어쩌면 그것은 육군 병력 75명의 작은 섬의 군주에 대한 우월감에서 우러난 행동이었을 것이다. 그러나 천황이 카라카우아 왕을 대접한 태도는 더할 나위 없이 정중했다. 확실한 의견을 말할 수 없었던 10년 전의 모습과는 대조적으로, 바야흐로 메이지 천황은 그를 방문하는 자들에게 깊은 감명을 주는 당당한 인물로 성장해 있었다.

1881년 후반, 메이지 천황은 두 명의 황족 방문자를 맞이했다. 10월 21일, 영국 군함 바칸테 호로 요코하마에 도착한 영국 왕세자(후의 영국 국왕 에드워드 7세)의 아들인 앨버트 빅터 왕자와 조지 왕자였다. 24일, 두 왕자는 열차로 도쿄로 갔고 신바시 정거장에서 마차로 숙소인 연료관으로 향했다. 두 왕자의 일본 체재기에 의하면 최초의 방문지는 아사쿠사였다.[856] 두 젊은이는 이 환락가의 소문을 듣고 인력거를 타고 직접 탐색에 나선 것이다. 그날 밤 만찬 때 두 왕자는 산조 사네토미와 이와쿠라 도모미의 방문을 받았다. 천황은 연료관으로 궁중 아악의 '사설 악단'을 파견해서 식사 중에 연주로 흥을 돋우었다. 조지 왕자의 반응은 이랬다.

악단이 있는 안쪽 방에서 흘러나온 소리는 꺼져 들어가는 듯한 소리였는데 애조에 차 있었다. 함께 있던 자 중에는 그것이 틀림없이 연주하기 전의 튜닝일 것이라고 착각하는 사람도 있었다. 그런 상태로 시간은 자꾸만 흘렀고 연주가 언제 시작되느냐고 묻는 이도 있었다.[857]

이튿날 25일, 두 왕자는 입궐했다. 두 사람은 천황에 대해 다음과 같이 쓰고 있다.

폐하는 아직 서른도 되지도 않았는데 얼굴만 보아서는 무척 늙어 보였다. 냉정하고 신경질적이라고는 할 수 없으나 자신의 역할을 잘 해내려고 매우 신경을 쓰는 듯 보였다.

이 대목으로 판단하건대 천황은 카라카우아 왕과 동석했을 때보다 훨씬 딱딱하게 굳어 있었다. 두 왕자는 아직 젊었지만—첫째 왕자가 열여덟 살, 둘째 왕자가 열일곱 살—세계 최강의 나라에서 방문했으니 천황은 연상의 관록을 보여야 한다고 생각했는지 모른다. 두 왕자의 관심은 분명 황후 쪽에 쏠려 있었다. 조지 왕자(뒤의 조지 5세)는 이렇게 쓰고 있다.

황후는 매우 자그마하며 일본의 풍습대로 화장만 두껍게 하지 않았더라면 정말 멋졌을 것이다.

황후는 밝고 상냥하게 대화를 시작했다. 첫째 왕자가 황후에게 오스트레일리아에서 데리고 온 두 마리의 월러비(소형 캥거루)를 성의로 받아 달라고 했다.

이놈들은 항해 중 대단했어요. 식사 시간 같은 때는 갑판이 좁다는 듯 이리 뛰고 저리 뛰고 하면서 주변을 소란스럽게 만들었어요. 꼭 매처럼 다루기 어려웠답니다.

황후는 이 선물에 매우 즐거워한 것 같다. 월러비는 다음 날, 궁중으로 보내졌다. 월러비가 궁중을 뛰어다니는 모습을 상상하기는 어렵다. 또 하나 상상하기가 어려운 일이 있었다. 치세 4반세기 동안 우표 수집가들과 친근했던 저 엄숙하고 수염투성이의 조지 5세가, 일본의 문신사를 불러 팔에 문신을 새기게 한 일이다. 문신사는 약 3시간에 걸쳐 황자의 팔 가득히 꿈틀거리는 용한 마리를 새겼다.[858]

10월 31일, 두 왕자는 군함 바칸테 호에서 열린 오찬에 천황을 초대했다. 천황은 친왕 세 명과 이와쿠라 도모미, 이노우에 가오루 등 정부 고관을 대동했다. 가나가와 포대에서 예포가 발사되고 또 요코하마 항에 정박 중인 내외 함선의 예포가 천황 일행을 맞이했다. 오찬 전에 어뢰 시험 발사가 있었다. 영국의 두 왕자는 이튿날 해로로 고베로 향했다. 약 일주일에 걸쳐 교토, 나라, 오사카 등 간사이 지방을 구경했다.

이보다 앞선 7월 30일, 천황은 다시 순행에 나섰다. 이번 목적지는 야마가타, 아키타(秋田) 두 현과 홋카이도였다. 당초 420명이 수행할 예정이었으나 여행 중 숙소 부족으로 수행원을 350명으로 줄였다. 순행은 비교적 순조롭게 끝났다. 그러나 더위 탓에 크게 애를 먹었다. 천황은 소학교와 중학교에서 하룻밤씩 잔 일이 여러 번 있었다. 물론 많은 수행원을 수용하기에 적절한 장소였다는 이유도 있었을 것이다. 그러나 동시에 그것은 교육에 대한 천황의 변함없는 관심을 뒷받침하는 것이었다.[859] 늘 하던 대로 천황은 그곳 학교를 방문했다. 쓰루오카(鶴岡)의 중학교에서는 우등생 한 명이 『춘추좌씨전(春秋左氏傳)』을, 이어서 소학교 우등생 한 명이 『일본사략(日本史略)』을 발표하는 것을 듣고 매우 기뻐했다.[860] 이미 말했듯이 천황은 이전의 순행 때에는 발표 자료를 동양이 아닌 고대 로마에서 따온 학생들로 인해 아쉬운 마음을 가졌었다. 그 일이 이 고장에도 전해졌던 모양이다.

무더위에도 불구하고 경치는 기막히게 훌륭했고, 각 지방의 특산물과 골동품 등의 전시는 눈을 즐겁게 했다. 천황의 마차나 봉련이 지나가는 연도에는 군중이 줄을 이었다. 이번 순행 때에는 재미난 에피소드가 있었는데, 순행에서는 처음 있는 일이었다. 우에노야마에서 점심을 들었는데 집 주인이 송이를 내왔다. 마침 시종장 야마구치 마사사다(山口正定)는 점심을 먹고 난 뒤 이곳으로 왔다. 천황이 밥을 수북이 퍼 송이 국물을 얹어서 야마구치에게 주었다. 야마구치는 게 눈 감추듯 깨끗이 먹어치웠다. 이어서 천황은 밤과 과자를 주었다. 야마구치는 이것도 깨끗이

678

비웠다. 천황은 이를 보고 큰 소리로 웃었다. 야마구치의 왕성한 식욕을 재미있어한 것인지, 아니면 식사를 막 끝낸 야마구치에게 억지로 밥을 더 먹게 해서 골탕을 먹인 것인지는 분명치 않다.[861]

북쪽 지방 순행에서는 새로운 특징 하나가 눈에 띄었다. 그것은 통신의 급격한 발달이었다. 천황에게 국내뿐 아니라 온 세계의 소식들이 속속 도착했다. 전신을 통해 천황은 교토에서 병상에 있던 스미코 내친왕의 용태가 시시각각 나빠지다 결국 사망했다는 소식을 들었다. 또 9월 19일, 미국의 대통령 제임스 A. 가필드의 사망 소식도 그 직후에 알았다. 이틀 후 천황은 가필드 대통령의 후계자인 체스터 앨런 아서에게 조전을 보냈다.

천황이 순행 도중에 받은 가장 중대한 보고는 어떤 부정 사건에 관한 것이었다. 당시 개척사(開拓使)의 관유물 매각에 관한 유착 사건이 발각되어 여론이 들끓고 있었다. 이를 우려한 요시아키 친왕은 8월 21일, 천황을 수행해서 모리오카에 간 다루히토 친왕에게 서한을 보내 사건의 대략을 글로 전했다. 개척장관 구로다 기요타카는 갑작스럽게 개척사를 폐지하고 현을 두겠다는 내명(內命)에 반발했다. 어떤 고관 하나가 대신에게 다음과 같이 말했다.

홋카이도가 오늘날처럼 발전한 것은 오로지 구로다의 노력에 의한 것이다. 따라서 개척사를 폐하고 현을 두게 되는 데 관한 일체의 처리는 구로다에게 위임함이 지당하다.

이 의견이 받아들여진다면 구로다가 당장 개척사를 폐지하자는 건의를 내놓는다는 것이었다. 대신은 이를 승인했고, 이어서 구로다는 개척사의 관유물들을 개척사에서 일하던 관리들에게 불하하자는 품의서를 올렸다. 불하한 다음의 경영은 옛 사쓰마 번 무사 고다이 도모아쓰(五代友厚) 등이 설립한 간사이 무역상회가 담당하기로 되어 있었다.

각의가 이 품의서를 바로 인정한 것은 아니었다. 눈앞에 임박해 있는 홋카이도 순행 때 천황이 직접 현지를 시찰한 다음 가부를 결정하기로 했던 것이다. 이러한 각의의 결정은 구로다를 격노하게 만들었다. 고관에게 욕설을 퍼붓고 촛대를 내던지는 등 구로다는 완전히 이성을 잃었다.

북방 순행길에 오르던 7월 30일, 천황은 전년의 결정을 바탕으로 공장, 광산 등의 관유물을 민간 기업에 불하하는 건을 재가했다. 그러나 불하 계획의 상세한 내용, 즉 시세가 3백만 엔이나 되는 것이 무이자 30년 할부로 38만 7천여 엔에 불하된다는 사실이 밝혀짐에 따라 신문, 민권론자 등으로부터 한꺼번에 항의의 목소리가 거세게 터져 나왔다. 구로다와 고다이가 사쓰마 출신이라는 사실이 의혹에 더욱 부채질을 한 것 같았다.

이 이상 사태를 좌시할 수 없다고 판단한 요시아키 친왕은 순행 중인 천황을 배알할 결심을 굳혔다. 친왕은 사사키 다카유키, 내무대보 히지카타 히사모토 두 사람을 불러 동행을 요청했다.

나는 지금까지 천황에게 정견을 아뢰 본 일이 없다. 천황을 설득할 수 있을지 불안하다. 천황의 신임이 두터운 두 사람이 동행해 주면 일이 잘될 것 같다.

그러나 사사키 등은 다음과 같이 대답했다.

저희는 동행하지 않는 편이 좋을 것 같습니다. 폐하는 말을 번지르르 잘하는 것을 몹시 싫어하시니 전하께서 그저 성실하게 말씀드리는 것이 좋겠습니다.

결국 요시아키는 혼자서 사이타마 현 삿테(幸手)로 가서 천황을 만났다.

하지만 천황은 신문 보도로 이미 이 일의 개략을 알고 있었던 것 같다. 그리고 한 달 전 홋카이도 체재 중, 일부러 멀리 하코다테까지 보고하러 온 궁내성 관리한테서 불하 사건에 대한 인심의 동요가 어느 정도라는 내용을 듣고 있었다. 그리고 천황은 역시 신문 보도에 의해 삿초(薩長) 출신 정치가들이 합심해서 참의한 사람을 배척하려 하고 있다는 사실도 알고 있었던 모양이다. 기사를 읽은 천황은 희생양으로 삼으려는 참의가 오쿠마 시게노부라는 것을 정확하게 알아맞혔다.

순행을 끝마치고 메이지 천황이 아카사카 임시 궁중에 돌아온 것은 10월 11일이었다. 천황은 즉시 모토다 나가자네를 불렀다. 모토다는 국회 조기 개설에 관한 오쿠마의 개인 의견은 당장 배척해야 한다고 천황에게 설명했다.

국회의 즉시 개설을 요구하는 오쿠마의 주장을 인정한다면 여론이 들끓어서 그 위해(危害)가 당장 나타날 것이다.

천황은 결단을 주저했다. 나중에 대신, 참의 등이 오쿠마 파면을 주청했을 때 천황이 물었다.

좌우 양 대신이 수도를 비우고 없는 동안 삿초 출신 참의들이 무리를 지어 오쿠마를 내치려 했던 것이 아닌가. 그리고 오쿠마의 실책을 증명할 만한 근거가 있는가.

대신은 그에 대해 이렇게 답했다.

확증을 잡아내는 것은 쉬운 일이 아니었다. 그러나 증거의 흔적은 이미 후쿠자와 유키치의 문하생 등으로부터 파악하고 있었다.

오쿠마, 후쿠자와, 이와사키 야타로(岩崎弥太郎)[862] 등 세 명이 음모에 가담했다는 것이다. 대신은 다시 이렇게 주장했다.

삿초 출신 참의뿐 아니라 평소 정의를 사랑하는 자들은 모두 오쿠마의 음모에 분개하고 있다. 만일 천황이 삿초의 참의를 의심하고 계시다면 내각은 산산조각날 수밖에 없다.

천황은 하는 수 없이 대신의 의견을 따랐다. 다만 그 이유를 분명히 밝히지 않고 오쿠마를 물러나게 할 수는 없다고 못을 박았다.

이토 히로부미, 사이고 쓰구미치가 대표가 되어 오쿠마와 만나 사직을 종용했다. 오쿠마는 즉각 승낙했다. 마치 그 보상이라도 되는 것처럼 천황은 10월 12일, 산조 사네토미에게 개척사관유물 불하 허가를 철회하도록 지시했다. 오쿠마 사퇴의 공식적인 이유는 '류머티즘 재발 탓에 정무를 담당할 수 없어서'라고 되어 있었다. 오쿠마와 함께 움직인 정치가들은 모두 파면되었다. 이 수년 동안 각의에서 반목을 계속하고 있던 사쓰마와 조슈의 파벌이 외부(오쿠마는 사가佐賀 출신)의 위협에 직면해서 손을 잡았던 것이다. 그러나 오쿠마에게 찬동하는 참의를 회유하기 위해 국회 소집은 1890년으로 정식 발표했다. 점진파로서는 시기가 무척 앞당겨진 느낌이었다.

구로다는 개척사의 관유물 불하 사건으로 좌절했으나 정적인 오쿠마의 실각을 위안으로 삼았다. 구로다는 부정 사건에 관여했음에도 불구하고 그 불명예는 오래가지 않았다. 1888년, 그는 내각 총리대신에 취임했다. 그러나 '메이지 14년의 정변'이라고 불리는 이 사건이 아주 잊혀진 것은 아니었다. 이것은 기묘하게 뒷맛이 개운치 않은 권력 정치의 일례를 남겼다.

메이지 천황은 사건에 관여한 많은 정치가들을 싫어했던 것으로 보인다. 북방 순행에 수행했던 시종 오기 마사요시에 의하면 어느 날 밤 천황은 목욕탕에서 다음과 같은 식으로 참의들의 인물평을 했다고 한다.

구로다 참의는 툭하면 대신에게 무엇을 강요하여, 바라는 것이 자신의 손아귀에 들어올 때까지 집요하게 물고 늘어지는 버릇이 있다. 사이고 참의는 항상 술기운이 있어서 무엇을 물어보면 횡설수설한다. 가와무라 참의는 몇 년 전, 영국 의회의 리드 의원[863]이 왔을 때 접대를 담당했었는데 짐의 마음에 들지 않는 짓만 골라 했다. 구로다는 제 뜻대로 일이 잘 안 풀리면 늘 아프다는 핑계를 대고 틀어박혀 버린다. 사이고와 가와무라도 덩달아 나오지 않는다. 참으로 이해할 수 없는 자들이다.

오기는 또 천황이 이노우에 참의는 교활해서 싫어했고, 믿었던 사람은 이토 참의뿐이었다[864]고 전했다.

이 시기를 경계로 우리는 메이지 천황의 목소리를 들을 수 있게 된다. 틀에 박힌 칙어의 말투가 아니라, 이제까지 주로 귀 기울이는 쪽에만 서 있던 한 인간이 스스로 말할 때가 왔다고 결심한 것처럼 독자적인 소리를 내기 시작했다.

제35장 자유민권운동

1881년은 헌법 제정과 국회 개설에 대한 요구가 유례없이 높아진 해다. 그것은 마치 실현이 바로 눈앞에 다가와 있는 것이 아닌가 여겨질 정도의 기세였다. 이미 1876년 9월, 천황은 헌법의 기초를 명해 놓고 있었다.[865] 그러나 초안 작성을 위한 움직임은 지지부진했다. 공공연히 드러내놓고 헌법 제정에 반대하는 사람은 없었다. 그것은 이미 내려진 천황의 뜻을 거역하는 일이었다.[866] 점진주의 정책을 부르짖으며 가능하다면 헌법 제정을 무기한 늦추고 싶은 사람이 많았다. 그러나 헌법 제정, 국회 개설을 요구하는 논객들은 더 이상 기다리는 데 염증을 느껴 신속한 조처를 요구했다.

정부의 구체적 행동을 요구하는 압력은 의외의 진영으로부터도 나오고 있었다. 1879년 12월, 육군 중장 겸 참의 야마가타 아리토모(山縣有朋)는 태정대신 산조 사네토미에게 장문의 건의서를 제출하여 입헌 정체가 타당하다는 견해를 밝혔다. 야마가타는 먼저 정부에 대한 민중의 불만 원인을 열거했다. 실직, 절약에 의한 구속,[867] 전통적인 도덕, 관습의 폐지 등은 모두 민중을 소외시키고 자유민권운동의 출현을 조장하는 듯한 것뿐이었다. 그런 다음 야마가타는 당장의 급한 일은 행정, 의정(입법), 사법의 3권 개혁이라고 말했다. 만일 이것이 실현되지 않는다면 이미 사가(佐賀), 가고시마(鹿兒島)에서 일어났던 무장봉기가 되풀이될 것이라고 했다. 정부에 대한 민중의 신뢰를 회복하는 유일한 길은 국헌을 확립하는 데 있을 뿐이라고 야마가타는 확신하고 있었다. 앞으로 몇 세기에 걸쳐 지켜져야 할 헌법이 하루아침에 이뤄지는 것은 아니다. 그러나 이제는 적어도 기본 강령을 정해야 할 시기다. 내각 중심의 정치, 여러 부서의 운영이 이들 강령을 바탕으로 해서 이뤄진다는 것이 밝혀지고, 일본이 장차 나아갈 방향이 결정된다면 민심은 반드시 정부로 향하게 되어 있다는 것이다.

그리고 야마가타는 신헌법의 조문에 황통 일계의 권위에 대한 침해로 해석될 만한 것이 있어서는 안 된다고 강조했다. 천황 자신도 이미 5개조 어서문에서 입헌 정체로 나아가기를 약속하고 있었다. 야마가타는 '부현군구(府縣郡區)에는 이미 의회가 창설되어 있다. 이들 부현회 의원 중에서 지식과 덕망이 있는 자를 발탁해서 원로원에 준하는 민회(民會)를 창설해야 한다'고 했다.

산조는 야마가타의 건의를 승인했고 이와쿠라 도모미도 이를 지지했다. 이들은 다시 참의 등에게 의견을 묻고 천황의 뜻에 따라 이를 취사선택해서 국체에 어울리는 헌법을 흠정(欽定)해야 한다고 건의했다. 천황은 이를 받아들여 각 참의에게 입헌 정체에 관한 의견을 올리라고 명했다.

올라온 의견 중에서 이토 히로부미의 의견서가 가장 상세했다. 번(藩)을 폐하고 난 이후의 여러 가지 변혁에 대한 사족(士族)의 불평을 열거한 다음, 이토는 이것을 막부 시대의 사족의 실정과 비교해 가면서 말했다.

당시의 사족은 교육의 혜택을 많이 받았고 봉록을 받았으며 일정한 재산이 있었다. 국사의 소임을 다하는 것은 자기들의 당연한 의무라고 생각했고 이러한 성향은 오늘날에도 계속되고 있다. 정치 이야기를 즐기는 사족이 뭔가 얘기를 꺼내면 서민은 그 영향을 강하게 받게 마련이다. 즉 사람의 몸으로 비유한다면 사족은 여전히 근골(筋骨)과 같고 평민은 살과 살갖 같아서 근골이 움직이는 대로 따른다.

이토는 1백 년 전 프랑스 혁명의 영향이 조만간 각국으로 파급될 것이라고 경고하며 다음과 같이 말했다.

정치권력을 백성과 공유하는 '정치의 신설(新說)'은 유럽의 문물과 더불어 일본에 유입되어 사족과 서민 사이에 널리 퍼졌다. 이제는 전국 방방곡곡으로 퍼져나가 막을 수가 없다. 그중에는 이해할 수도 없는 말을 해서 듣는 사람의 귀를 놀라게 하는 논객도 있다. 그리고 군주의 뜻이 어디 있는지도 모르면서 병도 아닌데 신음 소리를 내고 난폭한 행위로 민중을 현혹시키는 논객도 있다. 하지만 비가 뿌리고 나면 풀이 돋아나는 것과 같은 이치로서 깊이 의심할 필요는 없다.

이토는 정치의 책임을 평민과 공유하는 것을 불가피한 일로 받아들이고 있었던 것 같다. 그러나 이토는 일부에서 떠들고 있는 것처럼 국회를 여는 일에 성급해서는 안 된다고 주장했다.

국회를 설립해 군민공치(君民共治)의 새 국면을 성취하는 일은 매우 바람직한 일이지만 이는 적어도 국체의 변경과 관계되는 일이며 실로 전례가 없는 대사이다. 우선 토대부터 쌓고, 다음에 기둥을 세우고, 마지막으로 지붕을 인다는 일련의 절차를 소홀히 할 수는 없다.

이토는 유럽의 예를 따라 양원제를 지지했다. 상원(원로원)은 화족(華族), 사족으로부터 선출된 1백 명으로 구성하는데, 그 기능은 황실을 지탱하고 일본의 전통을 유지하는 일이었다. 이토는 사족을 정치에 직접 관여시킴으로써 그들의 반감이 누그러지기를 기대했다.

이토의 말에 따르면 하원은 부현회 의원 중에서 선출된 '공선(公選) 검사관'으로 구성하며 그 권한은 정부 재정의 '회계 검사'로 한정지었다. 그렇게 되면 상원은 하원보다 훨씬 비중이 무거워진다. 이토는 그래야 국가 안정에 도움이 되고 상원이 하원의 급진화를 억제하게 된다고 생각했다.[868] 이토는 의견서를 이렇게 끝맺고 있다.

점차 걸음을 재촉해서 새 국면을 완성하는 일은 오로지 폐하의 그칠 줄 모르는 강건한 덕에 의지할 뿐이다.

참의 오쿠마 시게노부는 당초 의견서 제출을 꺼리고 있었다. 천황은 다루히토(熾仁) 친왕을 통해 지극히 중대한 이 문제에 대한 오쿠마의 생각을 피력해 보라고 요구했다. 오쿠마는 어전회의 때 직접 말씀드리고 싶다고 대답했다. 의견서에 기록해 놓으면 내용이 밖으로 새어나갈 우려가 있다고 오쿠마는 판단했다. 그러나 천황은 계속해서 의견서 제출을 요구했다. 마침내 1881년 3월, 오쿠마는 좌대신 다루히토를 통해 의견서를 제출했다. 단, 천황이 보기 이전에 참의는 물론 태정대신, 우대신까지도 내용을 봐서는 안 된다는 조건을 달았다. 다루히토는 이를 승낙했다.

오쿠마의 의견서는 7개 조항으로 되어 있었다. 제1조는 의원 개설의 기일을 신속히 포고하는 일, 헌법 제정 위원의 인선, 의사당 건설 착수를 요구하고 있다. 제2조는 정부 현관(顯官)의 임용은 국민의 의사를 반영한 것이어야 한다면서 다음과 같이 규정했다.

새 헌법 아래에서 운영되는 의회는 국민의 의사를 반영한 것이 아니면 안 된다. 그리고 의회의 결정은 국민이 선출한 의원 과반수의 의견과 일치해야 하며, 국민 과반수의 지지를 얻은 정당의 당수가 의회를 통솔해야 한다.[869]

입헌 정체의 확립에 의해 천황은 자신을 보좌할 현관으로 합당한 인물을 용이하게 알아볼 수가 있다. 선출된 관리를 신뢰함으로써 천황은 고문으로 적합한 인물을 식별하거나 선발하는 수고를 덜 수 있다고 했다. 그러면서 오쿠마는 나아가 이런 것을 지적했다.

국민에 의해 선택된 정당은 그 시정(施政)이 좋고 나쁨에 따라 민중의 신망을 잃는 경우도 있을 수 있다. 그런 경우, 다시 최대 세력을 얻은 정당에 정권을 넘기지 않을 수 없게 될 것이다. 천황은 그 정당의 당수에게 내각 조직을 위임해야 한다.[870]

오쿠마의 제3조는 관리의 구별을 정해놓고 있다. 집권당의 교체와 함께 조정할 수 있는 관리 정당관(政黨官)과, 그와 관계없이 종신 근속하는 영구관(永久官)을 구별해야 한다. 영구관이란 각 관청의 상급직을 제외한 관리의 근간을 이루며, 의원의 자격을 가질 수는 없다. 그리고 나라의 치안, 공평을 유지해야 할 관리는 중립 영구관으로 3대신 및 군관(軍官), 경시관(警視官), 법관(法官) 등이 이에 해당한다.

제4조 규정에 의하면 헌법은 천황의 재가에 의해 반포된다. 헌법은 극히 간결하게 대강(大網)을 보이는 것이며, 행정권의 소재를 분명히 하고 백성 각자의 인권을 밝히는 것이어야 된다.

제5조는 1883년 초에 국회 개설을 요구하고 있다. 그러기 위해서는 올해(1881) 헌법을 제정하고, 내년 초까지는 헌법을 반포하며 연말에는 의원을 소집해야 한다.

제6조에서 오쿠마는 각 정당은 '시정(施政)상의 주의(主義)'를 내세워야 한다고 주장했다. 정당 간의 논전은 인신공격에 의한 것이어서는 안 된다. 각 정당이 내건 '시정상의 주의'의 논전이어야 한다.

제7조는 총론으로 각 정당이 입헌 정치 정신에 충실해야 한다고 했다. 입헌 정치의 형체에 구애된 나머지 그 정신을 버리는 일이 있어서는 안 된다. 그것은 국가의 불행일 뿐 아니라 위정자

자신의 화근이 되고, 후세에 오명을 남기게 된다고 했다.

　오쿠마의 의견서를 읽은 다루히토는 오쿠마가 요구하는 1883년 국회 개설이라는 시기가 너무 이른 데 놀랐다. 그는 오쿠마와의 약속을 깨고 의견서를 몰래 산조 사네토미, 이와쿠라 도모미에게 보이고 나서 천황에게 올렸다. 이토 히로부미는 오쿠마의 의견서가 천황에게 제출된 것을 알고 그것을 한번 보게 해달라고 산조에게 부탁했다. 산조는 천황에게 신청해서 6월 27일, 이토에게 보여주었다. 이토는 그 내용에 크게 불만을 표시했다. 2년 후 국회 개설이라는 성급함뿐 아니라, 천황에게 가장 가까운 신하까지도 민선에 맡겨야 한다는 오쿠마의 제안은 군권을 포기하는 것과 같다고 생각했다. 7월 1일, 이토는 산조에게 서한을 보냈다.

　　오쿠마 같은 의견이 나오는 것도 조정의 공론이 아직 확정되지 않았기 때문이다. 이런 식으로 간다면 나는 관직을 그만두는 수밖에 없다.

　그리고 이튿날 이토는 다시 이와쿠라에게 서한을 보내 의견이 이리도 현격하게 상반되는 이상 자신은 내각 회의에서 오쿠마와 자리를 같이할 수 없다고 말했다.[871]

　이와쿠라가 이토를 설득했으나 소용이 없었다. 이와쿠라는 오쿠마를 찾아가 이토에게 의견서를 보인 경위를 설명하고 이토의 반응을 이야기했다. 오쿠마는 자신의 과격한 제언을 옹호하면서 이런 비유로 이와쿠라를 설득했다.

오늘날 세상의 형세를 살펴보건대 이제 시기도 무르익었고 더이상 고식적인 수단만을 강구할 때가 아니다. 예컨대 군중에게 문으로 들어가게 하면서 문을 한쪽만 열어놓으면 군중이 쇄도해서 혼란만 초래할 뿐이다. 오히려 양쪽 문을 다 열어놓고 군중을 문 안으로 들이는 것만 못한 법이다.

1883년에 의회를 개설한다는 대담하고 과격한 제언은 말하자면 '두 문을 활짝 여는 것'이라고 했다. 오쿠마는 이와쿠라의 권고로 이토와 만나 스스로의 입장을 밝혔다. 양자의 의견이 절충되어 이토가 다시 내각 회의에 출석하게 되었다. 그러나 이토와 오쿠마의 정치적 견해는 아직도 많은 문제에서 서로 달랐다.

점진파인 이토는 천황의 장래 역할을 깊이 우려하고 있었다. 외채 모집, 그리고 토지세 미납론(米納論)을 부정한 천황의 결단은 이미 수동적, 상징적 역할에 머무르는 일 없이 스스로 중대한 결정에 적극적으로 관여하고 싶어하는 의사 표명이 아닌가 하는 느낌이 자꾸만 들었다. 이토는 이 일이 천황의 정치 책임 문제 발생과 천황제의 시비를 가리려는 논의로까지 발전하지 않을까 우려했다. 그로서는 천황은 어디까지나 천황을 보필하는 내각의 상징적인 지도자로서의 역할이 바람직하다고 보았다. 특히 이토는 정치적 책임이 없는 궁중파가 천황을 통해 영향력을 발휘할까 우려했다. 그것은 내각의 국가 운영 불안정으로 이어질 것이라고 예측했다.

이토와 오쿠마의 의견이 일치하는 게 하나 있었다. 두 사람 다 사쓰마(薩摩)파를 싫어했다. 사쓰마 출신인 가와무라 스미요시(川村純義)의 해군경(海軍卿) 복직 문제가 각의에서 거론된 일이 있었다. 해군 장교들 모두의 지지에 의한 것이었음에도 불구하고, 이토는 강하게 반대했다. 오쿠마 역시 이토와 의견을 같이했다. 이토와 오쿠마는 이전부터 사쓰마파가 해군을 개인 조직화하는 듯한 경향을 탄식하고 있었다. 두 사람 모두 가와무라의 역량으로는 해군의 장래 발전을 기대할 수 없다고 생각했다. 그러나 결국 가와무라의 복직이 결정되었다. 이와쿠라 등 세 명의 대신이 내각의 무사 평온을 유지하려 꾀한 행동이었다. 어쩌면 대신들은 가와무라가 복직한다면 직무에 충실한 조슈(長州) 출신의 참의와는 대조적으로 늘 천하태평으로 지내던 사쓰마 출신의 참의들이 다시 각의에 출석할 수도 있지 않을까 기대했는지 모른다. 대신들 입장에서 기도(木戶)와 오쿠보(大久保)를 잃은 건 애석하기 짝이 없는 일이었다. 오쿠보와 기도의 존재가 간신히 내각에서 사쓰마파와 조슈파의 균형을 유지해 주고 있었던 것이다. 가와무라의 해군경 복직 문제에서 도리 없이 양보할 수밖에 없었음에도 불구하고 이토는 아직 정부에서 최강의 인물이었다. 이토는 천황 및 세 대신의 두터운 신뢰를 받고 있었다.

사사키 다카유키(佐佐木高行)는 일기에 '틀림없이 내년 봄까지는 내각도 분열될 것이다'라고 쓰고 있다. 이는 사사키가 바라는 바였다. 이전부터 바라던 대로 천황이 대권을 장악할 호기가 되기 때문이다. 사사키는 천황에게 기력을 보강하여 때를 기다리라고 당부했다. 이에 천황은 "좌대신(=다루히토)은 황족이고 다른 두 대신보다 신분이 높아 기대하고 있었다. 그러나 좌대신도 내각의 일원이 된 지금 원로원 시대에 보여주던 자신감을 잃고 만 것 같다"고 대답했다. 사사키는 다루히토를 변호하면서 그의 곧은 성품과 정직함에 감복했다고 말했다. 그러나 기력이 너무 약한 것이 흠이 된다고 지적했다. 여기서 천황은 대단히 의미심장한 말을 했다.

대신과 참의들은 모두 유신 때나 반란 진압 등에는 크게 공헌했지만 정치적인 역량을 갖춘 사람들이 아니므로 오늘날 내각이 난삽하게 된 것은 당연하다. 따라서 차차 진짜 정치가가 내각에 들어오기를 희망한다. 하지만 이 역시 세월이 이렇게 만든 것이니 충분히 시기가 무르익기를 기다려 대처하는 수밖에 없다.[872]

메이지 정부가 안고 있던 문제의 핵심은 여기에 있었다. 전쟁터에서 용감한 자가 정계에서도 유능하다는 보장은 없다. 선택된 각료의 대다수는 전장에서의 눈부신 활약 덕이지 정치적 통찰력 덕은 아니었다. 사쓰마 출신의 참의가 내각 회의에 나오지 않는 일은 아마도 행정상의 보고를 듣는 게 너무나 따분했기 때문일 것이다. 시종 오기 마사요시(荻昌吉)에게 말한 것처럼 메이지 천황이 구로다 기요타카(黑田淸隆), 사이고 쓰구미치(西鄕從道)를 싫어한 이유는 어쩌면 이들 군인이 행정을 제대로 대처해 나갈 수 없다는 자신의 관찰을 반영한 것인지도 모른다.

군의 정치 관여는 메이지 시대 이후로도 지속된 문제였다. 그러나 군인을 정치에 간섭시키지 않게 하는 일, 그리고 군인을 군주에게 절대 복종시키는 일은 당시의 긴급 과제가 되어 있었다. 일찍이 1874년 가토 히로유키(加藤弘之)는 〈명육잡지(明六雜誌)〉에 쓴 논문 첫머리에 이렇게 적고 있다.

문명개화한 각국의 경우, 무관은 오직 임금의 명을 공손히 따

르는 것을 가장 중요한 덕으로 삼는다.[873]

같은 해 육군 소장 세 명이 오쿠보의 외교 정책에 불만을 표시하면서 사표를 제출했다.[874] 군인이 공공연히 정치적 견해를 입에 담는 것을 금하고, 또 서남 전쟁에서 사이고군에 가담했던 병사들의 반역심을 꾸짖는 의미로 1878년에 육군경 야마가타 아리토모가 〈군인 훈계(訓誡)〉를 만들어서 각 부대에 배포한 일이 있었다. 훈계 중 '조정의 정치에 대해 시비를 가리거나 시사를 논하지 말 것'이라는 대목이 있다.

이러한 금령에도 불구하고 군인은 당시 전국으로 번져가던 정치 운동에 관여하기 시작했다. 조정에서 말하는 '민중의 안전을 위협하는 정치 운동'을 단속하기 위해 정부는 1880년 4월 5일, '집회 조례' 16조를 공포했다. 정치 연설, 정부의 점진 정책에 대한 공격, 그리고 국회 개설 요구 등 모든 정치 운동은 앞으로 경찰의 허가를 받아야 했다. 그리고 육해군인, 경찰관, 교원 등의 집회 참가와 결사 가입이 금지되었다.[875]

군인의 민권 획득 운동 참가는 계속 문제가 되었다. 1882년 〈군인칙유(軍人勅諭)〉가 발령되었을 때 그 첫 번째 훈령은 '군인은 여론에 현혹됨이 없이, 정치에 구애됨이 없이, 오로지 한 길로 자기 본분인 충절을 지키며……'라고 규정하고 있다.[876]

군인에게 정치 활동을 금한 압력 탓이었는지 '자유민권' 획득 운동의 지도자는 주로 민간인, 그것도 중하층 계급의 사족들이었다. 자유민권 획득을 목표로 내세운 첫 정당 '자유당'은 1880년 12월 15일에 결성되었다.[877] 이보다 일찍 이미 갖가지 정치 결사가 전국 도처에서 결성되고 있었다. 이들 정치 결사는 각기 독자적으로 훌륭한 이름을 붙이고 일어났지만 그들이 꼭 달성해야 할 구체적인 목표를 갖고 있던 것은 아니었다. 헌법 제정과 국회 개설을 가장 소리 높이 외치고 있던 결사까지도 헌법의 내용이 어때야 하는지, 입법부는 어떻게 구성되어야 하는지 등에 대한 복안이 거의 없었다.

고치(高知)의 '입지사(立志社)'는 이들 사족 활동가의 결사로는 가장 걸출한 존재였다. 1874년 이타가키 다이스케(板垣退助)를 효시로 한 자유민권운동에 관여하던 자들로 결성된 입지사는 새뮤얼 스마일스의 『서국입지편(西國立志編)』에서 따온 그 이름으로도 짐작할 수 있는 것처럼, 원래가 의회 창설을 목표로 한다기보다는 사족을 위한 교육, 자기 수양을 본분으로 하는 결사였던 것 같다. 1875년 이타가키가 새로 '애국사(愛國社)'를 창설한 것은 아마도 그 때문이었을 것이다. 애국사는 자유민권을 지향하는 조직과 입지사의 연결을 의도한 틀림없는 정치결사였다. 그러나 입지사 스스로 내정 문제에 관여하게 되기까지는 오래 걸리지 않았다.

서남 전쟁은 입지사의 활동을 일변시키는 요인이 되었다. 정한론을 강력히 신봉하고 사이고 지지자였던 이타가키는 1877년의 서남 전쟁 발발 후 고치로 귀향했다. 사이고군이 정부군에 패배할 것이 분명해지자 입지사는 정치활동에 매진하기 시작했다. 사이고의 패배는 군사적 수단에 의해 정부에 대적하는 일이 얼마나 무모한지를 확실히 인식시킨 것 같았다. 입지사의 취지는 '칼'이 아닌 연설이나 신문 기사로 널리 알려지게 되었다.

이타가키는 창설자였으며, 입지사 내에서 가장 널리 알려진 인물이었다. 그러나 자유민권의 개혁운동을 실제로 추진한 사람은 당시 아직 스무 살이던 우에키 에모리(植木枝盛)였다. 우에키는 고치의 중급 사족 출신이었다. 1873년, 우에키는 공부를 위해 상경했다.[878] 특히 법률, 정치경제, 자연과학 관련 서적을 널리 섭렵했다. 기독교에도 관심을 가져 나중에는 독실한 신자가 되었다.

그해 말, 우에키가 고치로 귀향했다. 5개월 뒤, 입지사의 이타가키의 연설에 깊은 감명을 받은 우에키는 다시 자유론이나 의회 제도의 이론을 공부하기 시작했다. 우에키는 공부를 계속하기 위해 1875년에 다시 상경했다. 이 시기의 독서 경향은 지난날의 번역서에서 한문 서적으로 옮겨졌고, 특히 유학의 양명학파(陽明學派)에 심취했다.[879] 이해, 우에키는 「원인정부(猿人政府)」라는 제목의 투서―발표 때에는 「원인군주(猿人君主)」로 제목이 바뀌었다―때문에 투옥되었다. 그 글에서 우에키는 다음과 같이 논했다.

인간과 원숭이를 구별하는 것은 사고력과 상상력이다. 그러나 정부는 연설을 구속하고 언론의 자유를 제약함으로써 인간을 원숭이의 상태로 끌어내리고 말았다. 그러나 교육이 있고서야 지식이 있고, 지식이 있고서야 그다음에 의원이 있다.

아울러 우에키는 대중이 이성적으로 투표할 수 있을 만한 교육을 충분히 받은 후에 선거를 실시해야 한다고 지적했다. 1877년, 서남 전쟁 발발 후 고치로 귀향한 우에키는 입지사의 사원으로 활발하게 활동을 시작했다. 우에키는 입지사의 국회 개설 건의서 초고를 집필한 인물 중 하나였다. 입지사는 또 발행

기간이 짧은 다양한 잡지를 냈는데, 우에키는 여기에 많은 논문을 발표했다.

우에키는 또 연설가로도 명성을 떨쳤다. 1877년만 해도 34회의 연설회를 치렀고 청중이 1, 2천 명에 이를 때도 있었다. 우에키가 일기에 써놓은 것을 보면 이해 6월 23일 밤에 개최한 연설회는 회장에 수용된 청중이 2천 명, 들어오지 못하고 돌아간 사람이 2천 명이었다. 너무나 혼잡해서 연설회를 도중에 중단하지 않으면 안 되었다. 고치는 자유민권운동의 최전선이었다. 지식계급이 전국에서 고치로 몰려들었다. 이 시기에 이미 우에키는 국회의 필요성을 단호히 확신하기에 이르렀다. 서남 전쟁이 일어난 것은 의회 제도가 없었기 때문이라고까지 말했다.

우에키의 자유 예찬은 성(性)의 세계에까지 미치고 있었다. 인간의 목적은 '나의 욕망을 충족시켜 기쁨을 다하고 행복을 추구하는 일'에 있다고 주장했다. 우에키의 일기는 꿈에 본 성적 환상의 하나를 예를 들어 이렇게 기록하고 있다.

천황과 함께 자고 또 황후와 함께 자며 교합하기를 꿈꾼다.[880]

천황과 자신을 동일시하는 당돌한 기술은 일기 속에 수차례 등장한다. 우에키는 자신을 천황이라고 보고 이에 걸맞은 경칭까지 사용했다. 1883년부터 설날이면 황기(皇紀)와 양력에다가 우에키 자신을 의미하는 '환우(寰宇: 천하) 대황제' 탄생 햇수로 연호를 기록하고 있다. 1884년 3월 31일, 우에키는 일기에 다음과 같이 써놓았다.

천황, 밤에 요시와라(吉原: 유명한 유곽 지대)에 납시어 홍엽루(紅葉樓)로 기생 나가오(長尾)를 부르다.[881]

어째서 자신을 천황과 동일시했는지 우에키는 어디에도 이유를 써놓지 않았다. 우에키는 확실히 천황이라는 인간에 이상한 관심을 품고 있었다. 그때까지만 해도 주로 자신의 행동만 기록하던 일기에 1873년 이후로는 〈성상의 행차〉〈공주 분만〉〈용안을 뵙다〉[882] 같은 글을 볼 수 있게 된다. 천황에 대한 집착은 반군주제 감정의 반작용이 아니었을까 싶다. 1879년 8월 2일, 우에키 '밤에 꿈을 꾸었다'라고 시작되는 꿈 이야기를 쓰고 있다.

도쿄에 있는데, 천자를 경외하지 않고 공화 정치에 가깝다면서 나를 매우 미워하는 자가 있어, 두 소년을 시켜 나를 찌르게 했다. 그러나 조금 다쳤을 뿐 죽지 않았다.[883]

말할 것도 없이 이러한 일기의 기술은 메이지 천황과는 아무런 관계도 없다. 그러나 우에키의 친구 요코야마 마타키치(橫山又吉)는 단명했던 우에키의 만년을 "미쳤다고 해도 좋을 지경이었다. 자신을 천자처럼 착각하고 있었다"고 술회했다.[884] 만일 우에키가 단순한 광인에 지나지 않았다면 자신을 천황과 동일시했다고 해도 별로 신기할 것이 없다. 그러나 일기에 이런 말을 기록할 당시, 우에키는 한편에서 왕성하게 자유민권 지지 연설 활동이라든지 집필 활동을 전개하고 있었던 것이다.

1880년, 한 논문에서 우에키는 '세상에는 공화제를 두려워하고 있는 사람도 있으나 진실로 이해한다면 국가에 매우 이롭다는 점을 알 수 있을 것'이라고 했다.[885] 그러나 우에키는 일본에서의 군주제의 존재를 '하늘이 준 것'으로 믿었던 것 같다. 1881년 우에키가 작성한 헌법안은 천황의 존재를 전제로 해서 특권 몇 가지를 규정하고 있다. 우에키는 공공연하게 공화 정체만을 외쳤던 것은 아니다.[886]

우에키는 또「남녀 평등에 대해서」라는 논문으로도 기억되고 있다. 아마도 이 논문은 일본에서 남녀동등권을 주장한 최초의 예라 할 수 있을 것이다. 이는 정설처럼 굳어진 것인데, 우에키는 1882년 2월에 발표된 매춘 반대의 유명한 논설을 홍등가에서 썼다고 한다. 다만 우에키의 남녀동등권 구상이 매춘부에게 적극적으로 빠진 시기에 시작된 것만은 틀림없는 모양이다. 우에키는 가까운 장래에 매춘이 폐지되기는 어렵다고 보고 있었다. 그러나 자유주의의 원칙에 따라 매춘부를 교육하는 노력을 해야 한다고 역설했다.

운동 방침이 정신없이 변하는 가운데 우에키는 오로지 자유 민권주의를 위해 활동했다. 1880년, 애국사는 명칭을 '국회 기성(期成)동맹'으로 변경했다. 이것이 해체되어 자유당과 연합해서 정식으로 '자유당'의 대단결이 이뤄진 것은 1881년의 일이다. 1880년 11월 10일, 2부22현에서 동맹 대표 64명의 위원이 모여 도쿄에서 회의를 열었다. 국회 개설을 요구하는 동맹의 탄원서는 이미 정부에 의해 거절당한 상태였다. 대표의 의견은 크게 두 파로 갈라져 있었다. 한 파는 다시 탄원서를 제출해서 초지를 관철해야 한다는 것이고, 다른 일파는 탄원서가 어째서 수리되지 않았는지 설명을 요구한 다음 진퇴를 결정해야 한다고 했다. 그러나 우에키 에모리는 정당 단결의 필요를 논하며 동맹이 강화

돼서 일대 정당을 조직해야 한다고 주장했다. 우에키는 이미 준비한 강령, 규칙의 초안 등을 제시하면서 신당을 '자유당'으로 부르자고 발의했다.

이들 자유민권운동의 전개를 메이지 천황이 어떻게 생각하고 있었는지는 알 길이 없다. 그러나 아마도 천황이 흐뭇해하지 않았을까 상상해 본다. 천황은 확실히 무엇인가가 일어나고 있음을 알아차리고 있었다. 이미 본 것처럼 자유민권론자가 부채질한 민중의 분노는 홋카이도 개척사의 자산 매각 결정을 취소시키는 결과를 낳았다. 그 보복으로 오쿠마 일파는 모두 파면되었다. 오쿠마 일파는 자유민권론자들과 도당(徒黨)을 지었다는 혐의를 받았다. 공표된 사실에 의하면 오쿠마와 후쿠자와 유키치(福澤諭吉) 및 미쓰비시(三菱) 재벌을 배경으로 하는 인물들이 정부 전복 계획에 관여했다는 것이다. 천황은 자유당원의 풀길 없는 울분을 진정시키는 것이 현명하다고 판단했다. 1881년 10월 12일, 국회 개설을 1890년으로 정한다는 조칙을 내렸다.[887]

이 칙유는 자유당과 그 밖의 정치 결사의 국회 개설 요구에 의해 좀 서두른 감이 있었다. 그러나 중요한 정책 결정 사항은 아직도 산적해 있었다. 새 정체가 영국 방식을 모범으로 할 것인가, 아니면 프로이센 방식을 따를 것인가도 문제였다. 이 두 나라의 차이점의 배경에는 헌법이 민중에 의해 나온 것이냐(영국식), 천황에 의해 주어지는 것이냐(프로이센식)라는 기본적 명제가 있었다.

그러나 더욱 근본적인 문제는 따로 있었다. 그것은 장래의 입법부 의원 쪽에, 의회 절차에 대한 훈련이 거의 제로에 가까울 만큼 결여되어 있다는 사실이었다. 1881년 10월, 자유당 결성

대회에서 의장으로 고토 쇼지로(後藤象二郎), 부의장으로 바바 다쓰이(馬場辰猪)가 선출되었다. 그러나 바바의 자서전에 의하면 고토는 아주 드물게 회의에 출석했을 뿐이다. 그래서 의사 운영의 재량은 모두 바바의 양어깨에 걸려 있었다. 바바는 런던의 미들 템플 법학원에서 공부하여 영국 의회의 회의 운영 방법에 숙달돼 있었다. 바바는 당원들이 의회에서 토론을 할 때 가장 기초적인 예절조차 모르고 있는 데 환멸을 느꼈다. 바바가 당원의 무지를 비난하자 그들은 "유럽에서 의회가 어떻게 운영되건 간에 우리는 일본식으로 하면 되는 것 아닌가"라고 응수했다. 어쨌든 바바는 그럭저럭 의사 진행을 시켜 자유당 결성까지는 이뤄 놓았다. 이타가키 다이스케가 신당의 총리로 선출되었다.[888]

천황이 국회 개설의 조칙을 내린 지금, 자유당의 장래 목표는 애매모호한 것이 되고 말았다. 1882년에 오쿠마가 결성한 '입헌개진당(改進黨)'에는 보다 명확한 목적이 있었다. 그것은 입헌군주가 이끄는 영국식 의회제 민주주의의 확립이었다. 개진당 결성 대회 연설에서 오쿠마는 적극적이라기보다는 오히려 상징적인 군주의 역할을 강조했다.

세상에는 더러 스스로 존왕주의 당파라고 부르짖으며 훌륭한 덕이 있는 것처럼 꾸미는 자들이 있다. 그러나 그 대부분은 한두 떨거지로 황실을 울타리로 삼거나 병력으로 황실을 지키려는 데 지나지 않는다. 심한 경우는 군주를 표면에 내세우고 직접 행정을 담당해 황실이 위험한 지경에 빠져버리기를 원하는 자들도 있다.[889]

황실에 대한 오쿠마의 충성은 되풀이해서 강조되었다. 같은 연설에서 오쿠마는 다음과 같이 말하고 있다.

유신 중흥의 위업을 달성하고 제국(帝國) 만세의 기초를 세웠으며, 또한 황실의 존영(尊榮)을 무궁하게 견지하고 인민의 행복을 영원히 보전하기를 희망한다.[890]

1882년 4월 6일, 이타가키는 기후(岐阜)에서 연설을 끝낸 직후 습격을 받았다. 괴한은 단검으로 이타가키를 찔렀으나 상처는 심하지 않았고 범인은 즉시 체포되었다. 그러나 자신이 죽을 것 같다고 여긴 이타가키는 "이타가키가 죽더라도 자유는 죽지 않으리라!"라고 외친 것으로 전해진다.[891] 천황은 이타가키 피습 보고에 크게 놀라서 즉시 시종 니시요쓰쓰지 긴나루(西四辻公業)를 현지에 파견해서 이타가키를 위문하게 했다.[892]

이 사건으로 많은 동정이 이타가키에게 쏠렸다. 자유당은 전국적으로 신당원을 확보하게 되었다. 그러나 정부는 자유당의 활동에 점점 더 엄격한 규제를 가했다. 자유당원이 농민 봉기를 진압한 후쿠시마(福島) 현령의 포악한 행위에 항의하자 당원은 투옥되고 마침내 내란 음모죄까지 뒤집어썼다.

정부는 마키아벨리적이라고도 할 수 있는 실로 교묘한 책략으로 자유당 수뇌부를 처리하려 했다. 1882년 3월, 이토 히로부미는 각국의 헌법 조사—사실은 주로 프로이센 헌법 연구에 노력을 기울였다—를 위해 많은 수행원을 대동하고 유럽으로 떠났다. 이타가키가 막 출발하려는 이토를 찾아갔다. 이토는 이 기회를 이용해서 한 번도 유럽에 가본 일이 없는 이타가키에게 유럽의 정치, 인정, 풍속 연구를 위해 외유를 권했다. 유럽의 실정을 모르는 자가 유럽의 정치 제도를 미화하는 경향이 있는데, 그것은 일본 국민을 잘못 이끄는 일이라고 설득했다. 이타가키는 만일 여비만 조달된다면 갈 의사가 있다고 대답했다.

이토는 극비리에 이노우에 가오루(井上馨)와 협의한 끝에 자유당의 힘을 약화시키는 최선의 방법으로 이타가키와 고토 쇼지로를 당분간 외유시키기로 동의했다. 이토와 이노우에는 두 사람의 외유 비용 조달을 꾀했다. 최종적으로 육군성 공금 취급 업무를 3년 연장해주는 조건으로 미쓰이(三井) 은행에서 2만 달러를 대출했다.

1882년 8월 말, 이타가키는 갑자기 유럽행을 발표했다. 고토도 뒤를 이어 유럽행을 발표했다. 이타가키나 고토나 유럽 사정을 연구할 준비가 전혀 되어 있지 않았다. 바바 다쓰이에 의하면 두 사람은 외국어는커녕 로마자조차 알지 못했다. 그들이 유럽에서 무슨 중요한 정보를 얻을 가망은 전혀 없었다. 두 명을 위해 통역 한 사람이 배치되었는데, 주된 임무는 두 사람의 행동을 잘 살폈다가 이노우에에게 보고하는 일이었다.[893]

두 사람은 여비가 어디에서 나왔는지 만족스러운 설명은 아무것도 듣지 못했다. 그러나 그것은 두 사람에게는 아무래도 좋았던 모양이다. 두 사람은 어떻게 해서든지 외유를 하고 싶었던 것이다. 그러므로 자유당원들이 애써 외유의 타당성을 질문해도 두 사람의 대답은 도통 무슨 소리인지 종잡을 수가 없었다.

이미 뻔히 예상된 일이었지만 유럽 체류는 두 사람에게 아무 도움도 되지 않았다. 고토는 거의 파리에서만 지냈고, 때때로 아마도 양심의 가책을 달래느라고 프로이센, 오스트리아, 영국 등을 구경하고 다녔다. 고토는 이토의 조언으로 빈의 저명한 학자 로렌츠 폰 슈타인 교수로부터 열흘여에 걸친 강의를 들었다. 이 토가 슈타인의 강의에 나오라고 고토에게 권한 이유는 영, 미, 불의 영향 아래 있는 과격한 자유주의자에 대한 해독제 역할 및 황실의 기초 다지기를 위한 하나의 방법으로서였다. 그러나 이 해의 슈타인 교수의 강의는 나폴레옹 3세의 쿠데타에 관한 화제 등 주로 잡담으로 일관했다. 고토는 결국 전혀 얻은 것이 없었 다.

이타가키는 클레망소나 빅토르 위고와 만난 일이 자랑거리였 다. 그러나 이타가키는 프랑스에서 주로 관광으로 세월을 보냈 다. 귀국 후 발표한 기행문 『서양견문일반(西洋見聞一班)』이 그 것을 증명하고 있다. 이타가키는 운 좋게 일본 지식인이 동경해 마지않는 허버트 스펜서와 회담하게 되었다. 그러나 이타가키 가 너무나 초보적인 논의로 일관하는 바람에 스펜서가 격앙해서 '그만해, 그만해, 그만해' 하고 소리 지르며 일어나 방을 나가버 렸다.[894]

1883년에 이타가키와 고토는 귀국했다. 두 사람이 없는 동안 자유주의의 2대 정당인 자유당과 입헌개진당은 치열한 이전투 구를 벌이고 있었다. 이것이야말로 바로 유럽 외유를 미끼로 이 타가키와 고토를 매수할 당시 정부의 보수파 수뇌가 의도한 성 과였다. 프랑스의 공화 정치, 영국의 입헌 정치에 대해서 자신들 의 눈을 뜨게 해줄 줄 알고 잔뜩 기대하던 자유당원들은 이타가 키의 귀국 연설에 환멸을 느꼈다. 이타가키는 연설하면서 "우리 일본의 생활수준은 매우 낮으나 정치는 오히려 진보하고 있다. 이제부터는 오히려 생활을 충실하게 하는 데 힘을 쏟아야 한다"

고 했다. 그리고 해군을 크게 증설하지 않으면 일본이 아주 위험하다는 경고도 했다. 이미 그에게서는 개혁을 추진할 자유주의자의 면모를 찾아볼 수가 없었다.

1884년 10월 29일, 자유당은 해산했다. 신랄한 경쟁 상대였던 입헌개진당은 같은 해 12월 17일, 두 사람의 당 수뇌인 오쿠마와 고노 도가마(河野敏鎌)가 사임할 때 사실상 해산된 셈이었다. 자유주의를 내건 두 정당은 사라져버렸고, 몇 년 동안 부활을 기다려야 했다.

〈2권에 계속〉

저자 주

서장

1 천황의 '메이지'라는 호칭은 사후에 붙여진 것이지만 여기서는 메이지 천황이라는 이름으로 일관하기로 한다. 생전에는 그저 '천황' 또는 '천자님'으로 불렸다. '무쓰히토(睦仁)'라는 본명은 주로 외국인과의 접견 때 사용되었다.

2 메이지 천황의 아명 '사치노미야(祐宮)'가 우물 이름에서 따온 것이라는 설도 있다. 그러나 우물을 만든 시기는 1853년 8월 교토가 가물었을 때였고 천황이 이미 한 살은 되었을 시기였다. 고메이 천황은 참의(參議) 고조 다메사다(五條爲定)가 올린 일곱 개의 이름 중에서 '사치노미야'를 선택했다. 메이지 천황의 증조부인 고카쿠(光格) 천황(1771~1840) 역시 아명을 '사치노미야'라 했다. 즉 이 이야기는 잘못 전달된 것이며 메이지 천황의 아명을 본떠서 우물 이름을 붙인 것이다. 고메이 천황은 우물물이 맑고 차며 풍부한 것을 보고 기뻐하며 아들 이름을 따서 '사치노이'라고 명명했다(『메이지 천황기』 제1권 p. 23, 59). 그리고 메이지 천황이 태어날 때 이 '사치노이'의 물을 사용한 것으로 일반적으로 알려져 있으나 공식 기록에 의하면 출산 때 사용한 물은 가모(賀茂) 강 데마치바시(出町橋) 북쪽에서 길어 왔다(『메이지 천황기』 제1권 p. 3, pp. 20~21).

3 출산을 위한 별채를 짓는 데 든 비용은 1백 냥이다. 다다야스는 2백 냥의 차용을 신청했다. 이 신청은 의주(議奏:천황을 가까이에서 모시며, 천황의 말을 구게 이하에게 전하기도 하고 의사를 상소하던 직)와 부

케텐소(武家傳奏:막부의 주청을 조정에 전하는 벼슬)를 거쳐 관백(關白:천황을 보좌해서 정사를 다스리는 중직. 태정대신보다 상위)에게 상신되었으나 1백 냥 이상의 차용은 전례가 없다며 거절당했다. 다다야스는 15년 분할 상환하기로 하고 1백 냥을 빌렸다. 다행히 다다야스의 큰숙모에 해당하는 나카야마 이사코(中山績子)가 다이덴지(大典侍: 궁중 여관女官의 최고위직)였으므로 그의 명의로 다시 50냥을 차용할 수 있었다. 이것은 10년 분할 상환하기로 했다(『메이지 천황기』 제1권 pp. 8~9). 다다야스는 왕손이 무사히 탄생하면 딸 요시코가 받을 양육비로 빚을 다 갚을 수 있으리라 생각했다.

4　메이지 신궁에 있는 성덕(聖德) 기념 회화관에는 메이지 천황의 탄생에서 장례에 이르기까지 생애의 하이라이트가 그려진 80폭의 그림이 전시되어 있다. 1926년부터 1936년까지 당시의 화가들이 그린 것인데, 아마도 실제로 메이지 천황을 만나 본 화가는 한 사람도 없었을 것이다. 이탈리아 화가 에두아르도 키오소네(1832~98)는 메이지 천황의 실제 모습을 데생한 몇 안 되는 화가 중 한 명이다. 키오소네의 원화는 사진으로 복제되어 일본 전국의 학교에 '어진영'으로 보내졌다.

5　기무라 데이노스케(木村禎之祐), 「메이지 천황의 어린 시절」(〈태양(太陽)」 임시 증간호 「메이지 성천자聖天子」) pp. 21~22. 1912년 9월에 간행된 〈태양〉의 임시 증간호는 전 페이지를 서거한 천황에 대한 회상으로 채웠다. "성상께서는 승부욕이 강하신 만큼 성미가 급하시어 마음에 들지 않는 일이 생기면 즉시 작은 주먹을 움켜쥐고 누구에게나 휘두르는데, 나도 이 주먹맛을 얼마나 많이 봤는지 모른다. 어쨌거나 내가 한 살이 적은 터라 어려운 분이라는 관념이 전혀 없었고 애당초 생각이 모자라 항상 기분을 거스르는 일이 적지 않았으며 그때마다 툭하면 얻어맞곤 했다."

6　보조 도시나가(坊城俊良), 『궁중 50년』 p. 15.

7　히노니시 스케히로(日野西資博), 『메이지 천황의 일상』 p. 53.

8　동 p. 44, 174.

9　동 p. 59. "다이아몬드 반지 구입에 수천 엔, 혹은 1만 엔이 넘는 경우가 종종 있습니다."

10　동 p. 146. "한 병의 향수를 이틀이나 사흘 만에 다 써버리십니다."

11　Giles St. Aubyn, *Queen Victoria*, p. 218. "19세기의 검정 교과서 거의 전부가 여왕이 단순한 '무'의 존재임을 시사하고 있다. (중략) 실제로 이 지적만큼 진실과 먼 것도 없다. 글래드스톤은 이 어처구니없는 지적에 서글픈 미소를 떠올렸을 게 틀림없다."

1장

12 천황의 공식 초상화에 개성이 결여되어 있는 이유는 원래 천황의 초상화가 사후에 그려지며, 화가가 생전의 천황 모습을 한 번도 본 일이 없기 때문이 아닐까 싶다. 예를 들어, 전에 고카쿠(光格) 천황의 초상화를 그린 일이 있는 도요오카 하루스케(豊岡治資)는 1846년 가을, 닌코 천황이 서거한 지 8개월 뒤에 그 초상화를 의뢰받았다. 도요오카의 보수는 백은(白銀) 열 매, 비단 두 필이었다. 『고메이 천황기』 제1권 pp. 270~271, 후지타 사토루(藤田覺), 『막부 말기의 천황』 p. 141 참조.

13 이 세 명의 천황의 자녀에 대한 상세한 내용은 『오야 소이치(大宅壯一) 전집』 제23권, pp. 24~26 참조. 왜 사망률이 그렇게 높은지에 대한 오야 개인의 의견도 있다.

14 1899년 일본의 유아 사망률은 인구 1천 명당 153.8명이었다. 설혹 40년 전의 비율이 이보다 조금 높았다 하더라도 황실에서의 유아 사망률과는 비교가 되지 않는다. 가토 히토시(加藤仁), 「메이지 천황 궁녀 사생아전」(《新潮45》 1988년 9월호) p. 62참조.

15 아스카이 마사미치(飛鳥井雅道), 『메이지 대제』 p. 211 참조. 아스카이는 황실 자손의 사망률이 높은 이유가 예로부터 내려오는 구닥다리 한방 의술 탓이라고 봤다. 메이지 후기, 양의가 궁중에 들어간 후에 태어난 여섯 명의 황족 중 네 명은 무사히 성장했다.

16 물론 의식은 궁중의 가장 중요한 사항이었다. 스러져가던 몇몇 의식의 부활에 성공한 공은 고카쿠 천황의 천황다운 특징의 첫머리에 올려놓아도 좋을 것이다(후지타 사토루 『막부 말기의 천황』 pp. 87~88). 그리고 허셸 웹은 '주기적으로 되풀이되는 다양한 의식, 관직 임명, 연중행사 등은 궁중의 국가적 임무의 모든 것이었다'고 서술했다(Herschel Webb, *The Japanese Imperial Institution in the Tokugawa Period*, pp. 119~120).

17 히가시쿠제 미치토미, 『죽정(竹亭) 회고록 유신 전후』 p. 29. 히가시쿠제가 왜 이 책을 썼는지 다음과 같이 말하고 있다. "우리는 점점 나이를 먹어가므로 언제 기억을 못하게 될지 모른다. 그래서 지금 미리 말해두려는 것이다. 이는 훗날 사가들이 오류를 범하지 않았으면 하는 바람이 있어서다."

18 실제로는 생일 7일 전이었으므로 고메이 천황의 나이는 만으로 일곱 살이었다. 직접 인용하는 경우에만 원문에 따라 인물의 나이를 만으로 환산하지 않았다.

19 히가시쿠제,『죽정 회고록 유신 전후』p. 32. 몇 가지 문헌으로 구성된 의식의 공식 기록은『고메이 천황기』제1권 pp. 43~45 참조.

20 고메이 천황은 1845년 1월 20일에 무악을, 같은 해 4월 10일에 노가 쿠를 즐겼다.『고메이 천황기』제1권 p. 147. 이 밖에도 고메이 천황 재 위 중에 궁중에서 수많은 노가쿠가 행해진 기록이 있다. 불치병의 징후 가 처음으로 나타난 것은 천황이 무악을 참관하던 도중이었다.

21 그런 소일거리로 투계도 있었다. 고메이 천황은 1847년 3월 3일 처음 투계를 본 후로 여러 번 투계를 즐겼다.『고메이 천황기』제1권 p. 312.

22 후쿠치 시게타카(幅地重孝),『고메이 천황』p. 21에 인용되어 있는「사 네쓰무(三條實万) 수록(手錄)」에는 귀족의 신분으로 최고위에 있는 당 상관들이 저지른 도에 어긋난 행위들이 숱하게 서술되어 있다. 가령 어 떤 집안 대대로 전해 내려오는 약이라고 속여 사람들에게 엉터리 약을 팔아먹기도 하고, 길거리에서 무사나 부유한 상인과 마주치면 사소한 일로 시비를 걸어 돈을 뜯어내는 식이다. 자신도 높은 귀족 신분인 산 조는 '당상관들의 일확천금을 노린 간계는 우후죽순 같아서 처치 곤란 하다'고 말하고 있다.

23 『고사유원(古事類苑)』「제왕부(帝王部)」p. 747.

24 모두 유학의 가르침의 근거가 되고 있는 서적. 4서는『논어』『중용』『대 학』『맹자』를 가리키고, 5경은『역경』『서경』『시경』『예기』『춘추』를 가리킨다.

25 히가시쿠제,『죽정 회고록 유신 전후』p. 33.

26 주14 참조. 일곱 개 신사는 이세伊勢, 이와시미즈하치만石淸水八幡, 상 가모上賀茂 하가모下賀茂, 마쓰오松尾, 히라노平野, 이나리稻荷, 가스가春 日이고, 일곱 개 사찰은 인화사仁和寺, 동대사東大寺, 흥복사興福寺, 연력 사延曆寺, 원성사園城寺, 동사東寺(교왕호국사敎王護國寺), 광륭사廣隆寺 이다. 이 절들은 모두 나라(奈良) 시대에 비롯되었거나 헤이안(平安) 시대의 천태종(天台宗), 진언종(眞言宗) 계열에 속하는 것뿐으로서, 가 마쿠라(鎌倉) 시대 이후에 새로 일어난 종파의 절은 없었다는 점을 지 적해 둔다.

27 같은 책 p. 34 참조. 원복 의식에 대해서는 p. 36 참조.

28 같은 책 p. 36 참조.

29 자세한 것은 같은 책, p. 43에 인용되어 있는『노노미야 사다나가(野宮 定祥) 일기』에 있다.

30 닌코 천황이 서거한 공식 날짜다. 그러나 1870년, 닌코 천황이 실제로

사망한 날이 1월 26일이라는 사실이 밝혀졌다. 그리고 1873년에 태양력이 채용된 이래로 이 날짜는 2월 21일로 고쳐졌다. 『고메이 천황기』 제1권 p. 162 참조.

31 아사코에게 정식 뇨고의 선지(宣旨)를 내린 것은 1848년 12월 15일이다(『고메이 천황기』 제1권 p. 764). 아사코는 1834년에 태어났는데, 연운(年運)이 좋지 않다고 해서 태어난 해를 1833년으로 고쳤다(후쿠치, 『고메이 천황』 p. 35). 정식으로 고메이 천황의 황후로 인정된 후로도 호칭은 주고(准后)였다. 이 호칭에는 몇 개의 별칭이 있는데 가장 일반적인 호칭은 '주산고(准三后)'. 이는 태황태후(太皇太后), 황태후(皇太后), 황후(皇后) 이 세 후 다음 지위라는 뜻이다. 후에 아사코는 메이지 천황의 정식 어머니가 되고 메이지 천황 즉위 후 황태후가 되었다.

32 『고메이 천황기』 제1권 p. 255.

33 같은 책 p. 370.

34 대례의 경비는 4,332섬 4말 3되 4홉이었다(『고메이 천황』 p. 44).

35 같은 책 p. 44. '25일에는 일반 서민도 참관할 수 있게 했다.' 이 시기의 귀중한 자료인 『도키나루 경 기(記)』를 쓴 야마시나 도키나루(山科言成)에 의하면, '즉위를 위한 가구 등을 구경하려는 사람들이 구름처럼 봄 안개처럼 몰려들었고 현관 앞은 한 치의 여지도 없을 만큼 혼잡하기 짝이 없었다'(『고메이 천황기』 제1권 p. 432).

36 『고메이 천황기』 제1권 p. 512. 이 와카는 1848년 스가와라노 미치자네(菅原道眞)를 기리는 성묘어법락(聖廟御去樂:성묘 앞에서 신을 즐겁게 하는 행사)이 올려진 2월 25일에 읊었다. 이 와카에서 매화를 봄을 알리는 꽃으로 읊은 것이 틀림없지만, 미치자네와 매화 사이에도 전통적인 인연이 있다.

37 예컨대 『고메이 천황기』는 1850년 2월 21일, 고메이 천황이 한 달 이상에 걸쳐 앓았던 질병에서 회복되었음을 전하고 있다(『고메이 천황기』 제1권 p. 887).

38 같은 책 p. 938 참조. 황녀는 1852년 6월 14일에 내친왕의 선지(宣旨)를 받아 요리코(順子)로 명명되었다. 그러나 그로부터 사흘 뒤 1년 7개월 만에 죽고 말았다(『고메이 천황기』 제2권 p. 70, 75).

39 『고메이 천황기』 제1권 p. 948. 어머니인 신텐지 후지와라 노부코(藤原伸子)는 다이나곤(大納言) 보조 도시아키(坊城俊明)의 딸로, 스무 살에 죽었다.

40 같은 책 p. 950. 황족 및 쇼군 가 일족이 사망하는 경우 소리를 내지 못하게 하는 가무 금지령에 관해 후지타,『막부 말기의 천황』pp. 30~32에 흥미진진한 고찰이 있다.

2장

41 조정의 관리로 당시 네다섯 명 있었다. 천황을 가까이 모시며 천황이 구술하는 칙령을 구게(公家) 이하에게 전하는 일을 했다.

42 조정의 관리로 당시에는 두 명이 있었다. 막부와의 연락 담당으로 칙사의 역할을 하기도 하고 조정에서 막부 관리를 응대하기도 했다.

43 궁궐의 언어들만 모아놓은 250쪽 분량의 책이 있는데, 여기에도 메이지 천황 탄생과 관련된 특수한 용어는 나오지 않는다. 이노쿠치 유이치(井之口有一), 호리이 레이이치(堀井令以知),『궁궐 용어』참조.

44 '쓰기이레노유'의 의미는 분명치 않다.

45 『메이지 천황기』제1권 p. 3 참조. 작은 칼로 자르기 전에 탯줄에 대는 '다코나가타나'는 보통 관례 때의 이발 의식에 사용되는데, 이것이 탯줄 자르는 의식에도 사용되었다.『메이지 천황기』의 편저자는 이를 '옛 풍속'의 흔적이라 했다.

46 '마메'라는 말에 '건강'이라는 의미가 있다.

47 아기의 머리 쪽의 높이는 14센티미터, 다리 쪽 낮은 곳은 약 6센티미터.

48 현대의 채색 목각 인형과 비슷한 매우 소박한 인형. 특징은 몸에서 좌우로 팔이 뻗어 있다. 십자가 형태를 떠올리면 된다. 갓난아기 곁에 이 인형을 놓으면 악령을 대신 빨아들여 아기를 지켜준다고 믿었다. 세 살이 될 때까지 갓난아기 곁에 놓아두었는데『메이지 천황기』에 나오는 아마가쓰 인형의 몸 길이는 약 42센티미터 정도다.

49 달강어(方頭魚)는 '金頭'라고도 쓰는데, 이 물고기가 선택된 것은 '金頭'라는 낱말에 젖먹이 어린이가 아주 강해진다는 의미가 들어 있기 때문이다.

50 호리 다쓰노스케(1823~94)는 대대로 네덜란드어 통역을 하는 집안에서 태어났다. 훗날 영어를 익혀 1846년에 제임스 비들이 우라가에 가지고 온 편지를 번역한 것이다. 개성소(開成所) 교수가 되어『영화대역 수진사서(英和對譯袖珍辭書)』를 출판했다.

51 이것은 변명이 아니었다. 도쿠가와 이에요시(德川家慶, 1793~1853)는 6월 22일 사망했다. 그의 죽음은 막부가 7월 22일까지 비밀에 붙이고 있었다. 『메이지 천황기』 제1권 p. 55 참조.

3장

52 푸탸틴의 함대가 실제로 도착한 것은 7월 18일(1853년 8월 22일), 그러나 막부가 조정에 그 사실을 전한 것은 그로부터 약 한 달이 지난 다음이었다(『메이지 천황기』 제1권 p. 57). 이 배경에 대해서는 와다 하루키(和田春樹)의 『개국 ― 러일 국경 교섭』에 상세하게 나와 있다.

53 푸탸틴이 오가사와라 제도에서 입수한 러시아 정부의 추가 명령 배경에 대해서는 앞의 책, pp. 89~91 참조. 일본인의 심정을 알아차린 러시아 측의 판단은 정확했다. 러시아 응접 담당으로 임명된 가와지 쓰쓰이 두 사람은 먼저 내항한 미국인에 비해 온화한 분위기인 러시아인을 호의적으로 받아들였다(와다, 『개국』 p. 101).

54 이 시기의 푸탸틴의 행동에 대해서는 와다, 『개국』 pp. 109~111 참조. 푸탸틴이 러시아로부터의 보고에 신경을 쓴 이유는 러시아와 터키 사이에 전쟁이 발발할 것으로 예상되었기 때문이다. 이것은 바로 터키의 동맹국인 영국, 프랑스와 러시아 사이의 전쟁이기도 했다. 상하이에서 푸탸틴은 페리 제독에게 편지를 썼고, 홍콩에서는 미국과 러시아의 협력을 호소했으며, 상하이의 미 해군 저탄장의 석탄 80톤을 빌려달라고 부탁했다. 페리는 동맹 관계는 정중하게 거절했으나 석탄 50톤은 대여하기로 승낙했다. 일단 석탄을 싣고 나가사키로 돌아온 푸탸틴은 이미 크리미아 전쟁이 발발한 사실을 알고 있었다.

55 『메이지 천황기』 제1권 p. 59. 나가사키에서의 교섭에 대해 좀 더 상세한 내용은 와다, 『개국』 pp. 93~124 참조. 그곳에는 러시아인 및 러시아 함선을 그린 일본인 화가의 흥미로운 그림도 수록되어 있다. 가와지 도시아키라(川路聖謨)는 나가사키 여행과 푸탸틴과의 교섭에 관한 일기를 남겨놓았는데, 이에 관해서는 도널드 킨, 『백대의 과객(百代の過客)』 pp. 524~529 참조. 『나가사키 일기』의 마지막에 가와지는 다음과 같이 기록했다. '말은 통하지 않지만 30일이나 함께 지내다 보면 대개는 통하게 마련. 인정은 조금도 다르지 않다. 코가 높은 데다 안색도 너무 창백한 자들이 많다. 모두 좋은 남자들로 에도에서라면 똑똑하다는 소리를 들을 만한 자도 보인다.'

56 1877년 7월 나카야마 다다야스는 우물 옆에 그 유래를 기록한 돌비석을 세워 놓았다.

57 교토 우교쿠(右京區) 사가(嵯峨)에 있는 진언종 대각사(大覺寺) 경내의 작은 절.

58 밀교(密敎)에서 부동명왕(不動明王)을 본존으로 삼고 재난을 막아달라고 기원하는 부동법(不動去)을 바치고 대반야경을 읽었다.

59 당시 시모다의 인구는 4, 5천 명, 가옥은 약 1천 채 정도의 촌락이었다. 바닷길을 빼고는 교통이 어렵고 태풍이 지나는 통로였다.

60 만일 푸탸틴이 탄 디아나 호가 지난번처럼 나가사키에 가 있었더라면 골치 아픈 일이 일어났을지도 모른다. 나가사키에는 영국 함대 네 척이 정박 중이었다. 크리미아 전쟁이 발발한 때였으므로, 아마도 영국 함대는 디아나 호를 공격했을 것이다. 대신 푸탸틴이 향한 곳은 앞서 미국인에 개항한 하코다테였다. 여기서 푸탸틴은 이제부터 오사카로 향할 예정이라는 내용을 적어 막부에 보내는 편지를 하코다테 부교(奉行)에게 맡겼는데, 이 편지는 디아나 호가 오사카 앞바다에 나타났을 때까지도 에도에 도착하지 않았다. 다시 오사카로부터 시모다로 향하는 도중 푸탸틴은 전해에 일본으로 돌려보내준 일본 표류민을 통해 친절하게도 영국 함대가 일본 근해에 있다는 사실을 알게 된다.

61 지진과 해일의 상황을 전하는 푸탸틴의 박진감 넘치는 보고문은 와다, 『개국』 pp. 142~145에 일본어로 인용되어 있다. 디아나 호는 해일을 간신히 버텨내기는 했으나 상당히 큰 피해를 입었다.

62 디아나 호가 수리를 위해 헤타(戶田)로 향하는 길에 폭풍으로 침몰하는 바람에 교섭은 또다시 중단되었다. 이에 대한 복잡한 경위는 와다, 『개국』 pp. 146~160 참조.

63 유신들이 진언한 연호는 '文長·安政·安延·和平·寬裕·寬祿·保和'. 『메이지 천황기』 제1권 p. 88 참조.

64 이와 관련된 가와지 도시아키라(川路聖謨)의 일기 발췌문이 와다, 『개국』 pp. 153~154에 인용되어 있다. 러시아에 대한 호의적인 대우의 한 예로서 나가사키, 시모다, 하코다테 3개 항의 개방을 들고 있다. 미국에 대해서는 시모다, 하코다테의 2개 항만 개방했다.

65 『메이지 천황기』 제1권 pp. 98~99. 이 범선은 이즈(伊豆) 반도 서해안의 헤타에서 건조되었다. 이 소형 범선에는 지명을 따서 헤타 호라는 이름이 붙여졌다. 유럽 설계를 바탕으로 해서 일본인이 만든 최초의 범선이다. 디아나 호 난파 후, 러시아인은 배에서 인양한 짐 가운데서 크론슈타트 항만 사령관의 요트 설계도를 발견했다. 범선의 도면을 그릴

때 일본인들은 이를 참고했다. 와다, 『개국』 pp. 172~180에는 귀국선을 둘러싸고 미국인과의 매우 껄끄러운 교섭, 그리고 부근에 있는 적함대의 존재가 원인이 되어 일어난 숱한 시련들이 그려져 있다. 독일 상선으로 귀환하려 한 러시아인 일행은 사할린 앞바다에서 영국 군함에 나포되어 포로가 되기도 했다.

66 『고메이 천황기』 제2권 p. 232에는 아베 마사히로가 1854년 4월 15일 와키사카 야스오리에게 보낸 편지가 있다.

4장

67 『메이지 천황기』 제1권 p. 118. 원문에는 '황자'가 아니라 '히노미코(日御子)'라 했는데 이는 천황 또는 황자를 가리키는 시어다. '하늘의 바위 다리'는 실제로 있는 사치노미야가 건넌 다리 이름이며 동시에 하늘과 땅을 이어주는 다리이자 아마테라스오미카미(天照大神)가 숨었다는 '하늘의 바위문' 같은 상서로움을 암시하고 있다.

68 『메이지 천황기』 제1권 p. 120. 이것은 『도보조 도키나가(東坊城聰長) 일기』 『대일본 고문서』 등 일본의 문헌에 의한 것이다. 해리스가 기록한 일기의 내용과 일치하지 않는다. 해리스는 시모다에 도착한 다음 날인 1856년 8월 22일 상륙해서 시모다의 맞은편에 있는 가키자키무라(柿崎村)를 찾아갔다. '이 고장의 사원 옥천사(玉泉寺)가 미국인의 휴게소로 정해졌다. 방은 넓고 매우 아름답고 깨끗했으므로 2, 3주는 우선 기분 좋게 이곳에 체류할 수 있을 것이다. (중략) 시모다의 요천사(了泉寺)도 미국인이 사용하게 했다. 나는 아마도 주택이 준비될 때까지 여기서 살아야 할지도 모른다.' (『해리스 일본 체재기』 중권 pp. 14~15) 8월 27일(본래 26일)의 일기에서 해리스는 관리가 자신에게 일단 돌아갔다가 1년쯤 지난 뒤 오는 편이 좋겠다고 열심히 설득했다고 쓰고 있다. 그러나 해리스는 이 일본 측의 제안을 모두 거절했다. 8월 28일, 해리스는 부부교(副奉行)가 '귀하의 높은 신분에 어울리게 모든 존경을 가지고 귀하를 맞이하기 위해 거주에 합당한 유일한 장소 가키자키의 옥천사를 귀하의 주거로 삼을 준비를 하고 있다'는 말을 했다고 전했다(『해리스 일본 체재기』 중권 p. 33). 시모다 상륙과 거주를 주장하는 해리스에게 시모다 부교 사무소가 얼마나 격렬하게 저항했는지 에도의 막부에 과장해서 전해졌을 가능성이 있다.

69 이 사건은 1900년 5월 9일의 일이다(토크 벨츠 편, 『벨츠의 일기』 상

권 p. 204).

70 천황이 있는 어전 북쪽에 있는 작은 건물. 1840년부터 동궁어전(東宮御殿)이라고 불리고 있다. 그러나 이 경우는 원래의 명칭이 사용되고 있다. 아마도 사치노미야가 동궁(황태자)이 되기 전이었기 때문일 것이다.

71 『벨츠의 일기』 상권 pp. 230~231. 1901년 9월 16일의 일이다.

72 나카야마 저택에 살고 있었을 무렵 사치노미야는 남몰래 할아버지 다다야스의 지시로 종두를 맞았다(『메이지 천황기』 제1권 p. 454). 일본에서의 종두의 보급에 대해서는 도널드 킨의 『백대의 과객』 p. 520 참조. 일기를 쓴 이제키 다카코(井關隆子, 1785~1844)는 네덜란드 의사에 의해 나가사키에 소개된 종두에 대해 호의적이었다.

73 『메이지 천황기』 제1권 pp. 127~128. 여기 인용한 것은 네덜란드어로 쓰인 편지의 일본어 역이다. 『고메이 천황기』에는 나오지 않는다.

74 후지타 사토루(藤田覺)의 『막부 말기의 천황』 pp. 55~70 참조.

75 고사쿠라마치 상황(上皇)은 사과를 한 사람 당 하나씩 나눠줬는데 오후가 되자 준비한 3만 개의 사과가 동이 나고 말았다고 한다(후지타, 『막부 말기의 천황』 p. 60).

76 후지타, 『막부 말기의 천황』 pp. 143~144 참조. 고메이 천황의 전형적인 하루의 생활을 간단하게 소개하고 있다.

77 당시 동시통역을 할 수 있는 사람은 없었던 모양이다. 대신 해리스의 말을 휴스켄이 네덜란드어로 통역하고 그것을 네덜란드어 훈련을 받은 일본인이 일본어로 통역했다. 네덜란드어는 당시 일본인이 할 수 있는 유일한 외국어였다.

78 『메이지 천황기』 제1권 pp. 137~138. 해리스가 일기에서 홋타와의 회견에서 언급한 부분이 명확하지 않다. 예를 들면 영국과 프랑스의 영토 야심에 대한 지적은 없다. 홋타와의 회견에서 한 해리스의 발언은 W. G. Beasley, *Select Documents on Japanese Foreign Policy*, 1853~68, pp. 159~165에 있다. 여기서는 실제로 영국과 프랑스가 일본을 어떻게 위협했는지 상세하게 쓰여 있다.

79 『메이시 천황기』 세1권 p. 142. 『고메이 천황기』 제2권 pp. 725~726에 있는 원문은 더 길다.

80 『메이지 천황기』 제1권 p. 139. 이 와카(和歌)는 생모 나카야마 요시코가 죽은 뒤 요시코의 소지품 중에서 발견되었다. 지어진 날짜가 그녀의 필체로 쓰여 있다.

5장

81 서한의 원문은『고메이 천황기』제2권 p. 730 참조.

82 칙답(勅答) 전문은 W. G. Beasley, *Select Documents on Japanese Foreign Policy, 1853~68*, pp. 180~182 참조.

83 원문은『고메이 천황기』제2권 p. 85 참조.

84 원문은『고메이 천황기』제2권 p. 892 참조. 이것은 이 시기에 고메이 천황이 내놓은 같은 취지의 어명 중 하나.

85 고메이 천황은 서한 가운데 '세 친왕'이라고 써놓았으나 '후시미'와 '아리스가와' 두 이름밖에 써놓지 않았다. '후시미'는 후시미노미야 사다노리(貞敎)를, '아리스가와'는 아리스가와노미야 다카히토(幟仁)와 그의 아들 다루히토(熾仁)를 말한다. 후시미노미야와 아리스가와노미야 다루히토는 닌코(仁孝) 천황의 조카로, 아리스가와노미야 다카히토는 고카쿠(光格) 천황의 조카로 각각 친왕 칭호를 받고 있다. 모두들 황족으로서의 혈연관계는 엷었으나 천황의 혈통 유지를 위한 조처였을 것으로 여겨진다. 아스카이 마사미치(飛鳥井雅道),『메이지 대제』p. 77, p. 207 참조.

86 도야마 시게키(遠山茂樹) 편,『유신의 군상』pp 56~57 참조. 나카야마 다다야스는 일기에 '궁중은 유곽처럼, 날마다 환락'이라고 썼고, 이와쿠라 도모미는 주지육림의 생활을 버리고 정치를 진지하게 생각하도록 고메이 천황에게 상주했다고 한다. 유감스럽게도 이 부분은 집필자 네즈 마사시가 이 이야기들의 출전을 정확히 명시하지 않아 원문은 확인할 수 없었다.

87 프랑스와의 조약은 9월에 조인되었다.

88 고메이 천황은 막부가 고산케(御三家:도쿠가와 쇼군의 일가인 오와리尾張, 기이紀伊, 미토水戶 세 가문의 경칭)나 다이로(大老)를 상경시키겠다고 보증한 구조 히사타다의 말을 특히 언급하고 있다. 그러나 막부는 이를 실행하지 않았을 뿐 아니라 열강 몇 개국과의 조약에 조인했다. 서한 원문은『고메이 천황기』제3권 pp. 25~26.

89 『고메이 천황기』제3권 p. 30. 고메이 천황은 좀 더 주의 깊은 말로 '공무어합체(公武御合體)'라고 표현했다.

90 고메이 천황은 10월 25일자 좌대신 고노에 다다히로(近衛忠熙)에게 쓴 서한에서 피로해서 마나베의 배알을 받을 수 없었다고 썼다.『고메이 천황기』제3권 p. 102 참조.

91 원문은『고메이 천황기』제3권 p. 227. 요약은『메이지 천황기』제1권

6장

92 메이지 천황이 친필로 적은 10만 수에 이르는 와카는 나중에 시중이 청서(淸書)하고 원본은 태워버렸다고 한다. 하나부사 요시모토(花房義質), 「선제 폐하에 관한 추억」(〈태양〉 임시 증간호 『메이지 성천자』 p. 322) 참조. 메이지 천황의 친필을 실제로 본 궁중 신하의 증언에 의하면 천황의 서체는 판독하기 매우 어려웠다고 한다(히노니시 스케히로 日野西資博, 『메이지 천황의 일상』 pp. 54~55, p. 69). 어쩌면 메이지 천황은 그 증거를 남겨놓고 싶어하지 않았을 수도 있다.

93 와타나베 이쿠지로(渡邊幾治郎), 『메이지 천황』 상권 p. 85. 와타나베는 『다다요시 일기』에서 인용하고 있다. '중(中)'과 '산(山)'을 합쳐 놓으면 말할 것도 없이 외가 쪽 성 '나카야마(中山)'이며, 사치노미야가 이 글씨를 연습한 것은 그 때문이었는지도 모른다. 어쨌든 글씨 쓰기 초보자 누구나가 배우는 간단한 두 글자다.

94 『메이지 천황기』 제1권 p. 212. 『대학』을 읽기 시작하라는 칙명을 받은 것은 1860년 6월 29일, 완독한 것은 동년 11월 12일의 일이다. 닷새 후인 11월 17일에는 『중용』을 읽기 시작했다(『메이지 천황기』 제1권 p. 231). 『논어』 읽기를 시작한 것은 1861년 6월 22일의 일이다.

95 기무라 다케시(木村毅), 『메이지 천황』 p. 91. 기무라는 이 이야기를 우라마쓰 다루미쓰한테 직접 들었을 것이다. 후세하라 노부사토(伏原宣論)는 노부하루(宣明)의 아들.

96 와타나베, 『메이지 천황』 상권 pp. 85~86. 그리고 『메이지 천황기』 제1권 p. 245에는 사치노미야가 생모의 눈을 피해가며, 일과를 무시한 일이 있다고 쓰여 있다.

97 같은 책, p. 84. 타카마로는 1852년생으로 사치노미야와 동갑이며 다다야스의 손자이다. 이는 다다야스의 아들 다다미쓰(忠光, 1845~64)의 살못으로 여겨진다. 다다미쓰는 만 열세 살 때부터 시종으로 출사해서 어린 사치노미야의 놀이 상대였다.

98 기무라 데이노스케, 『메이지 천황의 어린 시절』(〈태양〉 임시 증간호 『메이지 성천자』 pp. 21~23).

99 다카히토 친왕의 말에 의하면 메이지 천황은 이미 1857년, 즉 만 다섯 살 때 와카를 읊기 시작했다. 와타나베, 『메이지 천황』 상권 p. 86 참조.

100 『메이지 천황기』 제1권 pp. 206~207. 서한의 원문은 『고메이 천황기』 제3권 pp. 379~380. 고메이 천황은 또 가즈노미야가 배다른 누이동생이므로 의리상 강요할 수 없다고 말하고 있다.

101 고대 중국에서 천자의 보물이라고 전한 것으로서 '매우 가치가 있는 것'이란 뜻.

102 다케베 도시오(武部敏夫), 『가즈노미야』 pp. 45~46 참조. 다케베는 막부가 외교 거절을 서약한 것은 사실 막부의 본의가 아니었다고 말하고 있다. 고메이 천황이 구체적 조처를 요구했기 때문에 할 수 없이 기재했다는 것이다.

103 이시이 다카시(石井孝), 『막부 말기 비운의 사람들』 p. 106 참조. 이시이는 가즈노미야가 자꾸만 강혼을 거부했던 데는 생모 간교인과 백부 하시모토 사네아키라의 강한 반대가 있었기 때문이라고 했다.

104 이시이, 『막부 말기 비운의 사람들』 p. 16에서는 관백 구조 히사타다(九條尙忠)의 심복인 시마다 사콘(島田左近:?~1862)이 유모를 시켜 강혼 반대를 고집하다 보면 생모와 백부가 처벌받을 것이라는 뜻을 풍겨 가즈노미야를 설득시켰다고 한다. 다케베, 『가즈노미야』 pp. 51~52에서는 관백의 가신 두 명이 가즈노미야의 유모의 일가가 되는 이에게 조정이 간교인과 사네아키라의 처벌을 결정했다고 후지에게 전하게 해서 가즈노미야의 측근을 동요시키려고 했다고 한다. 이 두 가지 설 중 어느 쪽이 더 정확한지는 알 수 없다. 아무튼 가즈노미야의 마음을 바꾸기 위해서 은밀히 손을 썼음은 틀림없는 사실 같다.

7장

105 러시아인의 쓰시마(對馬) 공략에 관한 영문 자료는 George Alexander Lensen, *The Russian Push Toward Japan*, pp. 448~451 참조. 이 기술은 주로 러시아 측의 자료를 바탕으로 하고 있다.

106 『메이지 천황기』 제1권 pp. 242~243. 고니시 시로(小西四郞), 『개국과 양이』(『일본의 역사』 p. 226)는 쓰시마 주민의 러시아에 대한 뿌리 깊은 저항 정신을 강조하고 있다. 만일 쓰시마 주민이 러시아의 침략자로부터 그들의 섬을 지키기 위해 싸우지 않았더라면, 영국의 위협만으로는 사태가 간단히 해결되지 않았을 것이라고 한다. 러시아 해군 사관 콘스탄틴 파브로비치 필킨은 제임스 호프 경의 서면 경고를 받자마자 아주 간단하게 철수하는 것을 보며 실망을 표하고 있다. '말하자면,

우리는 쓰시마의 합병을 진지하게 생각하고 있었다. 그러나 만일 그렇다면, 호프의 한 통의 서한이 모든 것을 망쳐놓는다는 것이 말이 되는가. 쓰시마를 점거하면 반발이 있을 것이라는 것쯤 우리는 처음부터 짐작하고 있었던 것이 아닌가. 일본 관리들은 우리가 실제로 쓰시마를 떠나는지 아닌지 확인하기 위해 우리와 동행하기로 되어 있었다. 이 무슨 치욕인가!(Lensen, *The Russian Push Toward Japan*, p. 451).

107 『고메이 천황기』 제4권 pp. 243~247. 그리고 『메이지 천황기』 제1권 p. 243 참조. 하기 번주 모리 다카치카(毛利敬親, 1819~71)는 이 당시 요시치카(慶親)라고 알려져 있었다. 쓰시마 번주는 소 요시아키(宗義達, 重正, 1847~1902).

108 개원 시작에 극형만 빼고는 중죄 경죄를 불문하고 많은 죄인이 사면되었다. 노인들에게는 쌀이 지급되었으며, 연령이 높을수록 양곡을 많이 받았다. 『고메이 천황기』 제3권 pp. 537~539 참조.

109 대규모 사절단이 1862년 유럽으로 파견되었다. 이 사절단에 관해서는 하가 도루(芳賀徹), 『타이쿤의 사절』 참조. 그리고 도널드 킨, 『속(續) 백대의 과객』 참조.

110 이 견해는 1861년 3월 모리 요시치카에게 제출된 「항해원략책(航海遠略策)」에서 설명하는 것처럼 원래는 나가이 우타의 의견이었다.

111 나가이가 사용한 '역린(逆鱗)'이라는 단어는 그의 이야기 가운데 여러 번 나온다.

112 『고메이 천황기』 제3권 pp. 611~616.

113 프로이센과 조약 체결을 할 때 조인의 상대국이 실은 프로이센뿐 아니라 이른바 북독일 연방의 다른 나라까지 포함된다는 사실을 알게 되어 막부 측은 당황했다. 프로이센 외에도 다른 수개국과의 조약 조인을 강요받은 일본은 그것을 사기라고 여겼다. 『메이지 천황기』 제1권 pp. 234~235 참조. 그리고 『고메이 천황기』 제3권 pp. 488~489 참조.

114 가즈노미야의 서간은 『고메이 천황기』, 제3권 pp. 489~490. 또 다케베 도시오, 『가즈노미야』 p. 66 참조.

115 지카코라는 이름은 1861년 4월 19일에 고메이 천황이 내린 것이다. 『고메이 천황기』 제3권 p. 559.

116 『메이지 천황기』 제1권 p. 267. 나카야마 다다야스(中山忠能)도 출사를 금지당하고 근신을 요구받았으나 이마데가와 사네아야(1832~64)는 금방 명예를 회복해서 1863년 진무(神武) 천황릉에 양이 기원을 정하는 칙사로 임명되었다.

117 행렬의 인원수는 여러 가지로 추정되고 있다. 가장 많이 인용되고 있는 자료에 의하면 수행원 7,856명, 말 280마리, 이불 7,440채, 베개 380개, 밥그릇 8,060개, 국그릇 5,210개, 밥상 1,040개, 접시 2,110개 등으로 되어 있다. 다케베, 『가즈노미야』 p. 83 참조. 그리고 고니시, 『개국과 양이』 p. 214. 이에 더해 길목의 요소요소에도 경호원들이 배치되었다. 오야 소이치(『오야 소이치 전집』 제23권 p. 278)는 하향을 따르는 수를 약 2만 명으로 추정하고 있다.

118 이때 안도의 이름은 노부유키였으나 1862년 3월에 노부타다(信正)로 바꾸었다. 아마도 자신의 불운의 원인이 이름에 있다고 생각했기 때문일 것이다.

119 참간장의 한 절은 『고메이 천황기』 제3권 pp. 764~765에 인용되어 있다.

120 이 유서는 완전한 위조였다. 『오야 소이치 전집』 제23권 p. 276 참조.

121 소문에 의하면 해리스는 고메이 천황이 개국의 방해가 된다면서 천황을 폐하라고 안도에게 시사했다. 안도가 폐제(廢帝)의 전례를 조사하게 했다는 두 명의 국학자(하나와 지로塙次郎와 마에다 겐스케前田健助)는 모두 1862년 12월에 암살당했다. 『오야 소이치 전집』 제23권 p. 276 참조. 폐제의 보기로는 나라(奈良) 시대 준닌(淳仁) 천황이 폐위되어 유배당한 일이 있다.

122 『오야 소이치 전집』 제23권 p. 281 참조. 혼례 자리 순서도와 오야의 의견이 기록되어 있다.

123 『메이지 천황기』 제1권 p. 173. 이 와카에는 '다치'와 '사야'라는 이중의 의미를 지닌 두 개의 말이 있다. '다치'에는 검과 기질(氣質)의 의미가 있고, '사야'에는 칼집과 맑음이란 뜻이 있다.

124 '4간'은 고가 다케미치, 이와쿠라 도모미, 지쿠사 아리후미, 도미노코지 히로나오. '양빈'은 이마키 시게코(今城重子), 호리카와 모토코(堀河紀子). 이들 여섯 명은 가즈노미야 강혼과 관계가 있었다.

8장

125 한문으로 기록된 칙서의 원문은 『고메이 천황기』 제4권 p. 195 참조. 그 내용 요약은 『메이지 천황기』 제1권 p. 312 참조. 그 외에도 친병(근위병) 설치 조치가 있었다.

126 큰 홀은 3단으로 나눠져 있었다. 아랫단은 보통 다다미 한 장분의 높이, 가운데 단은 다다미 두 장 높이, 윗단은 다다미 석 장을 쌓은 높이였다.

127 오니시 겐이치(大西源一), 『유신 회천(回天)의 굉모(宏謀)와 구니노미야(久邇宮) 아사히코(朝彦) 친왕』 p. 32, 51 참조. 야나가와 세이간(梁川星巖)이 사쿠마 쇼잔(左久間象山)에게 보낸 서한 중에 '쇼렌인노미야(青蓮院宮)는 실로 제2의 다이토노미야(大塔宮)라 할 만한 기상의 소지자로서……'라 했다(동 p. 99 참조). 쇼렌인노미야는 아사히코 친왕을 가리킨 말이고 다이토노미야는 겐무(建武) 중흥으로 유명한 황자 모리나가(護良, 1306~35)를 가리키는 말이다.

128 후지다 사토루, 『막부 말기의 천황』 p. 219에서는 나카가와노미야를 '천황의 오른팔'이라고 부르고 있다.

129 나카가와노미야(1824~91)는 후시미노미야 구니이에(邦家) 친왕의 넷째 아들로 태어났다. 어린 시절부터 자주 이름을 바꿨다. 1831년 일곱 살 때 혼노지(本能寺)에 불제자로 들어간 후 1836년에 나라의 흥복사(興福寺)에 있는 일승원(一乘院)으로 옮겨 숙부 밑에서 공부했다. 그해 열두 살로 닌코 천황의 양자가 되어 숙부의 뒤를 이어 일승원의 주인이 되었다. 다음해 친왕 칭호를 받지만 정식으로 득도해서 승려가 된 것은 1838년의 일이다. 1852년 친왕은 칙지에 의해 교토의 천태종 몬제키 사원인 청련원(青蓮院)으로 옮겼다. 막부 말기의 문서에 빈번하게 등장하는 쇼렌인노미야손유(青蓮院宮尊融)라는 이름은 여기서 나온 것이다(청련원이 있는 고장의 이름에서 아와타노미야粟田宮라 불리기도 했다). 친왕의 주변으로 몰려든 인물들 가운데는 우메다 운빈, 이케우치 다이가쿠, 마키 이즈미(眞木和泉), 하시모토 사나이(橋本左內), 사쿠마 쇼잔과 그 외에도 안세이(安政)의 대옥 때 살해되거나 숙청된 지사들이 있다. 이 인물들이 친왕에게 기울어져 있었던 것은 친왕이 열렬한 양이주의자였을 뿐 아니라 신봉자들의 증언이 밝혀주고 있는 것처럼, 그 고매한 인격에 이끌렸기 때문이다. 지사들 사이에서의 친왕의 인기는 막부의 주의를 끌지 않을 수 없었다. 안세이의 대옥 때, 친왕은 상국사(相國寺)에 칩거하라는 명을 받았고, 오래된 절 계방헌(桂芳軒)에 2년 동안 유폐되어 있었다(오니시, 『유신회천維新回天』 p. 79). 유폐 조치에 분노한 지사들은 친왕 탈환을 제1목표로 삼았다. 친왕을 정이대장군으로 받들어 막부를 타도하자는 자도 있었으나 친왕은 마지막까지 공무합체론자였다. 친왕을 양이의 수령으로 모시고 막부의 관료뿐 아니라 일본에 있는 '오랑캐'를 말살하려는 피비린내 나는 계획이 은밀히 추진되고 있었다. 1862년, 친왕은 가즈노미야 강혼 축

하 대사면으로 칩거가 풀려 이듬해인 1863년 환속해서 새로 나카노미야 청호를 받았다. 유신 후, 일찍이 입장을 달리했던 정적은 계속해서 친왕을 적으로 간주하고 있었다. 분명히 날조된 혐의를 받아 친왕은 히로시마(廣島) 번으로 귀양을 갔다. 근신이 풀린 후 만년에는 이세 신궁의 제주가 되었다. 홍복사 일승원에 있을 무렵 친왕은 문무 양도에 걸친 수행을 거듭했는데, 특히 창술에 뛰어났다. 나라에서는 당시 나라 부교(奉行)였던 막부 개국파의 걸출한 인물 가와지 도시아키라(川路聖謨)와 친교를 나누고 있었다. 그러나 친왕은 마지막까지 양이주의를 밀고 나갔다.

130 아시카가 3대의 목상을 효수했을 때의 참간장은 구리하라 류이치(栗原隆一), 『참간장』 p. 115 참조. 이 사건에 관해 쓴 훌륭한 논문이 있다. Anne Walthall, "Off With Their Heads! The Hirata Disciples and the Ashikaga Shoguns", *Monumenta Nipponica*, 58:2, Summer 1995 참조.

131 Walthall, "Off With Their Heads!", pp. 162~168 참조. 범인을 체포할 때 막부의 책임자는 1862년에 교토 슈고(守護)가 된 마쓰다이라 가타모리였다. 이 사건을 계기로 해서 거의 무명이었던 아이즈(會津) 번의 젊은 다이묘가 갑자기 조정의 주목을 끌게 된다. 가타모리가 범인 체포를 단행하게 된 것은, 이 사건에 상징적인 의미가 깃들어 있었기 때문이다. 옛날 아시카가 쇼군 목상의 목을 쳐냄으로써 범인들은 은근히 도쿠가와 쇼군을 협박했다.

132 『메이지 천황기』 제1권 p. 325. 이에미쓰는 총인원 30만 7천 명을 이끌고 입경했다고 한다. 이 숫자를 글자 그대로 받아들일 수는 없다. 그러나 이것은 아마도 이에미쓰가 조정을 위압하고자 이끌고 온 호위대의 숫자에서 받은 인상이었을 것이다.

133 제3장에서 언급한 것처럼 1854년의 궁궐 화재 때 고메이 천황은 궐 밖으로 피신하지 않을 수 없었다. 그러나 자신의 의지로 궐을 나온 것은 이때가 처음이었다.

134 고메이 천황이 행차하기로 마음먹은 것은 하기 번주 모리 요시치카(毛利慶親)의 거듭된 청원이 있었기 때문이다. "국사 다난한 이 시절에 천황은 궁중 깊숙이 들어가 계실 일이 아니다. 원컨대 가모의 두 신사뿐 아니라 천용사(泉涌寺)나 이와시미즈하치만 신궁을 참배하심으로써 천하의 사기를 고무해 주셨으면……" 『메이지 천황기』 제1권 p. 327 참조.

135 도사 출신인 요시무라 도라타로는 이 광경을 부모에게 전한 편지에 다

음과 같이 말하고 있다. '봉련이 가까이 다가옴에 따라 저절로 눈물이 흐르고 꿇어 엎드려 있었던 터라 상세히 알지 못하였으나 나중에 다른 사람들에게서 들으니 옥렴(玉簾)을 통해 어안을 우러러볼 수 있었다고 합니다. 이날 길거리에 나온 남녀노소는 40만여 명이라 하는데 모두가 눈물을 흘렸다고 합니다.'(니시지마 료사부로西島量三郞, 『나카야마 다 다미쓰(中山忠光) 암살 전말』p. 39).

136 『메이지 천황기』 제1권 p. 330 참조. 나카야마 다다미쓰의 관직은 국사기인종사위하시종(國事奇人從四位下侍從). 그가 모신 인물은 조카인 무쓰히토 황자다.

137 1862년 4월에 일어난 이 사건에 대해서는 제7장 참조.

138 동 p. 213. 이는 사치노미야를 후계자로 정하는 칙명이 내려진 7월 10일.

139 아마도 아네코지 긴토모가 말한 '정의파'란 '존양주의자'를 가리키고 있는 것이 아닐까. 니시지마, 『나카야마 다다미쓰 암살 전말』p. 34 참조.

140 오오카 쇼헤이(大岡昇平), 『천주조(天誅組)』는 소설 형식을 취하고 있으나 천주조에 관한 문헌 가운데서 가장 상세히 고찰하고 있는 것 같다. 소설이라지만 이른바 픽션의 요소는 거의 없으며 수많은 자료에서 오오카가 선별한 역사적 사실에 바탕을 두고 있다.

141 암살 날짜에 대해서는 적어도 여덟 개의 가설이 있다. 니시지마, 『나카야마 다다미쓰 암살 전말』p. 197 참조. 모든 가능성을 음미한 끝에 니시지마는 당시 번(藩) 내에서 주류를 차지하고 있던 반양이파인 속론 당(俗論黨)이 다다미쓰 암살을 위해 보낸 자객의 이름을 열거하고 있다(p. 201).

9장

142 요다 요시이에(依田嘉家), 「근대 천황제 성립의 전제―고메이 천황에 대한 시론」(〈사회과학연구〉 29권 1호) p. 10 참조. 요다는 3월 5일자로 고노에 다다히로(近衛忠熙)에게 내린 고메이 천황의 서한에서 한 구절을 인용하고 있다. 이 서한 전문은 『고메이 천황기』 제2권 pp. 787~789 참조.

143 『메이지 천황기』 제1권 pp. 338~339 참조. 시마즈 모치히사는 결국 영국의 요구를 받아들여 배상금으로 금 5만 냥가량을 지불했다.

144 『메이지 천황기』 제1권 p. 345 참조. 이 정변에 관한 일련의 문서는 『고메이 천황기』 제4권 pp. 791~820 참조. 예컨대 구니노미야(1863년 8월 18일 현재로는 나카가와노미야 손유 친왕)가 직접 들은 말에 의하면, 막부가 아직 양이를 실행하지 않는다고 해서 도쿠가와를 토벌하고 짐 스스로 양이 친정을 할 수는 없다고 고메이 천황은 말하고 있다. "도쿠가와 가에는 선제(先帝)의 지카코 내친왕이 있다. 지카코 내친왕은 바로 가즈노미야다. 도쿠가와 가를 토벌하게 되면 선제나 지카코 내친왕의 일가에 용서받을 수 없는 일이 된다. 황국을 위해 부득이할 경우엔 토벌하겠지만 그러기 위해서는 때를 기다려야 한다. 도쿠가와 요시노부와 마쓰다이라 가타모리의 말처럼 아직 군비가 갖춰지기도 전에 개전하는 것은 시기상조다."(『고메이 천황기』 제1권 p. 791 참조.) 구니노미야—이 칭호가 내려진 것은 1875년—가 듣고 쓴 이 글이 언제 이야기인지는 확실하지 않다. 아마도 정변 이후 몇 년 지난 뒤의 일이 아닐까. 만약 그렇다면 기억이 흐려져 이야기가 조작되었을 가능성이 있다.

145 『메이지 천황기』 제1권 p. 345 참조. 산조 사네토미 등 일곱 명은 교토에서 물러가면서 짧은 격문을 남겼다. '중흥의 대업이 바야흐로 이루어지려는 때에 간적광망(奸賊狂妄)이 신금(宸襟:천자의 마음)을 괴롭히는 것은 참을 수 없다. 우리 일동이 서하(西下:서쪽으로 물러감)한 뒤로는 뜻 있는 자에게 호소해서 의병을 일으킬 생각이다'(구리하라 류이치, 『참간장』 p. 178).

146 네 명의 학자가 내놓은 스물네 개의 연호가 『고메이 천황기』 제5권 pp. 84~88에 실려 있다. 흥미로운 점은 그중에 '메이지(明治)'가 있었다는 것이다.

147 원문은 『고메이 천황기』 제5권 p. 20 참조. 영어 역문은 W. G. Beasley, *Select Documents on Japanese Foreign Policy*, 1853~68, pp. 263~264 참조.

148 『메이지 천황기』 제1권 p. 376 참조. 상세한 것은 『고메이 천황기』 제5권 pp. 226~230 참조. 특히 p. 230 참조. 기도 다카요시(木戶孝允=가쓰라 고고로桂小五郎)는 너무 일찍 도착해서 다시 올 요량으로 쓰시마 번 관저에 들렀기 때문에 화를 면했다.

149 이들 계획은 신선조(新選組)에 붙잡혀 고문 받은 근왕지사(勤王志士) 고타카 준타로(古高俊太郎, 1829~64)가 누설했다. 신선조는 주모자의 명단도 갖고 있었다. 후쿠치 시게타카(福地重孝)『고메이 천황』 pp. 181~183과 도야마 시게키(遠山茂樹)편, 『유신의 군상』 p. 55 참조.

150 『메이지 천황기』 제1권 p. 337 참조. 히코네는 유력한 역대 다이묘(大名) 이이 가의 영지다. 그래서 천도하기 좋고 천황을 수호하기에도 안전한 곳으로 여겼던 것 같다.

151 『메이지 천황기』 제1권 p. 377 참조. 암살자들의 참간장은 기온 신사 앞에 게시되었다. 다음은 참간장의 내용이다. '쇼잔은 서양학을 외치고 교역 개항설을 주장하고, 간적 아이즈·히코네 번에 협력했으며, 또 나카가와노미야와 히코네로 천행을 기도했다.' (구리하라, 『참간장』 pp. 247~248 참조.) 천행이 계획되었다고 믿을 만한 근거는 있었던 모양이다.

152 이시이 다카시, 『막부 말기의 비운의 사람들』 p. 84 참조. 이 기술은 『고메이 천황기』 제5권 p. 302에 있는 「나카야마 다다야스 일기」에서 인용.

153 이 기술은 『고메이 천황기』 제5권 p. 305에 있는 「히가시보조 다다나가 조신기(東坊城任長朝臣記)」에서 인용. 이시이, 『막부 말기 비운의 사람들』 p. 85 참조.

154 니나가와 신(蜷川新), 『메이지 천황』 p. 21 참조. 오야 소이치(大宅壯一)는 황자가 포성에 놀라 기절했다는 설을 내놓은 최초의 인물일 것이다(『오야 소이치 전집』 제23권 pp. 30~32). 그러나 아스카이 마사미치(飛鳥井雅道)(『메이지 대제』 p. 97)가 지적하고 있는 것처럼 이 설은 「나카야마 다다야스 일기」를 잘못 바꾸어 읽은 것 같다. 아스카이의 「나카야마 다다야스 일기」의 기술은 『메이지 천황기』의 내용과 일치한다.

155 이는 『메이지 대제』 p. 98에 나오는 아스카이의 추론이다.

156 아스카이 『메이지 대제』 p. 98.

157 『메이지 천황기』 제1권 pp. 380~381는 가마를 바닥에 놓은 것은 이시야마 모토나오(石山基正, 1843~94)라고 쓰여 있다. 이시야마는 우헤이이곤사(右兵衛權佐)였는데 후에 조슈 번에 협력했기 때문에 관직을 박탈당했다.

10장

158 이 협정의 불어 문서가 W. G. Beasley, *Select Documents on Japanese Foreign Policy, 1853~68*, pp. 273~274에 실려 있다. 프랑스어 협정문서는 다음과 같이 규정하고 있다. '일본 정부(=막부)는 외교

사절단 귀국 후 3개월 이내에 에도 주재 프랑스 공사에 10만 멕시코 달러를, 조슈 번은 4만 멕시코 달러를, 합해서 14만 멕시코 달러를 지불하라.'

159 사절단 대표 이케다 나가오키가 막부에 보낸 협정 체결 이유를 기록한 긴 서한의 영어 역문이 Beasley, *Select Documents*, pp. 274~282에 게재되어 있다. 이케다는 프랑스와 협정을 체결한 이유 중에서 특히 다음을 들고 있다. '수에즈 운하가 완성되면 서양 제국의 군함은 더 이상 아프리카 남서단의 희망봉을 우회하지 않고 곧바로 동양의 해역으로 들어올 수가 있다. 항로는 현재의 3분의 1의 거리로 단축될 것이다. 그렇게 되면 만일 일본에서 새로운 사건, 예를 들어 막부가 외국과의 약속을 지키지 못해 열강을 자극하는 일이 생겼을 때, 이들이 일치단결해서 동양 정복 계획을 꾀할 것은 뻔하다.'

160 『메이지 천황기』 제1권 p. 395. 이것은 1865년 1월 14일의 기록이다. 사이고의 이름이 두 번 나오는 것은 2월 12일 항목(p. 398)에서다. 여기서 사이고는 아주 정반대의 행동을 취하고 있다. 번주 시마즈 모치히사의 명령으로 산조 사네토미 같은 구게들의 귀경과 복직을 도모하고 있다.

161 『메이지 천황기』 제1권 p. 417 참조. 그러나 『고메이 천황기』 제5권 p. 653에는 미국을 제외한 3개국으로 되어 있다.

162 『고메이 천황기』 제5권 p. 653 참조. 1865년 9월 11일(양력 10월 30일), 영국, 프랑스, 미국, 네덜란드 4개국 대표가 요코하마에서 조인한 각서의 프랑스어 원문은 Beasley, *Select Documents*, pp. 293~296에 실려 있다. 아마도 번역상의 문제로 여겨지는데 여기 요약된 내용과 미묘하게 어긋나는 것이 꽤 있다.

163 효고에서 4개국 대표와 벌인 절충의 전말은 『고메이 천황기』 제5권 pp. 653~655에 자세히 나와 있다. 이 자료는 전 에치젠 번주 마쓰다이라 요시나가(松平慶永, 1828~90)가 1862년부터 1867년까지의 사건을 기록한 『속 재몽기사(再夢紀事)』에서 발췌한 것이다.

164 『해리스 일본 체재기』 하권 p. 135.

165 Beasley, *Select Documents*, p. 300. 이 서한의 날짜는 1865년 11월 12이며, 전함 프린세스 로얄 함상에서 쓴 것이다.

166 외국인(해리스 포함)이 가끔 막부와의 현안을 교토의 미카도(=천황)와 담판 짓겠다고 위협한 것은 사실이다. 그러나 외국인에게 천황의 지위가 쇼군보다 높다는 사실이 알려진 것은 이때가 처음이다. 천황의 중요성을 일찍부터 알고 있던 외국인에 관한 지적은 S. Lane-Poole and F. V. Dickins, *The Life of Sir Harry Parkes II*, p. 43 참조. 그러나 William Elliot Griffis는 *The Micado's Empire*, p. 577에 이렇게 써놓았다. '영국인의 학식이 최초로 권력의 참 소재를 발견해서 에도의 가짜 정부를 폭로하고 오랜 세월의 수수께끼를 풀면서 진실을 덮고 있던 베일을 벗겨낸 것이다. 영국 공사 해리 파크스야말로 진실을 발견하기 위해 최초로 위험 속에 몸을 내맡긴 인물이었다. 쇼군에게서 폐하라는 거짓 칭호를 벗겨내고 일본의 군주 미카도에게 제정할 신임장을 본국에 요청해서 이를 미카도에게 봉정했던 것이다.'

167 이 이야기는 『고메이 천황기』 제5권 p. 655에 있는 마쓰다이라 요시나가의 『속 재몽기사』에 바탕을 두고 있다. 『메이지 천황기』 제1권 p. 418에 나와 있는 기술과는 약간 다르다. 후자에서는 이노우에에게 열흘 후의 확답을 요구하자 이노우에가 손가락을 잘라 도장을 찍으려 했을 때 그의 말을 믿겠다고 말한 것은 파크스였다.

168 『고메이 천황기』 제5권 p. 692.

169 도야마 시게키 편, 『유신의 군상』 p. 56에 소개되어 있는 문장은 무척 자유로운 요약이기 때문에 생략된 부분이 많으나 원문의 의미를 잘 포착하고 있다. 이시이 다카시(『막부 말기의 비운의 사람들』 p. 89)는 1865년 7월 9일자의 친서에서 일부를 발췌해 놓고 있다. 이 친서는 『고메이 천황기』에는 게재되어 있지 않다. 본문에 나온 것은 『아사히코 친왕 일기』 제1권 pp. 335~337에서 인용한 것이다.

170 도야마 편, 『유신의 군상』 p. 57은 이 이와쿠라의 말이 『속 총리명충(叢裏鳴蟲)』에 나와 있는 듯이 써놓고 있다. 그러나 그 책에서는 그것을 발견할 수 없었다. 마찬가지로 『유신의 군상』 p. 57에는 나카야마 다다야스의 일기에서 '궁중은 유곽처럼 나날이 환락가의 분위기'라는 대목을 들어 고메이 천황의 측실과 첩은 20여 명이었다고 기록하고 있다.

171 도야마 편, 『유신의 군상』 p. 51과 이시이, 『막부 말기의 비운의 사람들』 p. 77 참조. 이 직함 때문에 황자는 인노미야(尹宮)라고 불리기도 했다.

172 이 말은 고메이 천황이 나카가와노미야에게 보낸 1863년 12월 3일자 친서에 나온다. 해당 부분은 『고메이 천황』 제4권 p. 940 참조. 이시이, 『막부 말기의 비운의 사람들』 p. 77에서는 이 소문을 8월 18일의 정변에서 전복을 꾀하는 '간특한 무리들의 책략'이라 일축하는 고메이 천황의 밀을 숨어서 이렇게 전하고 있다. "미야(宮)도 내 마음을 알고 있고 나 역시 미야의 마음을 잘 알고 있다. 진실한 한 나무의 가지로서 결코 결코 의심하지 않으며 변함없이 친분을 두텁게 하고자 한다."

173 도야마 편, 『유신의 군상』 p. 53에 의하면 나카야마 다다요시와 하시모토 사네아키라 이 두 사람은 이 이야기를 사실로 받아들이고 있었다.

174 예를 들어 니나가와 신, 『메이지 천황』 p. 11에는 '게이오 3년 1월 9일, 메이지 천황은 즉위했으나 전년 12월 25일에는 아버지 고메이 천황이 이와쿠라에게 암살당했고 이 해 9월 20일에는 14대 쇼군 이에모치가 오사카 성에서 누군가에게 살해당하는 사건이 일어나⋯⋯'라고 아주 당연하다는 듯이 기록되어 있다.

175 이때 번주 모리 다카치카가 의견을 물은 인물 중에는 다카스기 신사쿠, 이노우에 몬타(井上聞多=가오루馨), 이토 슌스케(伊藤俊輔=히로부미博文) 등이 있다. 『메이지 천황기』 제1권 p. 429 참조.

176 이에모치는 이해 4월에 발병해 병세가 일진일퇴를 거듭하다가 오사카에서 중태에 빠졌다. 이에모치의 병에 대한 상세한 내용은 Conrad Totman, *The Collapse of the Tokugawa Bakufu 1862~68*, p. 516 참조.

177 『고메이 천황기』 제5권 p. 799에 인용되어 있는 『재상전시사자기(宰相典侍嗣子記)』에 의하면 지카코 내친왕의 반응으로 '오늘날의 정세를 보건대 나이 어리셔서 어떠하실까 걱정하시고⋯⋯'라고 기록되어 있다.

178 『고메이 천황기』 제5권 p. 798. 막부가 조정에 제출한 상주문에는 7월이라고만 기록되어 있다. 이에모치는 7월 20일 사망했다. 『메이지 천황기』 제1권 p. 441에는 7월 29일자에 '이미 막부, 이에모치의 이름으로 상서하기를⋯⋯'이라 했고 조정은 '이날(7월 29일) 칙하여 이를 들으시다'라 했으므로 이는 이에모치가 위독한 상태에 있거나 죽은 후에 막부가 제출한 것으로 여겨진다.

179 1865년 9월 23일, 오쿠보는 사이고 기치노스케에게 편지를 보내 막부가 조정에 2차 조슈 토벌 전쟁 칙허를 요구했다고 말하면서 만일 조정이 이를 허용하면 옳지 못한 칙명이므로 아무도 따를 필요가 없다고 했다. 천하 만민 누구나 납득할 수 있는 칙명이야말로 올바른 칙명이며 그렇지 않은 칙명은 비의(非義), 곧 도리에 어긋난 칙명이라고 했다. 후지타 사토루, 『막부 말기의 천황』 p. 234 참조.

180 『메이지 천황기』 제1권 p. 441. 사네나루는 또 이날의 고메이 천황의 언동을 비판하며 '이는 전적으로 간사한 자가 총명을 가리는 행위'라고 말하고 있다. 이시이 다카시, 『막부 말기의 비운의 사람』 p. 95에서 인용.

181 『막부 말기의 비운의 사람들』 p. 95에 나오는 이시이의 견해다. 필자는

자신의 정책이 통렬하게 공격당하는 것을 참으며 듣고 있는 독일 황제 빌헬름 2세의 모습을 상상하려고 노력해 보았으나 소용없었다.

182 『고메이 천황기』 제5권 p. 832에 인용되어 있는 8월 22일자 국사(國事)회람 사본에는 '잠시 병사(兵事)를 보류한다'고 되어 있다.

11장

183 이에모치가 상경할 때마다 고메이 천황은 이에모치가 에도로 돌아가는 일을 매우 섭섭해 했다. 이에모치는 몇 번씩이나 교토 체재 기간을 연장시키지 않을 수 없었다.

184 『메이지 천황기』 제1권 p. 445. 『고메이 천황기』 『메이지 천황기』 『이와쿠라 공 실기』 같은 갖가지 자료는 오하라가 상주한 세 가지 항목(또는 네 가지 항목)에 대해 조금 다른 내용을 들고 있다. '긴급히 번주들을 소집한다'는 항목은 거의 모든 자료에 있다. 그러나 '조정(朝政)의 개혁'은 자료에 따라서는 주된 세 가지 항목에 덧붙여진 것이라 해놓고 있다.

185 히가시쿠제 미치토미, 『죽정(竹亭) 회고록 유신 전후』 pp. 41~42. 그리고 『고메이 천황기』 제5권 p. 927에 있는 「나카야마 다다야스 일기」에서의 인용 참조. 다다야스는 천황이 근래에는 감기 들까 걱정되지도 않을 만큼 건강했다고 쓰고 있다.

186 단카이의 일기는 천황이 순조롭게 회복 중이라고 기록하고 있다. 네즈마사시, 『고메이 천황은 병사인가 독살인가』 p. 33.

187 하라구치 기요시, 「고메이 천황은 독살되었는가」(후지하라 아키라藤原彰 외, 『일본 근대사의 허상과 실상 I』) pp. 49~50 참조. 하라구치는 1949년 발표한 요시다 쓰네키치의 의견을 소개하고 있다. 요시다는 고메이 천황의 사인을 '출혈농포성 두창'이거나 '두창성 자반병(紫斑病)'으로 추정하고 있다.

188 독살설의 최선봉으로 등장한 네즈 마사시는 이렇게 말하고 있다. '패전이 될 때까지는 만일 이러한 공식 사실에 대해 조금이라도 의혹을 품은 자가 있다면 불경스럽다고 비난받으며 어쩌면 법에 의해 쫓기는 몸이 되고 투옥되었을 것이다. 소학교에서 제국대학에 이르기까지 이 공식 사실이 가르쳐졌고, 학자 가운데 이 문제에 의혹을 가지고 스스로 연구하려는 사람조차 없었다. 또 독살설을 쓴 문헌에는 일본어로 된 것이 한 권도 없었다. 다만 당시 일본에 주재했던 영국 외교관 어니스트

사토의 일기, 『일본에서의 외교관』에 소문이라면서 기록된 것이 유일한 문헌인데 일어로 번역된 책에서는 이 부분이 삭제되어 있다'(네즈, 『고메이 천황은 병사인가 독살인가』 p. 28. 그리고 여기서 어니스트 사토의 일기, 『일본에서의 외교관』이라 한 것은 사토의 *A Diplomat in Japan*인데, 전후(戰後) 회상록으로서 『어느 외교관이 본 메이지 유신』이라는 제목으로 나와 있다). 그러나 네즈 자신 이런 지적을 하고 있다. '1940년 7월, 일본 의사학회(醫史學會) 간사이(關西) 지부 대회 때 사에키 리이치로(佐伯理一郎) 박사는 이라코 모토요시(伊良子元義)가 비밀리에 감추고 있었던 전의(典醫)의 기록을 검토한 결과 22, 23일경에 순조로운 경과를 보게 되었다는 데서 기록이 중단된 것으로 미뤄볼 때 아마도 이와쿠라 도모미가 천황이 두창에 걸린 것을 이용해서 궁녀로 있는 자기 조카를 시켜서 독살했다고 단정했다. 사에키 박사에 의하면, 이 사실은 교토 영감사(靈鑑寺)의 여승이 된 당사자에게 직접 들었다는 것이다'(네즈, 『고메이 천황은 병사인가 독살인가』 pp. 34~35). 여기서 한 가지 의심스러운 것은 그 궁녀가 이와쿠라의 조카가 아니라 여동생이라는 사실이다. 독살설을 지지하는 이시이 다카시는 이와쿠라의 여동생인 호리이 모토코는 당시 궁중에 출사하고 있지 않았으므로 직접 하수인이 될 수가 없다고 말하고 있다(이시이, 『막부 말기의 비운의 사람들』 p. 114). 필자는 컬럼비아 대학의 은사인 쓰노다 류사쿠(角田柳作) 선생에게 들은 한 에피소드가 떠올랐다. 1910년경 호놀룰루의 한 바에서 우연히 옆 자리에 앉았던 남자가 자기는 고메이 천황의 암살에 연루되었기 때문에 일본에 있을 수가 없게 되었다고 쓰노다 선생에게 말했다는 것이다.

189 어니스트 사토, 『어느 외교관이 본 메이지 유신』 상권 p. 234.

190 오야 소이치(『오야 소이치 전집』 제23권 p. 95, p. 99)는 매우 흡사한 두 개의 한자를 비교하고 있다. '王'과 '玉'이다. 천황이 실권을 쥐고 있는 동안은 '王'이고, 실권을 상실하면 '玉', 즉 새 지도자들 마음대로 노는 '로봇'이 된다고 오야는 설명하고 있다.

191 이시이, 『막부 말기의 비운의 사람들』 p. 113에는 의혹이 없지 않은 두 명의 궁녀의 이름(다카노 후사코高野房子와 나카미카도 요시코中御門子)이 올라 있다. 이시이는 또 별 근거 없이 "하수인은 궁녀 중 하나일 것이다"라든지 "그 배후가 있을 것이다"라고 했다. 그러나 사사키 스구루(佐佐木克)(『무진 전쟁』 p. 9)는 독살의 배후가 오쿠보 도시미치(大久保利通)였을지 모른다는 것을 시사하고 있다. 이와쿠라무라(岩倉付)에 칩거 중이어서 마음대로 돌아다니지 못하던 이와쿠라와 오쿠보는

뜻이 하나로 통하고 있었다. 아무튼 사사키는 암살의 배후가 누구였는지 확신을 가지고 써놓았다. 그러나 사사키는 나중에 판을 거듭할 때에, 1990년에 발표된 하라구치, 「고메이 천황은 독살되었는가」의 병사설에 찬성, 의견을 뒤집고 있다(『무진 전쟁』 p. 225).

192 마루야 사이이치(丸谷才一)는 『푸른 우산』 pp. 273~274에서 재미있는 이야기를 하고 있다. 1887년 4월 26일에 상연한 천황이 볼 연극으로 신작 교겐(狂言:노가쿠能樂 막간에 넣는 희극)을 넣으면 꽤 재미있을 것이라고 했다. 그 신작 교겐은 『햄릿』 극중극의 취향을 빌려온 것이었다. 이와쿠라 도모미 앞에서 악질 구게가 천황에게 독을 올리는 장면을 상연해 보인다. 양심에 찔린 이와쿠라는 그것을 보고 당황한다. 그 이와쿠라의 모습을 곁에서 햄릿처럼 메이지 천황이 빤히 바라본다는 이야기이다. 하지만 유감스럽게도 마루야도 지적하고 있는 것처럼 이와쿠라는 천황이 관람한 교겐 상연이 있기 4년 전에 이미 죽고 없었다.

193 오쿠보 도시아키(大久保利謙), 『이와쿠라 도모미』 pp. 181~182. 고메이 천황의 병과 죽음을 알고 나서 이와쿠라가 비탄에 잠긴 모습은 도다 고몬(多田好問) 편, 『이와쿠라 공 실기』 상권 pp. 1135~1136에 상세히 기록되어 있다.

194 하라구치 기요시(原口清), 「고메이 천황의 사인에 대해」(『메이지 유신 사학회보』 제15호) pp. 2~3 참조.

195 동 pp. 8~9 참조.

196 종두 기술을 일본에 전한 것은 나가사키 데지마(出島)의 네덜란드 상관(商館)에 있던 독일인 의사 모니케다. 그 뒤로 상층 계급에서는 꽤 널리 보급되었다. 예를 들면 이제키 다카코(井關隆子)는 유럽에서 도래한 문물은 몽땅 싫어했음에도 불구하고 당시 일본에 만연해 있던 두창에 네덜란드 요법을 사용하는 일에 대해서는 반대하지 않았다. 도널드 킨, 『백대의 과객』 p. 520 참조.

12장

197 이것은 1867년 1월 17일자 서한에서 인용한 것이다. 원문은 『이와쿠라 도모미 관계 문서』 제3권 p. 277. 그리고 후지타 사토루, 『막부 말기의 천황』 pp. 239~240 참조.

198 『아사히코 친왕기』 제2권 p. 268. 종규는 무서운 형상(수염 덮인 얼굴

과 부리부리한 눈이 특징)을 한 가공의 존재로서 역신이나 악귀를 쫓는 신통력을 가진 것으로 알려져 있다. 당나라 현종의 꿈에 나타나 그 모습을 오도현(吳道玄)에게 그리게 했다.

199 동 p. 272.

200 죽은 천황에게 시호를 붙이는 관습은 중국에서 온 것이다. 시호에 '원(院)'이 아닌 '천황'을 붙이는 관습은 955년간이나 폐지되어 있었다. 그러하던 것이 1840년 고카쿠(光格) 천황 서거 때 부활했다. 재위 38년, 원정(院政) 23년이라는 장기 치세를 기린 것이다. 후지타, 『막부 말기의 천황』 pp. 129~135 참조. 이 이전에는 천황은 지명에다 '원'을 붙인 추호(追號)로 불리는 것이 보통이었다. 이는 천황이 생전에 이미 승적에 들어 있었다는 것을 의미한다. 일조원(一條院)이나 도원원(桃園院)은 그 예다.

201 『메이지 천황기』 제1권 p. 481. 나카야마 다다야스는 어린 천황에게 국서, 화서(和書)를 계속 가르쳤다. 한적(漢籍)은 다른 사람이 가르쳤다. 동 p. 500, p. 507 참조.

202 『메이지 천황기』 제1권 p. 497. 메이지 천황은 또 다카쓰지 오사나가(高辻修長)와 나가타니 노부아쓰(長谷信篤)에게 한적을 배웠다. 동 p. 500, p. 508 참조. 거명된 서적은 중국 최고의 정치사와 정교(政敎)를 기록한 『서경』이다.

203 10월 22일, 미국 변리공사 R. B. 반 발켄버그는 일본의 호의에 대한 존슨 미국 대통령이 사의를 표한 서한을 전했다. 『메이지 천황기』 제1권 p. 549 참조.

204 이 무렵 이름은 아직 마사코(勝子)였으나 입궐하게 되면서 해외에도 알려지는 하루코로 개명되었다. 명칭을 통일하기 위해 필자는 하루코로 일관했다.

205 호라구치 유주(洞口釿壽), 『쇼켄 황태후궁(昭憲皇太后宮)』 p. 9.

206 혼례의 전모는 『메이지 천황기』 제1권 pp. 941~944에 기술되어 있다.

207 그녀는 '주고(准后)'였다. 글자 그대로 '황후의 다음'이라는 뜻이다.

13장

208 『메이지 천황기』 제1권 p. 500. 본문에는 '심한 경우는 부부가 이별하고 친척과 인연을 끊을 기세'라고 했다.

209 동 p. 682. 어니스트 사토(『어느 외교관이 본 메이지 유신』 하권 p. 196)는 해리 파크스가 1868년 5월 18일, 고토 쇼지로와 다테 무네나리(伊達宗城)와 회견할 때의 광경을 다음과 같이 쓰고 있다. '후자(=다테)를 상대로 최근 발표된 야소교 금령에 대해 의논했다. 그것은 지난날의 금제를 부활시킨 것인데 금제 조항은 이전보다도 완화되어 있었다. 다테는 그 용어에 난점이 있음을 인정하고 오사카나 효고의 게시판에는 그것을 내지 않겠다고 했다. 다테는 표현 수정을 위해 노력해 왔으나 야소교의 금제 조항을 아주 없애는 일은 불가능할 것이라고 했다. (중략) 이 뒤에도 나는 나카이 히로시(中井弘)와 오랜 시간 이 문제에 대해 이야기하고 법령에서는 특히 기독교라 지적하지 않고 단순히 일반적으로 "유해한 종파"의 금제로 할 것이라고 제언했다. 일본 정부가 이 금령을 전적으로 철폐할 의사가 없다는 것은 명료했다. 왜냐하면 이를 철폐하다가는 포교 태도가 너무나 적극적이기 때문에 미운 털이 박혔던 나가사키의 로마 가톨릭 선교사에 대해 행동의 자유를 인정하는 것이 되기 때문이다.'

210 이시이 다카시, 『무진 전쟁론』 p. 1.

211 오구리가 창도한 '도쿠가와 절대주의'에 대해서는 이시이 다카시, 『막부 말기의 비운의 사람들』 pp. 188~221 참조.

212 마쓰모토 히로야스(松本弘安=寺島棟則)는 예외적 존재였다. 겨우 며칠 동안의 사쓰마와 영국과의 전쟁 때 마쓰모토는 외국으로 나갈 목적으로 고의로 영국의 포로가 되었다. 특히 인도와 중국에서 얻은 지식을 바탕으로 마쓰모토는 다음과 같은 것을 확신하기에 이르렀다. '일본이 열강의 식민지가 되지 않을 유일한 방법은 번(藩)의 울타리를 헐어 버리고 최상의 주군인 천황의 지배 아래 나라가 일치단결하는 길뿐이다.' 이시이, 『무진 전쟁론』 p. 22 참조. 후쿠자와 유키치(福澤諭吉)는 1866년 여름 막부와 조슈 사이에 전쟁이 일어난 후 다음과 같은 각서를 내놓고 있다. '필요하다면 외국의 병력을 빌려서라도 조슈를 괴멸시킨 후, 전 일본의 봉건 제도를 일변시키기를 기대한다.' 후쿠자와는 쇼군이 절대정권을 수립하기를 희망했던 모양이다. 이시이, 『무진 전쟁론』 p. 29.

213 '세상 바꾸기'는 그 변형으로 민중이 '이이자나이카(좋지 아니한가)'라고 외치면서 춤을 추며 대로를 누비고 다니는 형태를 취하는 일이 많았다. 그 하나의 예로서 사토는 다음과 같은 광경을 기록하고 있다. '불타는 듯한 새빨간 옷차림으로 춤추면서 "이이자나이카"를 되풀이해서 외치는 사람들 사이를 헤치고 다니기란 여간 어려운 일이 아니었다. 길

가는 사람들도 춤과 제등 행렬 쪽에 정신이 팔려 있었기 때문에 우리가 지나가는 것을 거의 알아차리지 못했다.' 사토, 『어느 외교관이 본 메이지 유신』 하권 p. 89.

214 오하시 아키오(大橋昭夫), 『고토 쇼지로와 근대 일본』 pp. 99~101.

215 사토는 고토 쇼지로의 편지를 가지고 온 나카이 히로시(中井弘=사토는 고조弘藏라고 부르고 있다)와 그 동료에게서 그 건의서의 사본을 볼 수 있었다. '그들은 도사 번이 지난달 다이쿤한테 종래의 방침대로 나가라고 권고하고 아울러 여러 가지 개혁을 제안했다. 이들 제안 중에서 가장 중요한 것은 의회 설치, 주요 도시에 과학과 문자를 가르치는 학교를 세울 것, 외국과 새 조약을 상의할 것 등이었다.' 사토, 『어느 외교관이 본 메이지 유신』 하권 p. 83.

216 원문은 『메이지 천황기』 제1권 p. 525. 그 사진판이 이시이, 『무진 전쟁론』 p. 67에 실려 있다.

217 요시노부는 '도쿠가와'보다는 오히려 '미나모토(源)' 씨로 불리고 있다. 도쿠가와 일족은 가마쿠라 시대의 쇼군인 미나모토의 후예라고 한다.

218 궁중은 아직 고메이 천황의 상중이었다.

219 이 세 명은 나카야마 다다야스 오기마치산조 사네나루, 나카미카도 쓰네유키다.

220 이시이, 『무진 전쟁론』 p. 70. 다마마쓰와 이와쿠라의 관계에 대해서는 다다 고몬(多田好問), 『이와쿠라 공 실기』 중권 pp. 59~62 참조.

221 『메이지 천황기』 제1권 p. 526은 두 번째 밀칙 날짜가 첫 번째 밀칙의 다음 날로 되어 있으나 실제로는 양쪽 모두 14일에 내려졌다고 한다.

222 다다 편, 『이와쿠라 공 실기』 중권 pp. 84~85. 이와쿠라에 의하면 천황은 밀칙에 서명한 세 명의 구게에 대해 요시노부가 정권을 반환하겠다고 언명한 이상 어떻게 되어 가는지 지켜보도록 지시를 내렸다고 한다.

223 콘래드 토트만은 *The Collapse of the Tokugawa Bakufu, 1862~68*, pp. 381~382에 다음과 같이 쓰고 있다. '에도(막부)가 도쿠가와의 권력과 위신을 회복하기 위해 맹렬히 힘을 붙여나가고 있었다는 증거에 유의한다면 요시노부의 10월 12일자 결단은 주목할 만하며 한편으로 의문을 일으키게 한다. 왜 요시노부는 그런 일을 한 것일까 하고 말이다.' 토트만은 단기적·장기적인 원인 중에서 온갖 가능한 해답을 모색한 끝에 다음과 같은 결론을 내리고 있다(p. 386). '아주 골치 아픈 상황을 가정해 볼 때 요시노부의 목적의 애매함, 나라를 통치하는 일에 대한 요시노부의 우유부단함, 요시노부 주위에 있는 사람들의 어찌 보면 양보적인 태도, 강하게 대항하는 박력 결여, 도사 건의서

의 한정된 목표, 지금까지도 그랬던 것처럼 자꾸만 쇠약해지는 운명에 놓인 것 같은 전망 등 이런 것들 모두를 고려할 때 요시노부의 결단은 그리 놀랄 일은 아니다.'

224 Elizabeth Longford, *Queen Victoria*, p. 61.

225 아시카가 다카우지(足利尊氏)는 1338년에 쇼군 자리에 올랐다. 마지막 아시카가 장군 요시아키(義昭)는 1573년에 쇼군 자리에서 쫓겨났다. 즉 1573년부터 1603년까지의 30년 동안은 쇼군이 없었다는 이야기가 된다. 그러나 이 시기의 태반은 도요토미 히데요시(豊臣秀吉)가 실질상의 쇼군이었다 해도 좋다.

226 사토, 『어느 외교관이 본 메이지 유신』하권 p. 137. 한문으로 쓰인 원문은 『메이지 천황기』제1권 p. 595에 있다. 이 국서는 1월 15일, 참여(參與) 겸 외국사무 취조 담당 히가시쿠제 미치토미에 의해 프랑스·미국·영국·네덜란드·프로이센·이탈리아의 6개국 공사에게 교부되었다. 영역에 사용되고 있는 복수형의 'we'는 물론 군주가 자칭에 사용하는 'royal we'인 것이다. 사사키 마사루, 『무진 전쟁』pp. 17~18도 참조.

14장

227 『메이지 천황기』제1권 p. 532 참조. 이 시도는 어느 정도 성공을 거둔 모양이다. 아사히코 친왕은 1868년 8월, 도쿠가와 가의 정권 회복을 도운 혐의로 친왕의 호칭을 박탈당하게 된다. 동 p. 793 참조.

228 동 pp. 531~532. 이와쿠라는 이때 나카오카 신타로를 동반했다.

229 9월 21일에 건설 공사가 시작되었다. 『메이지 천황기』제1권 p. 516 참조. 막부는 마을 수확량 1백 섬당 금 3푼의 비율로 전국에 세금을 매겼다.

230 3년간 유효한 지폐는 10월 19일, 막부가 발행했다. 『메이지 천황기』제1권 p. 548 참조. 본문에 인용된 안건은 막부가 품의한 8개조 중의 4건이다. 동 pp. 532~533 참조.

231 경험이 없는 조정에 대한 도쿠가와 요시노부의 회상은 시부사와 에이이치(澁澤榮一) 편 오쿠보 도시아키(大久保利謙) 교정, 『석몽회 필기(昔夢會筆記) ─ 도쿠가와 요시노부 공 회상담』 p. 271 참조.

232 어니스트 사토, 『어느 외교관이 본 메이지 유신 하권』 p. 85 참조. 사토가 이 인상기를 기록한 날짜는 1867년 12월 7일.

233 이시이 다카시,『무진 전쟁론』pp. 75~76 참조. 이 설은 마쓰다이라 노리타카(松平乘謨=오규 유즈루大給恒)의 의견서에 있다.

234 모나키(monarchy)는 군주제를 말한다. 쇼군을 유럽의 입헌군주제의 군주와 나란히 놓은 것.

235 이것은 이시이가 특히『무진 전쟁론』에서 주장하는 내용이다.

236 이는 사사키 마사루(『무진 전쟁』pp. 11~12)의 견해이다. 같은 견해를 하라구치 기요시,『무진 전쟁』p. 45에서도 볼 수 있다. 이시이,『무진 전쟁론』p. 79 참조.

237 이 요도의 발언은 시부자와 에이이치,『도쿠가와 요시노부 공 전』제4권 p. 127 및『메이지 천황기』제1권 p. 561에 요약되어 있다. 회의의 가장 상세한 경위는 다다 고몬 편,『이와쿠라 공 실기』중권 pp. 157~161 참조. 이시이 다카시는 원전을 밝히고 있지 않으나 요도가 왕정복고의 방법이 음험하다는 것을 비난하면서 '노호하는 것 같은 큰 소리를 질러 대며 방약무인한 태도였다'고 쓰고 있다. 이시이는 요도가 거만한 태도를 보인 것은 술기운 때문이라고 쓰고 있다. 이시이,『무진 전쟁론』pp. 86~87 참조.

238 이는 아마도 요시노부의 조정 지위가 한 단계 내려온 것을 뜻하며 완전히 관위를 박탈당한 것을 나타내는 것은 아니다. 요시노부의 지위는 내대신이었다. 납지(納地)를 하면 요시노부의 수입 4백만 섬에서 2백만 섬을 신정부에 내놓아야 되었을 것이다. 그러나 요시노부는 칙사에 대해 막부의 봉록은 세상에서는 4백만 섬이라 하지만 실제로는 2백만 섬에 지나지 않는다고 대답하고 있다. 시부사와,『도쿠가와 요시노부 공 전』제4권 p. 132 참조. 오쿠보 도시아키,『이와쿠라 도모미(岩倉具視)』p. 207도 참조.

239 다다편,『이와쿠라 공 실기』중권 pp. 159~160. 시부사와,『도쿠가와 요시노부 공 전』제4권 pp. 127~128도 참조. 이와쿠라는 열변을 토하며 도쿠가와 이에야스가 천하에 베푼 공덕은 적지 않다고 하면서 그 후계자들의 죄상들을 낱낱이 들었는데 특히 1853년의 흑선(黑船) 도래 이후의 막부의 대응을 강하게 비난했다.

240 다다 편,『이와쿠라 공 실기』중권 p. 160.『메이지 천황기』제2권 p. 562. 사사키,『무진 전쟁』p. 14 참조. 시부사와,『도쿠가와 요시노부 공 전』제4권 p. 128에 요약되어 있는 오쿠보의 발언에서는 요시노부가 조정의 명령에 복종하지 않은 경우에도 요시노부 토벌은 요구하지 않았다.

241 오쿠보,『이와쿠라 도모미』p. 206 참조. 비슷한 기사가 모리 도시히코

(毛利敏彦),『이와쿠라 도모미』p. 83, 이노우에 기요시,『사이고 다카모리』하권 p. 52, 이카이 다카아키(猪飼隆明),『사이고 다카모리』p. 22에 있다. 이 사이고의 말은『메이지 천황기』에도 그리고『이와쿠라 공 실기』에도 나오지 않는다.

242 이는 이시이 다카시(『무진 전쟁론』p. 88)의 견해다. 이시이는 '참여(參與)라는 직책이 눈앞에 어른거렸던 것이 아닐까' 라고 썼다. 고토는 사실 12월 12일. 사쓰마, 오와리, 아키, 에치젠, 도사 5개 번에서 뽑힌 다른 열 네 명과 함께 참여에 임명되었다.

243 『메이지 천황기』제1권 p. 569. 사토는 다음과 같이 쓰고 있다. '그는 우선 자신의 정책을 설명하고 교토에서 물러간 이유에 대해 변명하고 제후 회의의 결의에 따를 생각임을 분명히 했다. 여러 공사들의 질문에 대해서는 외국인은 일본 국내의 문제에 신경을 쓸 필요가 없다. 정부의 형태가 정해질 때까지 외국 사무 집행은 나의 임무라고 생각한다고 답했다.'『어느 외교관이 본 메이지 유신』하권 p. 110 참조.

244 이는 고메이 천황의 치세 때에 추방된 이와쿠라, 산조 사네토미, 기타 구게들을 가리킨다.

245 『메이지 천황기』제1권 pp. 571~572. 다다 편,『이와쿠라 공 실기』중권 pp. 187~188의 자료를 요약했다. 후자는 요시노부의 원문대로라고 하지만 여기에 그대로 인용하기에는 너무 길다.

246 무진(戊辰)은 1868년의 간지에 해당한다.

247 시부사와,『도쿠가와 요시노부 공 전』제4권 pp. 167~168 참조. 이카이,『사이고 다카모리』p. 25에는 사이고의 밀명을 받아 에도를 교란시킨 주모자로 사가라 소조(相樂總三)를 지목하고 있다.『메이지 천황기』제1권 p. 581은 사이고와 오쿠보 도시미치에게 연대책임이 있는 것 같은 투로 써놓았다. 일련의 사건 모두가 낭사(浪士)의 소행은 아니었다. 낭사의 이름을 도용한 도둑이 살상과 폭력을 휘두른 예도 있었다.『메이지 천황기』제1권 p. 574 참조.

248 당시 소문에 의하면 낭시들은 여러 곳에 불을 지르고 그 소동을 틈타 선대 쇼군 이에모치와 쇼군 이에사다의 부인을 납치해서 사쓰마로 가려 했다. 이노우에,『사이고 다카모리』하권 p. 61 참조. 이에사다 부인 덴쇼인(天璋院)은 원래 사쓰마 출신이었다. 그래서 덴쇼인이 사쓰마 무사와 연락을 취해 에도 성 외성에 방화하는 일을 거들었다는 소문도 돌았다. 시부사와,『도쿠가와 요시노부 공 전』제4권 pp. 168~169 참조. 어니스트 사토는 '사쓰마 번 무사가 에도 성을 방화해서 사쓰마에서 선대 쇼군의 덴쇼인을 데려가려고 기도했다는 소문을 들었다. 그래

서 막부 쪽에서는 온 에도의 사쓰마 저택들을 남김없이 습격해서 태워 버렸는데 저택에 있던 무리들은 사쓰마의 기선을 타고 앞바다로 달아 났다'는 소문을 들었다.『어느 외교관이 본 메이지 유신』하권 p. 117 참조. 여기서 인용한 일본어에는 '막부'라고 되어 있으나 원문에서 사토가 쇼군 측을 '정부(the government)'라고 부르고 있는 점은 주목할 만하다.

249 『메이지 천황기』제1권 p. 575. 영국인은 이러한 제복에 대해 시큰둥했던 것 같다. 사토는 그 모습을 다음과 같이 묘사하고 있다. '그들의 제복은 세로로 붉은 줄이 난 검은 바지에 검은 코트라는 유럽식을 모방한 것인데, 장화를 어쩌다 얻어 신은 자는 다행이고 대개 모두 짚신을 신었다. 머리에는 두 줄의 붉은 선을 옆으로 만 원뿔 모양 또는 접시 뚜껑 모양을 한 종이 모자를 쓰고 있었다. 영국식 보병 교련을 했는데 총의 발사를 알리는 구령이 기묘한 볼거리였다.'『어느 외교관이 본 메이지 유신』하권 p. 55 참조.

250 막부 사람에 의한 사쓰마 번 관저 방화에 대한 보고가 어째서 막부의 장병을 분노하게 만들었는지 알 수가 없다. 그러나 필자가 조사한 모든 문헌은 이 점에서 일치하고 있다. 아마도 그 분노는 저택에 대한 방화 때문이라기보다는 일련의 사쓰마 측으로부터의 도발적인 사건 때문에 촉발됐을 것이다.

251 획책의 각서는 8개항으로 되어 있으며 천황을 어디로 모실 것인가, 누가 따라갈 것인가, 누가 교토에 남을 것인가 등이 기록되어 있다. 원문은 다다 편,『이와쿠라 공 실기』중권 pp. 231~232 참조.

252 이노우에,『사이고 다카모리』하권 p. 65.『메이지 천황기』제1권 pp. 583~584 참조. 아스카이 마사미치(飛鳥井雅道),『메이지 대제』p. 117는 다시 비틀어서 '마침내 교토를 떠날 때는 남 보기에 봉련을 히에이(比叡) 산으로 천행하는 모양을 취해 시간을 벌고……'라고 되어 있다.

253 예를 들면 1159년 니조(二條) 천황은 여장으로 궁궐을 벗어나 로쿠하라(六波羅)의 다이라노 기요모리(平淸盛)에게로 피난했다. 출전은『헤이지 이야기(平治物語)』.

254 사토(『어느 외교관이 본 메이지 유신』하권 pp. 180~181)는 아키히토 친왕의 풍모에 대해 짧기는 하지만 직설적인 묘사를 하고 있다. '야마시나노미야(山階宮)의 저택에서 하직 인사를 하고 밖으로 나오자 마침 아키히토가 지나가는 바람에 바로 길가에 서 있게 되었다. 그는 말을 타고 있었으나 좀 뚱뚱해 보이고 까무잡잡한 피부에 입술이 두툼했

다. 머리카락은 이제 겨우 돋아나려 하고 있었는데 최근까지 승적에 있었기 때문이다.'

255 1865년 3월 3일자 쓰치모치 마사테루(土持正照)에게 보낸 서한에서 사이고는 자기를 가리켜 '아시다시피 싸움 좋아하는'이라고 말하고 있다. 이카이, 『사이고 다카모리』 p. 28 참조.

256 요시노부는 어둠과 높은 파도 때문에 미국 군함을 가이요 호로 착각하고 탔다는 설도 있으나 요시노부가 뻔히 알고서 미국 군함을 탄 것이 분명하다. 이시이, 『무진 전쟁론』 pp. 106~197 참조.

15장

257 어니스트 사토, 『어느 외교관이 본 메이지 유신』 하권 p. 138 참조.

258 원문은 『메이지 천황기』 제1권 p. 596 참조. 그리고 이시이 다카시, 『무진 전쟁론』 p. 114 참조. 사토는 다음과 같이 말하고 있다. '이와시타, 이토, 데라시마 등이 외국사무취조계 자격으로 서명한 포고문이 효고의 곳곳에 나붙었다. 이는 미카도가 조약 준수를 서약한다는 뜻을 널리 알려서 외국인에게 불온한 태도를 취하지 말라는 뜻을 명한 것이었다.' 『어느 외교관이 본 메이지 유신』 하권 p. 140 참조. 여기서 사토가 언급하고 있는 것은 어쩌면 각국 공사에게 16일에 보낸 다른 문서 얘기인지도 모른다.

259 『메이지 천황기』 제1권 pp. 600~601 참조. 이 서한을 받았어야 할 하시모토 사네야나는 이미 동쪽으로 향하고 있었다. 지카코 내친왕의 사자는 구와나(桑名)에서 사네야나를 만났다. 하시모토는 서한을 보고 매우 감동해서 이것을 다시 사람을 시켜 교토의 참여(参与) 마데노코지 히로후사(萬里小路博房)에게 보이며 이를 조의(朝議)에서 검토하도록 부탁했다.

260 이것은 이시이의 해석이다. 이시이, 『무진 전쟁론』 p. 123 참조.

261 『메이지 천황기』 제1권 p. 618. 고겐(公現)이라는 이름은 후시미노미야 구니이에 친왕의 아홉 번째 아들의 법휘(法諱)다. 이 시기 일반에게는 '요시히사(能久) 친왕' '린노지노미야'로 알려져 있었다. 나중에는 기타시라가와노미야(北白川宮)라는 이름으로 알려지게 된다.

262 『메이지 천황기』 제1권 p. 611. 이 이전에 꼭 한 번 궁을 떠난 것은 1854년의 궁궐을 전소시킨 큰 화재 때문이다.

263 조정 정부의 세 개의 최고 기관으로 총재·의정·참여의 총칭. 1867년 12월 9일에 설치되어 1868년 윤4월에 폐지되었다.

264 사토, 『어느 외교관이 본 메이지 유신』 하권 p. 166. 사토의 동료 A. B. 미트포드는 다른 견해를 내놓고 있다. 미트포드는 가공할 처형장 입회인이 된 뒤 프티 투아르 함장에게서 다음과 같은 말을 들었다. '첫 번째 죄인은 자신의 배를 힘껏 단검으로 찔러 창자가 튀어나오자 그것을 손으로 들어 올리면서 신의 나라의 성스러운 토지를 더럽힌 고약한 외국인에 대한 증오와 복수의 노래를 부르기 시작했다. 그 무서운 노래는 그가 숨이 멎을 때까지 계속되었다.' A. B. 미트포드, 『영국 외교관이 본 막부 말기의 유신』 p. 111 참조. 미트포드가 들은 바에 의하면 이렇게 해서 열한 명의 남자가 할복해 죽은 후, 프랑스인들은 도저히 참지 못해 프티 투아르 함장이 나머지 아홉 명의 목숨을 살려달라고 부탁했다.

265 사토는 다키 젠사부로(瀧善三郎) 휘하 비젠 번의 무사가 외국인에게 발포해서 미국인 수병 한 명이 사살된 고베의 사건에 대해 쓰고 있다. 『어느 외교관이 본 메이지 유신』 하권 pp. 130~132, 163~165 참조. 다키는 그 책임을 지고 할복했다.

266 로슈는 일본 주재 공사로서는 고참이었다. 폴스브로크는 계급은 낮았으나 파크스보다 먼저 알현했다. 일본과 네덜란드의 오랜 우호 관계를 고려한 것인지도 모른다.

267 야마시나노미야(1816~98)로 알려져 있기도 하다. 후시미노미야의 첫 번째 황자. 여덟 살(1824) 때 득도했으나 환속해서 왕정복고에 진력했다. 미트포드는 천황을 알현하기 전에 야마시나노미야를 만났을 때의 인상을 다음과 같이 써놓았다. '야마시나노미야는 보라색 고대 궁중 의상을 입고 주름이 잡힌 기묘한 모양의 모자 에보시를 쓰고 있었다. 치아는 오하구로로 검게 물들이고 있었다. 그것은 2, 3일마다 다시 칠해야 하는데, 마침 다시 칠해야 할 시기였는지 보기에 썩 좋지 않았다. 수일 후 그를 만났을 때는 이를 새로 칠해서 마치 에나멜처럼 반짝이고 있었다.' 미트포드, 『영국 외교관이 본 막부 말기의 유신』 p. 113 참조.

268 사토, 『어느 외교관이 본 메이지 유신』 하권 p. 183 참조. 영국 공사 일행의 습격에 관해서는 리즈데일 경(=A. B. 미트포드)도 기록해 놓고 있다. 특히 다음 대목은 잊을 수가 없다. '총소리가 나더니 피습이다! 죽여라! 쏴라! 하는 고함소리가 들려왔다. 나는 전에 없이 민첩하게 가마에서 튀어나와 앞을 향해 뛰었다. 거리에는 여기저기 핏자국이 있었다. 살인마가 나를 향해 달려오는 것이 보였다. 그는 이미 부상해 있었

으나 전의는 넘쳐나고 있었다. 손에 든 칼에서는 피가 흘러내렸고 얼굴에도 피가 흐르고 있었다. 나는 일본의 검술에 대해 들었으므로 그 칼을 피하려 해도 소용없다는 것을 잘 알고 있었다. 그래서 그의 몸 밑으로 달려들어 팔을 비틀어올려서 피가 뚝뚝 떨어지는 칼을 빼앗았다. 그리고 제9연대의 병사에게 그를 인도했는데 그는 붙잡힌 손을 뿌리치고 재빨리 골목으로 달아나버렸다. 나는 파크스 공사가 무사한지 확인하기 위해 뛰어갔다. 공사는 태연하게 말을 탄 채 사토와 함께 있었으므로 매우 안심이 되었다. 사토와 말은 피를 흘리고 있었으나 심각해 보이지는 않았다. 그들과 함께 걸어가는데 무엇인가 발부리에 걸리기에 내려다보니 남자의 머리였다.' 미트포드, 『영국 외교관이 본 막부 말기의 유신』 pp. 116~117 참조. 9월 1일, 영국 여왕은 영국 공사의 위기를 구해준 감사의 표시로 고토와 나카이에게 검 한 자루씩을 선물했다.

269 사토, 『어느 외교관이 본 메이지 유신』 하권 p. 185 참조. 이 사에구사 시게루(三枝蓊)라는 근왕승(勤王僧)을 처형 2시간 전에 찍은 사진이 있다. 사에구사는 떳떳하다는 표정으로 카메라를 노려보고 있다. 미트프드는 자신을 죽이려 했던 사에구사가 붙잡혀서는 빨리 자신의 목을 쳐달라고 호소했던 이야기를 기록하고 있다. 미트프드, 『영국 외교관이 본 막부 말기의 유신』 p. 120 참조. 공범인 하야시다 사다카타(林田貞堅)의 잘린 목 사진이 『소생하는 막부』(라이덴 대학 사진 컬렉션) p. 188에 사에구사의 사진과 함께 게재되어 있다. 3월 4일, 사에구사와 하야시다는 효수되었고 공범으로 지목된 다른 세 명은 오키(隱岐)로 유배되었다. 사흘 후 외국인 폭행을 경계하는 포고문이 발령되었다. '외국인에 대한 폭력 행위는 조정의 뜻에 어긋날 뿐 아니라 황실의 권위를 손상시키는 일이며 나아가 국제간의 분규를 초래하게 된다.' 미트포드, 『영국 외교관이 본 막부 말기의 유신』 pp. 123~124과 『메이지 천황기』 제1권 p. 630참조.

270 사토는 알현이 허용되지 않았다. 그 이유를 미트포드는 영국 궁중에서의 알현 경험이 없었기 때문에 예법에 따라 외국 원수를 알현할 수가 없었다고 했다. 미트포트, 『영국 외교관이 본 막부 말기의 유신』 p. 127 참조.

271 미트포드, 『영국 외교관이 본 막부 말기의 유신』 p. 125 참조.

272 원문에 사용된 'sangre azul'은 스페인어로 영어 'blue blood(귀족의 혈통)'에 해당된다.

273 미트포드, 『영국 외교관이 본 막부 말기의 유신』 pp. 127~129 참조.

그리고 또 'two Princes of the Blood'가 '두 명의 황족'이 되어 있던 것을 '두 명의 친왕'으로 정정했다.

274 동 p. 130 참조. 이토 슌스케는 물론 이토 히로부미를 말한다. 이토는 1863년 영국에 유학해서 영어에 능했다.

275 신선조는 실력 있는 낭사만을 모아놓은 무장 집단이며 1863년 교토의 양이운동을 진압할 목적으로 막부가 편성한 경비대다. 1964년 이케다야에서 모의 중인 존왕양이파 무사들을 습격해 괴멸시켰다. 도바·후시미에서의 패퇴 이후로도 계속해서 전 쇼군을 위해 용감하게 싸웠다. 관군과의 싸움에서 패배를 거듭했으나 독특한 매력이 있었기 때문에 신선조에 관한 책이 많다. 그 매력은 목숨 받쳐 충성한다는 점에 있을 것이다.

276 이시이, 『무진 전쟁론』 pp. 126~127 참조.

16장

277 예전에는 정사(政事)라는 말은 제사와 정치 양쪽을 동시에 가리켰다. 『메이지 천황기』 제1권 pp. 645~646 참조. 이 부분의 출전인 『태정관일지(太政官日誌)』가 처음으로 간행된 것은 1868년 2월 20일의 일이다. 이 기록문서는 각 번과 직할지의 관청으로 보내졌다. 『메이지 천황기』 제1권 p. 632 참조. 아스카이 마사미치, 『메이지 대제』 p. 128 참조.

278 『메이지 천황기』 제1권 p. 646 참조. 승위와 승관 반납을 원하지 않는 자는 따로 상신시켰다. 3월 28일, 신불혼효(神佛混淆)를 금하는 칙령이 나왔다. 신도의 본바탕이라는 불상을 비롯해서 와니구치(鰐口:신사의 앞 추녀에 걸어놓고 매달린 밧줄로 치는 방울), 범종, 불구 등은 즉시 신사에서 제거되었다. 그러더니 불교 배척의 목소리까지 나왔다. 동 p. 663 참조.

279 신도와 불교가 훌륭한 조화를 보인 예로서 교토의 의승(醫曾) 사카 주부쓰(坂十佛)가 1342년의 이세 참궁 기행을 기록한 『이세 태신궁 참예기(伊勢太神宮參詣記)』가 있다. 이세 신궁 외궁(外宮:도요우케 대신중)의 사관(祠官) 와타라이 이에유키(度會家行)와 주부쓰의 면담에서는 의견 차이를 보이는 흔적조차 보이지 않는다.

280 최초의 본지수적설은 937년에 볼 수 있다. 그해, 2위의 신이 보살의 화신이라고 선언되었다. 이윽고 모든 신들이 붓다 내지는 보살의 화신으로 쳐졌다. 다양한 신들의 '본지(本地: 본체, 본원)'는 그 대부분이 진언

밀교(眞言密敎)의 13체의 부처라는 것이었다. 신도에는 가지기도(加持祈禱), 호마(護摩), 호부(護符), 오쓰게(神託) 기타 진언밀교의 교리가 채택되어 있다. 본지수적설의 근저를 이루는 신불습합(神佛習合) 사상의 주류는 '양부신도(兩部神道)'라고 불렸다. 진언밀교의 금강계(金剛界)와 태장계(胎藏界)의 양부만다라(兩部曼陀羅)와 이세 신궁의 외궁과 내궁을 동일시한 데서 이 명칭이 생겼다.

281 1868년 4월 24일, 하치만 신의 칭호 '하치만 대보살'에서 보살이라는 칭호가 박탈되었다. 그 대신 '하치만 대신(大神)'이라고 불리게 되었다. 『메이지 천황기』 제1권 p. 682 참조.

282 '폐불훼석(廢佛毁釋:불법을 배척하고 석존의 가르침을 버림)'이라는 말이 이 시기에 빈번히 사용되었다. 그러나 정부의 방침은 신도와 불교를 분리하는 데 있을 뿐 불교를 배척하자는 것은 아니었다.

283 고래로 중국에서 천자는 북쪽에 자리를 잡고 남쪽에 도열하는 대신과 가신을 마주본다. 이를 '남면(南面)'이라 한다.

284 이 제문(축문)의 원문은『메이지 천황기』제1권 p. 648에 있다. 천황이 서원하기에 앞서 그 경위가 설명되고 있다.

285 유리 기미마사가 원안을 기초하고, 후쿠오카 다카치카에게 의견을 물어 수정, 가필하고 마지막에 기도 다카요시가 세부에 걸쳐 조언했다. 상세한 내용은『메이지 천황기』제1권 pp. 652~655 참조.

286 도야마 시게키, 『메이지 유신』 pp. 227~228 참조. 도야마의 의견에 의하면 5개조 어서문 및 그에 준하는 당시의 정부 포고 내용은 메이지 천황의 치세가 시작되면서 반포된 개방적인 조처처럼 보이지만, 실은 천황 절대주의를 이 세상에 낳기 위한 진통기의 마취제에 지나지 않았으며, 계몽 전제주의 이전의 것이었다. 도야마는 또 어서문에 대해 보다 구체적인 비판을 가하고 있다. 예컨대 유리 기미마사는 원안 제1안에 '서민 뜻을 이루고'라 했고, '사민(士民)이 마음 하나로 해서'라고 하면서 서민적 요소를 비교적 중시하고 있으나, 이는 '주로 재정적 견지에서 호상(豪商), 호농(豪農)층의 정치적 발언을 어느 정도 허용하려는 데 그치는 것'이라 했다(p. 229). 다나카 아키라(田中彰)(『미완의 메이지 유신』pp. 24~28)는 어서문 제1조를 언젠가는 '거둬치우게 될' 운명에 있던 슬로건에 지나지 않는다고 치부하고 있다. 다나카는 또 어서문의 개방적인 문면은 당시 일본에서 끊임없이 일어나고 있던 외국인 살상 사건으로 신정부가 해외 제국에 그 개방성을 강조할 필요가 있었기 때문이라고 말하고 있다. 다나카는 나아가 구메 구니타케(久米邦武)의 글을 인용하면서 기도 스스로 작성에 참여했을 어서문에 관해

1872년의 시점에서 완전히 망각하고 있었다는 것은 어서문을 그다지 중요하게 생각하지 않았다는 증거라고 지적하고 있다.

287 윤4월 21일, 정체 개혁이 실시되었을 때 정체서(政體書)는 개혁이 어서문의 취지에 따르는 것을 목적으로 한다는 것을 강조하고 있다(『메이지 천황기』 제1권 p. 708). 그리고 다나카, 『미완의 메이지 유신』 p. 28 참조. 다나카는 자유민권운동 지도자들이 어서문의 민주적인 성격을 높이 평가하고 있었던 점을 지적하고 있다.

288 『메이지 천황기』 제1권 pp. 649~652.

289 어니스트 사토, 『어느 외교관이 본 메이지 유신』 하권 p. 192. 그리고 역문 중의 '체형(personal punishment)'이라고 한 것은 여기서는 '사형'일 것으로 생각된다.

290 『메이지 천황기』 제1권 p. 663.

291 이는 꼭 당시 사람들에게 공통되는 의견은 아니었다. 예를 들면 기도 다카요시는 윤4월 11일자 일기에 '오늘의 형세대로 내년에 이르다 보면 천하의 피폐는 말할 것도 없고 결국 왕명도 받들어지지 못할 것'이라고 써놓았다. 기도는 당시 전투 결과에 대해 무척 고뇌하고 있었다. 이것은 그중 하나에 지나지 않는다.

292 보다 일반적으로는 아키라 친왕(1816~98)으로 알려진, 자식 복이 많은 후시미노미야의 장남. 여덟 살에 승적에 들어갔으나 1864년에 환속해서 야마시나노미야가(山階宮家)를 창립했다. 1866년, 이와쿠라 도모미와 함께 정치 활동을 하다가 칩거 명령을 받았다. 왕정복고 후에는 의정에 취임했고 이 당시에는 외국사무총독 자리에 있었다.

293 사토, 『어느 외교관이 본 메이지 유신』 하권 pp. 199~200. 글 가운데 '이토'라고 되어 있는 것은 이토 슌스케(히로부미)를 가리킨다. 이 알현 모습을 전하는 일본 측 자료(『메이지 천황기』 제1권 p. 686 참조)에는 사토가 다루지 않은 대목이 있다. 파크스는 빅토리아 여왕으로부터의 신임장을 천황에게 제출했을 때 천황에 대한 외경심 때문에 아키라 친왕이 몸을 받쳐주지 않으면 안 되었다는 것이다. 이 이야기는 다른 기술에서 우리가 받는 파크스의 인상과는 통 어울리지 않는다.

294 『오쿠보 도시미치 일기 1』 p. 452. 아스카이, 『메이지 대제』 p. 125에도 인용이 있다.

295 아스카이, 『메이지 대제』 p. 125. 요코이의 말은 『메이지 천황기』 제1권 pp. 705~706에 요약 형식으로 소개되어 있다.

296 아스카이, 『메이지 대제』 p. 126에 인용되어 있는 오쿠보가 기도에게

써보낸 윤4월 2일자 편지 발췌문 참조. 그리고 도야마 시게키 편, 『천황과 화족』 pp. 6~8에 있는 오쿠보의 『오사카 천도 건백서』 참조.

17장

297 원문은 도야마 시게키 편, 『천황과 화족』 p. 9. 포고일은 1867년 윤4월 22일. 『메이지 천황기』 제1권 p. 705 참조.

298 후궁을 '오쿠(奧)'라고도 부르며, 천황이 사생활을 영위하는 곳으로 궁녀가 통괄하고 있었다.

299 다른 출전에 의하면 진시(오전 8시 전후)로 되어 있다. 도야마 편, 『천황과 화족』 p. 9.

300 당시의 관료 중 최고위. 이와쿠라 도모미와 산조 사네토미는 의정과 보상을 겸했다.

301 보상이 정무를 보는 방. 『메이지 천황기』는 포고문에 말을 보태서 천황이 보상의 방으로 가는 것은 국무에 전념하고 있는 그 모습을 보기 위해서라는 것을 시사하고 있다.

302 『메이지 천황기』 제1권 pp. 705~706에 요약되어 있다.

303 이것은 다른 곳에는 전혀 나오지 않는 사실인데 분명 이때까지 천황이 담배를 피웠다는 사실을 보여주고 있다.

304 원래 명칭은 '고젠즈메(御前詰)'였다. 새로 창설된 천황의 사설 비서. 다음과 같은 규정을 정해놓고 있다. ① 어전에서 일어난 일을 결코 남에게 누설하지 않는다. ② 정사는 요소를 경유하며 직주(直奏)하지 않는다. ③ 어전에서는 비속비례의 언행을 엄중히 삼간다. ④ 조석 근무 중에는 군은(君恩)에 익숙해져서 천위(天威)를 모독하는 행동은 물론 내외에 권위를 내세우지 않는다. 기타 조항은 모두 근무 규정에 대해 말하고 있다(『메이지 천황기』 제1권 pp. 706~707). 모든 요구를 만족시킬 구게를 찾아내기란 여간 어려운 일이 아니었으나 최종적으로 열 명이 뽑혔다. 열 명의 이름은 동 p. 707 참조.

305 어니스트 사토는 이미 제정된 몇 개의 법령을 보았으며 그 최신의 것은 6월에 발행된 것이었다. 사토는 다음과 같이 써놓고 있다. '그곳에는 미국의 정치 학설의 영향이 역연히 나타나 있었다. 나는 베르베크 박사의 제자 오쿠마와 그와 같은 번의 무사인 소에지마가 그 법령을 제정할 때 큰 역할을 했을 것으로 생각한다. 모든 조항에는 태정관(=정부)

의 권력을 입법, 행정, 사법의 3권으로 분할한다는 의미의 글이 들어 있었다. 또 다른 조항에는 모든 관리는 4년의 임기로 교대한다. 단, 정부 관리가 교대할 때가 되면 그 첫 번째의 경우 인원 중 반수는 2년 연기해서 공무에 지장이 없도록 한다고 규정되어 있다. 이 규정은 엽관제(獵官制:선거에서 승리한 정당이 선거운동원과 그 정당의 적극적인 지지자에게 관직에 임명하거나 다른 혜택을 주는 관행)의 메아리를 듣는 기분이었다. 오쿠마의 설명에 의하면 행정은 대통령과 그 고문관으로 이루어진다는 미 합중국 헌법의 행정부를 본받은 것인데 실제로는 신기(神祇), 회계, 군무, 외무 등 각 성(省)의 수위(首位)에 있다는 것이었다(사토, 『어느 외교관이 본 메이지 유신』 하권 p. 207).'

306 『메이지 천황기』 제1권 p. 708. 이때 2등관으로 임명된 자 중에는 고토 쇼지로, 기도 다카요시, 오쿠보 도시미치, 소에지마 다네오미, 요코이 쇼난 같은 걸출한 인재들이 있다.

307 그러나 최초의 선거 때는 계속의 의미도 있고 해서 선출된 자 중 반수는 임기가 2년 연장되었다.

308 이와쿠라 도모미는 7월 23일, 스스로 사가 병사 2천 명을 이끌고 출정시켜 달라고 천황에게 주청했다. 그 상소문에서 이와쿠라는, 자신은 구게 집안에 태어났기 때문에 전쟁에 대한 지식이 전무하다는 것을 인정하면서 북쪽의 적군과의 전투에서 미력하나마 자신의 힘을 시험하고 싶다고 말하고 있다. 이와쿠라는 결국 마음을 바꾸게 되었으나 그것은 군사 경험 미숙 때문은 아니었다. 『메이지 천황기』 제1권 pp. 774~775.

309 이는 1868년의 활동을 기록하는 거의 모든 문서에서 사용되고 있는 이름인데 필자는 이 시기를 통해 가장 잘 알려진 이름인 린노지노미야를 사용하기로 했다.

310 『메이지 천황기』 제1권 p. 618. 모리 오가이(森鷗外), 「요시히사 친왕 사적(事蹟)」(『모리 오가이 전집』 제3권 pp. 510~513)도 참조.

311 아리마 요리치카(有馬賴義), 『기타시라카와노미야의 생애』 p. 244는 격식대로라면 수백 명의 수행원이 필요하다.

312 모리 오가이, 『요시히사 친왕 사적』 p. 516.

313 아리마(『기타시라카와노미야의 생애』 p. 247)에 의하면 이와쿠라는 린노지노미야가 천황에게 영향을 끼쳐 에도 성 공격 계획을 방해하려는 것이 아닐까 생각했다. 이와쿠라는 설사 동정군을 보내기는 하지만 에도 성은 공격하지 않기로 작정하고 있었다. 왜냐하면 이와쿠라로서도 막부 측 교섭 상대인 가쓰 가이슈는 죽이기에는 아까운 인물이었기

때문이었다.

314 시부사와 에이이치(澁澤榮一), 『도쿠가와 요시노부 공 전』 제4권 p. 248.

315 모리 오가이, 『요시히사 친왕 사적』 p. 532.

316 동 p. 535. 환자의 집을 찾아가는 것 같은 린노지노미야의 분장에 대해 자세한 것은 p. 536 참조.

317 다키가와 마사지로(瀧川政次郎), 「알려져 있지 않은 천황」(〈신조新潮〉 1950년 10월호) p. 126. 다키가와는 이를 고 오사타케 다케시(尾佐竹猛) 박사에게서 직접 들었다고 썼다. 다키가와 자신은 문서를 보지 않았다. 그러나 다키가와는 정보원(情報源) 오사타케에게 절대적인 신뢰를 보이고 있었다.

318 이 지역은 일본의 북쪽에 자리하고 있었으나 보통은 동으로 불리고 있었다. '천황'으로서의 린노지노미야의 위치는 따라서 '도부(東武)'였다. 정부의 군대는 '서군(西軍)'으로 불렸다.

319 『메이지 천황기』 제1권 p. 736. 어니스트 사토는 똑같은 의견을 지니고 있었다. 사토(『어느 외교관이 본 메이지 유신』 하권 p. 205)는 다음과 같이 써놓고 있다. '몬제키의 자격으로 그곳에 상주했고, 도쿠가와와의 항전파가 천황의 자리에 앉히려 하고 있던 친왕 린노지노미야는 싸움이 끝날 무렵 생존자들에게 옹립되어 그곳을 물러갔다.'

320 진무(神武) 천황에서 고가메야마(後龜山) 천황 시절까지에 이르는 5백 명의 걸출한 인물(천황, 충신, 열부 등)의 초상과 소전(小傳)을 정리한 『전현고실(前賢故實)』의 저자. 이 책은 1836~68년까지 출판되었다.

321 사사키 스구루(佐佐木克), 『무진 전쟁』 p. 132. 도부(東武) ― 일어로 東部와 같은 발음 ― 라는 명칭은 나라의 서부 지역을 메이지 천황이 지배하고 린노지노미야는 동부 지역의 천황이라는 것을 보여주고 있다. 이처럼 나라를 양분하는 일은, 10세기 때 있었던 다이라노마사카도(平將門)의 난을 떠올리게 한다. 마사카도는 동부의 '신황(新皇)'이라 스스로 칭하고 있었다.

322 모리 오가이, 『요시히사 친왕 사적』 p. 557. 1872년 1월 6일, 황족으로서는 고위인 3품에 서열되었다. 같은 날 형 아사히코 친왕도 3품으로 서열되었다. 도쿠가와 요시노부는 종4위로, 그리고 '도부(東武) 황제'의 짧은 치세 때 임시 정이대장군으로 임명되었던 다테 요시쿠니(伊達慶邦)는 종5위에 임명되었다. 정부의 관대함에는 참으로 놀랄 따름이다.

323 『메이지 천황기』 제1권 pp. 792~793. 아사히코 친왕의 음모에 관한 좀 더 자세한 이야기는 시부사와 에이이치, 『도쿠가와 요시노부 공 전』 제4권 pp. 268~269 참조.

324 독립국의 건설, 국제적인 관계, 그리고 에노모토 정부의 붕괴에 대해서는 이시이 다카시, 『유신의 내란』 pp. 204~249. 동, 이시이, 『무진 전쟁론』 pp. 277~323 참조.

325 W. E. 그리피스, 『미카도』 pp. 189~190. 필자는 이 계획의 주모자를 지목할 수 없었다.

326 동 p. 192.

327 이시이, 『무진 전쟁론』 p. 219 참조. 이때 만일 농민 반란의 대상이 정부군이었더라면 전쟁의 앞길은 예측을 불허했을 것이다. 그러나 농민 반란의 대상은 나가오카 번에 있었다. 나가오카 번에서는 이들을 진압하기 위해 무사를 파견했으나 오히려 농민군에 격퇴당했다.

328 예를 들면, 1868년 6월 22일 메이지 천황은 아이즈 번 토벌 후 에치고 총독으로서 교토를 출발하는 아키히토 친왕에게 황군의 표지인 금기를 내려주고 있다. 『메이지 천황기』 제1권 p. 754 참조. 그리고 7월 5일, 천황은 칙사를 오우의 싸움터로 보내 동정(東征) 장병들의 노고를 치하하는 술과 음식을 내렸다(『메이지 천황기』 제1권 p. 757). 부대에 대한 술과 음식 위문은 전투가 끝날 때까지 계속되었다.

18장

329 지구본은 사실, 즉위 대례에서 중요한 역할을 했다. 『메이지 천황기』 제1권 p. 805 참조.

330 동 p. 796. 기도는 이뤄지지 않았다. 식전 내내 비가 쏟아졌다.

331 동 p. 812. 『고금화가집(古今和歌集)』 제344번. 축하 노래의 하나다.

332 『메이지 천황기』 제1권 p. 804. '천장(天長)'이라는 말은 '천지장구(天地長久)'라는 숙어에서 나왔다. 천지가 영구히 이어지듯 천황의 장수를 기원한 것이다. 1873년에 태양력이 채용된 이래, 천장절은 10월 3일로 정해졌다. 1852년 메이지 천황의 생일을 양력으로 환산한 것이다. 1868년의 탄생일은 태양력에 의하면 11월 6일이었다. 어니스트 사토(『어느 외교관이 본 메이지 유신』 하권 p. 219)는 '11월 6일은 미카도의 탄생일이었으므로 축하 의식이 거행되었다'고 써놓았다.

333 '연호'는 '원호'와 같은 뜻으로 사용된다.

334 이 결정이 내려진 이유는 명시되어 있지 않다. 아마도 양력에 익숙하지 않은 일본 사람들에게 정신없이 변하는 일본의 연호는 불편하다는 인식이 생긴 것이 아닐까.

335 12세기 이래, 아주 소수의 예만 빼놓고 대대로 학자 가계인 스가하라 가가 새 연호들을 뽑았다. 기요하라 가(에도 초기, 히데카타 대代부터 후나하시舟橋 가로 개칭)는 유학 집안으로 알려져 있다.

336 어니스트 사토는 일기에 이렇게 써놓았다. '1868년 8월 23일(게이오 慶應 4년 7월 6일)에 나는 고마쓰 및 나카이와 회석했다. 이것은 이해 초 교토에서 오사카로의 천도를 제안한 사쓰마의 정치가 오쿠보를 만나기 위해서였다. 결국 에도를 정치의 중심으로 삼고, 그 이름을 도쿄(東京), 즉 동쪽의 도읍이라고 개칭하기로 결정한 것인데, 이 결정에는 오쿠보의 영향력이 컸다는 것을 나는 의심하지 않는다'(『어느 외교관이 본 메이지 유신』하권 p. 212). 또 도야마 시게키 편, 『천황과 화족』 pp. 6~8 참조. 『오사카 천도 건백서(大坂遷都建白書)』(1868년 1월)에서 오쿠보는 천도 제창 이유를 말하고 있다.

337 사토, 『어느 외교관이 본 메이지 유신』하권 p. 183.

338 행렬의 엄밀한 구성은 요시노 사쿠조(吉野作造) 편, 『메이지 문화 전집』제17권(황실 편) pp. 197~205에 상세히 실려 있다.

339 『메이지 천황기』제1권 p. 206에 오쓰에서 하사받은 금액의 내역이 나와 있다. 리키라는 여성은 시어머니에게 효도를 다한 며느리의 귀감이요, 남편 야스베(安兵衛)의 아내로서도 부도를 잘 지켰다. 그래서 리키는 2천 필을 하사받았다. 그 외에 358명의 노인이 하사를 받았고 70세 이상에게는 2백 필, 90세가 넘은 한 사람에게는 5백 필이 주어졌다.

340 『메이지 천황기』제1권 p. 847. 다다 고몬 편『이와쿠라 공 실기』중권 p. 570에도 놀라울 정도로 비슷한 일화가 하나 있다. 9월 21일, 천황의 봉련이 도카이도의 숙박촌 이시베(石部)에 이르렀을 때 다테 무네나리는 길가의 논에 다가가 벼이삭 다섯 대를 따서 어전에 바쳤다. 이때 다음과 같은 노래를 덧붙였다고 한다. '임이여 보소서, 5월의 비 너무 뿌려서 벼이삭 알갱이가 적군요.' 양쪽 일화, 모두 같은 취지의 이야기를 전하고 있다. 즉 천황은 지금까지 논밭을 가는 농민의 모습을 한번도 본 일이 없었다. 와카를 바친 두 사람은 천황에게 빈약한 수확으로 고민하는 농민의 어려움을 전하려 했다. 『이와쿠라 공 실기』중권 p. 572에는 비슷한 내용의 아쓰다에서의 일화, 도쿠가와 도쿠나리의 노래와 함께 요시카쓰의 노래도 싣고 있다.

341 『메이지 천황기』제1권 p. 852. 나중에 천황은 배 타기를 싫어하게 되

었다.

342 동 p. 852. '아라이'는 가까이 있는 지명 '아라이(新居)'인 동시에 '풍파가 거칠다'라는 의미도 있다. 이 노래의 요점은 '아라이'는 이름에서 그 의미만 거칠지 실제는 온화한 호수 면이었다는 것이다.

343 강을 건너기 힘든 상태로 방치해 둔 것은 옛 막부의 정책이라고 이와쿠라는 시사하고 있다. 관리들은 충분히 시간을 갖고 여행자를 조사할 수도 있고 비상시에는 강이 방벽 역할도 할 수 있다(다다 편,『이와쿠라 공 실기』중권 pp. 572~573).『메이지 천황기』제1권 p. 854도 참조.

344 『메이지 천황기』제1권 p. 878. 11월 5일, 반란군은 후쿠야마 성을 점거했다. p. 889 참조.

345 이것은 이와쿠라 도모미의 견해다.『메이지 천황기』제1권 p. 906참조.

346 기노시타 다케시(木下彪),『메이지 시화(詩話)』p. 3.

347 『메이지 천황기』제1권 p. 913. 1869년 1월 10일, 아키타케의 하코네 출정은 중지되었다. 거듭된 패배로 반란군이 기세를 잃어 곧 항복하리라고 생각했기 때문이다. 그러나 아키타케의 출정 준비는 이미 끝나 있었다. 아키타케는 예정대로 토벌 종군을 청원했다. 사실 그달 25일, 아키타케는 하코네를 향해 출발하고 있다.『메이지 천황기』제2권 p. 11.

348 기노시타,『메이지 시화』p. 12.

349 23일, 영국, 미국, 프로이센 공사가 초대되어 향연은 거의 늘 하는 대로 벌어졌다. 영국 공사 파크스는 공사관 및 서기관 여섯 명, 육해군 장교 열세 명이라는 최대 인원의 대표단을 이끌고 입궐했다.『메이지 천황기』제1권 p. 903.

350 사토,『어느 외교관이 본 메이지 유신』하권 p. 244.

351 동 pp. 244~245.

352 그 후 오래지 않아 히가시쿠제는 여섯 명의 외국 공사에게 비공식적으로 천황이 이듬해 봄 도쿄로 돌아온 단계에서 도쿄는 일본의 새 수도가 될 예정이라고 말했다. 그리고 히가시쿠제는 도쿄 지도를 펼쳐놓고 공사관 건설 부지로 제공할 지역을 가리켰다. 사토는 다음과 같이 기록하고 있다. '해리 경 이외의 공사는 모두 부지를 준다는 것은 저들의 본의가 아니라고 말했다. 나는 점차로 해리 경이 일본인이 하는 말은 모두 거짓말이라고 생각하는 나쁜 버릇에서 벗어나고 있음을 느꼈다(사토,『어느 외교관이 본 메이지 유신』하권 p. 250). 이 시점에서 아직도 이와쿠라의 말이 거짓이라고 여겨지고 있을 가능성은 충분히 있다.

353 다키 고지(多木浩二), 『천황의 초상』은 천황의 시각적 이미지가 민중에게 어떤 꼴로 제공되었는지 그 사실을 전하는 지극히 흥미로운 책이다. 다키는 도쿄 행차에 따른 다양한 니시키에(錦繪·풍속화를 색도 인쇄한 목판화)가 만들어졌다고 했다. 이들 니시키에는 잘 팔렸다. 특히 그중에서도 천황 행렬의 도쿄 입성을 그린 것이 많이 팔렸으며 니시키에를 통해 일반 민중은 일종의 정치적 경험을 했다.

19장

354 칙서 원문은 『메이지 천황기』 제2권 p. 4. 당시 나온 많은 조칙과 칙령은 대개 다마마쓰 미사오(玉松操)가 작성한 것이다. 『메이지 천황기』 제2권 p. 19.

355 이는 1912년의 일이다. 이런 의식에 메이지 천황이 출석해서 우등 졸업생에게 은시계를 선물하는 것은 1899년 이래로 관례화되었다. 도쿄 제국대학 외에 메이지 천황이 졸업식에 참석한 곳은 육군대학과 육군사관학교 같은 군 관계의 학교뿐이었다. 아스카이 마사미치 『메이지 대제』 p. 15 참조. 천황은 7월 19일에 쓰러져서 30일에 서거했다.

356 『메이지 천황기』 제2권 p. 7. 요코이 암살의 동기를 말한 공술서 원문은 모리카와 데쓰로(森川哲郎), 『메이지 암살자』 p. 29. 암살자의 한 사람 우에다 다쓰오(上田立夫)가 격노한 것은 요코이가 양복을 입고 외제 모자를 쓰고 쓰키지의 외국인 지구를 산책한 것을 목격했기 때문이었다.

357 실학이 중국과 일본에서 어떻게 발전해 갔는가에 관한 연구는, Wm. Theodore de Bary and Irene Bloom, *Principle and Practicality*, pp. 189~511 참조.

358 H. D. Harootunian, *Toward Restoration*, p. 335.

359 G. B. Sansom, *The Western World and Japan*, p. 283.

360 『메이지 천황기』 제2권 p. 41. 『일본서기(日本書紀)』를 다마마쓰 미사오와 히라다 오스미(平田大角)가, 그리고 『논어』를 히가시보조 다다오사(東坊城任長)와 나카누마 료조(中沼了三)가 진강했다. 『메이지 천황기』 제2권 p. 26권 참조.

361 의정 나카미카도 쓰네유키(中御門經之)는 1869년 4월 28일, 이러한 취지의 글을 이와쿠라 도모미에게 보내고 있다. 메이지 천황이 최근 하루걸러 승마를 하고 있음을 안 나카미카도는 이를 매월 3일과 8일, 즉

한 달에 여섯 번으로 국한하도록 천황에게 주청하기를 이와쿠라에게 권하고 있다. 『메이지 천황기』 제2권 p. 109 참조.

362 『메이지 천황기』 제2권 p. 30.

363 번(藩)과 민간에서 뛰어난 재능과 업적을 기준으로 선발해 조정의 일을 보게 했다.

364 『메이지 천황기』 제2권 p. 30.

365 영어나 불어가 아닌 독일어를 선택한 것은 아마도 고안 중인 일본의 신헌법이 독일 헌법의 영향을 받았기 때문일 것이다. 천황의 시강 중한 명인 가토 히로유키는 일찍부터 독일어에 능했다. 가토 히로유키, 「내가 시독으로 있던 무렵」(〈태양〉 임시 증간호 『메이지 성천자』 p. 38) 참조.

366 상세한 것은 가토 히토시(加藤仁), 「메이지 천황 궁녀의 낙윤전(落胤傳)」(〈新潮 45〉 1968년 9월, 10월호) 참조.

367 동. 가토는 메이지 천황의 서자의 자손이라고 자칭하는 사람들의 말을 다루고 있다. 그러나 그 신빙성에 대해서는 의문을 갖고 있다.

368 『기도 다카요시 일기』 1874년 5월 19일경.

369 동. 1874년 5월 20일. 1876년 7월 11일자에 기도는 다른 걱정을 써놓고 있다. '행차할 때면 천황께서 자꾸 가마만 타려 하셔서 운동 부족으로 건강을 해치지나 않을까 염려된다. 그래서 자주 말 타기와 약간의 보행을 권했는데 천황은 듣지 않았다.'

370 동 1975년 8월 20일경.

371 동 1976년 10월 13일경.

372 다카시마 도모노스케, 「진무(神武) 이래의 영주(英主)」(〈태양〉 임시 증간호. 『메이지 성천자』 pp. 33~34). 아스카이, 『메이지 대제』 p. 148.

373 가토, 『메이지 천황 궁녀의 낙윤전』 p. 61.

374 히노니시 스케히로, 『메이지 천황의 일상』 p. 81. 히노니시는 또 다음과 같은 이야기도 소개하고 있다. '천황은 히지카타(土方) 백작 저택에서 술을 마신 뒤 다리가 후들거려서 내게 기대셨다. 나는 몸이 작아서 체격이 좋은 천황을 끌어안고 걷느라고 고생했다. 그런 대로 간신히 걸어 조금만 더 가면 말이 있는 곳까지 당도했으나 거기서 다리가 꼬여 같이 쓰러지고 말았다.'

375 Charles Lanman, *Leading Men of Japan*, p 18.

376 보조 도시나가(坊城俊良), 『궁중 50년』 p. 14.

377 동 p. 16.

378 다카쓰지 오시나가, 「유년시의 진강」(〈태양〉 임시 증간호 『메이지 성천자』 p. 30.

379 가토, 「내가 시독으로 있던 무렵」(〈태양〉 임시 증간호 『메이지 성천자』 p. 38).

380 아리치 시나노조, 「용장, 활달, 세심, 해학, 근검하시다」(〈태양〉 임시 증간 『메이지 성천자』 p. 52).

20장

381 John R. Black, *Young Japan(II)*, pp. 254 — 255.

382 우연인지는 모르겠으나 몇 년 후(1875년경) 시독 모토다 나가자네가 메이지 천황에게 고대 천황 중에서 가장 심복하는 천황은 누구인가고 물었을 때 천황은 진무와 게이코라고 답하고 있다. 두 천황 모두 일본 건국과 통일에 관계가 있다. 야스바 스에키(安場末喜), 「순충지성(純忠至誠)의 대유(大儒) 모토다 나가자네」(〈킹〉 1927년 5월호) p. 9 참조.

383 지금의 이와테(岩手) 현에 있다. 『메이지 천황기』 제2권 p. 87.

384 예를 들면, 반란군이 관군이 가는 길을 저지하고 있다고 보고된 것은 4월에 접어들어서의 일이다. 공을 이룬 관군이 마쓰마에 공격을 개시한 것은 4월 17일.

385 『메이지 천황기』 제2권 p. 95.

386 동 p. 97, pp. 109~110. 6월 6일의 보고에 의하면 3대 도시 교토, 도쿄, 오사카 이외의 지역 주민은 지폐를 신용하지 않았다. 3대 도시의 물가는 오르고 시민은 곤궁해졌다(동 pp. 135~136).

387 이는 6월 2일의 일. 동 p. 134.

388 Black, *Young Japan(II)*, p. 276.

389 동 p. 266. 각서의 서명은 외국관 지사 다테 주나곤과 동부지사 데라시마 4위 두 명으로 되어 있다.

390 동 p. 267.

391 S. Lane — Poole and F. V. Dickins, *The Life of Sir Harry Parkes(II)*, p. 121.

392 Lane — Poole and Dickins, *The Life of Sir Harry Parkes(II)*, p. 142. 같은 글이 Black, *Young Japan(II)*, pp. 267~268에 있다. 블랙은 이 한 절이 나오는 1867년 8월 23일(음력 1869년 7월 16일) 자

로 클라렌든 백작에게 낸 편지를 입수했던 것으로 생각된다.

393 Black, *Young Japan(II)*, pp. 268~269.

394 파크스는 이 의식을 다음과 같이 설명하고 있다. '한신(漢神), 글자 그대로 중국의 신. 이는 매우 오래전의 의식을 부활한 것으로 아직 외국이라 하면 조선을 통해 중국하고만 교제하던 시절로까지 거슬러 올라간다. 따라서 한신은 '도진(唐人:오랑캐. 내지는 당나라 왕조의 사람들)'이라는 이름으로 총칭되고 있는 외국인의 수호신이다'(Lane—Poole and Dickins, *The Life of Sir Harry Parkes(II)*, p. 143 같은 글이 리즈데일 경(미트포드)의 회상록(Lord Redesdale, *Memories(II)*, p. 496)에 나온다. 아마도 파크스의 자료에서 얻었을 것이다. '한신(漢神)'은 한자를 '韓神'으로 해놓으면 중국의 신 아닌 조선의 신으로 볼 수도 있다. 그러나 『메이지 천황기』제2권 p. 159에는 한신제(韓神祭)가 7월 23일 거행된다고 기록되어 있다. 이때 신기백 나카야마 다다요시가 축사를 아뢰고 있다.

395 Redesdale, *Memories(II)*, p. 496. 그리고 *A Guide to the Works* p. 45에는 '일본 정부의 명령에 의해 천황의 순행(巡幸)의 경우와 똑같은 경의가 에딘버러 공에게 표해졌다. 2층집들의 창은 모두 종이를 발라 아무도 여왕의 아들인 에딘버러 공을 내려다볼 수 없었다'고 기록되어 있다.

396 Lane—Poole and Dickins, *The Life of Sir Harry Parkes(II)*, p. 143.

397 후쿠자와 유키치는 이 제목과 내용이 포트먼이 대통령의 주의를 끌기 위한 것이었다고 설명하고 있다. 보통 대통령은 외국 공사의 보고를 별로 보지 않으나 이런 기이한 이야기를 보고하면 대통령이 읽어줄 것이라고 여겼던 것이다. 『복옹자전』pp. 198~199.

398 동 p. 199.

399 와타나베 이쿠지로(渡邊幾治郎), 『메이지 천황』 상권 p. 104. 그리고 W. E. 그리피스, 『미카도』 pp. 167~168 참조. '알현 장소와 적당히 떨어진 장소에서 흰 옷을 입고 검은 관을 쓴 신관들이 고헤이(御幣) 막대기와 신도의 일곱 가지 도구를 사용해서 의식을 치르면서 잉글랜드라든지 스코틀랜드 같은 변두리 나라 대표들에게 달라붙어 왔을지도 모르는 나쁜 영과 힘을 쫓아냈다. 대체로 정통적 신도 학자의 가르침에 의하면 이들 나라는 미카도의 조상이 아마쓰쿠니(天津國) 일본을 창조하다 남은 거품과 펄에 의해 생겨난 것이다.'

400 Sir Henry Keppel, *A Sailor's Life under Four Sovereigns(III)*, p.

289. 케펠은 '내일 우리는 열을 지어 황궁으로 가 왕자의 미카도 방문을 보게 된다. 얼마나 지겨울까'라고 쓰고 있다.

401 동 p. 292.

402 선물로는 칠기, 검, 네쓰케(根付:남자 허리끈에 매는 마노, 상아, 산호 등으로 만든 장식), 구리그릇, 도기, 칠보 등이 있었다.

403 환대 중에는(아마도 현재의 국빈에게 제공되는 것보다 정통적인 일본 요리), 씨름, 창검 시합, 곡예, 기술(奇術), 그리고 보다 엄숙한 분위기의 노(能), 교겐(狂言) 등이 있었다. 『메이지 천황기』 제2권 p. 165 참조. 외국인이 노를 본 것은 이때가 처음이었다고 한다(Redesdale, *Memories(II)*, p. 498). 노가 네 번(弓八幡, 羽衣, 小鍛冶, 經政), 교겐이 두 번(墨塗, 太刀奪) 공연되었다(『신문집성 메이지 편년사新聞集成明治編年史』 제1권 p. 303). 미트포드는 에딘버러 공과 수행원에게 도움이 되도록 미리 요강을 만들었다. 그러나 그들이 공연을 처음부터 끝까지 보았다고는 도저히 믿어지지 않는다. 10시간 가까이 걸리는 공연도 있다. 아마도 짤막하게 연기한 것 같다. 유명한 노 배우인 호쇼 구로(寶生九郎)가 「하고로모(羽衣)」를 연기했다.

404 Lane —Poole and Dickins, *The Life of Sir Harry Parkes(II)*, p. 151. 또한 블랙은 *Young Japan(II)*에서 피아노에 대해서는 다음과 같이 말하고 있다. '그것이 황족의 귀를 외국 음악과 친숙하게 만들었는지는 극히 의심스럽다. 황후가 피아노 레슨을 받았다는 이야기를 몇 번인가 들은 일이 있다. 그러나 나는 그 이야기를 믿지 않는다.'

405 Black, *Young Japan(II)*, p. 274. 그러나 오스트리아 황제에게 쓴 메이지 천황의 서한이 『메이지 천황기』 제2권 pp. 192~193에 실려 있는데, '형님'이라는 낱말은 찾아볼 수가 없다. 유럽 군주 사이에서는 서로를 '형제' '사촌'이라고 부르는 관습이 있었다. 그러나 이것은 분명히 일본의 습관은 아니다. 메이지 천황은 프란츠 요제프를 '황제 폐하'라고 부르고 있다. 이는 중국 황제에 대해서도 사용되었던 칭호다.

21장

406 나중에 두 명은 공을 치하받고 쓰네유키는 상도 받았다. 『메이지 천황기』 제2권 p. 224.

407 천황이 치세에 단 한 번 거행하는 매우 중요한 의식이다. 보통은 즉위식 후 첫 겨울에 거행한다.

408 『메이지 천황기』제2권 p. 109. 나카미카도는 메이지 천황이 매월 3일, 8일, 13일, 18일, 23일, 28일에만 승마하도록 권했다.

409 천황의 학습에 관한 가장 상세한 기술은 1869년 2월 6일자에 볼 수 있다. 이 시기에 천황은 1일, 6일, 11일, 16일, 21일, 26일 이외에는 매일 진강을 받고 있다. 유교의 경전을 읽는 것 말고도 후쿠바 비세이(福羽美靜)에게 국사 진강을 받았고, 『정관정요(貞觀政要)』윤독도 하고 있다. 이것은 8세기 중국의 정치에 관한 책으로서 대대로 일본의 천황 교육의 일환이 되어 왔다. 『메이지 천황기』제2권 pp. 131~132 참조. 또 동 pp. 299~300. 시독에는 나카누마 료조(中沼了三), 미쓰다이라 요시나가(松平慶永), 아키즈키 다네타쓰(秋月種樹) 등이 있었다.

410 3간(三間:일반적으로 어삼간御三間)은 상어전(常御殿) 남서쪽에 있으며 천황이 비공식으로 접견을 하는 세 개의 작은 방.

411 모토다 다케히코(元田竹彦), 가이고 도키오미(海後宗臣) 편, 『모토다 나가자네 문서』제1권 p. 127. 고세노 스스무(巨世進), 나카무라 히로시(中村宏), 『모토다 도야(元田東野)·소에지마 소카이(副島蒼海)』p. 49.

412 모토다는 시독을 그만둔 나카누마 료조의 후계자가 되었다.

413 예를 들면, 모토다는 시종에게는 평판이 나빴다. 모토다가 천황에게 '완고한 일'만 가르친다고 여겼다. 히노니시 히로스케(日野西資博), 『메이지 천황의 일상』p. 120 참조.

414 야스바 스에키(安場末喜), 「순충지성(純忠至誠)의 대유 모토다 나가자네 선생」(〈킹〉, 1927년 5월호) p. 4. 이 기사의 필자는 모토다의 친구이며 요코이 쇼난의 제자인 야스바 야스카즈(安場保和)의 양자였다.

415 모토다, 가이고 편, 『모토다 나가자네 문서』제1권 p. 45. 모토다는 자서전 『환력지기(還曆之記)』의 이 부분에서 아버지가 모토다의 장래를 걱정해서 모토다에게 일시적으로 실학 공부를 단념하고 번주의 뜻을 거슬러 가로(家老) 직을 그만둔 나가오카 고레카타(長岡是容)의 독서회에 나가지 말라고 권한 경위를 이야기하고 있다. 인용 부분이 아버지의 권고에 대한 모토다의 답변이었다. 고세노, 나카무라, 『모토다 도야·소에지마 소카이』p. 27 참조.

416 야기 세이지(八木清治), 「경험적 실학의 전개」(『일본의 근세』제13권 p. 176) 참조. 야기는 이 분야의 권위인 미나모토 료엔(源了圓)의 논문에서 몇 군데 인용하고 있다. 모토다의 스승인 요코이 쇼난의 실학에 대해서는 제19장에서 다루었다.

417 아버지와의 불화 후 모토다는 안질을 앓아 의사로부터 독서를 금지당

했다. 이 뜻하지 않은 병으로 모토다는 나가오카 고레카타의 문하로서 실학 연구를 계속할 수 없게 되었다. 고세노, 나카무라, 『모토다 도야, 소에지마 소카이』, p. 28, p. 33 참조. 가족을 엄습한 질병에 대해서는 동 p. 30 참조.

418 고세노, 나카무라, 『모토다 도야, 소에지마 소카이』 p. 45.

419 야스바, 『순충지성의 대유 모토다 나가자네 선생』 p. 6.

420 모토다, 가이고, 『모토다 나가자네 문서』 제1권 pp. 118~119.

421 『메이지 천황기』 제2권 p. 475. 1872년 1월 7일부터 시작된 신년 시강회 때 모토다의 진강 초안은 모토다, 가이고 편, 『모토다 나가자네 문서』 제2권에 수록되어 있다. 모두 알기 쉬운 고문으로 쓰여 있다.

422 야스바, 『순충지성의 대유 모토다 나가자네 선생』 p. 7. 그리고 모토다, 가이고 편, 『모토다 나가자네 문서』 제1권 p. 127. 고세노, 나카무라, 『모토다 도야, 소에지마 소카이』 p. 48 참조.

423 4서는 『대학』 『중용』 『논어』 『맹자』, 여기에 『시경』 『서경』 두 권이 더해진다.

424 고세노, 나카무라, 『모토다 도야 · 소에지마 소카이』 p. 53, p. 225 참조. 원문 날짜는 1871년 9월 25일.

425 『메이지 천황기』 제2권 pp. 293~295. 보병, 포병, 기병으로 구성된 육군의 연대 편성을 하고 전군, 중군, 후군의 3군을 천황 스스로 통솔해서 열병식을 거행한 것은 이때가 처음이었다. 참가한 번마다(영국, 프랑스, 네덜란드 3국의 방식에 따라서) 훈련 방법이 달랐고 몸에 지닌 군장도 달랐다. 매우 뒤죽박죽으로 보였을 것이다.

426 Baron de Hubner, *Promenade autour du monde(II)*, p. 10. 알렉산더 F. V. 휘브너, 『오스트리아 외교관의 메이지 유신』 번역본이 있는데 이 부분에 대한 다른 해석이 있어 사용하지 않았다. 휘브너가 메이지 천황을 알현했을 때의 상황은, 『메이지 천황기』 제2권 p. 516 참조.

427 『메이지 천황기』 제2권에는 천황이 그의 치세 초기에 서양 요리를 먹었다는 이야기가 있다. 1870년 8월 12일 연료관(延遼館)에서, 1871년 11월 21일 시나가와(品川) 앞바다 함상에서 우유를 마셔 본 후 1871년 4월 11일부터 계속해서 우유를 마시기 시작했다. 중고 시대부터 궁중에서 금식해 온 육식도 1871년 12월 17일부터는 쇠고기와 양고기를 상식하게 되었다

428 W. E. 그리피스, 『미카도』 pp. 200~201. 그리피스는 1872년 5월에 상

경한 사쓰마의 시마즈 사부로(島津三郞)가 이끄는 부대의 풍채에 경멸조로 다음과 같이 써놓았다. '시마즈는 2백 명의 사무라이를 데리고 도착했는데 일행은 매우 중세적이고 시대에 뒤떨어져 보였다. 모두들 높은 일본 나막신을 신고 길고 붉은 칼집의 칼을 차고 있었으며 머리 앞과 양옆의 머리카락을 밀어버렸는데 머리에는 아무것도 쓰지 않고 팔도 더러 맨살이어서 전체적으로 부랑자 집단 같은 몰골이었다. 그들은 남들이 흘깃거리면서 시대에 뒤떨어진 자로 여기고 있다는 것을 알고 있었으므로 마침내 사람을 베는 무기를 벗어놓게 해달라고 탄원할 정도였다.'(동 p. 243)

429 사진에 대한 기술은,『메이지 천황기』제2권 p. 599 참조. 필자는 아직이 사진을 보지 못했다. 한편 외국인 중에는 일본 옷을 제대로 입을 줄아는 사람도 있었다. 해리 파크스는 페샤인 스미스라는 일본 외무성의 고문을 맡고 있던 '꽤 유능한 미국인 변호사'에 대해 이렇게 쓰고 있다. '자신을 고용하고 있는 외무성 관리를 웃음거리로 만들 생각으로 하오리 하카마(일본 무사의 정통 옷차림)에다 칼 두 자루를 차고 돌아다니면서 죽어 마땅한 외국인의 10분의 1도 죽이지 못하고 있다고 떠들어댔다.' F. V. Dickins, *The Life of Sir Harry Parkes(II)*, p. 193. 이 괴짜 스미스 씨가 천황을 알현했을 때의 모습은,『메이지 천황기』제2권 p. 602에 간단히 기록되어 있다.

430 『복옹자전(福翁自傳)』p. 216.

431 동 p. 217. 그리고 나가오 가즈오(長尾和郞),『암살자』p. 12 참조.

432 간략한 오무라의 연보가 에사키 마사노리(江崎誠致)「오무라 마스지로」(『인물 일본의 역사』제20권) p. 74에 있다.

433 처참한 싸움의 모습은 나가오,『암살자』pp. 16~20에 상세히 묘사되어 있다.

434 모리카와 데쓰오(森川哲郞),『메이지 암살자』p. 35 참조.

435 히로사와는 첩과 한 이불 속에 있다가 자객의 습격을 받았다. 그래서 정치적 이유가 아니라 질투 때문에 살해된 것이 아니냐는 의견도 있었다. 천황의 고문이었던 사사키 다카유키(佐佐木高行)는 암살의 배후로 기도 다카요시의 주변이 수상하다고 일기에 쓰고 있으나 이유는 밝히지 않았다. 구리하라 류이치(栗原隆一),『참간장(斬奸狀)』p. 363 참조. 히로사와는 기도와 같은 조슈 번 출신이었다.

436 구리하라,『참간장』p. 362. 메이지 천황은 히로사와의 죽음 후, 계위를 높여 정3위로 했고 가족에게 금폐(金幣) 3천 냥을 하사했다.『메이지 천황기』제2권 p. 392 참조. 히로사와가 암살된 '세 번째의 대신'이

라고 말한 것은 아마 천황의 머릿속에 요코이 쇼난, 오무라 마스지로의 일이 있었기 때문일 것이다.

437 메이지 천황이 직접 이 조칙을 썼을 것 같지는 않다. 그러나 이것은 천황의 심정을 그대로 담았을 것으로 여겨진다.

22장

438 W. E. 그리피스, 『미카도』 p. 188.

439 동 pp. 197~198.

440 기노시타 다케시(木下彪), 『메이지 시화(明治詩話)』 pp. 50~51. 그리고 도널드 킨, 『일본 문학의 역사』 제10권(근·현대 편 1) pp. 72~73 참조. 이 오누마의 한시는 자그마치 40행에 이르고 있다.

441 시바 료타로(司馬遼太郞), 『메이지라는 국가』 p. 109. 시바에 의하면 1920년대 초(다이쇼大正 시대)까지 관계와 학계는 거의 무사 집안 출신이었다. 교육만이 경제적 어려움에서 살아남을 수 있는 유일한 길이라는 것을 그들은 일찌감치 깨달았던 것이다. 시바는 나아가 다이쇼 말기가 되면서 이들 가문 출신의 영향이 간신히 서민과 농가에까지 미치게 되었다고 말한다.

442 판적봉환 이래로 폐번치현을 건의하고 신청하는 번이 자꾸만 나왔다 (『메이지 천황기』 제2권 pp. 499~501 참조). 이때에 부른 4개 번의 지사는 번을 왜 폐해야 하는지(재정의 핍박이라기보다는) 각각 상세한 이유를 건의한 지사들이었다. 도쿠시마 번 지사 하치스카 모치아키(蜂須賀茂韶)는 번의 존재가 국가 통일을 방해하고 있음을 지적했다. 그리고 나아가 모든 병사를 병부성(兵部省) 휘하에 두는 것이 바람직하다고 밀하고 있다. 이 비슷한 탄원이 나고야, 구마모토, 돗토리 번에서도 나오고 있다(『메이지 천황기』 제2권 p. 404 참조). 1871년 3월 27일, 마루가메(丸龜) 번 지사 교고쿠 아키유키(京極朗徹)는 번을 폐하고 현으로 하자는 신청을 냈다. 이것은 4월 10일 허가되었다.(『메이지 천황기』 제2권 p. 44). 미타 번 지사 구키 다카요시(九鬼隆義)의 제안은 좀 더 발전된 것이었다. 구키는 관직을 버리고 그 권령을 조정에 넘길 뿐 아니라 번의 사졸들을 점차로 농민이나 상인으로 육성해서 독립 생계를 영위할 수 있게 할 것을 제창했다. 그리고 화족과 사족의 구별을 철폐하기를 권하고 있다.(『메이지 천황기』 제2권 pp. 470~471, p. 500). 오미조(大溝) 번, 쓰와노(津和野) 번은 탄원이 효과를 발휘해서 다른

큰 현에 합병되었다.(『메이지 천황기』제2권 pp. 478~483). 이들의 동향은 나라 전체에 걸쳐서 어디서나 볼 수 있었던 것은 아니다. 그러나 이미 폐번치현을 향한 기운이 높아지고 있었음을 이것으로 알 수 있다.

443 1868년, 외국의 공사들이 자신전(紫宸殿)에서 천황을 알현하게 되었을 때 메이지 천황의 생모인 나카야마 요시코를 비롯한 오오쿠(大奥)의 여관들은 메이지 천황이 외국인과 만난다는 것은 말도 안 되는 일이라고 울부짖으며 항의했다. 외국 사무총독 히가시쿠제 미치토미는 주요 여관을 불러내어 설득했다. 그러나 나카야마 요시코는 아버지 나카야마 다다야스에게 의사가 천황의 발열을 호소하고 있으니 이것을 핑계로 알현을 연기하도록 부탁했다. 이와쿠라는 천황을 다른 의사에게 보인 결과 문제가 없다고 해서 알현은 예정대로 하게 되었다. 아스카이 마사미치,『메이지 대제』p. 123 참조. 아스카이는 히가시쿠제 미치토미의『죽정 회고록 유신 전후』를 인용하고 있다.

444 파면되고 임명된 사람들에 대해서는『메이지 천황기』제2권 506~507 참조. 무라타는 궁내대승(宮內大丞)으로 임명된다.

445 『메이지 천황기』제2권 p. 507. 세 명이 천황의 첩에 해당하는 곤노텐지(權典侍)로 임명되었다. 그중 하무로 미쓰코(葉室光子)와 하시모토 나쓰코(橋本夏子)는 처음으로 메이지 천황의 두 아기를 낳았고 두 달 간격으로 사망했다. 제19장 참조.

446 『메이지 천황기』제2권 pp. 508~509. 그리고 아스카이,『메이지 대제』p. 142.

447 『메이지 천황기』제2권 pp. 463~464.

448 『메이지 천황기』제3권 p. 30 참조. 두 명은 가라후토가 아니라 도쿄에서 만났다. 소에지마는 일본이 가라후토를 금 2만 엔에 사겠다는 제안을 했다. 그러나 뷰초프는 가라후토 전체를 러시아령으로 하는 대신 지시마를 일본에게 주겠다고 응수했다. 양쪽 모두 입장을 양보하지 않았다. 소에지마는 아마도 교섭을 타결할 생각이었던지 계속해서 다음과 같은 제안을 했다. "가라후토 모두를 귀국에 양보해도 좋다. 하지만 일본이 아시아 대륙에서 군사 행동을 일으키는 경우가 생기면 귀국의 영토를 일본 부대가 자유로이 통과할 수 있도록 한다는 협정에 조인하는 것이 그 조건이다" 뷰초프는 그런 문제에 즉답할 권한은 부여되어 있지 않다며 교섭을 중단했다.

449 『메이지 천황기』제3권 pp. 30~31.

450 『메이지 천황기』제2권 pp. 326~327, p. 333. 처음에는 이타가키 다이스케가 네 명의 시찰단 대표격으로 선택되었으나 번(藩)의 사정을

이유로 사퇴했다. 네 명 중에서 연장자에 해당하는 오야마 야스케(大山彌助=이와오巖)는 사이고 다카모리의 사촌으로서 후에 육군대신이 되었고 청일 전쟁 때는 제2군사령관으로 활약했다. 그리고 시나가와 야지로(品川彌二郞)는 그대로 유럽에 6년간 머물렀으며 후에 내무대신이 되었다. 이 두 인물의 영향력은 대단한 것이었다.

451 다카시마 도모노스케 「진무(神武) 이래의 영주(英主)」(〈태양〉, 임시 중간호, 『메이지 성천자』, p. 34). 와타나베 이쿠지로는 『메이지 천황』 상권 p. 129에 (함장이 아니라) 공사가 사진을 가져와서 천황에게 보여주었다고 쓰고 있다. 와타나베는 이 사실을 오하라 시게미(大原重實)가 이와쿠라 도모미에게 쓴 1872년 4월 14일자 편지에서 인용하고 있다. 물론 보불 전쟁은 일찌감치 끝난 뒤였다. 다카시마의 기억이 잘못된 것인지, 똑같은 일이 두 번 있었는지 알 수 없다. 아스카이는, 『메이지 대제』 p. 149에서 다카시마의 말을 인용하고 있는데 독일 공사가 개선 축제 사진을 바치며 설명했다고 한다. 『메이지 천황기』 제2권 p. 665의 기술도 동시에 인정하고 있는 것 같다.

452 와타나베, 『메이지 천황』 상권 p. 129. 장소는 학문소로 되어 있다.

453 일본어 번역문은 『메이지 천황기』 제2권 p. 429에 있다. 메이지 천황의 답신은 동 p. 430에 있다.

454 황제는 메이지 천황에게 주기 위해 전쟁 사진을 독일 대리공사 폰 브란트에게 보냈다. 대리공사는 그것을 가지고 1870년 9월 12일 입궐했으나 천황은 몸이 편치 않았기 때문에 아키히토 친왕이 대신 받았다. 『메이지 천황기』 제2권 p. 336.

455 『메이지 천황기』 제2권 p. 582. 출발 때의 자세한 묘사는 구메 구니타케, 『구미회람실기』 제1권 p. 42 참조. 또 다나카 아키라, 『이와쿠라 사절단』 pp.8~10 참조.

456 이것은 1872년 10월이 될 터이지만 일반적으로 조약 개정 교섭은 1872년 7월 1일부터 가능한 것으로 되어 있다(다나카, 『이와쿠라 사절단』 p. 41 참조). 비슷한 조약이 네덜란드·러시아, 영국, 프랑스, 포르투갈, 프로이센, 스위스, 벨기에, 이탈리아, 덴마크와 조인되었다. 나중에 통상조약이 스웨덴―누르웨이, 스페인, 독일, 오스트리아-헝가리와 조인되었을 때 이들 국가 역시 미국의 예를 따랐다. 일본은 허용할 수 없는 조항을 제거할 수는 없었다. 『메이지 천황기』 제2권 p. 547 참조.

457 『메이지 천황기』 제2권 p. 550. '법교(法敎)의 장애를 제거한다'는 구절은 기독교의 금령을 해제함을 가리키는 것으로 생각된다.

458 오쿠보 도시아키(大久保利謙) 편, 『이와쿠라 사절의 연구』 pp.

259~258. 오쿠보는 William Elliot Griffis, *Verbeck of Japan*에서 기사를 초록하고 있다(조판 상 페이지 번호가 거꾸로 되어 있다). 베르베크Verbeck는 자신을 미국인으로 보고 있으나―법적으로는 미국의 입국 심사 수속을 하지 않았으므로 무국적―나고 자란 곳이 모두 네 덜란드였다. 베르베크는 1859년 미국의 네덜란드 개혁파 교회에서 나가사키로 파견되었다. 여기서 포교를 하는 한편으로 영어, 법률, 정치, 경제, 서양 기술을 가르쳤다. 대학에서의 전공은 공학이었다. 베르베크의 제자로는 이토 히로부미, 오쿠보 도시미치, 오쿠마 시게노부, 소에지마 다네오미 등이 있다.

459 이와쿠라가 무엇을 가리켜 'one of your chief officer'라고 했는지 알 수 없다. 아마도 '당신의 제자인 정부 고관 중 한 사람'이라는 뜻일 것이다.

460 오쿠보 편, 『이와쿠라 사절의 연구』 p. 254. 베르베크의 주장은 뉴저지주 뉴브런즈윅 개혁파 교회의 가드너 A. 세이지 도서관에서 발견된 베르베크의 건의서 원고로 뒷받침되었다. 이는 1869년 6월 11일에 오쿠마에게 보낸 편지를 베르베크 자신이 복원한 것이었다. 다나카, 『이와쿠라 사절단』 p. 28.

461 오쿠보 편, 『이와쿠라 사절의 연구』 p. 257.

462 모리 도시히코(毛利敏彦), 『메이지 6년 정변』 p. 23. 모리는 다음과 같은 것을 지적하고 있다. 당시 워싱턴에 주재하고 있던 소변무사(少辨務使) 모리 아리노리는 미국 측 호의를 과대평가해서, 조약 개정의 호기라고 생각했다. 이토 히로부미 역시 모리와 같은 생각이었다. 『메이지 천황기』 제2권 p. 659 참조.

463 오쿠보와 이토는 미국과 조약 개정을 교섭할 신임장을 받은 것으로 생각했던 모양이다. 그러나 사실은 그들에게 주어진 권한은 교섭을 개시하는 것뿐이었다. 그들은 미국하고만 조약을 개정하는 것이 아니라 다른 모든 조약 체결국의 전권위원도 포함해서 유럽에서 회의를 열고 교섭하라는 지시를 받았다. 이와쿠라는 유럽에서 열리는 회의에 전권위원을 파견해 달라고 미국 정부에 의뢰하도록 훈령 전문을 받았다. 천황은 1972년 5월 14일, '좋은 벗'인 각국의 국왕, 대통령에게 국서를 보내, '폐하의 정부에 가서 양국 평화 교의(交誼)를 더욱 돈독하고 더욱 넓게 하고자 한다'라는 목적을 전하면서, 그러기 위해 교섭할 권한을 위임한 사절단 대표의 면면을 소개하고 있다. 천황은 조약 개정의 기한이 다가오고 있다는 점에 대해 각국의 국왕, 대통령의 기억을 환기시키면서 만인의 이익을 위해 조약이 개정되기를 희망했다. 『메이지 천황

기』제2권 pp. 677~679 참조. 또 모리, 『메이지 6년 정변』 p. 26 참조.

464 미야케 세쓰레이, 『동시대사(同時代史)』 제1권 pp. 339~343. 모리, 『메이지 6년 정변』 pp. 32~34에 인용되어 있다.

465 그러나 그리피스는 암살 하수인이 제대로 처리되기 시작한 것을 기뻐하면서 다음과 같이 쓰고 있다(『미카도』 pp. 190~191). '1871년 1월 13일, 도쿄에서 두 명의 영국인이 세 명의 무사에게 습격 받아 심한 중상을 입었다. 나는 베르베크와 함께 그들을 간호해서 원래의 몸으로 회복시키는 기쁨을 맛보았다. 이 습격자는 눈 깜짝할 사이에 잡히고 자백을 받았으며 형이 선고되었다. 영국 공사를 놀라게 하고 기뻐하게 만든 것은 새로이 범죄 법규가 만들어지고 있는데 그 다섯 권 중 이미 두 권까지 완성되었다는 것이었다. 그 조항에 따라 죄인 중 두 명은 교수형에 처하고 한 명은 중노동 10년형을 선고받았으며 세 명 모두 사무라이의 지위를 박탈당했다. (중략) 사무라이 계급의 살인자도 비천한 죄인을 참수하는 일반 형장에서 처형한다는 새 제도 때문에 암살 사업은 오래지 않아 평판이 떨어지고 말았다.'

23장

466 밀물을 이용하기 위해 천황 일행(궁내경 도쿠다이지 사네쓰네, 시종장, 시의 등 포함)은 오전 3시에 황궁을 출발해서 하마 별궁으로 향했다. 그곳에서 군함 료조(龍驤) 호를 타고 저녁 때 우라가에 도착했다. 료조는 우라가 만에 정박하고 다음 날 아침 하마 별궁으로 돌아왔다.

467 『메이지 천황기』 제2권 p. 674.

468 다키 고지(多木浩二), 『천황의 초상』 p. 6.

469 휘브너 남작은 천황을 알현한 뒤 다음과 같이 적고 있다. '예법에 따른 것인지 천황은 나에게 말하면서도 또렷하지 않고 알아듣기 어려운 목소리로 속삭일 뿐이었다.'(알렉산더 F. V. 휘브너, 『오스트리아 외교관의 메이지 유신』 p. 134.) 미카도가 최초로 영국 공사 해리 파크스를 접견했을 때 그 자리에 있던 미트포드는 다음과 같이 쓰고 있다. '아직 매우 나이 어리고 이제 겨우 궁궐 안쪽 여관(女官)들의 거처에서 떨어져 나온 형편이라 천황은 좀 수줍어하는 듯이 보였다. 거의 작은 목소리로 속삭이듯이 말했으므로 오른쪽에 대기하던 친왕이 칙어를 소리 높이 되풀이했으며 이토 슌스케가 그 통역을 했다.' 휴 코타지, 『어느 영국 외교관의 메이지 유신 미트포드의 회상』 p. 171.

470 예를 들면, Hugh Cortazzi, *Victorians in Japan*, p. 81 참조. 코타지가 〈더 파 이스트Far East〉 지 1872년 8월 15일자 기사를 인용한 것이 있다. '아직 부츠를 신는 데 익숙지 않은 탓인지 걸음걸이가 어설프다.' 1873년 11월에 천황을 본 브라시 남작은 다음과 같이 쓰고 있다. '그는 젊고 그리 호남형이 아니고 꽤 음침한 표정을 보였다. 다리는 마치 그 자신의 것이 아닌 듯이 보였다. 평소에 정좌하는 일이 많은 까닭일 것이다. 바로 최근까지도 미카도는 너무나 거룩한 존재라고 여겨져 왔기 때문에 땅에 발이 닿는 것조차 허용되지 않았다.' Cortazzi, *Victorians in Japan*, p. 333.

471 다키(多木), 『천황의 초상』 p. 10.

472 Peter Burke, *The Fabrication of Louis XIV*, p. 11.

473 동 p. 44.

474 휘브너 남작은 천황을 알현했을 때의 일을 이렇게 쓰고 있다. '우리에게 말을 걸 때 이 외에는 폐하는 조각상처럼 꼼짝도 안 했다.' 『오스트리아 외교관의 메이지 유신』 p. 133. 또 런던 타임스 도쿄 통신원 프랭크 브링클리는 「선제 폐하」(『관리공리官吏公吏』 제5호 p. 46)에서 1868년 처음으로 메이지 천황을 보았을 때를 회상하고 있다. '우러러 보니 폐하께서는 단상으로 나오셨고 그 좌우에는 시종이 아닌 고관 다수가 도열해 있었다. 우리는 공손히 경례를 했으나 폐하는 단정하게 눈도 깜박이지 않고 한 말씀도 하시지 않았다. 누군가 인형 아니냐고 물었을 정도로 꿈쩍도 않고 계셨다.'

475 Burke, *The Fabrication of Louis XIV*, p. 180.

476 동 p. 61.

477 동 p. 87.

478 Norbert Elias, *The Court Society*, p. 126.

479 『메이지 천황기』 제2권 p. 683. 말할 것도 없이 그 전까지는 궐내에서 의자에 앉는 자는 아무도 없었다.

480 이 양복에 대해서는 『메이지 천황기』 제2권 p. 691에 다음 같은 상세한 설명이 있다. '양복지는 흑융(黑絨), 금선으로 국화 꽃잎을 가슴 부위 등에 수놓았고 등의 허리 부분에는 봉황 자수가 있다. 바지는 똑같은 흑융으로 폭 한 치의 금줄이 한 가닥 있고 모자는 선박 모양 감청색 벨벳으로 만들었고 좌우 양면에 금선으로 봉황을 수놓고 앞뒤에 걸쳐 금줄 한 가닥이 있다.' 천황은 1872년 4월 7일, 요코하마의 외국인 양복점에서 양복 치수를 재게 했다. 천황의 키는 한 번도 잰 일이 없다는 설이 있어서 천황은 양복이 완성된 다음 장소에 따라 너무 헐렁하기도

하고 너무 쥔다는 말을 했다는 말이 있다. 그러나 『메이지 천황기』 제2권 p. 666에 의하면, 이것은 사실이 아니다. 그리고 같은 달 3일, 천황은 '복장 때문에 화가 나셨다'고 되어 있는데 그 이유는 나와 있지 않다.

481 『메이지 천황기』 제2권 p. 695에 이 건에 대해 다음과 같은 글이 있다. '근세에 들어 만세를 부르는 일은 1889년 헌법 반포 때에 시작되었다고 한다. 이날 오사카 시민이 만세를 불렀다는 당시의 기록에 의해 이를 기록하지만 과연 만세라고 소리를 냈는지 혹은 간혹 일본과 중국의 고전에서 볼 수 있는 '호만세(呼萬歲)'의 문자를 써서 환희의 상황을 형용한 것인지 아직 분명치 않다. 그리고 1870년 9월에 공포한 천장절 해군 예식에서도 오전 11시에 모두 갑판 위에 도열해서 자세를 바로잡고 만세를 외쳤다는 글이 있다.'

482 『메이지 천황기』 제2권 p. 696.

483 스미코 내친왕은 닌코(仁孝) 천황의 셋째 딸로서 가쓰라노미야(桂宮) 가를 이은 마지막 인물이다. 이 유서 깊은 왕족 집안은 1881년 스미코 내친왕의 죽음과 함께 끝나고 말았다.

484 『메이지 천황기』 제2권 p. 700.

485 동 p. 711.

486 아스카이 마사미치, 『메이지 대제』 p. 150.

487 필자의 머리에 있던 것은 물론 그리스 신화의 필레몬와 바우키스 이야기였다. 그러나 동시에 일본의 예도 몇 가지 머리에 떠올랐는데, 예를 들면 허름한 차림으로 서민의 집을 찾아가는 습관이 있던 최명사(最明寺)의 뉴도 도키요리(入道時賴)가 가난한 집에서 대접을 받았다는 류이다.

488 이 사실을 기록한 『메이지 천황기』 제2권 p. 726에는 '이런 일은 다른 지방에서도 왕왕 있었다는 말을 전해들었다'고 되어 있다. 이런 일은 국민의 황실 존숭의 마음을 예증하는 것으로 해석된다.

489 『메이지 천황기』 제2권 pp. 727~728. 천황은 사이고 다카모리의 지휘자로서의 특출한 자질을 인정하고 도쿄로 돌아간 지 얼마 되지 않아 육군 원수로 임명했다. 동 p. 733.

490 탈주한 청나라인은 두 명이라는 기록도 있다.

491 『메이지 천황기』 제2권 pp. 744~747. 이때의 감사한 마음 때문에 일본은 1873년 2월부터의 청나라와의 교섭을 유리하게 이끌 수가 있었다.

492 W. E. 그리피스,『미카도』pp. 230~231.

493 일본 문학의 연구자로서의 디킨스에 대해서는『유통경제 대학론집』 1993년 11월, 제2호에 있는 가와무라 하쓰에,「Frederick Victor Dickins와 일본 문학」p. 28 참조. 디킨스는 1866년에,『백인일수(百人一首)』를 출판했다.

494 모리 도시히코,『메이지 5년 정변』pp. 53~54.

495 원문은 동 pp. 54~55에 있다. 또『메이지 천황기』제2권 pp. 767~768 참조.

496 왜관과 그 존재 이유에 대한 간단한 설명은 가미가이토 겐이치(上垣外憲一),『우삼방주(雨森芳洲)』pp. 90~93 참조. 이것보다 좀 상세한 설명은 강범석(姜範錫),『정한론 정변』pp. 16~19에 있다. 강은 '왜관'과 데지마(出島)의 네덜란드 저택인 '난관(蘭館)'에 대해 흥미로운 비교를 하고 있다.

497 조선 정부는 1868년 12월, 일본 정부가 사절로서 파견한 쓰시마 번의 중신 히구치 데쓰시로(桶口鐵四郎)를 통해 왕정복고에 의해 막부가 없어졌다는 것을 알게 되었다(『메이지 천황기』제1권 p. 944. 강범석,『정한론 정변』p. 11 참조).

498 아스카이 마사미치「사이고 다카모리는 평화주의자였던가」(후지와라 아키라藤原彰 외,『일본 근대사의 허와 실』) p. 109. 아스카이는 조선의 입장에서 볼 때 메이지 정부는 무력으로 도쿠가와 쇼군의 막부를 쓰러뜨린 부당한 강탈자였다고 말하고 있다. 조선은 또, 신정부가 쓰고 있는 '황(皇)'이나 '칙(勅)' 같은 글자는 원래 청나라 황제만이 사용할 수 있는 것이므로 도저히 받아들일 수 없는 것으로 생각하고 있었다. 기도 다카요시는 1868년 12월 14일자 일기에 다음과 같이 써놓고 있다. '사절을 조선에 파견해 그 무례함을 따지고, 만일 그들이 그 말에 동의하지 않을 경우에는 그 죄를 들먹여, 그들의 땅을 공격해서 대대적으로 신주(神州)의 위력을 떨치기를 원한다.' 강범석,『정한론 정변』제2권 p. 11 참조.

499 『메이지 천황기』제2권 p. 517.

500 동 p. 742 참조. 재가를 받아 칙지가 된 소에지마의 처분안은 모두 7개 항이었다. 다른 항목에는, 예컨대 쓸데없는 관리는 모두 귀국시킬 것, 매년 쓰시마에서 조선으로 왕래하고 있던 배편을 중단시킬 것, 쓰시마에 체류하는 조선의 표류민 모두를 송환할 것 등이 있었다.

501 기도 다카요시는 당시 런던에 있었다. 뉴욕의 신문에서 조선이 일본 사절 한 명을 구류하고 한 명을 추방했다는 것을 전하는 기사를 읽은 기

도는 '실로 그 나라의 완고하고 포악한 것에 가증스러움을 느낀다'고 일기에 쓰고 있다. 그리고 일본이 '멀리 서양과도 통상을 왕성하게 하고 있는 마당에 아시아의 근린 국가들과 활발하게 교류하지 않는다면, 앞날의 목적 또한 충분히 달성할 수가 없다'고 쓰고 있다. 기도의 머리에는 다음과 같은 것이 있었다. 만일 조선이 근대화하기를 싫어한다면 이는 일본의 이익 면에서도 해롭다. 어쩌면 전쟁만이 일본에게 열려 있는 오직 하나의 길일지도 모른다는 것이다(『기도 다카요시 일기』 1872년 7월 29일).

502 칙서의 원문은 『메이지 천황기』 제2권 p. 756에 있다. 우선 만세일계의 제국을 이어온 천황의 권위와 이에 군림하는 광대한 영역이 선언되고, 이어서 어째서 류큐 왕이 명예로운 일인지를 말한다. 즉 류큐 국은 일본과 관습, 언어를 공유하고, 오랜 세월 동안 사쓰마의 속국이었고 류큐 왕 자신도 충성을 바쳐왔다고 했다. 마지막으로 칙서는 새 번왕에 대해 번의 무거운 책임을 지고 천황의 뜻을 체득해서 황실을 섬기라고 명하고 있다.

503 『메이지 천황기』 제2권 pp. 780~781.

24장

504 『메이지 천황기』 제3권 p. 13. 이 어제는 1월 18일의 첫 와카 모임에서 읊었다.

505 『메이지 천황기』 제2권 p. 9. 입궐한 부인은 미국과 러시아 공사 부인 두 명뿐이었으나 이것이 전례가 되었다.

506 『메이지 천황기』 제3권 p. 6. 이는 1871년 8월 1일의 궁중 대개혁 후에 설정된 학문의 일과와 본질적으로 같다. 와타나베 이쿠지로, 『메이지 천황』 상권 pp. 113~114. 『국사찬론』의 회독은 후쿠바 비세이와 모토다 나가자네가, 와카 모임은 산조니시 스에토모(三條西季知)와 후쿠바 비세이가 담당하기로 했다.

507 이 상유(上諭:왕의 말씀)의 원문 사진은 Wayne C. McWilliams, *East Meets East:The Soejima Mission to China, 1873*, p. 241에 게재되어 있다. 글은 『메이지 천황기』 제3권 p. 38.

508 천황이 태정대신 산조 사네토미를 통해 소에지마에게 전한 위임 요지는 『메이지 천황기』 제3권 pp. 38~39 참조.

509 McWilliams, *East Meets East*, p. 240.

510 동 p. 240.

511 소에지마는 리젠드르가 시사한 말을 듣고 타이완 남부의 점령을 제안했다. 소에지마는 청나라와의 교섭으로 이것이 실현될 것으로 믿었다. 또 남부를 장악한 다음에는 외교적 수단으로 4, 5년 안에 나머지 섬 전체를 획득할 수도 있으라 여겼다. McWilliams, *East Meets East*, p. 243 참조. 3월 9일에 소에지마에게 내려진 칙명은 다음과 같이 말하고 있다. '만일 청나라 정권이 생번인에게까지 힘이 미치지 않는다는 것을 이유로 류큐민 가족에 대한 보상 교섭에 들어가기를 미적거린다면 그 조처를 짐에게 맡기라.' 『메이지 천황기』 제3권 p. 38.

512 통역을 맡은 정융닝(鄭永寧)과 히라이 기쇼(平井希昌)는 중국어와 영어를 구사할 줄 알았다. 두 명 모두 서기관 외무소승(外務少丞)으로 외무성에 근무했다. 정은 청나라 출신이었다.

513 소에지마에 의하면 이 생각은 제대로 들어맞았다. 두 척의 군함이 상하이에 도착하자 청나라 관민들은 소에지마를 가리켜 '일본의 상장군이 왔다'고 했다(『소에지마 백작 경험담』 p. 24 참조).

514 『메이지 천황기』 제3권 p. 39 참조. 1860년에 샌프란시스코로 건너간 간린마루(咸臨丸)는 엄밀히 말해 군함은 아니었다.

515 『소에지마 백작 경험담』 p. 24. 두 사람의 회담 내용은 알 수 없다.

516 McWilliams, *East Meets East*, p. 24. 맥윌리엄스는 베이징의 미국 공사에게 쓴 톈진 주재 미국 영사 편지를 인용하고 있다.

517 동 p. 248. 맥윌리엄스는 리젠드르가 O. E. 바브콕 장군에게 쓴 1873년 7월 2일자 편지를 인용하고 있다.

518 맥윌리엄스(*East Meets East*, pp. 248~249)는 톈진의 미국 영사가 베이징의 미국 공사 프레데릭 로에게 쓴 1873년 5월 7일의 편지 일부를 인용하고 있다. '얼핏 보기에 일본인이 자신들을 외국인과 동일시하고 있다는 사실은 동양의 우월성을 인정하는 총독 자신의 생각과는 아주 다른 것이었다. 그래서 총독은 서양 야만인의 지도를 따랐거나, 아니면 지도를 바랐거나 한 죄를 물어 해가 떠오르는 나라의 종형제에게 불의의 강타를 날리지 않을 수가 없었던 것이다.'

519 McWilliams, *East Meets East*, p. 250.

520 동 p. 251.

521 이 이야기의 출전은 『소에지마 백작 경험담』 p. 25.

522 McWilliams, *East Meets East*, p. 256 인용은 '청나라와의 수호조규통상장정 체결에 관한 건' pp. 147~148(맥윌리엄스가 「사청일기

(使清日記)」라고 부르고 있는 문서는 『대일본 외교 문서』 제6권 pp. 132~154에 실려 있다).

523 McWilliams, *East Meets East*, p. 257.

524 동 p. 258에 인용되어 있는 출전은 '청나라와의 수호조규통상장정 체결에 관한 건' p. 166.

525 McWilliams, *East Meets East*, p. 259.

526 동 p. 259. 출전은 '청나라와의 수호조규통상장정 체결에 관한 건' p. 166.

527 McWilliams, *East Meets East*, p. 265. 『소에지마 백작 경험담』 p. 29.

528 소에지마는 80년 전 1793년 알현한 매카트니 경 이래 황제에게 알현이 허용된 최초의 외국사절이었다.

529 고세노 스스무(巨勢進), 나카무라 히로시(中村宏), 『모토다 도야(元田東野), 소에지마 소카이(副島蒼海)』 p. 158. 그러나 러시아 공사는 본국 정부에 '소에지마가 어금니를 드러냈다'고 보고한 것 같다.

530 『소에지마 백작 경험담』 p. 32. 그러나 '청나라와의 수호조규통상장정 체결에 관한 건' p. 198에 의하면 소에지마는 열아홉 발의 축포밖에 받지 못했다.

531 이 서한의 원문은 『소에지마 백작 경험담』 pp. 32~33에 있다. 또 Mc-Williams, *East Meets East*, p. 273.

532 고세노, 나카무라, 『모토다 도야, 소에지마 소카이』 p. 159.

533 '대원군'은 일반적으로 실권을 쥐지 못한 국왕의 아버지에게 주어지는 존칭이었다. 그러나 특정 인물을 가리켜 사용하는 일이 많다. 즉 조선조 제26대 고종의 아버지 이하응(李昰應)이다. 대원군은 둘째아들을 왕위에 앉혀, 마치 일본 헤이안(平安) 조 후기의 원정(院政)처럼 배후에서 실권을 쥐고 있었다.

534 이 문서는 일본에서는 동래부(東萊府) 전령서(傳令書)라고 부른다. 동래부는 왜관이 있던 지구의 명칭이다.

535 전문(한자)은 『메이지 천황기』 제3권 p. 115. 또 다다 고몬(多田好問) 편, 『이와쿠라 공 실기』 히권 pp. 45~46 참조. 이 책(pp. 1~90)에는 조일 관계에 관한 다른 문서도 수록되어 있다.

536 강범석, 『정한론 정변』 pp. 44~46. 문제의 상인은 미쓰이(三井) 양복점이 보냈다. 무역을 위해 왜관에 보내진 사용인 세 명의 이름은 하나부사 요시모토(花房義質)가 모리야마 시게루(森山茂)에게 써보낸 1873년 1월 21일자 편지에 나온다.

537 이 논쟁이 일어났을 때 기도와 오쿠보는 유럽에서 귀국해 있었으나 기도는(실제로) 병을 앓아서 각의에 출석하지 못했다. 오쿠보는 참의가 아니었기 때문에 출석할 자격이 없었다. 이와쿠라는 아직 해외에 있었다. 정한론을 지지한 인물로는 이타가키 다이스케, 고토 쇼지로, 에토 신페이 세 명의 참의가 있었다.

538 『메이지 천황기』 제3권 p. 118. 사이고의 이 예측은 이타가키 다이스케에게 보낸 8월 17일자 서한에서 '내란을 바라는 마음을 밖으로 옮겨 나라를 일으키는 원략(遠略)'이라는 말로 되풀이되고 있다(오카와 노부요시大川信義 편, 『대 사이고 전집』 제2권 p. 755).

539 『메이지 천황기』 제3권 pp. 118~119. 소에지마(7월 25일에 귀국해 있었다)는 조선에 파견되기를 기대하고 있었으나 사절을 강하게 희망하는 사이고의 앞에서는 어쩔 도리가 없었다.

540 『메이지 천황기』 제3권 pp. 111~112. 천황과 황후 일행은 신바시 정거장에서 기차를 타고 가나가와 정거장에서 내렸다. 거기서부터는 마차를 이용했다. 모두 사흘간의 여행이었다.

541 강범석, 『정한론 정변』 pp. 54~55 참조. 조선은 이전 프랑스 함대(1866), 미국 함대(1871)를 격퇴한 일이 있었다. 쓰노다 후사코(角田房子), 『민비 암살』 pp. 58~59, p. 66, pp. 80~81 참조.

542 오카와 편, 『대 사이고 전집』 제2권 pp. 727~732 참조. 시의들은 사이고의 비만이 고혈압의 원인이라고 생각했다. 체중을 줄이기 위해 하루 5, 6회 하제를 처방했다. 그래서 사이고가 얼마나 쇠약해졌는지 쉽게 상상할 수 있다.

543 강범석, 『정한론 정변』 pp. 135~136, p. 150 참조. 훗날 오쿠마 시게노부는 정한론 찬성파 참의들의 찬성 이유를 분석하면서, 사이고는 '죽을 자리를 구했다'고 말하고 있다. 고세노, 나카무라, 『모로다 도야, 소에지마 소카이』 p. 168.

544 모리 도시히코, 『메이지 6년 정변』 pp. 117~118, pp. 127~131 참조.

545 사이고의 지나친 명성은 일본인이 아닌 사람에게는 이해하기 어려운 점이다. 사이고의 인격, 풍채, 그리고 주위에서 나오고 있는 전설 때문에 일본인은 이 시기의 사이고의 태도, 그리고 훗날의 정부에 대한 모반(서남 정변)에 대해 관대해지는 경향이 있다.

546 오쿠보는 이토 히로부미도 각의에 참석할 수 있도록 편의를 봐달라고 요구했다. 이토는 2등관이므로 참의 취임 자체는 불가능한 일이었다. 오쿠보는 참의 취임을 승낙할 때 산조와 이와쿠라에게 하나의 조건을 내놓았다. 그것은 일단 방침을 정하면 도중에 바꾸지 말라는 것이었다

(모리, 『메이지 6년 정변』 p. 166 참조).

547 『메이지 천황기』 제3권 pp. 139~141. 그리고 고세노, 나카무라, 『모토 다 도야, 소에지마 소카이』 pp. 164~165 참조. 기도는 참의였으나 각 의에 결석했기 때문에 투표에 참여하지 못했다.

548 『메이지 천황기』 제3권 p. 150.

549 고세노, 나카무라, 『모토다 도야, 소에지마 소카이』 p. 167에 의하면 정 한론 찬성파 네 명은 사직의 이유로서 외국에 대한 영향을 고려해서 그냥 병으로 결정했다.

550 조선 침략에 반대한 사람들의 태반은 기본적으로는 찬성파였으나 이 시점에서 반대한 데는 특별한 이유가 있었다는 설이 있다. 예를 들면 기도는 정한에는 찬성이었으나 당시의 일본의 어려운 재정 상태로는 전비가 너무 크다고 생각했다(모리, 『메이지 6년 정변』 p. 144 참조). 오쿠보는 사이고를 사절로 보낸다는 데 대해 그다지 신경을 쓰지 않았 다(강, 『정한론 정변』 p. 192). 오쿠보는 또 소에지마에게 이렇게 말했 다고 한다. '내무성 건설 문제가 일단락될 때까지 50일간 유예해 주면 나도 당신 설에 동의하겠소.' 고세노, 나카무라, 『모토다 도야, 소에지마 소카이』 p. 167. 그러나 오쿠보가 기본적으로는 정한론에 동정적이었 다는 주장과 오쿠보 자신이 왜 정한론에 반대하는가를 말한 상세한 의 견을 일치시키기는 어렵다(기요사와 기요시淸澤洌, 『외정가(外政家)로 서의 오쿠보 도시미치』 pp. 28~31).

25장

551 『메이지 천황기』 제3권 pp. 65~66. 메이지 천황은 지출에 제한을 두었 다. 5만 엔이 그 상한이었다.

552 아스카이 마사미치, 『메이지 대제』 p. 144.

553 제21장 참조.

554 이 사진을 촬영한 경위에 대해서는 다키 고지, 『천황의 초상』 pp. 116~118 참조. 『메이지 천황기』 제2권 p. 739에 의하면 이미 우치다 가 촬영한 천황과 황후의 사진이 1872년 8월 5일 황태후에게 전해졌 다. 황태후는 9월 3일, 답례용으로 자신의 사진을 우치다를 시켜 촬영 했다. 동 15일, 우치다는 천황과 황태후의 사진 72장을 모두 상납했다. 천황은 속대 차림인 것도 있고 노시를 입은 것도 있다. 1873년 2월 이 전에 촬영한 승마 사진도 있었다. 이들 사진은 두세 장의 예외를 빼놓

고는 공간(公刊)되지 않았다. 필자는 『메이지 천황기』의 기록을 보며 상상하는 수밖에 없었다.

555 천황은 1873년 3월 9일, 소에지마 다네오미가 청나라 사신으로 갈 때 사진을 주었다(『메이지 천황기』 제3권 p. 39). 같은 사진 혹은 같은 시기에 촬영된 다른 사진이 일본의 재외 공관에 게시할 목적으로 전해졌다(다키, 『천황의 초상』 pp. 118~119).

556 천황의 군복은 외국 군주들의 군복을 참고로 연구를 거듭한 끝에 6월 3일 결정되었다. 상세한 것은 『메이지 천황기』 제3권 pp. 77~78 참조.

557 『메이지 천황기』 제3권 p. 47 참조. 머리를 자르기로 한 날 아침, 천황은 여느 때와 마찬가지로 여관(女官)을 시켜 상투를 틀게 하고 평소처럼 엷게 분칠하게 한 다음 학문소로 나갔다. 우선 시종 아리치 지나노조(有地品之允)가 상투를 잘랐다. 다음으로 시종번장(侍從番長) 요네다 도라오(米田虎雄)와 시종 가타오카 도시카즈(片岡利和)가 교대로 천황의 머리를 정리했다. 안으로 들어가자 여관들은 산발로 모습이 달라진 천황을 보고 경탄했다.

558 이 사진은 다키, 『천황의 초상』 p. 12에 게재되어 있다. 다키에 의하면 사진의 해설은 p. 118에 있다. 『메이지 천황기』 제3권 p. 134에 의하면 이 시기에 촬영된 사진은 전신상과 반신상 두 종류가 있고, 또 전신상에는 대형과 중형이 있었다. 당시 일본에 체재해 있던 제노바 대공에게는 대형 전신상을 보냈다. 후에 복제된 똑같은 사진이 각 부와 현에 배포되었다. 반신상은 공간되지 않았다.

559 이것은 '집보기 정부'라고 불렸다. 정부의 중추적인 인물 다수가 이와쿠라 사절단과 함께 해외에 있었기 때문이었다.

560 『메이지 천황기』 제3권 pp. 73~74.

561 『메이지 천황기』 제3권 p. 87 참조. 그리고 또 다른 무장 봉기가 6월 말, 묘도(名東: 지금의 도쿠시마德島) 현에서 발생했다. 이것은 호조 현의 봉기와 같은 성격의 것이었다. 즉 '혈세'라는 단어에서 오해를 부른 것이었다. 반란의 지도자들은 극형에 처해지고 죄의 경중에 따라 처벌받은 자들은 1만 6,890명에 이르렀다. 동 pp. 93~94.

562 이 사건의 상세한 내용은 다다 고몬 편, 『이와쿠라 공 실기』 하권 pp. 94~96. 그리고 『메이지 천황기』 제3권 p. 189도 참조.

563 아홉 명의 습격범 중 여덟 명에 대한 참죄 선고문 원문은 구리하라 류이치, 『참간장』 pp. 366~367 참조.

564 우국당이 제창한 최초의 강령은 소노다 히요시(園田日吉), 『에토 신페

이와 사가의 난』p. 144 참조. 또 하나 사교로서의 기독교 배척이 강조되고 있다. 이와쿠라 습격 사건 직후, 우국당은 새로운 '제언서'를 작성했는데, 여기에는 정한론에 대한 반대는 표명되어 있지 않다(동 p. 145 참조).

565 제3의 당으로 '중립당'이 있었다. 이것은 최종적으로는 정부군에 붙었다.

566 예를 들면 『메이지 천황기』 제3권 pp. 84~85 참조. 에토가 구체적으로 형법을 어떻게 변혁했는지 그 경위가 나와 있다.

567 모리 도시히코, 『에토 신페이』 p. 205에 의하면 소에지마는 다시 사가로 돌아가도록 요청받았으나 이타가키가 강하게 자중을 촉구해 도쿄에 남았다. 에토는 이타가키와 오쿠마의 충고를 뿌리치고 도쿄를 떠났다.

568 나카노 요시오(中野好夫)는 필자와 마찬가지로 에토의 결단의 이유에 대해 당혹감을 표명하고 있다. 나카노 요시오, 「사가의 난과 에토 신페이」(〈신조新潮〉 1965년 4월호) p. 213 참조.

569 나카노, 「사가의 난과 에토 신페이」 p. 215 참조. 이 '제2의 유신'이 무엇을 가리키는지 에토는 자세히 말하지 않은 것 같다. 그러나 아마도 '정한'의 의도가 있었던 것이 아닐까.

570 소노다, 『에토 신페이와 사가의 난』 pp. 154~155. 『메이지 천황기』 제3권 p. 212에 똑같은 성명 요지가 정확하게 정리되어 있다. 막부와 조슈 전쟁에 대해서는 제9장과 제10장 참조.

571 소노다, 『에토 신페이와 사가의 난』 pp. 156~157 참조. 에토는 이들 2개 현뿐 아니라 아이치, 구마모토에서도 궐기 약속을 받고 있었다. 나카노, 『사가의 난과 에토 신페이』 p. 216도 참조.

572 에토의 명을 받아 나카야마 이치로(中山一郎)가 가고시마로 사이고 다카모리를 찾아갔다. 나카야마는 에토에게, 만일 사가가 궐기하면 사이고의 일당도 이에 호응할 것이라고 보고한 기록이 있다. 사이고가 당시, 에토와 호응해서 실제로 일어설 가능성은 없었던 것으로 여겨진다. 나카노, 『사가의 난과 에토 신페이』 p. 216 참조.

573 소노다, 『에토 신페이와 사가의 난』 pp. 194~195에 이때 에토의 성명서 요약이 게재되어 있다. 에토는 이렇게 말했다. 만일 전군이 해산하지 않으면 정부군은 군율에 따라 오장(伍長) 이상의 사람들을 모두 죽일 것이다. 무장을 해제해서 각지에 잠복해 있다가, 재기할 시기를 기다리자고 했다.

574 『메이지 천황기』 제3권 pp. 221~224. 자세한 전투 상황은 소노다, 『에토 신페이와 사가의 난』 pp. 163~190 참조.

575 상세한 것은 소노다, 『에토 신페이와 사가의 난』 p. 200에 있다. 에토의 인상 설명은 이렇게 시작하고 있다. '나이 마흔 살, 키가 크고 살이 찐 편. 얼굴은 갸름하고 광대뼈가 나옴. 눈썹이 짙고 긴 편으로……'

576 기도는 비아냥거리듯이 '오늘 외치고 있는 바는 작년 에토 등이 외친 바와 같다'고 지적하고 있다. 기도는 에토의 정한론과 현재 수행되어 가고 있는 타이완 출병을 동일시하고 있었던 것 같다. 소노다, 『에토 신페이와 사가의 난』 p. 205 참조.

577 이것은 에토와 동행하던 하인에게 한 말이다. 에토는 아무런 관계가 없는 하인을 같은 희생자로 만들 수는 없다며 집에 돌아가라고 설득했다.

578 이 서한의 원문은 소노다, 『에토 신페이와 사가의 난』 p. 210에 있다. 봉서의 겉장에는 이와쿠라만 있었지만, 속의 편지에는 산조, 기도, 오쿠보, 오쿠마, 오키의 이름도 쓰여 있었다. 봉서를 쓰는 사람 이름은 에토가 밀정을 가장하기 위해 사용한 '기요시'로 되어 있었으나 본명은 편지 내용 속에 쓰여 있었다.

579 시마는 3월 7일에 잡혔다. 『메이지 천황기』 제3권 p. 339 참조.

580 소노다, 『에토 신페이와 사가의 난』 p. 219. 에토가 외친 말은 자료에 따라 조금씩 다르다.

581 전원에 대한 판결 일람표는 소노다, 『에토 신페이와 사가의 난』 pp. 220~221 참조.

582 영국에서 귀족을 교수대에 매달 때 비단 밧줄을 사용한 것이 떠오른다.

583 사키 류조(佐木隆三), 『사법경(司法卿) 에토 신페이』 p. 42. 나카노, 『사가의 난과 에토 신페이』 p. 218에 의하면 〈도쿄일일신문〉은 에토와 시마의 효수 사진이 규슈 방면에서 팔려나간 것에 대해 비난했다. 나카노는 '그 배후에 오쿠보의 뜻이 있었다고 생각하고 싶지는 않다. 그러나 그런 유언비어는 있다'고 말하고 있다. 필자는 사키가 그런 정보를 어느 자료에서 얻었는지 알 수 없다.

584 기도는 1874년 4월 2일의 일기에 다음과 같이 쓰고 있다. '오늘 타이완 건에 대해 연서해서 도장을 찍는 날이다. 나는 두 대신에게 도장 찍기를 거절했다. 그 이유는 작년에 하문한 건에 대해 대답했듯이 국내 형편을 살펴보건대 국민은 가난에 허덕이고 있다. 먼저 내정에 힘을 쏟고 인민의 품위를 높인 다음에 외정에 착수해도 늦지 않다는 생각에는 지금도 변함이 없기 때문이다.'

585 미국 상선 섀프트베리 호는 샤료(社寮) 호. 영국 상선 델더 호는 다카사(高砂) 호로 개명했다. 둘 다 타이완과 관계가 있는 이름이다. '샤료'는 일본이 원정에 사용한 항구 이름이고 타이완 원주민을 가리켜 일본인은 '다카사(高砂)'라고 부르고 있었다. 『메이지 천황기』 제3권 p. 259 참조.

586 『메이지 천황기』 제3권 p. 287. 오쿠보의 위임장은 동 p. 289에 있다.

587 다다 편, 『이와쿠라 공 실기』 pp. 216~221. 또 『메이지 천황기』 제3권 pp. 368~373 참조.

26장

588 니시무라는 당시 문부성 4등관이었다. 『메이지 천황기』 제3권 p. 378.

589 정2위 야나기하라 미쓰나루의 딸. 『메이지 천황기』 제2권 p. 292 참조. 나루코는 1873년 2월 20일, 곤노텐지로 임명되었다. 메이지 천황의 자녀 세 명을 낳았는데 두 명은 죽고 나머지 한 명이 다이쇼(大正) 천황이 되었다.

590 이보다 일찍 1월 18일, 황손 탄생 의식이 정해졌다. 56대 세이와(清和) 천황(재위 858~876) 이래의 황실 관습에 따라 황자의 이름의 끝에는 '히토(仁)'를 붙이고 공주의 이름 끝에는 '코(子)'를 붙이게 되었다. 『메이지 천황기』 제3권 pp. 384~385.

591 『메이지 천황기』 제3권 pp. 389~390.

592 동 p. 399. 황후는 1월 7일, 천황과 시게코 공주는 2월 19일, 각각 종두를 맞았다. 천황은 어렸을 때 비밀리에 종두를 맞은 일이 있다. 그러나 이번에는 공표되었다.

593 『겐지 이야기(源氏物語)』에 등장하는 여인의 이름을 측실에게 붙이는 것은 예로부터의 관습이었다. 원래는 마치 히카루 겐지(光源氏)처럼 여러 여인들과 잔 기분을 내기 위함이었는지도 모른다. 메이지 천황은 여관(女官)에게 식물이나 나무 이름 붙이기를 좋아했다. 이들 이름은 천황이 사용했을 뿐 아니라 여관들끼리 서로 부를 때도 사용했다. 야나기하라 나루코는 우키요에(浮世繪) 화가 쓰키오카 요시토시(月岡芳年)가 그려 1878년에 출판된 판화집 『미립칠요성(美立七曜星) 등대의 불』에 등장하는 일곱 명의 곤노텐지 중 한 사람이기도 하다. 여자들은 모두 비슷한 얼굴의 미인화로 그려져 있으나 나루코의 자태가 요시토시가 곧잘 그리곤 하던 창녀의 자태와 닮아 궁내성을 노하게 만들었다.

이 일로 우키요에 화가들은 천황을 모델로 그리는 일을 못 하게 되었다고 한다. 그러나 그러한 명령이 있었다 해도 이 금제를 어기는 일은 빈번하게 일어났다.

594 청일 전쟁 중 히로시마의 대본영에 천황이 찾아왔을 때 황후는 곤노텐지를 동반하고 있었다. 곤노텐지는 처음부터 메이지 천황을 따라 히로시마에 갔다는 소문이 돌았다. 그러나 이는 있을 법한 일이 아니다.

595 야마카와 미치코, 「금단의 여관(女官) 생활 회상기」(〈특집 인물 왕래〉 1959년 4월호) p. 196.

596 야마카와 미치코, 『여관(女官)』 p. 16.

597 가토 히토시, 「메이지 천황 오쓰보네 낙윤전(落胤傳)」(〈신조 45〉 1988년 9월호) p. 60 참조. 메이지 천황 시대에 여관장(女官長)을 지낸 다카쿠라 가즈코(高倉壽子)는 가공할 인물이었던 모양이다. 다카쿠라는 매일 밤 천황의 잠자리를 돌볼 곤노텐지를 선정했다.

598 야마카와 미치코가 1909년 천황의 곁에서 모시고 있을 때 천황과 함께 잔 것은 오구라 후미코와 소노 사치코 두 명뿐이었다.

599 야마카와 「금단의 여관 생활 회상기」 p. 296 참조. 야마카와는 평생토록 야나기하라 나루코를 섬긴 노녀의 말을 인용하고 있다. 그녀의 말에 따르면 해산 때 나루코의 히스테리가 너무 심해 시녀는 물론이고 간호원까지 도망쳐버렸다고 한다.

600 상세한 것은 『메이지 천황기』 제3권 p. 623 참조.

601 『메이지 천황기』 제3권 p. 406 참조. 이 말은 중국의 사서 『좌전(佐傳)』에 있다. 서로 돕고 있는 한 쪽이 망하면 다른 쪽도 위태로워진다는 말.

602 오쿠보 도시아키, 『이와쿠라 도모미』 pp. 218~219 참조.

603 산조 사네토미는 천황의 뜻을 받들어 사이고 다카모리에게 편지를 썼다. 산조는 사이고에게 출사를 종용하고 충신으로서 민중의 의기를 북돋우고 부국강병에 힘쓰자고 말했다. 『메이지 천황기』 제3권 pp. 427~428참조.

604 『메이지 천황기』 제3권 pp. 425~426.

605 동 pp. 444~445. 조약은 5월 7일, 특명전권공사 에노모토 다케아키와 러시아 전권위원 알렉산드르 고르차코프 공작에 의해 조인되었다.

606 이 재단은 5월 29일 러시아 황제에 의해 이뤄졌다. 『메이지 천황기』 제3권 p. 453 참조. 환영해야 할 진전인데도 불구하고 일본인은 러시아의 동아시아로의 영토 확장이 일본의 안전에도 중대한 위협이 될 것으로 생각하고 있었다.

607 이와쿠라는 사소한 데 집착하는 시마즈 히사미쓰를 방문해 설득하려 했으나 히사미쓰는 받아들이려 하지 않았다.『메이지 천황기』제3권 p. 496 참조. 히사미쓰는 당시의 폐단을 바로잡기 위해 가슴속에 품고 있 는 생각이 있었다. 그것은 당나라 현종 황제의 고사를 따르는 일이었 다. 현종 황제는 모반을 진압한 후, 사치를 엄금하고 화려한 것들을 모 두 태워버리라고 명했다. 이와쿠라는 이 '비책' 이야기를 듣고 일소에 부쳤다.『메이지 천황기』제3권 p. 500 참조.

608 이 사건의 조선 측의 해석, 그리고 조일 간의 조약에 이르기까지의 일 련의 사건에서의 조선 측 입장에 대해서는 강재언(姜在彦),『조선의 양 이와 개화』pp. 140~142, pp. 163~171 참조.

609 『메이지 천황기』제3권 pp. 496~497. 다른 자료는 조금 다른 날짜를 예로 들었다. 운요 호의 보트가 상륙하려 한 장소는 강화도의 포대 바 로 앞이었다. 분명 조선의 수비진 입장에서 보면 이것은 도발이었다. 강재언,『조선의 양이와 개화』p. 164.

610 이 직후, 군함 가스가(春日)가 나가사키에서 조선으로 향했다.

611 『메이지 천황기』제3권 pp. 505~507.

612 이 사건에 관한 일본 측의 보도―분명히 여론에 영향을 주었을 것이 다―에 대해서는 기네부치 노부오(杵淵信雄),『한일 교섭사―메이지 의 신문에서 보는 병합의 궤적』pp. 30~48 참조.

613 『메이지 천황기』제3권 p. 524, 그리고『기도 다카요시 일기』1875년 10월 22일 참조.

614 Woonsang Choi, *The Fall of the Hermit Kingdom*, p. 6. 기술이 조금 다르지만『메이지 천황기』제3권 p. 568 참조.

615 Choi, 동 p. 6.『메이지 천황기』에서는 제1차 회담 날짜는 11일로 되어 있다.

616 Choi, 동 p.7.

617 조약의 영역(英譯)은 동 pp. 124~127. 조약은 12관(款)으로 되어 있 다. 제4관은 교역이 부산의 왜관에서 이뤄질 것과 상대는 쓰시마 번에 국한되지 않는다는 것을 규정하고 있다. 그 밖에 2개 항이 '일본의 신 민(臣民)과의 통상을 위해' 개항하게 되었다.

618 Joseph H. Longford, *The Evolution of New Japan*, p. 105.

619 고미야 도요타카(小宮豊隆),「메이지의 음악과 연예」(『메이지 문화사』 제9권 음악, 연예 편)

620 기도의 별장은 지금의 고마고메 역 부근에 있었다. 메이지 천황의 방문

을 기념하는 돌기둥이 세워져 있다.

621 기도는 일기에 이렇게 써놓고 있다. '사족의 집에 폐하가 납시는 일은 내 집이 처음이다. 일찍이 9년 전 어전에 불려나간 일이 있는데 무위 무관의 인간이 폐하를 배알한 것도 내가 처음이었다'(1876년 4월 11일).

622 『기도 다카요시 일기』 1876년 5월 19일. 같은 의견이 천황에게 올린 건의 중에도 나와 있다. 『메이지 천황기』 제3권 p. 608 참조.

623 요시노 사쿠조(吉野作造) 편, 『메이지 문화 전집』 제17권 pp. 327~600에 순행 여행 전체에 대한 내용이 아주 상세히 기록되어 있다. 또 『메이지 천황기』 제3권 pp. 614~682 참조.

624 기시다 긴코(岸田吟辨), 「도호쿠 순행기」(『메이지 문화 전집』 제17권) p. 342의 기술에 의함. 또, 『메이지 천황기』 제3권 p. 616.

625 예를 들면 『메이지 천황기』 제3권 p. 671, 아오모리(靑森)의 학교에 갔을 때의 기술 참조.

626 동 pp. 621~622. 그리고 기시다, 『도호쿠 순행기』 pp. 346~347.

627 『메이지 천황기』 제3권 p. 646. 현재 센다이 미술관에 전시되어 있는 하세쿠라의 초상화와 같은 것으로 생각된다.

628 7월 11일, 그러나 기도는 안도했다. 천황은 가파른 언덕 약 80미터를 걸어서 내려갔다. 『메이지 천황기』 제3권 p. 664.

27장

629 '신풍(神風)'은 일반적으로 '가미카제'로 읽는 한자를 음독한 것이다. 신풍련이 자기 집단에 이런 이름을 붙인 것은 과거 몽골의 침입 때 일본을 지켜준 '가미카제'처럼 자신들이 외세로부터 일본을 지킨다는 자부심에서 나온 것이다.

630 『메이지 천황기』 제3권 p. 709. 실학당의 이상은 그들의 사상적 교주 요코이 쇼난에게서 나온 것으로 미국식 민주주의의 건설에 있었다. 구마모토는 국수주의 사족의 활동이 뚜렷했던 한편으로 기독교 사상으로도 알려져 있었다. 신풍련의 난(1876)이 일어난 그해, 미국인 교사 L. L. 제인스에게 기독교 세례를 받은 젊은이 35명으로 구성된 '구마모토 밴드'가 기독교를 통해 일본을 구원하자는 선서를 했다. 제인스에 대해 자세한 것은 F. G. Notehelfer, *American Samurai : Captain L. L.*

Janes and Japan 참조.

631 『메이지 천황기』 제3권 p. 710. 가야 하루카타(家屋霽堅)가 쓴 격문은 아라키 세이시(荒木精之), 『신풍련 실기(神風連實記)』 p. 138 참조. 정부 관리를 공격하는 격문에는 다음과 같이 고발하고 있었다. '추로(醜虜:더럽고 추한 외국인)에게 아부하느라 무사들이 칼을 차는 고유한 풍속을 금지시키고 은근히 사교(邪教=기독교)의 만연을 종용하여 마침내 신황(神皇)의 국토를 그들에게 팔아먹고 내지에 섞어 살게 할 뿐 아니라 황송하게도 주군을 외국으로 천행(遷幸)하게 하려는 간특한 음모가 드러났으며……' 시바 료타로(司馬遼太郎), 『비상하듯』 제6권 p. 219 참조.

632 오타구로는 1875년 신카이(新開) 대신궁의 신관이 되었다. 구마모토 현령 야스오카 료스케의 방침으로 신풍련의 당원을 현 내 주요한 신사의 신관으로 임명하기로 한 결과였다. 오타구로의 신도식 점 의식은 '우케히(宇氣比)'로 알려져 있다. 신들에게서 괘를 얻기 위해 세 종류의 행동 안건을 종이조각에다 쓴 번호를 붙인다. 신 앞에서 나무통을 흔들어 속에서 나온 가는 댓가지의 번호를 보고 안건의 번호와 대조해서 그것을 신의 의사로 간주한다. 신풍련은 중대한 결정을 모두 이 방법으로 했다. 신에게 받은 해답에는 절대로 따라야 한다. 그것이 질문자가 원하는 점괘가 나오지 않아 실망하는 경우에도 말이다. 지금까지 오타구로는 여러 차례 정부군 습격과 관련한 우케히를 했는데 언제나 신의 뜻은 '아니다'였다. 최후의 우케히에서 마침내 이것을 인정했던 것이다. 시바, 『비상하듯』 제6권 pp. 227~228, pp. 271~272 참조. 신풍련의 종교적 사상에서 '우케히'가 얼마나 중요한가에 대해서는 아라키, 『신풍련 실기』 pp. 35~36 참조. 신풍련이 스승으로 떠받든 하야시 오엔(林櫻園, 1798~1870)은 『우케히(宇氣比) 고찰』이라는 책을 저술했다. 그 속에서 오엔은 우케히의 기원이, 『고사기(古事記)』에 기록되어 있는 스사노오노미코토(須佐之男命)와 누이인 아마테라스오미카미(天照大神)의 다카마하라(高天原)에서의 싸움에서 비롯되었다고 했다. 서로에게 악의가 없다는 것을 증명하기 위해 누이와 남동생 두 신은 각각 상대방의 검과 옥 장식으로 아기를 낳고 이때 생긴 아기로 신의 뜻을 판단하려 했다.

633 신풍련은 승려를 싫어하며 불결하게 여겼다. 불교는 외국에서 건너온 것이라서 신풍련에게는 받아들일 수 없는 것이었다.

634 이들을 포함해서 신풍련의 광신적 행위의 흥미 깊은 예가 고바야카와 히데오(小早川秀雄), 『혈사(血史) 구마모토 경신당(敬神黨)』 pp.

22~23에 실려 있다. 고바야카와는 일반적으로 신풍련의 행동에 대해 공감을 보이고 있으나 이런 행위는 '병적'이라고 부르고 있다.

635 미시마 유키오(三島由紀夫)는 소설『분마(奔馬)』에서 오타구로가 최초로 궐기할 것을 마음먹고 신들에게 뜻을 묻던 일과 마지막으로 패배에 이르기까지 신풍련의 너무나 극적인 에피소드를 소개하고 있다. 미시마의 기술은 어쩌면 역사적 사실로 받아들여질 수 없을지도 모른다. 그러나 미시마는 최대한 자료를 구해 읽고 있었다.

636 '방패와 성의 부대'를 의미하는 간성대라는 명칭은 주군(=천황)을 모든 적으로부터 지킨다는 그들의 결의를 보이고 있었다.

637 그들은 분명, 구마모토의 반란이 이미 실패로 끝났다는 것을 몰랐다.

638 기도는 궁내성에 출사하는 내각고문이었다.

639 『메이지 천황기』 제3권 pp. 742~744.

640 『기도 다카요시 일기』 1877년 1월 4일. 천황의 짧은 조서 원문은, 『메이지 천황기』 제4권 p. 4 참조.

641 『메이지 천황기』 제4권 p. 6 참조.

642 당시의 일본 기온은 '화씨'로 표시되었다. 섭씨로 말하면 약 35도다.

643 1877년, 천황은 『속일본기』 『영국사 법률』 『대학』 『고금화가집(古今和歌集)』 『만엽집(萬葉集)』을 진강 받기로 되어 있었다. 그러나 1월 24일부터 10월 22일까지 이들 진강은 중단되었다. 『메이지 천황기』 제4권 pp. 11~12 참조.

644 야마토(大和) 국 그리고 교토 행차 발표는 1876년 11월 22일에 있었다. 『메이지 천황』 제3권 p. 728 참조.

645 황후는 1876년 육로를 통해 교토로 갔다. 『메이지 천황기』 제3권 p. 728 참조.

646 어제와 사서(詞書:와카 첫머리에 그 취지를 쓴 글)는 『신집 메이지 천황 어집』 상권 p. 45. 『메이지 천황기』 제4권 p. 19에는 와카의 순번을 바꿔 인용하고 있다.

647 『메이지 천황기』 제4권 p. 21.

648 『신집 메이지 천황 어집』 상권 p. 46. 사서도 어제도 도바 항으로 배를 돌리는 일을 '고구(漕ぐ, 노 젓는다 뜻)'라는 표현을 쓰고 있다. 기선의 조종을 형용할 때의 시적인 말투라고 생각된다.

649 동 p. 46.

650 도쿄로 떠난 지 겨우 8, 9년 만에 궁궐이 황폐해진 모습을 보고 메이지 천황은 매우 슬퍼했다. 건물 보수를 위해 매년 금 4천 엔을 내고 최선

의 보존 방법을 강구하라고 명했다. 『메이지 천황기』 제4권 p. 48 참조.

651 '사학교'라고 칭한 것은 도쿄 정부가 추진하고 있는 교육 제도의 지배 하에 있지 않은 가고시마 현의 독자적인 학교라는 것을 밝히고 싶었기 때문일 것이다.

652 『메이지 천황기』 제4권 p. 26 참조. 여기서 '왕'이란 천황을 의미한다. 사이고가 남긴 유명한 말에 '경천애인(敬天愛人)'이란 것이 있다. 그러나 사학교에서는 존왕양이 시대부터 낯익은 '존왕'이 사용되었다.

653 사풍(士風) 교육의 전통은 주로 유교를 기본으로 하고 있다. 그러나 사학교의 교육은 유교의 이른바 주류인, 『맹자』『대학』『중용』은 다루지 않았다. 이들 한서는 오히려 관리가 될 자들이 배울 서적이지 사족이 배울 것은 아니라고 믿었기 때문이다. 시바 료타로, 『비상하듯』 제4권 p. 106 참조.

654 그들 중에는 경부(警部) 순사(巡査) 10여 명과 학생 몇 명이 있었다. 모두 가고시마 현 출신이며 사족이었다. 그러나 지방 출신이라는 이유로 가고시마 성 사람들에게 멸시를 당했다. 쌍방 모두 마음속에 앙금이 있었던 듯하다. 나카하라 등이 굳이 중앙 정부에 협력한 이유가 여기에 있었는지도 모른다.

655 공술의 요점은 사이토 노부아키(齋藤信明), 『사이고와 메이지 유신 혁명』 pp. 361~362에 있다. 나카하라는 믿을 만한 옛 벗에게 "나의 귀향 목적은 사족들을 이간시키고 사학교를 와해시키는 데에 있다"고 말하고 있다. 친구는 당장에 그 정보를 상사에게 보고했다. 사학교 와해는 시외 지역은 비교적 용이하지만 시내(성 밑)에서는 어려운 일이었다. 시내의 사학교를 와해시킬 가장 손쉬운 방법은 사이고를 암살하고 기리노 도시아키(桐野利秋), 시사하라 구니모토(篠原國幹) 등 측근도 죽이는 일이었다. 공식 조서에서 나카하라는 다음과 같이 말했다. "사이고를 암살하자마자 전보로 도쿄에 보고하고 육해군이 함께 공격해서 사학교의 사람들을 죽이기로 결정……" 나카하라의 진술이 사실이라고 단정하는 사이토는 그것이 고문으로 받아낸 것임을 인정했지만 당시 고문이 합법적이었다고 지적하고 있다.

656 『메이지 천황기』 제4권 pp. 35~36. 우에다 시게루(『사이고 다카모리의 비극』 pp. 157~159)는 나카하라 등이 대경시(大警視) 가와지 도시요시(川路利良)의 명령으로 사이고의 암살을 계획했다는 것은 상식적으로는 생각할 수 없다고 말한다. 메이지 초년 이래, 사이고는 항상 정론적 입장, 즉 대의명분에 의해 행동하고 권모나 폭력을 사용하는 태도는 한 번도 보여주지 않은 인물로서 널리 천하의 인망을 얻고 있었다.

만일 정부가 사이고를 암살하거나 하면 일본 전체가 벌집을 쑤신 것 같은 소동이 일어날 것이고 사방에서 엄청난 비난을 받을 것은 정한 이치였다. 그것은 정부도 잘 알고 있었다. 오히려 정부가 '암살 소문'을 퍼뜨림으로써 가고시마 사족을 도발한 것이 아닐까 하는 설이 설득력이 있다고 우에다는 말한다. 가와지 도시요시는 이미 조슈의 난 직전에 가짜 편지로 상대방을 도발하는 수단을 쓰고 있었다.

657 천황은 〈翁〉〈三輪〉〈羽衣〉〈安宅〉〈正尊〉〈殺生石〉 등을 관람했다. 『메이지 천황기』 제4권 p. 34. 만일 모두 전막 상연되었다면 꼬박 하루가 걸렸을 것이다.

658 『기도 다카요시 일기』 1877년 2월 5일, 1월 30, 31일의 가고시마 사족에 의한 육해군 화약고 습격 사건을 쓴 다음 기도는 이렇게 기술하고 있다. '1월 초순 하야시 도모유키(林友幸) 등이 본 것과는 매우 다른 것이 있다. 당시 사쓰마의 명성은 사방으로 떨치고 있었고 불평이 많아 일을 벌이기를 좋아하는 사족들이 있는 10여 개 현은 모두 사쓰마의 거동을 주시하면서 일단 유사시에는 서로 호응해서 봉기하려 하고 있었다.'

659 『메이지 천황기』 제4권 p. 46. 예로 든 것은 구마모토, 사가, 후쿠오카, 고치, 오카야마, 돗토리, 히코네, 구와나, 아이즈, 쇼나이(庄內) 같은 옛 번이다.

28장

660 『메이지 천황기』 제4권 p. 53.

661 노의 곤파루 류는 나라(奈良)에서 특히 세력이 강하고 현재도 이는 변함이 없다.

662 『메이지 천황기』 제4권 p. 54.

663 이날은 기원절(紀元節)로 알려졌다. 축일로 정해진 것은 1873년인데 태양력이 채용된 해와 같다.

664 『메이지 천황기』 제4권 p. 59.

665 야마가타는 가고시마에 호응해서 일어설 것 같은 옛 번들로 히젠, 히고, 구루메, 야나가와(柳川), 아와(阿波), 도사, 이나바(因幡), 비젠, 빗추, 빈고, 히코네, 구와나, 시즈오카, 마쓰시로(松代), 오가키(大垣), 다카다, 가나자와, 사카타(酒田), 쓰가루(津輕), 아이즈, 요네자와를 들었

다.

666 『메이지 천황기』 제4권 p. 61. 그리고 Roger F. Hackett, *Yamagata Aritomo in the Rise of Modern Japan*, pp. 77~78 참조.

667 『메이지 천황기』 제4권 p. 76.

668 동 p. 77의 인용문. 또 야마시타 이쿠오(山下郁夫), 『연구 서남의 역(役)』 p. 132.

669 야마시타, 『연구 서남의 역』 p. 133의 인용.

670 『메이지 천황기』 제4권 pp. 77~78에 기록된 숫자다. 사이고 수하에서 싸운 약 3만 명에 대해서는 야마시타, 『연구 서남의 역』 p. 137에 실려 있다. 주력 전투부대는 사학교도 1만 3천 명이었다.

671 야마시타, 『연구 서남의 역』 p. 152. 이 정보는 가와히가시 스케고로(河東祐五郎), 『정축 탄우일기(丁丑彈雨日記)』, 다케노 마사유키(武野正幸), 『혈사서남역(血史西南役)』 등 당시의 다양한 자료를 바탕으로 한 것이다.

672 『메이지 천황기』 제4권 p. 86.

673 동 p. 89.

674 노래 전문은 야마시타, 『연구 서남의 역』 pp. 127~129. 작가는 불명. 마지막 행에, '죽음의 여행길'이라 한 것을 보면 구마모토 출격 때 만들어진 것으로 여겨진다.

675 『메이지 천황기』 제4권 p. 100.

676 『기도 다카요시 문서』 제7권 p. 334(『메이지 천황기』 제4권 p. 198에 인용되어 있다). 이 말은 기도가 이토 히로부미에게 보낸 1877년 3월 4일자로 생각되는 서한에 쓰여 있다.

677 이카이 다카아키(猪飼隆明), 『사이고 다카모리』 p. 224 참조.

678 『메이지 천황기』 제4권 p. 121.

679 동 p. 120. 그리고, 『기도 다카요시 문서』 제7권 p. 331에 있는 3월 4일자 시시도 다마키에게 보낸 서한 참조.

680 『메이지 천황기』 제4권 p. 119. 놀라운 우연의 일치인데, 메츠 및 구마모토 성의 공방전은 양쪽 모두 54일간 계속되었다.

681 『메이지 천황기』 제4권 p. 125. 그리고, 『기도 다카요시 일기』 1877년 3월 14일 참조. 발도대라는 이름은 시와 노래로 불리면서 불멸의 것이 되었다.

682 『메이지 천황기』 제4권 p. 129.

683 동 p. 154. 기도가 진언한 것은 3월 22일이었다. 『기도 다카요시 일기』

3월 22일 참조.

684 『메이지 천황기』 제4권 p. 146.

685 동 p. 237 참조. 8월 19일, 미타이무라(三田井村)에서의 사이고군의 승리 이야기가 나온다.

686 동 p. 181.

687 동 p. 223.

688 동 pp. 247~249 참조. 다카사키는 8월 말, 메이지 천황의 와카 담당으로 임명됐다.

689 이는 황태후가 사는 아오야마 어소 안에 있는 건물.

29장

690 『메이지 천황기』 제4권 p. 269.

691 동 p. 276. 천황은 휴일, 제일(祭日)에는 각의에 출석하지 않았다. 교토에서 걸린 각기병에서 아직 완전히 회복되지 않았기 때문에 시의들의 권유로 보양에 힘쓰고 있었다.

692 동 pp. 279~280.

693 동 p. 329. 이날 후쿠바 비세이, 니시무라 시게키, 니시 아마네(西周) 등의 강연이 있었다. 1878년 1월 7일, 천황과 황후가 있는 어전에서 강의가 개시되었다. 이때 시작된 일련의 엄격한 진강 중에, 『논어』 『수신학(修身學)』 『고사기(古事記)』 등이 있었다. 이러한 진강은 천황의 몸이 불편할 때, 그리고 여름 휴가나 호쿠리쿠(北陸), 도카이(東海) 순행 중을 빼고는 늘 진행했다. 강습 내용에 대해 상세한 내용은 『메이지 천황기』 제4권 pp. 350~351 참조.

694 『메이지 천황기』 제4권 p. 330. 1877년 12월 17일에 보낸 답서는 이듬해 파리에서 개최될 만국 박람회에 대한 일본의 참가 요구를 수락한 것이었다.

695 동 p. 338. 국서는 12월 28일, 신임 청나라 공사가 직접 건넨 것이다.

696 동 pp. 331~332. 천황은 서남 전쟁에 관한 자료라면 패잔병들의 구술서까지도 수사관(修史館)에 모아놓도록 명했다. 그리고 그 전역사(戰役史)의 편찬도 명했다.

697 동 pp. 368~369.

698 다카시마 도모노스케,『진무 이래의 영주(英主)』p. 33(〈태양〉임시 증간호,『메이지 성천자』)

699 히노니시 스케히로,『메이지 천황의 일상』p. 80.

700 『메이지 천황기』제4권 pp. 372~373.

701 동 pp. 399~400.

702 도야 히로키,『도시미치 암살』p. 27 참조.

703 도야,『도시미치 암살』p. 33. 이 책은 오쿠보 암살에 관한 우수한 연구서로 필자가 이 원고를 쓰면서 많은 부분을 참고한 책이다. 조 쓰라히데는 가고시마에 머무르는 동안 사족의 군사 독재 꿈을 품게 된 것이 아닐까 하고 도야는 시사하고 있다.

704 이 명칭은 동지들이 집합 장소로 삼은 가나자와의 삼광사(三光寺)에서 나왔다.

705 도야,『도시미치 암살』p. 80 참조. 참간장에 대한 도야의 해석은 pp. 81~92.

706 이 시기에 앞서 가고 있는 구가 요지나오의 활동 모두에 대해서는 흑룡회(黑龍會),『서남기전(洒南記傳)』하권 pp. 407~418, 1014~1017 참조. 구가는 가고시마 체류 중인 사이고의 부관 기리노 도시아키와 자주 만났다. 조 쓰라히데를 기리노에게 소개하고 기리노의 가르침을 받도록 한 것도 구가이다. 동 p. 411.

707 흑룡회,『서남기전』하권(2) p. 1004. 도야,『도시미치 암살』p. 65.

708 시마다는 또 가나자와에서 도쿄로 향하는 여행 도중, 다음과 같은 단카를 읊고 있다. '내 상념 쌓이는 줄도 모르는 산의 눈 녹아내리는 봄 기다리는 서글픔이여.' 도야는(『도시미치 암살』p. 217, 219) 한 달 이상 전에 조 쓰라히데가 읊은 다음 단카와의 유사성에 주의를 기울이고 있다. 내 상념 쌓이는 후지 산 봉우리의 눈 녹아내리는 봄을 만나는 기쁨이여.' 조의 단카는 흑룡회,『서남기전』하권(2) p. 1006에 1878년 2월 날짜로 실려 있다. 도야(『도시미치 암살』p. 217)는 조의 상경 시기를 전년 11월로 한 자료를 인용하고 있다. 그렇다면, 시마다는 조의 단카를 볼 기회가 있었는지도 모른다.

709 참간장 전문 및 그 경위에 대해서는 흑룡회,『서남기전』하권(1) pp. 436~458 참조.

710 흑룡회,『서남기전』하권(1) p. 436. 그리고 도야,『도시미치 암살』p. 82. 참간장에 나열된 이들 죄상의 해설은『서남기전』하권(1) pp. 440~454.

711 흑룡회, 『서남기전』 하권(1) p. 439. 그리고 도야, 『도시미치 암살』 p. 84.

712 도야, 『도시미치 암살』 p. 100. 시마다는 또 암살 때 상대에게 여러 말을 할 여유는 없다고도 말하고 있다.

713 이들 편지 발췌는 도야, 『도시미치 암살』 pp. 102~105에 있다.

714 동 p. 103.

715 동 pp. 154~155은 〈런던 타임스〉 기사를 일역하여 인용하고 있다.

제30장

716 다키 고지, 『천황의 초상』 pp. 81~82 참조. 다키는 카를 5세, 카트린 드 메디치스, 샤를 9세의 순행의 예를 들고 있다. 다키는 또 메이지 20년대에 들어서서 순행이 자취를 감춘 시기와 전국 소학교에 천황의 초상을 사진으로 복사한 '어진영(御眞影)'이 보내지던 시기가 일치하고 있음을 지적하고 있다. 다키(동 p. 83)는 '사진은 살아 있는 천황처럼 기능하게 되었다'고 했으며 '사진이 민중에게 천황의 대리물이 될 수 있었던 것은 그것을 보는 눈이 순행에 의해 준비되었기 때문'이라고 썼다.

717 궁내경 도쿠다이지 사네쓰네는 사진을 자유 판매해도 좋다는 의견이었다. 도쿠다이지는 태정대신에게 판매를 허락해 달라고 부탁했으나 1874년 3월, 정부는 허가할 수 없다며 함부로 매매하는 자를 감시하도록 지시를 내렸다. 매매가 허가되지 않는다는 것은 천황의 사진이 특별대우를 받는 공사 같은 외국인 손에만 들어간다는 것을 의미했다. 1876년 5월, 외무경 데라시마 무네노리는 그 점에 대해 다음과 같이 말하고 있다. '서양에서는 황제의 사진 등 모든 것의 자유 매매를 허락하고 있다. 일본에서도 사람의 의식이 이처럼 깨어 있는 오늘날 그 매매를 허가하더라도 불경스럽게 굴 일이 없을 것이며 오히려 경애의 마음이 자라게 할 것이다.' 12월, 가나가와 현령이 다음과 같은 것을 궁내성에 문의했다. '현에서 천황, 황후, 황태후의 사진을 매매하는 자가 있으나 아직 금령이 나와 있지 않다. 따라서 경찰관은 이것을 불문에 붙이고 있다. 아무쪼록 합당한 결정을 내려주기 바란다.' 이듬해 3월, 정부는 천황의 사진 매매를 금지했다. 『메이지 천황기』 제4권 pp. 435~436.

718 수행하는 사람은 우대신, 참의 등 고관을 비롯해서 시종, 시의, 기병, 병

졸, 마부에 이르기까지 3백여 명. 여기에다 대경시, 순사 등 약 4백 명이 덧붙여졌다. 이만한 인원수를 가지고도 에도 시대 때 큰 번의 다이묘 행렬 규모를 따라가지 못했다.

719 『메이지 천황기』 제4권 p. 468.

720 동 p. 490.

721 동 p. 528.

722 동 pp. 511~512.

723 '웨카타'는 내정, 외정의 요직에 있는 최고위 관리. 나카야마 모리시게 (中山盛茂) 편, 『류큐사 사전』 p. 71.

724 George H. Kerr, *Okinawa*, p. 374.

725 오타 마사히데(大田昌秀), 『근대 오키나와의 정치 구조』 p. 92.

726 『메이지 천황기』 제4권 p. 585. 또 Kerr, *Okinawa*, p. 377.

727 『메이지 천황기』 제4권 pp. 603~604.

728 동 p. 605.

729 메이지 천황 칙령 원문은 동 p. 628.

730 Hugh Borton, *Japan's Modern Century*, pp. 160~161, 보턴은 살해된 어부의 신원이 일본인이라는 것을 확인하는 중국어의 한 구절 '日本國從前被害難民之塚'을 인용하고 있다(p. 169).

731 이 숫자는 『메이지 천황기』 제4권 p. 680에서 나왔다. 오타, 『근대 오키나와의 정치 구조』 p. 104에 의하면 수행원은 96명이었다.

732 하와이 여왕 릴리우 오카라니가 미국인에 의해 퇴위된 것은 1893년의 일인데 그 대우는 좋지 않았다.

733 개화당이라고도 불리는 일파는 근대화를 지지하고 있었다. 완고당이라는 또 다른 일파는 전통 파괴로 이어지는 변혁에는 모조리 반대하고 있었다. 전자는 일본 지지로 돌아섰고 후자는 청나라를 지지했다. 이들 두 당에 대한 상세한 내용은 나카하라 젠추(仲原善忠), 『류큐의 역사』 pp. 131~132 참조.

734 나카야마 편, 『류큐사 사전』 p. 419

735 사사모리 기스케(笹森儀助), 『남도탐험(南嶋探險)』 (1) p. 131.

736 동 p. 123.

737 동 p. 204. 오타, 『근대 오키나와의 정치 구조』 pp. 106~107는 일본의 오키나와 합병에 대한 격렬한 반대 운동의 예를 들고 있다.

31장

738 William S. McFeely, *Grant*, p. 450.

739 동 p. 457.

740 동 p. 472.

741 리훙장은 그랜트가 남부 여러 주의 반란을 제압한 것과 아울러, 태평천국의 난이 진압된 것을 가리키고 있다. McFeely, *Grant*, p. 474 참조.

742 John Russell Young, *Around the World with General Grant(II)*, p. 411.

743 동 pp. 447~448.

744 동 p. 451. 케임브리지 공작은 일본을 방문한 최초의 외국 왕실의 일원으로 기억되게 된다.

745 이는 7월 7일 아침, 히비야(日比谷) 육군 훈련소에서 행해졌다. Young, *Around the World with General Grant(II)*, p. 532. 상세한 기술은 『메이지 천황기』 제4권 pp. 702~703 참조.

746 동 p. 477. 그리고 『메이지 천황기』 제4권 pp. 697~698 참조.

747 동 p. 481.

748 동 p. 529. 이것이 사실인지 아닌지는 분명하지 않다. 메이지 천황이 케임브리지 공작처럼 이미 방문한 손님과 악수를 교환했을 가능성도 있다.

749 동 p. 533. 그리고 『메이지 천황기』 제4권 p. 699 참조.

750 Young, *Around the World with General Grant(II)*, p. 530.

751 동 pp. 527~528. 이 이야기의 요약은 『메이지 천황기』 제4권 pp. 700~701에 있다.

752 천황이 그랜트에게 한 정식 환영 인사와 그랜트의 답례 인사는, 『메이지 천황기』 제4권 p. 699에 있다. 메이지 천황은 일찍부터 명성을 들어 알고 있던 인물을 만날 수 있었던 기쁨을 표명했고 대통령으로 재직하던 시절에 일본 사절(특히 이와쿠라 사절단 때)에 대해 보여준 우호에 감사했고 또 그랜트가 세계 유람 길에 일본을 방문해 준 데 대해 기쁨을 표시했다.

753 『메이지 천황기』 제4권 p. 703.

754 동 p. 704.

755 『신문 집성 메이지 편년사』 제4권 p. 75 참조.

756 『메이지 천황기』 제4권 pp. 711~712. 사이고 쓰구미치와 모리 아리노

리도 닛코에 파견되었다.

757 Young, *Around the World with General Grant(II)*, pp. 558~559.

758 『메이지 천황기』 제4권 pp. 708~710. 류큐 문제를 둘러싼 일본과 청나라의 대립된 견해에 대한 상세한 내용은 8월 15일과 9월 1일자 〈뉴욕 헤럴드〉에 존 러셀 영이 쓰고 있다. 이것이 일본어로 번역되어 10월 14일부터 27일까지 〈호치신문(報知新聞)〉에 게재되었다. 그 번역문은 『그랜트 장군과의 대화 필기』 pp. 69~95에서 볼 수 있다.

759 영어 필기 초고는 『그랜트 장군과의 대화 필기』에 수록되어 있다. 속기가 아니라 그대로 영어로 쓰인 훌륭한 초고다. 나중에 손질한 곳도 몇 군데 있다. 아마 서둘러 받아 적었기 때문에 생긴 어구의 잘못이나 즉흥적으로 말한 그랜트 자신의 문법적 잘못을 정정했을 것이다. 정정 글자는 그랜트 자신이 적어 넣은 것 같다. 천황의 말은 그랜트의 조언의 양에 비해 대단히 짧다. 그리고 '청나라와의 가장 평화적이고 협조적인 관계를 바라는 그(천황)의 희망을 피력했다'는 말처럼 간접적으로 표현되어 있는 부분도 있다. 아무래도 통역은 천황 발언의 요점만을 그랜트에게 전한 것 같다. 영어의 초고와 시마다 다네노리(島田胤則)의 번역은 요시다 기요나리 가에 보존되어 있었다. 후에 교토제국대학에 기탁되어 국사연구소에 소장되었다. 『그랜트 장군과의 대화 필기』 pp. 99~100 참조.

760 『그랜트 장군과의 대화 필기』 pp. 21~22. 영어의 표현은 부자연스러우나 의미는 분명하다. 활자 표기의 잘못이라기보다 오히려 필자가 인용한 영어 원고를 친 식자공 탓인지도 모른다.

761 동 pp. 22~23.

762 존 러셀 영은 다음과 같이 쓰고 있다. '동양에서 영국의 기묘한 정책 중 이런 것이 있다. 영국은 그들의 식민지에서는 멋대로 관세를 허용하기도 하고 자유무역이나 보호를 하고 있다. 그러면서 일본과 청나라에 대해서는 오로지 영국 무역의 이익이 되는 방향으로만 수입과 관세를 정해야 한다고 주장하고 있다'(*Around the World with General Grant(II)*, p. 582).

763 1875년 1월 5일, 해리 파크스는 '에도'에서의 편지 중에서 다음과 같이 쓰고 있다. '미국은 일본과 조약을 맺었으나 당치도 않은 조약입니다. 그러나 다른 나라가 똑같은 조약을 맺지 않는 한 발효하지 않는다는 규정을 마련하여 그들이 손해를 보지 않도록 자위 수단을 강구하고 있습니다. 영국으로서는 그와 같은 조약을 맺는 일은 없을 것으로 생

각합니다'(F. V. 디킨스,『파크스 전(傳) 일본 주재의 나날』p. 265). 미국의 조약—시행 까지는 이르지 못한 미일 화친통상조약 개정을 가리킴—의 조문에 대해서는『신문 집성 메이지 편년사』제4권 pp. 72~73 참조. 워싱턴에서 요시다 기요나리, 미 국무장관 윌리엄 M. 에버츠가 이 조약에 조인한 날짜는 1878년 7월 25일이다. 메이지 천황은 이듬해인 1879년 2월 7일 이를 재가했다.

764 『그랜트 장군과의 대화 필기』p. 26.

765 동 p. 17.

766 아스카이 마사미치,『메이지 대제』p. 183.

767 아스카이(『메이지 대제』p. 183)는 그랜트의 이 점진론은 문명국 지도자의 권위 있는 발언으로 천황에게 매우 힘이 되었을 것으로 여겨진다고 쓰고 있다. 천황은 이미 의회 창설에 대해서는 점진적 진전이 바람직하다는 것을 표명하고 있었다. 당시 이와 대조적으로 오쿠마 시게노부는 2년 내에 의회를 소집하자는 안에 찬성했다.

768 『메이지 천황기』제4권 pp. 729~732 참조. 그랜트는 일본인에게 청나라에 대한 비난과 욕설을 철회하라고 권했고 동시에 청나라에도 일본에 대한 비난과 욕설을 철회하라고 권하고 있다. 청일 간의 교섭에 대해서 영어로 잘 요약한 해설이 George H. Kerr, *Okinawa*, pp. 389~392에 있다.

769 Kerr, *Okinawa*, p. 389.

770 『신문 집성 메이지 편년사』제4권 p. 75.

771 1879년 8월 13일자〈도쿄일일신문〉에 이렇게 쓰여 있다. '무대의 막은 검은 진홍색에 흰 나사로 가운데 태평(泰平)이라는 두 글자가, 그 곁에는 '그랜트로부터'라는 여섯 글자를 꿰매 모두 그 글자에 테를 둘렀다.' 『신문 집성 메이지 편년사』제4권 p. 91 참조.

772 이 연극에 대해서는『연극 대백과사전』제2권 p. 477 참조. 배우는 9대 이치카와 단주로(市川團十郎), 초대 이치카와 사단지(市川左團次), 3대 나카무라 주조(中村仲藏) 등 가부키의 쟁쟁한 거물이 다 나왔으나 연극은 큰 호응을 얻지 못하고 끝났다.

773 야나기사와 히데키(柳澤英樹),『호쇼 구로전(寶生九郎傳)』p. 34.

774 『메이지 천황기』제4권 p. 741. 비슷하기는 하지만 똑같지는 않은 작별의 말이,『신문 집성 메이지 편년사』제4권 p. 97에 게재되어 있다. 양쪽 자료에서 편집 인용했다.

775 Young, *Around the World with General Grant(II)*, p. 602.

32장

776 이것은 황태자의 칭호인 하루노미야(春宮)를 의도한 것인지도 모른다. 그러나 갓난아기가 아직 황태자로 지명된 것은 아니다.

777 『메이지 천황기』 제4권 pp. 755~756. 아마도 나루코는 출산 때 시작된 히스테리 발작으로 시달리고 있었을 것이다.

778 6월에 이미 일본에 도착해 있었다. 그러나 정부는 궁내성에서 수납해야 할 것으로 생각했다. 정식으로 수령된 것은 12월 들어서였다. 우골리니는 대금과 값비싼 선물을 받았다.

779 『메이지 천황기』 제4권 p. 746, p. 820. 메이지 천황은 그 후 얼마 안 있어 스페인 황제 알폰소 12세가 암살의 위기에서 벗어났다는 소식을 접하고 안도의 전신을 보냈다(『메이지 천황기』 제5권 p. 2).

780 두 명 다 구로다와 같은 사쓰마 출신이었다.

781 어느 결정이 실제로 천황에 의해 내려졌고 또 어느 결정이 천황의 이름으로 측근이 내린 것인지 거의 알 수 없다. 천황이 자주적으로 결정을 내린 예로서 다음 세 가지가 곧잘 언급된다. 즉 외채 모집을 중지한 1880년의 결정, 조약 개정 교섭을 중단한 1887년의 결정, 1892년의 선거 간섭이다(가사하라 히데히코笠原英彦, 『천황 친정』 p. 9 참조). 천황은 확실히 처음에는 측근에게 의견을 묻곤 했다. 그러나 이 시기 이후, 천황은 많은 경우 자주적으로 결정을 내리고 있었던 것으로 생각된다.

782 사카모토 가즈토(坂本一登), 『이토 히로부미와 메이지 국가 형성』 p. 14 참조.

783 『메이지 천황기』 제4권 p. 245 참조. '시보(侍補)'는 이토 히로부미가 제안한 명칭인데 궁내성에 설치되었다. 1국(局)이었다. 행정의 결함을 보충하기 위해 천황을 보좌하고 조언하는 것이 시보의 역할이었다. 그리고 또 '구스노키 마사시게(楠木正成)와 제갈공명은 어느 쪽이 훌륭한가' 따위의 질문으로 천황의 사고력을 단련시키기도 했다. 시보의 면면은 천황 친정(親政)의 신념 강도에 의해 뽑혔던 모양이다. 가사하라, 『천황 친정』 p. 114 참조.

784 아스카이 『메이지 대제』 p. 174 참조.

785 이는 모토다로서는 뼈아픈 실책이었다. 모토다는 이 제안이 받아들여질 것으로는 꿈에도 생각하지 못했다. 가사하라, 『천황 친정』 p. 149 참조.

786 모토다는 1878년 1월 31일, 『논어』 진강을 재개했다(『메이지 천황기』

제4권 p. 351). 이때부터 이 책을 매달 12회 진강했다. 천황은 『논어』 읽기를 좋아했고 진강을 열심히 들었다. 모토다가 『논어』를 채택한 것은 고금의 도덕, 정치의 득실을 논하는 데 알맞은 자료였기 때문이다. 모토다의 진강은 재미있고 풍부한 인용들로 가득 찬 유익한 수업이었다. 동서고금의 사건을 언급해서 천황의 견문을 넓히는 데 힘썼다. 모토다의 가르침의 바탕이 된 것은 유교의 공맹(孔孟)의 도였다. 그러나 모토다는 언제나 일본인의 관점을 벗어나지 않고 전통 문화에 뿌리를 두고 있었다. 와타나베 이쿠지로, 『메이지 천황』 상권 p. 122 참조.

787 이 어제 두 수 모두 와타나베, 『메이지 천황』 상권 p. 159에서 인용한 것이다. 와타나베는 전자가 1907년 작이고 후자는 1909년 작이라는 것을 지적하지 않았다(『신집 메이지 천황 어집』 하권 p. 911, 1023 참조). 와타나베는 이들 교육에 관한 두 개의 다른 견해를 모두 메이지 천황의 특징으로 생각한 것 같다.

788 기시다 긴코(岸田吟香), 『동북어순행기(東北御巡幸記)』(요시다 사쿠조 吉田作造 편, 『메이지 문화 전집』 제17권 p. 396).

789 모토다 다케히코(大田竹彦) 가이고 소신(海後宗臣) 편, 『모토다 나가자네 문서』 제1권 p. 177. 그리고 아스카이, 『메이지 대제』 p. 173 참조.

790 『메이지 천황기』 제4권 pp. 364~365.

791 동 p. 438.

792 『그랜트 장군의 대화 필기』 p. 26.

793 와타나베, 『메이지 천황』 상권 p. 213. 이 어제는 1904년 작이다(『신집 메이지 천황 어집』 상권 p. 609 참조). 이와 비슷한 어제가 동시에 읊어지고 있다. '외국 초목의 묘목을 내 집 마당에 모아 보는 것도 즐겁구나.'

794 문부과학성이 1872년 9월 5일 시행한 '학제'에 대한 간략한 해설은 국립교육연구소, 『일본 근대교육 백년사』 제3권 p. 477~489 참조. 계획에 의하면, 전국을 여덟 개의 큰 학구로 나누고 각 대학구를 32개의 중학구로 나눈 다음 각 중학구를 210개의 소학구로 나눴다. 모두 5만 3,760개의 소학교가 전국에 설치될 계획으로 인구 6백 명당 소학교 하나의 비율이었다. 학교 제도의 조직에서는 자연히 프랑스의 영향이 강하게 나타났다. '학제'를 제정하던 기초위원은 이미 프랑스의 교육 제도에 대해 연구서를 썼거나 프랑스 교육 제도에 관한 책을 번역했다(가쓰베 사네나가勝部眞長, 시부카와 히사코澁川久子, 『도덕 교육의 역사』 p. 11 참조). 교과서의 알맹이는 기도 베르베크 등 미국인의 영향 아래 미국의 교과를 표본으로 삼았다. 교과 중에서 '수신과 봉교(奉教:

종교)의 길'을 가지고 있던 것은 구미 열강 중에서는 프랑스뿐이었다. 이 일이(학교 제도의 조직과 마찬가지로) 일본인에게 인기를 끌었다. 가쓰베(勝部), 시부카와(澁川), 『도덕 교육의 역사』 p. 211 참조.

795 가쓰베, 시부카와, 『도덕 교육의 역사』 p. 13. 수신이라는 교과는 '교기노 사토시修身口授(예의 범절의 깨우침)'로 설명되었다. 수신은 1945년 말까지 교과의 일부로 남아 있었다.

796 『메이지 천황기』 제4권 p. 758.

797 동 pp. 758~759.

798 이것은 1878년 가을 '호쿠에쓰(北越)' 순행 때 방문한 교실에서 천황이 체험한 것이라고 한다. 학생이 영어로 말한 것을 천황은 일본어로 번역해 보라고 말했으나 학생은 번역하지 못했다. 모토다, 가이고 편, 『모토다 나가자네 문서』 제1권 p. 177. 그리고 아스카이, 『메이지 대제』 p. 173 참조.

799 『메이지 천황기』 제4권 p. 759.

800 아스카이, 『메이지 대제』 p. 178 참조.

801 『메이지 천황기』 제4권 p. 745. 데라시마는 외무경이었다. 그러나 문부경 취임 때문에 자리가 비었다. 외무경의 후계자는 그때까지 참의 겸 공부경(工部卿) 법제국(法制局) 장관이었던 이노우에 가오루이다.

802 『메이지 천황기』 제5권 p. 25. 고노는 은인 에토 신페이의 재판에서 냉혹한 판사 노릇을 해서 에토에게 질책을 들었다. 제25장 참조.

803 고노는 교육령 개정 이유를 12월 9일에 천황에게 보고했다. 『메이지 천황기』 제5권 pp. 248~250 참조. 고노는 학교의 운영에 관해 정부의 지나친 간섭이 있었다는 설을 부정하고 있다. 국립교육연구소, 『일본 근대 교육 백년사』 제3권 p. 930도 참조.

804 아스카이, 『메이지 대제』 p. 178.

33장

805 2월 19일, 메이지 천황은 러시아 황제 알렉산드르 2세에게노 왕궁 폭파 때 위기를 모면한 일을 다행으로 생각한다는 전신을 보냈다. 『메이지 천황기』 제5권 p. 21.

806 『메이지 천황기』 제5권 pp. 2~3 참조. 천황은 6월 3일부터 연말까지 황태후를 두 번밖에 방문하지 않았다. 또 승마 횟수는 지난 7년간 해마다 평균 163회였던 데 비해 144회에 그쳤다.

807 사카모토 가즈토,『이토 히로부미와 메이지 국가 형성』p. 24 참조. 이 전에는(1878년 12월 1일 이후) 매주 월, 수, 금 오전에만 내각 회의에 나갔다. 그러나 1880년 3월 17일의 내각 일칙(日則) 제정에 대한 이 야기를 들은 다음 날부터는 일요일과 제일(祭日)만 빼고는 매일 회의에 나오게 되었다. 일칙에 대해서는『메이지 천황기』제5권 pp. 35~36 참조. 당시의 '내각'이란 말은 현재 쓰이고 있는 내각의 의미와는 다르다. 당시는 대신을 보좌하는 참의 같은 자문회의를 가리킨 말이었다. 『이토 히로부미와 메이지 국가 형성』p. 20 참조.

808 사카모토 ―『이토 히로부미와 메이지 국가 형성』p. 12, 15, 19 ― 는 이토가 천황의 내각 참석을 강하게 소망한 이유에 대해 논하고 있다. 본질적으로는 상징적 지도자인 천황의 권위를 빌리려 한 것이지 천황이 독자적인 정치 의사 표명이나 옛 시보(侍補) 그룹의 보수적 견해의 대변자가 되기를 기대했던 것은 아니다.

809 이는 정화(正貨) 1엔에 대해 지폐 1엔 15전 5리 5모의 교환율을 전제로 한 것이었다.『메이지 천황기』제5권 p. 71.

810 동 pp. 74~75.

811 순행 도중 실제로 찾아간 데는 이곳 말고도 더 있다(예를 들면 가나가와, 나가노, 시가 등). 그러나 순행의 정식 목적지는 이 2현 1부였다.

812 노다 지아키(野田千秋)라는 기자가 쓴 수행기(〈조야신문(朝野新聞)〉)의 발췌문이 도야마 시게키 편,『천황과 화족』pp. 82~86에 있다. 최초의 발췌문에는 천황에게 직소하려다 호위 순사에게 제지당한 한 노인의 이야기가 나온다. 순사들은 노인을 미친 사람으로 처리했지만 노다는 그 직소하려던 내용은 국회 개설 청원이었던 것 같다고 썼다. 두 번째 발췌문은 주로 경치 묘사였지만 맨 마지막에 모 신문 기자에 대한 에피소드가 실려 있다. 이 기자는 천황을 수행한 운객(雲客=구게公家)이 사사고(笹子) 역에서 도쿄에서 데려온 기생과 함께 자다가 순사에게 들켰다는 기사를 게재했다. 경찰은 수행 기자들에게 사실 무근의 기사를 게재하는 것은 곤란하다며 기사 내용을 사전에 경찰이 한번 읽어보겠다고 밝혔다. 이것은 기사에 대한 검열이 시작되었음을 의미한다.

813 도야마 편,『천황과 화족』pp. 93~94. 5월 29 일자 〈오사카 신문〉에 실렸던 그 기사의 필자는 가토 마사노스케(加藤政之助).

814 도야마 편,『천황과 화족』pp. 94~95. 니가타 순행에 관한 다키자와 시게루(瀧澤繁)의 논문『호쿠리쿠 순행과 민중 통합』상권(『니가타 사학』 제24호 p. 36)은 이때 쓴 경비가 그 고장의 자산가에 의해 지불되었음을 확인하고 있다. 그들은 천황의 환영 행사를 위해 낭비를 자제하라는

어명을 받았기 때문에 대부분 실제로 쓴 액수와는 다른 보고서를 작성했다. 한 예로 4만 5천 엔이 든 비용을 보고서에는 90엔 30전으로 써 놓았다.

815 도야마편,『천황과 화족』pp. 86~89.

816 역사 연구가는 곧잘 6대 순행 이야기를 한다. 천황의 순행 모두가 '대순행'은 아니었다. 후년의 장기간에 걸친 세 차례 순행 중 1881년 순행(도호쿠東北, 홋카이도北海道)과 1885년 순행(야마구치山口, 이쓰쿠시마嚴島, 히로시마廣島, 오카야마岡山)을 대순행으로 치고 있다. 그러나 구레(吳), 에다지마(江田島), 사세보(佐世保)를 방문한 1900년 순행은 다르다. 아마도 육로 아닌 해로를 취했기 때문이 아닐까. 메이지 천황은 또 요코하마의 경마장, 지바(千葉)의 군사훈련장, 요코스카(橫須賀)의 진수식 등 여러 차례 당일치기로 외출하고 있다. 그리고 청일 전쟁 중에는 1904년부터 1905년에 걸쳐 히로시마에 장기 체류하고 있다. 이런 여행은 물론 순행과는 성격이 다르다.

817 도야마 편,『천황과 화족』pp. 90~92. 기사의 필자는 구사마 도키요시(草間時福).

818 도야마 편,『천황과 화족』pp. 100~104.

819 특히 T. Fujitani, *Splendid Monarchy*, pp. 55~56 참조. '이들 장려한 행렬, 그것을 묘사한 기사, 그리고 입소문을 통해 사람들은 제멋대로 상상을 했던 것이다. 즉 천황은 모든 것을 한 눈으로 내다볼 수 있는 제도의 정점에 존재하면서 그 시야에 있는 국토와 민중을 통제하는 감독자라고.'

820 예를 들면 1881년 4월 11일, 취상어원(吹上御苑)에서 경마를 관람할 때는 160명이 천황을 수행했다.『메이지 천황기』제5권 p. 328.

821 동 p. 85.

822 동 pp. 126~128. 그리고『메이지 천황기』제2권 pp. 76~77.

823 불교 박해에 대해서는 James Edward Ketelaar, *Of Heretics and Martyrs in Meiji Japan*에 자세히 기술되어 있다.

824 『메이지 천황기』제5권 p. 144.

825 외채 문제로 대립했을 때와는 양분된 인물이 조금 달랐다. 찬성파는 이와쿠라 도모미, 오키 다카토, 구로다 기요타카, 사이고 쓰구미치, 가와무라 스미요시, 야마다 아키요시(山田顯義)였고, 여기에 나중에 데라시마 무네노리가 가담했다. 반대파는 아리스가와노미야(有栖川宮) 다루히토 친왕, 산조 사네토미, 이토 히로부미, 오쿠마 시게노부, 이노우에

가오루, 야마가타 아리토모였다.

826 아마도 낭비를 가장 많이 한 곳은 해군성일 것이다. 구미의 신발명 무기들을 무엇이든지 사고 싶어했고 주문한 것과 다른 제품이 올 때도 있었다. 『메이지 천황기』 제5권 p. 182 참조.

827 와타나베 아키오(渡邊昭夫), 『천황제 국가 형성 도상에서의 '천황 친정 (親政)' 사상과 운동』(『역사학 연구』 제254호 p. 2)은 메이지 천황의 절약 장려에는 모토다, 사사키의 견해가 '아주 농후하게' 반영됐음을 지적하고 있다. 이것은 이 시기에 나온 천황의 다른 포고와도 유사했다. 조금 이전의 시보의 논조와도 비슷한데, 그것은 유교적 덕치주의에 의거하는 전통적·인격적 지배 원리였다(동 p. 1).

828 『메이지 천황기』 제5권 pp. 180~181. 내칙은 '이달' 즉 1880년 9월에 발령되었다고 기록되어 있을 뿐 날짜를 밝히지 않았다. 사카모토는 이를 9월 18일이라 했다. 사카모토, 『이토 히로부미와 메이지 국가 형성』 p. 37.

829 학자 중에는 어서문에 대해 단기적인 조처에 지나지 않는다고 평가 절하하는 사람도 있었다. 그들은 또 이렇게 말했다. '오쿠보 도시미치는 어서문 발포 때 의식에 출석하지 않았다. 또 기도 다카요시는 몇 년 뒤에 어서문에 대한 질문을 받았을 때 그 글귀를 기억할 수가 없었다.'

830 1871년에 설치되어 1877년에 폐지된 국가의 최고 정치기관. 태정대신, 좌대신, 우대신, 참의로 구성되었다.

831 『메이지 천황기』 제3권 p. 696 참조. 메이지 천황이 다루히토 친왕에게 이러한 어명을 내린 것은 1876년 9월 7일. 『메이지 천황기』 제5권 p. 245.

832 『그랜트 장군과의 대화 필기』 p. 17. 『메이지 천황기』 제4권 p. 722 참조.

833 야마가타는 12년 전 유신 이래의 변혁이 민심에 영향을 끼쳐 정부를 불신하게 된 네 가지 요인을 상술하고 있다.

834 『메이지 천황기』 제4권 pp. 832~835.

835 동 제5권 p. 168.

836 동 p. 169.

837 다루히토 친왕은 미국과 프랑스 헌법에서 그 정신을 참작하고 독일, 오스트리아, 네덜란드, 벨기에, 이탈리아, 스페인, 포르투갈의 헌법에서 형식을 빌리자고 제창했다. 『메이지 천황기』 제5권 p. 246 참조.

838 가사하라 히데히코(笠原英彦), 『천황 친정』 p. 174 참조.

839 『메이지 천황기』 제5권 p. 235. 자유당 결성에 관해서는 사정이 복잡하다. 제35장에서 상술하기로 한다.

34장

840 『호고히로이(保古飛呂比) 사사키 다카유키 일기 10』 pp. 1~2 참조. 호고히로이는 직역하면 '휴지 줍기'인데 우리말로 '가십 모음'쯤으로 해석할 수 있다.

841 원래 진강 시작 날인 1월 7일은 천황이 요코하마에 정박 중인 이탈리아 군함 비자니 호로 곧 일본을 떠나게 된 제노바 대공을 방문했다. 『메이지 천황기』 제5권 p. 257 참조.

842 동 pp. 258~259 참조. 이것은 과거에 비해 가장 적은 숫자였다. 가장 적었던 해인 1880년의 23회에도 미치지 못했다. 소에지마는 유교의 고전 『중용』을 진강했다. 니시무라는 당시 열중해 있던 도덕 사상에 대해 진강했는지도 모른다. 소에지마가 진강할 때는 모토다가 언제나 함께 있었다.

843 동 pp. 265~266. 『호고히로이 사사키 다카유키 일기 10』 pp. 66~67도 참조. 사사키의 일기에는 이때 주고받은 이야기가 더 상세하게 실려 있다.

844 모리 센조(森銑三), 『메이지 인물 야화』 pp. 19~20. 또 『메이지 천황기』 제5권 pp. 281~282 참조.

845 일본 주재 미국 총영사 로버트 워커 어윈(벤저민 프랭클린의 자손)이 하와이에서 선교사 활동을 한 재일 외국인 여성한테서 국가의 악보를 빌려 일본 군악대에 주었다. William N. Armstrong, *Around the World with a King*, 아라마타 히로시 역, 『카라카우아 왕의 깜짝 일본 여행기』 p. 70 참조.

846 동 p. 37.

847 동 pp. 47~48.

848 반지 교환은 아마도 천황이 구두 약속을 파기하지 않는다는 것을 징표로 삼기 위함이었을 것이다. 그러나 천황이 카라카우아 왕에게 반지를 주었다는 기록은 없다.

849 『메이지 천황기』 제5권 pp. 294~296.

850 메이지 천황과 카라카우아 왕 사이의 비밀 회담 내용은 『메이지 천황

기』제5권 pp. 294~297을 요약한 것이다. 암스트롱(동 p. 62)은 왕이 숙소에서 말없이 사라진 일에 대해 불쾌감을 보이고 있다. '왕이 수행원을 무시한다는 것은 예의에 아주 어긋난 일이다. 평소 우리에게 전폭적인 신뢰를 보였던 만큼 그 은밀한 행동은 우리를 당황하게 만들었다.'『메이지 천황기』는 이 회담 내용에 대해 열세 종류의 출전(出典)을 열거하고 있다. 그러나 아마 그중에서도『이노우에 가오루 서한』『나가사키(長崎) 통역 담화 속기』가 근간을 이루고 있는 것으로 보인다.

851 『메이지 천황기』제5권 p. 296. 사다마로(1867~1922)는 후시미노미야의 열일곱 번째 친왕이었다. 시다마로가 카이우라니 왕녀와 결혼할 수 없는 이유를 설명한, 1882년 1월 14일자 카라카우아 왕에게 보낸 서한(원문은 영어)은 아라마타가 옮긴『카라카우아 왕의 깜짝 일본 여행기』pp. 118~119에 그 역문이 실려 있다. 사다마로는 어렸을 때부터 정혼한 사람이 있어 왕녀와의 결혼을 생각할 수 없다고 거절하고 있다. 사다마로는 직접 언급하고 있지 않지만 왕족이 외국인과 결혼하는 데 대한 반발이 있었음은 틀림없다. 암스트롱(*Around the World with a King*, p. 63)에 의하면 '천황은 왕의 제안에 기분이 좋아서 정중하게 귀를 기울였다. 그러나 천황은 일본의 전통에서 크게 벗어나는 일이라면서 깊이 생각해야 할 일'이라고 했다. 유럽 체류 중에 독일 귀족의 딸과 결혼한 요시히사(能久) 친왕은 억지로 이혼을 당했다. 암스트롱은 이 결혼 계획에 펄쩍 뛰고 있다. '왕의 폴리네시아적인 엉뚱한 제안에 만일 천황이 승낙했더라면 하와이는 일본의 속국이 되었을 것이다. 세계의 열강 입장에선 불쾌하기 짝이 없는 일이다.'

852 이 서한(원문은 영어) 내용은『카라카우아 왕의 깜짝 일본 여행기』pp. 298~300에 있다. 해저 케이블 부설에 관해서는 두 가지 문제가 있었다. 첫째로 일본에는 그만한 자금이 없었다. 둘째로 이미 미국인 사일러스 필드(미국과 대영 제국을 잇는 대서양 해저 케이블 부설에 성공했다)가 같은 신청을 했기 때문에 만일 이 사업을 시행한다면 그쪽이 우선되어야 했다.『메이지 천황기』제5권 p. 674 참조.

853 아라마타 역,『카라카우아 왕의 일본 깜짝 여행기』p. 151.

854 예외가 하나 있었다. 일본인의 하와이 이주를 장려하는 왕의 요청에 이노우에 가오루는 많은 흥미를 보였다(아라마타 역,『카라카우아 왕의 깜짝 일본 여행기』pp. 299~300).『메이지 천황기』제5권 p. 674 참조.

855 1882년 1월 24일, 메이지 천황은 카라카우아 왕에게 서한을 보냈다. 천황은 자신을 아시아 제국 연맹의 맹주로 밀어준 카라카우아 왕의 제안에 감사하면서 이 계획에 대해 진심으로 지지를 표명했다. 그러나 천

황은 이 연맹에 가입하기로 되어 있는 나라들의 다양성을 이유로 연맹 결성이 지극히 곤란하다는 신념을 되풀이했다. 그리고 연맹의 맹주가 되는 일도 정중히 거절했다. 천황의 서한은 호놀룰루의 비숍 박물관(카피오라니 카라니아나오레 컬렉션)에 보존되어 있다. 아라마타 역, 『카라카우아 왕의 일본 깜짝 여행기』 pp. 296~297 참조.

856 Hugh Cortazzi, *Royal Visits to Japan in the Meiji Period*, p. 84. 이 이야기는 두 왕자의 일기, 서한, 수첩을 정리해 편찬한 *The Cruise of Her Majesty's Ship Bacchante 1879~1882*에서 발췌했다.

857 Cortezzi, *Royal Visits to Japan in the Meiji Period*, p. 84.

858 동 p. 87.

859 천황은 또 자산가의 집, 절, 박물관, 군 사무소, 의학교 같은 데서도 숙박했다.

860 『메이지 천황기』 제5권 p. 506. 요네자와에서는 중학교 우등생이 『일본외사』를, 소학교 우등생이 『일본사략』을 발표했다(『메이지 천황기』 제5권 p. 521).

861 필자는 히노니시 스케히로(日野西資博) 자작의 한 일화가 떠올랐다. 메이지 천황이 아스파라거스를 먹고 있을 때 시종인 요네다가 어전에 있으면 천황은 일부러 한두 개씩 양탄자 위에 떨어뜨린다. 아스파라거스에는 당연히 먼지가 묻지만 요네다는 "이런, 이런" 하면서 떨어진 아스파라거스를 주워 먹는다. 그 모습이 천황은 매우 재미있었던 모양이다. 히노니시 스케히로, 『메이지 천황의 일상』 pp. 87~88.

862 미쓰비시(三菱) 재벌 창시자. 전해진 바에 의하면 이와사키는 불하하는 관유물을 구입할 기회를 잡지 못한 데 대해 화를 냈다고 한다.

863 에드워드 임스 리드는 1879년 아들과 함께 일본에 왔다. 리드는 영국에서 일본 전함 〈후소(扶桑)〉 〈곤고(金剛)〉 〈히에이(比叡)〉 이 세 척의 건조를 감독했다. 일본에 왔을 때 리드는 메이지 천황을 알현했다. 천황은 일본 해군의 주력이 될 전함을 완성한 그의 노력을 높이 평가했다. 『메이지 천황기』 제4권 pp. 596~597. 그리고 Ian Nish(ed.), *Britain & Japan:Biographical Portraits*, p. 110 참조.

864 『호고히로이 사사키 다카유키 일기 10』 p. 495. 『메이지 천황기』 제5권 p. 558의 기사는 사사키의 일기에 근거한 것이다. 그러나 말투나 세세한 점에서 다른 점이 있다.

35장

865 해외 각 나라의 예를 참작해서 헌법을 제정한다는 의도를 표명한 천황의 짧은 칙어는 『메이지 천황기』 제3권 p. 696 참조. 천황은 원로원에 헌법을 기초해서 올리라고 명했다.

866 민선의원 개설에 대한 반대는 이미 있었다. 가토 히로유키의 논문, 「브룬츨리 씨 국법 범론 적역(摘譯) 민선의원 불가 입지론」을 예로 들자면, 이 논문은 〈명육잡지〉 제4호 pp. 3~5에 발표되었다. 가토는 브룬츨리의 『국법 범론』 초역(抄譯) 후 이렇게 말하고 있다. '지금 이 글을 소개한 것은 결코 공론이나 여론이 잘못되었다는 의미는 아니다. 다만 시세와 인정을 무시해 가며 공연히 공론, 여론을 주장하는 것은 옳지 않다는 의견을 전하고 싶었을 뿐이다. 독자는 오해하지 않았으면 좋겠다'. 또 고토 야스시(後藤靖), 『자유민권』 p. 39 참조.

867 쌀값은 1877년부터 3년 동안 갑절로 뛰었고 다른 물가도 마찬가지로 폭등했다. 고토, 『자유민권』 p. 135 참조.

868 『메이지 천황기』 제5권 pp. 227~234. 그리고 사카모토, 『이토 히로부미와 메이지 국가 형성』 pp. 42~43 참조.

869 『메이지 천황기』 제5권 p. 309. 오쿠마는 분명 영국 의회 제도의 영향을 받고 있었다. 이 일로 프로이센 헌법을 모범으로 삼으려던 사람들과 두고두고 껄끄러운 관계를 갖게 되었다.

870 『메이지 천황기』 제5권 p. 310. 물론 오쿠마의 제안에는 새로운 것이 없었다. 오쿠마는 그저 영국 의회의 얼개를 설명한 것에 지나지 않았다. 그러나 민중(=유권자)의 의사에 따라 운영되는 정치라는 개념은 아직 일본인에게는 낯설었다. 본문에서는 오쿠마가 설명하고 있는 자세한 내용을 상당 부분 할애했다.

871 『메이지 천황기』 제5권 p. 314. 다다 고몬(多田好問) 편, 『이와쿠라 공실기』 하권 pp. 698~700에 이와쿠라 쪽에서 본 사건의 경위, 그리고 이토의 서한 원문이 있다. 이와쿠라는 이 문제에 관한 오쿠마의 의견이 1880년 12월 14일 상주된 이토의 건의서에 표명되고 있는 의견과 똑같은 것인지 오쿠마에게 묻고 있다. 오쿠마는 완전히 같은 것이라고 대답했다. 며칠 후 이와쿠라는 산조와 만나 이토의 의견이 오쿠마의 의견과 같은지를 확인하기 위해 의견서를 이토에게 보이면 어떻겠냐고 권했다. 산조는 그러겠다고 하고 의견서를 어전에서 내려 받아 이토에게 보였다. 이토는 읽어 보고 경악했으며 '나는 나와 의견을 달리하는 사람과 묘당에 서서 정치에 참의하기를 원하지 않으므로 본직에서 물러

나기를 청원한다'고 말했다. 본문에서는『메이지 천황기』의 기술을 따랐다.

872 『호고히로이 사사키 다카유키 일기 10』, pp. 152~153. 그리고『메이지 천황기』제5권 p. 319 참조.

873 〈명육잡지〉제7호 pp. 3~4에 게재된 가토 히로유키,「무관의 공순(恭順)」참조.

874 고토,『자유민권』p. 45. 세 명의 육군 소장은 야마다 아키요시(山田顯義), 도리오 고야타(鳥尾小彌太), 미우라 고로(三浦梧樓).

875 고토,『자유민권』pp. 144~145.『메이지 천황기』제5권 p. 47에는 집회 조례 16조의 공포를 언급하고 있으나 상세한 내용은 없다. 그러나 사사키 다카유키가 '조례를 시행할 경우 민중의 반발을 초래할 수 있다'라고 이와쿠라 도모미와 오키 다카토에게 진술한 기록이 있다.

876 『메이지 천황기』제5권 p. 602.

877 자유당이 결성된 날짜에 대해서는 다양한 설이 있다. 국회기성동맹 유지자들이 도쿄에서 회합을 가진 1880년 12월 15일을 결성일로 하는 설에 따랐다. 11월 10일의 대회에서 연설한 우에키 에모리는 정당 결성의 필요를 논하며, 그 명칭을 자유당으로 가칭하기를 제안했다. 이 제안은 상당한 반발에 부딪혔다. 그러나 최종적으로 국회기성동맹 여부를 떠나 뜻을 같이하는 자들이 서로 만나 정당을 조직하기로 결정했다. 그 후 몇 차례의 회합을 거쳐 12월 15일 자유당 결성 맹약 4조가 제정되어 이듬해 10월을 기해 다시 뭉칠 것을 기약했다.『메이지 천황기』제5권 p. 235와 요네하라 겐(米原謙),『우에키 에모리』p. 96 참조.

878 우에키는 고치의 번교(藩校) '치도관(致道館)'이 폐지된 후에 도쿄의 '남해사숙(商海私塾)' 학생으로 선발되었다. 교육 내용은 주로 프랑스어와 병학(兵學)이었다. 우에키가 자퇴한 것은 아마도 프랑스어를 감당하지 못했기 때문이었을 것이다. 우에키의 청소년기에 대한 상세한 이야기는 요네하라,『우에키 에모리』pp. 17~26 참조

879 이 유학의 일파는 '지식과 행위는 본래 하나'라는 '지행합일(知行合一)'의 학설을 규범으로 삼고 있다.

880 『우에키 에모리 전집』제7권 p. 258. 날짜는 1881년 2월 1일.

881 동 p. 338,

882 요네하라,『우에키 에모리』pp. 86~87.

883 『우에키 에모리 전집』제7권 p. 205.

884 요네하라,『우에키 에모리』p. 14. 이에나가 사부로(家永三郎) 편,『우

에키 에모리 선집』p. 300 참조.

885 도노사키 미쓰히로(外崎光宏), 『우에키 에모리와 여인들』p. 53.

886 요네하라, 『우에키 에모리』p. 112. 헌법 초안 작성에 관한 일기의 기술은 간결했으며, '일본 헌법을 초함'이라고 되어 있다(『우에키 에모리 전집』제7권 p. 273 날짜는 1881년 8월 28일).

887 확정일은 산조 사네토미와 사쓰마 출신 참의의 권고를 따랐다. 이와쿠라는 '7년 후 개설', 오키 다카토는 '30년 후 개설'을 주장했다. 천황의 칙유 원문은 『메이지 천황기』제5권 p. 547 참조. 칙유는 '일찍이 입헌 정체를 세워서, 후손에게 물려줄 대업을 이루고자 한다'고 말하며, 그 기초를 다지기 위해 우선 1875년에 원로원을 개설하고 이어 1878년에 부현회(府縣會)를 개설했다는 것을 말하고 있다. 1900년의 의원 소집과 국회 개설은 바로 천황의 초지(初志)를 실현하는 것이었다.

888 하기하라 엔주(萩原延壽), 『바바 다쓰이』pp. 145~146에 발췌되어 있는 바바의 자서전 참조. 하기하라는 이 자서전이 1895년에 쓰인 것임을 지적하고 있다. 즉 바바가 이타가키 다이스케와 결별한 뒤다. 따라서 자유당 결성에 관한 이야기(특히 이타가키와의 관계에 대한 것)는 '언제나 유보를 해가며 듣지 않으면 안 된다'고 말하고 있다. 그리고 요네하라, 『우에키 에모리』pp. 117~118 참조. 오하시 아키오(大橋昭夫), 『고토 쇼지로와 근대 일본』p. 217에 의하면 (투표가 행해진 때에는 도호쿠 유세를 하느라고 없었다) 이타가키는 고토의 총리 취임을 바랐는데 회의에서 실제로 고토를 선출했다. 그러나 고토는 고사했다.

889 와타나베 이쿠지로, 『오쿠마 시게노부』p. 93. '존왕주의 당파'라는 말을 할 당시 오쿠마의 머리에는 입헌 제정당(帝政黨)이 떠올랐는지도 모른다. 이 우익 정당은 민중으로부터 나오는 헌법보다는 오히려 천황에게서 주어지는 헌법을 지지했다. 당을 결성한 것은 후쿠치 겐이치로(福地源一郞)였으며, 1882년 3월의 일이었다(1880년 현재 후쿠치의 의견을 간결하게 말한 것은 『후쿠치 오치 집(福地櫻痴集)』pp. 364~366에 있다. 「국약헌법회의(國約憲法會議)를 여는 건」참조). 주로 간누시(神主:신사의 신관)와 승려가 지지자의 모체가 되고 있는 이 당은 1885년에 해산되었다. 그러나 다른 정당들처럼 없어졌다가 다시 부활해 1940년까지 명맥을 유지했다.

890 와타나베, 『오쿠마 시게노부』p. 93.

891 예를 들면 오하시, 『고토 쇼지로와 근대 일본』pp. 221~222 참조. 오하시는(이 이타가키의 대사가 유명했음에도 불구하고) 실제로 그렇게 외쳤는지 아닌지는 확실하지 않다고 한다. 자객은 초등학교 교원이었

는데, 후쿠치 오치가 주간을 맡고 있는 〈도쿄일일신문〉의 신랄한 이타 가키 비판의 영향을 받았다. 그 고장의 의사 하나는 기후 현령이 반자 유당파였기 때문에 자신이 자유당 지지로 비칠까 두려워서 이타가키 의 치료를 거절했다고 전하고 있다. 이타가키는 대신에 아이치 현 병원 장 고토 신페이(後藤新平)의 치료를 받았다. 고토는 후에 걸출한 정치 가가 되었다.

892 『메이지 천황기』 제5권 p. 867. 처음에 궁내경 도쿠다이지 사네쓰네는 시종장을 칙사로 파견하도록 천황에게 아뢰었으나, 천황은 이에 반대 하여 시종을 파견하게 되었다. 이타가키에 대한 일종의 냉담한 태도를 느끼게 해주고 있으나, 기후 현령(악명 높은 반자유당파)은 이보다도 더 심했다. 기후 현령은 사건에 대해 아무것도 모르는 것처럼 행동하 며, 이타가키의 증상에 대해 물어보지조차 않았다. 이 일이 자유당 지 지자들을 분노하게 했다. 그들은 이타가키 암살은 관헌의 선동에 의한 것이라고 주장했다. 이타가키의 신봉자 중에는 천황이 하사한 위로금 3백 엔을 받으면 안 된다고 말하는 자까지 있었다. 그러나 이타가키는 그 사람을 질책하면서 '이것은 성은이 미신(微臣)에게 미친 것이다. 어 찌 이를 받지 않을 수 있는가. 삼가 이를 받겠다'고 말한 것으로 기록되 어 있다. 현령은 천황이 이타가키에게 위로금을 주었다는 사실을 알고 놀라서 처음으로 이타가키의 증상을 물어보게 했다.

893 통역인 이마무라 가즈오(今村和郎)는 프랑스에서 유학을 했으므로 프 랑스어 통역으로 적임이었다. 얼마 전까지는 이노우에 등의 추천으로 내무 권대서기관(權大書記官)의 지위에 올랐다. 오하시, 『고토 쇼지로 와 근대 일본』, p. 229

894 동 p. 236. 이타가키의 논의에 대한 스펜서의 반응 이야기는 당시 런던 에서 일본 공사로 있던 모리 아리노리(森有礼)가 이토에게 보낸 서한 에 있다.

옮긴이 | 김유동

1936년생. 연세대 의예과를 중퇴했고 한글학회, 잡지사 등을 거쳐, 경향신문 부국장과 문화일보 편집위원을 지냈다. 저서로『편집자도 헷갈리는 우리말』이 있고『유희』『주신구라』『잃어버린 도시』『빈 팔-음과 향의 비밀』『투명인간의 고백』등을 우리말로 옮겼다.

메이지라는 시대 1

초판 1쇄 발행 2017년 10월 31일

지은이 도널드 킨
옮긴이 김유동

펴낸곳 서커스출판상회
주소 서울 마포구 월드컵북로 400 5층 24호(상암동, 문화콘텐츠센터)
전화번호 02-3153-1311
팩스 02-3153-2903
전자우편 rigolo@hanmail.net
출판등록 2015년 1월 2일(제2015-000002호)

ⓒ 서커스, 2017

ISBN 979-11-87295-07-5 04910
ISBN 979-11-87295-06-8 (세트)

이 도서의 국립중앙도서관 출판시도서목록(CIP)은 서지정보유통지원시스템 홈페이지(http://seoji.nl.go.kr)와 국가자료공동목록시스템(http://www.nl.go.kr/kolisnet)에서 이용하실 수 있습니다.
(CIP제어번호: CIP2017025474)